L'Homme et son histoire

Grandes invasions et féodalité

L'Homme et son histoire

Grandes invasions et féodalité

FRANCE LOISIRS
123, boulevard de Grenelle, Paris

Édition originale
Directeur de collection
Elisabetta Bovo
Auteurs
Elisabetta Bovo
(Fin de l'Antiquité et haut Moyen Age)
Paolo Golinelli, avec la collaboration
d'Elisabetta Bovo
et Giovanni Zuanazzi
(Le monde féodal)
Comité scientifique
Amilcare Bardi (Arts et Littérature)
Emma Bas (Religion)
Fabio Destefani (Économie et Société,
Sciences et Techniques)
Francesco Massoni (Événements)
Fausta Orlandi
(Architecture et Urbanisme)
Coordination éditoriale
Flavio Ermini
Directeur artistique
Giorgio Seppi

Édition française
Traduction
Cécile Breffort (pages 200-215)
Marie Di Giorgio (pages 10-59, 74-111)
Corinne Hewlett (pages 60-73, 166-181)
Marie-Odile Kastner (pages 182-199)
Étienne Schelstraete (pages 114-165)
Révision
Gilles Février
Secrétariat d'édition
Claire Forgeot
Réalisation PAO
Bernard Rousselot, Paris

Première édition française 1997 par Librairie Gründ, Paris

Édition du Club France Loisirs, Paris
avec l'autorisation de la Librairie Gründ
ISBN 2-7441-0998-3
N° d'éditeur : 28164
Dépôt légal : février 1998
Édition originale 1994 par Arnoldo Mondadori
sous le titre *Radici del Medioevo*

Imprimé en Espagne par Artes Gráficas, Tolède
D.L. TO: 97-1998

FIN DE L'ANTIQUITÉ ET HAUT MOYEN AGE

LE MONDE FÉODAL

Le passage de la fin de l'Antiquité au Moyen Age constitue l'une de ces grandes « césures de l'histoire » qui ont depuis toujours retenu l'attention des historiens. Mais quels sont les facteurs clés à l'origine du Moyen Age naissant ? Au cours des siècles, les historiens ont tantôt identifié les racines du Moyen Age dans l'élément romain (la romanitas*) et dans sa persistance culturelle bien au-delà de la chute de l'empire d'Occident ; tantôt dans la* barbaritas*, c'est-à-dire dans l'apport spécifique des peuples germaniques qui ont déferlé en Occident pendant tout le* V*e siècle, les provinces de l'ex-empire se détachant l'une après l'autre de l'ancienne construction pour devenir des royaumes barbares ; enfin, dans le christianisme, qui s'est répandu et enraciné dans l'empire entre les* II*e et* IV*e siècles apr. J.-C. et a constitué un facteur d'unification au cours de la période immédiatement postérieure.*

Tandis que ces éléments s'entrecroisent à la suite des invasions barbares et entraînent, en cette époque de crise institutionnelle du monde occidental, un long et tumultueux processus d'adaptation sociale, économique et culturelle, l'empire d'Orient prend une orientation césaropapiste ; il affronte d'importantes controverses théologiques, qui trouvent souvent leur origine, depuis l'époque de Constantin, dans des motivations également politiques. Vient alors l'ère justinienne, marquée sur le plan de la politique extérieure par le rêve éphémère de faire revenir l'Occident dans le giron de l'empire. A Byzance aussi, la crise se fait sentir au crépuscule du VI*e siècle et la situation politique s'aggrave, en raison des pressions exercées sur les frontières par Perses, Slaves et Avars. Avec Héraclius (610-641), cependant, l'empire d'Orient prend une nouvelle physionomie : réformes territoriales et militaires (les « thèmes »), entreprises guerrières et reconquêtes, stoppées ensuite par le début de l'avancée islamique (634-637).*
C'est l'époque de l'émergence du monde musulman, qui dessine ses propres contours et s'étend à plusieurs reprises par une série de conquêtes éclair : à trois reprises, il parvient jusque sous les murailles de Constantinople (où il est arrêté par les Byzantins grâce au tout nouveau feu grégeois) ; en passant par le Maghreb, il va conquérir le royaume wisigoth d'Espagne (711-717) ; enfin, il atteint victorieusement le Baloutchistan, le Sind (711-712), l'Indus et la Chine (751). L'avancée de l'islām vers le centre de l'Europe prend fin avec la bataille de Poitiers en 732, remportée par Charles Martel, qui mène de multiples expéditions contre les musulmans et restaure la suprématie de la Gaule septentrionale (menée à terme par son fils, Pépin le Bref) sur le reste du pays et sur sa sphère d'influence en terre germanique. Avec Pépin le Bref, puis avec son fils, Charlemagne, se réalise cette heureuse synthèse entre latinité et élément franco-germanique qui caractérise le royaume carolingien, pôle d'agrégation de l'Europe occidentale et troisième protagoniste, avec Byzance et la puissance islamique, dans le monde méditerranéen du haut Moyen Age.

*Presque en même temps que l'Occident, la Chine de cette époque vit elle aussi son Moyen Age (*III*e-*VII*e siècle apr. J.-C.), caractérisé par le morcellement politique, l'invasion des peuples de la steppe, mais aussi par un apport de ferments culturels et religieux qui conduira à « l'âge d'or » de la dynastie Tang (618-907). L'expression artistique atteint sous ces souverains des sommets de qualité, créant un riche répertoire de mythes et d'images auquel fait également appel, dans une large mesure, l'art de l'Inde. Celle-ci vit alors sa période classique, véritable apothéose culturelle, sous l'empire Gupta (*IV*e-*V*e siècle apr. J.-C.). En Inde, la religion bouddhiste est presque entièrement supplantée par l'hindouisme au* VII*e siècle, tandis qu'avec l'occupation arabe du Sind, l'islām prend lui aussi pied dans cette région.*

Pendant ce temps, en Méso-Amérique, les civilisations du Mexique précolombien (totonaque, zapotèque, maya) connaissent leur âge d'or, au cours duquel chacune affirme ses propres caractéristiques et son hégémonie sur des portions délimitées du territoire.

A l'improviste, pendant les deux siècles qui précèdent l'an mille et selon un processus historique commun et simultané comme il s'en présente rarement dans le cas de peuples lointains et privés, du moins en apparence, de contacts réciproques, les structures unitaires de pouvoir consolidées au cours des siècles précédents entrent en crise ; il en découle l'émergence d'une multitude d'entités et d'expériences politiques nouvelles, souvent limitées non seulement dans l'espace, mais aussi dans le temps. Seul l'Empire byzantin (dans lequel la mise en valeur des énergies locales a déjà eu lieu grâce à l'organisation du pouvoir en « thèmes » territoriaux) échappe à ce phénomène, même si le particularisme se fait jour dans d'autres domaines, en particulier celui de la religion. Au particularisme médiéval, fondamentalement jugé de manière négative, il existe cependant de nouvelles solutions, dont la multiplicité est précisément porteuse de nouveaux et fructueux développements : en Occident, on assiste à la première différenciation des nations. Elle se manifeste par la division de l'Empire carolingien en trois composantes principales (française, allemande et italo-lorraine) et s'exprime dans les nouvelles langues vulgaires. Le dynamisme du monde islamique, où s'affirment les trois dynasties principales des 'Abbāssides, des Fāṭimides et des Omeyyades, engendre par ailleurs le grand élan d'expansion commerciale qui conduit les Arabes dans le monde entier.

Dans les pays de l'Empire carolingien, le particularisme, déjà présent dans la tendance des vassaux à rendre leurs avantages héréditaires, s'accentue avec l'arrivée des nouveaux peuples du Nord et de l'Est, au cours d'incursions que seuls les petits seigneurs et les petites cités réussissent à freiner, en parvenant à en limiter les conséquences pour la population. Mais ces rencontres de peuples différents ne sont pas seulement source de peur et de destructions. Elles fournissent d'une part l'occasion de cimenter des forces locales qui se reconnaissent dans le château, centre de leur défense. D'autre part, elles permettent des échanges culturels avec des civilisations lointaines.

Dans la civilisation indienne, la crise de la dynastie dominante conduit à une série de heurts entre les diverses régions pour s'assurer la primauté, et à un substantiel équilibre des forces qui, même en l'absence d'un empire centralisé, permet aux Indiens de résister aux attaques arabes et de maintenir une civilisation brillante, caractérisée par la richesse du commerce et de la production littéraire et artistique. Le Sud-Est asiatique voit la progression d'un peuple du Nord, les Khmers. Après avoir connu des fortunes diverses, ils parviennent à imposer leur domination dans toute la région.

L'élément militaire est l'un des moteurs des processus historiques des deux derniers siècles avant l'an mille, et il n'est pas rare que les progrès techniques naissent précisément d'exigences guerrières – nouvelles capacités offensives des rapides bateaux vikings ou applications de la poudre en Chine. La religion en est marquée, elle aussi (voir les mythes toltèques), ainsi que la littérature (épopée viking des scaldes), mais c'est surtout sur le plan social que ce facteur prend une importance particulière. Souvent en symbiose avec les hiérarchies religieuses, l'aristocratie militaire devient partout la classe dominante tandis que l'économie se ruralise dans le même temps, en Occident comme dans les villages indiens dirigés par les samānta. *Seuls les pays islamiques, dont l'économie est fortement influencée par la classe marchande, semblent faire exception à cette règle.*

La religion elle-même n'est pas épargnée par cette tendance au particularisme et à la fragmentation. En Occident, l'Église carolingienne tient bon, au moins dans ses structures ; le christianisme traverse même une période d'expansion au nord comme à l'est de l'Europe. Mais en Orient, après la fin de la crise iconoclaste, l'unité est compromise par le schisme de Photios, révélateur d'une divergence croissante entre l'Église byzantine et l'Église d'Occident, qui débouchera sur la séparation de 1054, tandis qu'en Bulgarie se manifeste déjà le dualisme de l'hérésie bogomile, précurseur de l'hérésie des Cathares au XII*e siècle. Le bouddhisme lui aussi, pourtant en pleine expansion dans tout l'Orient, finit par se différencier selon les régions dans lesquelles il s'enracine. Il s'adoucit dans ses formes ascétiques, est contaminé par la pensée et la mystique tantriques, et voit sa doctrine s'enrichir d'éléments féminins. Enfin, l'islām engendre une floraison de sectes, parfois très éloignées les unes des autres et porteuses pour certaines de fortes tensions sociales.*

FIN DE L'ANTIQUITÉ ET HAUT MOYEN AGE

Aire géographique	Événements	Économie et Société	Sciences et Techniques
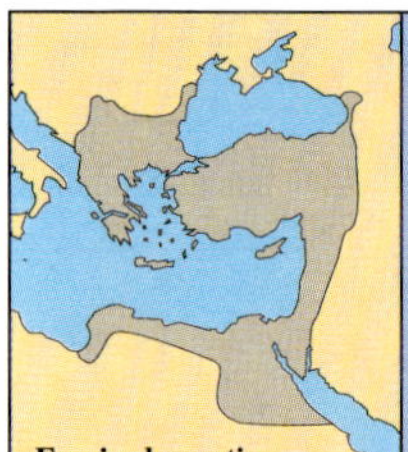 **Empire byzantin**	• Constantin Ier : inauguration de Constantinople, capitale de l'Empire (330). • Théodose Ier (379-395) introduit la tétrarchie. Division de l'Empire entre ses fils, Honorius et Arcadius. • Justinien : tentative de restauration d'un empire universel (527-565). Codification du droit romain : *Corpus juris civilis.* • Réforme de l'Empire : réorganisation politique, administrative et militaire. Premières victoires contre Perses et Arabes. 	• Planification économique, pressions sociales, dépenses militaires, absolutisme impérial (Justinien). • Grande activité commerciale avec les États d'Asie. • Les « thèmes » : revalorisation sociale des paysans et des petits propriétaires terriens. • Important développement de l'agriculture et du commerce. • Hégémonie monétaire de Byzance. 	 • Regroupement et transmission du patrimoine mathématique et scienti[...] élaboré par le monde gréco-romain. • Le premier traité d'arithmétique appliquée en notre possession. • Artisanat textile raffiné. Élevage du ver à soie. • Développement de l'organisation technico-militaire. Le feu grégeois.
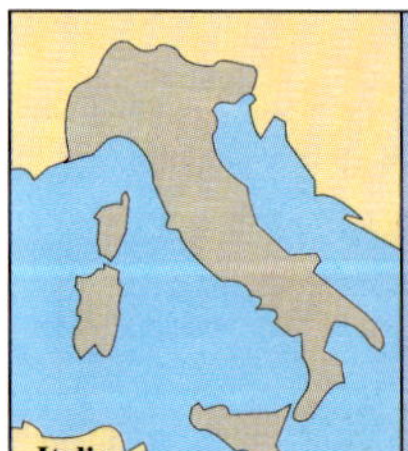 **Italie**	 • Invasions barbares. Saccages de Rome (Wisigoths, 410 ; Vandales, 455). Fin de l'Empire romain d'Occident (476). • *Pax gotica* entre Latins et Ostrogoths (édit de Théodoric, 500). • Le royaume lombard en Italie (viie siècle) ; tentatives d'expansion dans les territoires byzantins de la péninsule (Liutprand ; Aistolf). • Intervention des Francs en Italie et chute du royaume lombard.	 • L'aristocratie lombarde contrôle la terre et réduit les cultivateurs libres à l'état de fermiers. • Italie lombarde : abandon de la division des terres en « centuries » et du réseau routier romain. Économie agro-sylvo-pastorale. • Zones byzantines : économie agro-pastorale à gestion unitaire. Commerce maritime et fluvial (Ravenne). • Élevage de bovins uniquement. • Bonification des terres par les bénédictins.	 • Vaste production encyclopédique en latin. • Apparition d'équipes spécialisées dans la construction. Splendeur de la technique de la mosaïque (mosaïques de Ravenne). • Orfèvrerie et métallurgie lombarde, travail des armes, sculpture sur ivoire et tissage. • Céramique, verre, tissage. Élevage des chevaux.
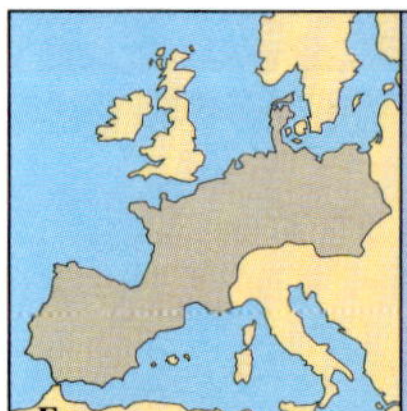 **Europe occidentale**	• Mouvements de populations en Europe. Royaumes romano-barbares (ve-vie siècle). • Dynastie mérovingienne en France (Clovis, 481-511). Puissance des maires du palais d'Austrasie (Pépin II de Herstal, v. 640-714). • Les Carolingiens et leur organisation militaire s'imposent peu à peu (732, Poitiers). • Arrivée des Francs en Italie et victoire sur le royaume lombard (Didier, 774). • Charlemagne empereur (800). 	• Forte diminution de la population (pestes et famines). • Économie agricole (cultures céréalières) ; échanges basés sur le troc. • Spécialisation de l'artisanat et nouvelle division sociale du travail. • Grandes propriétés foncières *(villae).* • Développement du système de la *curtis* (grandes propriétés). • Réforme monétaire carolingienne (le *denarius*). 	• Rédaction d'ouvrages médicaux dans les écoles monastiques. • Déboisement pour gagner de nouvelles terres. • Introduction d'améliorations dans le domaine agricole. Charrue à roues (viiie siècle) ; assolement triennal des cultures ; moulin à eau. • Évolution de la métallurgie. 
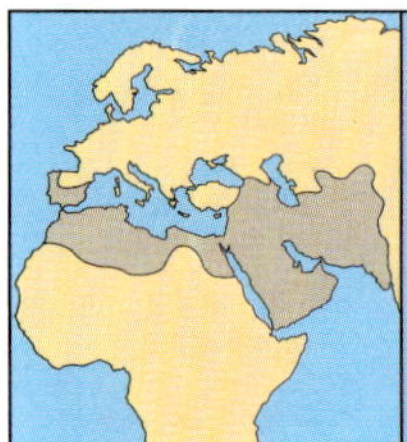 **Islâm**	 • Mahomet (v. 570-632). Début de l'ère islamique (622). • Expansion arabe en Méditerranée et en Orient. Califat d''Umar (634-644). • Conquêtes en Arménie et en Afrique du Nord. Califat d''Uthmān (644-656). • Régence d''Alī. Dynastie des Omeyyades : califat héréditaire (671-749). • Arrêt de l'avancée islamique à l'est (Byzance, 718) et à l'ouest (Poitiers, 732). • Les 'Abbāssides : califat à Bagdad (762).	 • Économie fondée sur les échanges et organisation en tribus. • Capitalisme islamique marchand sur les voies fluviales et maritimes et les routes des caravanes. Les villes sont d'actifs centres d'échanges (La Mecque). • Commerce des produits de luxe et des esclaves. • Passage d'un État bédouin à l'Empire islamique : l'arabe devient langue officielle. • Florissant commerce à travers le Sahara : les grands États islamisés d'Afrique.	 • Création à Bagdad d'un centre de traduc[...] des manuscrits grecs en langue arabe (7[...] • Développement de la cartographie et de[...] instruments de navigation et d'astronomi[...] (astrolabe). • Découvertes dans les domaines du calc[...] de l'algèbre et de la trigonométrie. • Progrès dans les sciences (optique, chim[...] pharmacologie, médecine). • Importantes réalisations techniques : chadouf, noria. Le premier moulin à vent.
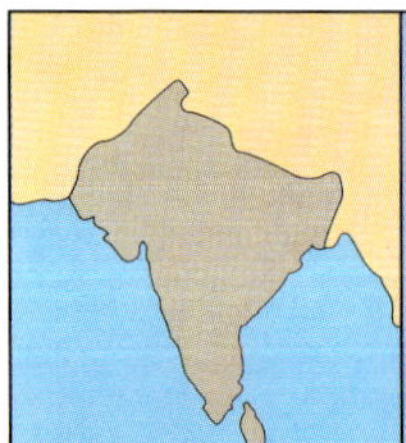 **Inde**	 • Unification du sous-continent. Empire des Gupta (v. 320-550). • Expansionnisme sous Candragupta II (ive-début du ve siècle). Invasion des Huns et déclin de l'Empire (455-467). Division en royaumes rivaux. • Unification temporaire de l'Inde du Nord. • Occupation du Sind par les Arabes (710-713).	• Intensification des échanges commerciaux entre le Centre et le Nord, favorisés par une importante circulation monétaire. • Apparition de corporations professionnelles aux ve et vie siècles. • Processus de féodalisation, crise du pouvoir central et décadence des centres urbains. Déclin des échanges. • La division en castes garantit la stabilité sociale. 	• Progrès de la médecine et de la pharmacologie (diagnostic et chirurg[...] • Développement de l'astronomie et des instruments de calcul. • Sciences linguistiques évoluées (grammaire et phonétique). • Secteurs artisanaux développés (tissage, métallurgie). • Le jeu d'échecs et la technique militaire.
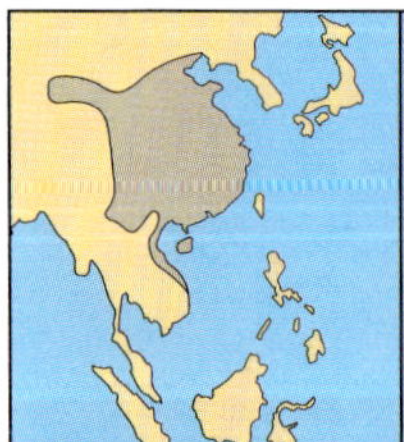 **Chine**	• Invasions barbares (357-589). • Moyen Age chinois (220-589) ; division de l'Empire en trois royaumes, Shu Han, Wei et Wu (iiie siècle). Dictatures militaires : les « Six Dynasties » (317-589). • Dynastie Sui : despotisme et nationalisme (589-618). Civilisation aristocratique dans le Centre et le Sud. • Dynastie Tang : (618-907). Deuxième âge d'or de la Chine. Conquête du Tibet. Expansion en Corée (657-670) et stabilité politique (712-756). • Sécession et révolte militaire (756-763). • Contrôle de l'Empire par la dynastie Tang jusqu'en 907.	 • Économie semi-féodale à base agraire : grandes propriétés. • Problème des communications nord-sud. Construction du « canal impérial ». • Lourde fiscalité et strict contrôle bureaucratique. • Développement économique sous les Tang. Relations commerciales et diplomatiques avec Byzance. Formation d'une classe de négociants. • Réorganisation territoriale et restructuration du système législatif.	 • Études poussées en médecine et en pharmacologie. • Techniques évoluées en ingénierie, en hydraulique, dans le secteur naval et mili[...] Grands réseaux hydriques pour l'agricult[...] • Progrès en mathématique, arithmétique [...] cartographie. • Premiers ouvrages imprimés sur des rou[...] de parchemin. • Invention de la poudre ; premier mécanis[...] pour horloge mécanique ; sismographe.
 **Méso-Amérique**	• Diffusion de la culture zapotèque d'Oaxaca, dans le centre du Mexique : Monte Albán (ve siècle). • Épanouissement de la civilisation des Totonaques près de Veracruz (iiie siècle). • Apogée de la culture de Teotihuacán (ive-viie siècle) et décadence (viiie siècle). • Début de la civilisation maya et expansion dans la péninsule du Yucatán (iiie-viiie siècle). 	• Économie surtout agricole. Cultures de base : maïs, courges et haricots. • Progrès techniques dans le domaine des canalisations et du drainage chez les Mayas. • L'agave fournit fibre textile, support papier et boisson *(pulque).* • Échanges commerciaux entre Teotihuacán, Oaxaca et les centres mayas ; entre les centres de l'arrière-pays et les villes côtières. • Pouvoir de la classe sacerdotale. La religion comme facteur de cohésion socio-politique. 	• Progrès et diversification dans la production d'objets en terre cuite (surtout à usage domestique). • Faibles connaissances métallurgiques. • Grande habileté dans le travail de la pierre (haches et jougs perforés). • En agriculture, on pratique le déboisement à grande échelle. • L'écriture à « glyphes ». • Connaissances poussées en astronomie et mathématiques. Le calendrier maya. 

Architecture et Urbanisme	Arts et Littérature	Religion
 ›eloppement de l'architecture sacrée sous ›stantin. ›ailles de Constantinople (Théodose II) et Thessalonique (première moitié du ve siècle). ›ifications et travaux publics sous Justinien ›ts, citernes, aqueducs). ›sécration d'églises. ›onstruction de Sainte-Sophie de Constantinople ›2-537). ›artir du vie siècle, décadence architecturale Constantinople.	 • Recueil et tradition de l'héritage culturel et artistique hellénistique et classique (ive siècle). • L'histoire et l'hagiographie. • L'œuvre de Julien l'Apostat et de Justinien. • Différence profonde entre l'art byzantin et celui de l'Orient chrétien. • La mosaïque : idéalisation et exaltation du pouvoir impérial ; les peintures murales. • L'art comme moyen de se rapprocher de Dieu (icônes). • La crise iconoclaste (Léon III l'Isaurien, 726). • Raffinement du travail des ivoires.	 • Victoire du christianisme : édits de Milan (313) et de Thessalonique (380). Le concile de Nicée (325). • La tentative de restauration païenne de Julien l'Apostat. • Arianisme, donatisme, manichéisme, pélagianisme. • Controverses théologiques sur la nature du Christ : nestorianisme et monophysisme (ve-vie siècle). • Le phénomène du monachisme. • Crise iconoclaste (Léon III l'Isaurien) et restauration du culte des images.
 • Architecture paléochrétienne. Le modèle basilical : Saint-Pierre au Vatican (premier édifice, v. 330), Sainte-Marie-Majeure et Sainte-Sabine à Rome (milieu du ive siècle). • Architecture byzantine à Ravenne. Mausolée de Galla Placidia et baptistère des Orthodoxes (ve siècle). Églises Saint-Vital et Saint-Apollinaire-in-Classe. • Mausolée de Théodoric. • Habitats lombards en Italie. Le Petit Temple lombard de Cividale.	 • Décoration en mosaïque des monuments ravennates (ve-vie siècle) et ivoires byzantins (cathèdre de Maximien). • Les fresques lombardes de Castelseprio et de Sainte-Sophie à Bénévent (viie-viiie siècle) ; l'autel de Rachis à Cividale. • Le trésor de la cathédrale de Monza (la « couronne de fer »). • Transcription des manuscrits et développement de l'enluminure dans les *scriptoria* des monastères. • L'œuvre des papes Léon le Grand et Grégoire le Grand. • Severinus Boèce : *la Consolation de la philosophie*. • Les arts du *trivium* et du *quadrivium*.	 • Édit de Milan (313). • Primat de l'évêque de Rome. Le pape Gélase (492-496) et la théorie des deux pouvoirs. • Benoît de Nursie et le monachisme bénédictin. La *Regula* (540). Extension en Europe (à partir du vie siècle). • Renforcement des institutions ecclésiastiques et rôle pacificateur de la papauté avec Grégoire le Grand (590-664). • Conversion des Lombards au catholicisme. • Donation de Sutri.
 ›itecture religieuse en France : baptistères ›-en-Provence, Marseille, Fréjus (ve siècle). ›nde-Bretagne et Irlande : églises d'Escomb ›Brixworth. ›itecture wisigothe en Espagne : San Pedro ›Nave. ›rande Mosquée de Cordoue (viiie siècle). ›itecture carolingienne. Monastère de Saint-Gall ›apelle Palatine d'Aix-la-Chapelle, 805.	 • Les *Étymologies* ou *Origines* d'Isidore de Séville. Bède le Vénérable. • La renaissance carolingienne. Alcuin d'York et l'école du palais d'Aix-la-Chapelle. • Peinture murale carolingienne et arts mineurs : miniatures, ivoires, orfèvrerie et bronzes. • Développement de l'enluminure dans les *scriptoria* des monastères irlandais : le *Livre de Durrow* et le *Livre de Kells*. • Orfèvrerie wisigothe et mérovingienne ; boucles, fermoirs, croix, couronnes votives.	 • Traduction de la Bible en gotique par l'évêque arien Ulfila (ve siècle). • Saint Patrick et les grands monastères irlandais. • Conversion de Clovis et des Francs au catholicisme (498). • Conversion des Wisigoths au catholicisme (587). La liturgie mozarabe. • Grégoire le Grand et l'évangélisation des peuples germaniques. La mission de Wilfrid en Frise et de Boniface dans le monde germanique.
 • Châteaux fortifiés construits dans le désert : la Mchttâ ou grand palais (Jordanie). • Mosquées de Kûfa et de Bassora, les plus anciennes de l'Islâm. • Mosquées omeyyades : la Coupole du Rocher à Jérusalem (669-692) et la Grande Mosquée de Damas (709-715). • Fondation de Bagdad (« ville ronde », 762) et sa splendeur (766-809). • Remarquable architecture profane.	 • Rejet de toute expression purement figurative. • Remarquable développement de la calligraphie et de la miniature. Le Coran. • Arts appliqués : céramique, mosaïque, stuc, objets en métal, tapis, gravure sur ivoire. • Exceptionnel épanouissement de la poésie lyrique : poèmes sur des thèmes fixes (Allâh, amour, nature).	 • Le christianisme arabe. • Fuite de Mahomet à Médine (hégire, 622) et retour victorieux à La Mecque (630). • Le Coran. La mystique musulmane. • La guerre sainte comme instrument de diffusion de l'islâm. • Instauration du califat, centre du pouvoir politique et religieux. • Rupture de l'unité musulmane, apparition de différents courants ennemis : sunnites, chî'ites, khâridjites (viie siècle).
 ›itecture bouddhiste : stûpa, caitya, vihâra. ›biose entre l'art et la nature. ›logie hindoue : sanctuaires rupestres (Deccan ›de occidentale) et temples à tours pyramidales. ›es bouddhistes d'Ajaṇṭâ (vie-viie siècle). ›es architectoniques propres à l'Inde au viie siècle ›ole de Lad Khan dans le Deccan). ›de de transition : les « temples-cathédrales » ›iie-viiie siècle). Grands sanctuaires dans le Sud. ›ndide temple de Kailâsa creusé dans le roc, ›orâ (viiie siècle).	 • Age d'or des Gupta (milieu du ive-milieu du viie siècle). • La signification du geste dans la danse et la sculpture (les *mudrâ*). • L'école de Mathurâ et du Gândhâra. • Fresques, bas-reliefs, sculptures dans les palais, temples et monastères : Bouddha de Sârnâth (Bénarès), fresques d'Ajaṇṭâ. • Motifs de style gupta dans le Deccan et l'Inde du Sud. Grandiose relief de *la Descente du Gange* de Mâmallapuram (viie siècle). • Sculptures en relief du grand temple de l'île d'Elephanta.	• Le dharma ou la loi universelle de l'ordre cosmique. • Tradition pluriséculaire de l'hindouisme (depuis 1000 av. J.-C.) et du bouddhisme (depuis le vie siècle av. J.-C.). • Le śivaïsme et ses sectes axées sur l'ascétisme religieux. Les *tantra*. • Théorie de la transmigration de l'âme (*saṃsâra*). Respect de la division sociale en castes comme moyen de purification morale. • Expansion du bouddhisme *mahâyâna* ou « grand véhicule » (vie-viiie siècle). • Succès du christianisme nestorien grâce à des moines syriens (viiie siècle).
 • Changan : ville impériale entourée d'une muraille et à plan orienté. • Remarquable architecture rupestre. • Le goût du colossal dans l'architecture civile (époque Sui). La Cité impériale ; la restauration de la Grande Muraille. • Constructions de haute technologie (pont suspendu à des câbles de fer, vie siècle, et premier pont en maçonnerie à arc ogival, 610). • Les grottes des Mille Bouddhas, creusées dans le roc et ornées de fresques.	 • Temples chinois creusés dans le roc, niches ornées de statues et bas-reliefs sculptés (grottes de Yungang). • Sculptures en bronze ou en pierre directement inspirées de l'Inde (les « temples-grottes » de Tianlongshan). • La sculpture profane. Les statuettes funéraires en terre cuite (*mingqi*). • La peinture et la calligraphie. • Age d'or de la poésie lyrique chinoise sous les Tang : Li Bo ; Du Fu ; Bo Juyi. • Développement des arts mineurs : bijoux, soies, laques, meubles, porcelaine, terres cuites vernissées.	 • Diffusion massive du bouddhisme (iiie-ive siècle) depuis le nord du pays et déclin parallèle du confucianisme. • Renouveau du taoïsme, influence de celui-ci dans tous les secteurs de la création artistique. • Succès de l'« École des noms » taoïste. • Développement de la secte Chan (début du vie siècle), connue comme la « philosophie du silence ». Remise à l'honneur des ouvrages classiques du confucianisme.
 ›itecture religieuse monumentale : centre ›moniel de Teotihuacán. ›res cérémoniels et nécropole de Monte Albán. ›mbles architectoniques mayas à Palenque, ›Piedras Negras. Pyramides, temples et autels ›acrifice, jeu de pelote (iiie-viiie siècle).	 • Musique cérémonielle : simples instruments à vent, à percussion, à secouer ou à racler. • Céramiques, objets funéraires ; sculpture de bas-reliefs en pierre à Teotihuacán. • L'art funéraire d'Oaxaca. • Apogée de la peinture maya de la période classique (Bonampak). • La sculpture maya : portraits, reliefs, stèles.	 • Polythéisme. Primauté du dieu du Soleil sur un panthéon de dieux de la nature. Importance de Tlaloc, dieu de la pluie, et de Chalchiuhtlicue. • Importance des rites propitiatoires et des cérémonies. • Introduction de la pratique des sacrifices humains sous l'influence toltèque. • Animaux sacrés associés aux éléments naturels : tortue, crocodile, chauve-souris, aigle, jaguar et chien. • Le panthéon maya. Quetzalcóatl, le « serpent à plumes ».

Après avoir éliminé son rival Licinius (324) et être devenu le maître incontesté de l'Empire, **Constantin le Grand** transfère le siège de celui-ci en Orient. La décision d'**abandonner Rome et de bâtir une nouvelle capitale** en restructurant une ancienne colonie grecque sur le Bosphore (Byzantion) s'explique surtout par des raisons économiques. Les provinces orientales sont en effet bien plus stables et plus prospères que celles de l'Occident, où l'appauvrissement des campagnes et la décadence des cités libres ont remplacé la grandeur d'autrefois. En outre, sur le plan militaire, la nouvelle capitale

bénéficie d'une position stratégique pour défendre l'Empire contre la pression des Goths à l'embouchure du Danube, et celle des Perses en Asie Mineure. D'autres raisons plus complexes, de nature religieuse et politique, poussent par ailleurs Constantin vers la Corne d'Or. Rome paraît encore trop attachée à la tradition païenne et la vieille aristocratie de cour aurait bien du mal à accepter la conversion de l'empereur au christianisme ; en outre, l'absolutisme hérité de Dioclétien, implicite dans le passage du *principatus* au *dominatus*, semble beaucoup plus adapté à une ville orientale qu'à l'ancienne capitale. Magnifiquement située au carrefour de la Méditerranée et de la mer Noire, de l'Europe et de l'Asie, la « Nouvelle Rome » est inaugurée le 11 mai 330, sous le nom de **Constantinople**. Elle va devenir la ville symbole d'un Empire qui saura, pendant plus d'un millénaire, effectuer une admirable synthèse entre la culture grecque, le génie juridique romain et la religion chrétienne. Sans jamais renier l'héritage de Rome, au fil du temps, Byzance s'éloignera toujours plus des caractéristiques du monde antique pour engendrer une civilisation riche en éléments originaux.
Les successeurs immédiats de Constantin ne sont pas en mesure de préserver durablement l'unité de l'empire et, tandis que se rallument les traditionnels conflits civils et religieux, de nouveaux dangers surgissent aux frontières. Les Francs saliens et les Alamans franchissent le Rhin, occupant le Brabant et la Gaule ; Goths, Sarmates, Suèves et Quades déferlent aux abords du Danube ; en Orient, les Sassanides s'assurent l'hégémonie en Mésopotamie. L'ultime tentative de l'empereur **Julien**, dit l'Apostat (361-363) - qui veut rétablir les cultes païens dans l'espoir de revigorer un empire épuisé - est vouée à l'échec. La réforme administrative de 362 restaure l'ancienne autonomie municipale, mais cette habile entreprise de rénovation est brusquement interrompue par la mort du jeune empereur au cours de la guerre contre les Perses, commandés par Châhpuhr II (363). Jovien, son successeur (363-364), conclut un traité de paix avec les Sassanides, aux termes duquel il renonce à ses droits sur l'Arménie et perd de vastes territoires en Mésopotamie. De religion chrétienne, il restitue à l'Église les privilèges abrogés par son prédécesseur.

A gauche : fragment d'une statue de Constantin le Grand se trouvant dans la basilique de Maxence. Palais des Conservateurs à Rome.
Ci-dessus : grand plat d'argent (74 cm de diamètre) célébrant les **décennales** ***(388) de Théodose. L'empereur, à côté duquel figurent Valentinien II et Arcadius, remet à un officier un codicille contenant ses dispositions ; en dessous, une figure symbolise la Terre (ou l'Abondance), avec une corne entourée de fleurs et de fruits. Découvert en 1847 près d'Almendralejo, en Espagne, ce plat est conservé à la Real Academia de la Historia de Madrid.***

Avec le début des migrations barbares, la frontière septentrionale de l'empire d'Orient devient elle aussi le théâtre de heurts continuels. Le premier empereur à devoir affronter cette lutte sur deux fronts est l'arien **Valens** (364-378), associé par son frère Valentinien Ier au gouvernement des provinces orientales. Celles-ci sont désormais indépendantes de la partie occidentale de l'Empire sur le plan administratif.
Le tournant le plus dramatique se produit quand, harcelés par les Huns et les

Page ci-contre, en bas : détail de la mosaïque du baptistère des Ariens, à Ravenne, montrant le trône surmonté de la Croix. Le christianisme devient un élément fondamental de la cohésion de l'État et les dissensions religieuses sont considérées par les empereurs comme un danger menaçant l'unité de l'Empire.
Sur cette page, ci-contre : liste chronologique des empereurs byzantins jusqu'à la fin du VIIIe siècle.
En bas : les conquêtes territoriales de Justinien au cours de son règne (527-565). Projetant de rendre à l'Empire sa splendeur passée, il veut en reconquérir la partie occidentale : Afrique du Nord, Italie, sud de l'Espagne. Après sa mort, ces gains territoriaux seront entièrement annulés en quelques décennies.
A droite : tête d'Arcadius, empereur romain d'Orient (395-408). Musée archéologique, Istanbul.

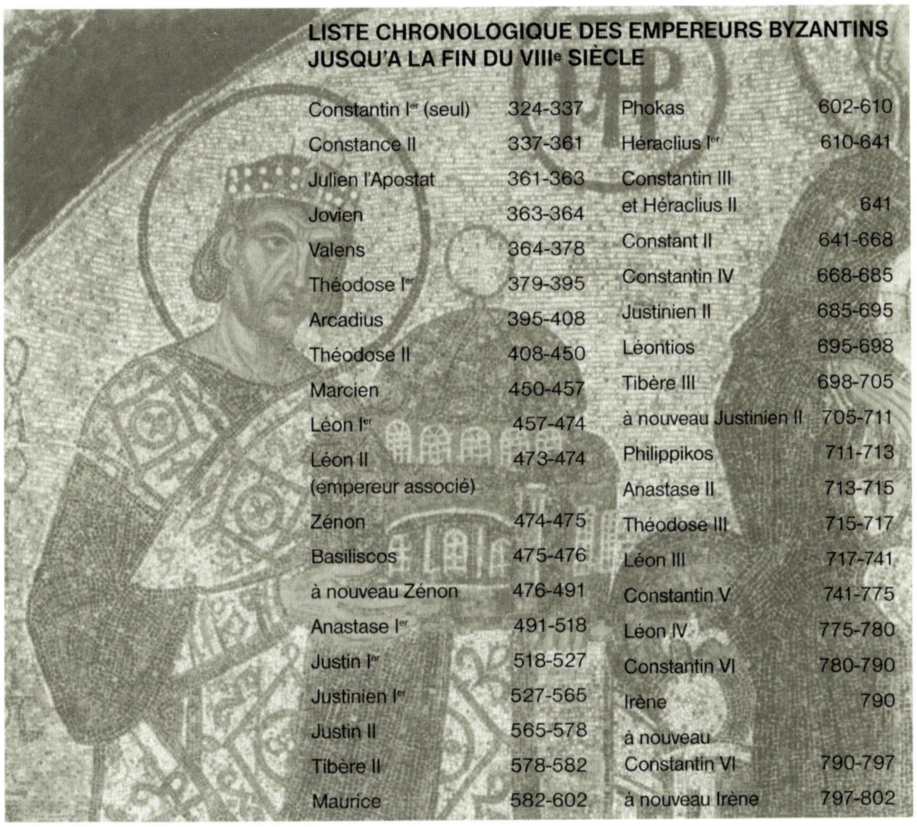

LISTE CHRONOLOGIQUE DES EMPEREURS BYZANTINS JUSQU'A LA FIN DU VIIIe SIÈCLE

Constantin Ier (seul)	324-337	Phokas	602-610
Constance II	337-361	Héraclius Ier	610-641
Julien l'Apostat	361-363	Constantin III et Héraclius II	641
Jovien	363-364	Constant II	641-668
Valens	364-378	Constantin IV	668-685
Théodose Ier	379-395	Justinien II	685-695
Arcadius	395-408	Léontios	695-698
Théodose II	408-450	Tibère III	698-705
Marcien	450-457	à nouveau Justinien II	705-711
Léon Ier	457-474	Philippikos	711-713
Léon II (empereur associé)	473-474	Anastase II	713-715
Zénon	474-475	Théodose III	715-717
Basiliscos	475-476	Léon III	717-741
à nouveau Zénon	476-491	Constantin V	741-775
Anastase Ier	491-518	Léon IV	775-780
Justin Ier	518-527	Constantin VI	780-790
Justinien Ier	527-565	Irène	790
Justin II	565-578	à nouveau Constantin VI	790-797
Tibère II	578-582	à nouveau Irène	797-802
Maurice	582-602		

Ostrogoths, les Wisigoths franchissent le Danube et occupent la Thrace. Valens subit une terrible défaite à **Andrinople** en 378 et il est tué pendant la bataille. Seules les solides murailles de la ville empêchent les Wisigoths d'écraser complètement l'armée impériale. La seule issue est de conclure un compromis pacifique avec les tribus germaniques. C'est l'œuvre de **Théodose Ier** (379-395), un général ibérique nommé Auguste de l'empire d'Orient par Gratien, successeur de Valentinien Ier. Le nouvel empereur soumet les Goths et leur accorde, au titre de fédérés, une partie des terres dévastées dans le nord de la Thrace et en Pannonie.

Dès après avoir vaincu Eugène, un empereur fantoche mis sur le trône par un général barbare, Théodose réunifie l'Empire pour la dernière fois dans l'Histoire. Quelques mois plus tard, il meurt à cinquante ans à peine (395), après avoir partagé l'empire entre ses deux fils. Honorius, le cadet, reçoit l'Occident tandis que l'aîné, Arcadius, hérite de l'Orient, la partie la plus riche. La division voulue par Théodose n'est pas une nouveauté (on continuera d'ailleurs à parler des deux *partes* d'un unique empire), mais elle consacre de fait, jusqu'en 476, la **rupture de l'unité impériale** ; les relations entre les deux gouvernements seront placées sous le signe de la méfiance et de la rivalité. La politique inaugurée par Théodose à l'égard des Barbares connaît une crise grave quand, sous la conduite d'Alaric, les Wisigoths abandonnent en 395 leurs camps de Mésie pour envahir la Thrace, la Macédoine et la Thessalie, tandis que les Huns font irruption en Syrie et en Asie Mineure. L'empereur d'Orient n'obtient la paix qu'en accordant à Alaric le gouvernement de l'Illyrie. Le pouvoir croissant des commandants barbares, dont l'arianisme est mal vu à Constantinople (Gaïnas, chef arien des mercenaires goths, acquiert une grande influence), suscite une violente opposition. Mais une radicale **réorganisation de l'armée**, avec l'exclusion complète des Goths, contribue à sauver l'empire d'Orient d'une débâcle semblable à celle que va connaître celui d'Occident.

Après avoir sans scrupule détourné la pression des Barbares vers l'Occident et signé un nouveau traité de paix avec la Perse en 421, Constantinople se prépare

à vivre une période de relative tranquillité sous le règne de **Théodose II** (408-450). Sous l'énergique impulsion d'Eudoxie augusta, son épouse, l'université fondée par Constantin le Grand est réorganisée. La promulgation du Code Théodosien (438), qui rassemble l'ensemble des édits impériaux pris depuis le règne de Constantin, est tout aussi importante pour la vie culturelle de l'Empire. En 441-442, les **Huns d'Attila** envahissent les Balkans et battent l'armée impériale. Après avoir obligé Constantinople à payer un lourd tribut, l'armée du chef des Huns, surnommé le « fléau de Dieu », se tourne contre l'Occident.

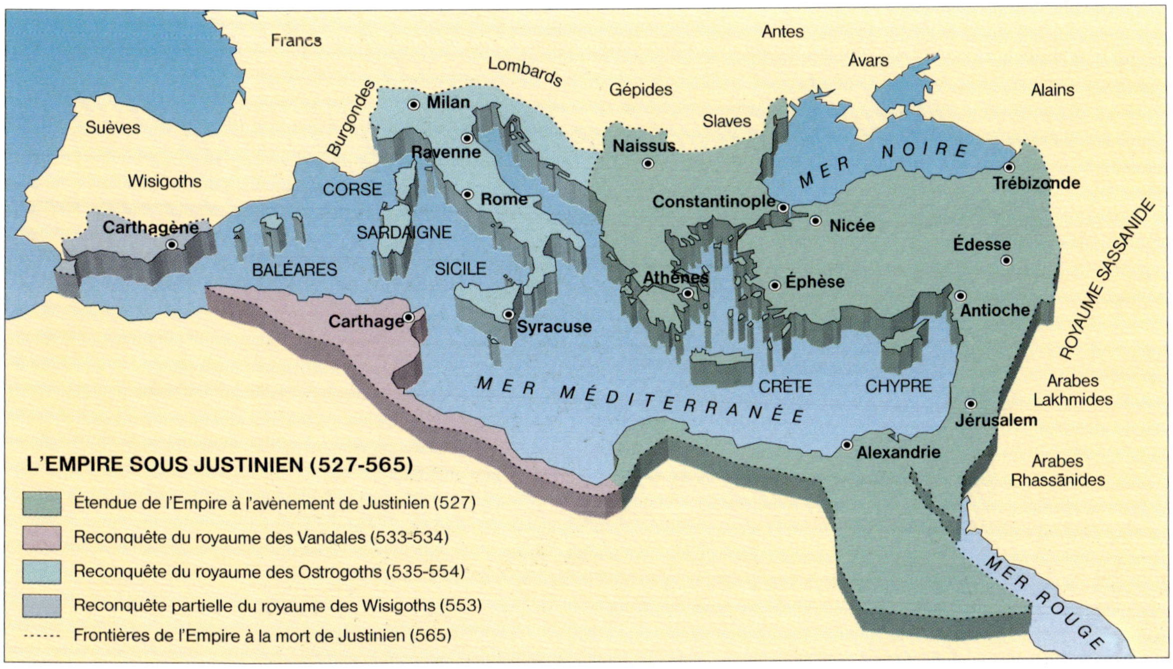

Pendant le règne de Marcien (450-457), tandis que l'Empire romain d'Occident est en proie au chaos, Constantinople doit affronter de longues et délicates controverses christologiques. En réalité, sous les apparences doctrinales, le nestorianisme et le monophysisme – que l'empereur fait condamner par le IVe concile œcuménique de Chalcédoine (451) –, elles relèvent aussi de raisons politiques complexes : le refus de la suprématie byzantine par la Syrie et l'Égypte, deux provinces connues depuis longtemps pour leur particularisme national. Dans la seconde moitié du siècle, après l'effondrement définitif de la puissance des Huns, la partie orientale de l'Empire subit elle aussi un nouvel **afflux de tribus germaniques**, qui vont exercer une grande influence à la cour. Voulant se libérer de la tutelle des Barbares, **Léon Ier** (457-474), un simple soldat devenu empereur à la mort de Marcien, décide de supprimer les subsides versés aux Ostrogoths. Du coup, ces derniers vont saccager l'Illyrie et occuper Durrës (459) ; l'empereur se heurte à Aspar, un Alain commandant la garde impériale composée de Germains, et le fait assassiner par le chef du peuple des Isauriens. Ce dernier montera ensuite sur le trône de Byzance sous le nom grec de Zénon.

Zénon (474-491) doit faire face à une série de tentatives d'usurpation, dont la principale est menée par son beau-frère Basiliscos, un général qui a conduit en 468 une campagne malheureuse contre les Vandales. Ayant repris le pouvoir en 476, juste au moment où l'Empire romain d'Occident disparaît, Zénon, après avoir précisé ses relations avec Odoacre, nouveau maître de l'Italie, s'attaque au problème posé par les tribus germaniques des régions orientales, en particulier les Ostrogoths de Thrace et de Mésie. Habilement, l'empereur parvient en 488 à les dérouter vers Ravenne. Mais leur départ sous la conduite de leur chef, Théodoric, ne résout pas tous les problèmes ethniques de l'empire byzantin. C'est **Anastase Ier** (491-518), administrateur intelligent et réformateur énergique, qui mettra fin à la puissance excessive des Isauriens et mènera de nouvelles guerres contre les Slaves, les Gètes et les Bulgares sur le Danube, et contre les Perses en Orient.
Le court règne de **Justin Ier** (518-527), ancien *comes excubitorum* (commandant de la garde impériale), préfigure le programme de restauration impériale entrepris par son neveu **Justinien** (527-565). Très intelligent et compétent, le nouvel empereur se propose de rendre à l'Empire son ancienne splendeur. **Reprendre les provinces occidentales** est le principal objectif de sa politique étrangère. Ayant conclu une « paix éternelle » avec les Perses en 532, l'empereur peut se concentrer sur le secteur qui lui tient le plus à cœur – l'Occident – en profitant de la crise profonde que traversent les royaumes romano-barbares. Les armées byzantines débarquent en Afrique en 532 et mettent fin à la domination des Vandales, soumettant le territoire entier en deux ans à peine. Elles entreprennent ensuite la conquête de l'Italie, qui nécessitera presque vingt ans de guerre (535-553) et s'emparent enfin du sud de l'Espagne en arrachant aux Wisigoths Carthagène, Malaga et Cordoue (554). Mais les triomphes de Justinien en Occident sont payés très cher et précipitent la dégradation de la situation aux frontières orientales et septentrionales de l'Empire.
A cette époque, le plus grand péril vient à nouveau de la Perse, toujours désireuse de se procurer un débouché sur la mer Noire. Rompant la « paix éternelle » de 532, le roi Khosrô Ier reprend en 540 les hostilités contre Byzance ; elles se termineront vingt ans plus tard, sans vainqueur ni vaincu (562).
La frontière balkanique elle aussi est peu sûre, du fait de l'apparition de nouveaux peuples ennemis : Lombards, Hérules et Gépides, établis sur le haut Danube ; Avars, Slaves, Bulgares et Antes, installés dans les zones médianes et à l'embouchure du fleuve. Ces tribus ne se contentent pas d'expéditions de pillage, mais affluent dans de nombreuses régions de l'Empire (Thrace, Scythie, Mésie, Illyrie, Grèce, Épire).

L'œuvre accomplie par Justinien dans tous les secteurs de l'administration publique est impressionnante, mais la lourdeur des impôts alimente mécontentements et désordres, comme la fameuse sédition Nika. Déclenchée par les deux partis traditionnels des « Verts » et des « Bleus » (factions sportives et politiques en rapport avec les courses de l'hippodrome de Constantinople), elle est matée par les troupes de Bélisaire et de Mundus (532). Le nom de Justinien reste surtout attaché à la **codification du droit romain** qui est menée à bien par une commission d'experts sous la direction de Tribonien. Le *Corpus juris civilis* comprend quatre parties : le Code Justinien, qui réunit les lois promulguées depuis l'époque d'Hadrien, sur la base de compilations antérieures (529 et 534) ; le *Digeste* (ou *Pandectes*), qui présente un résumé de la jurisprudence romaine ; les *Institutes*, un manuel pour les étudiants en droit ; enfin les *Novellae Constitutiones* (*Novelles*), c'est-à-dire les lois promulguées par Justinien après 533.

En quelques décennies, les conquêtes militaires de Justinien sont réduites à néant. A peine trois ans après sa mort, les Lombards arrachent à Byzance les régions du

En haut : l'empereur Justinien, précédé de l'évêque Maximien et de deux diacres portant l'Évangile et l'encens, s'apprête à déposer une offrande sur l'autel. Église Saint-Vital, Ravenne, vers 547.
C'est l'un des deux panneaux « impériaux » en mosaïque ornant l'église Saint-Vital à Ravenne ; l'autre représente l'impératrice Théodora, avec sa suite de dames de la cour et de hauts dignitaires. En réalité, ni Justinien ni Théodora ne se sont jamais rendus à Ravenne.
A gauche : fragment de mosaïque venant du sol du péristyle du Palais impérial de Constantinople et montrant un soldat romain coiffé d'un casque (Ve-VIe siècle). Musée des Mosaïques, Istanbul.

nord de l'Italie (568), tandis que les Wisigoths reprennent l'offensive en Espagne. Au bout d'une quarantaine d'années, il ne reste rien de la restauration byzantine : seule l'Afrique du Nord résiste, mais elle sera définitivement envahie par les Arabes au VIIe siècle.
Les successeurs de Justinien doivent en outre s'engager dans des guerres sanglantes contre les Avars et les Slaves, ainsi que contre les Perses. Aux prises avec les Lombards en Italie, **Maurice**, dernier représentant de la dynastie justinienne, concentre les forces byzantines à Ravenne. Il y établit un **exarchat** et utilise la corruption pour opposer Francs et Lombards. Ayant conclu un accord avec les Perses, Maurice parvient à s'assurer de vastes territoires en Arménie, mais ses campagnes contre les Avars et les Slaves sont infructueuses. L'empereur est finalement déposé lors d'un soulèvement militaire dirigé par un centurion nommé Phokas (602) tandis que l'État sombre dans le chaos.

C'est Héraclius Ier, commandant de la flotte carthaginoise, qui sauve l'Empire byzantin de l'anarchie et de l'invasion par des ennemis extérieurs. Il met fin au régime de terreur de Phokas et est proclamé *basileus* (ce terme grec remplace le titre latin de *caesar* employé jusqu'alors) en 610. Sous le règne d'**Héraclius** (610-641), l'État byzantin s'hellénise toujours davantage au détriment de ses caractéristiques romaines initiales. Dans les actes officiels et la législation, **le grec remplace le latin** ; la théologie et la liturgie s'imprègnent de l'esprit et des traditions orientales ; enfin, la société elle-même, les coutumes et les institutions finissent par se transformer tandis que s'accroît le sentiment d'extranéité par rapport à l'Occident.
L'œuvre la plus durable d'Héraclius est sa **réforme économique et administrative**, qui durera jusqu'au Xe siècle et qui prépare la renaissance de l'Empire sous la dynastie macédonienne. Les territoires de Byzance sont organisés en **thèmes** (régions militaires commandées par un *stratège* également doté de pouvoirs civils) ; un grand nombre de latifundia sont confisqués, morcelés et redistribués à des familles de paysans libres, qui s'engagent en contrepartie à fournir des hommes à l'armée.
La nouvelle organisation est d'abord expérimentée en Asie Mineure, puis étendue aux régions balkaniques. La politique étrangère enregistre des résultats positifs dans le très âpre **conflit avec les Perses**, qui profitent de la crise de l'Empire.
La guerre contre Khosrô II (591-628) reprend en 613 sur deux fronts, en Arménie et en Syrie, avec un succès variable. Elle se conclut par la victoire de Ninive (627), qui permet à Héraclius de reconquérir de grands territoires orientaux et de récupérer, en même temps que Jérusalem (628), la vraie Croix précédemment dérobée par les Perses.
L'empereur byzantin ne peut en revanche empêcher la slavisation complète des provinces balkaniques, qui perdront progressivement toute trace de civilisation romaine. La foudroyante **invasion arabe** a des conséquences encore plus graves : dans les dernières années de son règne, elle soustrait à l'autorité d'Héraclius la Syrie et la Palestine, auxquelles s'ajouteront très vite l'Égypte et la Cyrénaïque. Ainsi amputé de ses provinces orientales et africaines, l'Empire byzantin réussira cependant à surmonter la crise arabe sous la conduite des descendants d'Héraclius, grâce surtout à ses traditionnels points forts : l'organisation en thèmes, l'armée – qui est réformée – et la flotte, qui reste sans rivale en Méditerranée.

A droite : détail de l'un des deux panneaux « impériaux » en mosaïque présentant certains des dignitaires qui accompagnent l'impératrice Théodora. Église Saint-Vital, Ravenne.
Ci-dessous : organisation des thèmes en Asie Mineure (VIIe-IXe siècle). Introduits lors de la réforme économique et administrative du **basileus** *Héraclius (610-641), les thèmes (régions dirigées par un* **stratège** *également doté de pouvoirs civils) sont d'abord expérimentés dans les provinces d'Asie Mineure, puis étendus aux régions balkaniques. A partir du VIIIe siècle, le nombre de thèmes augmente jusqu'à atteindre la trentaine. Ce système restera en vigueur jusqu'au Xe siècle.*

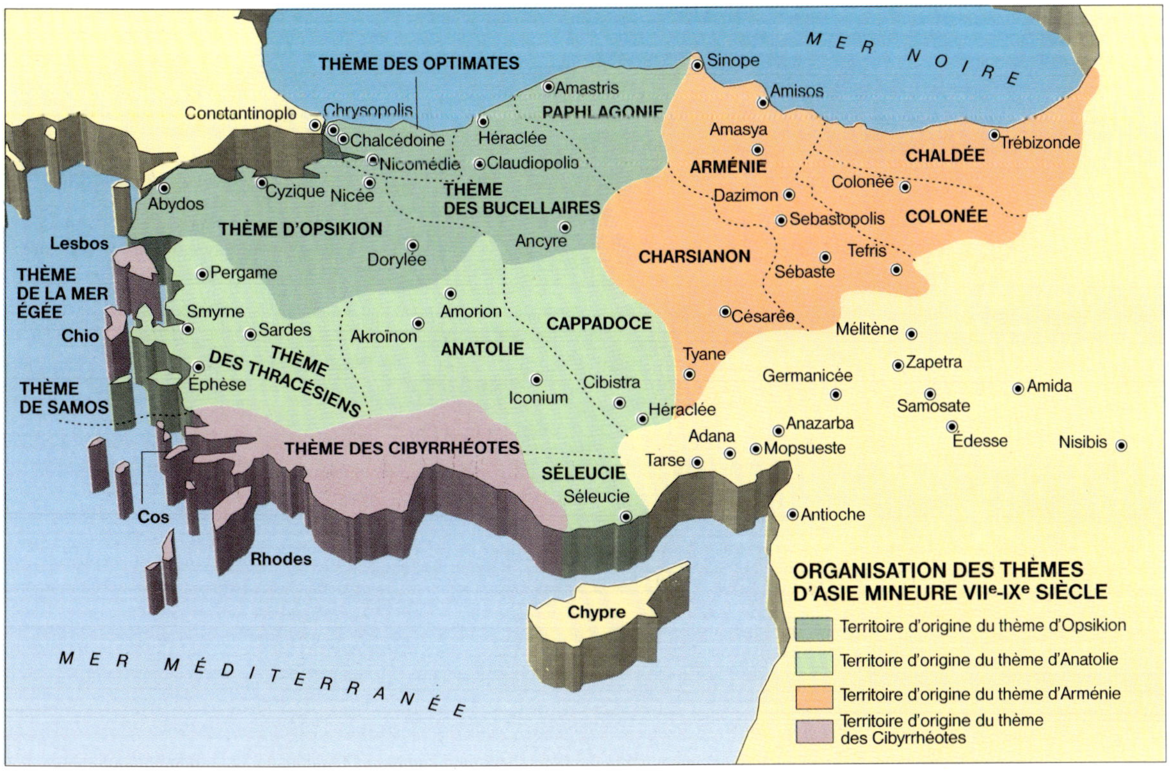

Après une nouvelle période de troubles et de luttes internes qui mettent fin à la dynastie héraclide, c'est finalement **Léon III l'Isaurien** (717-741) qui prend le pouvoir. Il réussit à repousser une deuxième attaque arabe contre Constantinople et à s'assurer le contrôle de l'Anatolie, mais le nom des Isauriens reste surtout lié aux **édits contre le culte des images**, promulgués par Léon III de 726 à 730 sous l'influence des sectes orientales iconoclastes, ainsi que du judaïsme et de l'islām. La **querelle iconoclaste** se poursuit plus durement encore sous le règne du fils de Léon III, Constantin V (741-775) dit Copronyme (« l'Ordurier ») ; interrompue, puis reprise de 815 à 843, elle contribue à creuser un fossé toujours plus profond entre Byzance et le monde latin.
La restauration de la dignité impériale en Occident sous l'égide des Francs survient sous le règne de l'impératrice d'Orient Irène (une femme ambitieuse et sans scrupule qui fait assassiner son fils, Constantin VI, en 797). Cet événement prend la diplomatie byzantine à contre-pied et met à nu la faiblesse désormais inhérente à l'Empire.

En 401, à la tête d'une armée de Wisigoths, **Alaric** franchit les Alpes juliennes et assiège Milan, devenue résidence de l'empereur en Occident depuis 292. **Stilicon**, le général d'origine vandale désigné comme tuteur du jeune empereur Honorius - fils et successeur de Théodose - réussit à stopper l'invasion en battant les Goths à deux reprises : à Pollenza (402) et à Vérone (403). Pourtant, le *magister utriusque militiae* (maître des milices) n'anéantit pas les forces des Barbares : fidèle à la politique de Théodose, qui vise à absorber les tribus germaniques en les intégrant à l'armée, il autorise Alaric à regagner l'Illyrie en tant qu'allié des Romains. Mais la politique du *foedus* ne peut être appliquée systématiquement à tous les chefs germaniques. Trois ans plus tard, quand une horde rassemblant Ostrogoths, Vandales, Alains et Suèves sous la conduite de **Radagaise** déferle sur l'Italie, Stilicon l'arrête à Fiesole et l'extermine. Entre-temps, de retour dans la péninsule en 408, Alaric hausse le prix de sa « bienveillance » et exige un tribut extraordinaire de 4000 livres d'or. Sa demande est satisfaite sur la recommandation de Stilicon, mais ce nouveau recul devant les Goths et la perte de vastes territoires en Gaule sont fatals au général romain : accusé de trahison par le parti antigermain, il est exécuté avec toute sa famille.

Entré une fois encore en Italie sans rencontrer aucun obstacle, Alaric va jusqu'à Rome, bien résolu à exercer une pression sur la cour de Ravenne - où Honorius s'est transporté en 404 - pour obtenir le droit de s'établir dans le Norique avec ses troupes. Menées avec une certaine ambiguïté de part et d'autre, les négociations traînent en longueur. Rome réussit à détourner un premier assaut en versant aux Wisigoths une somme très élevée ; mais en août 410, la ville est prise d'assaut et sauvagement mise à sac trois jours durant. Bien que privée de son rôle de capitale, elle reste le symbole de l'Empire et de la chrétienté : la **prise de Rome** suscite donc une immense émotion.

Sous **Valentinien III** (425-455), la partie occidentale de l'Empire - du Rhin à l'Aquitaine, de l'Ibérie à la Grande-Bretagne et à l'Afrique du Nord - est presque intégralement tombée aux mains des Barbares, même si cela prend la forme juridique du *foedus*. Au milieu du Ve siècle, un nouveau malheur s'abat sur l'Italie avec les **Huns d'Attila**, un peuple d'origine asiatique, beaucoup plus fruste et cruel que les Germains (déjà profondément romanisés). Battu par Aetius aux **champs Catalauniques** (451), le roi des Huns fait une nouvelle tentative l'année suivante en se dirigeant vers la Péninsule. Venant de Pannonie par les Alpes juliennes, une horde de Huns sème la terreur et la mort dans la plaine du Frioul. Aquilée, Concordia et Altino sont incendiées. Avec d'autres fugitifs, leurs habitants se réfugient dans les îlots de la lagune où s'élèvera plus tard **Venise**. Alors que le chemin de Rome est désormais ouvert à Attila, celui-ci, inexplicablement, fait halte sur le Mincio. A en croire la tradition, il est arrêté à Peschiera par le pape **Léon Ier**, qui le persuade d'épargner à Rome un deuxième saccage.

Ci-dessus :* diptyque de Stilicon*, comportant les figures du général, de sa femme Serena, fille de l'empereur Honorius, et de leur fils Eucherius. Ivoire, Ve siècle. Trésor de la Cathédrale, Monza. Stilicon apparaît de face, armé d'une lance, d'une épée et d'un bouclier, sur lequel se détache en relief le portrait des empereurs d'Occident et d'Orient.

A gauche : détail d'une mosaïque du VIe siècle représentant le palais de Théodoric à Ravenne (les images du roi goth et de sa cour ont été supprimées après la reconquête byzantine ; il ne reste que quelques mains sur les fûts des colonnes). Saint-Apollinaire-le-Neuf, Ravenne. La tradition littéraire italienne décrit Théodoric comme un barbare sanguinaire, alors que les sagas germaniques le célèbrent comme un héros.

Après la mort de Valentinien III, la dignité impériale perd toute signification en Occident. Le trône de Ravenne voit se succéder jusqu'à huit empereurs en vingt ans, tous imposés par les chefs des armées barbares et dépourvus de la moindre autorité. En 475, le patrice Oreste - qui a combattu au côté d'Attila - dépose l'empereur Julius Nepos pour le remplacer par son propre fils, **Romulus**. En raison de son jeune âge, celui-ci est appelé **Augustule** (« petit Auguste »). Mais Oreste, véritable détenteur du pouvoir, refuse d'accorder à ses troupes (Hérules, Skires et Ruges) stationnées en Italie les avantages qu'elles réclament (un tiers des terres appartenant aux Romains) et il se fait assassiner. Le chef des rebelles est un officier skire nommé **Odoacre**. Réaliste, il renonce au titre d'empereur et renvoie les insignes impériaux à l'empereur d'Orient, Zénon, en annonçant qu'il se contentera du titre de patrice en Italie. Les événements de 476 n'ont rien de retentissant en eux-mêmes, mais ils **marquent la fin de l'empire d'Occident** en tant que juridiction autonome. La dignité impériale est en revanche préservée dans la « Nouvelle Rome » - Byzance - sans instaurer de coupure avec la tradition, du moins sur le plan formel.

Tout en accordant à ses troupes les terres réclamées, Odoacre ne rompt pas complètement avec le passé. Il s'entoure de fonctionnaires romains et préserve les anciennes institutions. Mais quand il part en guerre contre les Ruges du Norique et les écrase, l'empereur byzantin envoie contre lui

Théodoric l'Amale (454-526), jeune chef des Ostrogoths installés en Mésie inférieure en tant qu'alliés de Byzance. La guerre pour la conquête de l'Italie dure cinq ans : Théodoric finit par s'emparer de Ravenne et fait massacrer Odoacre avec toute sa famille. Ce bain de sang marque la naissance du **royaume des Ostrogoths** dans la péninsule. Partisan d'une étroite collaboration entre les éléments romains et germaniques, le roi des Goths refuse cependant l'assimilation des deux peuples. De fait, ceux-ci restent séparés par la religion comme par le mode de vie : à une société désuète, se consacrant aux charges civiles et restant fidèle au droit romain et à l'orthodoxie catholique définie par les conciles, fait pendant un peuple qui renonce difficilement aux anciennes coutumes barbares, enclin à l'usage des armes et partisan de l'hérésie arienne. Pour organiser la coexistence entre Romains et Goths, le célèbre **édit de Théodoric** (vers 500) est promulgué : il réglemente les rapports juridiques en s'inspirant largement du droit des vaincus.

Théodoric mène une politique très active à l'égard des autres souverains barbares et il réussit à se les attacher par un habile **jeu d'alliances,** consolidées par des mariages dynastiques. Mais les initiatives de Clovis, roi des Francs, contre les Burgondes et les Wisigoths, ainsi que les perpétuelles menées de Byzance qui a tout intérêt à entretenir l'hostilité entre les peuples germaniques, révèlent très vite la fragilité de ce système d'entente. Durant les dernières années de son règne, Théodoric mène une **politique pro-arienne** et antiromaine qui affaiblit la domination des Ostrogoths en Italie. Le tournant se produit en 518, quand l'empereur d'Orient, Justin, se rapproche de l'évêque de Rome pour affermir sa propre autorité en Occident et ordonne une série de persécutions contre les ariens. Théodoric fait alors emprisonner le pontife, soupçonné de complicité avec l'empereur, et déclenche une violente campagne contre l'aristocratie romaine et ses plus illustres représentants, comme Symmaque, préfet de Rome, et Boèce, consul et prince du sénat. A la disparition de Théodoric, sa fille **Amalasonte** exerce la régence au nom de son fils mineur, Athalaric. Elle s'efforce de rétablir la coexistence pacifique entre Goths et Romains, mais à la mort de son fils (534), elle est obligée d'épouser son cousin Théodat, chef des Goths intransigeants et nationalistes. Il la fait emprisonner et l'exile sur un îlot du lac de Bolsena, où on la retrouve égorgée en juin 535. Ce meurtre permet à l'empereur Justinien d'intervenir en Italie sans exposer trop ouvertement ses desseins expansionnistes.

Après avoir vaincu les Vandales d'Afrique du nord, le général **Bélisaire** débarque en Sicile avec une armée nombreuse ; il gagne rapidement Naples et occupe Rome, provoquant ainsi l'effondrement du front des Goths. C'est en vain que **Vitigès**, le nouveau roi des Ostrogoths, assiège Rome pendant une année entière : Bélisaire menace d'aller jusqu'à Ravenne tandis que les Francs, alliés des Byzantins, dévastent le nord de la péninsule. En 540, Vitigès est contraint à la reddition et l'**Italie revient sous la souveraineté de l'empire d'Orient**. Profitant du départ de Bélisaire, parti guerroyer contre les Perses, les Goths se regroupent sous la direction de Baduila, dit **Totila** (« l'immortel »). Pour s'assurer le soutien de la population, il affranchit les paysans de l'esclavage. Entre 542 et 546, Totila parvient à reprendre la quasi-totalité des territoires perdus. Envoyé pour la seconde fois en Italie, Bélisaire doit se battre dans des conditions bien plus difficiles et court inutilement d'un bout à l'autre de la péninsule sans résultat décisif. Au bout de quatre ans, il obtient d'être relevé de son commandement et il est remplacé en Italie par l'eunuque Narsès. A la tête d'une puissante armée, celui-ci remonte la Dalmatie et attaque les Ostrogoths par le nord. En 552, Totila est vaincu et tué lors de la bataille de Tadinae (Gualdo Tadino). **Teias**, dernier roi des Goths, tente de reprendre la lutte, mais il est battu à son tour lors de la bataille de Mons Lactarius, aux abords du Vésuve (553). Par la promulgation de la *pragmatique sanction* en 554, Justinien annule les mesures sociales révolutionnaires prises par Totila et étend à l'Italie l'application de son *Corpus juris civilis*.

A peine quinze ans après la fin de la guerre entre Byzance et les Goths, la péninsule italienne voit déferler une nouvelle vague de Barbares : les **Lombards**. Désireux de quitter la Pannonie et de s'éloigner de leurs anciens alliés, les Avars, ils se présentent aux frontières orientales en avril 568, sous

Ci-dessous : invasions barbares et territoires des peuples germaniques aux IVe et Ve siècles.
A droite : miniature représentant la rencontre de saint Benoît de Nursie et de Totila. Passant un jour près du monastère de saint Benoît et ayant entendu parler du don de prophétie de ce dernier, le roi des Goths veut lui rendre visite. Saint Benoît lui prédit ce qui va lui arriver : « Tu entreras dans Rome ; tu franchiras la mer ; tu régneras encore neuf années et tu mourras la dixième ».

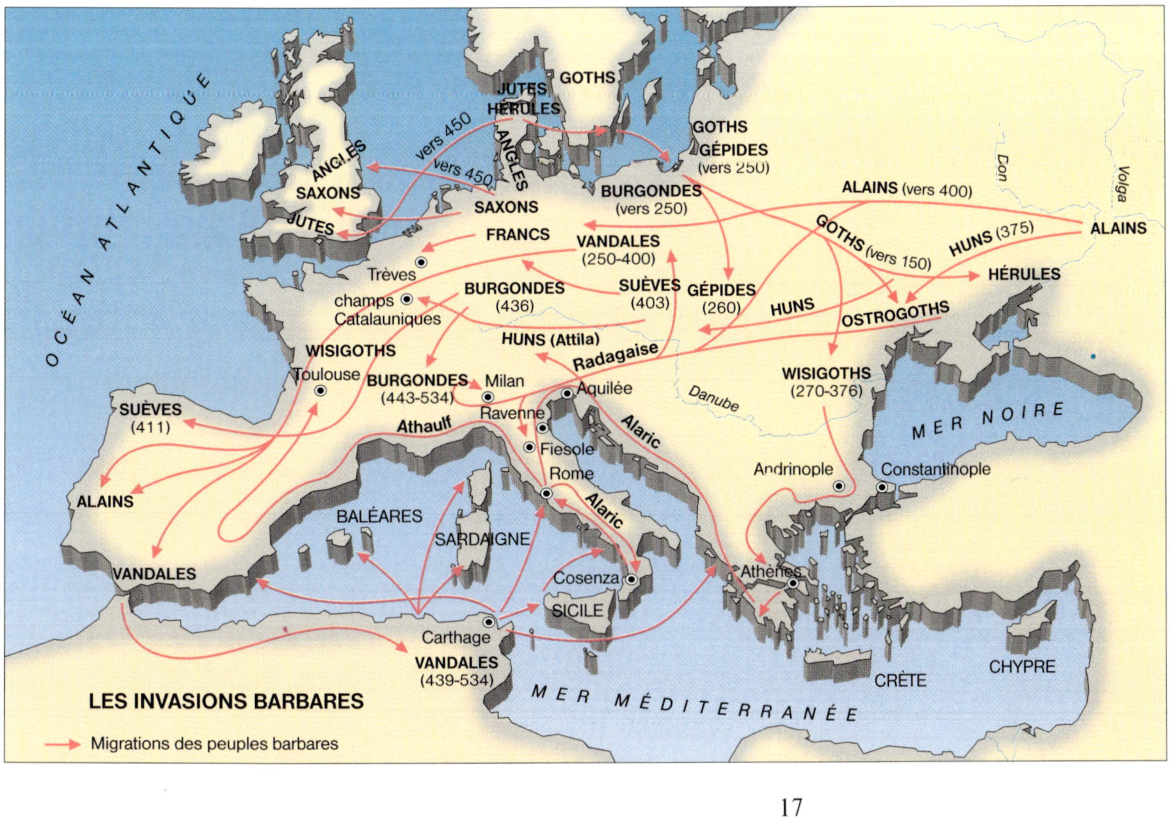

la conduite de leur roi, **Alboïn**. Ils occupent d'abord Cividale del Friuli, puis Aquilée, Vérone et d'autres villes; enfin, après trois ans de siège, Pavie deviendra la capitale de leur royaume. Mais les Lombards ne se livrent pas à une conquête systématique; ils s'établissent plutôt par *fare* (groupes familiaux) en constituant des portions de territoire largement autonomes. Ils ne réussissent pas non plus à unifier l'ensemble de la péninsule; celle-ci est dès lors divisée en deux parties, respectivement appelées *Longobardia* et *Romania*.
De la vallée du Pô, les Lombards gagnent la Toscane, puis le Centre et le Sud de l'Italie, où ils fondent les deux **duchés** indépendants de **Spolète** et de **Bénévent**. En revanche, Byzance conserve : toute la côte de l'Adriatique, de l'Istrie à Numana; le territoire de Ravenne et de l'Émilie orientale – qui se voit attribuer le statut d'exarchat; la zone allant de Rimini à Ancône, appelée Pentapole (« terre des cinq villes »); les duchés de Rome et de Naples, la Pouille, la Calabre et les îles, ainsi que les côtes de Ligurie et de Toscane.

Victime d'un complot en 572, Alboïn est remplacé par Clefis, assassiné à son tour après un an et demi de règne seulement.
Il s'ensuit dix ans d'anarchie, de pillages et de persécutions contre les populations italiques avant que les ducs lombards ne désignent un nouveau roi en la personne d'**Authari** (584-590). Celui-ci réussit à vaincre les Francs de Childebert II et à renforcer la monarchie. Le règne de son successeur, **Agilulf** (590-616), promoteur d'une politique activement anti-byzantine, voit la **conversion des Lombards au catholicisme**. Le mouvement est surtout favorisé par la reine **Théodelinde**, qui nourrit une dévotion personnelle à l'égard du pape Grégoire le Grand. Mais la véritable intégration entre les peuples latin et lombard ne se produit qu'après le règne de **Rothari** (636-652), dernier souverain lombard à être étroitement attaché à l'arianisme et aux traditions germaniques. Son nom reste lié au fameux édit composé de 388 articles et promulgué par lui en 643 – le premier recueil écrit de lois propres au peuple lombard –, et aux campagnes militaires qui lui permettent d'annexer le littoral ligure et une partie de la côte vénitienne.

Dans les territoires soumis à Constantinople, la recherche d'autonomie locale et l'ambition naturelle des fonctionnaires, qui tendent à prendre leurs distances par rapport à l'Empire (et sont d'ailleurs le plus souvent abandonnés à eux-mêmes), ainsi que les constantes controverses religieuses qui opposent Rome à Byzance, se sont intensifiées. A la fin du VIIe siècle et au début du VIIIe siècle, le véritable pouvoir dans les possessions italiennes de Byzance se trouve entre les mains des *duces*, sauf à Ravenne, siège de l'exarchat. Dans le duché romain, il est exercé par le pape. Dans ces conditions, la crise provoquée par la querelle iconoclaste (726) menace d'effacer les derniers vestiges du pouvoir impérial en Italie. La Pentapole est en révolte ouverte; à Ravenne, l'exarque Paul est tué; à Rome, on crève les yeux du *dux* byzantin; à Venise, on procède à la **désignation du premier doge** élu par les habitants de la Lagune. Il s'agit sans doute de cet Orso « Hypatos » (c'est-à-dire consul) qui chassera quelques années plus tard les Lombards de Ravenne.
Le roi lombard **Liutprand** sait tirer parti de ces circonstances propices. Après s'être emparé de Cervia et de Classe en 717, il occupe également l'exarchat et la Pentapole, parvenant jusqu'au nord du Latium (728). Cette nouvelle poussée expansionniste du roi

En haut, à droite : croix de Théodelinde. Trésor de la Cathédrale, Monza. Théodelinde, reine des Lombards, s'emploie avec le pape Grégoire le Grand à favoriser la conversion de son peuple au catholicisme. Ci-dessus : détail de la croix de Didier, VIIIe-IXe siècle. Musée chrétien, Brescia. A droite : le royaume des Lombards à la mort de Liutprand. La politique de ce roi lombard oscille constamment entre l'expansionnisme et la déférence à l'égard de l'Église.

L'ÉDIT DE ROTHARI

Promulgué en 643, l'édit de Rothari est le premier recueil écrit de droit germanique. Rédigé en latin (la seule langue écrite dont disposaient les Lombards), il se compose de 388 chapitres traitant des peines prévues pour les délits publics et privés, ainsi que du droit patrimonial (legs, successions, mariages, contrats de propriété, etc). En matière pénale, l'édit distingue nettement les Lombards libres et armés (arimanni) *des hommes réduits en esclavage ou en condition de semi-liberté* (aldi)*; il prévoit des peines variables selon le statut du coupable et celui de la victime, ainsi que selon la nature de l'offense. Considérés comme dégradants, les châtiments corporels sont réservés aux hommes non libres. La peine capitale n'est applicable que dans des cas extrêmement graves (comme le meurtre du roi, le déclenchement d'une bagarre dans le palais royal, l'*anstalin *- c'est-à-dire l'abandon d'un compagnon devant l'ennemi - ou encore le meurtre du maître par son esclave). Dans les autres cas, l'édit prévoit un dédommagement pécuniaire du tort matériel ou moral qui a été causé, remplaçant la vengeance privée* (faida) *par le paiement d'une somme équivalant à la valeur de la vie d'un homme libre. Appelé* guidrigildo, *ce montant n'est pas fixe, mais établi au coup par coup selon la «qualité de la personne» lésée. C'est seulement sous Liutprand, qui complétera ces dispositions en 724, que sera précisé le montant du guidrigildo, fixé entre 150 et 300 pièces d'or, pour les hommes libres uniquement. Les chapitres de l'édit de Rothari cités ci-dessous illustrent cette tendance nouvelle à la* compensation financière du dommage *consacrée par le roi lombard :*

«26. Si quelqu'un a disputé sur la route le passage à une femme ou à une jeune fille libre, ou s'il l'a outragée, qu'il paie une amende de neuf cents sous, pour moitié au roi et pour moitié à la victime de l'offense ou au détenteur de son mundio *(chef de famille).*

«27. Si quelqu'un a disputé le passage à un homme libre, qu'il paie vingt sous s'il ne lui a causé aucune lésion corporelle; en revanche, s'il l'a blessé, qu'il paie vingt sous pour l'avoir empêché de passer, en plus de l'amende pour lésions ou blessures, selon ce qui sera prévu par ce même édit.

«28. Si quelqu'un a molesté sur la route une servante, l'esclave d'autrui, un aldio *ou un* liberto, *qu'il paie vingt sous à son maître.*

«44. Si quelqu'un a frappé quelqu'un d'autre du poing, qu'il lui donne trois sous de dédommagement; si c'est avec la paume, six sous.

*«48. Si quelqu'un a arraché l'œil de quelqu'un d'autre, que l'on évalue le dédommagement comme s'il l'avait tué, selon l'*angargathungi*, c'est à dire la qualité de la personne; la moitié de ce montant sera payée à la victime par celui qui lui aura arraché l'œil.*

«51. Si quelqu'un a fait sauter une dent à quelqu'un d'autre, de celles qui sont visibles quand on rit, qu'il paie seize sous pour une dent; s'il s'agit de deux dents ou plus, visibles quand on rit, que le dédommagement soit évalué en proportion du nombre.»

G. L. Barni, I Longobardi in Italia, *De Agostini, Novare, 1975.*

de Pavie préoccupe le pape Grégoire II et les ducs de Spolète et de Bénévent, jaloux de leur indépendance. Les adversaires réussissent provisoirement à trouver une solution pacifique : les ducs rendent hommage à Liutprand et celui-ci livre l'ancienne place forte byzantine de Sutri au pape (728). On fait traditionnellement remonter à cette donation l'**origine du pouvoir temporel de l'Église**.

La lutte reprend avec vigueur sous le pontificat de Grégoire III. Craignant la rapacité du roi lombard, le pape se rapproche à nouveau de Spolète et de Bénévent, tandis que Liutprand occupe d'autres fortins du duché romain (Amelia, Bomarzo, Orte et Blera), menaçant ainsi directement le siège apostolique. Peut-être sur le conseil du moine Boniface, Grégoire III se tourne alors vers Charles Martel, qui gouverne les Francs sous le titre de «maire du palais». Mais le vainqueur de Poitiers a besoin de l'appui des Lombards pour continuer sa campagne contre les Arabes; il se borne à promettre son soutien au pape en termes généraux, contraignant ainsi le pape suivant, Zacharie, à traiter directement avec Liutprand. Grâce à la trêve de Terni (742), le pape réussit cependant à reprendre les quatre fortins du Latium.

En bas : miniature du* Codex Langobardorum, *XIe siècle. Elle représente Adelchi, roi des Lombards, qui, associé au trône en 759, règne dans l'ombre de son père, le roi Didier. Après la chute du royaume des Lombards, Adelchi se réfugie à Constantinople où il obtient le titre de patrice.

La politique de Liutprand, qui oscille toujours entre expansionnisme et déférence à l'égard de l'Église catholique, est poursuivie par **Rachis** (744-749). Mais l'arrivée au pouvoir de son successeur **Aistolf** (749-756) est aussi celle de la faction intransigeante des Lombards, bien décidée à unifier la péninsule et à éliminer les derniers vestiges de la domination grecque. Aistolf envahit l'exarchat, s'empare de Comacchio, Ferrare et Ravenne (751) avant d'occuper le duché de Spolète. C'est alors que le pape Zacharie accorde son soutien à **Pépin le Bref**, successeur de Charles Martel, contre la dynastie mérovingienne, préfigurant ainsi la future alliance entre la papauté et les Francs. Trois ans plus tard, Aistolf marche sur Rome. Le pape Étienne II ou III se rend en France et obtient de Pépin, devenu roi des Francs, une promesse d'aide contre les Lombards ainsi que la restitution de toutes les terres occupées (*Promissio Carisiaca*, 754).

La campagne contre Aistolf (755-756) aboutit à la donation par Pépin le Bref de terres et de châteaux ayant autrefois appartenu à Byzance, qui viennent agrandir l'État pontifical.

Après la mort d'Aistolf, le nouveau roi, **Didier** (756-774) reprend la politique de son prédécesseur en marchant sur Rome. Le pape Adrien Ier appelle à son secours Charlemagne, le fils de Pépin. À la tête d'une puissante armée, Charlemagne bat les Lombards au col de Suse (773), s'empare de Pavie, leur capitale, et capture le fils de Didier, Adelchi, à Vérone (774). Après la reddition de Pavie, **Charlemagne se proclame roi des Lombards**, renouvelle la promesse de donation de Pépin le Bref et, en sa qualité de «patrice des Romains», place l'État de l'Église sous la protection franque.

A la fin du IVe siècle, sous la formidable poussée des Huns, **les Barbares pénètrent en Occident** par vagues successives. Dans un premier temps, on voit arriver aux frontières de l'empire des nomades d'origine iranienne, les Sarmates et les Alains ; puis c'est le tour des Goths et d'autres tribus germaniques.
Les **Ostrogoths** (Goths de l'Est) d'Ermanaric, installés entre le Dniepr et le Don, sont écrasés par les Huns, tout comme les autres peuples germaniques et sarmates.
Les **Wisigoths** (Goths de l'Ouest), qui vivent avec leur roi Athanaric entre le Dniepr et le Danube, demandent à l'empereur Valens la permission de franchir le *limes*, la frontière fortifiée de l'Empire. Ils sont dirigés vers la Thrace, mais la malhonnêteté des fonctionnaires romains les incite à envahir les Balkans et à marcher sur Byzance. Deux ans plus tard, la cavalerie des Goths taille en pièces l'armée impériale à Andrinople et Valens meurt dans la bataille (378).
En 382, sous le règne de son successeur Théodose, les Wisigoths retrouvent un statut de fédérés en Mésie et en Thrace. Toujours en quête de nouvelles terres, ils se remettent en marche. Sous la conduite d'**Alaric**, qui prend le titre de roi, ils ravagent la péninsule balkanique et le Péloponnèse en long et en large avant d'être détournés de Byzance vers l'Italie - où ils saccagent Rome en 410.
Au lendemain de la mort inopinée d'Alaric, son successeur **Athaulf** (410-415) renonce à débarquer en Afrique et finit par s'installer dans le sud-ouest de la Gaule avec l'autorisation d'Honorius. Il projette d'y édifier une grande entité politico-militaire (la Gothie) pouvant s'opposer à Ravenne. Après avoir épousé **Galla Placidia**, demi-sœur d'Honorius, et proclamé le sénateur Attalus anti-empereur, le roi wisigoth gagne l'Espagne, où il est assassiné par un rival en août 415. Son frère Wallia revient à la politique d'alliance avec les Romains et reçoit de nouveaux territoires entre la Garonne et la Loire.
Entre-temps, de nombreux peuples germaniques ont pénétré dans les régions septentrionales de l'Empire après avoir assailli la frontière du Rhin, d'où Stilicon a retiré ses légions pour défendre l'Italie (406).
Les Francs se sont établis dans le nord-est de la Gaule, les Alamans en Rhétie et les Burgondes dans le territoire compris entre le Rhin et le Main. Après avoir traversé la Gaule, les Vandales, les Alains et les Suèves sont entrés en Espagne (409), où on leur a accordé le droit de s'installer en tant qu'alliés. A partir de 414, la pression des Suèves - qui occupent la Galice - et des Wisigoths - qui, depuis l'Aquitaine, étendent leur domination au sud des Pyrénées - confine les **Vandales** pendant une décennie dans les régions les plus méridionales de la péninsule Ibérique (la Bétique, qui leur devra le nom d'Andalousie). Sous la direction de **Geiséric** (428-477), ils poursuivront ensuite leur avancée jusqu'en Afrique et s'empareront de Carthage en 439. Vers le milieu du siècle, partis des côtes de la mer du Nord, Jutes, Angles et Saxons envahissent la Grande-Bretagne que les Romains ont abandonnée vers l'an 400. Les populations celtiques de la région *(Britanni)* trouvent refuge dans les montagnes galloises (la résistance qu'ils y opposent à l'invasion est retracée par les romans du « cycle breton » consacrés au roi Arthur), en Cornouailles et en Écosse. Une partie émigre en Gaule et occupe la péninsule d'Armorique, où sera préservée l'antique langue celte. L'Irlande restera en revanche épargnée par les invasions barbares jusqu'à l'époque des Normands (IXe siècle).
Les **Huns** se sont emparés de toute la région située entre le Caucase et l'Elbe. Après avoir écrasé de nombreuses tribus germaniques (Hérules, Gépides, Ruges, Ostrogoths, Lombards), ils se dirigent contre Byzance sous la conduite d'**Attila,** puis envahissent l'Occident. En 451, une horde immense déferle sur la Gaule et parvient jusqu'à la Loire, mais sans réussir à s'emparer de Paris, ni d'Orléans. Elle est finalement mise en déroute par Aetius, *magister militum* de l'Empire romain d'Occident, aux champs Catalauniques près de Troyes (451). L'année suivante, le chef des Huns tente d'envahir l'Italie, mais renonce à dépasser le sud de Mantoue sur les instances du pape Léon le Grand et se retire avec ses troupes sur les rives de la Tisza, en Pannonie. A la mort d'Attila (453), la structure informe à laquelle celui-ci avait cherché à donner une certaine stabilité s'effrite rapidement ; elle sera anéantie par Ardaric, roi du peuple germanique des Gépides.

Vers 450, toute la partie occidentale de l'Empire s'est transformée en une **mosaïque de royaumes barbares** au destin très variable. A travers un lent et difficile processus d'intégration et d'adaptation, ces nouvelles entités donnent naissance aux premières formes d'organisation sociale et politique romano-germanique.
Bien que les Barbares cherchent à obtenir la reconnaissance juridique de Ravenne, puis de l'empereur byzantin après 476, ils ne tardent pas à revendiquer une autonomie de fait, fondée sur la fusion du droit romain et des coutumes germaniques. Dans l'ensemble, ils laissent subsister la culture latine (comme

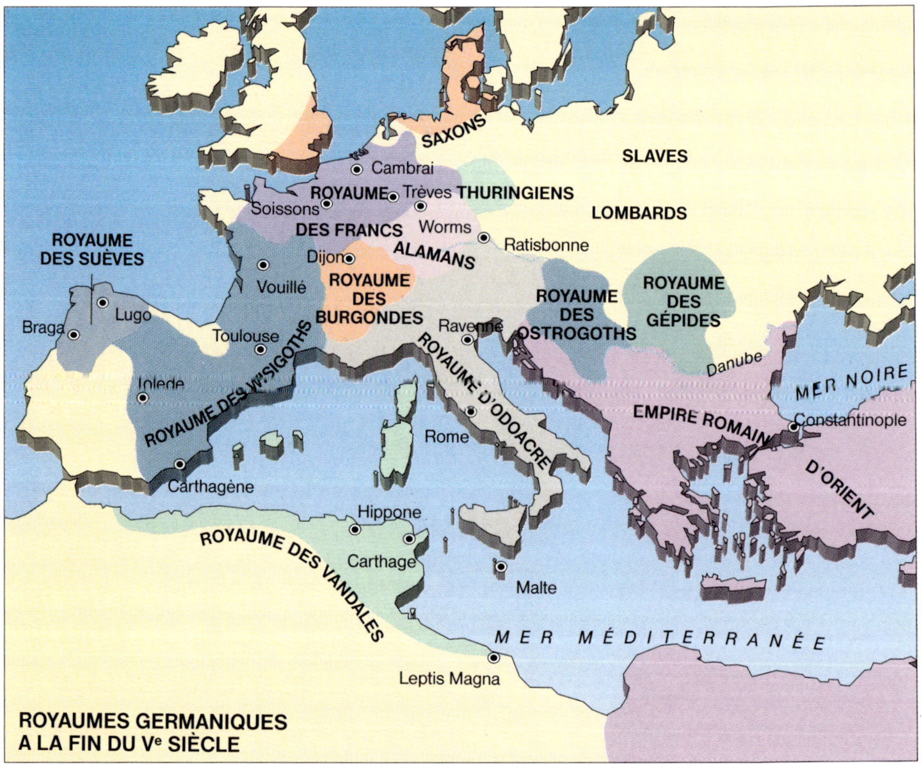

A gauche : sceau du roi wisigoth Alaric II. Ayant succédé très jeune à son père Euric en 484, alors que la puissance des Wisigoths est à son apogée, Alaric II est battu et tué par Clovis en 507 à la bataille de Vouillé, près de Poitiers. De tous les royaumes romano-barbares, celui des Francs se révélera le plus important pour l'histoire future de l'Europe.
A droite : les royaumes germaniques à la fin du Ve siècle.
En haut, sur deux pages : détail du reliquaire de Charlemagne représentant ses combats contre les Sarrasins. Argent et cuivre doré, émail et pierres précieuses. Trésor de la Cathédrale, Aix-la-Chapelle.
Repoussés par l'infanterie franque de Charles Martel à la bataille de Poitiers, en 732, les Arabes d'Espagne resteront une épine plantée au flanc de l'Europe occidentale.

en témoignent les recueils de lois et les histoires « nationales »), même s'il se produit souvent des différends religieux entre les conquérants, ariens pour la plupart, et les populations locales catholiques.
La société traverse à cette époque de profondes mutations : les échanges se tarissent, la monnaie disparaît et l'on voit s'instaurer des rapports de dépendance personnelle qui annoncent le Moyen Age.

Après la prise de Carthage, les Romains abandonnent aux Vandales la souveraineté sur les terres conquises (442) : ainsi naît le **premier royaume romain-germanique**, qui rompt ouvertement avec le principe du *foedus*. Cas unique parmi les peuples germaniques établis le long de la Méditerranée, les Vandales construisent une flotte et pratiquent la piraterie. Pendant plusieurs décennies, ils vont contrôler les grandes îles du secteur occidental (Baléares, Corse, Sardaigne et Sicile). Ils rendent ainsi les transports très difficiles et constituent une menace permanente pour Rome, qui dépend de l'Afrique et de la Sicile pour son approvisionnement en blé. En 455, **Geiséric** va saccager l'ancienne capitale de l'Empire. La domination vandale sur l'Afrique du Nord durera près d'un siècle : en 534, le royaume sera repris par Byzance grâce à une campagne victorieuse de Bélisaire.

En Aquitaine, on voit apparaître le **royaume wisigoth de Toulouse**. Les Barbares y reconnaissent l'autorité romaine et acceptent d'administrer ces territoires en tant que lieutenants de l'Empire. Ils apportent donc leur soutien à Ravenne tant dans la guerre contre Attila que dans la répression de terribles révoltes paysannes ou la lutte contre les Vandales et les Alains en Espagne. A cette époque, l'influence du roi wisigoth **Euric** (466-484) commence à s'étendre sur tout le sud de la Gaule et dans la péninsule Ibérique. Le lent processus de « romanisation » des Wisigoths est illustré par le *Codex Euricianus*, le plus ancien *corpus* de droit germanique, qui date d'environ 475. Vers l'an 500, alors que sous Alaric II (484-507), le royaume wisigoth de Toulouse semble appelé à devenir la plus grande puissance du continent, le roi est battu par les Francs à la bataille de Vouillé, en 507, et les Goths abandonnent l'Aquitaine. Ils émigrent pour la plupart de l'autre côté des Pyrénées et s'installent dans leur nouvelle capitale de Tolède. Le royaume parvient à passer ce cap difficile et se révèle une entité relativement stable. C'est en vain qu'après avoir repris l'Afrique, Justinien tente de reconquérir l'ensemble de l'Espagne en profitant des différends entre catholiques et ariens. En 551, seule l'extrémité méridionale du royaume wisigoth revient sous l'autorité de Byzance, tandis que la population ibérique se sent désormais plus proche de ses maîtres germaniques que de l'Empire byzantin. Le roi Léovigild (568-586) réussit à chasser les Byzantins de Cordoue et à s'emparer du royaume des Suèves (578) qui sont arrivés en Galice au début du Ve siècle.

A droite : ornement de lance franc du IVe siècle. Le roi Clovis (481-511) réunit les petits royaumes des diverses tribus franques, occupe l'essentiel de la Gaule et une bonne partie de la Germanie, choisissant pour capitale une petite ville dotée d'un grand avenir : Paris.

Après avoir été décimés par des mercenaires huns appelés en renfort par Aetius (436), les **Burgondes** abandonnent la partie médiane du Rhin et leur capitale, Worms, pour s'installer en 443 plus au sud, le long de la Saône et du Rhône entre Langres et Avignon, en Sapaudia (la future Savoie). Mais leur État ne durera guère. Son apogée est atteint sous le règne de **Gondebaud** (480-516), auquel on doit la fameuse *Lex Burgundiarum* ou « loi Gombette » (517), qui recueille les coutumes de ce peuple. En 532, la défaite d'Autun devant les Francs scelle la disparition de ce royaume barbare.
Les **Francs** trouvent leur roi le plus valeureux en la personne de **Clovis**, petit-fils de Mérovée, roi des Francs Saliens et, selon la tradition, fondateur de la dynastie mérovingienne. En 486, Clovis arrache au Gallo-Romain Syagrius les territoires compris entre la Somme et la Loire jusqu'à la Seine. En 493, quand le roi franc épouse Clotilde, princesse burgonde et catholique, il est encore païen. Une légende recueillie par Grégoire de Tours, auteur de l'*Histoire des Francs*, veut qu'il se convertisse au catholicisme à la suite d'une campagne victorieuse contre les Alamans. Clovis est baptisé à Reims en 496 par l'évêque Rémi. Le fait de se convertir directement au catholicisme sans passer par l'hérésie arienne lui assure la sympathie des populations romaines et le soutien de l'Église : deux avantages importants pour la stabilité du royaume des Francs. Son expédition contre les Wisigoths en 507 est elle aussi victorieuse, mais l'intervention des Ostrogoths empêche Clovis - qui a étendu son royaume jusqu'aux Pyrénées - d'atteindre la Méditerranée.
La Septimanie, territoire compris entre les Pyrénées orientales et l'embouchure du Rhône, reste aux mains des Goths. A la mort du souverain (511), le royaume est partagé entre ses fils, selon la coutume franque : Thierry, Clodomir, Childebert et Clotaire ont respectivement leur capitale à Metz, Orléans, Paris et Soissons. Au milieu de luttes fratricides, les successeurs immédiats de Clovis s'emparent du royaume des Burgondes (532-534) et obtiennent d'Amalasonte,

régente du royaume ostrogoth, la Provence et le reliquat des territoires alamans. Seules leur échappent la Septimanie, la péninsule d'Armorique, échue aux Bretons, et les régions situées entre les Pyrénées et la Gironde, où les Basques ont entre-temps réussi à établir un gouvernement indépendant sous la férule de leurs propres ducs. Les fils de Clovis étendent aussi l'autorité franque sur les territoires germaniques d'outre-Rhin en battant les Thuringiens (531) et organisent une expédition jusqu'à Saragosse, ainsi que divers pillages en Italie.

Entre 430 et 530, dans la province la plus septentrionale de l'Empire romain, connue sous le nom de **Britannia** (future Grande-Bretagne), la civilisation celtico-romaine est presque complètement anéantie par des peuples païens très primitifs, les Angles, les Jutes et les Saxons. Les envahisseurs créent sept États indépendants (heptarchie) : les Jutes s'installent dans le Kent, les Angles en Northumbrie, Mercie et East-Anglie, les Saxons dans l'Essex, le Sussex et le Wessex. A la différence des autres peuples germaniques, les chefs de ces différentes communautés ne se soucient aucunement de faire légitimer leur pouvoir par Byzance, ni d'adopter le latin pour les actes officiels.

Il appartiendra aux missionnaires chrétiens de renouer, à la fin du VIe siècle, des relations normales entre le continent et les îles britanniques. Le moine **Augustin** débarque au début de l'an 597 en Grande-Bretagne et y est accueilli par Æthelberht, roi du Kent. Celui-ci lui offre un siège épiscopal à Canterbury et reçoit le baptême en juin de la même année.

Les migrations en provenance d'Europe orientale et des steppes de l'Asie centrale ne prennent pas fin avec l'**effondrement de l'empire d'Attila**. Au cours des VIe et VIIe siècles en effet, le déplacement de nouveaux peuples (Avars, Bulgares et Slaves) contribue à modifier en profondeur la carte ethnique de l'Europe, surtout dans les régions du Nord-Est, du Danube et des Balkans. Les **Avars**, nomades d'origine probablement mongole, se dirigent vers l'occident après la destruction de leur royaume du centre de l'Asie par des tribus turques. Installés en Pannonie, où ils se mêlent aux Antes et aux Slaves, les Avars fondent des communautés qui iront régulièrement piller pendant deux siècles et demi tantôt les Balkans et les régions du Danube, tantôt l'Italie et l'Occident. Puis, après avoir atteint son plus haut niveau de prospérité sous le kagan (prince) Bayan (565-602), le royaume avar subit entre 791 et 796 les attaques de Charlemagne, roi des Francs.

A la fin du VIe siècle, environ cent ans après la chute de Rome, on peut déjà constater que la situation politique de l'Occident s'est beaucoup simplifiée par rapport aux débuts des royaumes barbares. Dans la péninsule Ibérique, les Wisigoths ont unifié le pays en soumettant les Suèves et en chassant les Byzantins (l'expulsion de ces derniers s'achève en 620). Dans l'ancienne Gaule, le royaume des Francs s'est solidement établi et il va être à l'origine d'une nouvelle unification en Occident. L'évolution des Anglo-Saxons est moins rapide, mais tout aussi significative. Ils sont encore divisés en plusieurs royaumes distincts : la suprématie qu'a connue la Northumbrie au VIIe siècle passera au siècle suivant à la Mercie, qui s'est développée en direction de la Cornouailles et du Pays de Galles.

En Espagne, dans les années 586-589, la conversion du roi wisigoth Reccared au catholicisme renforce l'unité entre les populations germaniques et ibériques, mais la monarchie doit accepter l'influence toujours croissante de l'Église et de l'aristocratie wisigothique, son alliée.

Le souverain est donc contraint de se soumettre, sous peine d'excommunication, aux décisions des conciles royaux de Tolède, assemblées nationales auxquelles participe le haut clergé. Le 4e concile (633) impose la monarchie élective : le roi sera dorénavant choisi – parmi les seuls Wisigoths – par les évêques et la noblesse. Le roi Receswinthe (649-672) fait procéder à la compilation d'un code de lois applicables aux Barbares comme aux Romains, le *Liber judiciorum* ou *Forum judicum* (vers 654). L'effondrement des Wisigoths se produit en 711, quand l'armée du roi Rodrigue est battue par le Berbère Ṭāriq.

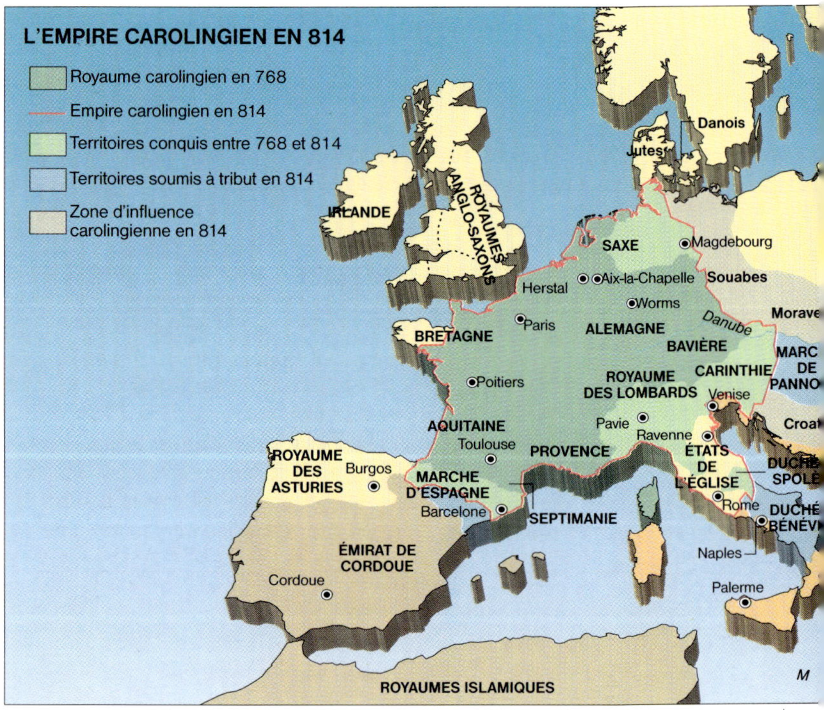

Entre les VIe et VIIe siècles, la France mérovingienne entre en crise. Clotaire Ier (511-561), dernier fils de Clovis, réunifie l'ensemble des territoires francs, lesquels sont à nouveau divisés à sa mort. De longues contestations entre les différentes branches de la dynastie, comme entre la monarchie et l'aristocratie locale, aboutissent rapidement à la formation de trois royaumes indépendants : l'**Austrasie**, qui comprend la Champagne ainsi que les régions de la Meuse et de la Moselle, avec les villes de Reims et Metz ; la **Neustrie**, c'est-à-dire la zone située entre l'Escaut et la Loire, avec Paris pour capitale ; la **Bourgogne**, qui regroupe les territoires de la Loire et du Rhône, avec Orléans pour capitale. Clotaire II (613-629) est reconnu roi par l'ensemble du peuple franc, mais c'est au prix d'importantes concessions accordées à la grande noblesse terrienne. Le fameux *Edictum Clotarii* (614) oblige en effet le souverain à choisir ses fonctionnaires parmi les principaux propriétaires locaux. Les nouvelles divisions qui se produisent à la mort du roi Dagobert (639) accélèrent l'effondrement de l'autorité mérovingienne. C'est le début de l'**ascension des maires du palais** : ces intendants exercent le pouvoir effectif en lieu et place des souverains légitimes (surnommés pour cette raison les « rois fainéants »). En Austrasie, le titre de maire du palais passe vers le milieu du VIIe siècle aux descendants de Pépin l'Ancien. L'un d'eux, **Pépin de Herstal** remporte la victoire de Tertry (687) sur le maire du palais de Neustrie-Bourgogne, et établit ainsi sa domination sur l'ensemble du royaume franc. Ce dernier s'agrandit de la Frise occidentale (689-695), mais Aquitains, Alamans, Bavarois, Bretons et Thuringiens échappent à son contrôle. Après de nouvelles luttes contre la Neustrie et l'Aquitaine, **Charles Martel** (714-741), fils naturel de Pépin de Herstal, rétablit encore une fois l'unité du royaume en soumettant de nombreux peuples voisins. Et lors de la bataille de Poitiers (732), il arrête les Arabes d'Abd al-Raḥmān grâce à la résistance de l'infanterie franque. Avant de mourir,

Saint Pierre confère le* pallium *à Léon III et l'emblème impérial à Charlemagne. Détail d'une mosaïque (restaurée) des VIIIe-IXe siècles. Saint-Jean-de-Latran, Rome. En raison de la protection accordée à l'Église sur la terre de ses ancêtres, dans les provinces arrachées aux païens et jusque dans les possessions romaines du pape, Charlemagne réalise l'idéal de saint Augustin : un « empire chrétien » dans lequel la cité terrestre préfigure la cité de Dieu. Aux yeux de ceux qui ne se résignent pas à la disparition de l'Empire romain ou à son exil en Orient, ce Germain « vêtu de peaux de bêtes » est l'homme qui vient enfin redonner vie au fantasme impérial.
En haut, sur deux pages : l'Empire carolingien en 814, à la mort de Charlemagne.

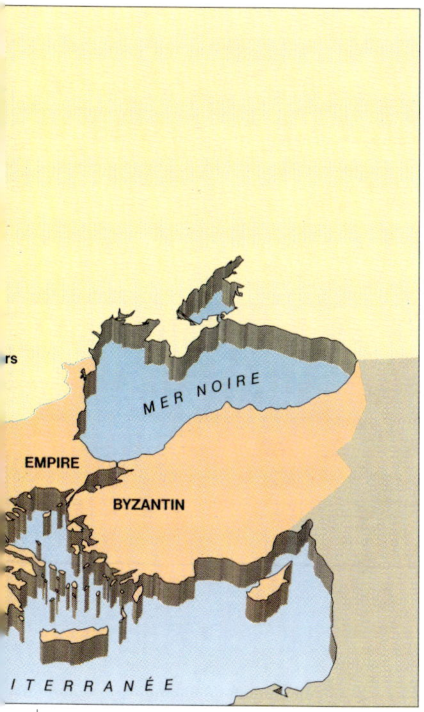

Charles Martel divise lui aussi son royaume entre ses deux fils : **Carloman** reçoit la partie orientale (Austrasie, Souabe, Thuringe) et **Pépin le Bref**, la partie occidentale (Neustrie, Bourgogne, Provence) ; l'Aquitaine et la Bavière restent sous la souveraineté conjointe des deux frères. Après une série de campagnes militaires, Carloman se retire dans un monastère en 747, laissant Pépin (741-768) gouverner seul au côté de l'incapable Childéric III, dernier des rois mérovingiens. Grâce à l'appui du pape Zacharie, l'énergique maire du palais détrône Childéric et se fait élire **roi des Francs** à Soissons, où il reçoit l'onction du saint chrême des mains du légat pontifical, l'archevêque Boniface (751). Quand, à Ponthion, le pape Étienne II lui demande son aide contre Aistolf, le roi des Lombards, Pépin reçoit pour lui et ses descendants le titre de *patrice* (protecteur) *des Romains* (754). Il mène ensuite en Italie deux expéditions victorieuses (754 et 756), contraignant Aistolf à livrer au pape l'exarchat de Ravenne et les autres territoires byzantins dont il s'était emparé. Les dix dernières années du règne de Pépin le Bref se passent à soumettre la France méridionale et à mener d'autres guerres sur la frontière de l'est contre Saxons et Bavarois.
Le règne de **Charlemagne** (768-814), qui succède à son père et reste seul sur le trône après la mort de son frère, Carloman (771), est lui aussi marqué par une intense activité guerrière. Les **guerres contre les Saxons** vont occuper le roi des Francs pendant plus de trente ans (772-804). Ces campagnes commencent par la prise de la forteresse saxonne d'Eresburg et la destruction du sanctuaire d'Irminsul à Paderborn. Charlemagne impose le baptême aux nobles, qui sont favorables à l'annexion par le royaume franc ; mais il se heurte à la résistance opiniâtre des paysans libres, qui se soulèvent à plusieurs reprises sous le commandement du noble Widukind. Le roi des Francs réagit avec une dureté impitoyable : il soumet le pays à une loi d'occupation *(Capitulatio de partibus Saxoniae)* et à la christianisation forcée. Widukind lui-même est baptisé à Attigny. Entre 773 et 774, Charlemagne réussit la **conquête du royaume des Lombards** en Italie. Les années suivantes, il guerroie contre les Slaves (Wilzes, Souabes et Tchèques sont contraints de payer un tribut) et les Bavarois : le duc Tassilon III, qui avait autrefois reconnu l'autorité de Pépin le Bref avant de se révolter, est déposé en 788. Les **trois expéditions contre les Avars** (791-796) sont plus difficiles. Après la destruction du *Ring*, un camp retranché au cœur de la plaine hongroise, la région tout entière est soumise et christianisée.
Charlemagne conquiert ainsi d'immenses territoires qui s'étendent des Pyrénées au Danube et de l'embouchure de l'Oder à l'Adriatique. Pourtant, le roi des Francs n'est pas seulement considéré comme un chef militaire et politique, mais aussi comme le défenseur de la foi chrétienne. C'est la raison pour laquelle la légende s'est emparée de certains de ses exploits : les expéditions menées contre les Maures d'Espagne. Dans ce contexte, un épisode tout à fait secondaire comme l'embuscade de Roncevaux (778), magnifié par la *Chanson de Roland*, est devenu le symbole des plus hautes valeurs de la chrétienté du haut Moyen Age.

A gauche, en bas : la mort de Roland, reproduite d'après le* Speculum historiale *de Vincent de Beauvais (XIIIe siècle). Musée Condé, Chantilly. Charlemagne s'étant toujours considéré comme le défenseur de la foi chrétienne, la légende s'est emparée de ses exploits contre les Maures d'Espagne. L'embuscade de Roncevaux (un épisode très secondaire en réalité, mais poétiquement exalté par la* Chanson de Roland*) est ainsi devenue le symbole des plus hautes valeurs chrétiennes.
A droite : miniature du XIVe siècle représentant un combat entre Francs et Sarrasins. Bibliothèque Marciana, Venise.

L'ampleur de ces conquêtes militaires, la protection accordée à l'Église catholique, le lent détachement de l'Occident par rapport à Byzance, enfin une conjuration de nobles et d'ecclésiastiques romains contre le pape Léon III, accusé de « parjure et adultère », tels sont les facteurs déterminants du **couronnement de Charlemagne comme empereur d'Occident**. Le roi des Francs arrive à Rome à la fin du mois de novembre 800, après une entrevue avec Alcuin de Tours – que beaucoup d'historiens considèrent comme le véritable promoteur de l'accession de Charlemagne à la dignité impériale. Une assemblée d'ecclésiastiques et de laïcs romains et francs est convoquée et le pape Léon III se soumet spontanément à une pénitence solennelle (23 décembre) pour se laver de toute accusation. Deux jours plus tard, durant la nuit de Noël, le couronnement officiel de Charlemagne se déroule dans la basilique Saint-Pierre.
L'empire d'Occident créé par Charlemagne n'est pas vraiment un État unitaire : les nombreux peuples et contrées qui le composent conservent leurs lois propres. Gouvernée par le roi Pépin, second fils de l'empereur, l'Italie se voit garantir un statut tout à fait autonome. L'Aquitaine obtient elle aussi l'autonomie politique et devient le royaume de Louis, le dernier fils de Charlemagne (781). La *Lex Saxonum* (802) rend aux peuples germaniques leur ancien droit coutumier, tandis que la Bavière reste autonome sous l'autorité du préfet Gérold, beau-frère du roi des Francs.

L'historiographie arabe s'est surtout intéressée aux racines historiques de la région à partir du VIIIe siècle, dans le but d'éclairer l'époque antérieure à la naissance de l'islām et à sa diffusion fulgurante. En ce qui concerne les périodes reculées, beaucoup de données transmises par la tradition ne sont donc pas toujours confirmées par la critique historique. Les événements plus proches du VIIIe siècle sont en revanche décrits avec plus de détails et une plus grande fiabilité.
La migration de tribus méridionales vers le nord à partir du IVe siècle est par exemple une certitude ; elle fit suite à une catastrophe survenue au Yémen (sans doute la rupture d'une énorme digue ayant entraîné l'assèchement des profondes vallées du Sud-Ouest). Depuis l'Antiquité, le sud-ouest de la péninsule arabique – le Yémen, précisément – se révèle la région la plus peuplée : presque la moitié de la population de toute l'Arabie s'y concentre. On y pratique une économie hydrique active et complexe en faveur de l'agriculture, grâce à d'importants ouvrages publics qui témoignent du haut niveau de la technique.
C'est ainsi que l'élément bédouin se diffuse dans toute la contrée, du centre vers la périphérie, avec son système de vie nomade, ses coutumes, sa conception particulière de l'espace et sa structure sociale caractéristique, de caractère tribal.
Au VIe siècle se forment au Nord les États satellites des Rhassānides, aux frontières de Byzance, et des Lakhmides (avec le royaume d'Ḥīra) aux limites de la Perse ; ils font office de tampon entre les deux empires, byzantin et sassanide, et les remuantes tribus bédouines d'Arabie. Comme le suggèrent certains historiens, l'affaiblissement ou la disparition de ces royaumes est un autre facteur à considérer pour expliquer les victoires foudroyantes des Arabes.

C'est dans ce contexte que se situe l'œuvre historique de Muḥammad (**Mahomet**, 570-632), dont l'action et la prédication transforment profondément le monde arabe non seulement sur le plan religieux, mais aussi dans les domaines social, culturel et juridique (voir les chapitres concernés dans ce volume). Tout le pays se mobilise autour de sa doctrine monothéiste jusqu'à former une **civilisation islamique**, qui débordera bien vite les frontières de l'Arabie. Faute de dispositions spécifiques, la mort du Prophète – un événement surprenant pour une majorité de ses fidèles, bien que Mahomet ait toujours revendiqué sa condition d'être mortel – soulève le **problème de sa succession** dans le gouvernement de l'*umma*, la communauté religieuse et politique de l'Islām. C'est dans ce contexte que s'affirme, sur des bases religieuses, la suprématie de la ville du Prophète et de la nation arabe apparue autour d'elle et appelée à connaître une incroyable expansion. Les tribus les plus puissantes de la ville se réunissent à **Médine**, selon la coutume tribale, pour élire un nouveau chef. Mais les Muhādjirūn – les compagnons de Mahomet ayant quitté La Mecque avec lui – interviennent au cours de l'assemblée et obtiennent la désignation comme **calife** (*khalīfa*, « successeur » ou « vicaire » du Prophète) d'**Abū Bakr** (632-634), l'un des disciples les plus loyaux et fidèles de Mahomet. Celui-ci doit affronter la révolte des tribus alliées, qui ne s'estiment plus tenues à la soumission et au paiement d'un tribut, promis au seul Mahomet et non à ses successeurs. Mais en l'espace d'un an, le Hedjaz est ramené à l'islām, tandis que le sud de l'Arabie est lui aussi conquis. C'est ainsi que se réalise l'unification politique de l'Arabie, pour la première fois de son histoire. Avec Abū Bakr, il se produit une synthèse heureuse entre les commandements du Prophète et les critères de la démocratie directe, base du système tribal depuis des siècles. Le **titre de calife est électif**, tout comme celui d'**émir** (*amīr*, « prince » ou « commandeur ») qui désigne d'abord les officiers de l'armée, puis les gouverneurs des provinces islamiques, dotés de pouvoirs administratifs et financiers. Ces pouvoirs seront étendus aux impôts et à l'ordre public sous les 'Abbāssides. Quand '**Umar** est élu calife en 634, il prend le titre d'*amīr al-mu'minīn*, c'est-à-dire « émir des croyants », qualificatif qui sera désormais porté par tous

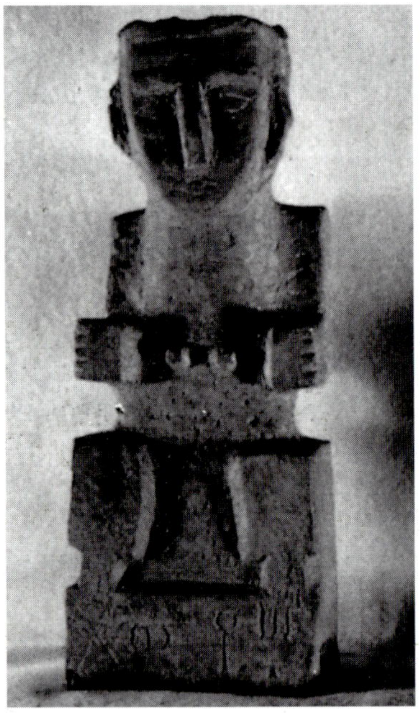

En haut : autel du dieu Baal (sud de l'Arabie). L'analyse de certaines inscriptions permet de penser que ces autels servaient à brûler des parfums.
A gauche : petite idole portable d'une tribu de La Mecque. Musée archéologique, Rome. Avant la victoire de Mahomet, les Arabes vénéraient plus de trois cents divinités à La Mecque.
Ci-contre : miniature arabe populaire représentant 'Alī en train d'abattre, sur l'ordre de Mahomet, un arbre vénéré par les habitants de La Mecque. Aussitôt après la conquête de La Mecque, Mahomet ordonne l'élimination de toute trace des croyances religieuses précédentes et l'ancien monde préislamique cesse pratiquement d'exister.

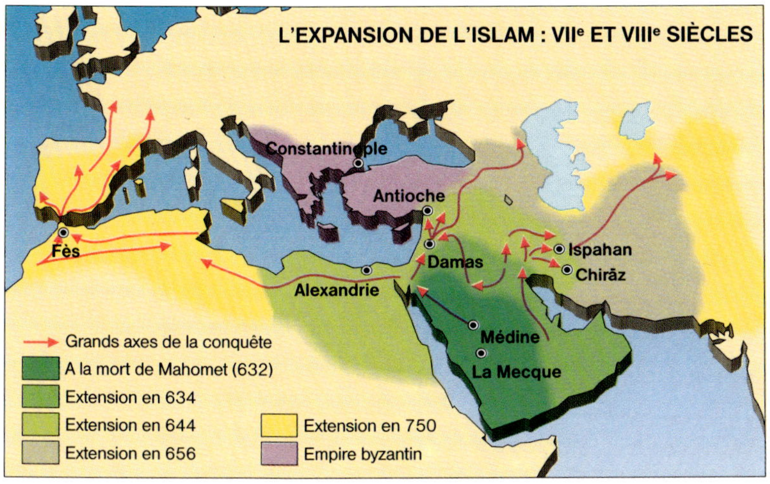

ses successeurs. Les dix ans de son gouvernement (634-644) sont caractérisés par de foudroyants succès militaires qui entraînent l'**expansion de l'Islām** dans toutes les directions : en Syrie (prise de Damas, 635), en Palestine (le calife entre à Jérusalem en 638), en Irak (bataille de Qādisiyya, 637), en Arménie et en Perse (prise de Ctésiphon, capitale de l'Empire sassanide, 637, et bataille de Nehavend 642), ainsi qu'en Égypte (conquête d'Alexandrie, 642). Ces campagnes n'épargnent pas les Byzantins : en 636 sur la rivière Yarmouk, près de la frontière syrienne, les troupes d'Héraclius subissent une écrasante défaite ; c'est ensuite l'Égypte qui échappe définitivement au contrôle de Byzance. 'Umar gère ces conquêtes - qui s'étendent désormais des hauts plateaux iraniens à la Cyrénaïque - avec une grande habileté. Il sait récompenser par des terres la bravoure de ses lieutenants, souvent nommés émirs des nouvelles provinces, tout en **respectant les différences** culturelles, linguistiques et administratives des pays soumis. Ceux-ci accueillent généralement de bon gré cette domination islamique aux conditions relativement supportables.

Mais en 644, **'Umar est assassiné** (poignardé par un esclave persan, que la tradition présente comme chrétien) et sa mort réveille la querelle sur l'élection d'un successeur. Le conflit oppose 'Uthmān ibn 'Affān, représentant la branche omeyyade des Quraychites, à 'Alī ibn Abū Ṭālib, cousin et gendre de Mahomet, soutenu par les « légitimistes » qui réclament le retour au pouvoir de la famille du Prophète.
Derrière ce différend se dissimule une rivalité entre l'aristocratie de La Mecque et la classe dirigeante de Médine. C'est la faction d'**'Uthmān** (644-656) qui l'emporte et celui-ci fait la **conquête définitive de la Perse**, mettant un terme aux rébellions incessantes qui la secouent (644-649). Il agrandit encore l'Empire islamique jusqu'aux steppes du cœur de l'Asie et, à travers le golfe Persique, jusqu'à la péninsule Indienne. Vers 650, il entame la conquête de la Sicile et approuve la création de la **première flotte arabe** en Méditerranée orientale, œuvre de son gouverneur en Syrie, Mu'āwiyya. Celui-ci s'empare de l'île de Chypre et affronte en 655 la flotte byzantine près des côtes d'Asie Mineure. Il lui inflige une sévère défaite qui marque la fin de la suprématie maritime de Byzance, jusqu'alors incontestée.
Toutefois, le népotisme d''Uthmān, qui subit l'influence des membres de sa propre famille et les favorise en leur accordant des charges publiques, provoque une série de **révoltes internes** - peut-être à l'instigation des légitimistes. Elles sont durement réprimées, mais les rebelles assiègent Médine, puis prennent la ville et assassinent 'Uthmān (656), créant ainsi une situation très confuse qui réveille brutalement les vieilles rivalités entre les tribus. **'Alī** est proclamé calife avec l'appui du contingent militaire égyptien en garnison à Médine. Le refus d''Alī de punir les assassins d''Uthmān provoque la colère des gouverneurs omeyyades (commandés par Mu'āwiyya) : ils réclament vengeance pour le meurtre du calife et affrontent 'Alī à Bassora lors de la fameuse bataille du Chameau (656), où ils subissent une éclatante défaite. L'année suivante, 'Alī rassemble ses alliés à Kūfa et y transfère sa capitale. Dorénavant, la péninsule d'Arabie ne sera plus le centre du monde islamique.
En 657 a lieu la bataille de Ṣiffīn, sur l'Euphrate ; son issue est incertaine et les Omeyyades en profitent pour proposer de s'en remettre à des arbitres, afin de mettre un terme à la guerre civile. Les arbitres suggèrent l'élection d'un nouveau calife par le peuple arabe, mais les khāridjites, jusqu'alors partisans d''Alī, considèrent son acceptation des négociations comme une trahison et l'abandonnent. Ils se retournent contre lui lors d'une bataille qui tourne au massacre, huit d'entre eux seulement y échappant, dont le futur meurtrier d''Alī (661).

A gauche : les différentes phases d'expansion de l'Islām aux VIIe-VIIIe siècles.
A droite : le tombeau de Mahomet, entouré d'une grille de fer et de laiton, dans la mosquée de Médine. Aujourd'hui encore, la sépulture du Prophète est dépouillée de tout ornement parce que celui-ci voulut rester humble dans la vie comme dans la mort. Ce lieu est entouré en permanence par une foule de pauvres et de pèlerins qui viennent saluer le « Visage Sacré » de Mahomet, comme on appelle sa sépulture.

Pendant ces trois années, 'Alī perd toute l'Égypte, La Mecque et Médine. A sa mort, le califat passe aux Omeyyades en la personne de **Mu'āwiyya Ier**, qui gouvernera pendant près de vingt ans (661-680). Rompant avec la tradition démocratique jusqu'alors en vigueur, il rend cette dignité héréditaire. Il mène à bien la **conquête de l'Afrique du Nord**, qui devient une province arabe en 682, et accorde une grande attention à l'organisation étatique, progressivement uniformisée et arabisée.
Après l'Afrique, les Omeyyades se tournent vers l'**Espagne**, qu'ils attaquent en 711 sous le commandement du chef berbère Ṭāriq (qui a donné son nom au détroit de Gibraltar : *djabal al-Ṭāriq*, « montagne de Ṭāriq »).
En 714, les guerriers arabes conquièrent toute l'Andalousie, puis, en sept ans, le reste de la péninsule en battant Rodrigue, qui règne sur un royaume wisigoth déjà bien affaibli. Au-delà des Pyrénées, ils seront arrêtés par Charles Martel à Poitiers (732).
En 717, les Arabes sont également repoussés par les Byzantins, dont ils assiègent la capitale. Du côté oriental, ils ont conquis Kaboul et Samarkand et atteint le Sind (711-713) - par où ils pénétreront en Inde - et la frontière du Turkestan.
Mais après la mort de Mu'āwiyya, on assiste à des **luttes internes** provoquées par un mécontentement populaire attisé par l'opposition chī'ite - très vive en Iraq - contre les Omeyyades, jugés népotistes et corrompus. Il s'ensuit près d'une décennie de guerre civile et de désordres. L'**unité de l'Islām se rétablit sous 'Abd al-Malik** et l'on procède à une nouvelle refonte administrative dans l'ensemble de l'Empire, où l'arabe devient langue officielle. S'il marque l'apogée de l'expansion de l'Empire islamique, le califat d''Abd al-Malik annonce aussi le début de sa décadence. L'opposition aux Omeyyades s'est développée ; le calife Marwān II est renversé par la révolution **'abbāsside**, soutenue par les chī'ites et dirigée par Abū al-'Abbās. En 750, lors de la bataille du Grand Zāb, ce dernier inflige à Marwān une lourde défaite militaire et le tue. **Abū al-'Abbās se fait proclamer calife** : il base sa légitimité sur le fait que le fondateur de la lignée des 'Abbāssides fut l'oncle paternel du Prophète, mais il est en fait soutenu par l'aristocratie persane. Dans la famille des Omeyyades, seul le jeune 'Abd al-Raḥmān parvient à se sauver, en prenant le chemin de l'Espagne. Avec l'appui de la flotte syrienne, restée fidèle, il s'établit en Andalousie où il fonde un califat indépendant avec Cordoue pour capitale (756).
Vers 760, la dynastie 'abbāsside est solidement installée et le calife **al-Manṣūr** (« le Victorieux ») fait bâtir une nouvelle capitale, **Bagdad**, sur la rive gauche du Tigre, dans une zone bénéficiant aussi du voisinage de l'Euphrate. La ville s'étendra rapidement sur l'autre rive, somptueuse et tentaculaire.
Avec les Omeyyades, le califat était devenu héréditaire. Mais avec les 'Abbāssides, influencés par le modèle persan, il prend l'aspect d'une **monarchie absolue** d'origine divine, qui trouve les bases de sa puissance en Iran et gouverne grâce à une administration centralisée et à un système fiscal très ramifié.

La **dynastie gupta** s'impose en Inde avec **Candragupta Ier** (v. 320-330). A partir de 320, date du couronnement de celui-ci comme « roi des rois », commence une ère nouvelle : c'est « la période classique », l'âge d'or de l'histoire de ce pays. Deuxième grand empire indien après celui de la dynastie Maurya, dont le séparent près de cinq siècles de troubles et de morcellement politique (plus particulièrement après l'effondrement des royaumes des Kuṣāna et des Śātavāhana), le gouvernement gupta se caractérise par une **politique expansionniste**, surtout sous le règne de **Samudragupta** (v. 330-v. 375), fils du fondateur de la dynastie et grand guerrier, dont les exploits sont passés à l'histoire grâce à une inscription lapidaire, découverte sur une colonne d'Aśoka. Après avoir soumis au nord la terre d'Anga (Bengale), occupé une partie des anciens territoires des Kuṣāna et achevé la conquête de la vallée du Gange, Samudragupta choisit d'installer sa propre capitale dans la ville de **Pāṭaliputra** (l'actuelle Patnā). Le souverain se tourne ensuite vers le sud. Il impose sa domination sur une foule de petits royaumes, sans en destituer les monarques, se bornant à affirmer sa propre autorité formelle. Souvent frappées avec l'or pris à l'ennemi, les monnaies de l'époque portent l'image d'un cheval, animal sacrifié en l'honneur des conquêtes impériales au cours d'une grande cérémonie appelée *aśvamedha*. Avec le troisième souverain de la dynastie, **Candragupta II** (375-v. 414), qui prend le titre de *Vikramāditya* (« Soleil de vaillance »), **l'Empire atteint son maximum d'expansion** et l'apogée de son développement culturel. Ce grand empereur sait conjuguer les campagnes expansionnistes de son père, Samudragupta (il annexe le royaume des Śaka dans le Gujerat, dont les routes reliant le Sind au bassin du Gange sont cruciales pour le commerce et la communication), avec la politique d'alliances matrimoniales déjà mise en œuvre par son grand-père, Candragupta Ier. La fille de Samudragupta épouse en effet Rudrasena II, un roi de la dynastie des Vākātaka, importante dans le centre de l'Inde ; devenue veuve peu après, elle assure pendant vingt ans la régence du royaume de son défunt mari. Par la suite, les rapports entre les Gupta et les Vākātaka restent harmonieux ; les premiers contrôlent le nord de l'Inde tandis que les seconds contribuent à répandre la culture de la dynastie dominante dans le centre et le sud du pays.

De nombreux royaumes du Sud-Est asiatique sont aussi influencés par la politique des Gupta, entretenant avec eux des relations diplomatiques et assimilant leur modèle politique et culturel. Renforcement politique, tolérance religieuse et épanouissement culturel caractérisent le règne long et pacifique du quatrième souverain, **Kumāragupta** (v. 414-455). Pourtant, c'est avec lui et avec son successeur, **Skandagupta** (v. 455-v. 467), un usurpateur qui écarte du trône le véritable héritier, que commence le **déclin de la dynastie**, malgré la défaite infligée vers 460 aux Hūṇa. Parvenus jusque dans le Gāndhāra et le Pendjab, ces féroces Huns blancs sont arrêtés avant d'avoir pu pénétrer dans le sud de l'Inde. Des inscriptions commémorent la victoire de Skandagupta contre une tribu frontalière qui menaçait l'empire, et celle remportée contre les Huns, peu après la défaite d'Attila en Europe. Mais de nouvelles vagues de Barbares parviennent à occuper le Pendjab et y fondent leur capitale, Sialkot (Śākala), d'où partent de nouvelles attaques. Les Huns répandent la terreur et la ruine, ajoutant le Cachemire, le Rājasthān et peut-être aussi une partie du sud du pays aux vastes territoires déjà conquis dans le nord-ouest de l'Inde et le Pendjab. Divisés par de féroces luttes de succession, les Gupta ne sont plus en mesure d'opposer la moindre résistance.

A droite : l'empire des Gupta à la fin du IVe siècle. Les premiers souverains Gupta pratiquent une politique expansionniste qui les conduit à annexer le nord et le centre de l'Inde en une soixantaine d'années. Ils voient cependant leurs conquêtes entravées par les royaumes méridionaux du Deccan, et l'Empire subira bientôt les assauts des Huns blancs dans le Nord.
A gauche : relief montrant un souverain, conservé au musée de Madras.
En bas, sur deux pages : scènes de la vie de cour, sur un relief d'Amārāvatī.

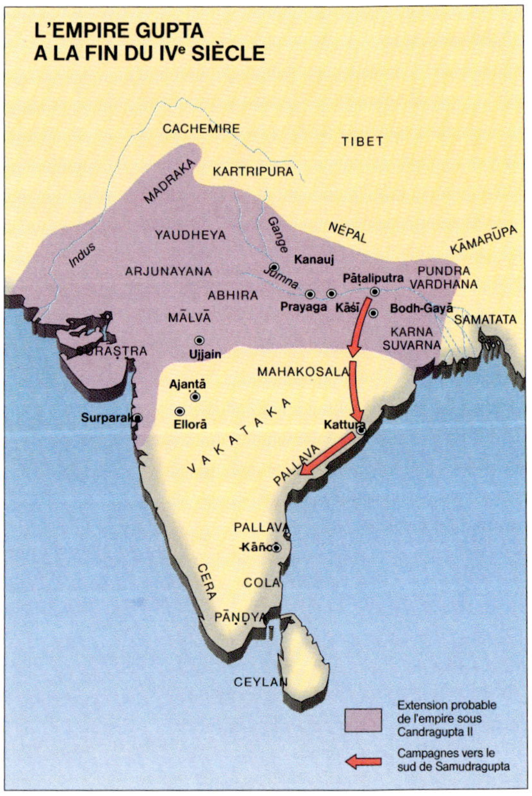

La **domination des Huns sur le nord-ouest de l'Inde** est en fait de courte durée, mais elle est marquée par de terribles épisodes de cruauté et par l'anéantissement de la civilisation urbaine des Gupta, tout comme de la prospérité commerciale qui caractérise cette dernière. Les monastères bouddhistes, notamment, sont en bonne partie détruits. La défaite définitive des Huns résultera surtout de leur écrasement par les Turcs en Asie centrale, au cours du VIe siècle. Mais l'invasion hunnique en Inde entraîne également l'arrivée dans le pays d'un grand nombre d'autres tribus barbares venues du cœur du continent asiatique. Du mélange de ces nouvelles populations nomades avec les autochtones seront issus les Gurjāra, qui sont à l'origine des dynasties rājputs destinées à laisser leur marque dans l'histoire ultérieure de l'Inde.

Au zénith de leur puissance, les Gupta dominent les territoires appartenant à l'ancien Empire maurya. Mais des zones échappent à leur contrôle direct, comme le Deccan : dans la partie supérieure de cette région centrale et méridionale de l'Inde, l'influence gupta s'exerce pourtant quelque

temps grâce à l'alliance des Vākāṭaka, mais le Sud est habité par des populations dravidiennes qui ont leur histoire propre. L'isolement de cette région aboutit à l'apparition d'une culture originale qui sera parfois en mesure d'influencer le nord du sous-continent au cours des siècles. L'influence de la civilisation indo-gangétique s'y fait néanmoins sentir, par un biais principalement linguistique, qui entraîne l'introduction de termes sanskrits dans les langues dravidiennes du Sud grâce à la tradition orale des textes sacrés, transmise par les brahmanes. Mais l'influence du Nord présente aussi d'importants aspects sociologiques, de par la diffusion des modèles de la monarchie hindoue et d'une société très hiérarchisée, qui marginalise et persécute parias et intouchables.

Quoi qu'il en soit, jusqu'au VIe siècle, l'histoire indienne s'identifie à celle des grands empires septentrionaux (maurya et gupta). En outre, il n'y a pas longtemps que les historiens ont commencé à se pencher sur les événements chaotiques de l'époque comprise entre la fin de l'âge d'or (décadence gupta) et l'apparition de l'empire moghol. Ce « Moyen Age indien » est marqué par des guerres intestines entre des royaumes de dimensions régionales ; le centre et le sud de l'Inde y ont autant de poids que le nord, dans un climat d'instabilité politique qui durera jusqu'au Xe siècle, à la veille de la conquête turque. Dans le Nord, après un siècle de luttes entre les « empereurs-soldats », la dynastie Harṣavardhana (royaume de Thāneśvar) affermit son pouvoir. Lorsque son souverain meurt en 605, son fils aîné se bat pour défendre les frontières du royaume, et son fils cadet, Harṣa, n'a que seize ans. Une situation délicate dont tentent de profiter à la fois le roi du Mālvā, battu par la suite, et le souverain du riche Bengale. Attiré par le mirage d'une hégémonie sur tout le bassin du Gange, ce dernier avance victorieusement en détruisant sur son chemin les villages et les monastères bouddhistes. C'est Harṣa qui va l'arrêter en prenant le commandement des troupes après la mort de son frère au combat.

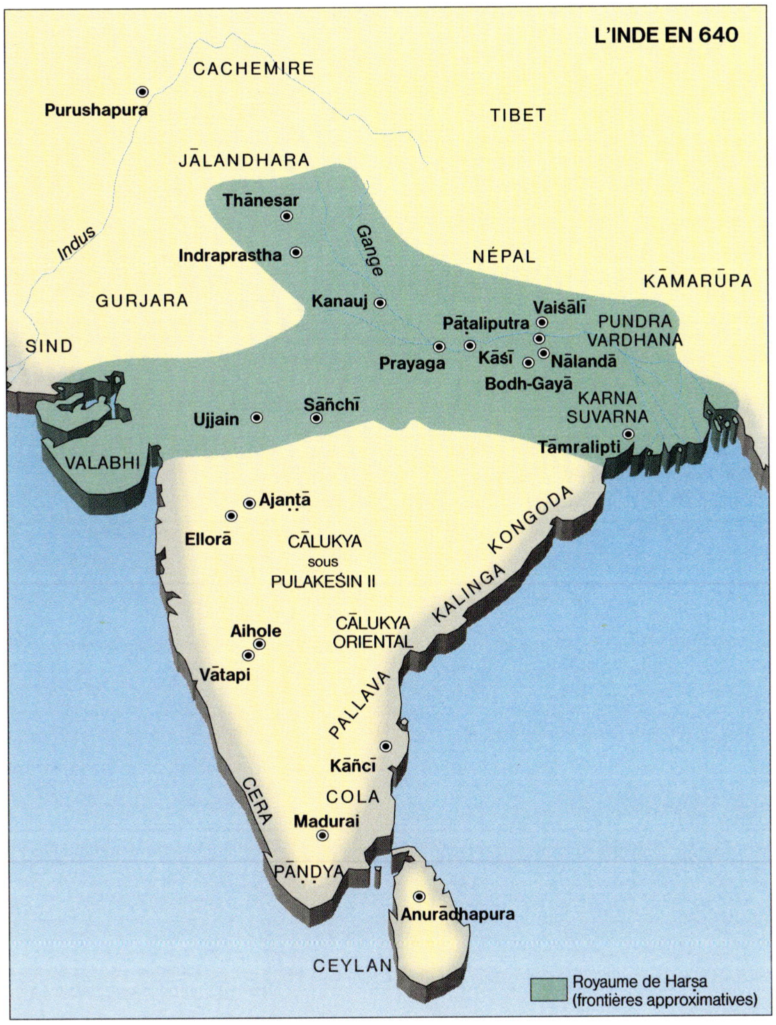

Ci-dessus : la situation politique de l'Inde en 640. Sous le règne de Harṣa, le centre du pouvoir politique de l'Inde du Nord se déplace vers l'ouest, dans la ville sacrée de Kanauj, entre les fleuves Gange et Yamunā.
A droite : monnaies datant de l'empire des Gupta.

Il repousse l'envahisseur et monte sur le trône de son père, inaugurant un long règne guerrier (v. 590-647) au cours duquel il va imposer sa domination aux peuples voisins. Harṣa reprend le contrôle de l'ancien territoire des Gupta et devient « empereur des cinq Indes » (Bengale, Pendjab, Kanauj, Mithilā et Orissa). Sous son règne, le centre du pouvoir politique de l'Inde du Nord se déplace vers l'ouest : la capitale n'est plus Pāṭaliputra, point de contrôle des plaines du Gange et ancien siège des empires maurya et gupta, mais la ville sacrée de Kanauj, située entre les fleuves Gange et Yamunā. Seul le Sud lui est fermé, en raison de la résistance des Cālukya du Deccan. Après la disparition vers 450 du royaume des Vākāṭaka (lié aux Gupta), cette région avait vu en effet émerger, vers le milieu du VIe siècle, la puissance des Cālukya, facteur de réunification. Cette dynastie était issue de populations nomades ayant quitté l'Asie centrale sous la pression des Huns blancs pour s'établir dans la partie occidentale du Deccan, avec Vātapi pour capitale. Les tentatives d'expansion entreprises par Harṣa depuis le Nord sont justement freinées par Pulakeśin, le plus grand roi cālukya, qui meurt un peu plus tard en luttant contre le royaume des Pallava. Ce conflit ne prendra fin qu'après la destruction des deux capitales et l'effondrement des deux royaumes. La vacance du pouvoir ouvre alors la voie à une période d'anarchie jusqu'au VIIIe siècle.

On assiste aussi à la disparition des royaumes de la partie méridionale du pays, sans doute liée à l'effondrement contemporain de l'Empire romain d'Occident avec lequel cette région entretenait depuis des siècles de féconds échanges commerciaux par voie maritime. Une nouvelle période de l'histoire indienne débute avec l'**arrivée des musulmans**. Après avoir occupé le Baloutchistan dès 560, ils s'emparent du Sind entre 710 et 713, faisant la conquête d'un royaume hindou qu'ils annexent au califat de Bagdad. Les Arabes s'arrêtent d'abord dans la plaine de l'Indus, puis envahissent le Khorāsān et menacent la vallée de Kaboul (alors divisée en trois royaumes). Pendant ce temps, le Cachemire cherche à s'assurer contre eux une aide militaire auprès de l'empire de Chine, et ses rois viennent occuper Kanauj et la plaine du Gange au cours du VIIIe siècle. Ce seront ensuite les **Turcs** de Rhazni qui occuperont la région de Kaboul et le Pendjab à la fin du Xe et au début du XIe siècle, tout en ravageant le reste de la péninsule indienne.

Au monolithique empire des Han postérieurs (23-220 apr. J.-C.) succède la période mouvementée dite des **Trois Royaumes** et des **Six Dynasties** marquée par les luttes entre factions jusqu'à l'avènement d'une nouvelle dynastie capable de réaliser l'unification politique du pays : celle des Sui. Les six décennies sanglantes de l'ère des Trois Royaumes se situent entre 220 et 280. La lutte pour la suprématie oppose : le royaume des Wei, au nord, capitale Luoyang ; le royaume des Wu, au sud-est, capitale Nankin ; enfin celui des Shu Han dans le Sichuan, à l'ouest, dirigé par Liu Bei. Étant un descendant des Han, ce dernier est considéré par les historiens comme l'empereur légitime.

En Chine du Nord, ce sont les nobles de la Cour qui exercent le véritable pouvoir. Ils réussissent à déposer les souverains Wei (les dates à retenir sont 265 et 280) et à fonder la nouvelle dynastie Xi Jin, annexent le royaume méridional des Wu et rétablissent ainsi l'unité politique du pays, bien que pour peu de temps. Vers la fin du IVe siècle, des hordes de Barbares d'origine turque et mongole apparaissent au nord. Les Xi Jin sont repoussés vers le sud, tandis que le nord du pays reste aux mains des envahisseurs. D'inspiration fortement théocratique, la vieille conception de l'Empire selon les Han voyait dans l'empereur, investi d'un mandat céleste, le centre d'un gouvernement équitable faisant appel à une bureaucratie intellectuelle choisie selon des critères de mérite (système des examens). Ces concepts sont adoptés par les envahisseurs barbares, séduits par l'idée d'endosser la fonction impériale en assimilant certaines des traditions fondamentales de l'Empire chinois. Dans cette région septentrionale qui dépend désormais de la Mongolie, plusieurs lignées se succèdent au pouvoir à partir du IVe siècle (période des Six Dynasties) jusqu'à ce qu'apparaisse la **dynastie des Wei du Nord**. Celle-ci réussit à regrouper de vastes portions de la Grande Plaine, à défendre son territoire des invasions en reconstruisant la Grande Muraille et à imposer un gouvernement plus durable (jusqu'en 535).

La dynastie se scinde alors en deux branches, les **Wei orientaux et les Wei occidentaux**, dont les territoires respectifs finissent par être dominés par d'autres lignées septentrionales, les Qi à l'est et les Zhou à l'ouest. Dans leur propre zone d'influence, les Wei appliquent une politique de sinisation ; ils imposent le chinois comme seule langue officielle, un retour aux coutumes et aux noms traditionnels tout en favorisant l'assimilation ethnique entre Chinois et Barbares. Ainsi sous le règne de Xiao Wen (479-499), qui déplace la capitale de Ping Cheng, dans le Shanxi méridional, à Luoyang, l'ancienne capitale des Han, et procède à la sinisation intégrale de sa cour.

Les Xi Jin avaient conquis la Chine méridionale au cours du IIIe siècle. Après leur chute (420), elle passe sous la domination successive de quatre des Six Dynasties qui ont donné leur nom à la période (les Song, 420-479 ; les Qi, 479-502 ; les Liang, 502-557 et les Chen, 557-589). Pendant ce temps, au nord, les Zhou démontrent leur nette supériorité sur les Qi de la Grande Plaine et les battent en 577, réunifiant ainsi la Chine du Nord et imposant leur propre capitale, Chang'an.

En 589, **Yang Jian**, un général d'origine barbare mais dont la famille figure désormais dans les rangs de la noblesse chinoise, usurpe le trône et passe à l'histoire sous le surnom d'« empereur cultivé » (*Wendi*). Par sa conquête de la Chine du Sud, Yang Jian réunifie tout le pays et fonde la **dynastie Sui**, en renouvelant les fastes de l'ancien pouvoir impérial.

Les souverains de cette dynastie se caractérisent par leur gouvernement fortement centralisé. Le deuxième, **Yangdi,** sera même compté au nombre des empereurs malfaisants et privé de son mandat céleste en

A gauche : statue de guerrier en céramique grise faite en Chine à l'époque des dynasties du Nord. Musée Cernuschi, Paris. Ci-contre : fragment d'un précieux paravent en bois laqué datant de la dynastie des Wei du Nord, découvert parmi les objets rassemblés dans la tombe de Sima Jinlong, un fonctionnaire impérial mort en 484. Les dessins sont réalisés dans le style de Gu Kaizhi et s'inspirent du livre* Lie Nü Chuan, *« Histoires de femmes illustres », de Liu Xiang. En haut : détail du rouleau des* Portraits des treize empereurs *attribué au célèbre peintre de cour Yan Liben, qui peignit à l'époque Tang (VIIe siècle). Musée des Beaux-Arts, Boston. Le thème de l'empereur trônant au milieu des courtisans et des esclaves revient souvent pendant la période allant des Han aux Sui.

raison de son ambition excessive, qui le pousse à d'incessantes et sanglantes guerres de conquête. On lui reproche aussi de dilapider l'argent public pour entretenir le faste des deux capitales, Luoyang et Chang'an, et en fonder une troisième, Jiangdu. Dans tout le pays, on entreprend à nouveau de **grandioses ouvrages publics** : on restaure et on renforce la Grande Muraille, on creuse des canaux, on élève des fortifications et des palais. Les frontières de l'Empire se déplacent vers le Viêt Nam (605) et l'Asie centrale et occidentale, tandis que de nombreuses attaques sont lancées contre les tribus nomades, Formose et le Tibet. Après la défaite subie par Yangdi contre la Corée en 615, ses sujets se révoltent contre ses ambitions militaires excessives. Ces graves rébellions l'empêchent de mener à terme son entreprise guerrière et affaiblissent sa capacité de réaction contre les soulèvements des Turcs orientaux ; en 615, ceux-ci secouent le joug d'une vassalité désormais jugée trop pesante. Ces événements et la fuite de l'empereur – assassiné par la suite (618) – provoquent la **fin de la dynastie Sui** et le démembrement partiel de ses territoires.

Li Yuan, noble et vaillant fonctionnaire de la dynastie déchue, tire parti de la période d'anarchie qui s'ensuit. Avec l'aide de son fils, Li Shimin, et l'appui de troupes turques, il occupe la capitale de Chang'an et se fait proclamer empereur en cette même année 618. Sous le nom de Gaozu (« Haut Fondateur »), il est à l'origine de la nouvelle **dynastie Tang**. En dix ans, Li Yuan parvient à rétablir l'ordre dans le pays et à renforcer le pouvoir central, inaugurant le **deuxième âge d'or** de l'histoire chinoise (après celui des Han). Son fils **Li Shimin** (627-649) poursuit la politique paternelle, à l'intérieur (centralisation bureaucratique et travaux publics) comme à l'extérieur (défaite des Turcs orientaux en 630 et campagnes militaires victorieuses en 640 et 648 contre les Turcs occidentaux). Passé à l'histoire sous le nom de **Taizong** (« Suprême Ancêtre de Tang ») en hommage à ses exceptionnelles capacités administratives, militaires et diplomatiques, ainsi que pour sa sensibilité

Ci-contre : détail d'une fresque ornant le tombeau du prince Li Xian (654-684), fils de l'empereur Gaozong. Le sujet, une partie de chasse, est l'un des thèmes préférés des représentations figuratives de l'époque, qui privilégient les scènes de la vie de la cour et de la noblesse. En bas : le monde chinois aux VIIe et VIIIe siècles. Entre 660 et 670, la puissance militaire chinoise est immense et, pendant une brève période, la domination des Tang s'étend de la Sogdiane au nord de la Corée. La culture et les institutions chinoises se répandent dans différentes régions de l'Extrême-Orient qui, sans être gouvernées directement par la Chine, font partie de sa sphère d'influence. A droite : figurine vernissée tricolore d'époque Tang représentant une dame de la cour assise sur un escabeau (VIIe-VIIIe siècle). Musée des Beaux-Arts, Boston.

artistique et ses dons dans le domaine culturel, Li Shimin se montre un empereur éclairé. Attentif aux exigences de son époque, il fonde des écoles et une université. Il sait valoriser les différentes couches sociales et encourager la participation populaire aux projets politiques de l'Empire grâce à une administration économique plus équitable et surtout par le biais de **réformes agraires**. Ces dernières visent à rétablir le principe traditionnel de la distribution uniforme des terres après réalisation d'un recensement général, permettant de connaître la densité démographique des différentes régions.

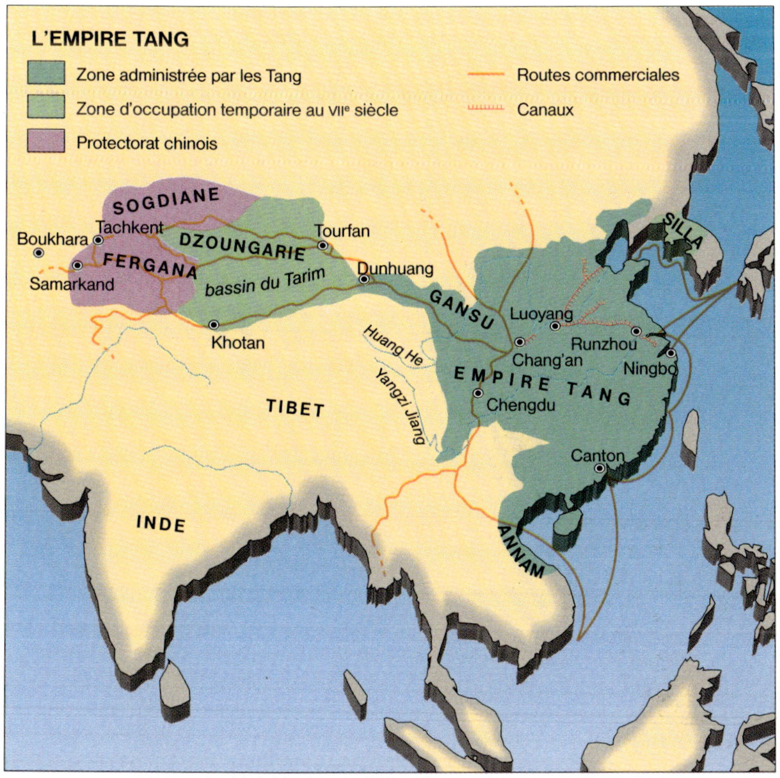

Au sud, l'Empire chinois s'étend au-delà du Pamir jusqu'au Viêt Nam, et jusqu'au bassin du Tamir à l'ouest. Li Shimin fait en outre la conquête du Tibet et crée des protectorats chinois dans les vastes zones jouxtant les frontières septentrionales. Dans tous les territoires appartenant à la Chine ou influencés par elle, il impose la « paix du Céleste Empire ». De nouvelles relations commerciales et culturelles sont nouées avec l'Asie centrale et occidentale, en particulier avec l'Iran, l'Inde et l'Afghanistan. L'art des Tang en retire de fécondes influences, tout en s'attachant à siniser les différentes formes de civilisation avec lesquelles il entre en contact.

Li Shimin est déposé en 649 et son fils **Gaozong** (649-683) lui succède ; Wu Zetian, ancienne concubine de Li Shimin, réussit à le séduire et à se faire épouser. Profitant ensuite de sa faiblesse, elle devient la véritable détentrice du pouvoir impérial de 655 à 705, au-delà même de la mort de Gaozong. Quoi qu'il en soit, durant les trente-trois ans de règne de cet empereur, l'Empire reste stable et uni. Cette situation s'explique notamment par une alliance avec les Turcs orientaux, qui garantit le contrôle de l'Asie centrale, et par l'établissement de relations diplomatiques avec la puissance islamique montante (on ne signale qu'une seule défaite chinoise contre les Arabes, en 751). C'est la fin du long conflit avec le royaume nord-coréen de Koguryo : bien que s'étant allié au Japon, cet État finit par se soumettre à Gaozong, allié quant à lui à l'État sud-coréen de Silla (668). Dès lors et pendant tout le siècle suivant, la Chine exercera par le truchement de la Corée une influence profonde sur la vie et la culture japonaises. Restée seule sur le trône de 683 à 705, l'ambitieuse et arrogante **impératrice Wu Zetian** déplace la capitale à Luoyang, épure les rangs de l'administration bureaucratique et militaire, protège les artistes et les lettrés, tout en favorisant la religion et les prêtres bouddhistes. A sa mort, ses fils se révélant incapables de gouverner, une autre figure féminine prend le pouvoir : l'impératrice Wu (710). Mais elle est immédiatement écartée par le parti légitimiste des Tang, qui appuie les descendants du fondateur de la dynastie, Ruizong (710-712), puis **Xuanzong** (« Ancêtre Mystérieux », 712-756). Le règne de ce dernier est florissant sur les plans artistique et culturel, tout en présentant une situation de déséquilibre dans différents secteurs, qu'il s'agisse des institutions ou de l'économie. On assiste à la **rébellion d'une bonne partie de**

la population (propriétaires terriens, paysans, fonctionnaires et chefs militaires). Dans ce contexte, les ambitions de Yang Guifei, la concubine préférée de l'empereur, contribuent à miner le pouvoir de celui-ci et lui aliènent la sympathie de la cour. Confronté à la révolte d'un gouverneur du Hebei parti à la conquête de la capitale et qui s'est proclamé empereur, Xuanzong abandonne le royaume de Chang'an et abdique en faveur de son fils **Suzong** (756-762). Avec l'aide de troupes étrangères (Turcs, Tibétains et surtout Ouïgours, des tribus d'abord rebelles, puis ralliées à la Chine), celui-ci triomphe de l'usurpateur en 757 et rétablit l'ordre dans le pays. **La dynastie Tang reprend le contrôle de l'Empire**, sur lequel elle régnera encore cent cinquante ans (jusqu'en 907), mais sans jamais retrouver son ancienne splendeur.

Le panorama des cultures précolombiennes qui s'épanouissent en Amérique centrale et en Amérique du Sud au cours de ces siècles est extrêmement riche.
En Colombie et en Équateur, c'est l'époque des cultures régionales attestant de l'influence de différents clans. Au Pérou, quand la civilisation de Chavín décline, apparaissent simultanément, dans le Nord les cultures de Mochica (300 av. J.-C.-800 apr. J.-C.) et chimú, et dans le Sud la fameuse civilisation de Nazca (200 av. J.-C.-600 apr. J.-C.). Dans ce contexte historique et culturel foisonnant, l'attention peut se concentrer sur l'aire méso-américaine, véritable creuset de peuples.
On doit cette définition à la fois géographique et culturelle de « Méso-Amérique » à Paul Kirchkoff (1943) ; elle recouvre la zone comprise entre les fleuves mexicains Lerma et Pánuco au nord, et la frontière entre le Nicaragua et le Costa Rica, à la hauteur du golfe de Nicoya, au sud. Il s'agit d'une zone très diversifiée sur le plan géographique, où se sont croisées, superposées, succédé, ou parfois simplement rencontrées une série de cultures élaborées par des peuples différents (Mixtèques, Zapotèques, Mayas, Toltèques et enfin Aztèques), tous rattachés à un substrat antérieur de « matrice olmèque ».
La **civilisation olmèque** s'est développée entre 1000 et 300 av. J.-C. et s'est diffusée depuis la zone méridionale des États de Veracruz et Tabasco jusqu'aux régions mexicaines d'Oaxaca, Morelos, Chiapas et sur les côtes du Guatemala et du Salvador. Certains de ses éléments se retrouvent dans les différentes cultures préhispaniques ultérieures : un système social déjà très hiérarchisé et dominé par la classe sacerdotale ; la présence d'une classe d'artisans-sculpteurs d'une grande habileté (auxquels on doit non seulement l'art plastique monumental représenté par de colossales « têtes » de basalte, mais aussi de petites sculptures, des masques et des ornements de jade) ; l'iconographie de l'homme-jaguar, véritable leitmotiv de la culture artistique et religieuse méso-américaine ; l'intérêt accordé au calcul du temps et à la succession des saisons, avec élaboration d'un calendrier rituel ; l'écriture en « glyphes » ; la structure en pyramide tronquée, servant de base au temple ; enfin et surtout, la création et la construction planifiée sur le plan urbanistique de grands centres de cérémonie : La Venta dans l'État de Tabasco et Tres Zapotes dans l'État de Veracruz, tous deux du Ve siècle av. J.-C., en sont des exemples significatifs.

A plus de 1 500 mètres d'altitude, la fertile vallée d'Oaxaca, au pied de la Sierra Madre méridionale, abrite quelques-unes des plus importantes civilisations méso-américaines, comme l'atteste le centre de **Monte Albán**, qui était déjà une capitale durant tout le millénaire qui précéda l'ère chrétienne. A partir du Ve siècle av. J.-C. environ, les **Zapotèques** s'y installent et y apportent leur culture, faisant de cette cité-État théocratique leur propre centre spirituel ; ils y célèbrent leurs cérémonies et l'utilisent comme nécropole. Choisie selon des critères politico-stratégiques, la ville est située sur un sommet, à 400 mètres au-dessus de la vallée d'Oaxaca, et entourée d'un mur de trois kilomètres le long du tracé nord-nord-ouest du site. Elle va connaître **cinq phases de développement**.
Aux deux phases préclassiques de Monte Albán I (400-100 av. J.-C.) et Monte Albán II (100 av. J.-C.-200 apr. J.-C.) succède Monte Albán III (200-900 apr. J.-C.), période « classique » que l'on peut elle-même subdiviser en deux époques : la première dure jusqu'à 650 apr. J.-C. ; elle est marquée par l'influence culturelle, les relations commerciales et les liens ethniques avec la société de Teotihuacán, et se caractérise par une expansion urbaine sans précédent.
La seconde (650-900) est en revanche dominée par les caractéristiques bien particulières de la culture zapotèque, dégagée des influences extérieures. Les Zapotèques de Monte Albán entretiennent des relations actives avec les autres populations méso-américaines, jusqu'au moment où les invasions successives des Mixtèques - des guerriers venus des montagnes - provoquent leur déclin. Les Mixtèques s'établissent eux-mêmes à Monte Albán et le reste de la vallée d'Oaxaca se désagrège en une pluralité de petits noyaux urbains (dont Mitla).

Les Mixtèques finissent par imposer leurs propres coutumes, canons esthétiques et modes d'expression. Monte Albán traverse alors sa quatrième phase (900-1350), marquée par l'arrêt des constructions et l'abandon partiel des édifices, et enfin sa cinquième phase (1350-1521), au cours de laquelle le site perd toute importance.
A en croire la tradition, qui mêle réalité historique et légende, les **Mixtèques** auraient été conduits par leurs dieux tutélaires dans le nord de la région d'Oaxaca, en passant par Coixtlahuaca et Apoala, pour s'établir enfin à **Tilantongo**, lieu élu par les divinités pour être au cœur de la puissance mixtèque.
Les **Totonaques**, habitants des zones côtières du golfe du Mexique, font eux aussi partie des peuples méso-américains qui ont donné naissance à une culture particulière au cours de la période classique. Celle à laquelle ils ont laissé leur nom a pour capitale **El Tajín**, un important lieu de cérémonie proche de la ville actuelle de Papantla (célèbre pour ses acrobates *voladores*), dans l'État de Veracruz.

Le centre religieux et administratif de **Teotihuacán** se trouve sur le plateau du Mexique, près du lac Texcoco. L'apogée de sa splendeur architecturale et artistique se situe entre 300 et 600, époque à laquelle il exerce également une influence commerciale et religieuse dans toute l'aire méso-américaine. La domination de Teotihuacán s'étend d'abord aux communautés du haut plateau du Mexique, puis s'élargit aux populations mayas de Petén, du Chiapas, du Guatemala et de la côte du Pacifique. On sait peu de choses de ses habitants, en dehors du fait qu'ils étaient peu enclins à la guerre (on n'a pas retrouvé d'armes sur le site) et soumis à l'autorité d'un chef religieux et non militaire. Presque toutes les civilisations précolombiennes de la région avaient d'ailleurs un régime théocratique. Quoi qu'il en soit, au cours du VIIe siècle, l'ensemble de la vallée du Mexique se trouve pratiquement unifié sous l'hégémonie de Teotihuacán – un nom donné ultérieurement par les Aztèques et qui signifie « la ville des hommes qui deviennent des dieux ». Au cours de la phase suivante (650-750), la ville donne encore l'image d'une grande prospérité. On continue de bâtir le long de la chaussée

des Morts ; l'art de la terre cuite et celui de la décoration murale sont florissants. Teotihuacán est cependant **abandonnée** au cours du VIIIe siècle, sans que l'on sache pourquoi. L'incendie des bâtiments situés au cœur du centre de cérémonies suggère une fin violente de la « ville des dieux », mais n'offre aucun indice supplémentaire. Parmi les hypothèses avancées, on évoque des **raisons commerciales** (la décadence économique de Teotihuacán par suite de transformations survenues dans le reste de l'aire méso-américaine) ; des **raisons sociopolitiques** (le pouvoir exorbitant de la bureaucratie étatique aurait conduit à des abus intolérables et à un régime toujours plus militarisé et répressif, engendrant révoltes, luttes internes pour le pouvoir et exodes) ; enfin, des **raisons climatiques** (la sécheresse, qui représente une menace permanente, pourrait avoir donné le coup de grâce à une terre dont le sous-sol était déjà appauvri). C'est sans doute la concomitance de ces éléments avec d'autres facteurs négatifs qui a provoqué l'abandon de la radieuse et ouverte Teotihuacán. Il faut cependant signaler que la culture de cette ville ne disparaît pas avec la chute de ses dirigeants de la classe sacerdotale ; elle se perpétue pendant au moins deux siècles dans le monde méso-américain, en fusionnant avec d'autres apports. Dès avant la chute de Teotihuacán, on enregistrait des mouvements de population sur le plateau du Mexique et dans tout l'État. Après l'abandon de la ville, les habitants des terres limitrophes, laissés à eux-mêmes, développent de remarquables cultures s'inspirant de la civilisation de Teotihuacán (comme celle de Teotenango, très avancée), tandis que différents groupes d'envahisseurs venus du nord (comme les Chichimèques) et organisés militairement se répandent sur le haut plateau central et prennent la prépondérance. Ils seront plus tard globalement connus sous le nom de **Toltèques**.

Page ci-contre, en haut : bas-relief en stuc décorant l'un des piliers de l'entrée du palais de Palenque. Bien que très endommagées par les intempéries, ces décorations révèlent une perfection peut-être jamais atteinte dans aucune autre ville maya.
En bas : masque d'albâtre, exemple de l'art de Teotihuacán, remontant aux Ve-VIe siècles apr. J.-C. Musée national d'Anthropologie, Mexico.
Sur cette page, en haut : le terrain de jeu de balle de Monte Albán, Mexique.
Ci-contre : statuette représentant un personnage de haut rang. Terre cuite peinte, 600-800. Musée national d'Anthropologie, Mexico.
A droite : la stèle 22 retrouvée à Tikal. La date à laquelle elle a été érigée est sculptée dans les quatre premiers glyphes de l'inscription supérieure : 13 Ahau, 18 Cumhu, 13 Katun, fin de tun. Dans la transcription maya classique, cela donne : 9.17.0.0.0., c'est-à-dire 771. Le personnage, dont le visage a été mutilé, laisse tomber de ses mains des grains de maïs.

Outre les centres déjà cités, l'archéologie a retrouvé plusieurs autres villes **mayas** : la mythique **Uaxactún** (édifiée vers la fin de l'âge préclassique, son évolution architecturale date des IIIe et IVe siècles apr. J.-C.), la grandiose **Tikal** (qu'une stèle permet de faire remonter avec certitude à 292 apr. J.-C.), la fascinante **Copán** ou la mystérieuse **Palenque**. Dans tous ces centres mayas, l'architecture, les motifs iconographiques, la fantaisie créatrice qui s'exprime à travers les céramiques, les objets en plumes et, dans une moindre mesure, les textiles offrent d'impressionnants témoignages sur une civilisation dont on ignore l'origine et la fin. Trente ans ont passé depuis que Victor von Hagen a écrit : « La partie de leur histoire qui nous est dans une certaine mesure connue débute au Xe siècle de notre ère : quand les Mayas ont accompli leur "grande descente", c'est-à-dire quand ils ont quitté les grands centres habités de Copán, Tikal ou Palenque pour gagner le Yucatán ». Aujourd'hui encore, les événements de près de trois mille ans de cette civilisation restent muets pour nous – depuis ses origines lointaines jusqu'en 987,

année qui marque la fin de la période classique du monde maya et le début de son brusque et mystérieux déclin.
En dépit de lacunes considérables dans la reconstitution de l'histoire des peuples cités, on peut, en s'autorisant un certain schématisme, évoquer les grandes lignes de leur évolution politique et de leur culture artistique en distinguant trois périodes : **préclassique** (1500 av. J.-C.-env. 250 apr. J.-C.), **classique** (250-1000 env.) et **postclassique** (du XIe siècle à la conquête espagnole au XVIe, qui entraîne la destruction de ces cultures).
Le passage de la phase préclassique à la période classique est marqué par la croissance démographique, un développement surtout quantitatif de la production agricole, des réalisations en pierre et en céramique, ainsi que par une organisation sociale plus complexe. Autre certitude, la période classique dans l'aire méso-américaine se termine de manière brutale : soit par l'arrivée d'envahisseurs venus du nord, soit par suite de conflits intérieurs – l'hypothèse a déjà été évoquée à propos de Teotihuacán – suscités par un pouvoir tyrannique et militarisé.

C'est dans les années comprises entre le règne de Théodose (379-395) et l'avènement d'Héraclius (610) que l'Empire byzantin devient une réalité sociopolitique et culturelle, tandis que l'empire d'Occident se désagrège. Au Ve siècle déjà, l'autorité impériale de Byzance tend à réunir sous sa férule le pouvoir politique, économique et militaire et à contrôler le pouvoir religieux. Pour garantir l'unité d'un empire aussi vaste, composite et multiracial, le **système juridique** hérité de Rome doit être renforcé et organisé. C'est ainsi qu'apparaissent d'abord le Code Théodosien, de 438, puis le Code Justinien *(Corpus juris civilis)* dans la première moitié du VIe siècle. Ce dernier est un véritable chef-d'œuvre juridique. Il a pour but d'organiser de manière définitive et globale l'énorme masse d'édits, lois et sentences engendrés par des siècles de jurisprudence romaine, et de codifier clairement et rationnellement les principes de droit sur lesquels repose le système étatique, en renforçant ainsi l'**absolutisme impérial**. Même s'il tient compte de certaines des exigences apparues dans le domaine social, par exemple en limitant les prérogatives de la puissance paternelle ou en reconnaissant aux femmes certains droits personnels, l'ensemble des lois justiniennes lie les cultivateurs à la terre et interdit aux différentes catégories laborieuses d'abandonner leur activité pour en entreprendre une autre ; il n'autorise pas non plus les grands propriétaires fonciers à entretenir des milices personnelles, ni à rendre la justice sur leurs terres. Le pouvoir central tend par ailleurs à réaliser l'**unification linguistique** par le choix du grec comme langue officielle de l'Empire (sous le règne d'Héraclius, au VIIe siècle). Il trouve dans le christianisme un élément de cohésion et confie au clergé certaines fonctions administratives. Enfin, il met sur pied un **système bureaucratique et militaire** placé sous les ordres de l'empereur, qui doit assurer le contrôle de l'immense territoire, protéger les frontières, administrer les provinces et en tirer - par des impôts souvent exorbitants - les recettes nécessaires à l'entretien de la capitale ainsi que du *basileus* et de sa cour, et à son propre fonctionnement. L'une des principales différences entre la première et la deuxième période de l'histoire byzantine, c'est qu'aux IVe et Ve siècles, les pouvoirs civil et militaire sont bien séparés, quoique tous deux placés sous l'autorité de l'empereur. Ces deux pouvoirs fusionneront avec la réforme des *thèmes* (régions), introduite au VIIe siècle. Sous Dioclétien et Constantin déjà, l'**armée est réorganisée** en *comitatenses* ou contingents mobiles, également chargés de la police urbaine, et *limitanei* ou milices paysannes frontalières, composées d'agriculteurs auxquels on confie non seulement une parcelle à cultiver, mais aussi la défense du territoire. Au total, 350 000 hommes sont ainsi placés sous le contrôle des *duces* (commandants militaires) et de leurs supérieurs hiérarchiques, les *magistri militum* (maîtres des soldats).

L'**administration** de l'Empire est en revanche assurée par des fonctionnaires civils attachés aux diverses unités territoriales. A l'époque de Constantin, les provinces sont dirigées par des gouverneurs et regroupées en diocèses, eux-mêmes sous les ordres de vicaires, subordonnés à leur tour aux **quatre préfets** du prétoire : Orient, Illyrie, Gaule et Italie (Constantinople a son propre préfet). Les préfets dépendent directement de l'empereur, qui les nomme et en dispose à son gré. Dans ce contexte, on voit se développer le patronage : il s'agit de propriétaires locaux qui obtiennent les plus hautes charges civiles et militaires et finissent par constituer une sorte d'aristocratie intellectuelle concentrant entre ses mains richesse et pouvoir.
La réorganisation des structures militaires de l'État franchit une étape décisive sous l'empereur Maurice (582-602), qui regroupe les différents territoires de Byzance en Occident en **deux exarchats** : l'un a son siège à Ravenne, l'autre à Carthage. Les pouvoirs militaire et civil sont fusionnés en la personne de l'exarque. Ce schéma est alors repris et appliqué dans tout l'Empire - en partant de l'Asie Mineure - par Héraclius (610-641), qui procède à une **réforme de l'État byzantin** en profondeur (même si certains historiens estiment que la mise en œuvre de la réforme thématique s'étend jusqu'à la fin du VIIe siècle). Les anciennes provinces de l'Empire sont réunies en **thèmes** (en grec *themata*). Ce terme désigne d'abord les corps d'armée, puis les régions militaires défendues par ces derniers, et définit donc les grandes unités territoriales qui composent l'Empire. Au VIIe siècle, les thèmes sont au nombre de six : il y a ceux d'Anatolie, d'Arménie, d'Opsikion, des Cibyrrhéotes, des Thracésiens et de l'Hellade. Chaque thème est placé sous la responsabilité d'un *stratège* (« général ») qui réunit les pouvoirs militaire et civil. Il est à la tête des *stratiôtes* (paysans-soldats), auxquels on attribue un champ en propriété, en échange d'un service militaire à fournir en permanence. L'armée se compose ainsi de troupes plus fiables - parce qu'engagées dans la défense de leurs propres terres - et moins coûteuses : l'équipement est entièrement à la charge des *stratiôtes*, qui doivent en outre assurer leur propre subsistance. Cela permet d'alléger la pression fiscale, donc d'améliorer la situation sociale et de réduire les rébellions, tout en favorisant la **formation d'une classe de petits propriétaires fonciers,** même si c'est en contrepartie d'un service militaire à base héréditaire. Les structures bureaucratiques sont rénovées, la charge désormais caduque de préfet du prétoire est abolie et on crée des « ministres » avant la lettre (logothètes).
L'**hellénisation de l'Empire** s'accentue : l'usage du grec - déjà décrété langue officielle pour le droit et les transactions commerciales depuis le milieu du Ve siècle - est étendu à l'ensemble des territoires. Le système des thèmes est à nouveau réorganisé sous le règne de Léon III l'Isaurien (717-741) ; cet empereur

Ci-dessus : l'empereur Théodose Ier, l'impératrice et leurs fils, Honorius et Arcadius, assistent aux jeux dans l'hippodrome de Constantinople. Base de l'obélisque de Théodose à Constantinople.
Ci-dessous : les institutions à l'époque de Constantin.

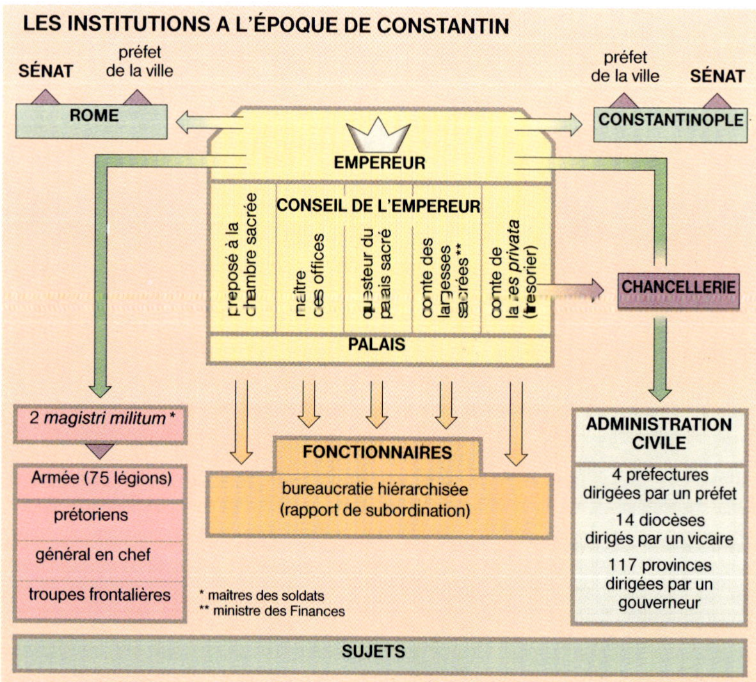

A gauche : mosaïque du sol du péristyle du Palais impérial de Constantinople. Musée des Mosaïques, Istanbul.
Ci-dessous : deux monnaies représentant Constantin Ier, symboliquement associé à Alexandre le Grand (en haut), et Constant Ier (en bas). Bibliothèque nationale, Paris.
En bas : mosaïque représentant une scène de pêche dans le golfe d'Hippone.

issu de l'armée est doté d'incontestables talents stratégiques et politiques, même si l'histoire a surtout retenu son édit en faveur des iconoclastes (730). Sa réforme consiste à **subdiviser les grands thèmes** en circonscriptions plus petites, afin de limiter le pouvoir des stratèges.

Contrairement aux idées reçues, on ne trouve pas dans l'empire d'Orient le développement massif de la propriété latifundiaire, donc d'une main-d'œuvre servile dans les campagnes, qui caractérise au contraire les régions occidentales.
L'**agriculture** est le **fer de lance** de l'économie ; elle permet de nourrir la population et de prélever impôts fonciers et taxes sur les récoltes. La petite propriété paysanne ne disparaît jamais complètement. Les grands domaines fonciers ne manquent pas, mais ils sont souvent divisés en parcelles bien distinctes, parfois situées dans des régions différentes. La gestion directe de ces latifundia par leur propriétaire est impossible, notamment en raison de la pénurie de main-d'œuvre servile. Leur gestion par des tiers en échange de rentes foncières peut prendre la forme du colonat ou de la location à terme, souvent emphytéotique (99 ans). De ce fait, l'organisation de ces vastes domaines devient une réalité administrative plus que socio-économique ; la distinction entre l'impôt dû à l'État, perçu par un fonctionnaire public, et le recouvrement du loyer pour le compte du propriétaire du bien-fonds, effectué par l'un de ses hommes de confiance, se fait subtile. Il se crée donc un fossé entre les grands propriétaires (qui résident souvent à Constantinople, loin de leurs terres) et les paysans qui cultivent leurs domaines.
Corruption, abus, irrégularités et **tendances centrifuges** sévissent en outre dans l'administration, surtout dans les provinces d'Égypte et d'Asie (où l'aristocratie terrienne tend à se soustraire au contrôle de l'État et à en usurper les prérogatives juridictionnelles).
La volonté de mettre un terme à ces maux joue souvent un rôle déterminant dans la décision des empereurs – parmi lesquels Justinien, avec son préfet du prétoire, Jean de Cappadoce – de pratiquer réformes et réorganisations internes. Constantin V (741-775) se méfie de l'« oligarchie », qui a alors depuis longtemps la haute main sur les charges publiques, les propriétés foncières et le recouvrement des impôts ; elle apparaît ainsi auréolée d'une puissance qui lui donne prise sur l'empereur lui-même. Il inaugure donc le critère de la **noblesse d'office**, élevant aux différentes charges de nouveaux responsables choisis par lui et qui ne doivent leur poste qu'à sa confiance personnelle.
Du point de vue économique, la **société byzantine présente un écart gigantesque** entre les titulaires des principales responsabilités administratives et militaires et ceux qui fournissent le travail manuel, généralement peu payés, à la limite du seuil de subsistance. Le sort des vendeurs ambulants et des petits commerçants est semblable à celui des manœuvres, mais celui des changeurs et des orfèvres-bijoutiers est plus enviable.
De manière générale, les **artisans**, qui sont organisés en **corporations** contrôlées par l'État, ont un rang supérieur à celui des marchands. Le **commerce** se concentre sur les produits de luxe (esclaves, épices d'Orient, pierres et métaux précieux, tissus de prix, produits céramiques) et les denrées alimentaires. Jusqu'à la fin du VIe siècle, le blé destiné à Constantinople vient d'Égypte ; il sera ensuite importé de Thrace et d'Asie Mineure. Cette dernière région fournit également le poisson, le vin et l'huile.
Les historiens actuels soulignent cependant que le négoce n'est pas à l'origine de grandes fortunes dans le monde byzantin, et que la figure du grand marchand n'est pas caractéristique de cette civilisation. Il faut en chercher la cause dans la tendance à l'autarcie des différentes provinces et des villes, dans le faible pouvoir d'achat lié à des revenus peu élevés, dans l'accroissement des risques de navigation et, surtout, dans l'intervention de l'État, qui gère lui-même l'approvisionnement des centres urbains au lieu de le déléguer à des particuliers. Dans le secteur de la production également, le pouvoir central monopolise les manufactures les plus rentables, comme celles de la soie et de la pourpre.

Le **système monétaire** en vigueur à cette époque (jusqu'au XIIIe siècle) est issu de la réforme de Constantin. L'introduction du ***solidus*** d'or, doté d'une valeur intrinsèque élevée, avait stabilisé la valeur de la monnaie, en liant à l'or les grands flux économiques, les affaires de l'État, les grosses transactions privées, les impôts et les produits de luxe ; les *potentiores* (« puissants ») s'en trouvent favorisés au détriment des *humiliores* (« humbles »), exclus du système monétaire.
Aux VIe et VIIe siècles, toute une série de **catastrophes naturelles** s'abat sur l'Empire byzantin : famines, tremblements de terre et surtout épidémies de peste. Conjuguées aux effets désastreux des invasions et du réveil de la violence entre factions urbaines, ces calamités dépeuplent les villes (Byzance perd près d'un tiers de ses habitants). Au même moment, les échanges commerciaux diminuent, le prix des marchandises augmente et la population rurale abandonne les champs pour affluer dans les villes.
Cela modifie le profil socio-économique des centres urbains, qui ont tendance à n'être plus que des bastions fortifiés et des chefs-lieux de districts agricoles. Le commerce international se limite désormais aux métropoles (surtout la capitale, ainsi qu'Antioche et Alexandrie), tandis que les villes de province pratiquent un commerce régional, qui va cependant décliner vers la fin du VIIe siècle.
La disparition des grands marchés et des traditionnels itinéraires commerciaux internationaux (dont la route de la soie) à cause des invasions arabes provoque le déclin des villes d'Asie Mineure dès le VIe siècle. Il s'étendra plus tard aux autres villes. Les grandes routes marchandes se rouvriront avec l'avènement des 'Abbâssides à Bagdad, mais le dépérissement des villes aura entre-temps favorisé l'**essor des villages** *(khôria)* qui deviendront rapidement l'unité de base dans le calcul des impôts.

L'arrivée au pouvoir de **Théodoric** en Italie pose le grave problème des relations entre Ostrogoths et Romains au sein du nouveau royaume. Selon la volonté du roi goth, l'administration civile et politique, le système monétaire et fiscal et toutes les structures économiques conservent leur organisation romaine et sont gérés par des fonctionnaires romains, y compris au plus haut niveau : des *saioni* (ceux qui transmettent et exécutent les ordres du roi) aux *viri illustres* et aux *agentes in rebus* (inspecteurs itinérants), du questeur au maître du Trésor, chargé des libéralités impériales.

C'est **Cassiodore**, homme politique mais aussi lettré et rhéteur, qui est *magister officiorum* (maître des offices), autrement dit le tout-puissant Premier ministre du roi. Quant aux Goths, ils fournissent les cadres militaires chargés de défendre le royaume contre les menaces extérieures et de réprimer les désordres intérieurs. Une **nette distinction entre les statuts** est donc à la base de l'équilibre du royaume goth en Italie.
La coexistence pacifique entre Latins et Ostrogoths est placée sous le contrôle du roi. L'une des premières mesures de politique intérieure prises par Théodoric après la conquête est l'octroi d'un tiers des terres aux siens. Cela contribue au **redémarrage de l'agriculture** qui se produit à cette époque et va de pair avec d'autres résultats positifs dus à l'habile politique poursuivie durant les trente premières années de son règne : reprise des échanges, amélioration des transports, relance de la circulation monétaire.

Des désaccords politico-économiques (et notamment le schisme monophysite) mettent pourtant en évidence le fossé existant entre les aristocraties latine et ostrogothe et entraînent l'abandon de tout projet d'une réelle intégration des deux peuples. A la mort de Théodoric, en 526, la **guerre éclate entre Byzantins et Goths**. De 535 à 555, les ravages de cette guerre aggravent une situation déjà difficile du fait d'un changement de climat qui va bouleverser le paysage rural européen : bruyères et taillis envahissent des terres autrefois cultivées et prospères; les centres urbains disparaissent ou se réduisent comme peau de chagrin.
La **reconquête de l'Italie** par Byzance est confirmée par la pragmatique sanction de 554. Ce décret impérial impose la loi de Justinien à la péninsule italienne et place celle-ci sous l'autorité d'un exarque. D'abord associé à un gouverneur militaire et doté de pouvoirs uniquement civils, cet exarque verra plus tard sa compétence élargie au domaine militaire. Dans le sillage de ses troupes, Byzance envoie des nuées de percepteurs chargés de recouvrer les impôts fonciers et les taxes sur les récoltes, sans se soucier de l'économie dévastée de l'Italie. Due à la nécessité d'entretenir l'armée, **la rapacité du fisc byzantin** frappe de plein fouet les cultivateurs indépendants, petits propriétaires fonciers. Ceux-ci sont souvent obligés de céder leurs champs aux grands propriétaires laïcs et ecclésiastiques et d'offrir leurs services comme fermiers ou locataires à divers titres. Ces impôts excessifs entraînent l'**affaiblissement des couches moyennes** et un nouvel appauvrissement des *humiliores*, ainsi que la disparition des anciennes *curiae* et le **dépeuplement des villes** (à l'exception de Ravenne et de Naples, qui prospèrent grâce à leurs ports ouverts au commerce méditerranéen).
Pendant ce temps, la **hiérarchie ecclésiastique** ajoute à ses responsabilités religieuses de nouvelles prérogatives politiques, bureaucratiques et judiciaires, en remplissant des fonctions relevant de l'administration de l'État. L'**évêque** devient l'autorité de référence du *municipium* et bénéficie en échange de privilèges et d'exonérations fiscales. « Élu par le clergé et la population du lieu, l'évêque devenait l'expression de l'*universitas civium*; par sa culture et son haut niveau de formation, il s'imposait à tous et les autorités politiques ne pouvaient ignorer sa présence, même s'il n'était pas vraiment un fonctionnaire. » (P. Brezzi).
En cette période de désordres et de pillages, quelles sont donc les tâches de l'évêque? Il doit protéger les faibles, assurer le déroulement des procès (le tribunal épiscopal est reconnu par l'Empire), contrôler le système administratif et financier et en limiter les abus et la corruption, veiller à l'entretien des ouvrages publics et à la fortification du *municipium*, à la défense militaire et à l'approvisionnement. Cette série de fonctions administratives et judiciaires fait de l'évêque un *rector urbis* (« gouverneur de la ville »), comme l'appellent les sources.

Le rétablissement des latifundia est décrété par la pragmatique sanction de 554 qui rend leurs domaines et leurs privilèges attribués *ab antiquo* aux anciens grands propriétaires fonciers. Elle annule ainsi toute trace du programme de réformes mis en œuvre par le roi goth Totila pour se concilier la faveur des couches populaires.
Il est couramment admis que la cause principale de désordres et de dissensions pendant toute la période de restauration justinienne en Italie – jusqu'en 568, date de l'invasion par les Lombards, qui porte un coup fatal à la domination byzantine – réside dans les efforts de la société latine pour se différencier du modèle politique, social et culturel de Byzance (ce qui se produira entre la fin du VIe et le début du VIIIe siècle).

A gauche : monnaie émise par Théodoric, roi des Goths. Musée national, Rome. Pendant la première partie de son règne, l'Italie connaît une période de renouveau économique.
A droite, en haut :* trémisse** ***d'or frappée sous le règne de Didier (756-774). L'utilisation de l'or témoigne de l'insertion de l'économie lombarde dans le système économique de l'Empire byzantin.
Ci-dessous : Rome au VIIIe siècle selon le « plan d'Einsiedeln ». Il s'agit du célèbre* Codex d'Einsiedeln,** ***du nom d'une très ancienne abbaye bénédictine qui fut un lieu de pèlerinage très fréquenté au Moyen Age. Bibliothèque des Archives du Capitole, Rome.

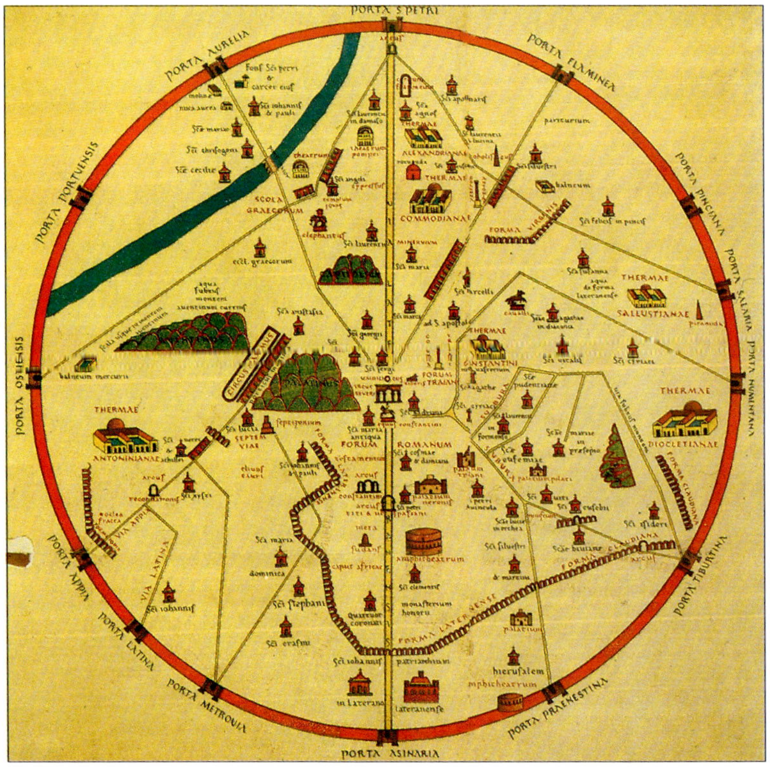

« Si l'horizon historique se limitait à l'Italie, déclare Paolo Brezzi, on pourrait dire que le Moyen Age commence avec le départ des Lombards en direction de [notre] péninsule (2 avril 568), parce que seule l'évolution provoquée par cet événement a entraîné une véritable rupture avec le passé, l'installation effective des Barbares et la disparition d'une structure administrative jusqu'alors maintenue dans ses grandes lignes... »

C'est de ces années-là que date le **morcellement territorial** de la péninsule. **Les Lombards s'établissent en créant une multitude de duchés autonomes**, souvent en conflit entre eux et rebelles à l'autorité royale, et l'on voit apparaître sur le sol italien des régions lombardes discontinues, bien distinctes des aires d'influence byzantine. En Pannonie déjà, les contacts des Lombards avec la civilisation latine avaient permis le développement d'une économie agricole rudimentaire et favorisé la circulation de monnaies byzantines et romaines servant aux transactions. Toutefois, l'image du royaume lombard en Italie telle qu'elle est reflétée par l'*Édit de Rothari* (643) est celle d'une monarchie purement germanique (et non d'un État romano-germanique, comme d'autres à l'époque) et d'une société à l'économie avant tout agro-sylvo-pastorale et militaire. A l'origine, tous les hommes libres et armés *(arimanni)* ont le droit de participer à l'assemblée générale périodique qui a lieu sous la tente commune, appelée *saal*, pour les décisions concernant la communauté. (On peut parler d'une sorte de « démocratie militaire », ce qui explique la tendance à l'autonomie qui caractérisera chacun des duchés lombards.) Ils ont droit à la distribution des terres et à la protection du *guidrigildo*. Parmi les principales activités des Lombards au temps de leur installation en Pannonie, il y a la guerre, le raid de pillage, la chasse, la cueillette et l'élevage des chevaux. Ainsi, l'une des conditions posées par Gisulf aux autres Lombards pour s'établir comme duc à Cividale (à l'époque, *Forum Iulii*), dans la partie la plus orientale de la péninsule, c'est qu'on lui laisse des chevaux en nombre suffisant, en raison du manque de montures dans la région frioulane.

A droite : le roi Rothari dicte son édit. Extrait du* Codex Langobardorum, *manuscrit de l'école de Bénévent, XIe siècle. Promulgué en 643, l'édit de Rothari est le premier exemple écrit d'un recueil de droit germanique. Rédigé en latin, unique langue écrite dont disposaient les Lombards, il se compose de 388 chapitres qui traitent des peines prévues pour les délits publics et privés, ainsi que du droit patrimonial (legs, successions, mariages, contrats de propriété...). En bas : le port de Classe sur une mosaïque du mur latéral de la nef centrale de la basilique Saint-Apollinaire-le-Neuf, Ravenne, première moitié du VIe siècle.

Venus en Italie avec leur famille au sens large – la structure sociale est fondée sur la *fara* (« grande famille » ou groupe familial), à caractère patriarcal –, les Lombards organisent leurs territoires en **duchés** dès le début de la conquête. On en connaît trente-cinq, dont le premier comprend Aquilée, Concordia et Cividale. D'habitude, les ducs choisissent leur capitale en tirant parti des *municipia* ou des *castra* romains, dont les murs et les fortifications leur serviront à se défendre contre les attaques des Avars, des Byzantins et des Francs. Les villes continuent d'exister, mais leur urbanisme et surtout leur structure socio-économique se modifient.
Le réseau routier reste celui des Romains, mais se dégrade par manque d'entretien, tout comme le système de canalisations, qui disparaît peu à peu. Les Lombards abandonnent la division romaine des terres agricoles en centuries (lopins carrés de 710 m de côté, tracés perpendiculairement aux axes routiers), ce qui conduit à une nouvelle **détérioration de l'état des campagnes**.
La **construction stagne** et se concentre essentiellement sur les palais royaux et les grandes églises. On assistera à un véritable redémarrage dans le secteur du bâtiment à partir du milieu du VIIe siècle, sous le règne de Liutprand (712-744) surtout. L'ensemble de la noblesse lombarde et des dirigeants encouragent alors un renouveau culturel, architectural et artistique à grande échelle (dite **renaissance liutprandienne**), qui provoque la floraison des boutiques d'artisans. Pour augmenter le nombre de cavaliers (hommes libres et propriétaires de terres) dans leur armée, les Lombards accordent aux *arimanni* (groupement en centaines) une partie des terres confisquées aux Romains : les « arimannies », transmissibles par héritage. La population locale est intégrée aux grands domaines fonciers des ducs et des rois. Les cultivateurs (des paysans en semi-liberté) sont le plus souvent réduits au rôle de fermiers et doivent livrer un tiers de leurs récoltes à l'aristocratie lombarde. C'est ainsi que s'accroît le pouvoir des ducs et l'on sait qu'Authari aura du mal à renforcer la monarchie. Il finira par la doter d'une solide base foncière en rachetant 50 % des terres ducales et en contrôlant le territoire par le truchement d'administrateurs *(gastaldi)* résidant dans les villes ducales. Les ducs exercent leur autorité directe dans les domaines les plus variés, civil et judiciaire, fiscal et militaire. Ils ont leurs propres employés (les *gazindi*), qui leur sont liés par un pacte personnel de fidélité. Les signes d'un **système protoféodal** sont évidents.
En ce qui concerne l'**utilisation de la monnaie**, sa circulation est réduite à l'essentiel et suit des mécanismes simplifiés, les Lombards étant dépourvus d'une véritable « culture monétaire ». On se remet à pratiquer le **troc** ; les petites monnaies de bronze servant aux achats quotidiens disparaissent, celles d'argent s'amincissent. En revanche, les pièces d'or des empereurs Justinien et Justin continuent de circuler et conservent leur valeur pour les transactions importantes placées sous le contrôle de Constantinople. Agilulf est le premier souverain lombard à frapper des *trémissés*, mais il conserve l'effigie de l'empereur de Byzance sur le *recto* (face) de la pièce. Peu à peu, on en vient à éliminer l'inscription impériale et à apposer le monogramme du roi lombard. A la fin du VIIe siècle, Cunibert entreprend une réforme monétaire en introduisant une **pièce à fort pourcentage d'or**, ce qui reflète la volonté lombarde de se réapproprier pleinement l'instrument monétaire. Cette pièce porte d'un côté l'effigie et le nom du roi, et de l'autre ceux de saint Michel, très vénéré par les Lombards (et saint patron de la monarchie). Malgré la lente et inexorable dégradation de la qualité des monnaies, l'utilisation de l'or témoigne du lien existant entre l'économie lombarde et le monde des grands échanges, dominés par le système monétaire byzantin. Il y a enfin les objets **manufacturés**. On fabrique en famille certains éléments d'usage quotidien – articles d'habillement, ustensiles et petits objets.
A côté de la production domestique, il faut signaler une importante série d'objets exigeant un plus grand savoir-faire technique ; ils sont réalisés par des **artisans ambulants** qui travaillent sur commande et contre paiement.

La situation sociale et économique de l'Occident pendant le haut Moyen Age est avant tout marquée par une **forte diminution de la population**. Nous ne disposons que de données largement conjecturales, mais les interprétations s'accordent à relever une tendance négative dès la fin du IIe siècle. La crise se poursuit, de manière très variable selon les régions et avec des périodes de moindre intensité, jusque vers les VIIe-VIIIe siècles, quand les indices démographiques se remettent à grimper.
Le point le plus bas est atteint en 650.
De manière générale, la population de la région méditerranéenne et européenne aurait fondu de plus de moitié. Cependant, au cours de la longue période allant du IIe aux VIIe-VIIIe siècles, on trouve des phases d'alternance : entre les deux crises les plus graves (IIe et VIe-VIIe siècles), il y a aussi des moments de reprise. En outre, les régions du centre-nord et de l'est du continent - où les brassages de populations ont été plus intenses - ont nettement moins souffert de la crise que l'Europe méditerranéenne. L'un des facteurs déterminants de cette grande faiblesse démographique du début du Moyen Age réside incontestablement dans l'apparition **de graves épidémies de peste**, qui s'abattent périodiquement à partir de la seconde moitié du IIe siècle.
A cette diminution de la présence humaine s'ajoute un rapport difficile et précaire entre l'homme et le milieu. La région méditerranéenne, occupée depuis des temps plus anciens - comme dans le sud de la France et la péninsule Ibérique - est en butte à des phénomènes d'**abandon et de dégradation du sol**. Les terres deviennent arides ou se transforment en marécages, les centres habités disparaissent ou s'étiolent. Dans les zones continentales et septentrionales (la France au nord de la Loire, les Pays-Bas, l'Angleterre, l'Allemagne, la Scandinavie), les terres non cultivées (prés et pâturages) et la bruyère l'emportent. Mais c'est surtout la forêt, le plus souvent sauvage et peu accueillante, qui constitue l'élément dominant du paysage. L'habitat se présente sous la forme de **rares villages agricoles** cernés par d'immenses forêts. Les villes sont rares, mais n'ont pas complètement disparu. Dans certaines régions, on observe une plus grande densité de centres urbains (d'ordinaire résidences des évêques) et l'on assiste même à la fondation de nouvelles villes dans le nord de la Gaule et en Rhénanie.

ESTIMATION DE LA POPULATION EN OCCIDENT

Région	0	500 apr. J.-C.	650 apr. J.-C.	1000 apr. J.-C
ESPAGNE	6	4	3,5	7
FRANCE ET PAYS-BAS	6	5	3,5	6
ILES BRITANNIQUES	0,4	0,5	0,5	2
ALLEMAGNE ET SCANDINAVIE	3,5	3,5	2	4

(en millions d'habitants)

La vie économique de l'Europe tourne au ralenti. Le phénomène le plus frappant est la **ruralisation des activités productives**. Il s'agit d'une agriculture pauvre, de pure subsistance, limitée par l'exiguïté des surfaces disponibles, le dépeuplement des campagnes - les textes médiévaux déplorent souvent le manque de main-d'œuvre *(penuria hominum)* -, les difficultés du climat, l'emploi de techniques et d'outils très peu performants. Les cultures de base sont céréalières (blé, épeautre, seigle, orge et avoine), mais on trouve aussi des légumineuses (fèves, pois, lentilles) et des arbres fruitiers. Le rendement de ces cultures est cependant très faible.

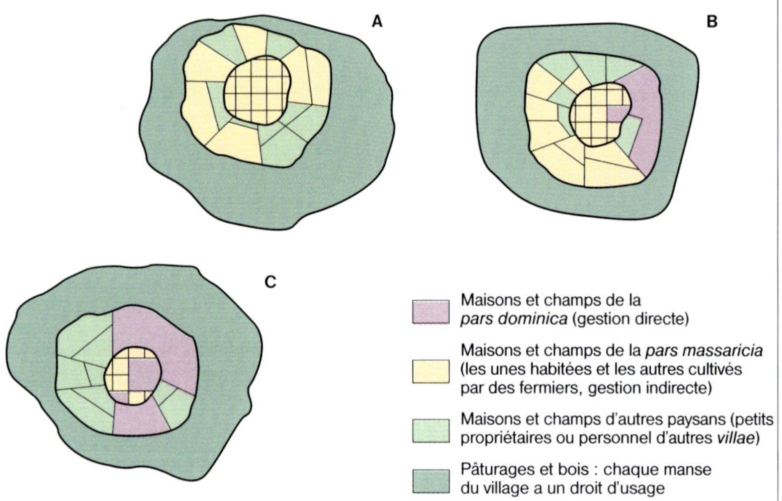

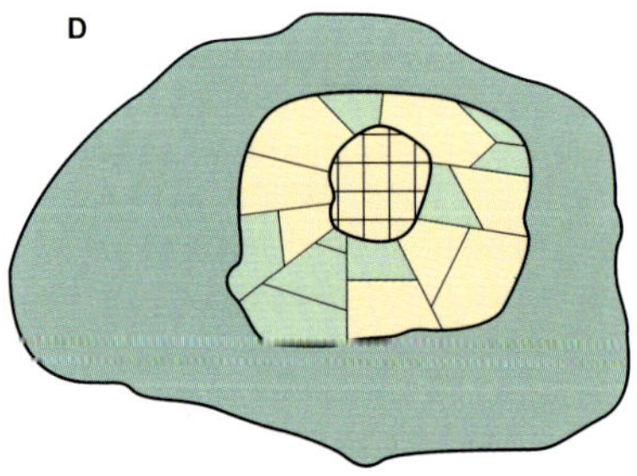

A gauche : différents modèles de villages pendant le haut Moyen Age.
En haut : la population européenne pendant le premier millénaire. L'Occident a enregistré une forte baisse démographique, depuis les premiers siècles de notre ère jusqu'au VIIe siècle environ.
Ci-dessous : plaque du VIe siècle représentant un guerrier franc à cheval.

Outre l'agriculture, on pratique d'autres activités économiques rudimentaires et fort peu rentables, comme la récolte du bois et des produits poussant spontanément, la chasse et la pêche, l'élevage du bétail.

La cellule de base de l'économie agraire du haut Moyen Age est la **grande propriété foncière** héritée du Bas-Empire *(villa)*. On rencontre les *villae* en Gaule, dans le centre-nord de l'Italie, en Catalogne, dans l'ouest et le sud de l'Italie, et elles dureront bien au-delà des limites chronologiques du Moyen Age. Il ne s'agit presque jamais de domaines d'un seul tenant, composés de terrains contigus ; les fermes sont le plus souvent disséminées dans des villages différents, parfois éloignés les uns des autres. L'importance des domaines est elle aussi très variable, allant de quelques dizaines ou centaines d'hectares à des superficies gigantesques (plus de 32 000 hectares pour l'abbaye de Saint-Germain-des-Prés).
La *curtis* appartient à un seigneur (*dominus* : le roi, un noble ou une entité ecclésiastique, comme une abbaye ou un évêché) et se divise en deux sections. La première (dite *terra indominica*, ou *pars dominica*) constitue la réserve du maître, directement exploitée par le propriétaire à son profit exclusif.
Le seigneur y fait travailler ses esclaves domestiques (*mancipia*, *praebendarii*, *ancillae*, désignés par le terme collectif de *familia*), auxquels il assure le vivre et le couvert.
En raison de la pénurie de main-d'œuvre servile, le maître a également recours à des

salariés ou à des fermiers semi-libres par le système des « corvées ». En général, la *pars dominica* renferme une vaste enceinte (la *curtis* ou « cour » au sens strict) qui comprend la demeure du maître, le logis des esclaves et les bâtiments de travail (étables, entrepôts, grenier à blé, ateliers...).
A l'intérieur de la cour, on trouve aussi un jardin, un potager et un verger. Les terres arables, vignobles, prés, etc, s'étendent tout autour. La deuxième partie de la *villa* (*pars massaricia*, ou *massaricium*, de *massarus*, « paysan »), qui peut être jusqu'à trois, voire cinq fois plus grande que le *dominicum*, est formée par les *tenures*. Ce sont des fermes concédées à divers titres (la location est souvent à vie ou héréditaire) à des fermiers libres *(ingenui)*, des emphytéotes ou des colons-serfs attachés à la terre.
Le *massaricium* est divisé en lots appelés manses (ou *sortes*), terme désignant à l'origine le lieu d'habitation du paysan (de *mansio*, maison), mais qui finit par s'appliquer à une unité foncière, en l'occurrence la parcelle de terre nécessaire à la subsistance d'une famille. De taille variable (mais rarement inférieure à 10 hectares), chaque manse comporte une ferme, des bâtiments agricoles et diverses dépendances (champs, prés, etc). En échange de l'usufruit de la terre et de la protection du maître, le fermier est tenu à une série incroyablement compliquée d'obligations envers le seigneur, variant selon la condition du concessionnaire et la nature du manse : versement d'une rente en nature (la cession d'une partie de la production) ou en argent ; paiement d'autres charges comme la capitation (impôt sur l'individu), les tailles (taxes sur les actes de la vie juridique, comme le *formariage*) et les « banalités » (taxes pour l'utilisation des routes, ponts, moulins, etc.). Il faut ajouter la fourniture de journées de travail *(corvatae, angariae)* sur les terres du maître (moissons, vendanges, etc.) ou l'exécution de tâches d'entretien des routes, des fortifications *(precariae, sordida munera)*. Autour de la *villa* s'étendent des pâturages et des bois sur lesquels les paysans peuvent exercer des droits communaux (récolte du bois, pacage du bétail).

MAIN-D'ŒUVRE AGRICOLE ET ESCLAVAGE

L'économie agricole du haut Moyen Age doit affronter un problème lancinant : la pénurie de main-d'œuvre. L'historien belge R. Doehaerd illustre bien cet état de choses : « [...] Rien n'exprime mieux la rareté de la main-d'œuvre agricole que ce conseil donné par le pape Pélage à un administrateur des domaines pontificaux entre 555 et 560 : "Ne retire pas des champs un paysan non-libre pour le faire travailler dans un atelier, si tu ne peux le remplacer ; de toute manière, ne choisis jamais pour le service artisanal un homme apte à diriger une ferme ou à la prendre en concession : ces tâches ne doivent être confiées qu'aux inutiles" [...]. Nous pensons en particulier à l'attitude de l'Église envers l'esclavage. Le concile d'Agde de 506 et celui tenu à Yenne en 517 interdirent aux abbés d'émanciper les esclaves des domaines qu'ils avaient reçus de particuliers "étant donné qu'il est injuste que les esclaves jouissent de la liberté pendant que les moines travaillent la terre tous les jours" [...]. La quête de main-d'œuvre est du reste l'un des objectifs des guerres intestines au temps de Grégoire de Tours ; [...] la littérature hagiographique accorde une grande place au thème pieux des prisonniers vendus par des soldats sur les marchés et achetés par les saints évêques avec l'argent de l'Église : il s'agit d'un véritable troupeau que les acquéreurs installent sur leurs propres terres [...].
Dans son Histoire de l'Église de Reims, *Flodoard (IXe siècle) passe en revue les évêques qui se sont succédé à la tête de la métropole, de saint Rémi (Ve siècle) à Tilpin (733-794), et rappelle qu'ils "ont acheté des esclaves pour les faire travailler sur les terres de l'Église". Le manque de main-d'œuvre explique la recrudescence de l'esclavage pendant les premiers siècles du Moyen Age. Cette pénurie met en danger tous les hommes isolés. Un capitulaire de 802 fait allusion au risque encouru par "ceux qui errent, poussés par le besoin" d'être capturés et vendus comme esclaves. Cette pénurie devient une donnée permanente. »*
R. Doehaerd, Économie et Société dans le haut Moyen Age, *Roma-Bari, Laterza, 1983.*

Même si la civilisation du haut Moyen Age apparaît essentiellement rurale, les **manufactures** et les **productions artisanales** perdurent, tant au sein de la *curtis*, conçue comme une unité économique vivant en autarcie, que dans les bourgs. Le travail d'extraction dans les mines (fer et charbon) et les carrières de pierre ont une certaine importance. La fonte des métaux est couramment pratiquée en Bourgogne, en Bretagne, dans le Dauphiné et les Pyrénées. Dans le domaine industriel, il faut citer la production métallurgique, la fabrication de harnachements, d'armes, d'outils et ustensiles, ainsi que le travail de la laine et d'autres étoffes.
Forgerons, charpentiers, maçons continuent d'exercer leur métier. En dépit de son caractère autarcique, l'**économie de la *curtis* n'est pas entièrement fermée**. On se livre en effet à des échanges dans le cadre du domaine seigneurial, ne serait-ce que d'une manière limitée et le plus souvent sous forme d'une simple redistribution de denrées alimentaires. De plus, en dépit d'une nette contraction du volume des échanges, la circulation des marchandises se poursuit, sur le continent (comme le prouvent les **foires** et les **marchés** se tenant au niveau local ou régional) et avec l'Orient à travers l'Adriatique et la plaine du Pô. Toutefois, le commerce à longue distance concerne presque exclusivement les produits de luxe (épices, tissus précieux). En ce qui concerne la poursuite des activités manufacturières et du négoce, elle est attestée par la **circulation monétaire** : indiscutablement réduite par rapport à l'époque romaine, à cause de la raréfaction des métaux précieux, elle est cependant loin d'avoir disparu. Même quand le troc devient la forme d'échange la plus répandue, les rois wisigoths en Espagne et les Mérovingiens en France continuent à frapper des pièces d'or (plus rarement d'argent) sur le modèle byzantin, surtout pour des raisons de prestige personnel. Les ateliers privés et clandestins où l'on fabrique de la monnaie se répandent, notamment en Gaule. Les souverains leur accordent parfois des exonérations : comment ne pas y voir le signe d'un besoin croissant en espèces ? En ce sens, la **réforme monétaire carolingienne** a le mérite de combler un vide bien réel. Le roi des Francs crée une monnaie nouvelle et unique, abandonnant du même coup le monométallisme or d'origine romaine pour celui de l'argent, choisi en raison de son abondance. Le *denarius* pèse officiellement 2 grammes de bon argent ; en réalité, son poids est d'environ 1,70 gramme, dont un vingtième d'alliage en métal vil. Il s'agit de mettre un terme au marasme monétaire européen et de fournir à l'État un moyen de paiement reconnu sur le marché international, capable de figurer à côté du *solidus* byzantin et du *dinar* arabe.
La monnaie carolingienne sera pendant deux siècles l'unique monnaie circulant réellement en Europe.

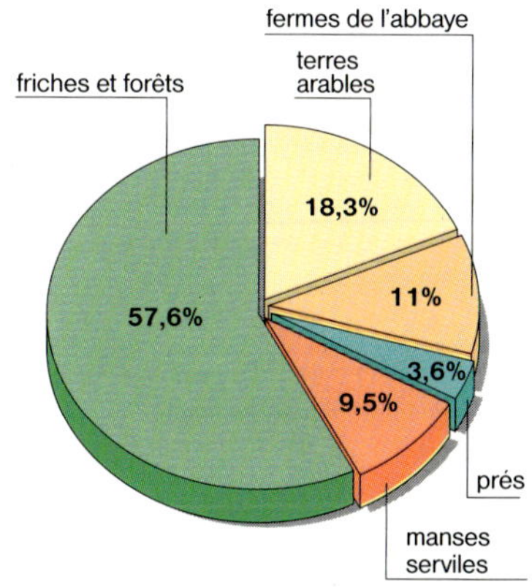

En haut à gauche : denier d'argent carolingien frappé à Francfort après 804. Cabinet des Monnaies des musées d'État, Berlin. Les inscriptions sur le bord et l'effigie de Charlemagne, représenté sous les traits d'un empereur, soulignent le programme carolingien de restauration impériale.
Ci-dessus : le travail des champs sur une page enluminée de* La Cité de Dieu *de saint Augustin. Bibliothèque Laurentienne, Florence.
A droite : dans la France carolingienne, la majeure partie des terres est encore en friche ou occupée par la forêt.

Comme le déclare l'historien Fernand Braudel : « Aucune civilisation ne vit sans son mouvement propre : toutes s'enrichissent grâce aux échanges et aux chocs déterminés par de fructueux rapports de voisinage. Ainsi l'Islām est-il impensable sans le mouvement des caravanes à travers ses vastes "mers sans eau", les déserts et les steppes, sans ses navigations à travers la Méditerranée et l'océan Indien, jusqu'à Malacca et en Chine. » Dans le contexte déjà très mobile de la géohistoire qui caractérise chaque civilisation, le monde musulman se signale par l'importance de la circulation – que ce soit celle des marchandises, des objets matériels et de l'or, ou celle des idées, des conquêtes techniques, des conceptions.
A l'époque préislamique déjà, en Arabie centrale et septentrionale, trois facteurs conditionnent la vie socio-économique des tribus bédouines : le désert, l'élevage nomade et le lien tribal. Ces éléments déterminent l'organisation nomade ou semi-nomade de ces tribus, leurs contacts et leurs échanges démographiques avec la population des principaux centres urbains du Hedjaz, surtout La Mecque et Yathrib (Médine), et l'utilisation du chameau comme moyen de transport.
A la base du système sociopolitique des Arabes vivant dans la péninsule, on trouve **l'organisation en tribus**. Le conseil de la tribu est présidé par un *sa'īd* (« celui qui parle ») c'est-à-dire un chef librement élu, doté des fonctions d'arbitre ou de conseiller.
Ce conseil est l'organe de décision en ce qui concerne les affaires communes, la solution des différends et la répartition du butin des razzias. La vie tribale repose sur deux principes : la **solidarité collective** qui assure un soutien à chacun – faute de quoi l'individu se retrouverait seul pour affronter la dureté et la précarité de l'existence dans le désert – et la **structure démocratico-patriarcale** de la tribu elle-même. En dehors du cas des deux petits États semi-nomades apparus dans le nord du pays (les Rhassānides, près des frontières de Byzance, et les Lakhmides de Ḥīra, au voisinage de la frontière sassanide), les tentatives pour dépasser le particularisme tribal et instituer une sorte de tyrannie ou de royaume *(mulk)* sont en effet vouées à l'échec, en raison de la tendance à l'autonomie de chaque tribu et de l'esprit fier, individualiste et anarchique des Bédouins. Ceux-ci ne sont pas disposés à accepter autre chose que les liens limités imposés par la tribu (à laquelle ils appartiennent par le sang ou par alliance) ou le *tahaluf*, confédération de plusieurs groupes tribaux entre lesquels s'établit un lien stable et définitif.

A gauche : la migration des Arabes dans les terres conquises, miniature populaire. British Library, Londres.
Au centre : les principales routes commerciales de l'Islām. La Mecque occupe une position privilégiée : la ville se trouve au centre de la route des caravanes qui transportent les marchandises de l'Inde et de l'Extrême-Orient vers les pays de la Méditerranée, principal point de convergence pour les marchands venant de toute l'Arabie.

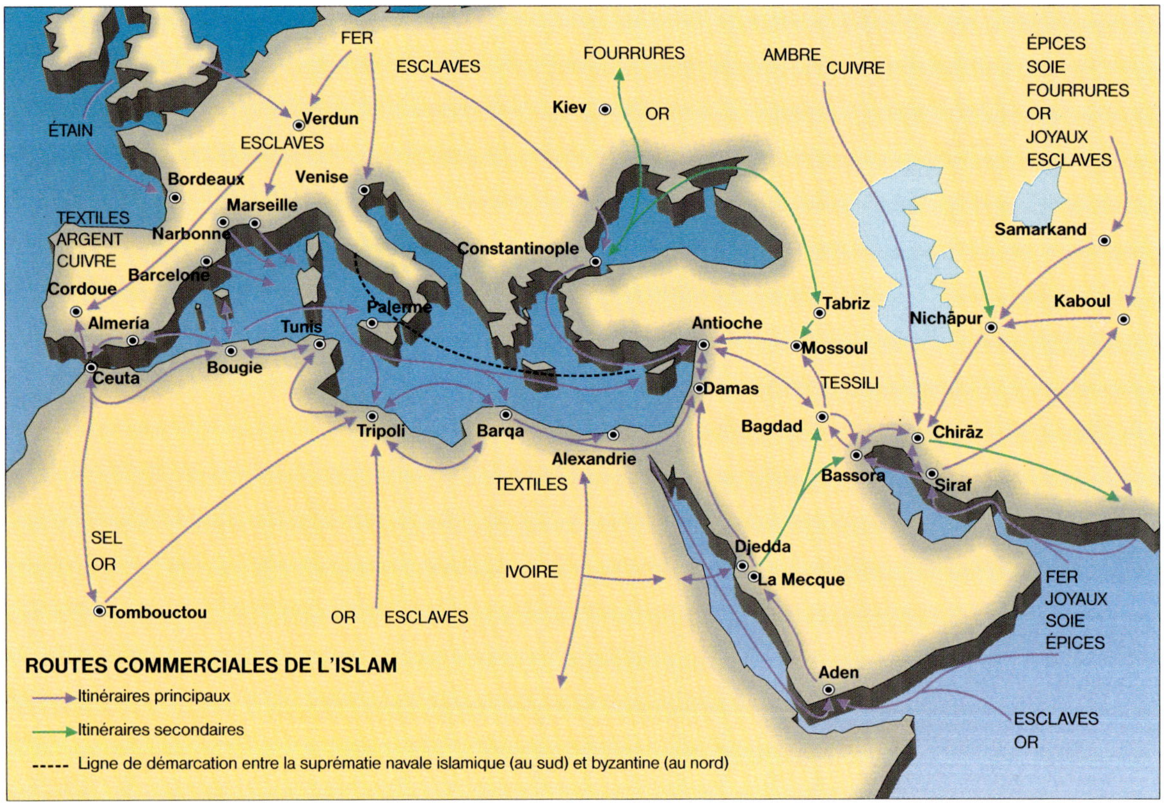

Contrastant avec la pauvreté des zones désertiques, le sud de l'Arabie – et surtout le **Yémen** – jouit d'une grande prospérité grâce à son **agriculture florissante**, à la qualité de son artisanat et aux échanges commerciaux (en premier lieu parfums et épices), du moins jusqu'au VIe siècle. Dans les régions côtières, grâce à des conditions géoclimatiques plus favorables, l'agriculture et le commerce maritime prospèrent, tandis que l'économie des États arabes influencés par le voisinage de Byzance et de la Perse repose surtout sur les échanges de marchandises.
La cité-État la plus puissante d'Arabie centrale est **La Mecque**. Bien située au carrefour des routes caravanières par lesquelles transitent les marchandises de l'Inde et de l'Extrême-Orient en route vers les pays de la Méditerranée, elle constitue le principal pôle d'attraction pour caravaniers et négociants des quatre coins de l'Arabie. Une oligarchie marchande, dominée par la puissante tribu septentrionale des Quraychites, s'est formée dans cet important centre urbain, qui est en outre au cœur de la vie religieuse du pays. Si l'aspect marchand de l'économie s'affirme toujours davantage, à côté de l'aspect pastoral traditionnel, la foule des pèlerins arabes affluant vers la Ka'ba y est certes pour quelque chose. Le pèlerinage suscite des activités commerciales, comme les foires-marchés, et des flux économiques qui enrichissent encore davantage les grands marchands de La Mecque. Ces derniers exercent sur les lieux saints une sorte de contrôle monopolistique qui reflète leur hégémonie sur les activités de transit.
Ils sont les protagonistes d'une intense activité commerciale entre la Méditerranée, l'Éthiopie, l'Iran et l'Inde, centrée sur les échanges entre l'ivoire africain, les tissus luxueux et les pierres précieuses d'Orient, les métaux et l'ambre du nord de l'Europe. Outre leurs richesses, les grands marchands acquièrent un pouvoir toujours plus considérable au détriment de la classe paysanne, qui subit leur oppression et s'appauvrit, tandis que l'on cherche aussi à contrôler les Bédouins.

Avec l'hégire (*hidjra*, « migration ») qui marque la rupture de **Mahomet** avec sa propre tribu, le lien ethnique et politique traditionnel à base tribale est remplacé par un lien religieux d'un grand pouvoir unificateur, qui rassemble désormais l'ensemble de la communauté musulmane (*umma*). Du vivant du Prophète déjà, les Arabes sont tenus de payer un tribut pour alimenter les caisses de l'*umma* ; mais il n'existe pas encore d'organisation bureaucratique à laquelle rattacher l'administration des territoires islamiques, capable d'unifier le système politique, lui-même étroitement lié au système religieux. Il existe déjà sous Abū Bakr une forme de Trésor public alimenté par les tributs, mais c'est le calife 'Umar qui donne par la suite une structure administrative à l'Islām et crée le premier *dīwān* ou registre démographique. En revanche, la bureaucratie des pays conquis est maintenue, ainsi que

le système fiscal local, avec ses méthodes de calcul et de mesure, et la langue du lieu.
Le système d’administration foncière prévoit de laisser ses terres à chaque propriétaire qui se convertit à l’islām (l’État ne peut les confisquer qu’en cas de fuite ou de décès).
Les zones récemment conquises sont divisées en provinces et administrées par un gouverneur **(émir)** choisi par le calife.
La répartition des terres de l’État aboutit ainsi à la création d’une classe de nouveaux propriétaires terriens : si le propriétaire est arabe, il ne paie que l’impôt religieux sur ses biens *(zakāt)*; sinon, il est tenu de verser deux taxes (foncière et personnelle). Les soldats qui ont combattu pour le califat sont récompensés par un cinquième du butin de guerre et, s’ils choisissent de se fixer sur les terres conquises, par une pension viagère.
C’est avec les Omeyyades que se produit le **passage d’un État bédouin à l’Empire islamique**, dans lequel l’élément arabe prédomine. L’administration établit de nouveaux bureaux administratifs *(dīwān)* en perfectionnant le système inauguré par ‘Umar : pour la chancellerie, le système postal, les archives, l’impôt foncier de la capitale, les *dīwān* sont centralisés à Damas et les registres périphériques instaurés dans toutes les provinces (état civil, impôts et chancellerie) leur sont rattachés. Le **processus d’arabisation** de l’appareil bureaucratique est mené à son terme : l’**arabe** devient **langue officielle** dans tous les territoires de l’Empire; on adopte le calendrier arabe, ainsi qu’un système fiscal et un système de mesure uniformes; enfin, la réorganisation administrative est complétée dans tous les territoires sous l’action d’‘Abd al-Malik (685-705). Avec les ‘Abbāssides, le califat s’orientalise et s’imprègne de l’influence persane : la cour de Bagdad est somptueuse et raffinée; par l’entremise de sa bureaucratie civile et militaire, un pouvoir fortement centralisé administre les territoires en les écrasant d’impôts.

Le monde islamique a aussi ses **manufactures**; concentrées dans quelques centres, elles se font très vite connaître dans l’ensemble de l’Empire, et même au-delà de ses frontières, pour leur production hautement spécialisée. On voit apparaître des **fabriques de papier** (produit à partir de chiffons selon la méthode apprise des Chinois), des teintureries et des raffineries de sucre. La ville de Mossoul (al-Mawsil) se distingue par ses tissus de coton, qu’on appellera dès lors « mousseline ». En Égypte, Fusṭāṭ est réputée pour ses produits textiles, en particulier la futaine. Damas abrite un artisanat hautement qualifié : on y fabrique de splendides étoffes dites « damassées » (travaillées sur un fond de couleur unie avec des fils d’un éclat variable), ainsi que les célèbres **lames d’acier,** dont le succès sur les marchés européens de l’époque est amplement attesté. Elles sont obtenues par la technique de la cristallisation et dotées d’une garde et d’un fourreau « damasquinés », c’est-à-dire finement incrustés d’or et d’argent. Dans ce domaine, les Arabes – qui envahissent l’Espagne en 711 – donnent un élan important à l’artisanat hispanique de l’acier, déjà pratiqué depuis des siècles à Tolède. En Andalousie aussi – en 714, la région est solidement tenue par les Musulmans (sous le nom arabe de *Al-Andalus*) et devient en 756 un émirat, puis un califat omeyyade, avec Cordoue pour capitale – on trouve des artisans arabes ou provenant de pays islamisés. D’un grand raffinement, leur production révèle une fusion entre des éléments stylistiques d’origine orientale et des restes d’influence romaine et wisigothe.
Cette rencontre de la riche tradition locale avec le patrimoine de formes et de décorations importé par le biais de l’islām donne naissance au style qui sera plus tard appelé « mauresque ». Dans le monde islamique, le **système de la réquisition** (recours systématique à la main-d’œuvre et aux matériaux prélevés dans les pays conquis) est pratiqué par les califes omeyyades et par les premiers ‘Abbāssides, dans le secteur de la construction comme dans celui de l’artisanat. Ainsi, à plusieurs reprises, il sera fait appel à des équipes entières d’artisans spécialisés et de maîtres d’œuvre dans la Bagdad ‘abbāsside.

En **Afrique du Nord**, la vague islamique s’étend. Elle entraine une mutation socio-économique de la région et marque l’avènement d’un très florissant commerce à travers le désert du Sahara, avec la participation des tribus berbères nomades dans la circulation des caravanes. Elle gagne même les régions tropicales. En revanche, le glorieux et millénaire Empire éthiopien est coupé de ses débouchés commerciaux et ramené à une économie de subsistance. Ainsi se forment les grands États islamisés d’Afrique : Ghana, Mali, Empire songhaï.
Ils se caractérisent par le développement des villes et d’une économie dominée par le négoce, ainsi que par l’émergence d’une classe dirigeante urbaine qui acquiert le monopole des échanges internationaux, et enfin, comme en Arabie, par l’appauvrissement et la marginalisation de la classe paysanne. Le développement commercial va de pair avec la **circulation monétaire**. Plus tard, on voit se répandre le recours à une sorte de lettre de crédit appelée *ḥawāla* et à des contrats analogues à la commandite, par lesquels on confie des fonds à un marchand pour financer son expédition, à condition de participer aux bénéfices. Selon l’interprétation traditionnelle de l’historien Henri Pirenne, la conquête de la Méditerranée par les Arabes signifie la **disparition d’un ordre ancien** : transformé en « lac islamique », le *mare nostrum* devient une barrière entre les civilisations et condamne l’Occident à l’isolement. Mais les générations suivantes d’historiens ont démontré qu’entre la Chrétienté et l’Islām, les relations se sont poursuivies. Une bonne partie des produits européens parviennent dans le monde islamique par le truchement d’intermédiaires étrangers : c’est à travers la florissante Cordoue, à travers Byzance et le marché slave, par les voies fluviales débouchant sur la mer Noire et la mer Caspienne, qu’ils arrivent à Antioche, Damas, Bassora et dans la riche Bagdad.

A gauche : les administrateurs arabes frappent de grandes quantités de monnaies diverses. La pièce d’or au centre montre le calife omeyyade ‘Abd al-Malik empoignant l’épée de l’islām. Le* dirham *d’argent (au-dessous) représente un empereur sassanide, mais porte le nom d’un gouverneur islamique. L’autre pièce d’or (en haut) porte une inscription en arabe au lieu d’une décoration figurative; au dos, il est indiqué qu’elle a été frappée à Damas en l’an 78 du calendrier musulman (697-698). Musée national du Koweït. A droite : miniature montrant l’hommage des musulmans à Abū-Bakr, le premier calife. Bibliothèque nationale, Istanbul.

On trouve en Inde **cinq régions** aux caractéristiques physiques distinctes et qui développent des économies bien différenciées. Les zones côtières du Sud-Est ont une histoire marquée par les contrastes avec les hauts plateaux du Dekkan ; pendant des siècles, leur économie repose avant tout sur la pêche, l'extraction du sel et le troc des produits de l'arrière-pays (céréales et laitages), avant qu'un florissant commerce international ne se développe. En revanche, la région montagneuse ou les terres sèches et désertiques offrent bien peu de ressources (la première est une zone de chasse et de cueillette, la deuxième un territoire où l'on vit de butin et de pillage), tandis que la savane reste une réserve de pâturage pour les troupeaux. Il y a enfin les vallées des grands fleuves, qui offrent d'abondantes récoltes de riz. C'est dans ces plaines fertiles, traversées par les fleuves indiens, que s'élèvent les villages brahmaniques *(āgrahāram)* à la population souvent dense.

Sous le règne des Gupta, on assiste à **l'intensification des échanges commerciaux** entre le Centre et le Nord. Ces échanges sont favorisés par une forte circulation de monnaie d'or indigène : dans la seconde moitié du Ve siècle, on abandonne le « denier » d'origine romaine pour une monnaie plus pesante, mais contenant une moindre quantité d'or. Au début de ce même siècle, déjà, on s'est remis à frapper des monnaies d'argent. Enfin, pendant la période de fléchissement économique qui accompagne le déclin de l'Empire, on utilise des monnaies de cuivre et des coquillages dans le cadre du commerce strictement local. Le IIIe et le IVe siècles sont marqués par le ralentissement des échanges commerciaux avec Rome. Mais dans le même temps, l'Inde s'ouvre aux régions du Sud-Est asiatique (sur lesquelles elle exerce aussi une influence culturelle). Ses ports méridionaux conservent donc leur activité fébrile et continuent de voir affluer les marchandises précieuses ; ce sont des centres d'échange et de stockage pour la fine soie chinoise et les pierres précieuses provenant du Sud-Est.

Les **déplacements des moines bouddhistes** ont également une influence sur les échanges intérieurs - entre le nord et le sud du pays - et extérieurs. Le Cambodge, Java, Bali et Bornéo deviennent de nouvelles colonies commerciales indiennes ; les moines ouvrent en effet de nouvelles routes et établissent des contacts avec les étrangers. Enfin, les **donations de biens immobiliers** parfois considérables (terres, maisons et fermes) **aux monastères bouddhistes** ont, elles aussi, des conséquences économiques. Les monastères introduisent leurs modes d'organisation et leurs structures administratives dans le centre et le sud de l'Inde. Aux Ve et VIe siècles, on voit en outre se développer dans le nord du pays des corporations de groupes professionnels (artisans, banquiers et commerçants), souvent rassemblées en sociétés plus vastes qui se consacrent à la défense de leurs intérêts et de leur image.

Ce sont surtout les récits des voyageurs et des pèlerins (pour la plupart d'origine chinoise) qui illustrent les caractéristiques de la structure socio-économique du monde indien. Le moine Fa Xian réside en Inde de 405 à 411, pendant la période gupta, pour transcrire et étudier les textes sacrés du bouddhisme. Xuan Zang, lui aussi moine bouddhiste et pèlerin, y reste de 630 à 643, sous la domination cālukya et le règne de Harṣa ; il visite en outre les royaumes méridionaux des Cola et des Pāṇḍya. D'autres informations importantes sont données par la *Harṣacarita*, la biographie du roi Harṣa rédigée par le poète de cour Bāṇa.
Mais ces sources nous donnent de la période des Ve-VIIIe siècles une image idéalisée, qui ne tient aucun compte des problèmes sociaux et se limite presque exclusivement, du moins dans le cas de Fa Xian, aux grandes villes, à la vie de la capitale, où le souverain réside avec sa cour. La richesse s'y concentre, le régime fiscal n'est pas écrasant, la justice prononce des peines légères et les échanges sont encore actifs. Pendant ce temps, les zones périphériques déclinent, subissant la pression de peuples envahisseurs qui finiront par provoquer la fin des Gupta.

A gauche : monnaies indiennes de l'époque gupta. Sous les Gupta, on assiste à un développement des échanges commerciaux, favorisés par une importante circulation de monnaie d'or indigène. Ci-dessus : détail d'une peinture de la grotte XVII remontant au VIe siècle environ, à Ajaṇṭā, dans le Centre-Ouest de l'Inde. Découvertes par hasard en 1819, les peintures du centre bouddhiste d'Ajaṇṭā offrent la vision d'une vie de cour luxueuse et raffinée, à travers un ensemble de scènes animées et polychromes. A droite : sculpture de terre cuite représentant une joueuse de luth ; la caisse de résonance de l'instrument est taillée dans une courge.

Dans sa phase ascendante, la politique expansionniste de cette dynastie (surtout sous le règne des souverains Samudragupta et Candragupta II) s'accompagne de la création de colonies agricoles dans les zones en friche ; la population est encouragée à déboiser et à amender les sols. De la même manière, l'expansion qui se produit plus tard sous le règne de Harṣa (v. 590-647) provoque une intensification des migrations vers de nouveaux territoires qui s'ouvrent à la colonisation agricole.

Sous les Gupta déjà, le pouvoir central contrôle directement le cœur de l'Empire et exerce son emprise sur les régions plus reculées par le truchement d'un réseau de gouverneurs et de fonctionnaires royaux. Sous Harṣa, la décentralisation s'accentue.
Dans les territoires conquis et annexés au royaume, le souverain local ou *sāmanta* (ce qui signifie à l'origine « voisin, limitrophe ») conserve son trône à condition de verser un tribut au roi vainqueur et de reconnaître son autorité (le terme *sāmanta* finit ainsi par devenir synonyme de « vassal »).
Peu à peu, les *sāmanta* obtiennent une plus grande autonomie, se parent de titres honorifiques, réclament au roi des privilèges et des terres. Le souverain se verra vite contraint d'accorder les revenus de villages entiers, faute d'avoir assez d'argent pour payer ses représentants : la crise qui frappe les échanges provoque la réduction de la masse monétaire en circulation. Il s'enclenche ainsi un **processus de féodalisation** qui va rapidement entraîner l'effritement du pouvoir royal.
La crise du pouvoir central se traduit par un **déclin des centres urbains** et par un alourdissement des impôts et des sanctions judiciaires qui pèse surtout sur la population des campagnes. Or, cette dernière est déjà pénalisée par une baisse de la productivité agricole et par la diminution des échanges internationaux (dès le début de son règne, Harṣa s'était d'ailleurs distingué par l'importance des impôts réclamés à ses sujets afin d'entretenir sa coûteuse armée : dans les périodes de plus grande activité guerrière, celle-ci comptait 100 000 cavaliers, plus de 50 000 éléphants et autant de fantassins).
L'**économie du village** est avant tout agricole et centrée sur des cultures vivrières (le riz et, dans une moindre mesure, d'autres céréales).
Seuls les brahmanes sont exemptés de l'obligation de cultiver personnellement les parcelles de terres qui leur reviennent ; sous l'œil vigilant du conseil du village, tout autre bénéficiaire doit se soumettre à cette règle (des facilités particulières sont en outre accordées à ceux qui déboisent et gagnent de nouvelles terres sur la forêt).
Sous les Gupta et le roi Harṣa, les monastères bouddhistes sont favorisés par le don de biens immobiliers et de sommes d'argent ; par la suite, ce sont les brahmanes qui jouissent de privilèges et d'exemptions. A la même époque, la **diffusion du brahmanisme** renforce la division en **castes** (*varṇa*, littéralement « couleur »), déjà entamée à l'époque védique.
Les castes distinguent les différentes classes sociales : *brahmana* (prêtres), *kṣatriya* (guerriers), *vaiśya* (artisans qualifiés et commerçants) - réparties à leur tour en plus de deux cents sous-castes *(jāti)* - et les innombrables castes des *śūdra* (paysans, petits artisans et esclaves). Chaque caste est dotée de son conseil, notamment chargé de définir les règles rituelles imposées à ses membres et de veiller à leur respect sous peine d'exclusion, donc de relégation dans une caste inférieure.
Au plus bas de la hiérarchie sociale, on trouve les hors-caste : les *parya*, les intouchables, bannis à l'extérieur de l'enceinte centrale du village et privés - en raison de leur impureté - de tout contact physique avec les membres des autres classes. Au Sud en revanche, on ne distingue que deux castes : les brahmanes et les *śūdra*, ces derniers étant issus des éléments locaux et tribaux.

Le processus de féodalisation en cours se révèle une source d'instabilité politique, dans la mesure où les *sāmanta* - surtout les plus importants, honorés du titre de *mahāsāmanta* - manifestent d'évidents penchants à l'autonomie. Le système des castes garantit au contraire la stabilité sociale en imposant des obligations et des règles bien précises ; sous la surveillance d'un tribunal approprié, elles doivent être respectées par tous (à l'exception des brahmanes et, dans des cas bien particuliers, de certains *vaiśya* ou artisans spécialisés du village, comme les forgerons, les potiers, les barbiers et les charpentiers). Des rites anciens sont remis en honneur, notamment celui de brûler sur le bûcher funéraire de son mari la veuve du chef de famille décédé. Cette coutume plutôt barbare s'explique par la volonté d'éliminer les individus devenant une charge pour la société, mais aussi en partie par la volonté de la caste guerrière des *kṣatriya* de frapper l'imagination populaire (cela expliquerait aussi la recrudescence des peines prononcées à cette époque et la propagation de rites souvent sanglants, qui prévoient mutilations et blessures).

A gauche : le* stūpa*-tour du sanctuaire n° 3 de Nālandā. Le centre religieux de Nālandā a probablement été fondé sous le règne des Gupta et continue de bénéficier de la protection royale par la suite. D'après des éléments épigraphiques, le* stūpa*-tour reproduit ici daterait du* VIe *siècle.
A droite : détail d'une peinture murale de la grotte XVII d'Ajaṇṭā. Cette grotte abrite le plus grand cycle de peintures de ce centre bouddhiste.
Ci-dessous : porteuse d'offrandes. Détail du célèbre ensemble de peintures murales des « dames » de Sigiriya, Sri Lanka. Ces peintures qui ornent la forteresse de Sigiriya remontent à la fin du* V^e^ *siècle. Le lieu tout entier est resté caché par la végétation pendant près de 1 300 ans et ignoré jusqu'à sa découverte par un Anglais, au siècle dernier.

Considérant le panorama millénaire de la civilisation chinoise, plus d'un spécialiste a mis en évidence l'existence d'une sorte de contradiction ou d'absurdité historique. Cette « absurdité » réside dans une opposition frappante entre un immense développement technologique et culturel, et la persistance de modèles sociopolitiques et économiques figés. Cette continuité est manifeste dans le domaine institutionnel : les structures politiques et administratives élaborées par la dynastie Han survivent à quatre siècles de luttes et de désordres pour parvenir, presque inchangées, à la Chine des Sui et des Tang.

Les principales richesses économiques du vaste monde chinois sont la **terre** et les **ressources en eau**. La première appartient aux riches familles des propriétaires fonciers, qui grignotent petit à petit les domaines de l'État (tandis que la population paysanne est longtemps exclue des partages agraires).

Quant aux ressources offertes par les eaux abondantes des grands fleuves, elles sont savamment protégées et régulées dès l'aube de cette civilisation fluviale par une série d'ouvrages hydrauliques (canaux, digues et bassins). Il s'agit de réaliser un réseau hydrique complexe, destiné aussi bien à irriguer les terres agricoles qu'à valoriser les voies de transport fluvial. Une entreprise d'une telle ampleur exige l'impulsion du pouvoir central, qui entreprend des travaux de canalisation et d'ingénierie hydraulique souvent considérables, nécessitant de gros efforts économiques et le recours au travail forcé des paysans (qui sont tenus à de véritables corvées au profit de l'État : un mois par an sous la dynastie Han). Il se produit aussi des conflits territoriaux entre les villages désireux de profiter des avantages entraînés par de telles réalisations : les zones bénéficiant de voies navigables supplémentaires font l'objet d'une valorisation économique.

A gauche : ces statuettes en terre cuite donnent une idée de la mode chinoise à l'époque des Wei du Nord. La femme, une servante, porte par-dessus son vêtement une longue veste resserrée à la taille par une ceinture et arbore une haute coiffure en gaze laquée. L'homme, qui est vêtu du caractéristique* ku zhe*, utilise sa veste aux manches étroites comme un manteau ; sous ce « manteau », il a un sarrau retombant sur des pantalons attachés sous le genou ; son bonnet de peau le protège du froid. En haut : cette peinture, l'un des plus anciens exemples connus de peinture portable, montre une scène de la vie de cour. A droite : les principales voies de communication dans la Chine du VIIIe siècle.

Les familles des grands propriétaires fonciers – déjà détentrices d'une bonne partie des richesses à l'époque des Han et qui, se plaçant en adversaires du pouvoir central, ont contribué à la disparition de ce royaume – jouissent d'une totale autonomie pendant la période des Six Dynasties : aucun souverain ne se montre capable d'instaurer un gouvernement stable, sachant s'imposer à l'aristocratie dans le nord comme dans le sud du pays. En se constituant de vastes patrimoines fonciers, les nouveaux **monastères bouddhistes** rejoignent les intérêts des puissants groupes familiaux et représentent eux aussi une force centrifuge par rapport au pouvoir central, auquel ils soustraient une partie de la main-d'œuvre paysanne.
Les réformes théorisées aux IIIe et IVe siècles ne sont guère appliquées et les tentatives pour rétablir un contrôle de l'État sur les terres et la force de travail rurale échouent. Mais au Ve siècle, sous le règne de l'empereur Xiao Wen, la dynastie des Wei du Nord inaugure le **système dit de l'égalisation des champs**, par lequel on procède à une distribution uniforme des terres de l'État entre les agriculteurs (surtout des champs abandonnés en temps de guerre), en attribuant 40 *mu* (à peu près 2 ha) à chaque paysan.
Au VIe siècle, les dynasties des Wei occidentaux et des Chen du Nord préservent ces dispositions qui procurent de considérables rentrées fiscales. Elles instaurent parallèlement le régime du *fubing*, le recrutement militaire systématique de tous les paysans aptes au service. En tant que bénéficiaire d'un lopin déterminé, le paysan est par là même tenu de fournir à l'État, en plus d'autres prestations, un service militaire régulier à certaines périodes de l'année. Dès le IIIe siècle, des corps de **soldats-paysans** forment des milices spéciales ou des colonies militaires chargées de protéger les frontières de l'Empire ; elles resteront en vigueur jusqu'à l'époque moderne. Sous l'empereur Li Shimin et les premiers Tang, on procède à de nouvelles réformes agraires qui incluent dans la distribution uniforme des terres les familles des grands propriétaires (possédant 1 370 acres, soit cent fois les 13,7 acres désormais assignées à chaque paysan).
Chaque bénéficiaire d'une terre doit verser au gouvernement un impôt équivalant à une partie de la récolte, plus une certaine quantité de soie, de bourrette, de toile ou de fibre de chanvre, selon le produit cultivé, et fournir vingt journées de travail et d'autres corvées. Une administration foncière aussi complexe exige un cadastre et un système de recensement démographique très élaborés, ainsi qu'un étroit contrôle bureaucratique. Lors des époques Sui et Tang, les quatre cinquièmes des rentrées fiscales de l'Empire proviennent de l'impôt agraire personnel, qui frappe les paysans ; seul le dernier cinquième

vient de l'impôt foncier et des capitaux des familles riches. Il faudra attendre le VIIIe siècle pour assister au passage de l'impôt personnel à la taxe sur l'unité foncière, qui révolutionnera le système fiscal sous les derniers Tang et sous les Song.

LES CANAUX DU FLEUVE JAUNE

La remise en état du vaste réseau hydrographique établi entre le fleuve Jaune (Huang He) et le sud du pays provoque un exceptionnel développement agricole en Chine méridionale. Ce processus se déroule en plusieurs étapes : les premiers grands ouvrages hydrauliques sont effectués entre 320 et 535, mais c'est dans le dernier quart du VIe siècle que l'on restaure le canal déjà existant entre la capitale Chang'an et le fleuve.
En 605, on en creuse un nouveau entre le même fleuve Jaune et le Huai, afin d'accéder par voie navigable à la troisième capitale des Sui, Jiangdu. En 608, le fleuve Jaune est relié à la région septentrionale du Hebei (près de Pékin) sur l'ordre de l'empereur Yangdi, responsable deux ans plus ans tard d'un nouveau tronçon fluvial reliant Jiangdu à Hangzhou en passant par le fertile delta du fleuve. L'intérêt de ces travaux ne réside pas tant dans le creusement de chacun de ces canaux que dans leur jonction dans le cadre d'un système hydrographique complet. Celui-ci permet de relier les régions du delta du fleuve Jaune à Chang'an par le biais du canal Impérial, également connu comme le premier Grand Canal (le deuxième, tracé après le milieu du XIIIe siècle, reliera Hangzhou à Pékin). Cela aura pour conséquence directe un déplacement des zones clés de l'économie, reflété par un mouvement analogue de l'axe culturel et politique du pays en direction du Sud. C'est ainsi que la capitale, maintenue par les Tang à Chang'an, dans la région de la Wei, sera transférée dans la Grande Plaine, au sud du fleuve Jaune.

Le VIIIe siècle est également une période clé du point de vue commercial. Le déclin des Han et une succession de gouvernements faibles avaient entraîné **le dépérissement des villes marchandes**. Dans la majeure partie du pays, on en est revenu au troc, tandis que les invasions des Barbares ont contribué à la **récession agricole** et au retour à l'élevage. Mais le système de canalisations et l'organisation agraire des dynasties Sui et Tang, s'ajoutant à un fort accroissement démographique dans le sud du pays, revitalisent l'agriculture par la suite : on cultive des céréales, comme le blé et le millet, dans la vallée de la Wei et la Grande Plaine, du riz dans le bassin du Yangzi Jiang (fleuve Bleu), et l'ensemble de ces produits dans la vallée du Huang He (fleuve Jaune). De vastes greniers publics sont bâtis par les Tang. Venu de l'Asie du Sud-Est, le thé trouve lui aussi un terrain propice dans le bassin du Yangzi Jiang, au point que la Chine en devient rapidement l'un des principaux producteurs. L'**élevage du ver à soie** fournit le principal bien d'exportation chinois et le gouvernement est très conscient de cette richesse : parmi les terres attribuées à chaque paysan, un cinquième est destiné à la culture permanente du mûrier. Une autre ressource du Céleste Empire est le **charbon** : son extraction est pratiquée depuis le IVe siècle dans les régions du Nord où il abonde, et il est utilisé dès cette époque et lors des siècles suivants (au grand étonnement du Vénitien Marco Polo, au XIIIe siècle). Entre la fin du VIIe et le début du VIIIe siècle, la Chine apparaît comme le principal pôle de diffusion et le centre des échanges culturels, technologiques et commerciaux avec le Sud-Est asiatique, les riches cités-États d'Asie centrale et l'Empire byzantin, avec lesquels elle établit des relations diplomatiques et économiques. Elle pratique en outre un commerce florissant avec la Corée et tout l'Extrême-Orient. Les différentes régions du Céleste Empire sont reliées par un **réseau de relais de poste**, qui constellent l'ensemble des routes partant de la capitale. Les voies de communication intérieures sont renforcées et protégées, avec l'institution de postes de garde pour le contrôle des marchandises sur les principales routes commerciales. La classe des marchands est située au plus bas niveau de l'échelle sociale, en dessous de celles des lettrés, des agriculteurs et des artisans, et elle est considérée avec un profond mépris, de l'époque Han à celle des Sui et des Tang. Mais seuls un petit nombre de souverains prennent des mesures défavorables à son encontre : parmi eux, il y a le deuxième empereur Sui, Yangdi, qui abolit le monopole du sel et des alcools, déchaînant ainsi les protestations des commerçants. La dynastie Tang se montre au contraire favorable aux monopoles et au contrôle des prix, dans la mesure où ce genre de politique protectionniste assure de plus grands revenus au gouvernement.

A gauche : statuette en terre cuite représentant un fonctionnaire impérial. L'homme porte une coiffure caractéristique et un vêtement à manches très larges allant jusqu'au genou, sous une veste rigide serrée à la taille par une bande de tissu.
Ci-contre : groupe de marchands attaqués par des brigands; peinture de la grotte n° 45, Dunhuang, Gansu, dans le meilleur style de la période Tang. Dans cette scène, tirée du* Sūtra du Lotus, *les marchands attaqués portent les vêtements des peuples du Nord et les voleurs, ceux du peuple Han.

Depuis l'époque Han, la **bureaucratie** sur laquelle le pouvoir central s'appuie pour diriger l'appareil d'État était issue des rangs de l'aristocratie. Sous l'empereur Wendi, de la dynastie Sui, on en revient à l'ancien système confucianiste de recrutement d'une bureaucratie intellectuelle sélectionnée au moyen d'examens publics. Le **système des examens** suppose des études classiques approfondies et exige une formation très poussée. Pourtant, il n'exclut pas *a priori* la possibilité pour des jeunes gens issus de familles modestes, mais dotés de grandes capacités personnelles, d'accéder aux postes de responsabilité. A l'époque Tang, on assiste à une élévation progressive du niveau culturel des membres de l'administration et, parallèlement, au déclin de l'aristocratie et à la fin de ses tentatives pour contrôler l'appareil d'État et la société. La nouvelle classe dominante est caractérisée par un niveau intellectuel élevé, ainsi que par une convergence idéologique favorable au pouvoir central. A l'époque Tang, on **restructure aussi le système législatif** et **l'administration territoriale**. Les multiples circonscriptions administratives sont réunies en dix grandes provinces *(dao)*, qui passent à quinze sous le règne de Xuanzong. Elles sont indépendantes les unes des autres, mais parfaitement coordonnées sous l'autorité du pouvoir central. A la tête du gouvernement, dont dépendent six *liubu* (ministères) – Rites, Finances, Armée, Fonction publique, Travaux publics et Justice –, on trouve : le Conseil privé, émanation directe de la volonté de l'empereur; la Chancellerie impériale, organe suprême de la bureaucratie, dotée de pouvoirs de contrôle et de veto à l'égard de l'empereur lui-même; enfin, la Secrétairerie d'État, chargé de mettre en œuvre les décisions résultant des délibérations des deux institutions impériales. Par ailleurs, le Conseil des censeurs surveille la conduite des fonctionnaires et celle de l'empereur.

Les produits de base de l'alimentation et de la production méso-américaine sont le maïs, les courges et les haricots, appelés par les Indiens « les trois sœurs ». D'autres plantes (coton, cacao, manioc, figues et papayes) sont également cultivées à l'ère classique et préclassique, mais le **maïs** occupe incontestablement la première place. Pour la culture des *milpa* (champs de maïs), les peuples précolombiens pratiquent en général une forme d'écobuage : on taille la végétation à la saison des pluies, on brûle le chaume à la fin de la période sèche et on sème au printemps, avant le retour de la saison humide. Les semailles se font à la main, en jetant quelques grains dans des trous creusés dans le sol au moyen d'un pieu à la pointe aiguisée et durcie au feu. Les Mayas utilisent

également l'*uictli*, une bêche en bois, pour retourner les mottes. La culture des champs est liée à toute une série de gestes rituels et de cérémonies en rapport avec la fertilité de la terre, le **culte du maïs** et des dieux qui lui sont rattachés (dont Tlaloc, dieu de la pluie, qui préside à la vie agricole). Dans le même champ, on cultive des espèces différentes : à côté du maïs, on plante des haricots et des pommes de terre. Au bout de deux ans, le sol est laissé en **jachère** pour une période prolongée, six à sept ans (dans la région maya du Petén) ou davantage encore dans les zones plus arides (comme le Yucatán).
Vers la fin de la période classique déjà, puis pendant la période postclassique, les Mayas vivant dans les plaines centrales utilisent des méthodes de culture plus avancées : les

terrasses édifiées dans la vallée de Río Bec pour contrôler la distribution de l'eau dans la région le prouvent.
Parmi les **plantes sauvages** ne faisant pas encore l'objet d'une culture, on trouve le poivron, la tomate, l'amarante et le *maguey* (agave ou sisal). Ce dernier est aussi cultivé, surtout dans les zones plus arides du Mexique et de la péninsule du Yucatán, où il sert au bornage des champs. Les populations précolombiennes utilisent chacune des parties de cette plante : la sève fermentée donne une boisson alcoolisée appelée *pulque* ; les épines des feuilles deviennent des aiguilles à coudre ou servent à un usage chirurgical, voire rituel ; de la pulpe macérée, on tire une préparation médicinale pour soigner les blessures ; enfin, on utilise les fibres pour fabriquer une sorte de papier et une matière textile avec laquelle on produit nattes, sandales, paniers, sachets, sacs, cordes, etc. On sait par ailleurs que pour limiter les abus, la consommation du *pulque*, contrôlée par le gouvernement, est réservée aux hommes d'âge mûr, à l'occasion des fêtes et des cérémonies rituelles.
Ces peuples connaissent aussi le **caoutchouc** : on le tire du *zapota* et on s'en sert pour fabriquer la *pelota*, le ballon propre au jeu rituel pratiqué dans l'ensemble de l'aire méso-américaine, sur des terrains réservés à cet effet. On se livre enfin à la chasse et, en territoire maya, à l'apiculture.

Pendant l'époque classique de l'aire méso-américaine, les villages se sont considérablement développés autour du centre de cérémonies au point de devenir des villes ; ils traversent une période faste sur le plan commercial également. La vraie métropole de l'époque est **Teotihuacán**, déjà apparue à l'ère préclassique et devenue depuis le IVe siècle, et jusque très avant dans le VIIe siècle, le centre religieux, économique et culturel de toute la vallée du Mexique. Pendant sa période de plus grande prospérité, la population de la ville aurait atteint le chiffre exceptionnel pour l'époque de 250 000 habitants. Le **commerce à longue distance** est déjà pratiqué à l'époque préclassique, mais c'est autour des IVe et Ve siècles apr. J.-C. que s'établissent de très solides relations commerciales (et culturelles) entre Teotihuacán et l'État d'Oaxaca, celui du Guerrero et les centres de la région du fleuve

A gauche : la grande importance de l'agriculture dans la culture maya et méso-américaine en général est démontrée par la fréquence des représentations de paysans travaillant dans les champs.
Ci-contre : une plantation d'agaves, genre de plante herbacée pérenne aux feuilles charnues se terminant par une pointe acérée, et dont la hampe florale fleurit une seule fois. L'agave est surtout cultivé dans les zones arides du Mexique et de la péninsule du Yucatán et il est exploité dans son intégralité, notamment pour en tirer le* pulque *et des fibres textiles.
Ci-dessous : fragment d'une peinture murale provenant de Teotihuacán et représentant un marchand armé, 400-600. Musée national d'Anthropologie, Mexico.

Usumacinta et du Campeche. Le rôle de centre de triage entre la côte du Pacifique, les territoires mayas et la ville de Teotihuacán, qui en a fait une véritable colonie, est joué par **Kaminaljuyú**, sur le haut plateau guatémaltèque : la ville reproduit le style d'urbanisme et d'architecture de Teotihuacán et contrôle le florissant commerce du cacao et l'extraction de minéraux précieux (comme le jade et l'obsidienne).

Monte Albán est un autre grand centre économique, politique et religieux : bâtie à 400 m au-dessus de la vallée d'Oaxaca sur un éperon rocheux, la ville domine les échanges commerciaux de toute la région. A son apogée, on y dénombre 10 000 habitants. Sur la côte atlantique s'élève le centre totonaque d'**El Tajín**, où l'on se livre à un troc florissant avec les autres villes côtières. D'autres échanges se développent entre le Mexique septentrional et l'aire méso-américaine, où l'on importe du coton, des fuseaux à disque pour filer et du papier fabriqué à partir de l'agave et du figuier mexicain. La réalité d'un commerce à longue distance est prouvée, dans les plaines mexicaines - où se trouvent les principaux centres mayas de l'époque -, par la présence de matériaux et de produits importés : pierres dures et minéraux du Guatemala et du Salvador, jade de la vallée de Rio Motagua, objets en roche volcanique des hauts plateaux et en granit du Belize (des meules de pierre servant à moudre le maïs). Il semble en particulier que les habitants des hauts plateaux exportent leurs produits, d'une fabrication plutôt grossière, et importent des céramiques raffinées, des bijoux, etc.
Le commerce entre les centres de l'arrière-pays et ceux du littoral (sur le Pacifique comme sur l'Atlantique) est démontré par la présence de coquillages, d'objets et de fragments de jade servant de monnaie d'échange pour se procurer les denrées agricoles et les quelques produits manufacturés venant de l'intérieur des terres. Mais l'élan donné au développement vient surtout des centres mayas eux-mêmes, artisans de leur propre splendeur.

C**ités-États théocratiques**, la plupart des villes méso-américaines sont en même temps des centres administratifs et cérémoniels dominant les villages et les hameaux des alentours. Détenant le pouvoir administratif et religieux, la classe sacerdotale exerce un contrôle idéologique et culturel.
A l'exception de Monte Albán, il s'agit le plus souvent de « villes ouvertes », pacifiques et dépourvues de fortifications. Chacun de ces centres se comporte en État autonome même si - comme dans le cas de Teotihuacán - la suprématie des grandes cités sur les petites est manifeste. Elle se traduit par une influence culturelle, une empreinte architecturale et artistique, une hégémonie commerciale et parfois une dépendance politique. En dehors des relations commerciales, la religion reste cependant le principal facteur de cohésion.
En 650, le déclin rapide de Teotihuacán modifie le cadre politico-économique de l'aire méso-américaine et contribue en partie à la crise des échanges à longue distance.

Les chroniques rédigées par les Indiens au XVIe siècle décrivent une oligarchie de guerriers et de prêtres. Au cours de la période classique, la société est sans doute contrôlée par un groupe dirigeant de caractère civil et religieux **(théocratie)**, placé sous l'autorité d'un chef charismatique. La culture, l'astronomie, la médecine, le développement urbain, l'agriculture et le commerce, les rites, tous les aspects de l'existence sont donc entre les mains d'une élite sacerdotale exerçant son pouvoir à partir du centre de cérémonies.

L'achèvement récent du déchiffrage de stèles à caractère funéraire a permis d'établir que les Mayas pratiquent le **culte des ancêtres**, particulièrement en ce qui concerne les dynasties au pouvoir. Mais les Indiens de condition modeste vénèrent eux aussi leurs ancêtres, comme le démontre l'existence de petits sanctuaires à l'intérieur de certaines maisons ou au voisinage de lieux d'habitation. Les dirigeants sont représentés avec des attributs de caractère sacral et religieux (grelots, masques et sceptres de cérémonie), symboles de leur mandat sacerdotal. Plus tard seulement, les emblèmes et ornements guerriers (bouclier, armes, couvre-chef) se font plus fréquents, signe que l'oligarchie s'est progressivement militarisée.
La présence d'un grand nombre d'artistes et d'artisans est démontrée par l'abondante production en terre cuite et en pierre qui a traversé les siècles jusqu'à nos jours. L'étude

des matériaux retrouvés sur les chantiers de fouilles archéologiques a permis d'identifier à Tikal un site comportant des habitations de potiers et de sculpteurs, dont on a retrouvé les outils de travail. La richesse de la décoration des palais et des édifices sacrés de Palenque, Copán, Teotihuacán ou Mitla fait penser que les artisans constituaient une classe reconnue et bien identifiée dans la société méso-américaine de la période classique.
Il y a aussi des **écoles pour les enfants** et des structures d'accueil pour les malades. L'hygiène publique est encadrée par des coutumes et des règles, avec des sanctions (l'ivresse est durement punie, sauf dans le cadre des cérémonies religieuses).
Certaines malformations sont provoquées sur les individus dès la plus tendre enfance dans un but esthético-symbolique. Les plus répandues sont le strabisme (obtenu en accrochant au front du nouveau-né une boule de résine qui pendille), ainsi que l'aplatissement et l'allongement du crâne (on comprime la tête du bébé entre deux planchettes durant les premiers mois de vie).

En haut : palme associée au culte des morts et au jeu de pelote.
Ci-contre : pectoral en jadéite, 300-650. Il vient de Tikal, localité du Guatemala située dans la forêt de Petén, où se trouvent d'importants vestiges archéologiques de la civilisation maya. Musée de La Aurora, Guatemala.
A droite : bas-relief maya représentant un profil de femme au caractéristique aplatissement fronto-occipital provoqué artificiellement chez les nouveau-nés. Il faut aussi remarquer son grand collier à grosses boules et les tatouages aux commissures des lèvres, encore en usage chez les Indiens. Musée national d'Anthropologie, Mexico.

On doit dans l'ensemble admettre avec Cyril Mango, spécialiste anglais de l'histoire byzantine, qu'il ne faut pas se laisser égarer par l'idée - pourtant en partie fondée - selon laquelle « les Byzantins auraient hérité de l'esprit de spéculation scientifique de la Grèce antique ». « Certes, ajoute ce spécialiste, à certaines périodes plus qu'à d'autres, quelques membres de l'élite intellectuelle de Byzance se sont consacrés à l'étude de la cosmologie et de la géographie antique. On copia et on commenta des ouvrages d'Aristote, Ptolémée, Strabon et d'autres auteurs ; mais si nous devons avoir une gratitude éternelle envers les érudits byzantins qui ont préservé pour nous cet

héritage, il serait faux de penser que leurs efforts aient eu un impact appréciable sur un large public. Le Byzantin moyen ne manquait certainement pas de curiosité pour le monde qui l'entourait, mais les problèmes de sciences naturelles relevaient à ses yeux du domaine de l'exégèse biblique [...] ».

En regard de la stagnation des connaissances scientifiques en Europe occidentale entre le Ve et le IXe siècle, période où l'hermétisme et la magie connaissent une grande faveur, l'Empire byzantin apparaît comme le **dépositaire du patrimoine mathématique et scientifique grec**. Mais il se préoccupe presque exclusivement de transmettre ces acquisitions bien plus que d'en ajouter de nouvelles.

Dans le monde byzantin comme en Occident, de nombreux **courants philosophiques** se développent, dont le néoplatonisme.

Au VIe siècle, les idées de Platon inspirent analyses, commentaires et dissertations subtiles à Simplicius, Damaskios, Ammonios, et Jean Philopon, chefs de l'école d'Athènes qui sera fermée, sur ordre de l'empereur Justinien, en 529. Ainsi s'explique cette **dispersion d'intellectuels chrétiens nestoriens** en territoire sassanide, à laquelle on doit l'apparition de foyers culturels à Gund-e Châpuhr et en Mésopotamie. C'est par leur intermédiaire que la culture hellèniste sera absorbée par le monde islamique. A Byzance également, il se crée un centre culturel en

A gauche : le **dromon,** *l'un des éléments clés de la puissance maritime de Byzance.*
Ci-contre : collier de boules en pâte de verre entre lesquelles sont insérées des pièces d'or byzantines : un **solidus** *d'Anastase Ier, cinq de Justinien, et un de Tibère II Constantin (VIIe siècle).*
En bas : miniature d'un manuscrit byzantin, le **Commentaire d'Apollonios de Kition,** *qui illustre les techniques médicales de l'époque. Souffrant d'une luxation de la colonne vertébrale, le patient est attaché par des sangles à une échelle qui est ensuite relevée et tirée doucement par les médecins. Bibliothèque Laurentienne, Florence.*

langue grecque, où l'on se consacre à la conservation et à la « traduction » des manuscrits rapportant les connaissances mathématiques d'Euclide, Archimède et Apollonios. Il semble que l'on puisse attribuer à cette époque le **premier traité d'arithmétique appliquée** qui nous soit parvenu, le fameux *Papyrus d'Akhmîm*. Cet ouvrage byzantin expose, dans un but de vulgarisation, les conclusions auxquelles était parvenue la mathématique classique, sans présenter par ailleurs d'éléments nouveaux témoignant de progrès dans ce domaine.

Parmi les principales figures scientifiques de Constantinople, il faut citer **Anthémios de Tralles**, personnage protéiforme qui s'occupe de problèmes mathématiques et physiques, ou d'applications techniques largement utilisées en architecture et dans la construction de machines de guerre. Ses inventions l'amènent aussi à créer les premiers automates, ainsi que d'autres appareils ingénieux destinés à susciter la stupeur et l'émerveillement des spectateurs, et appelés à connaître un énorme engouement au cours des siècles suivants.

Dans le domaine du **relevé topographique** et de la **cartographie** de l'Empire romain, le système de mesure et la réalisation de cadastres atteignent leur apogée qualitatif sous Dioclétien. Sous Constantin, on effectue même un catalogue par régions, comportant le recensement et le relevé des centres urbains de l'Empire, tandis que se répandent les *itineraria adnotata* et *itineraria picta*, véritables manuels à l'usage des voyageurs, remplis d'informations sur les localités et les distances, avec notes explicatives ou symboles convenus. C'est très probablement du IVe siècle que date la *Tabula Peutingeriana*, composée de onze feuilles de parchemin et mesurant près de 7 mètres de long, qui représente l'Empire romain dans son ensemble, de l'Atlantique à l'Asie et à l'Afrique. La carte vise essentiellement à fournir des indications sur les distances relatives et sur la route à suivre pour se rendre dans les principales villes : Rome, Constantinople, Antioche, Ravenne, ou Thessalonique.

L'*Exploration des mers indiennes* est rédigée au VIe siècle par les soins de Constantin d'Antioche, marchand d'Alexandrie connu sous le nom de Cosmas Indikopleustês ; après de nombreux voyages en Orient et en Afrique, il se retire pour mener une vie monacale dans le Sinaï. Dans ses comptes rendus de voyage, il cherche à refléter les **conceptions astronomiques** accréditées par les Pères de l'Église. Il représente le cosmos comme une sorte de parallélépipède surmonté d'une voûte, au sein duquel le plan horizontal du ciel, qui représente le firmament surmonté par les eaux, sépare la terre du monde supérieur céleste ; les côtés du parallélépipède s'incurvent ensuite pour former la voûte entourant le royaume des cieux. Jean Philopon (VIe siècle) soutient une autre thèse : dans son *De l'éternité du monde*, il reprend l'image classique des sphères concentriques gravitant autour de la terre, conformément aux théories des Anciens, qui s'imposeront plus tard, vers le XIe siècle.

De l'avis des historiens de la science, la **médecine byzantine** de l'époque se ressent elle aussi du marasme général de la recherche scientifique. S'il se développe une sorte de dogmatisme fortement influencé par le contrôle doctrinal de l'Église, il y a cependant des progrès dans les domaines de

la pratique médicale et chirurgicale. Oribase (v. 325-403) est l'un des médecins et auteurs réputés de l'époque. En 355, il devient le médecin officiel de Julien l'Apostat, pour lequel il rassemble une anthologie des traités laissés par les principaux auteurs médicaux du passé (Galien, Apollonios de Perga, Rufus et Soranos d'Éphèse), connue sous le nom de *Synagogues médicales*. Parmi les soixante-dix livres de son œuvre imposante, il faut signaler l'*Euporiste*, sorte de manuel de soins d'urgence. Le VIe siècle est dominé par les figures d'Aetius d'Amide, aujourd'hui considéré comme un simple compilateur de synthèses, et d'Alexandre de Tralles, auteur d'ouvrages et de manuels traduits en latin et en arabe. Alexandre base son enseignement sur la pratique, s'appuyant sur un sens aigu et précis de l'observation et sur des années d'expérience, qui compensent l'insuffisance des connaissances de l'époque en matière d'anatomie et de physiologie. Mais le plus illustre médecin du monde byzantin de ce temps est **Paul d'Égine** ou **Éginète** (VIIe siècle), auteur de nombreux ouvrages dont seul le *De medicina* en sept volumes nous est parvenu. Son traité, qui contient déjà de nombreuses notions d'hygiène et de pathologie générale, nous renseigne en outre de manière détaillée sur les progrès de la pratique chirurgicale et sur les connaissances de la pharmacologie et des poisons au VIIe siècle. L'expérience de cet auteur le conduit souvent à démentir ses prédécesseurs, parmi lesquels Oribase et même Hippocrate.

La **propagation des épidémies** les plus diverses, globalement désignées par le nom de « pestes », sème à plusieurs reprises la panique dans la population. L'épidémie qui décime Rome vers la moitié du IIe siècle provient déjà des frontières orientales de l'Empire ; par la suite, une série d'épidémies de peste frappent Constantinople. En 542, la « peste de Justinien » se répand de l'Éthiopie à l'Égypte et dans tout le Bassin méditerranéen, gagnant Byzance, où elle sévit pendant quatre mois, puis l'Italie et la Gaule. En 698 éclate une nouvelle vague mortelle ; enfin, après un épouvantable tremblement de terre et d'autres calamités, c'est le tour de la grave épidémie de peste bubonique de 742-743, baptisée « peste hémisphérique », qui sème la mort et la désolation dans tout le continent euro-asiatique, depuis la Chine jusqu'aux régions méditerranéennes et atlantiques. Durant ces épreuves, les populations se tournent vers la superstition et la magie, ou bien s'en remettent à la religion, en particulier la religion chrétienne qui considère comme un devoir de porter aide à son prochain. Ainsi, le **premier hôpital public** est chrétien : il est fondé vers 370 à Césarée, en Cappadoce, par saint Basile. On voit rapidement apparaître des hospices pour les voyageurs et les pèlerins, *brephotrophia*, *xenodokhia* et léproseries, tant dans le sud de l'Italie, alors sous domination byzantine, qu'à Constantinople, tandis que se forme la catégorie des *parabolani*, ou infirmiers, chargés d'assister les malades dans les centres de soin. La profession médicale s'ouvre également aux femmes.

A gauche et à droite : riches en détails précieux et délicatement colorés, ces mosaïques ornent l'intérieur de la Grande Mosquée de Damas. Réalisées vers 706, elles montrent à quel point les artisans arabes ont rapidement assimilé les techniques artistiques des terres conquises, en particulier celles de l'Empire byzantin où l'art de la mosaïque est depuis longtemps florissant.
En bas : miniature extraite d'une version illustrée de la* Chronique *(IXe-XIe siècle) de Jean Skylitzès, qui montre l'utilisation du « feu grégeois », infernal mélange incendiaire inventé par Kallinikos, un ingénieur de Syrie. Le feu grégeois joue un grand rôle dans la défense byzantine contre les attaques arabes.

Dans d'autres domaines technologiques, Byzance se révèle la digne héritière de Rome : des productions traditionnelles comme celles de la brique cuite ou du verre soufflé se perpétuent ; l'**industrie navale** est favorisée par l'existence des *thèmes* maritimes et par l'activité des chantiers de la capitale. En **agriculture**, on connaît le moulin de type vitruvien, vite remplacé au Ve siècle par celui dit « vertical », implanté le long des cours d'eau et capable d'exploiter le flux continu de l'énergie hydraulique.

Une innovation apparaît au VIe siècle dans le secteur textile : il s'agit de l'**introduction du ver à soie**, qui donne naissance à un élevage florissant et à un artisanat de la soie tout aussi prospère, rapidement organisé sous le contrôle de l'État. Au VIIe siècle, une arme redoutable est expérimentée par les Byzantins pour repousser les assauts islamiques : c'est le **feu grégeois**, un liquide inflammable, mélange de pétrole brut importé d'Asie mineure et de salpêtre. Son utilisation militaire est attribuée à Kallinikos de Syrie. Ce terrible mélange incendiaire - qui résiste à l'eau - est chargé sur les *dromons*, de manière à pouvoir en asperger l'ennemi au moyen de tuyaux spéciaux placés à la proue.

Entre le IVe et le VIIIe siècle, on assiste à l'apparition d'une **production encyclopédique en latin,** qui influencera tout le Moyen Age jusqu'au XIIIe siècle. Ces œuvres ont pour but de rassembler l'intégralité des connaissances dans toutes sortes de domaines, en les puisant dans les ouvrages - surtout scientifiques - d'auteurs du passé, de provenance très variée.
La tradition des encyclopédies latines commence en réalité au Ier siècle av. J.-C. avec Varron ; il est suivi par Sénèque et Pline l'Ancien *(Histoire naturelle)*, puis par une série de compilateurs aux IIIe et IVe siècles. Leur but est de recueillir les informations les plus étonnantes possible, fût-ce en appliquant sans réserve la méthode de la citation déclarée ou dissimulée, souvent de seconde main, et en commettant des erreurs et des incohérences, voire de véritables plagiats.
Parmi les auteurs encyclopédiques du monde latin de l'époque, il faut citer Chalcidius (IVe siècle), qui puise dans les sources grecques et dans celles d'Asie Mineure, et à qui l'on doit un commentaire astronomique ; Macrobe (Ve siècle), qui introduit des arguments pluridisciplinaires dans un commentaire au *Songe de Scipion* de Cicéron ; Marcianus (IVe-Ve siècle), auteur d'un traité didactique en prose et en vers qui deviendra très populaire au cours des siècles suivants : le *Mariage de Mercure et Philologie* (470). Il y décrit les **sept arts libéraux** : arithmétique, géométrie, musique, astronomie, rhétorique, grammaire et dialectique (en excluant l'architecture et la médecine, pourtant classées par Varron parmi les *artes liberales*, mais considérées par Marcianus comme trop « manuelles »), consolidant ainsi un système de classification qui connaîtra un grand succès au Moyen Age. « Considérés dans leur ensemble, remarque l'historien de la science Edward Grant, ces livres contenaient en réalité la totalité des faits scientifiques généraux et des connaissances du début du Moyen Age. Ils apparurent pourtant aux auteurs suivants comme une masse désordonnée et contradictoire d'informations souvent inconciliables, sur la base desquelles il ne pouvait naître grand-chose avant que la nouvelle culture scientifique ne parvienne à disposer des sources grecques et arabes [...] Faute de pouvoir accéder au cœur de la science grecque, le monde occidental ne pouvait dépasser le niveau des encyclopédistes latins. »

La **médecine** n'enregistre pas de grands progrès, mais sa pratique est encouragée en tant que devoir éthique, sous l'impulsion du christianisme qui juge cependant inutile et présomptueuse l'idée de rechercher les causes des maladies. Après les critiques initialement formulées contre Galien, au IIIe siècle, la réputation de ce médecin se développe aussi auprès de la *christianitas* ; mais les théories médicales des Pères de l'Église se ressentent beaucoup du dogmatisme religieux. La médecine populaire recourt par ailleurs à l'**action miraculeuse des saints** les plus vénérés, seuls jugés capables de sauver une vie humaine en ces siècles d'épidémies diffuses.

A gauche : boîte à médicaments en ivoire, à couvercle coulissant, représentant Esculape, dieu de la médecine, et Hygie, déesse grecque de la santé, Ve-VIe siècle. Musée de Sion.
A la médecine romaine, importée en bonne partie de Constantinople, s'ajoute à cette époque la pratique médicale en honneur dans les monastères occidentaux.
A droite : détail de l'un des deux panneaux « impériaux » en mosaïque représentant l'impératrice Théodora entourée de quelques dignitaires et de dames d'honneur. Basilique Saint-Vital, Ravenne.
Page ci-contre, en haut : devant de heaume, fait d'une lame de cuivre doré, représentant le triomphe d'Agilulf, trônant entre ses dignitaires, VIe siècle. Musée du Bargello, Florence.

LA TECHNIQUE DES MOSAÏQUES DE RAVENNE

Relativement simple, la technique de la mosaïque exige une série d'opérations sur la surface servant de support avant l'application des tesselles qui, pour adhérer, ont besoin d'une couche de mortier mouillé. Les tesselles de mosaïque - de dimensions généralement uniformes et de forme cubique (ou parfois en pyramide tronquée) - étaient à l'origine en marbre, mais elles sont remplacées à cette époque par de petits cubes de verre donnant des couleurs plus éclatantes, parfois rendues plus vives encore par de petites lamelles d'or incluses dans le verre. Le scintillement produit par ces nouvelles tesselles dorées qui s'élèvent, étroitement ajustées et soigneusement collées, sur les murs et parfois à l'intérieur des églises de Ravenne (à la différence de l'usage qui en était fait dans le monde romain, où la mosaïque servait surtout de revêtement de sol), convient bien au caractère hiératique et royal des mosaïques. Il suffit de penser aux figures de Justinien et Théodora à Saint-Vital, dans la zone la plus sacrée de cette église, « couvertes de pierres précieuses et étincelantes, sublimées et immobiles, comme hors du temps » ; ou encore, au cortège des vingt-deux vierges revêtues de draperies dorées qui se succèdent sur fond d'or sur le mur de Saint-Apollinaire-le-Neuf. « Un art jeune - a remarqué le philosophe allemand Oswald Spengler, ébloui devant tant de splendeur - au service d'une architecture religieuse où l'espace se transforme en cette sphère magique, dont l'éclat doré détache des réalités terrestres et conduit aux visions de la littérature apocalyptique. »

On trouve quelques figures de spécialistes en médecine - comme Quintus Serenus, auteur du *Liber medicinalis* (Ve siècle). Pourtant, à en juger par leurs œuvres, il s'agit plutôt de compilateurs zélés qui transcrivent, citent et commentent les ouvrages classiques du savoir médical. On peut faire remonter aux environs du IVe siècle la compilation de l'*Herbarum vires et curationes*, un livre consacré aux vertus médicinales des différentes espèces végétales, qui emprunte la plupart de ses informations à l'*Histoire naturelle* de Pline.
Entre le IVe et le Ve siècle, les auteurs d'ouvrages médicaux sont Vindicianus Afrus, responsable du livre de recettes thérapeutiques *De expertis remediis*, et Theodorus Priscianus, connu pour son volumineux traité *Rerum medicarum libri quattuor*. Mais le plus connu est Aurelianus Celius (Ve siècle), dernier auteur scientifique de l'Empire romain d'Occident.
En compulsant des ouvrages antérieurs, il compose un traité de pathologie sur les maladies aiguës et chroniques *(De morbis acutis et cronicis)*, écrit dans un latin barbare qui révèle les origines numides de l'auteur.
A plus de deux siècles de distance, il sera suivi par le diacre Crispus (qui vécut entre le VIIe et le VIIIe siècle) ; dans son *Commentarium medicinale*, celui-ci donnera des explications sur la manière d'utiliser les herbes dans le traitement de la plupart des maladies connues alors. A Rome viennent en outre exercer et enseigner les plus célèbres médecins et théoriciens de Byzance : Oribase au IVe siècle, Alexandre de Tralles au VIe siècle et Paul d'Égine au VIIe siècle. Dans leurs codes législatifs, les empereurs Théodose et Justinien réglementent l'exercice de la médecine sur le territoire de l'Empire.
On voit réapparaître les figures des *archiatri* (médecins), déjà présents à l'âge d'or de l'Empire romain, et des *comes archiatrorum*, et l'on construit des **hôpitaux publics** comme

celui bâti à Rome par sainte Fabiola vers la fin du IVe siècle, celui de Bénévent et bien d'autres, souvent issus de la transformation d'anciens *xenodochi* (refuges pour pèlerins). Enfin, les édits des Goths et des Lombards s'efforcent de réglementer les compétences, droits et devoirs de la profession médicale, dans ses aspects déontologiques et sociaux.

Dans ses applications topographiques, la **géographie** était déjà étudiée dans le monde romain pour dessiner des cartes et des *itineraria* à emporter en voyage. La célèbre *Tabula Peutingeriana* - un parchemin long de près de 7 mètres et large de 40 centimètres, copie médiévale d'un original des IIIe-IVe siècles - devait elle aussi faire fonction de « carte routière », à rouler et à placer dans un fourreau cylindrique. Nonobstant sa forte distorsion longitudinale et son écrasement vertical (l'Afrique est représentée comme contiguë à l'Italie, et celle-ci aux Balkans), la carte comporte cependant des indications logistiques et signale l'emplacement d'églises, de sanctuaires et de grandes villes, comme Rome et Ravenne en Occident, Byzance et Antioche en Orient. Les routes publiques sont *rubricatae* (dessinées en rouge) et les distances exprimées en milles romains pour l'Italie, en lieues pour la Gaule, etc. L'ancêtre de ce monument cartographique véritablement unique, qui représente la totalité du monde connu alors, c'est l'*Orbis pictus*, la mappemonde réalisée en bronze et pierres précieuses sous le règne d'Auguste par l'amiral Marcus Vipsanius Agrippa; la *Tabula* est appelée *Peutingeriana* du nom de son éditeur, l'humaniste Konrad Peutinger, qui vécut au XVIe siècle.

Tandis que la tradition de l'artisanat romain et ses « industries » typiques (celle de la brique par exemple) se perpétuent dans l'empire d'Orient et les territoires

byzantins de l'Exarchat et de la Pentapole (comme le soufflage du verre, qui donnera naissance à une manufacture florissante dans les îles vénitiennes), on voit apparaître en Italie des équipes locales d'artisans spécialisés dans le **secteur de la construction**, dont la réputation s'étend très vite dans toute la péninsule. Les « maîtres » de Côme auxquels font appel les Lombards en sont un exemple. A Ravenne, la **technique de la mosaïque** atteint un haut niveau de qualité. A la tradition des ateliers du lieu s'ajoute l'influence des maîtres byzantins venus s'installer dans l'Exarchat.
A cette époque encore, les *artifices ad faciendas naves* (équipes d'ouvriers navals peut-être composées de Lombards) sont très actifs et renommés en Italie, à l'exemple de ces charpentiers de marine et menuisiers envoyés dans le royaume des Avars, au début du VIIe siècle, pour équiper des embarcations à expédier en Thrace.

Le degré d'évolution technique atteint par les **Lombards** est amplement attesté par les objets retrouvés dans les tombes. Presque toutes les **techniques métallurgiques** de l'époque sont connues de ce peuple expert dans le travail du fer et des métaux nobles : repoussage, damasquinage, niellage, placage, cloisonné, filigrane.
On produit plusieurs **types d'armes**, dont la forme varie ensuite avec le temps. Par exemple, le fer de lance a d'abord la forme d'une feuille de saule, puis, vers la fin du VIe siècle, il se raccourcit et prend l'aspect d'une feuille de laurier, avec une sorte de nervure centrale en relief. L'ombon en fer du bouclier, dont le centre est d'abord formé d'une calotte conique se terminant par une broche à pointe aplatie, prendra plus tard une forme hémisphérique. La ceinture à laquelle on accroche l'épée *(spatha)* se modifie elle aussi : d'abord sobre et ornée de quelques plaques et d'une seule fibule, elle s'enrichira - au cours du VIIe siècle - de très nombreux cabochons. En plus de la *spatha*, on porte aussi une sorte de sabre *(scramasax)*. Plusieurs armures (notamment certaines cuirasses « lamellaires ») révèlent une grande habileté technique.

Déjà pratiqué en Pannonie et poursuivi en Italie, l'**art de la céramique** utilise la technique du pressage, par laquelle on fabrique cruches, vases et récipients d'usage courant (les plus raffinés sont en revanche importés). Le produit céramique est ensuite décoré par estampage, en imprimant sur l'argile encore humide le motif choisi.
La **technique du verre** est elle aussi connue et

Ci-dessus : ornement de selle en or laminé. Musée du Haut Moyen Age, Rome.
Ci-dessous : détail de la* Tabula Peutingeriana*, copie médiévale d'une carte de voyage romaine des IIIe-IVe siècles. Österreichische Nationalbibliothek, Vienne. Mesurant environ 7 mètres de long, ce parchemin devait servir de « carte routière » que l'on pouvait rouler dans un fourreau cylindrique.

permet la fabrication de chopes en forme de corne (d'un bleu ou d'un vert intense) très répandues dans les régions du centre de l'Europe, tandis que les récipients et vases plus précieux, en verre fin et aux couleurs plus douces, sortent des ateliers de Torcello.
Le **filage** et le **tissage** apparaissent comme des techniques féminines. Comme le prouvent les objets funéraires, elles sont pratiquées au moyen de fuseaux et de métiers plutôt primitifs (avec un système éprouvé de poids pour tendre les fils de chaîne), sans oublier le *webschwert* ou « épée de tisserand », une sorte de peigne utilisé pour égaliser le travail et rendre le tissu bien compact. Les textiles locaux sont simples, d'une trame plutôt grossière, et à base de fibres pauvres; les brocarts tissés d'or et les soieries portés par les personnes de haut rang viennent de l'étranger. On travaille le bois et l'os pour fabriquer des objets d'usage courant, des peignes, ainsi que des pions pour un jeu ressemblant au jeu de dames.
Si la contribution des Lombards aux techniques agricoles est plutôt maigre, ce sont en revanche des **éleveurs de chevaux** très expérimentés. Ils connaissent le harnais, comme le montrent les restes retrouvés lors de récentes recherches d'archéologie médiévale sur plusieurs sépultures d'*adalingi*.

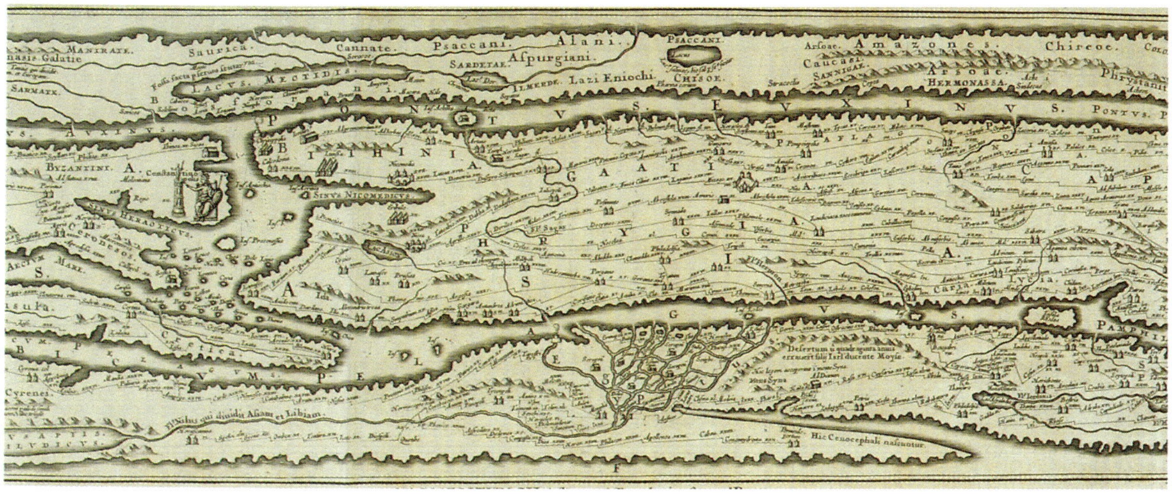

Isidore de Séville (v. 560-v. 636), évêque espagnol né à Carthagène, est considéré comme le dernier grand auteur encyclopédique en langue latine. On lui doit les 20 volumes des *Étymologies,* ou *Origines*, véritable somme du savoir de l'époque. Dans son traité *la Nature,* Isidore analyse le système du calendrier et rassemble des éléments d'astronomie, de géographie des marées et de météorologie. Dans d'autres volumes, il se consacre à la grammaire, à l'exégèse biblique, tout en étudiant la valeur sacrée et symbolique des nombres (*De numeris qui in Sacris Scripturis occurrunt*). Enfin, dans le *Livre des Étymologies*, resté inachevé, Isidore élabore une **immense somme encyclopédique** en partant de recherches sur l'origine des noms. En dépit du nombre de domaines abordés et de l'abondance des détails, il s'agit d'une œuvre organiquement structurée autour de quelques axes directeurs – même si l'on y retrouve les incohérences, imprécisions et naïvetés inhérentes à ce type d'« encyclopédisme ».
Toute la culture littéraire, scientifique et technique de l'époque trouve ici un cadre approprié : les langues latine, grecque et hébraïque, les cultes et les hérésies, le droit et la théologie, la géographie et l'arpentage, l'architecture et la minéralogie, la médecine et l'art de la guerre, le système de poids et mesures, la chronologie, l'étude de la nature et la navigation, l'habillement, les jeux et enfin l'astronomie. Isidore souligne la différence existant entre cette dernière science et l'astrologie. Le traité sur l'astronomie est peut-être le plus réussi de son étude sur les matières du *quadrivium*.
Les interprétations allégoriques et symboliques l'emportent dans ce texte, qui connaîtra un immense succès dans l'ensemble du monde médiéval pendant des siècles et servira de modèle à des ouvrages analogues. Toujours dans le domaine de l'encyclopédisme latin – et dans l'atmosphère de ferveur culturelle et spirituelle qui caractérise la Grande-Bretagne et l'Irlande de ce temps – il faut citer **Bède le Vénérable**, moine anglo-saxon (v. 672-735) qui vécut dans les monastères de Wearmouth et Jarrow, auteur de plus de 50 ouvrages (dont les *Homélies*, les commentaires de la Bible et l'*Histoire ecclésiastique de la nation anglaise*). Il faut citer ses traités sur la métrique, la grammaire, l'*orthographia* (un glossaire), les « sciences naturelles », la cosmologie et la chronologie (avec son *De la division du temps*, qui date de 725, Bède introduit dans le monde occidental le **comput des années à partir de l'ère chrétienne**). Enfin, avec le *Liber de loquela per gestum digitorum* – unique en son genre – il atteste que la seule forme non écrite de calcul, après que l'abaque soit tombé en désuétude, reste celle pratiquée avec les doigts de la main.

À l'époque de Charlemagne, les tendances apparues au siècle précédent sont clairement établies : en Allemagne, on s'oriente vers les études grammaticales et scientifiques, et vers l'exégèse ; en France, on manifeste un intérêt prédominant pour la spéculation philosophique. Dans le cadre de la **Schola palatina** carolingienne, à côté des études faisant partie du *trivium*, les recherches effectuées par les *doctissimi magistri* sur les matières du *quadrivium* sont également en pleine effervescence. Ainsi, à côté de la grammaire, le Scot Dicuil (première moitié du IXe siècle) traite de la géographie et, en compulsant des sources latines et grecques, compile le *De mensuratione orbis Terrae* (825), tandis que le bénédictin Raban Maur (v. 780-856) compose son *De rerum naturis*, une puissante synthèse des connaissances cosmologiques de l'Antiquité classique à son époque. En 805, Charlemagne lui-même introduit la médecine dans le programme d'études de la *schola*, sous le nom de *physica*. Du reste, dans la première moitié du VIe siècle déjà, Antime, médecin personnel de Thierry (fils de Clovis), avait composé un traité de diététique comportant des conseils d'hygiène, d'alimentation et de posologie médicinale, *Dietetica*, dédié à son princier protecteur. Parallèlement à la médecine laïque, dans toute l'Europe, l'intérêt pour la **littérature médicale** se développe dans les **écoles monastiques**, où l'on transcrit les ouvrages grecs et latins : les centres les plus actifs sont York, Winchester et Canterbury en Grande-Bretagne, Saint-Gall en Suisse, Fulda en Allemagne, Tours et Chartres en France. Comme les monastères italiens du Mont-Cassin (expression du monachisme bénédictin) et de Bobbio (fondé par saint Colomban et donc lié au monachisme irlandais), les monastères européens accordent eux aussi une place aux études médicales, à la culture des herbes médicinales et à la pratique de la médecine comme devoir éthique imposé par le christianisme.
Le **monastère de Saint-Gall** est très renommé ; il est en mesure d'accueillir six malades et doté d'une maison pour le médecin, d'une infirmerie et d'un cabinet pour les saignées.

A gauche : un calendrier médiéval du début du IXe siècle, qui illustre dans l'ordre les principales activités agricoles, ainsi que les mois et les saisons auxquels elles se déroulent. Österreichische Nationalbibliothek, Vienne. L'économie carolingienne étant de type autarcique, le paysan est obligé de cultiver un peu de tout pour satisfaire ses besoins, mais la faible productivité du sol et le recours à des techniques primitives ne permettent pas de constituer des réserves et il suffit d'une récolte perdue pour provoquer disettes et épidémies.
A droite : grâce à l'assolement triennal, le travail agricole est réparti de manière plus rationnelle au cours de l'année.

Comme nous l'avons vu, la **chronologie** est à cette époque au centre d'études et de systèmes de calcul complexes. La période carolingienne marque le passage de la conception traditionnelle des mois au système médiéval. Celui-ci associe au mois, avec ses caractéristiques climatiques, l'image de l'activité agricole correspondante, les cycles de la nature et le travail de l'homme, qui n'est plus rattaché à la seule « saison ». Les activités représentées dans les calendriers suivent elles aussi l'évolution des usages et des techniques : on voit disparaître les scènes de récolte des olives, propres à l'iconographie précédente. Elles sont remplacées par des images montrant la fenaison ou le moment de tuer le cochon, avec une référence particulière, à partir de la fin du VIIIe siècle et du début du IXe siècle, aux activités agricoles pratiquées dans le nord de la France. Selon ce que nous rapporte son biographe Éginhard, Charlemagne modifie le nom des mois en fonction des travaux des champs qui les caractérisent : juillet devient *Hewinamoth*, le « mois de la fenaison », juin est appelé *Brachmanoth*, le « mois du labour de la jachère », et ainsi de suite.

À partir du VIIIe siècle, on se livre à un intense travail de **déboisement** dans les immenses étendues de cette Europe du haut Moyen Age. A l'époque mérovingienne déjà, on a procédé à des travaux de défrichage et de mise en culture de zones abandonnées et de terrains boisés. Le but est de favoriser l'apparition de nouveaux domaines agricoles.

L'ASSOLEMENT TRIENNAL

Ce tableau montre l'alternance des semences sur trois champs (rotation triennale des cultures), introduite en Europe à la fin du VIIIe siècle. Comme on peut le voir, chaque champ est laissé en jachère un an sur trois.

	1re année	2e année	3e année	4e année
CHAMP 1	——	......	repos	——
CHAMP 2	......	repos	——	......
CHAMP 3	repos	——	......	repos

Semailles d'hiver —— Semailles de printemps ......

LE MOULIN A EAU

Selon les historiens Delatouche et Grand, la grande invention de la roue à pales sur laquelle est basé le mécanisme du moulin rencontra, après son introduction dans le monde occidental, « un extraordinaire succès, au point d'être à l'origine de tous les progrès artisanaux et de toutes les réalisations de l'industrie médiévale. [...] Moulins à farine, les plus nombreux, moulins à malt ou à bière, moulins à huile (olives, noix, girofle, moutarde), moulins à sel, moulins de tannage (batitans), *moulins pour fabriquer des étoffes* (draperets), *foulons* (batifols), *moulins à métaux* (bateors) *et, plus tard, moulins pour scier les planches, pour affiler, pour produire du papier (à partir du* XIII*e siècle), autant de mécanismes mus par la même force : l'énergie latente, gratuite, toujours renouvelée de l'eau en mouvement, fluide, élastique, irrésistible, perpétuellement offerte par la nature aux efforts et à l'ingéniosité de l'homme. Le moulin à eau* (molendinum aquae, ad aquam, aquaticum, aquimola) *est alimenté par un aqueduc qui apporte l'eau au-dessus de la roue sur les pales de laquelle elle tombe, ou, plus souvent encore, directement par le courant d'une rivière ou d'un déversoir d'étang. Dans ce dernier cas, le moulin est généralement bâti à un bout de la chaussée* (paxoria) *d'une levée et l'eau est entraînée vers sa roue par un petit canal, le bief, dont le débit est régulé par une vanne mobile (*venna *ou* vantalium*), la roue étant placée en travers de ce bief. Ces retenues d'eau où le poisson vient se piéger permettent la création de pêcheries prospères. Parfois, la même roue fournit l'énergie alimentant plusieurs mécanismes regroupés en une seule construction, avec un moulin à céréales, à huile, un foulon etc. Les carrières de pierre meulière sont assez rares et il faut parfois faire venir les meules de très loin. L'Angleterre en importait de France. L'extraction et l'équarrissage de ces meules, qui devaient être d'un seul bloc, étaient l'œuvre d'artisans spécialisés, les* molarii, *qui avaient élu saint Ligier pour patron. Transporter ces lourdes meules de la carrière au moulin était une corvée exceptionnelle, due au seigneur quand le moulin était banal. La face interne de la meule était striée et, quand l'usure l'avait polie, on procédait au nettoyage et au rétablissement des rainures. La meule du haut était actionnée par une puissante armature métallique appelée « le grand fer » ou la « croix de moulin »* (ferramentum). *C'était la partie essentielle du mécanisme puisque, sans elle, rien ne pouvait tourner et le moulin restait immobile malgré l'abondance du courant et l'activité de la roue motrice. Elle avait donc pratiquement valeur de symbole. On sait que la loi salique et celle des Alamans prévoyaient des peines sévères contre celui qui l'aurait dérobée au moulin d'autrui ».*

Delatouche R., Grand R., Histoire agraire du Moyen Age, *Il Saggiatore, Milan, 1968.*

A droite : miniature d'un manuscrit conservé à Cava de' Tirreni et montrant l'abbé Balsamo en train de recevoir un manuscrit des mains d'un moine. Les deux têtes de ce dernier, l'une jeune et l'autre chenue, signifient qu'il a consacré toute sa vie à cette tâche. En bas, dans l'encadré : exemple de maillet actionné par un moulin à eau. Ne servant à l'origine qu'à moudre le blé, le moulin est par la suite utilisé dans d'autres buts, avec des progrès considérables dans la productivité du travail.

C'est à l'époque carolingienne que le défrichage, combiné à la croissance démographique et encouragé par le pouvoir central, prend de la vigueur et gagne sur la forêt de nouvelles terres - appelées *comprehensio, captura, aprisio* (*bifange* dans les régions germaniques). Des terres incultes s'ouvrent aussi à l'agriculture en Septimanie et dans la Marche d'Espagne, à la suite de la conquête franque. L'outillage évolue : la cognée et la hache, indispensables au déboisement, prennent place à côté des outils agricoles tels que la pioche et la masse.
Les terres où l'on cultive le blé sont privilégiées et l'on développe les deuxièmes semailles de printemps, comme le montre le *Capitulare de villis*. Les sources nous apprennent aussi que **le rendement des champs est très faible** : le blé produit trois fois la quantité semée, l'orge deux fois et demie, le seigle cinq fois. L'innovation la plus importante en agriculture est certainement **l'assolement triennal des cultures**, qui se développe vers la fin du VIIIe siècle : la première référence datable se trouve dans un manuscrit de 763 conservé au monastère de Saint-Gall. Grâce à cette nouvelle pratique, les travaux agricoles sont répartis de manière plus rationnelle au cours de l'année ; du fait de la diversification des espèces cultivées, le risque de pénurie est moindre car la productivité augmente. Dès la seconde moitié du VIe siècle, il semble qu'apparaisse dans les pays slaves et germaniques un **nouveau type de charrue**, remplaçant l'araire léger et sans roues - en fait un simple morceau de bois doté d'une pointe recourbée en fer - tiré par une paire de bœufs et peu adapté aux sols lourds et humides. Le nouveau modèle, plus complexe, est doté de roues, d'un coutre, d'un soc asymétrique et d'un versoir ; capable de retourner la terre en profondeur, il exige davantage de bœufs pour le tirer. Cette charrue entraîne une **modification de la forme des champs** : de carrés, ils deviennent rectangulaires, exigeant de l'agriculteur moins de manœuvres. Cet engin à roues est appelé *carruca* et son introduction à l'époque carolingienne permet au laboureur de contrôler la profondeur des sillons, en exerçant une pression plus ou moins forte sur les mancherons.
En Occident, dès l'époque mérovingienne, le **moulin à eau** commence à faire concurrence aux *molendina de brachiis* ou *molendina de equis*, c'est-à-dire les moulins à bras ou à traction animale, mus par des chevaux. Le fait est attesté par la *Lex salica*, la loi des Alamans, celle des Bavarois, la *Lex Visigothorum* et par des auteurs comme Grégoire de Tours dans son *Histoire des Francs*. En France, les plus anciens exemples de ces *molendina ad aquam* sont signalés au VIe siècle près de Dijon, en Bourgogne (mais leur multiplication n'est enregistrée qu'à partir du IXe siècle). Le **ferrage des chevaux**, emprunté aux Celtes, commence lui aussi à se répandre à cette époque.

Une série d'innovations parviennent donc du monde asiatique en Europe occidentale par l'intermédiaire des « Barbares » et, dans cette évolution technologique, la grande habileté des peuples du centre de l'Europe pour le travail des métaux joue un rôle non négligeable.
Si le recours au métal précieux qu'est alors le fer reste rare dans la production d'outils agricoles, dans d'autres secteurs, la métallurgie se développe. Ainsi la fabrication des cloches : auparavant réalisées au moyen de lames de fer, elles sont désormais fondues en bronze.

Avec la naissance du monde islamique et son expansion fulgurante dans les régions méditerranéennes - de la Syrie à l'Europe - et en direction de l'Asie, dans l'aire d'influence des civilisations millénaires indienne et chinoise, un commerce florissant se développe. Outre les échanges de marchandises, il permet la transmission de nouveaux contenus culturels, d'inventions et de découvertes qui résultent d'une forme de raisonnement souvent éloignée des méthodes heuristiques héritées du monde gréco-romain par l'Occident. La conquête par les Arabes de la Syrie en 636, de l'Égypte en 640-642, de l'aire persane et de toute la côte d'Afrique du Nord les années suivantes, favorise une **osmose culturelle** entre les peuples mis en contact par cette conquête ; certains éléments de cultures étrangères sont absorbés par la pensée arabe, ouverte à de nouvelles sollicitations. Ce processus d'assimilation est favorisé par le **filtre linguistique de l'arabe**, langue « vierge » - non conditionnée par l'accumulation d'un patrimoine philosophico-scientifique antérieur - et facteur d'unification, se propageant en tache d'huile dans les régions conquises (conséquence de l'**interdiction de traduire le Coran,** texte sacré de l'islām, en d'autres langues).

A gauche : bol persan, travail gravé et émaillé des VIIIe-IXe siècles.
En bas : une noria arabe. Miniature tirée de l'*Histoire de Bayad et Riyad,* XIIIe siècle. Bibliothèque apostolique vaticane, Cité du Vatican.
En bas, sur deux pages : manuscrit arabe d'une œuvre de Galien. Une bonne partie de ce qui reste des quelque 108 ouvrages de Galien nous est parvenue grâce à des manuscrits arabes. Bibliothèque nationale, Paris.
Page ci-contre, à droite : les musulmans ont une prédilection pour les figures géométriques, comme celles qui ferment cette fenêtre.

De la Chine lointaine parvient la **technique de fabrication du papier**. Connue des Arabes après la conquête de Samarkand (712), exploitée et diffusée par eux - la première manufacture de papier apparaît à Bagdad en 793 - elle supplante le traditionnel parchemin. Le papier accroît les possibilités de transmission écrite du savoir et devient le support matériel privilégié de la diffusion de la culture dans le monde islamique. L'utilisation très répandue de la langue arabe suppose en outre la **création d'une terminologie technique** permettant la communication des contenus de chaque discipline. Déjà entré en contact en Syrie, dans la première moitié du VIIe siècle, avec une florissante tradition d'interprétation et d'étude des ouvrages d'Aristote, le monde musulman persévère dans cette direction ; d'abord sous l'impulsion du prince omeyyade Halid ibn Yazīd (seconde moitié du VIIe siècle), qui demande à d'éminents spécialistes grecs de traduire en arabe des ouvrages mathématiques et scientifiques ; puis, vers la fin du siècle, grâce aux adeptes du nestorien Sévère, un évêque syrien, fondateur dans son monastère mésopotamien d'un grand foyer d'échanges entre les cultures grecque, arabe et indienne.

Par la suite, tandis que se développe l'intérêt du monde islamique pour l'univers culturel byzantin et perse, le califat passe à la dynastie des 'Abbāssides et le pouvoir politique se déplace à **Bagdad**, la nouvelle capitale. En 754, un **centre de traduction des manuscrits grecs en langue arabe** y est fondé, avec pour mission de retrouver et de réorganiser les ouvrages des plus grands philosophes et savants grecs : Platon, Aristote, Archimède, Euclide, Hippocrate, Ptolémée, Galien. Retraduits plus tard en latin, ces textes constitueront une source de renouvellement en Europe, en développant la spéculation par l'entremise de la découverte du libre exercice de la raison. Parmi les califes 'abbāssides, plusieurs sont de grands mécènes qui favorisent largement cette floraison d'études et de traductions (à partir du grec, mais aussi des langues syriaque, perse, indienne ou chinoise). Deux figures se détachent des autres : celles d'al-Manṣūr (754-775) et d'Hārūn al-Rachīd (786-809), respectivement deuxième et cinquième représentant de la dynastie. Le premier est le fondateur de Bagdad qui deviendra plus tard un foyer international de culture ; le second protège artistes, lettrés et savants, dans un climat favorable au rapprochement avec les mondes helléniste et perse. Cette période 'abbāsside marque donc une ère de grand épanouissement pour la **philosophie,** et plus encore pour les **sciences** : astronomie, astrologie, alchimie, mathématique, médecine, géographie.

En **médecine**, parallèlement à l'assimilation de la culture grecque, l'époque des 'Abbāssides enregistre de remarquables progrès dans le domaine de la pratique médicale. Grâce au calife Hārūn al-Rachīd, a lieu la fondation du **premier hôpital** de Bagdad, dont la direction est confiée au nestorien Girgis. C'est le siège d'un important centre d'études médicales, véritable creuset d'apports byzantins, syriens et mésopotamiens, et berceau de la nouvelle école arabe de médecine.

Si la religion islamique et la langue arabe constituent deux puissants facteurs d'unification, les protagonistes de cette culture n'en appartiennent pas moins à des groupes ethniques bien différenciés.
Le premier auteur dont l'œuvre commencera à circuler en Europe à partir du XIIe siècle, quand Gherardo da Cremona entreprendra de le traduire en latin, est **al-Kindī** (v. 796-873), un Bédouin descendant d'un compagnon d'armes de Mahomet. Les connaissances scientifiques d'al-Kindī, puisées aux sources grecques, vont des mathématiques à la médecine, de la géométrie à l'optique, et sa pensée philosophique constitue une première tentative pour concilier aristotélisme et religion. Après lui, le deuxième maître à penser de la culture musulmane est le philosophe et savant **al-Fārābī** (v. 870-950), originaire du Turkestan et travaillant à Bagdad et à Damas : son immense production fait ressortir la conviction, partagée jusqu'au XIIe siècle par les milieux culturels arabes aussi bien que chrétiens, d'une **concordance** systématique **entre Platon et Aristote**.
Il propose en particulier une théorie de l'homme en tant que microcosme, proche de la théorie néoplatonicienne selon laquelle chaque être émane de Dieu. Deux autres savants sont en revanche d'origine persane : **al-Rāzi** (v. 860-925) récapitule en un seul ouvrage tout le savoir médical de la Grèce, de l'Inde et du Moyen-Orient, tout en puisant sans doute également dans des sources chinoises ; quant au grand **Avicenne** (980-1037), son œuvre représente sans aucun doute l'apogée de l'influence exercée par la pensée arabe en Occident.
L'historiographie a toujours souligné le rôle de **médiation dans la diffusion de la tradition scientifique** qu'a joué la culture arabe dans le monde médiéval, mais sans y relever de résultats réellement inédits. En effet, certaines des figures scientifiques les plus marquantes de ce monde islamique à ses débuts se signalent davantage à l'attention pour leur contribution en matière de traduction et de réélaboration d'œuvres étrangères que pour l'originalité de leurs apports. Ainsi, l'astronome al-Fazārī (seconde moitié du VIe siècle) est surtout connu comme traducteur du traité d'astronomie indienne *Siddhānta*. Le nom de Théophile d'Édesse, astrologue de la cour 'abbāsside pendant la seconde moitié du VIIIe siècle, est lié à la version syriaque de l'œuvre de Galien. Gibril ibn-Buhtisu et Abū Yahya al-Batriq, fondateurs d'une école arabe de médecine à Bagdad sous le califat d'al-Manṣūr, s'appuient sur les œuvres de Galien et d'Hippocrate, et en proposent la traduction en arabe. D'autres encore, comme Abd Allāh ibn al-Muqaffa, sont connus pour avoir traduit du pahlavi et du sanskrit des textes anciens et contemporains, introduisant ainsi dans la médecine islamique le vigoureux apport de la science indienne.
Mais le rôle de la culture arabe ne se limite pas à la manière dont elle réorganise le savoir de manière systématique, ni à son influence – à partir des XIIe et XIIIe siècles surtout – sur l'Occident chrétien au travers des apports scientifiques iraniens, indiens et grecs transcrits. Elle enrichit également le savoir de **contributions originales**.
Les recherches des savants arabes conduisent à une plus grande précision dans les mesures astronomiques – l'observatoire astronomique de Bagdad est notamment fondé en 829 – et à l'introduction d'expérimentations quantitatives en physique. La mise en pratique des « neuf signes indiens » – autrement dit, du système de **notation numérique décimale**, qui permet d'écrire toutes les combinaisons numériques et de calculer rapidement – semble due à l'évêque nestorien déjà cité, Sévère, même si leur diffusion officielle est attribuée au centre de Bagdad du calife al-Manṣūr.

D'ingénieuses réalisations techniques aboutissent à la construction de machines et d'appareils destinés aux usages les plus divers. Les principales inventions mécaniques sont orientées vers l'exploitation des ressources naturelles, et notamment de l'énergie hydraulique et éolienne, pour développer l'agriculture et traiter ses produits. Divers types de **machines prélèvent l'eau** des fleuves pour l'apporter dans les réservoirs ou les aqueducs. On passe ainsi du chadouf, antique levier muni de contrepoids et pouvant remonter l'eau des puits, à la noria, une grande roue dont le diamètre peut atteindre vingt mètres et grâce à laquelle l'eau est soulevée à l'intérieur d'un système de godets placées sur le bord externe. Cette solution garantit un fonctionnement continu sans nécessiter de force motrice animale, mais la construction et la manutention de l'appareil sont difficiles. La *sagiya* peut élever l'eau à une hauteur supérieure grâce à une chaîne de seaux, actionnée par un ou plusieurs bœufs au moyen d'engrenages ; elle est ensuite perfectionnée, la force animale étant remplacée par d'autres engrenages, mus par le courant d'une rivière ou d'un canal. Mais le système peut-être le plus efficace, celui qui garantit un fort débit pour des dénivellations

moyennes, c'est le tympan : un grand disque qui, en tournant sous l'action du courant sur les pales installées à son extrémité, canalise l'eau dans des rainures en spirale et l'élève jusqu'à son propre axe. La deuxième grande application mécanique est la construction de moulins. Là encore, c'est le mouvement rotatoire imprimé par l'eau à la roue qui fait tourner la meule et permet d'obtenir de la farine. Pour utiliser au mieux la force du courant, ces **moulins** sont construits sur des bateaux ancrés au milieu des cours d'eau.
Si l'on adapte une came à l'axe de rotation, le mouvement rotatoire devient alternatif et peut actionner un maillet pour fouler le drap, broyer les minerais métallifères ou transformer la canne à sucre en pâte. Dans la région du Sistān, à l'ouest de l'Afghānistān, est construit au VIIe siècle le **premier moulin à vent** : un rotor tourne sur un axe vertical de manière coaxiale à la meule, tandis que des écrans mobiles canalisent le vent de manière tangentielle par rapport à ses pales. D'autres conquêtes technologiques ont des effets sur la navigation – en la dotant de nouveaux instruments comme l'**astrolabe** – ou la technique militaire. Enfin, à mi-chemin entre science et magie, l'alchimie offre à la pharmaceutique un apport fondamental.

L'**astronomie** est l'un des domaines dans lesquels on enregistre des progrès dans l'Inde des Gupta et pendant la période suivante ; elle tire parti d'apports gréco-romains, tout en se nourrissant des observations et des études effectuées par les prêtres *(brahmanes)* chargés de contrôler le calendrier - une tâche très importante, par ses implications pour l'agriculture.
Les **mathématiques** sont étroitement liées à l'astronomie - pour ce qui regarde les calculs liés à l'observation des astres et des

mouvements célestes, et à la prévision des éclipses -, mais elle connaît aussi un développement autonome. C'est depuis toujours un secteur privilégié dans lequel la pensée indienne obtient des résultats remarquables et novateurs. D'autres matières, en revanche, comme la géographie et l'historiographie, sont peu abordées mais sujettes à une interprétation « fantastique », fondée sur l'imagination et les mythes.

Il est désormais acquis que les chiffres dits « arabes » sont en réalité venus de l'Inde, et que ce sont bien les **neuf signes indiens** qui ont été connus et diffusés en terre d'islām, puis dans le reste du monde. Selon la tradition, en effet, dans la seconde moitié du VIIIe siècle, une délégation de mathématiciens et d'astronomes indiens aurait présenté au calife 'abbāsside al-Manṣūr une démonstration scientifique tournant autour de la possibilité de calculer n'importe quel nombre au moyen de neuf signes ou chiffres, selon des modalités simplifiées par rapport aux systèmes de calcul utilisés par les Arabes. D'autre part, l'historiographie souligne le rôle joué, un siècle auparavant, par le nestorien Sévère, qui fit connaître la mathématique indienne dans le monde islamique en illustrant l'intérêt de la notation en neuf signes dans l'un de ses écrits. C'est apparemment l'**abaque** qui a conduit à une écriture de chiffres notés selon leur position - ce qui implique l'attribution d'une valeur conventionnelle non seulement aux neuf signes utilisés, mais également à leur position les uns par rapport aux autres - alors qu'auparavant, la valeur d'un nombre n'était que la somme des valeurs attribuées aux signes le constituant.
Un **traité d'arithmétique indienne** employant ce système, rédigé sur près de soixante-dix feuilles de papier, a été découvert à la fin du XIXe siècle à Bakhshālī. On peut le dater des IXe-Xe siècles, mais c'est la copie d'une œuvre remontant aux IIIe-IVe siècles apr. J.-C.

A gauche : sceau provenant du Gujerat, Inde. Il officialise la concession d'un territoire en remplacement d'un salaire convenu.
En bas : la conjonction du Soleil et de la Lune avec divisions zodiacales.
A droite : carreau décoratif du stūpa de Mīrpur Khās, dans le Sind, Pākistān, Ve siècle. A Mīrpur Khās, on peut remarquer certains détails de décoration architecturale de tradition hellénistique.

L'*Aryabhaṭīya* date, en revanche, de la fin du Ve siècle et a été rédigé par l'un des premiers grands mathématiciens indiens, Aryabhaṭīya, à peine âgé de 23 ans. C'est une œuvre en vers comportant plus de règles que de démonstrations explicatives - comme le voulait l'usage -, qui s'appuie sur une notation inédite des nombres tout en puisant bon nombre d'éléments dans un traité d'astronomie antérieur, le *Sūryasiddhānta*.

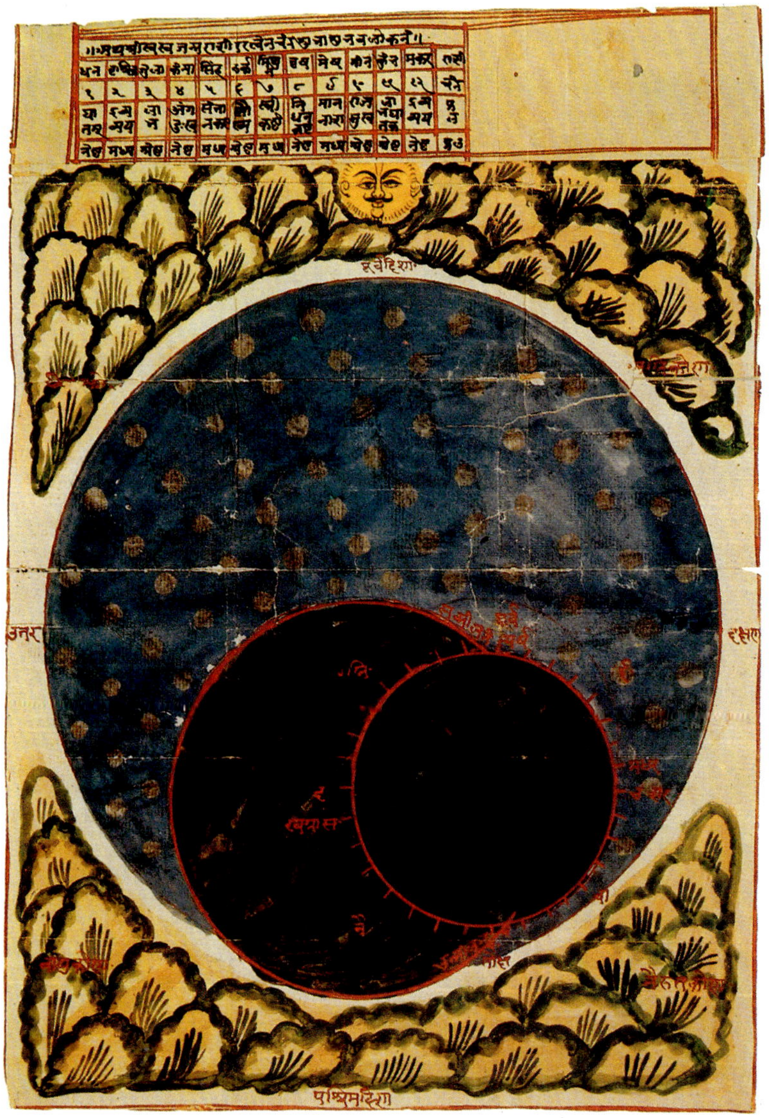

Progressivement, la révolution qui s'est produite dans l'écriture et le calcul des nombres prend fin avec l'apparition d'un nouveau signe à côté des neuf autres déjà en vigueur. Il correspond au vide et est, pour cette raison, appelé *śūnya* par les Indiens (et *ṣifr* par les Arabes, d'où *zefiro*, zéro). Grâce à cette découverte, **Brahmagupta** (v. 598-665) parvient à résoudre des équations du premier et du second degré. Il dirige l'observatoire astronomique d'Ujjain et c'est sans aucun doute le plus grand mathématicien de son temps, tous continents confondus. Il parvient à calculer la valeur de *pi*, se consacre à l'étude des quadrilatères « cycliques » et à la solution de problèmes d'analyse combinatoire et de géométrie tridimensionnelle.

La **médecine** est un secteur dans lequel l'Inde se révèle aussi à l'avant-garde. Après la période védique (au cours de laquelle prévalait un mélange de science, de magie et de religion, monopole des prêtres-sorciers), on est passé à la période brahmanique durant laquelle cette science atteint un extrême développement, en particulier dans les méthodes de diagnostic et la pratique de la chirurgie. Depuis des siècles, déjà, on connaît par exemple la **rhinoplastie**, surtout pratiquée lors d'opérations visant à réparer les mutilations infligées aux femmes - l'amputation du nez est alors courante pour punir l'adultère féminin. Le principe de spécificité et d'immunité des tissus est d'ailleurs connu, raison pour laquelle la greffe se fait à partir de tissus prélevés sur le même individu. Beaucoup d'autres opérations sont pratiquées, comme le prouve le traité compilé par **Suśruta**, l'un des plus éminents médecins indiens (avec Śaraka et Vāgbhata). Dans son ouvrage, la *Suśrutasamhitā*, il donne une liste détaillée des instruments chirurgicaux utilisés (il en dénombre cent vingt et un, parmi lesquels bistouris, scies, ciseaux, seringues, scalpels, tenailles) et des opérations que la médecine indienne est capable de pratiquer. Cela va de l'extraction des calculs à l'incision des abcès, de l'amygdalectomie à l'amputation

LE JEU D'ÉCHECS ET LA TECHNIQUE MILITAIRE

Il ne faut pas s'étonner de ce rapprochement entre le jeu d'échecs - chaturanga *selon le nom indien - et la technique militaire. Le sanskrit* chatur-anga *signifie en effet « les quatre parties » et renvoie à l'organisation de l'armée indienne en quatre secteurs. Depuis l'Antiquité, l'Inde suit à la lettre des règles précises et codifiées en matière de stratégie guerrière. Dans plusieurs manuels d'art militaire, on trouve une description du déploiement de l'armée qui évoque le jeu d'échecs. Au centre se trouve le roi, immobile, flanqué du premier ministre ou d'un conseiller, tandis que les troupes légères sont rangées en première ligne. Les éléphants sont placés au milieu, les deux ailes de la cavalerie et les chars de combat (les « tours ») qui doivent protéger le flanc des troupes se tenant sur les côtés. Cette disposition reflète certainement d'anciennes théories cosmologiques; on remarque en effet une correspondance entre les diverses composantes de l'armée et les éléments fondamentaux (terre, air, eau, feu, éther) gravitant autour du soleil, métaphore évidente du roi. Le jeu d'échecs réunit donc en lui une référence à l'art militaire et un symbolisme cosmique d'une portée incontestablement religieuse, d'origine sacerdotale (comme le prouverait notamment l'utilisation d'un plateau carré en guise de support; il est divisé en huit carrés par côté, porte le nom d'*ashtapada *et correspond au* vāstu-purusha-mandala, *le diagramme servant à bâtir une ville ou un temple). Il semble qu'à l'origine, le jeu se soit déroulé entre quatre joueurs ayant chacun huit pièces (roi, tour, cavalier, fou et quatre pions) de couleur différente (jaune, vert, rouge, noir). Ce rapport numérique est lui aussi significatif, dans la mesure où il renvoie aux saisons, aux points cardinaux, aux vents, aux « humeurs » de l'organisme. L'échiquier serait en somme une représentation du monde. Le fait même qu'il soit organisé en carrés réguliers aux couleurs alternées rappelle l'art du tissage, riche de symboles dans le monde indien comme dans beaucoup d'autres civilisations. Ceci se rattache en effet au concept selon lequel le monde est « tissé » de* guṇa, *ou propriétés fondamentales, avec une correspondance supplémentaire entre la trame et la chaîne du tissu, et les fils imbriqués du monde et du destin de l'homme. Monopole de la classe sacerdotale, détentrice du savoir, et de l'aristocratie, pivot du pouvoir politique et social, le* chaturanga *est sans doute introduit en Iran sous le règne de Khosrô Ier le Grand (531-579). Selon une légende rapportée par Firdūsī (Xe siècle), l'événement aurait eu lieu par l'entremise d'un roi indien qui envoya à Khosrô un échiquier dont les pièces étaient en pierres précieuses et qui reçut en échange un nouveau jeu d'invention persane (le trictrac). On a remarqué que, dans sa propagation en direction de l'est et du nord, le* chaturanga *suit le même trajet que le bouddhisme : il franchit le Karakorum et traverse le Cachemire pour arriver jusqu'en Chine et se répandre à Bornéo, en Birmanie et dans l'île de Java.*

A droite : anciens instruments de chirurgie indiens. Pendant la période brahmanique, on pratique de nombreuses opérations chirurgicales : le traité* Suśrutasamhitā*, rédigé par Suśruta, l'un des plus grands médecins hindous, fournit une liste détaillée de 121 instruments chirurgicaux (parmi lesquels bistouris, scies, seringues, ciseaux, scalpels, tenailles), et des opérations que la médecine hindoue est capable de pratiquer.
En bas, dans l'encadré : miniature anonyme représentant deux femmes en train de jouer au trictrac (1282), tirée du* Livre des jeux *d'Alphonse X le Sage. Bibliothèque royale, musée de l'Escurial, Espagne.

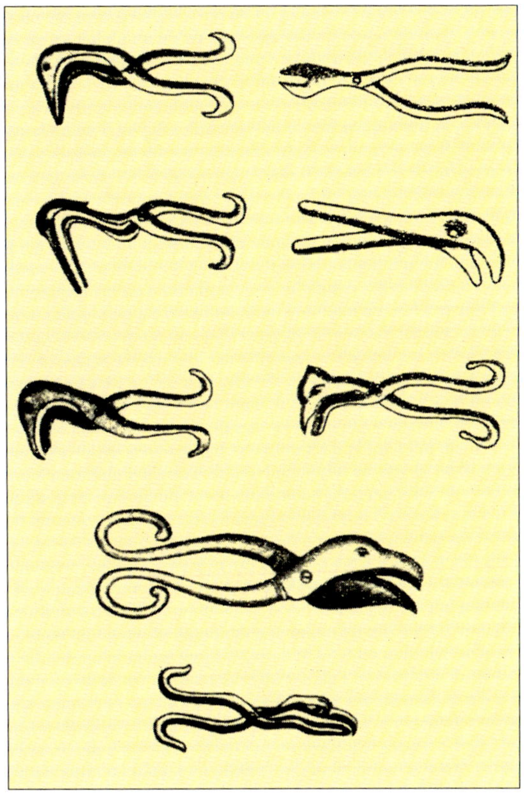

des membres. Les méthodes de diagnostic sont raffinées, et une large place est accordée à la **description des symptômes** des diverses pathologies dans les ouvrages médicaux de l'époque, auxquels s'ajoutent dès le milieu du VIIe siècle (troisième période de la médecine indienne) les apports de la culture arabe.
La **pharmacologie** a également progressé : les substances minérales connues et utilisées à des fins thérapeutiques sont nombreuses (mercure, alun, soufre, sulfate de fer et de plomb, arsenic, métaux précieux comme l'or et l'argent); elles sont souvent administrées sous forme de poudres, de pilules rudimentaires, d'infusions ou d'onguents. Les anesthésiques sont également très variés (Suśruta en énumère plus de sept cents), et on emploie notamment le chanvre indien et la belladone en tant que plantes médicinales. Une très grande importance est par ailleurs accordée à l'hygiène. La totalité des ouvrages indiens insistent tout particulièrement sur la toilette personnelle quotidienne, sur une alimentation sobre et végétarienne, sur l'abstinence d'alcool, sur les règles sanitaires à respecter après l'accouchement, sur la crémation des morts.
Dès les époques les plus reculées, de remarquables progrès sont enregistrés dans le domaine de la **linguistique**, en phonétique et en grammaire. C'est un secteur extrêmement complexe, étant donné le foisonnement du panorama ethnique et linguistique du sous-continent indien, en continuelle évolution et résultant de la superposition successive d'éléments variés.

En dehors des applications de l'hydraulique (canaux, puits, citernes) visant à développer la culture du riz dans les vallées fluviales, la **technique** s'applique sous des formes rudimentaires dans le secteur de l'**artisanat textile** - dont les produits sont de grande qualité en dépit de moyens fort peu évolués. Dans le secteur artistique se développe la technique « à fresque sèche ». Elle est surtout en usage dans l'Inde du Sud, comme par exemple dans la grotte de Viṣṇu (VIe siècle) près de Bādāmi, dans le Deccan, qui constitue l'un des premiers exemples de peinture brahmanique. A côté de monuments colossaux, comme la colonne en fer de Delhi (haute de sept mètres et fondue en un seul bloc), la **métallurgie** produit de petits objets d'usage courant dans lesquels la technique est un élément indispensable, quoique occulté par l'importance toujours croissante accordée au raffinement et à la variété de la décoration, souvent zoomorphe et dotée d'une valeur talismanique. Ainsi l'étude des cadenas (à barbillon, avec une clef à glissement ou à ressort hélicoïdal ou transversal) a mis en évidence l'habileté consommée des artisans indiens à copier des modèles venus d'ailleurs, par exemple de Chine ou de l'Islām, jusqu'à atteindre une perfection dans l'imitation. Certains cadenas de laiton retrouvés dans le Pendjab constituent en revanche une production manifestement originale, comme l'atteste le fait que l'artisan y a gravé sa propre signature et le lieu de fabrication, en plus du nom du propriétaire de l'objet.

Les progrès techniques enregistrés en Chine pendant la période des Six Dynasties sont remarquables, et ils vont encore s'accentuer à l'époque Tang. Dans le domaine scientifique, l'**influence indienne** apparaît plus que déterminante : des notions d'algèbre et d'astronomie, des théories mathématiques et des connaissances à caractère médical arrivent en effet de l'Inde à travers l'Asie centrale – par l'intermédiaire des moines bouddhistes. Dans presque tous les secteurs de la science médicale et de la pharmacopée, le savoir importé en Chine depuis l'Asie méridionale voisine avec des recherches expérimentales menées sur place. Ces dernières sont favorisées par la relative stabilité politique de l'époque, par une économie prospère et par la pratique de l'alchimie taoïste, ce qui donne lieu à des avancées sans précédent dans ces disciplines entre les VIIe et VIIIe siècles.
La médecine est réorganisée et son étude est réglementée – par le système des examens – sous le contrôle du « grand service médical » centralisé, créé en 624 ; il s'agit sans aucun doute de l'un des premiers exemples d'**étatisation de l'enseignement médico-sanitaire**. Au même moment, on rédige des études fondamentales sur la variole, la lèpre, la rougeole, le choléra, la gale, l'hydropisie, les maladies vénériennes et celles dues aux carences alimentaires, les dysenteries aiguës et chroniques, la tuberculose pulmonaire. A quoi il faut ajouter des traités d'ophtalmologie, d'obstétrique, de chirurgie, de pédiatrie, de pharmacologie et d'acupuncture (Huang Fu Mi avait déjà jeté les bases de cette dernière au IIIe siècle, dans un ouvrage devenu désormais un classique).
Le plus ancien traité chinois d'étiologie et de symptomatologie des maladies date de 610. Intitulé *Zhoubing*, il est l'œuvre de Chao Yuanfang et contient la première référence, dans toute la littérature médicale, aux agents de la gale. Exposant en outre une classification des tumeurs en deux groupes (*zheng* et *jia*), il apporte une contribution originale au développement de la science médicale chinoise qui atteindra son apogée à l'époque Tang. Sous cette puissante dynastie, les chirurgiens pratiquent déjà l'opération de la cataracte et le traitement orthopédique des fractures ; pour soigner les caries dentaires, on effectue des obturations et des plombages avec un mélange à base de mercure, d'argent et d'étain, décrit dans le célèbre traité de pharmacologie de Su Gong (659) – qui ne sera pas connu en Europe avant le début du XIXe siècle.

A gauche : terre cuite représentant un chariot tiré par un bœuf. VIe-VIIe siècle. British Museum, Londres. Ce type de chariot sert aux déplacements des hauts fonctionnaires.
En haut : étui chinois pour instruments chirurgicaux. Musée d'Art oriental, Rome.
Page ci-contre, en bas : le fonctionnement de l'échappement de l'horloge à eau, inventée en Chine au VIIIe siècle. – A : un cran (1) est bloqué par un dispositif d'arrêt (2) tandis qu'un godet (3) se remplit d'eau (4) à un réservoir. – B : l'arrêt se débloque quand le godet est suffisamment plein pour l'emporter sur le contrepoids (6) d'une fourche de freinage (5) ; la languette d'accroche (7) abaisse alors le levier supérieur (8) muni d'un contrepoids (9). A l'autre extrémité du levier, une chaîne (10) se tend en libérant le dispositif d'arrêt ; la roue tourne alors dans le sens des aiguilles d'une montre jusqu'à ce que le dispositif d'arrêt retombe en bloquant le cran suivant.

Favorisée par l'épanouissement du taoïsme, influencée en outre par d'anciens concepts culturels indo-iraniens remontant à Zarathushtra, la **médecine** s'appuie depuis les IIIe-IVe siècles sur des pratiques ascétiques reliant la santé physique de l'homme à sa santé morale, à la sublimation des exigences des sens, à la méditation. Pour cette raison, une grande importance est accordée à certaines techniques respiratoires et mentales, impliquant des positions d'immobilité absolue et des exercices qui aident à parvenir à la connaissance ou à l'extase. C'est dans cet esprit qu'il faut replacer les recherches et l'œuvre de **Ge Hong** (250-330), auteur d'importants ouvrages médicaux, comme le *Traité du coffre d'or* et les *Prescriptions d'urgence*, et apôtre de deux règles de longévité : le *Daoyin*, ou renforcement du « souffle vital » au moyen de techniques respiratoires, et le *Fu she*, ou augmentation du sang par la consommation de certaines drogues ou de certains aliments. **Dao Hongjing**, dont l'existence se situe entre 451 et 536, est un philosophe taoïste et le compilateur d'un ouvrage de médecine, de botanique et de pharmacologie qui restera pendant des siècles une référence essentielle pour les médecins chinois. Grand spécialiste des classiques taoïstes du IVe siècle, médecin et ermite, **Sun Simiao** (581-682) rédige sous les dynasties Wei et Tang, une somme de tout le savoir médical de l'époque, trente volumes comprenant des traités de pharmacie, de sexologie, d'ophtalmologie et d'hygiène, ainsi que le *Livre des trois religions*. Cependant, l'œuvre médicale fondamentale du Moyen Age chinois reste le *Canon de la médecine*. Composé et remanié durant plusieurs siècles (à partir des Ve-IIIe siècles av. J.-C., pour s'achever à l'époque Song, avec des ajouts datant de la période Ming), il est divisé en deux sections : le *Suwen*, de caractère théorique, et le *Lingshu* ou *Zhenjing*, qui porte sur la pratique médicale et en particulier sur l'acupuncture.

A l'époque Tang, se répandent les traductions à partir du sanskrit des principaux **ouvrages de mathématique** indienne, qui donnent un nouvel élan à l'étude de l'arithmétique. Li Shunfeng, qui vécut à la fin du VIIe siècle, est l'un des plus grands mathématiciens de son temps, expert en algèbre et en géométrie. Une large place est accordée aux applications pratiques des connaissances mathématiques qui se diffusent depuis la Chine vers le Japon et en Corée, dans le sillage des moines bouddhistes.
Des progrès considérables sont également enregistrés dans le domaine de la **cartographie** ; les premières cartes détaillées,

dessinées selon un réseau de droites orthogonales de référence, font leur apparition dès les IIe-IIIe siècles apr. J.-C. Les autres domaines de la vie économique et sociale sont eux aussi stimulés par l'épanouissement des sciences et des techniques. Des inventions déjà connues en Chine lors des siècles précédents - le papier, la porcelaine, le sismographe et le moulin à eau - sont largement utilisées, et l'on développe leurs diverses applications, tandis que de nouveaux instruments naissent de l'esprit fertile des artisans chinois. A l'époque Tang, on perfectionne les techniques céramiques au point de pouvoir produire les célèbres vases aux veinures marbrées.
En outre, la production à grande échelle du papier et l'utilisation de planches gravées en bois pour l'impression (sans doute à l'exemple des anciens sceaux officiels en métal et en bois) aboutissent aux **premiers ouvrages imprimés** sur des rouleaux de parchemin continus, qui sont ensuite pliés à intervalle régulier et cousus du côté du pli de manière à former de véritables livres aux pages réunies deux par deux : il s'agit là d'un authentique primat technique et culturel de la Chine sur le reste du continent asiatique.

L'**invention de la poudre** remonte à cette époque, mais elle n'est utilisée que pour les feux d'artifice, très appréciés en Chine, et son potentiel militaire n'a pas encore été exploré. La construction du **premier cerf-volant** est antérieure (IIIe-IVe siècle). Elle inaugure un champ d'application dans lequel technique, art et poésie se conjuguent pour donner vie à des produits d'un extrême raffinement, souvent décorés de motifs iconographiques traditionnels par de grands maîtres. Dans les jardins protégés de la Cité impériale, à l'abri des yeux indiscrets, se développe une autre création chinoise, née d'une heureuse synthèse entre l'art et la technique : le **bonsaï**. Sortes de sculptures vivantes, ces « plantes de plateau » conservent, malgré les proportions minimes auxquelles elles sont réduites, toutes les caractéristiques des échantillons de taille normale ; depuis les origines, elles sont cultivées dans les jardins impériaux, dans de fines couches de terre.
Il ne reste aucune trace écrite de cet art dans lequel l'habileté technique, la connaissance et la sensibilité sont fondamentales, et auquel le savant travail de l'époque ajoute sa marque. Il est clair, cependant, que le bonsaï résulte à la fois d'une pratique culturale très développée et d'une philosophie de la vie soucieuse d'entretenir un rapport poétique et profond avec la nature.

Véhicule adapté aux petits transports de marchandises sur les étroits sentiers chinois, la **brouette** revêt une grande importance. Connue dès la fin de l'ère des Six Dynasties, elle ne sera utilisée en Europe que bien des siècles plus tard. La **chaise** apparaît à la même époque ; en Chine, elle remplacera très vite nattes et coussins, et fera disparaître l'habitude de s'asseoir par terre (usage qui persistera en revanche au Japon et en Corée). Dans le domaine militaire, une innovation de cette période est l'**étrier** : au Ve siècle, il fait déjà partie du harnachement du cheval de bataille, comme le prouve un manuscrit chinois de 477 apr. J.-C. (il sera adopté en Perse et, de là, par les Arabes au VIIe siècle).

A gauche : bas-relief en pierre calcaire provenant de la tombe d'un empereur de la dynastie Tang. Il faut remarquer l'étrier : dès le Ve siècle, en Chine, il fait partie du harnachement des chevaux de bataille, ce qui fait de la cavalerie chinoise une redoutable force militaire. A droite : coupe en argent et or. Sous la dynastie Tang, en l'absence d'une authentique tradition locale, les artisans chinois utilisent des motifs typiquement chinois, mais adoptent également des styles étrangers, persans en particulier.

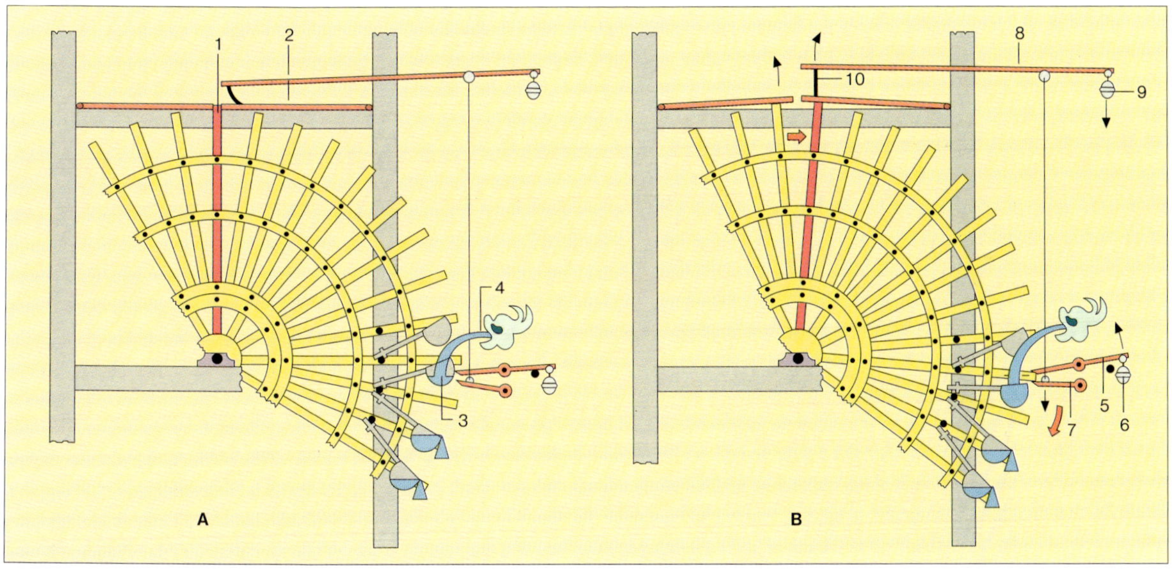

Au IIe siècle déjà, l'énergie hydraulique permettait la rotation d'un instrument astronomique - grâce aux découvertes de Zhang Heng. Mais c'est au VIIIe siècle que les Chinois inventent un mécanisme pouvant imprimer une vitesse constante à un engrenage ; il sera plus tard utilisé, aux XIe et XIIe siècles, dans les **tours à horloge**, ancêtres des grandes horloges européennes de la Renaissance. Si donc, pendant les deux derniers siècles de l'empire Han, la Chine avait déjà atteint un niveau de culture et une qualité de vie égalant ceux des pays du monde méditerranéen, il est évident que, pendant la période des Six Dynasties et surtout à l'époque Tang, le Céleste Empire occupe une position de prééminence au regard des autres civilisations asiatiques et de l'Occident par la richesse et l'originalité de son patrimoine scientifique et culturel.

En étudiant l'ancien monde méso-américain, on reste stupéfait devant le contraste existant entre la richesse, l'équilibre et l'harmonie de ses réalisations dans les domaines de l'art et de la culture, et la **pauvreté des moyens techniques** dont disposaient ces peuples. Dans le secteur artistique aussi, tout repose sur l'habileté manuelle et l'utilisation d'un très petit nombre de moyens techniques. Cette pénurie au niveau de l'outillage s'explique notamment par l'**introduction tardive de la métallurgie** - aux environs du Xe siècle -, d'où l'absence d'outils métalliques jusqu'à une époque avancée. Il est de surcroît difficile d'identifier le moment précis auquel sont apparues des méthodes nouvelles, ou telle ou telle innovation technique, dans la culture méso-américaine. Toutefois, on constate que c'est à la période « classique » qu'on voit aboutir - chez presque toutes les populations de la région - les intuitions des siècles antérieurs, et se propager les résultats des découvertes techniques ou scientifiques élaborées précédemment.
Selon ce que l'on pourrait définir comme un **développement dans la continuité**, on retrouve - comme c'était déjà le cas à la période préclassique - l'utilisation de matériaux en pierre et en bois, le travail de l'os et des fibres végétales, les techniques éprouvées de sculpture, polissage et abrasion de la pierre (au moyen d'instruments en silex, en obsidienne ou en diorite : haches et couteaux, polissoirs et grattoirs, marteaux et racloirs).

Pour ce qui regarde le **travail de l'argile**, deux procédés surtout sont employés. Le premier est celui du **modelage** ; l'objet est façonné à la main, celle-ci faisant souvent fonction de tour rudimentaire sur lequel on fait tourner la vaisselle en lui donnant une forme sphérique : c'est la technique suivie à Oaxaca, Monte Albán, Tlatilco.
La deuxième méthode est celle du **moulage**, et c'est la plus fréquemment utilisée à partir du VIe siècle. Les statuettes en terre cuite de Teotihuacán, datant de la fin de la période classique, ou celles de l'île de Jaina sont réalisées par cette technique du moulage et comportent un riche ensemble de vêtements, de bijoux et d'ornements. Outre une plus grande rapidité d'exécution, ce procédé permet aussi une production « en série », n'exigeant que de petites retouches sur les pièces séchées et sorties du moule. Chaque objet est achevé avec un soin particulier, comme le montrent par exemple les petites figurines exécutées avec beaucoup de réalisme dans le Veracruz central. Sur chaque statuette, on trouve de petites parties d'argile ajoutées à la forme obtenue au moule (détails d'habillement, colliers, éléments de couvre-chef ou de coiffure), qui en font une pièce unique, différente des autres. Les figurines peuvent être creuses (ce sont généralement celles de dimensions plus importantes, qui exigent de surcroît une cuisson dans des fours rudimentaires), ou pleines (les plus petites). Certaines figurines présentent un tronc creux fait de bandes d'argile roulées et séchées l'une sur l'autre jusqu'à une certaine hauteur (la cavité empêche les statuettes de se désagréger pendant la cuisson ou le séchage) ; les membres sont au contraire massifs, séchés à part et ensuite assemblés au tronc. Cette production en terre cuite garde les traces des vives couleurs de sa polychromie d'origine (on le voit notamment sur les statuettes de Nayarit et dans la céramique du Mexique septentrional), contrairement aux sculptures sur pierre, sur lesquelles la peinture d'origine est désormais presque invisible. Différents pigments végétaux et minéraux sont connus et permettent également la réalisation des *murales*, ces peintures exécutées à la détrempe sur la chaux ou le stuc.
La perforation est une technique particulière de **travail de la pierre** qui permet d'exécuter de splendides sculptures-objets ajourés.
Les « jougs » et les « haches » de la région centrale de l'État de Veracruz, petites œuvres de pierre liées au jeu de pelote, en sont des exemples raffinés.

Pour pouvoir édifier leurs grandioses œuvres architecturales et transporter sur place les matériaux nécessaires, toutes les populations méso-américaines, Mayas compris, n'ont pas recours à la traction animale, mais exploitent la main-d'œuvre d'une foule d'ouvriers et d'esclaves. Même dans le Veracruz central, où l'on connaît

cependant la **roue** - comme le prouvent quelques figurines-jouets - il n'existe aucune trace ou témoignage de son utilisation pour fabriquer des véhicules de transport, que ce soit pour les marchandises ou les personnes. Sur certains bas-reliefs, les personnages de haut rang sont représentés dans des chaises à porteurs soulevées par un nombre variable, mais toujours pair, de serviteurs.
On sait en revanche niveler le sol pour construire des terre-pleins ou des plates-formes artificielles, comme dans la vallée d'Oaxaca, où le site de Monte Albán a été aplani pour pouvoir accueillir la grande place située au milieu du centre cérémoniel.
On connaît l'usage du mortier, employé par les peuples du Veracruz central comme par les Mayas, tandis qu'un nombre non négligeable de constructions olmèques ou mayas sont réalisées avec de la terre et des **briques crues**, appelées *adobes* (séchées au soleil).

A gauche : jarre en terre cuite décorée à fresque, datant de 400-600 et provenant de Teotihuacán. Musée national d'Anthropologie, Mexico. En haut à gauche : détail du* Codex Dresdensis, *l'un des rares manuscrits mayas enluminés qui aient échappé aux bûchers des conquistadors. Sächsische Landesbibliothek, Dresde. En haut à droite : hache funéraire en andésite, postérieure au VIIe siècle et provenant de Costa del Golfo (Veracruz). Musée national d'Anthropologie, Mexico.

Cherchant inlassablement à exploiter la terre à des fins agricoles, les populations méso-américaines se livrent à un **déboisement à grande échelle** dès la période préclassique, en pratiquant une forme d'écobuage (dans laquelle la cendre tient lieu d'engrais). Elles sont par ailleurs en mesure de détourner les cours d'eau pour irriguer les champs (à Teotihuacán, c'est le cas pour le San Juán et d'autres petites rivières de la région) et, comme le font les Mayas dans leurs territoires, de drainer et bonifier les zones marécageuses pour les transformer en *milpa* (champs de maïs) ; elles savent tracer des canaux, édifier des terrasses. Pour la chasse et la pêche, on utilise des filets, des corbeilles et des *lazos*, ainsi qu'une sorte de javelot muni de pointes aiguës en pierre, ou de crochets, appelé *atlatl* ou « propulseur ». Son utilisation précède celle de l'arc et des flèches, dont l'apparition dans la vallée du Mexique ne date que de la période postclassique.
Les peuples méso-américains comptent également d'**habiles vanniers et tisserands**, qui entrecroisent les fibres végétales (celles de l'agave avant tout) pour fabriquer paniers, nattes, sandales, filets, sacoches. Bien que se situant aux limites chronologiques de la période considérée (l'ère postclassique), la culture mixtèque doit être mentionnée ici à plusieurs titres : son habileté dans les travaux d'orfèvrerie ; la finesse avec laquelle sont réalisés les *codex* ou livres illustrés ; la complexité des décorations murales recourant à des techniques de mosaïque ; et la splendeur de ses céramiques polychromes, extrêmement élaborées.

L'**écriture à glyphes** méso-américaine plonge ses racines dans la période préclassique. De récentes études ont permis de déchiffrer non seulement les références numériques et chronologiques, mais aussi des

noms entiers de personnages, de lieux et d'événements historiques que la classe dirigeante a voulu transmettre à la postérité.
Le **système numérique** est structuré de manière assez simple autour de trois symboles récurrents : un point pour l'unité, une ligne pour le 5, et un coquillage pour le zéro.
En combinant les signes « ligne » et « point », on peut écrire les chiffres jusqu'au 19 ; à partir du 20, une numération d'un type particulier, bien différente de celle des chiffres d'origine indo-arabe, fait entrer en jeu la position relative des divers symboles.
On a retrouvé à Atzompa un curieux vestige appartenant à la culture d'Oaxaca. Il s'agit d'un grand tube de terre cuite noire fabriqué par les Zapotèques de la période classique (300-900 apr. J.-C.) et dont l'extérieur est entièrement recouvert de glyphes gravés.
Cette inscription correspond à un système d'écriture élaboré par la culture zapotèque dès 600 av. J.-C. Il est donc antérieur aux **trois autres systèmes d'écriture** connus : celle des **Mayas**, qui comporte 750 signes environ (dans lesquels domine la ligne courbe), celle des **Aztèques** et celle des **Mixtèques**.
Les pierres du palais des *Danzantes* à Monte Albán I présentent déjà des groupes de glyphes et de nombres. L'Observatoire astronomique, une sorte de tour dont les parois comportent des blocs ornés de hiéroglyphes partiellement conservés, date de la période de Monte Albán II.

Même si cela n'apparaît pas de manière éclatante, la culture méso-américaine témoigne d'un profond **intérêt pour l'astronomie**, domaine dans lequel les connaissances de la classe sacerdotale mêlent inextricablement mythe et science.

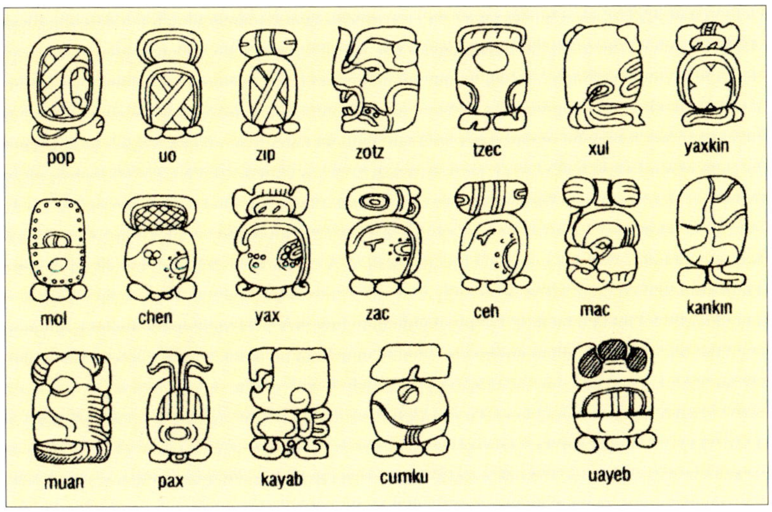

Le développement des nombres est lié au système du calendrier, lui-même indispensable à l'agriculture par ses précieuses indications sur les époques de semailles et de moisson, les périodes de pluie, les saisons. Le calendrier cosmique est établi par référence à la vie, au « mouvement » du Soleil et à ses rapports avec la Terre. Dès la période préclassique, le calcul du temps chez les **Mayas** repose sur **deux calendriers** : le *tonalamatl*, calendrier rituel ou augural de 260 jours (soit 13 mois de 20 jours chacun, liés aux cycles lunaire et vénusien), et le calendrier solaire de 365 jours, comportant 18 mois de 20 jours, plus 5 jours résiduels, considérés comme néfastes. Chaque mois est associé à une divinité différente.
L'art méso-américain puise lui aussi, même si ce n'est pas d'une manière totalement réaliste, dans les thèmes liés à l'étude des astres et de leurs mouvements : la pluie, la fertilité de la terre, la vie et la mort, végétale ou animale, l'alternance des saisons, les ténèbres et la lumière. Dans la **conception cosmologique maya**, la Terre est une surface plate de forme carrée, dont l'axe principal est parcouru par le Soleil. Au centre du monde s'élève un arbre sacré *(ceiba)* de couleur verte, tandis que les quatre points cardinaux sont soulignés par d'autres couleurs (l'est est rouge, le sud jaune, le nord blanc et l'ouest noir). L'importance des quatre directions de l'espace est également liée à l'existence des quatre *Bacab* du Soleil (les dieux qui portent le firmament sur leurs épaules), que l'on peut identifier aux quatre *Chac* de la pluie. Les édifices sacrés des centres cérémoniels sont eux-mêmes construits sur la base de rapports fixes et secrets - comme pour les pyramides d'Égypte et les ziggourats de Babylone - et sont savamment orientés selon la position des astres, celle du Soleil en particulier. Cela est particulièrement évident dans certaines constructions mayas : la pyramide de Quetzalcóatl à Chichén Itzá ; l'observatoire astronomique de Xochicalco, creusé dans une colline ; enfin, le palais du Gouverneur à Uxmal, où les rayons du soleil produisent, à date fixe, de surprenants effets d'optique.

L'exercice de la **médecine** est confié à des sorciers guérisseurs. Ces derniers sont souvent choisis parmi les jeunes garçons présentant une difformité quelconque (parce qu'on leur attribue des pouvoirs surnaturels) ou sujets à l'épilepsie ; dès l'enfance, ils sont voués à servir les dieux de la santé. Prêtres, devins et astrologues les secondent et déterminent le cours, la durée et l'issue finale de la maladie, en étudiant, sur le calendrier et dans le mouvement des astres, la date la plus propice à la célébration d'un sacrifice propitiatoire à la divinité. On connaît également la **chirurgie** : elle permet d'extraire des corps étrangers, d'inciser les abcès, de pratiquer l'amputation des membres, ainsi que des mutilations de caractère rituel ou punitif (comme l'ablation naso-labiale).
On sait également cautériser les blessures.
On fait largement appel aux **plantes médicinales** par l'entremise d'herboristes spécialisés qui en recueillent les parties utiles pour les transformer en extraits, décoctions, potions et autres poudres bénéfiques.
Les herboristes se servent de la quinine ou *kinkin* pour soigner la malaria, de la salsepareille ou *mecapatli* comme anti émétique et diurétique, du *guaconax* comme antipyrétique ; le poivrier ou *mulli* est connu pour ses multiples vertus curatives, et d'autres plantes sont utilisées pour leurs qualités émétiques, purgatives, abortives ou sédatives.
Des **drogues** comme la coca, les champignons hallucinogènes et le *peyotl* ou *mescal* (une variété de cactus) sont d'usage courant.

En haut : les symboles du calendrier solaire maya. Il comporte 365 jours répartis en un cycle de 18 mois de 20 jours, suivi de cinq jours résiduels considérés comme néfastes. Cette manière de calculer le temps présente notamment l'inconvénient d'anticiper les saisons, ce qui rend difficile la coordination des travaux agricoles avec les dates importantes.
A droite : l'observatoire astronomique de Monte Albán, au Mexique. Il s'agit d'une sorte de tour dont les murs comportent des blocs de pierre de taille variable, ornés de hiéroglyphes en partie intacts.

Postée à l'entrée de la mer Noire, Byzance devient la capitale orientale de l'Empire en mai 330. La « nouvelle Rome » prend alors le nom de Constantinople, la **ville de Constantin**. L'empereur s'y installe et la dote d'un palais impérial, d'un palais sénatorial, d'un forum, d'un hippodrome (en agrandissant le précédent), d'un réseau de rues régulier et de **nouveaux murs**.
A l'intérieur de l'enceinte, sur une superficie de 650 ha, se mêlent des populations d'origines diverses, orientale, grecque, slave, germanique et autres, qui font de la cité un creuset de cultures. Dès cette époque, de nombreux quartiers se constituent en dehors des murs, par suite d'un **extraordinaire essor démographique**. Un siècle plus tard, Théodose II (empereur de 408 à 450) doit construire une enceinte plus vaste qui, à l'image de Rome, protège sept collines pour une superficie de 1 400 hectares.
La population compte, selon les estimations, entre 300 000 et 600 000 habitants à l'époque de Justinien (qui règne de 527 à 565). Entre le VIe et le VIIIe siècle, une série d'épreuves frappe la ville et provoque de brusques déclins démographiques : épidémies, séismes, sièges. Constantinople repousse les assaillants grâce à ses puissantes fortifications, un mur intérieur de 15 mètres de haut et de 4,5 mètres d'épaisseur, et un mur extérieur de 8 mètres de haut et de 3 mètres d'épaisseur, tous deux séparés par une profonde tranchée. L'activité urbaine se maintiendra en dépit du déclin généralisé des villes. Jusqu'au VIe siècle, en effet, l'Empire byzantin apparaît surtout comme une mosaïque de cités anciennes, environ mille cinq cents au total, parmi lesquelles de grands centres comme Constantinople, Antioche et Alexandrie, et des agglomérations plus petites, mais dotées d'une structure administrative et d'un territoire rural d'où elles tirent leur subsistance. Aux VIe et VIIe siècles, le déclin des échanges commerciaux, une succession de catastrophes naturelles et la reprise des rivalités entre factions urbaines provoquent le repli des villes qui se transforment en *castra*, forteresses placées à l'intérieur d'une enceinte. Tel est le cas d'Ancyre, de Sardes ou d'Éphèse. Ces villes cessent de jouer un rôle de pôles économiques. Le terme de *polis* (cité) finit par désigner la seule capitale.

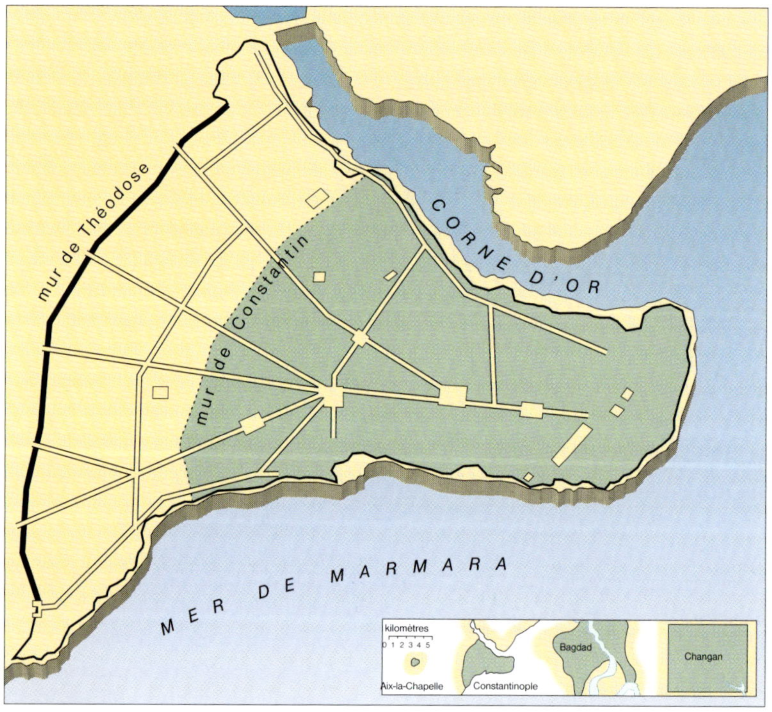

Ci-contre : fragment d'une archivolte en marbre de la première église Sainte-Sophie, construite en 532, sous le règne de Justinien. Ci-dessus : plan de Constantinople au début du IXe siècle. En cartouche, la superficie de Constantinople comparée à celle d'autres villes d'Occident et d'Orient. En bas : Saint-Jean-de-Stoudios, à Istanbul. L'église et le monastère furent fondés, au milieu du Ve siècle, par le patrice romain Stoudios.

Constantinople incarne la **métropole** de son temps : à l'intérieur des murs, on distingue des zones d'habitation, de vastes artères citadines (dont la principale est la *Mesé*, l'ancienne voie romaine bordée de portiques, qui est prolongée vers l'ouest), des places et des carrefours ornés de statues, des quartiers destinés au commerce, avec boutiques et entrepôts.
La spéculation immobilière n'est pas chose rare : on trouve dans les quartiers populaires des immeubles d'habitation qui atteignent une hauteur de cent pieds (plus de 30 mètres), le maximum prévu par les lois promulguées au Ve siècle, sous le pape Léon Ier. Très rapidement, la ville s'enrichit de somptueuses demeures, de forums, d'églises et de monuments richement décorés, signes tangibles de son rôle de centre culturel, économique et politico-religieux. Entre les IVe et Ve siècles, Constantinople se dote d'un **nouveau port**, beaucoup plus grand que le précédent et propice au développement commercial de la ville. Entre le mur de Justinien et celui de Théodose s'étendent des zones non construites, parfois cultivées mais surtout occupées par des cimetières puisque les habitants n'ont pas le droit d'enterrer leurs morts à l'intérieur de la première enceinte.
Byzance est le creuset de l'Antiquité tardive et du haut Moyen Age. Sa splendeur architecturale et artistique, dont elle fait volontiers étalage, attire « barbares », aventuriers et marchands. Comme le souligne le byzantinologue Georgije Ostrogorski, Constantinople offre un point de rencontre à trois éléments essentiels de la civilisation byzantine : l'organisation étatique romaine, l'hellénisme, et enfin la religion chrétienne.
Centre névralgique de la capitale, la **cour impériale**, cultivée et aristocratique, centralisée et conservatrice, vit dans le luxe et le raffinement ; elle utilise sciemment les arts figuratifs comme instrument de propagande.
L'hellénisme imprègne toute la culture de la capitale ; il communique à l'art sa profonde sensualité, liée à un anthropomorphisme fondamental. Les influences syriennes et orientales, introduites plus tard par des moines et des « barbares », se fondront peu à peu en un amalgame nouveau qui fera l'originalité de l'art byzantin. Dans le même temps, émergent les cultures caractéristiques de l'Orient chrétien, cultures d'origine populaire marquées par des spécificités nationales. Il n'y aura pas pour autant fusion entre l'art byzantin et l'art chrétien oriental, les différences propres à chaque ensemble géographique demeurant.

Il reste peu de choses de l'**architecture byzantine du IVe siècle et du début du Ve siècle**, des édifices plus tardifs ayant remplacé ceux de cette première période. Seuls nous sont parvenus des vestiges tels que la base de l'obélisque de Théodose Ier (395), ou la structure de la basilique Saint-Jean-de-Stoudios, une des plus anciennes églises byzantines, mais consacrée en 463 seulement. On sait ainsi que ce bâtiment présentait un

SAINTE-SOPHIE

Composée d'une nef centrale terminée par un chœur en abside, et de deux travées latérales, Sainte-Sophie a une forme carrée. Ainsi, tout en adoptant la morphologie de la basilique, elle s'organise autour d'un plan centré, accentué par les quatre piliers massifs, reliés par des arcs, sur lesquels s'élève la grandiose coupole. Celle-ci couvre une superficie de 300 mètres carrés. Deux demi-coupoles la flanquent à l'est et à l'ouest, mais c'est cette immense calotte centrale qui donne à l'édifice toute sa puissance. Elle lui confère en même temps son extraordinaire impression de légèreté, grâce aux nombreuses fenêtres qui bordent sa base, sur toute sa circonférence.

Comme l'écrivait Procope, historiographe de Justinien, elle « semble suspendue au ciel, tenue par une chaîne d'or magique ». « Cet édifice n'est pas classique, soutient Cyril Mango, spécialiste de la civilisation byzantine. La principale concession qu'il fait à la tradition se résume à une évocation ténue du plan basilical. Mais à l'intérieur, toutes les perspectives dévient étrangement ; les colonnes sont différentes dans leurs dimensions et leurs proportions ; les parties inférieure et supérieure ont été conçues de telle sorte qu'elles ne s'alignent pas l'une sur l'autre. » Le sol en mosaïque typique des églises protobyzantines a été remplacé par des dalles en marbre. Autant de signes qui indiquent une rupture volontaire avec les choix architecturaux habituels de l'époque. Sainte-Sophie représente la plus belle réalisation du césaropapisme, conception suivant laquelle le souverain concentre dans ses mains pouvoir politique et religieux.

A l'intérieur de l'église, tout concourt à provoquer une émotion esthétique et, plus important encore, l'élévation spirituelle vers Dieu. La lumière du jour y était plus intense qu'aujourd'hui, les vastes baies sur les côtés de la nef ayant été murées. Le poète Paul le Silentaire évoquait de préférence l'éclairage nocturne resplendissant de la basilique, véritable phare pour les navigateurs de la mer Noire et de l'Égée et, plus encore, signe certain de la présence de Dieu pour les fidèles.

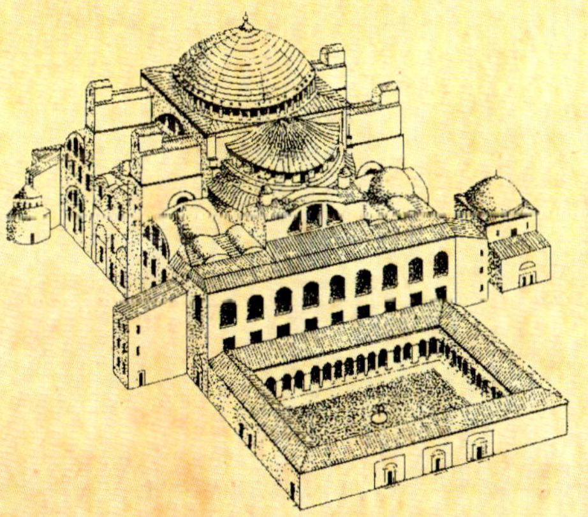

plan basilical à trois nefs séparées par des colonnes en marbre ; briques et pierres dégrossies dessinaient des bandes sur les murs, suivant une technique très répandue au Ve siècle. L'hippodrome érigé par Constantin est prévu pour accueillir les courses équestres, très populaires, mais aussi des spectacles et des cérémonies, ce qui le distingue de son équivalent grec. Il sert pour les processions solennelles au cours desquelles l'empereur, somptueusement vêtu, apparaît dans ses fonctions sacerdotales. Le palais impérial, avec ses salles immenses, ses galeries, ses terrasses, ses jardins splendides ornés de pavillons et de chapelles, fut agrandi et décoré par les successeurs de Constantin. Nous le connaissons grâce aux sols en mosaïque du VIe siècle, représentant des scènes de chasse, des animaux, des architectures et des frises végétales sur fond blanc de style byzantin. Les réservoirs à coupole voûtée apparaissent vers la fin de cette première période de l'architecture byzantine. Des aqueducs alimentent la grande citerne de Constantinople qui fournit la capitale en eau. Rappelons que Constantin V fit réparer en 766 le principal aqueduc de Byzance, détruit par les Avars en 626 : il datait de Valens, empereur de 364 à 378.

La deuxième période de cette architecture correspond au premier âge d'or de la civilisation byzantine, marqué par les empereurs Justin Ier et Justinien Ier, qui régnèrent de 518 à 565. La capitale s'enrichit de superbes édifices sacrés et profanes, expression des idées qui s'imposent alors dans le domaine politique et religieux. Justinien est le principal artisan de cette période faste. Il fait construire deux églises qui comptent parmi les plus significatives de la ville, Saints-Serge-et-Bacchus et Sainte-Sophie, ou Haghia Sophia, la « Sagesse divine » en grec. Il rebâtit Sainte-Irène, église consacrée à la Paix divine par Constantin, qui a été détruite en 532 et qui, jusqu'au VIIIe siècle, sera plusieurs fois endommagée à la suite de tremblements de terre ou d'incendies, puis reconstruite. Dès l'époque de Justinien, Sainte-Irène se présente comme une basilique à coupole, type qui sera désormais privilégié dans la capitale. L'église Saints-Serge-et-Bacchus (525-536) adopte également un plan centré à coupole, avec des absides en demi-cercle ; à l'intérieur, l'alternance d'arcs et de pilastres imprime son dynamisme à toute la structure.

Parmi les églises byzantines, la réalisation la plus spectaculaire demeure cependant Sainte-Sophie. Elle doit son existence aux talents d'ingénieur d'Anthémios de Tralles, dont le nom est passé à la postérité, fait exceptionnel puisque les bâtisseurs byzantins œuvraient toujours dans l'anonymat. L'architecte conçoit et réalise l'édifice en un temps très bref, de 532 à 537. Tel que nous le connaissons, il doit aussi beaucoup à Isidore de Milet qui rebâtit la coupole après son effondrement, en 558, à la suite d'un séisme. L'église fut consacrée une deuxième fois au cours de la veillée de Noël, en 562. Œuvre de deux experts en statique, Sainte-Sophie est une réussite tant d'un point de vue architectural que technique, avec sa maçonnerie légère en briques liées au mortier, la pierre étant réservée aux seuls piliers. L'extérieur, plutôt dépouillé suivant l'usage byzantin, fait contrepoint à l'intérieur, grandiose, où l'espace semble se dilater à l'infini : la lumière inonde les parois impalpables et les mosaïques. Immense et immatérielle, telle apparaît la basilique, à l'image de la Sagesse divine qu'elle exalte. Malgré les ajouts plus tardifs et la coupole construite à la fin du VIe siècle, suivant des proportions différentes, Haghia Sophia n'a rien perdu de son élégance et de son équilibre harmonieux.

Parmi les quelques édifices postérieurs à Justinien qui méritent d'être mentionnés, signalons la Salle d'or (Chrysotriklinos) à plan octogonal, construite par Justin II dans le palais impérial de Constantinople. L'Empire s'enfonce ensuite dans une période marquée par les luttes internes, les conflits avec les Perses et les Arabes, la crise de l'iconoclasme. La production artistique et architecturale se tarit ; certaines œuvres sont détruites dans les édifices religieux, tandis que des œuvres figuratives font leur apparition dans les bâtiments civils.

Ci-dessus : axonométrie de Sainte-Sophie de Constantinople, avant sa transformation en mosquée. A droite : la nef centrale de Sainte-Sophie. L'église incarne la quintessence des conceptions byzantines, selon lesquelles pouvoirs politique et religieux se confondent. Au lendemain de la conquête musulmane, en 1453, Sainte-Sophie fut transformée en mosquée par Mehmed II.

L'architecture italienne de cette époque se compose d'édifices paléochrétiens, byzantins et barbares, religieux ou civils, relevant par là même de trois conceptions spécifiques des rapports entre l'homme et l'espace architectural. Ainsi, les bâtiments adoptent des structures très différentes selon qu'ils répondent à l'un ou l'autre système. La monumentalité caractéristique de l'architecture romaine, la fonction sociale de la construction ainsi que le recours à l'arc et à la voûte se retrouvent dans la basilique de Maxence (308-312), achevée par Constantin. Ce dernier ajoute des éléments qui annoncent certaines évolutions ultérieures, tandis que le plan d'ensemble reste l'héritier des grandes salles voûtées des thermes impériaux.

L'**architecture de l'Antiquité tardive et de l'époque paléochrétienne** conserve le souvenir des réalisations de l'Empire romain : elle en reprend les structures en les adaptant à une sensibilité et à des besoins nouveaux. Remontant au IVe siècle, les premières églises chrétiennes s'inspirent de la basilique romaine à absides (telle la basilique Ulpia), édifice civil servant entre autres de tribunal. La basilique romaine s'organise selon une parfaite symétrie qui apparaît dans les colonnades, dans les deux absides fermant les petits côtés du plan rectangulaire, dans les deux entrées sur les côtés longs. La basilique paléochrétienne est, quant à elle, résolument asymétrique : l'une des deux absides disparaît, remplacée par une entrée. Son architecture voit ainsi naître une **nouvelle conception de l'espace**, pensé avant tout en fonction du fidèle. Celui-ci pénètre dans l'église et la traverse dans toute sa longueur d'un pas recueilli, avançant vers l'autel, point focal de la liturgie. Colonnes et arcs scandent ce parcours : leur rythme calme fait écho à la progression des fidèles. Constantin fit bâtir la **basilique Saint-Pierre** entre 324 et 344, au-dessus du tombeau présumé du premier apôtre, sur la colline du Vatican. Avant sa destruction, au XVe siècle, l'édifice présentait un plan basilical à cinq nefs, enrichi cependant d'un transept : cette disposition en croix de Saint-Antoine se distingue par le majestueux « arc triomphal » qui apparaît à la jonction du vaisseau central et du transept.

Ci-contre : le baptistère des Orthodoxes à Ravenne. La partie basse de l'édifice, revêtue à l'intérieur de marbre, date du début du Ve siècle. L'évêque Néone la fit couvrir d'une coupole, et décorer de stucs et de mosaïques, au milieu du Ve siècle.
Ci-dessus : l'église Sainte-Sabine de Rome. Cette basilique constitue un superbe exemple des proportions adoptées dans les églises romaines du Ve siècle : la nef se développe en hauteur et largeur, tandis que les arcades et les baies se multiplient, assurant une grande luminosité de l'espace intérieur.

Le **plan basilical caractéristique** se retrouve dans deux autres églises romaines, Sainte-Marie-Majeure et Sainte-Sabine. La première, construite par le pape Libère (352-366) et restaurée par Sixte III (432-440), était à l'origine une basilique à trois nefs et sans transept, ornée d'une colonnade ionique à architrave. Érigée sous le pontificat de Célestin Ier (422-432), Sainte-Sabine se compose également de trois nefs mais, remplaçant les architraves rectilignes, des arcs en plein cintre rythment le passage d'une colonne à l'autre.
Parallèlement à la basilique à plan rectangulaire, l'architecture paléochrétienne redécouvre le **plan centré**, circulaire ou polygonal, utilisé surtout pour les baptistères et les mausolées. On perçoit également dans ces édifices le passage d'une conception statique de l'espace à une conception plus dynamique. Le **mausolée de Sainte-Constance**, bâti pendant la première moitié du IVe siècle pour abriter la sépulture de Constance, fille de Constantin, en fournit un bon exemple. La colonnade circulaire délimite un espace central et une galerie annulaire : elle articule fermement l'espace intérieur et l'anime en modulant l'ombre et la lumière. A plan centré également, le baptistère octogonal de Saint-Jean-de-Latran est précédé d'un vestibule à double exèdre (c'est-à-dire à deux absides). Signalons encore, parmi les édifices paléochrétiens à plan centré remontant au Ve siècle, le baptistère d'Albenga et l'église Santo Stefano Rotondo à Rome.

Capitale de l'Empire en 405, puis ville d'Odoacre et de Théodoric, **Ravenne** fut reconquise par les Byzantins en 540 ; en 568, les Lombards s'y installent, réduisant le rôle de la ville qui demeure cependant la capitale d'un exarchat, jusqu'en 751. L'**influence de Constantinople** et de l'Orient chrétien sur l'architecture de Ravenne est évidente. Les édifices byzantins donnent au mouvement esquissé dans les constructions paléochrétiennes un rythme plus serré. Les églises à plan basilical de Ravenne, comme Saint-Apollinaire-in-Classe, accentuent ce rythme par une succession rapide de chapiteaux et de bases de colonnes, tout le long de la nef ; de plus, elles mettent l'accent sur l'horizontalité, qu'on retrouve dans les mosaïques déroulées sur des parois réduites à de simples surfaces. **Saint-Apollinaire-in-Classe** (du nom d'une petite agglomération au sud de Ravenne) est le parfait exemple de ce type d'édifices. L'évêque Ursus entreprit sa construction en 533, grâce à des fonds fournis par le banquier Julianus. Ce dernier finança aussi Saint-Vital ; architecte à ses heures, il aurait conçu les plans des deux églises. Saint-Apollinaire fut

consacrée en 549 par l'archevêque Maximien. L'édifice comporte trois nefs terminées chacune par une abside, et une façade tripartite contre laquelle s'appuie le narthex, ou porche extérieur à colonnes, partiellement détruit. L'architecture byzantine, en particulier dans ses réalisations à plan centré, s'efforce de dilater l'espace intérieur au-delà même des limites physiques des murs : ces derniers ne jouent presque plus leur rôle de soutien, et ils s'effacent au profit du **revêtement de mosaïques**. On pense bien sûr à l'église Saints-Serge-et-Bacchus de Constantinople.
A Ravenne, on peut citer le baptistère des Orthodoxes (milieu du Ve siècle) ou le baptistère des Ariens (début du VIe siècle), mais surtout **Saint-Vital** (première moitié du VIe siècle). Fondée par l'évêque Ecclesius (521-534) et consacrée par Maximien en 547, l'église adopte un plan octogonal ; le bâtiment d'origine était précédé d'un portique à quatre arcades, dont seul subsiste aujourd'hui l'exonarthex à double exèdre. L'espace central est délimité par un cercle de huit arcades, qui se dilate au-delà dans le déambulatoire et les sept exèdres. Le volume ainsi créé est éclairé par les baies de la coupole et du déambulatoire. Le flot de lumière jouant sur les innombrables incrustations des mosaïques révèle la nature de cet espace en expansion, le dilatant jusqu'à forcer les limites du plan octogonal extérieur. Toute notion de poids, de mur porteur, semble disparaître.
Le **mausolée de Galla Placidia**, construit par la fille de l'empereur Théodose Ier, remonte également à la première moitié du Ve siècle. Il s'agissait à l'origine du martyrium de la basilique Sainte-Croix. Une coupole hémisphérique surmonte la croisée de l'édifice à plan cruciforme ; elle est couverte à l'extérieur d'un gros dé qui préfigure la tour-lanterne romane.
A Ravenne toujours, se trouve le **mausolée de Théodoric** qui, tout en conservant certains traits de l'architecture romaine à plan centré, s'affirme comme une construction barbare, massive, rude, faite de lourdes pierres. Entièrement bâti en calcaire d'Istrie, et donc très différent des édifices ravennates contemporains, de construction légère, en briques le plus souvent, le mausolée resta inachevé après la mort de Théodoric, roi des Ostrogoths, en 526. L'imposante structure surprend avant tout par sa couverture, formée d'une calotte monolithe de 11 mètres de diamètre et plus de 3 mètres de hauteur, dont la base s'orne de ces motifs « à pinces » si chers aux Goths, qui mêlent influences germaniques et orientales.

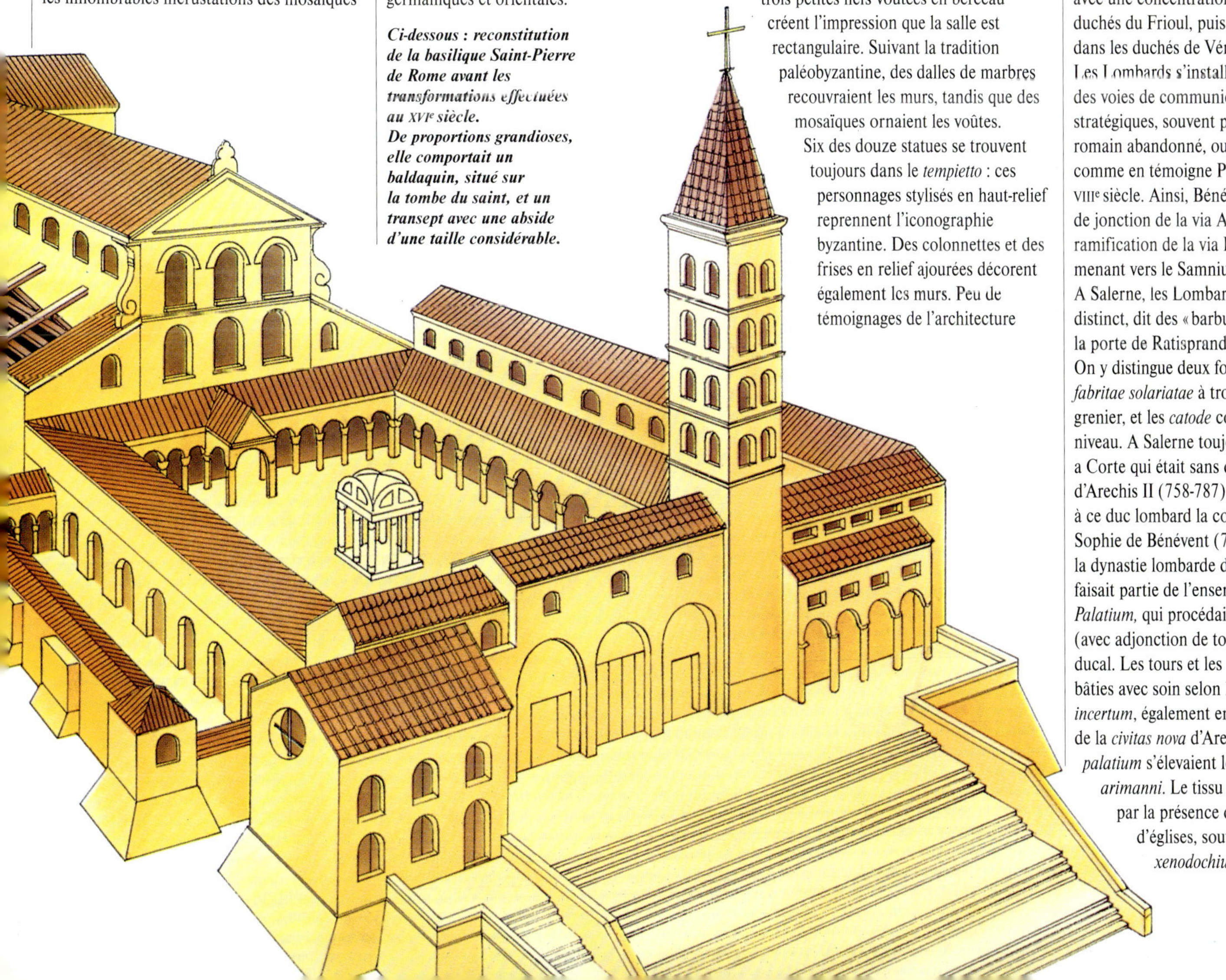

Ci-dessous : reconstitution de la basilique Saint-Pierre de Rome avant les transformations effectuées au XVIe siècle. De proportions grandioses, elle comportait un baldaquin, situé sur la tombe du saint, et un transept avec une abside d'une taille considérable.

L'**architecture lombarde** est remarquable par ses palais : les rois lombards adoptent dans un premier temps ceux édifiés par les Goths, comme à Pavie, ou à Vérone avec le *palatium* de Théodoric, avant de construire eux-mêmes des palais, comme celui de Théodelinde à Monza, ou celui de Salerne. Ces derniers continuent d'occuper des positions stratégiques facilement défendables. L'architecture lombarde a également laissé de nombreuses églises : San Salvatore à Brescia, Santa Maria in Sylvis près de Pordenone, Santo Stefano à Anghiari et Santa Maria foris portas à Castelseprio (VIIe-VIIIe siècle). Sainte-Sophie de Bénévent, à plan centré, forme une rotonde étoilée qui structure puissamment la perception de l'espace intérieur. Nous assistons déjà à une émancipation de la perspective byzantine, dans laquelle Bruno Zevi, historien de l'architecture, voit « l'irruption barbare du rythme ». C'est encore une scansion paléochrétienne qui marque l'extérieur, équilibré et austère, de l'oratoire de l'église Santa Maria in Valle, dit ***tempietto* de Cividale**. Il s'agit sans doute du monument le plus connu de l'époque lombarde et franque en Italie (VIIIe-IXe siècle). Unique en son genre, l'oratoire a un plan carré, mais les trois petites nefs voûtées en berceau créent l'impression que la salle est rectangulaire. Suivant la tradition paléobyzantine, des dalles de marbres recouvraient les murs, tandis que des mosaïques ornaient les voûtes. Six des douze statues se trouvent toujours dans le *tempietto* : ces personnages stylisés en haut-relief reprennent l'iconographie byzantine. Des colonnettes et des frises en relief ajourées décorent également les murs. Peu de témoignages de l'architecture lombarde sont parvenus jusqu'à nous, dans la mesure où de nombreux monuments ont subi des transformations ultérieures, ou bien ont été inclus dans des constructions plus tardives, perdant au passage leur aspect d'origine. Et le terme même d'architecture lombarde ne désigne pas tant les constructions de ce peuple d'orfèvres et de guerriers, que les édifices qui ont vu le jour en Italie grâce à des artisans locaux ou à des artisans venus de l'Orient chrétien et travaillant pour les Lombards, tels ceux qui édifièrent le *tempietto* de Cividale.

Pour ce qui est de l'urbanisme, les **premiers établissements lombards** d'Italie ont les mêmes caractéristiques que ceux qui les ont précédés en Pannonie.
Ils se composent à l'origine d'un simple regroupement de tentes et de cabanes en bois ou en paille ; les véritables constructions en sont absentes. Puis apparaissent des maisons avec des fondations en cailloux et des toits de tuiles, suivies par des habitations en pierre avec une ossature en bois, et enfin en pierre et en terre cuite. Les établissements lombards se situent pour l'essentiel dans la région septentrionale de la péninsule, au nord du Pô, avec une concentration plus grande dans les duchés du Frioul, puis à Trente, à Brescia et dans les duchés de Vérone, Milan et Turin.
Les Lombards s'installent en Italie le long des voies de communication et aux points stratégiques, souvent près d'un *castrum* romain abandonné, ou qui leur a été cédé, comme en témoigne Paul Diacre, historien du VIIIe siècle. Ainsi, Bénévent se trouve au point de jonction de la via Appia, d'une ramification de la via Latina, de la voie menant vers le Samniun, et de la via Traiana. A Salerne, les Lombards ont leur quartier distinct, dit des « barbus », où l'on voit encore la porte de Ratisprandi et l'arc d'Arechis.
On y distingue deux formes d'habitations : les *fabritae solariatae* à trois étages, dotées d'un grenier, et les *catode* construites sur un seul niveau. A Salerne toujours, s'élève San Pietro a Corte qui était sans doute l'église du palais d'Arechis II (758-787) ; on doit également à ce duc lombard la construction de Sainte-Sophie de Bénévent (758-760), sanctuaire de la dynastie lombarde de Bénévent. San Pietro faisait partie de l'ensemble palatial, le *Sacrum Palatium,* qui procédait de l'agrandissement (avec adjonction de tours) de l'ancien palais ducal. Les tours et les portes de la ville furent bâties avec soin selon la technique de l'*opus incertum*, également employée pour l'enceinte de la *civitas nova* d'Arechis II. Autour du *palatium* s'élevaient les quartiers des *arimanni*. Le tissu urbain se caractérisait par la présence de monastères et d'églises, souvent doublés d'un *xenodochium*, ou hospice.

Entre le Ve et le VIIIe siècle, peu de bâtiments importants voient le jour en Europe occidentale, alors qu'on assiste parallèlement à l'épanouissement de l'architecture byzantine, avec ses églises somptueuses aux coupoles aplaties.
La plupart des réalisations architecturales de cette époque sont des édifices religieux : baptistères polygonaux à plan centré en France, notamment à Aix-en-Provence, Marseille et Fréjus, tous trois du Ve siècle ; monuments de type paléochrétien en Espagne, comme le baptistère sous la cathédrale de Barcelone, de la fin du IVe siècle, ou les églises de San Miguel et de Santa Maria di Terrassa à Barcelone, du Ve-VIe siècle, à plan longitudinal pour la première, centré pour la seconde.

En **Grande-Bretagne**, les constructions sont extrêmement simples : il faut citer le monastère de Tintagel (470), premier ermitage de l'île, perché sur un piton rocheux, ou celui de Iona, fondé par saint Colomban en 563. L'architecture insulaire s'avère pauvre

Ci-dessus : l'église de Brixworth, dans le comté de Northampton. L'édifice en briques, massif, a un plan très allongé à nef unique. Le plan basilical à une ou trois nefs se répand en Grande-Bretagne à partir du milieu du VIIe siècle, période pendant laquelle l'architecture insulaire subit l'influence des formes continentales.

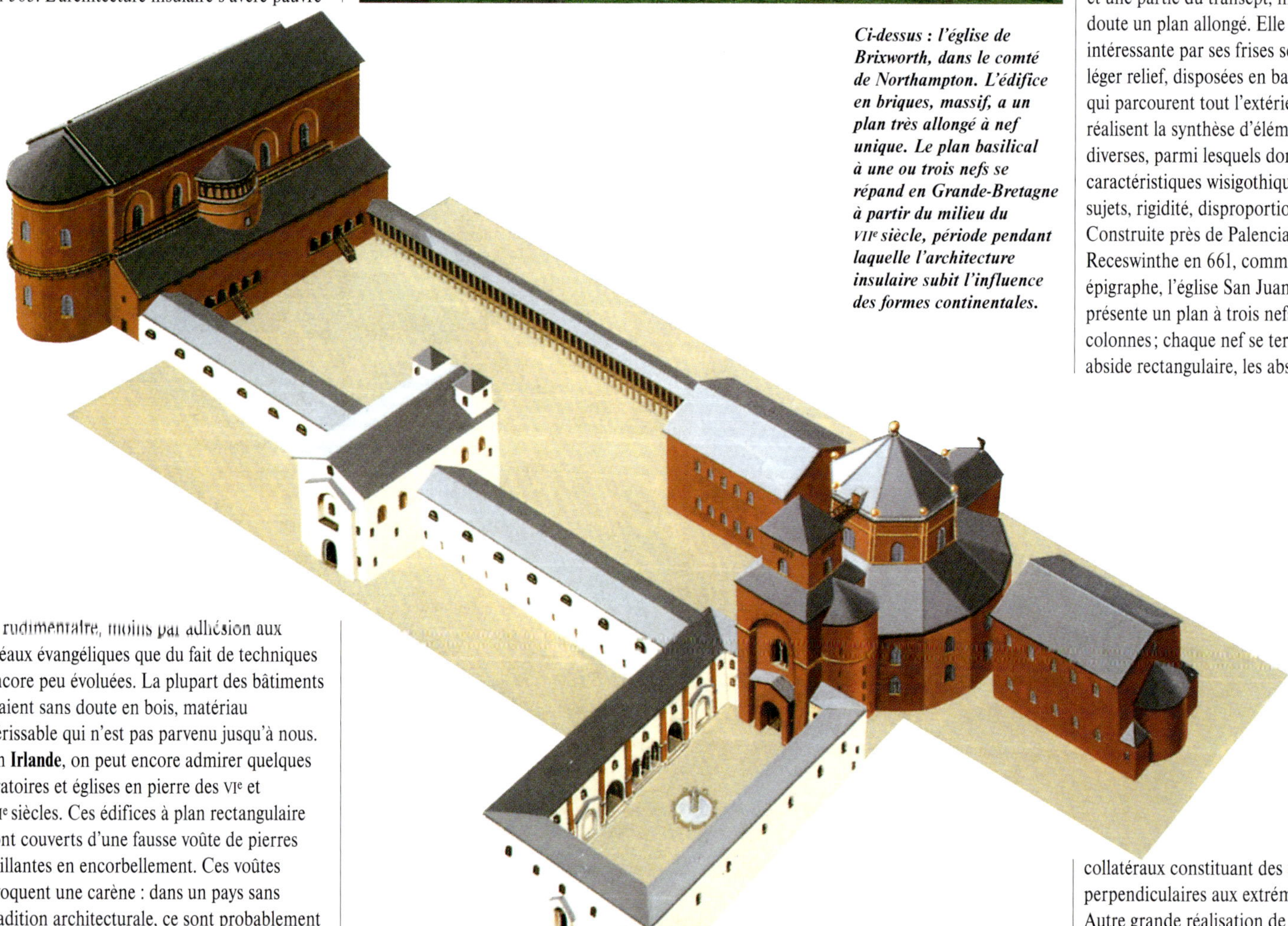

et rudimentaire, moins par adhésion aux idéaux évangéliques que du fait de techniques encore peu évoluées. La plupart des bâtiments étaient sans doute en bois, matériau périssable qui n'est pas parvenu jusqu'à nous. En **Irlande**, on peut encore admirer quelques oratoires et églises en pierre des VIe et VIIe siècles. Ces édifices à plan rectangulaire sont couverts d'une fausse voûte de pierres saillantes en encorbellement. Ces voûtes évoquent une carène : dans un pays sans tradition architecturale, ce sont probablement des artisans locaux qui ont transposé les formes des bateaux en bois dans les constructions en pierre. A partir du milieu du VIIe siècle, l'architecture de l'île commence à subir l'influence du continent, mouvement qu'on retrouve dans les arts en général. Puis elle imprime à son tour sa marque sur l'architecture européenne, avec l'épanouissement du monachisme irlandais. Le **plan basilical** à une ou trois nefs se répand alors en Grande-Bretagne. Parmi les différents édifices du VIIe siècle qui ont survécu, citons l'église toute simple d'Escomb, dans le comté de Durham, ou encore celle de Brixworth, dans le Northamptonshire, entièrement en briques et d'aspect massif malgré un plan rectangulaire à nef unique très allongé.

Dans l'**Espagne wisigothique** s'élabore au même moment une architecture religieuse nouvelle, correspondant à une conception différente de l'espace, qui est organisé suivant un rythme plus rapide.
En témoignent les églises de San Juan Baños de Cerrato et San Pedro de la Nave, pour citer les plus connues, ainsi que Santa Maria di Quintanilla de Las Vinas (fin du VIIe siècle et VIIIe siècle), église dont ne restent que l'abside et une partie du transept, mais qui avait sans doute un plan allongé. Elle est cependant intéressante par ses frises sculptées en très léger relief, disposées en bandes superposées qui parcourent tout l'extérieur : ces frises réalisent la synthèse d'éléments d'origines diverses, parmi lesquels dominent les caractéristiques wisigothiques : frontalité des sujets, rigidité, disproportion, stylisation.
Construite près de Palencia par le roi Receswinthe en 661, comme l'atteste une épigraphe, l'église San Juan Baños de Cerrato présente un plan à trois nefs séparées par des colonnes ; chaque nef se termine par une abside rectangulaire, les absides des deux collatéraux constituant des ajouts perpendiculaires aux extrémités du transept.
Autre grande réalisation de l'architecture religieuse wisigothique, San Pedro de la Nave, à Zamora, date de la seconde moitié du VIIe siècle : il y règne une atmosphère paisible

SAINT-GALL, LE MONASTÈRE IDÉAL

Nous connaissons un modèle idéal de monastère carolingien grâce à un parchemin conservé à la bibliothèque de Saint-Gall, en Suisse. Ce document fut envoyé par l'abbé de Reichenau à l'abbé de Saint-Gall vers 820 : il devait guider les travaux de reconstruction et de rénovation de l'ensemble monastique de Saint-Gall.

Réalisé en partie seulement, le plan propose un ensemble organique réunissant de nombreuses fonctions, conception qui fait tout l'intérêt du document. Au centre, se trouve le cloître réservé aux moines. Il est de plan carré et bordé sur l'un de ses côtés par l'église basilicale, à plan allongé et à deux chœurs (suivant une typologie carolingienne, puis ottonienne), avec la sacristie, la salle de lecture et la bibliothèque ; sur un autre côté, se trouve le dortoir des moines, chauffé par le sol ; puis le réfectoire, et enfin, sur le quatrième côté, le cellier avec l'office à l'étage au-dessus. Autour de ce noyau central, se répartissent les autres ères d'activité, toujours selon un ordre rigoureusement géométrique : cuisines, fours, hospice des pauvres, boulangerie, maison de l'abbé, hospices pour les étrangers, infirmerie, maison du médecin, logement du jardinier, maison des artisans, moulin, séchoir, menuiserie, grange, poulailler, étables et écuries avec les logements des palefreniers et des bergers, logement pour la suite de l'empereur, potager des moines, verger, jardin d'herbes médicinales et cimetière.

Chaque bâtiment a une fonction spécifique, en rapport avec un service ou une activité du monastère. Le centre, délimité par des portiques, est formé par l'espace cloîtré, lieu de la spiritualité et de la méditation, de la recherche intérieure et de la prière. Le principe qui organise tout l'ensemble sourd de ce noyau spirituel : il ordonne la vie monastique, laquelle, à son tour, influe sur la société de l'époque.

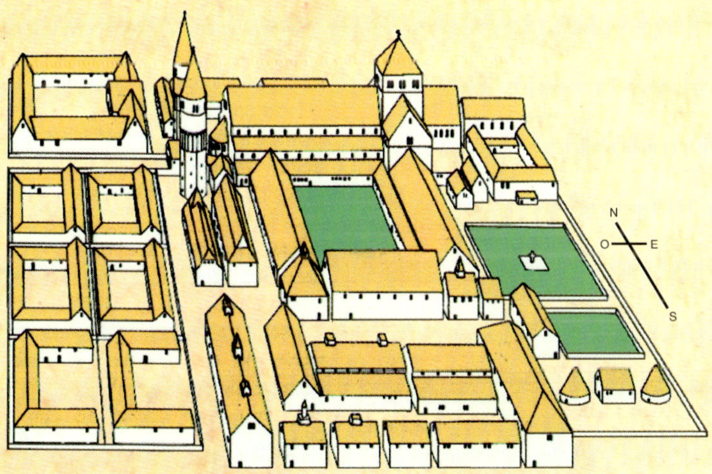

créée par des murs aux pierres régulières taillées avec soin, par des ouvertures guère plus grandes que des fentes, et par l'articulation des volumes sur un plan longitudinal à trois nefs, avec abside rectangulaire en saillie par rapport au corps du bâtiment et bras du transept affirmés. Les chapiteaux s'ornent de paons, de motifs végétaux et de scènes bibliques (le sacrifice d'Isaac, Daniel dans la fosse aux lions). Les frises à rosettes, croix, entrelacs et feuillages courent tout autour du bâtiment.

A partir de 785, sous les Omeyyades, la Grande Mosquée de Cordoue est construite par des artisans syriens qui reprennent le modèle islamique : on retrouve la même fluidité de l'espace intérieur, la même exubérance décorative, la géométrie rigoureuse du plan, l'arc outrepassé, les trois voûtes à base rectangulaire (et non carrée), les pieds-droits qui donnent aux colonnes une ligne plus élancée.

Une véritable ferveur architecturale caractérise l'**époque carolingienne** : Charlemagne et Louis le Pieux font bâtir plus de cent résidences impériales pour accueillir la cour à l'occasion de ses déplacements un peu partout dans l'Empire ; environ quatre cents monastères sont construits ou rénovés, sans compter un très grand nombre d'églises. Les **monastères**, autour desquels la population se regroupe, occupent la première place dans ce mouvement par leur rôle unificateur. L'ensemble monastique doit répondre aux besoins de la vie spirituelle, mais aussi aux nécessités de la vie économique, administrative et culturelle.

A partir de cette époque, et jusqu'à la fin du Moyen Age, se constitue ce que Christian Norberg-Schultz appelle un « paysage sacré » avec, entre autres, les routes de pèlerinage et leurs sanctuaires : ces dernières concrétisent l'œuvre du christianisme dans l'espace et dans le temps. Parmi les grands monastères, se détachent ceux de Centula, aujourd'hui Saint-Riquier (en particulier avec la deuxième campagne de construction de 790-799), Saint-Denis, Saint-Michel de Fulda, Reichenau, Fleury (Saint-Benoît-sur-Loire), Saint-Martin de Tours et, en Suisse, Saint-Gall et Müstair. Si certaines grandes églises, comme Saint-Denis (754-755) ou Fulda, reprennent le plan basilical, d'autres adoptent des variantes qui modifient la typologie des édifices religieux, évolution parallèle à l'introduction du rite romain qui modifie la liturgie.

Le développement d'un corps occidental massif contre l'église, s'élevant sur plusieurs niveaux, constitue l'une des innovations les plus caractéristiques de l'époque carolingienne. Ce *westwerk* comporte un vestibule à trois nefs avec une tribune surélevée servant de chapelle, où l'empereur prend place pendant les cérémonies religieuses ; il est complété à l'extérieur par des tours dont la verticalité assume une fonction hautement symbolique.

On trouve ce *westwerk* dans la **chapelle Palatine d'Aix-la-Chapelle**. L'ensemble formé par le palais et l'édifice religieux est la réponse du roi des Francs aux réalisations monumentales de la Rome antique et de Byzance, si l'on en juge par les analogies que présente le palais de l'empereur Charles avec la résidence impériale byzantine, ou bien la Regia palatine de Rome. De même, on peut relever des échos voulus entre l'église Saint-Vital de Ravenne et la chapelle Palatine d'Aix-la-Chapelle : si la première symbolise le pouvoir de Théodoric, la deuxième résume la *renovatio imperii* carolingienne.

Page de gauche, en bas : la chapelle Palatine d'Aix-la-Chapelle, reliée au palais impérial par une galerie couverte. Le palais construit par Charlemagne abritait le gouvernement et servait de résidence privée à la famille impériale.
Ci-contre, à droite : le baptistère de Fréjus, en Provence, remonte au Vᵉ siècle. Les édifices construits entre le Vᵉ et le VIIIᵉ siècle en Europe occidentale sont assez peu nombreux ; à la même époque, l'architecture byzantine connaissait une période de plein épanouissement.
A gauche : reconstitution du monastère de Saint Gall, en Suisse, ermitage construit au VIIᵉ siècle et devenu par la suite abbaye bénédictine.

Eudes de Metz fournit le plan de la chapelle. Les travaux commencèrent en 796, et l'édifice fut consacré en 805 par le pape Léon III. L'octogone central, bordé d'un déambulatoire, se transforme en polygone à seize côtés pour le mur extérieur. Sur la façade occidentale s'élevait le *westwerk* en avant-corps ; l'empereur assistait aux cérémonies dans la tribune surélevée face à l'autel, jouissant ainsi de la vue sur les mosaïques de la coupole. Les fouilles n'ont révélé que le plan de l'ensemble palatial : de part et d'autre d'une grande cour rectangulaire, longue de 200 mètres, se faisaient face la chapelle et le palais, ou *aula* impériale, bordé d'un portique. Une galerie couverte, en bois, reliait les deux bâtiments. Sur les grands côtés de la cour rectangulaire, s'élevaient les bâtiments administratifs et judiciaires ; au centre se dressaient la tour et, non loin, un peu décentrée, la statue de Théodoric.

Destinée à abriter les tombeaux et les reliques des saints, la crypte constitue un élément essentiel des églises carolingiennes. Elle peut être annulaire avec une voûte en berceau, ou se présenter comme une galerie, sur le modèle des catacombes.

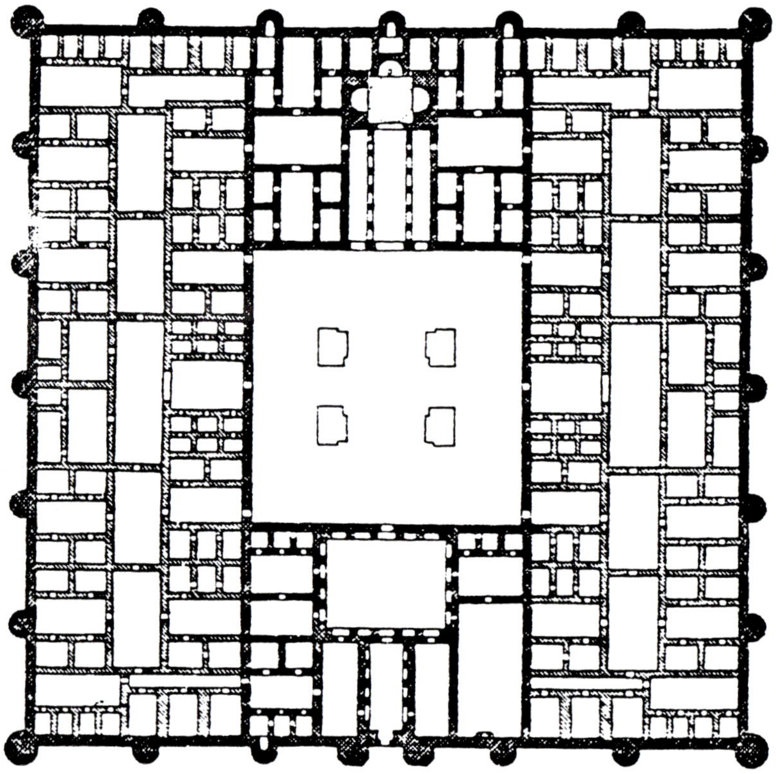

Avec l'islām apparaissent une architecture et un urbanisme spécifiques, influencés aussi bien par le climat et et le cadre géographique que par l'héritage culturel des civilisations conquises. Cet art de bâtir repose sur une unité d'inspiration qui se retrouve dans ses composantes essentielles - la ville, la mosquée, le bazar, le jardin, le château dans le désert - comme dans les ornements qui font partie intégrante de l'architecture.
La diffusion de ces éléments et de ces styles à travers un vaste territoire s'explique entre autres par la pratique de la prestation d'ouvrage, en vigueur dès les premières décennies de l'islām. Cette coutume consiste à faire venir de différentes régions et même des « jours de l'ignorance », c'est-à-dire des lieux habités par des infidèles, les hommes et les matériaux nécessaires à la construction de cités, de palais et de mosquées. C'est ainsi que des artistes, des artisans et leurs contremaîtres arrivent dans les grands centres du monde musulman et se voient confier, en qualité de spécialistes, des réalisations complexes et exigeantes. Tel est le cas des Coptes et des Grecs venus de Syrie et d'Égypte, invités par le calife Walīd Ier à Médine pour construire la mosquée et l'orner de mosaïques de verre (707-709).
De même, des ouvriers irakiens, égyptiens et syriens collaborèrent à la décoration du Qaṣr al-Mchttā, splendide château dans le désert de Jordanie (743-744). Érigé par Walīd II sur le modèle du *castrum* romain servant de résidence d'hiver - c'est d'ailleurs le sens du mot « mchttā » -, cet édifice constitue l'un des plus beaux exemples de châteaux fortifiés construits dans le désert. A l'intérieur du mur d'enceinte qui dessine un carré de 144 mètres de côté, s'élèvent des bâtiments qui trahissent des influences sassanides, byzantines (particulièrement évidentes dans la salle du trône, dont des vestiges importants sont parvenus jusqu'à nous), syriennes et mésopotamiennes. La merveilleuse façade ajourée en calcaire s'orne d'une frise à motifs triangulaires où viennent s'inscrire des rosettes et des feuilles d'acanthe ; on peut aujourd'hui en admirer une partie au musée d'État de Berlin, grâce à la donation faite par le sultan Abdülhamid II à l'empereur Guillaume II.
Parmi les **châteaux arabes** de la période omeyyade, certains sont des bains, situés près d'une source et dotés d'un système hydraulique ; d'autres des pavillons de chasse, comme le célèbre et luxueux Quṣayr 'Amra, le « Palais rouge », probablement bâti par Walīd Ier et qui tenait son nom du grès avec lequel il était construit ; certains sont des sites fortifiés, dont quelques-uns seulement ont survécu, comme le fort de Qaṣr Harana, en Jordanie ; on trouve enfin des ensembles construits autour d'un caravansérail ou d'une mosquée, comme Khirbat al-Mafdja, en Jordanie toujours. La Mchttā quant à elle fait partie d'une typologie plus complexe ; elle compte parmi les grands « châteaux », au même titre que Qaṣr al-Ḥayr (v. 730), en Syrie, qui se compose de deux palais avec portail, tours et galeries, tournés l'un vers l'orient et l'autre vers l'occident.

Cependant, l'édifice qui caractérise pleinement l'architecture islamique demeure la **mosquée**. Ce terme dérive du mot *masdjid*, « lieu pour la prière », par lequel les Arabes désignaient à l'origine la *Ka'ba,* simple édifice à six côtés en pierre et en bois, aujourd'hui intégré dans la Grande Mosquée de La Mecque. L'archétype des mosquées islamiques est, si l'on en croit la tradition, la **maison du Prophète** à Médine : une demeure avec une cour carrée, ouverte sur un côté par un portique à l'ombre duquel se tenaient les assemblées des disciples.
Fidèles à ce modèle, les premières mosquées abritent la prière mais sont aussi un lieu de rassemblement et d'enseignement.
Elles s'organisent autour d'une vaste cour quadrilatère, ou *ṣaḥn*, fermée par des murs et au centre de laquelle jaillit la fontaine destinée aux ablutions ; la salle de prière, ou *ḥaram*, s'ouvre sur le côté du fond. Ainsi se présente, par exemple, la mosquée de Kūfa, en Irak, qui date du milieu du VIIe siècle environ. Elle serait la plus ancienne des mosquées islamiques, avec celle de Bassora, restaurée vers 670 par le gouverneur Ziyād. A la même date, on ajoute à la mosquée de Kūfa un portique qui borde la cour, sauf sur le côté occupé par la salle de prière dont le mur sacré, ou *qibla*, est orienté vers La Mecque.
De nouveaux éléments sont introduits au début du VIIIe siècle : on les retrouve dans la grande mosquée des Omeyyades à Damas, considérée à l'époque comme la troisième merveille du monde. Au centre du *qibla* apparaît une sorte de niche, ou *miḥrāb*, pointant vers La Mecque ; juste à côté se dresse la chaire, ou *minbar*, formée à l'origine de deux pans de bois ou de marbre richement décorés, encadrant l'escalier qui mène à un siège d'où l'imam lit le Coran et guide la prière commune ; cette disposition fait bien

En haut : plan de la Mchttā, en Jordanie. Construite par Walīd II sur le modèle des* castra *romains aménagés en résidences d'hiver, la Mchttā est l'un des plus beaux châteaux fortifiés érigés dans le désert. Le mur d'enceinte dessine un quadrilatère de 144 mètres de côté. Ci-contre : le célèbre Quṣayr 'Amra, ou « Château rouge ». Ce somptueux château de la période omeyyade fut utilisé comme pavillon de chasse.

BAGDAD

Bagdad apparaît en tant que cité arabe en 762, date à laquelle le calife al-Manṣūr y installe sa résidence. La ville incarne les ambitions politiques et militaires de la dynastie 'abbâsside. Située en Mésopotamie, elle occupe une position protégée et jouissant d'un climat favorable, non loin de l'ancienne cité sassanide de Ctésiphon. La nouvelle capitale islamique, appelée la « cité de la paix », se présente comme une ville ronde entourée d'un double cercle de murs, et d'un fossé large de 20 mètres. Une place immense en occupe le centre. L'agglomération est divisée en quartiers par quatre voies qui délimitent des zones où la population se répartit suivant des critères ethniques et religieux (chrétiens, hébreux, musulmans); ces quartiers sont protégés par des murs intérieurs percés de portes.

Les habitations adoptent une structure simple, typique des demeures à patio central; les fenêtres s'ouvrent sur une cour intérieure, accessibles seulement « au regard d'Allâh ». Ces habitations comportent parfois jusqu'à cinquante pièces. Chaque maison ou presque est équipée d'une salle de bains, d'un système de conduites d'eau et d'égouts et enfin d'une pièce souterraine, probablement utilisée comme abri en cas de grande chaleur. On trouve dans ces bâtiments un īwān, *partie surélevée de la salle de réception ou même vestibule donnant sur la cour, analogue à la « salle haute » des mosquées. On voit également apparaître des salles voûtées en brique. Avec sa forme stylisée, légèrement carénée, l'arc brisé, connu à la période pré-islamique, donne de la légèreté à ces constructions gracieuses et équilibrées; il repose sur des piliers ronds ou carrés en briques. Malheureusement, étant donné la fragilité du matériau de construction, rien n'est resté de ces maisons. Même les palais, qui pouvaient atteindre jusqu'à sept étages de hauteur, ont laissé bien peu de traces : ils étaient construits en briques, selon l'usage perse en vigueur parmi les artisans locaux, et bon nombre d'entre eux furent progressivement démolis pour faire place à des édifices plus adaptés aux besoins de la ville. Les palais postérieurs en pierre connurent un sort plus heureux. Quatre portes permettent d'accéder à la cité. Elles correspondent aux grands axes de l'Empire islamique : au nord-est, la porte du Khorāsān; au sud-est, vers l'Inde, la porte de Bassora; au nord-ouest, vers Byzance, la porte de Syrie; et au sud-est, celle de Kūfa. Au cœur de Bagdad, sur l'immense place ronde de deux kilomètres de diamètre, se dressent avec éclat la Grande Mosquée et le palais du calife, puis, à partir du IXe siècle, la célèbre bibliothèque. Une enceinte protège cet ensemble d'édifices, à l'intérieur desquels seuls le souverain et sa famille, les gardes et les personnages de haut rang ont le droit de résider. C'est le vrai cœur de cette ville en constante expansion : elle compte à cette époque un million d'habitants et s'étend rapidement sur les deux rives du Tigre, perdant son aspect d'origine.*

La richesse et la splendeur de Bagdad atteignent leur apogée sous le califat de Hārūn al-Rachīd (786-809), période caractérisée par une effervescence extraordinaire, des palais d'un luxe inouï, un commerce prospère et une culture florissante. Cet âge d'or a inspiré les plus belles histoires, qui seront réunies par la suite dans les Mille et Une Nuits.

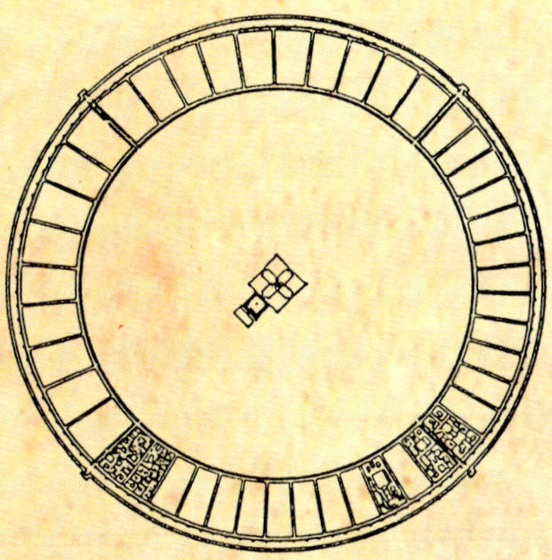

Ci-dessus : la célèbre Coupole du Rocher, ou Qubbat al-Ṣakhra, de Jérusalem. L'édifice se dresse sur le rocher d'où le Prophète, dit-on, s'éleva vers le ciel. Ce monument célèbre la victoire de l'Islām sur ses deux grands ennemis, Byzance et les Sassanides. En bas : plan circulaire de Bagdad.

sûr écho au siège d'ébène qu'occupait Mahomet dans la mosquée de Médine.
Le *minbar* est une invention omeyyade, mais l'exemplaire le plus ancien que nous possédons encore est plus tardif : il date du IXe siècle et se trouve dans la Grande Mosquée de Sīdī 'Ukba, à Kairouan. Bien qu'il s'agisse d'une œuvre 'abbâsside, on peut le faire remonter à la dynastie précédente par son style et sa décoration. Caractéristique de l'art omeyyade, il représente le plus ancien monument islamique d'Afrique du Nord.
Une autre nouveauté apparaît, la *maqṣūra*, enceinte réservée au souverain ou à un tombeau; merveilleusement ajourée, elle voisine le *miḥrāb*. Mais la plus grande innovation demeure le **minaret**, la tour d'où le muezzin appelle les fidèles à la prière.
Le minaret fait son apparition dans la **Grande Mosquée de Damas**, le calife Walīd Ier ayant souhaité conserver les tours quadrangulaires du sanctuaire païen préexistant. Adaptées au nouveau culte, ces tours s'introduisent si bien dans l'architecture islamique que, dès la période 'abbâsside, le minaret est un élément constitutif des édifices religieux.
On le retrouve, avec des variantes locales, dans toutes les mosquées; citons celle de Sâmarrâ, du IXe siècle, dont le minaret adopte une forme hélicoïdale.
Le mot *masdjid*, « lieu pour la prière », s'applique également à la célèbre **Coupole du Rocher de Jérusalem**, ainsi baptisée parce qu'elle se dresse sur une roche sacrée d'où le Prophète, si l'on en croit la tradition, se serait élevé vers le ciel. Les premières mosquées, aux lignes simples, étaient sobrement décorées, pour respecter la parole de Mahomet qui condamne tout luxe pouvant mener au paganisme. La Coupole du Rocher se distingue au contraire par son aspect somptueux. Construit entre 669 et 691-692 par le calife omeyyade 'Abd al-Malik, l'édifice est grandiose et richement décoré de mosaïques d'inspiration byzantine, avec des influences sassanides et hellénistiques.
Un tel faste peut s'expliquer par la volonté des Omeyyades de ne pas déparer face au Saint-Sépulcre tout proche, haut lieu de la foi chrétienne et but de pèlerinage.

L'époque omeyyade accorde une attention particulière à l'**architecture civile**, construisant et aménageant des châteaux, des parcs dotés de bassins, des palais, des maisons, des jardins avec fontaines et jeux d'eau, des aqueducs. La ville arabe se distingue par son *bāzār*, ou *sūq*, quartier consacré au commerce, labyrinthe de ruelles étroites et tortueuses, couvertes de voûtes en berceau ou de simples toiles. Les ruelles convergent vers un édifice central haussé sur des piliers. Les 'Abbâssides doivent aux Omeyyades la typologie des élégantes mosquées mais aussi les grands traits de l'architecture civile, sur l'évolution de laquelle ils influeront à leur tour. Il faut mentionner à ce propos le château de Ḥusayn (750-775), situé au milieu du désert, près de Karbalā'.
La **Grande Mosquée de Cordoue**, dont la construction commence en 785, respecte elle aussi le tracé traditionnel, bien qu'elle soit orientée nord-sud de façon tout à fait inhabituelle, la *qibla* et le *miḥrāb* n'étant donc pas tournés en direction de La Mecque.

Traditionnellement, on considère comme caractéristiques du vaste territoire indien trois types d'édifices : le *stūpa*, le *caitya* et le *vihāra*. Le mot « stūpa » signifie étymologiquement « montagne », « sommet », ou encore « chignon de cheveux ». Cet édifice, à la fois tombe, reliquaire et monument est érigé en l'honneur d'un personnage politique ou religieux de haut rang. A l'origine simple tertre de terre, le **stūpa** trouve peu à peu sa forme propre. Il s'affine et gagne en verticalité au cours des quelques siècles étudiés ici. Sur une base carrée ou circulaire, s'élève un édifice couronné d'une fausse coupole hémisphérique ; un déambulatoire en fait le tour, séparé de l'extérieur par une balustrade, ou *vedikā*, richement décorée, formée de piliers verticaux et de doubles architraves horizontales. Au sommet de la coupole se trouve la *harmikā*, sorte de pavillon quadrangulaire ou cylindrique pouvant contenir des reliques. Il s'en échappe une hampe qui correspond à l'axe central du monument et représente l'axe de l'univers. Elle porte à son sommet plusieurs disques étagés de taille décroissante du bas vers le haut, les « parasols », façonnés dans le bois ou la pierre. Les petits édifices à toit plat des débuts, tels les stūpa d'Udayagiri et le Lad Khan d'Aihole (milieu du Vᵉ siècle), sont remplacés par des temples imposants avec une tour aux formes curvilignes, chefs-d'œuvre de l'art brahmanique : le temple de Durgā à Aihole (VIᵉ siècle) en fournit un bon exemple, ainsi que celui de Deogarh avec ses tours dominant une *cella*, ses portiques à colonnes et ses portails sculptés. Une verticalité plus accentuée et une somptueuse décoration en relief caractérisent les stūpa de Sārnāth, Rājagriha et Nālandā (VIᵉ siècle). L'orientation du stūpa obéit toujours à un triple système de coordonnées spatiales qui sont fonction des points cardinaux (N-S, E-O) et du rapport ciel-terre : le défunt en appelle à la vénération des hommes aux quatre coins de la terre, tandis que le rapport avec le Bouddha, la divinité, est réaffirmé.

Le **caitya** se compose quant à lui d'une salle à une ou plusieurs nefs, terminée par une abside en demi-cercle abritant un stūpa, qui est alors objet de culte. Réservés avant tout aux moines bouddhistes, les caitya furent d'abord construits en bois, puis creusés dans la roche pour la plupart. Bien que présents dans tout le sous-continent, ceux qui sont parvenus jusqu'à nous se situent pour l'essentiel dans les Ghāts occidentaux. Ils servaient à la fois d'abri, de lieu de méditation et de salle pour les processions rituelles. Au cours des siècles, ces constructions s'enrichissent et se couvrent d'une décoration de plus en plus abondante, devenant dans le même temps des bâtiments de prestige et de représentation.

Enfin, toujours flanqué d'un caitya, le **vihāra** était à l'origine un simple abri pour les moines bouddhistes pendant les pluies de la mousson : il s'agissait donc d'un **monastère**, habité pendant la saison humide et désert le reste de l'année. La forme et la structure des vihāra varient suivant leur situation et la nature du site qu'ils occupent ; parfois bâtis, parfois excavés dans la roche, ils ont cependant en commun de petites *cellae* à plan carré ouvrant par un portique sur une cour intérieure quadrangulaire.

Stūpa, caitya et vihāra constituent trois types d'édifices distincts, mais ils s'inspirent tous de la même notion fondamentale d'unité entre l'art et la nature, qui imprègne l'esthétique architecturale indienne. Architecture et sculpture sont liées de façon organique ; elles s'insèrent dans un contexte naturel où elles nous semblent faire partie intégrante du milieu, roche parmi les roches, pierre parmi les pierres, en parfaite harmonie avec leur environnement.

A gauche : les vestiges du **śikhara** *de Kāfirkot, à Daryā Ismāīl Khān, au Pākistān. Le* **śikhara** *des anciens temples indiens est une tour en pierre qui se dresse au-dessus de la* **cella** *abritant l'effigie de la divinité.*
A droite : quelques exemples de **śikhara** *:* **śikhara** *de Paṭṭaḍakal (en haut),* **śikhara** *d'Osia (au centre),* **śikhara** *d'Aihole (en bas). Ils furent construits entre le Vᵉ et le VIIIᵉ siècle.*
Ci-dessous : les cinq **ratha** *de Mahābalipuram, près de Madras. Ces sanctuaires monolithes, excavés dans la roche au VIIᵉ siècle, évoquent des « chars » devant lesquels se tiennent les statues en granit d'un éléphant, d'un lion et d'un taureau.*

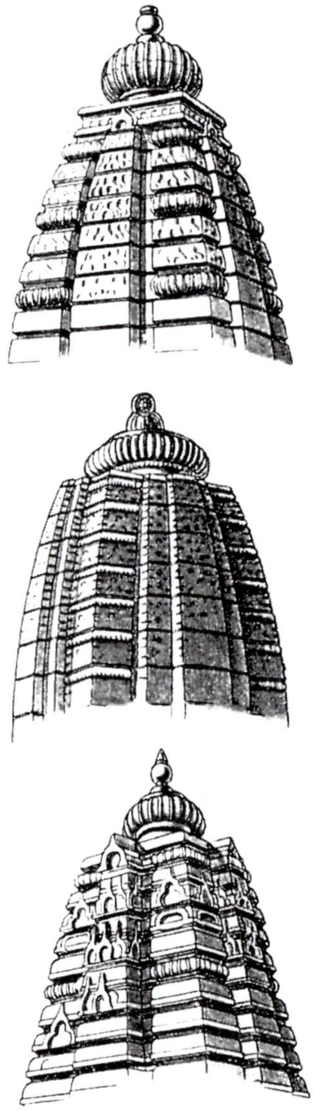

Ci-contre : plan du temple rupestre de Śiva, à Elephanta.
En bas, à droite : détail de la cour centrale du temple du Kailāsa, à Ellorā. Il ne s'agit pas proprement d'une grotte, mais d'un temple excavé dans la roche, au même titre que les cinq **ratha** *de Mahābalipuram.*

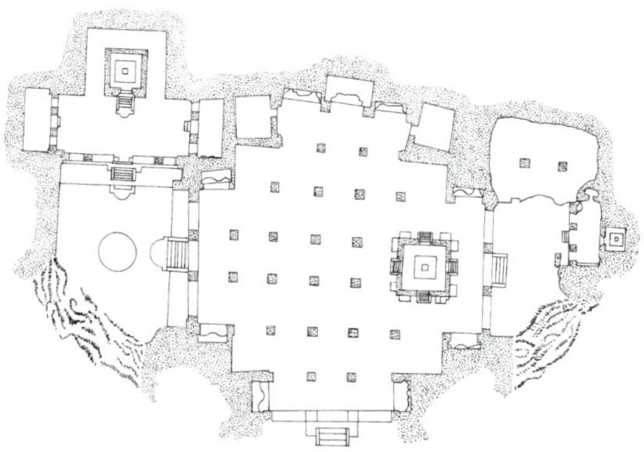

La plasticité très affirmée de ces réalisations s'inspire des formes mêmes de la nature, minérale et végétale. On y retrouve l'élan vertical, mais aussi une exubérance raffinée, comme si l'énergie jaillie du cœur des édifices insufflait la vie à toutes les surfaces.

La **tendance à la verticalité** s'accentue au cours de l'époque gupta. Le bouddhisme se répand en Asie du Sud-Est, donnant naissance à quantité de variantes architecturales. Signalons que les tours des simples temples hindous, en particulier ceux de type *nāgarā*, apparus dans le sud-ouest du Deccan aux VIIe et VIIIe siècles avant d'essaimer dans le nord du pays, présentent également une structure conique à couverture curviligne qui parait, dans l'ensemble, inspirée de formes végétales. Comme les arts figuratifs, l'architecture connait son apogée pendant la période gupta ; les formes classiques, stūpa, caitya et vihāra, subissent de profondes transformations.
Ce processus est lié à une **évolution religieuse et liturgique**, marquée par le passage d'une école bouddhiste à une autre. De nouvelles formes s'affirment, dérivées peut-être des formes traditionnelles. Parmi celles-ci se distingue le *śikhara*, tour en pierre ou en brique qui émerge de la *cella* du temple et signale, par sa direction verticale, la présence de la divinité. Le *śikhara* devient ainsi l'élément principal du temple tandis que la *cella*, perdant de l'importance, voit sa taille diminuer. Les différences entre les typologies régionales, caractéristiques de l'Inde antérieurement à l'époque gupta, s'évanouissent au cours de cette période.
Hyperplasticité et formes végétatives, fondements de l'architecture indienne, se retrouvent aussi bien dans les constructions en pierre du Nord que dans les ensembles du Sud, creusés dans la roche. Parmi ces derniers, brillent les temples des Pallava à Mahābalipuram, l'ancienne Māmallapuram, avec leur extraordinaire décor sculpté (VIIe siècle), ainsi que le temple de Kailāsa (VIIIe siècle) à Ellorā, dans le Deccan, dont une paroi sculptée atteint 32 mètres de hauteur.

Les mêmes fondements valent en partie pour l'**architecture islamique**. Elle introduit un nouveau type d'édifice, la mosquée, tout en adoptant dans le cadre indien des formes spécifiques, plus fines et élancées ; elle perd l'abstraction des bâtiments arabes au profit de réalisations organiques et plastiques, dues souvent à des artisans locaux

imprégnés de la tradition indigène.
De profondes différences dans la façon de concevoir l'architecture séparent cependant l'univers arabe et l'univers indien : le premier se soucie de l'espace intérieur de la mosquée, le second de la monumentalité extérieure du stūpa ; le premier se plie à des lois mathématiques et géométriques, le second peut penser le temple comme une entité croissant avec le temps. Ces deux mondes se rencontrent mais ne se confondent pas.
En ce qui concerne les édifices typiquement indiens, l'ensemble monastique d'**Ajaṇṭā**, d'obédience bouddhiste, offre un vaste panorama des différents types de *caitya* et de vihāra, depuis leur forme d'origine jusqu'aux versions plus élaborées du VIe et même du VIIe siècle. Parmi ces dernières, les monuments significatifs parvenus jusqu'à nous ne manquent pas : Ellorā et Elephanta en offrent deux exemples superbes. Dans d'autres cas, les vestiges demeurent limités : citons le *caitya* construit au VIIe siècle devant l'entrée méridionale du grand stūpa de Sāñcī, dont il ne reste que les piliers.
Près d'Ajaṇṭā, petite ville située à une centaine de kilomètres d'Aurangābād, se trouve le célèbre ensemble de vingt-neuf grottes bouddhiques creusées dans la roche. Découvertes fortuitement par quelques officiers anglais, en 1819, les cavernes se succèdent au flanc d'une paroi des monts Vindhya. On compte parmi elles quatre caitya, les autres étant des vihāra. Les grottes placées au centre remontent aux IIe et Ier siècles av. J.-C. Celles des côtés sont de date plus récente, située vraisemblablement entre le Ve et le VIIe siècle ; elles correspondent à l'époque du bouddhisme mahāyāna.
Ces grottes récentes fournissent des renseignements intéressants sur l'évolution des vihāra : ils sont constitués ici d'une vaste véranda à colonnes, soutenue par des piliers, et d'une salle centrale hypostyle, de plan carré, avec six cellules sur chaque côté. Chaque côté croule sous le décor sculpté et les fresques, qui représentent les épisodes des différentes vies du Bouddha, ou bien son cortège céleste, ou encore des scènes de la vie de cour. De riches ministres et vassaux de la dynastie Vākātaka commandèrent ces réalisations aux Ve et VIe siècles, comme l'attestent les inscriptions.

Si les vihāra d'Ajaṇṭā sont à deux niveaux, ceux proches d'**Ellorā**, à moins de 30 kilomètres d'Aurangābād, en comptent parfois trois, tel le Tin Thal dont la façade lisse atteint une hauteur de 15 mètres. Toutes réalisées au cours du VIIe siècle, les **trente-cinq grottes** d'Ellorā sont en partie consacrées au culte bouddhiste mahāyānique et en partie au culte hindouiste. Parmi les premières, se distinguent le Do Thal, monastère à trois niveaux, et la grotte de Viśvakarman ; parmi les deuxièmes, il faut citer la caverne Rāvaṇa-ka-kai, avec ses frises et ses reliefs où dominent les représentations de Viṣṇu et de Śiva, et la grotte des Dās Avatāra, ou « des dix incarnations », avec son escalier d'accès et sa vaste cour.
Quant au **temple du Kailāsa**, à Ellorā toujours, il est le plus grand de l'Inde. Il tire son nom d'un immense bas-relief représentant le roi-démon Rāvaṇa alors qu'il tente d'ébranler le mont Kailāsa, demeure himalayenne du dieu Śiva.
Enfin il faut mentionner parmi les importantes réalisations de l'architecture indienne de cette époque, les huit grandes **grottes de l'île d'Elephanta**, creusées dans le tuf basaltique pendant la première moitié du VIIe siècle, sur le modèle de constructions en bois plus anciennes.

L'époque couvrant les Six Dynasties, puis les règnes des Sui et des Tang nous a laissé une abondance de réalisations dans la statuaire, art qui atteint son apogée entre le milieu du VIe siècle et le milieu du VIIIe siècle. Il reste hélas peu de choses de l'architecture chinoise de cette période,

puisqu'elle utilise surtout du bois, matériau périssable par excellence. Si les structures porteuses des édifices religieux et civils sont toujours en bois, la couverture des toits, réalisée à l'origine en lattes de bois, est quant à elle déjà remplacée par des tuiles. Les murs n'étant jamais porteurs, ils ne remplissent aucune fonction importante dans l'économie du bâtiment : on les « remplit » de cailloux et de sable, et ils s'effritent avec les siècles. L'usage de la pierre remonte à des temps reculés et la Chine connaît déjà la construction en maçonnerie, mais ces techniques sont généralement réservées aux constructions militaires, enceintes et bastions, aux théâtres à ciel ouvert et aux tombes et monuments funéraires.

Aux Ve et VIe siècles, des temples d'inspiration bouddhique, creusés dans des parois rocheuses, fleurissent dans toute la partie nord du pays. Si les plus anciens précèdent la dynastie Wei, la majorité de ces **sanctuaires rupestres** remonte au début du VIe siècle. Ces édifices trahissent l'influence des vihāra et des caitya indiens, modèles qui ont sans doute traversé l'Asie centrale. Pendant la première moitié du Ve siècle, la dynastie des Liang, en Chine du Nord, réalise ainsi les ensembles grandioses du Wen shu Shan et du Tianli Shan, aujourd'hui réduits à l'état de ruines. Les Wei soumettent les Liang en 435 : sous leur domination se poursuit le creusement et l'aménagement des grottes. La plupart ont un pilier central, également excavé dans la roche, et un plafond à lanterne conforme aux modèles indiens. Yungang est le centre de cette architecture rupestre ; les sculpteurs travaillent sur place, donnant forme à l'iconographie bouddhique. En 494, les Wei transfèrent la capitale à Luoyang ; parallèlement, le foyer de l'art religieux se déplace à Longmen dont les falaises s'ornent de grottes où fleurissent bas-reliefs, frontons et statues bouddhiques. Uni sous les Wei, l'État se divise en 534, sous les dynasties des Zhou et des Qi. Les uns créent bon nombre des grottes de Maijishan ; les autres, les deux ensembles de Xiangtangshan et les premiers temples rupestres de Tianlongshan, en Chine du Nord.

CHANGAN

Capitale de l'immense empire des Tang, Changan est l'expression du rôle politique et social de la dynastie, et le symbole de la richesse et de la puissance qui marquent cette époque nouvelle.

La forte centralisation du pouvoir politique et économique, tout comme la situation géographique de la ville, sur les grandes routes marchandes qui traversent le continent asiatique, font affluer la population : au début du VIIe siècle, on estime celle-ci à deux millions d'habitants, dont la moitié réside à l'intérieur des murs. L'urbanisme de la capitale a comme élément de base le module rectangulaire : le vaste terrain quadrangulaire, délimité par une enceinte, est quadrillé par douze voies qui le traversent dans la longueur et neuf dans la largeur, composant ainsi un plan en damier. L'artère centrale va de la porte principale, au sud, jusqu'à la Cité impériale, centre vital du pouvoir politique et administratif. Cette dernière est aussi étendue que l'actuelle ville de Xi'an.

Derrière la Cité impériale, le palais impérial s'adosse à l'enceinte septentrionale. Au-delà des murs, vers le nord-est, s'étend l'immense parc impérial. L'artère principale divise l'espace citadin en deux entités administratives distinctes, occidentale et orientale, dotées chacune d'un marché. La ville se compose de plus de cent fang, *petits quartiers formant des îlots de quelques centaines de mètres de côté. Chaque* fang *est organisé comme un village, avec une administration, des rues intérieures et une enceinte qui assure la protection des habitants pendant la nuit.*

Dans l'aménagement d'ensemble comme dans les détails, l'urbanisme de Changan trahit le contrôle sévère que la dynastie Tang, dès son apparition, n'a cessé d'exercer sur la société chinoise.

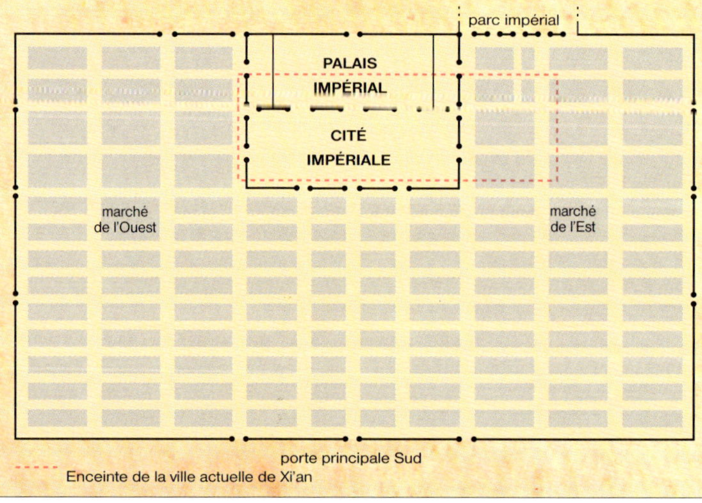

***A gauche : statue rupestre du Bouddha à Yungang, dans le Shanxi. Remontant au Ve siècle, l'ensemble de Yungang constitue un bel exemple d'iconographie bouddhique sculptée* in situ.**
En bas : plan de Changan sous les Tang. La ville comptait sans doute un million d'habitants* intra muros, *et un million dans les faubourgs. Dès 712, elle abritait quatre-vingt-onze lieux de culte bouddhistes, seize lieux de culte taoïstes, quatre temples zoroastriens et deux églises chrétiennes nestoriennes.
En haut : le pont Anji Qiao, ou Grand Pont de pierre, à Zhaoxian, dans le Hebei. Construit vers 610, il est le premier pont voûté en maçonnerie.

L'**architecture civile** privilégie au contraire le **bois**, matériau qui sert pour les grandioses palais impériaux dont il ne demeure hélas aucun reste. Les premières pagodes sont également en bois, de même que le temple bouddhique de Foguang si, ou « monastère de la Gloire du Bouddha », sur le mont Wutai Shan dans le Shanxi. Cet édifice, qui remonte au milieu du IXe siècle, constitue la plus ancienne trace de construction en bois conservée en Chine. Il n'est pas représentatif de l'architecture de la dynastie Tang, en ce qu'il procède des reconstructions modestes entreprises juste après les persécutions et les destructions qui frappèrent le culte bouddhique au IXe siècle. Toutefois, le monastère se conforme aux conceptions architecturales typiques du monde chinois. Bâti sur un seul niveau, il adhère à la configuration des lieux et respecte l'interprétation symbolique et religieuse du paysage environnant. Il refuse ainsi une verticalité excessive et un jeu de volumes qui imposerait ses effets plastiques à la nature : le Foguang si cherche, comme il se doit, à se fondre harmonieusement en elle. Au Japon, les réalisations d'époque Tang dans le style chinois témoignent elles aussi de l'application cohérente de ces principes. N'ayant pas pour fonction d'accueillir des cérémonies collectives, ces temples n'atteignent jamais des dimensions excessives.

La **diffusion du bouddhisme** fait apparaître en Chine le goût de la statuaire monumentale, du faste décoratif et des **édifices imposants**, voire gigantesques, inclination absolument étrangère à la tradition chinoise classique. A l'époque de plein épanouissement du bouddhisme, on voit se répandre en Chine la **pagode** en bois et en pierre, apparue pendant la période des Six Dynasties (317-589) sous l'impulsion d'un modèle importé d'Inde, le stūpa bouddhique. L'architecture chinoise privilégie depuis toujours les édifices bas à un seul étage. Cependant, le stūpa trouve un écho dans les tours de palais présentes en Chine sous la dynastie Han : il donne ainsi naissance en quelques siècles aux pagodes, à la verticalité très accentuée, s'affinant vers le haut, rythmées à chaque niveau par une corniche recouverte de tuiles. Ces constructions peuvent dépasser quinze étages. La plus ancienne pagode dont nous ayons conservé une trace remonte au VIe siècle ; elle fait partie de l'ensemble du Songyuesi, dans le Henan. Des corniches à toit débordant séparent les quinze faux étages de taille décroissante, posés sur une base.

LES GROTTES DES MILLE BOUDDHAS

Les célèbres grottes des Mille Bouddhas du Qianfo dong constituent l'un des monuments artistiques et religieux les plus extraordinaires du monde chinois. Le site se trouve à vingt kilomètres de Dunhuang, petite ville en déclin menacée par la désertification mais qui fut autrefois un carrefour important de la longue route de la soie, parcourue par des caravanes de marchandises en provenance de l'Empire romain, des royaumes d'Asie centrale, de l'Inde et de la capitale de l'Empire chinois.

Dunhuang était donc une étape commerciale, mais aussi un point de rencontre où se croisaient des idées, des croyances, des conceptions artistiques et des convictions spirituelles. La ville voyait passer des marchands, des moines, des pèlerins, des artistes et des savants, des aventuriers et des brigands. A la limite méridionale du désert de Gobi, dans la région du Gansu, des hommes entreprirent de creuser la paroi de grès tendre dès la fin du IVe siècle. Mille niches allaient ainsi voir le jour, dont la moitié seulement ont survécu. Elles s'ornaient de trois mille statues d'argile et de stuc, qui se détachaient sur les parois peintes de fresques aux couleurs vives : blanc, jaune, vert, bleu et rouge (devenu marron du fait de l'oxydation).

Ce travail titanesque d'excavation, de peinture et de sculpture s'étendit sur six siècles, mobilisant des générations d'artisans pendant la période faste de l'art chinois, sous les Tang. Il ne prit fin qu'avec l'occupation mongole (1279-1368).

Ci-contre : modèle réduit à usage funéraire datant du Ier siècle de notre ère (Nelson Gallery of Art, Kansas City). Cet objet reprend un type d'édifice caractéristique de l'époque des Han, que les Wei imiteront par la suite lorsqu'ils reconstruiront Luoyang, l'ancienne capitale impériale, au Ve siècle.
En bas : statue de Bouddha accompagné d'un bodhisattva, creusée dans la grotte n° 432 du vaste ensemble de Dunhuang. Cette œuvre, datant de la première moitié du VIe siècle, sous la dynastie des Wei, compte parmi les trois mille statues d'argile et de stuc qui ornent les mille niches du site.

C'est au début de l'époque Tang (618-907) qu'apparaissent les **toits recourbés** vers le haut, ou *ting*, dont la silhouette élancée s'accorde avec les lignes énergiques de l'architecture chinoise.
La couverture des bâtiments se compose de plusieurs toits ou auvents soutenus par des colonnes reposant sur le niveau inférieur : cette structure souple s'élève par gradins, tandis que la courbure des toits peut être modifiée à loisir. Soulignant chaque étage, les toits débordants et recourbés rythment l'élévation des édifices : ils confèrent une valeur décorative à l'ensemble de la construction. Ces toitures utilisées par l'architecture civile se retrouvent dans les pagodes de la dynastie Tang, bâties en pierre et en brique. Deux édifices se détachent parmi les rares réalisations parvenues jusqu'à nous : la Grande Pagode des Oies sauvages, ou Dayanta, construite en 652, qui compte sept étages percés d'une ouverture sur chaque côté ; et la Petite Pagode des Oies sauvages, ou Xiaoyanta, qui date des premières années du VIIIe siècle.

L'**architecture civile** bénéficie de l'élan que lui donne la dynastie Sui, très ambitieuse en la matière. Les Sui fournissent un effort économique énorme pour embellir leurs trois capitales d'édifices majestueux, empruntant à des influences extérieures le goût de l'ostentation colossale.
Ce penchant transparaît surtout dans les somptueux palais de la **Cité impériale**, située au nord-est de Changan, la capitale. Reconstruite non loin de l'agglomération homonyme datant des Han, la ville même s'organise suivant un plan carré entièrement ceint de murs ; les voies sont orientées du nord-est au sud-ouest.
Les grands architectes de la période Sui ornent d'édifices superbes la ville et la Cité impériale. Leurs noms sont restés célèbres : Yan Su, ingénieur naval et urbaniste ; Yu Wenkai, ingénieur en hydraulique, architecte aux idées originales et historien de l'art, créateur entre autres d'un pavillon rafraîchi en été par une pluie artificielle ; Yan Bi, ingénieur polyvalent qui conçut des canaux, des digues et des ouvrages d'art, et participa à la **restauration de la Grande Muraille**.
Au milieu du VIe siècle, on assiste à des avancées techniques importantes, qui permettent par exemple la construction d'un **pont suspendu par des câbles de fer**. Mais c'est de 610 que date le **premier pont voûté en maçonnerie**. La dynastie Tang poursuit le projet d'embellissement, de construction et d'aménagement de la cité. Aux VIIe et VIIIe siècles, Changan est la ville la plus splendide et la plus renommée de toute l'Asie.

Les centres bâtis de Méso-Amérique, presque tous investis d'une fonction cérémonielle et administrative, frappent par leurs vastes espaces ouverts parfaitement ordonnés. Les édifices savamment structurés se succèdent sur des kilomètres ; leur orientation se fonde sur le comput des données astronomiques. On ne peut expliquer autrement des prodiges comme Chichén Itzá (Xe-XIe siècle) et Uxmal (IXe-Xe siècle), centres mayas d'époque classique récente.
Le savoir-faire des bâtisseurs méso-américains se manifeste également dans les constructions monumentales qui rythment les vastes espaces au cœur des sites cérémoniels.
Les Mayas ont brillé dans ces réalisations, mais aussi avant eux les Zapotèques et les Totonaques, précédés encore par les Olmèques.

C'est entre le IIIe et le Ve siècle de notre ère que **Teotihuacán** connaît sa grande période d'expansion urbaine, dite *Tlamimilolpa* : la ville passe de 25 000 ou 30 000 habitants à environ 180 000. Pendant la phase suivante, dite *Xolalpan*, qui s'étend entre le milieu du Ve siècle et le milieu du VIIe, la métropole atteint son point d'équilibre et se consolide : sa puissance rayonne sur toute la Méso-Amérique. Les extraordinaires pyramides du Soleil et de la Lune, hautes respectivement de 65 mètres et 46 mètres, datent de la première phase. Il en va de même pour le temple de Quetzalcóatl, pyramide à degrés ornée de grosses têtes de serpent à plumes et d'effigies du dieu Tlaloc, sculptées et peintes de couleurs vives, avec des bas-reliefs décoratifs sur les quatre côtés. La « Citadelle » date également de cette époque ; elle était probablement la demeure du chef politique et religieux. Mais c'est entre le IIIe et le Ve siècle qu'a lieu l'**essor de l'urbanisme**, avec l'aménagement de la place de la Lune devant la pyramide homonyme, et la construction des palais de Quetzalpapalotl, du temple des *Caracoles emplumados* (les « limaçons à plumes ») et de deux autres temples dits des Animaux mythologiques et de l'Agriculture, d'après les peintures qui ornent leurs parois.
Outre les édifices religieux, on remarque la présence de **quartiers civils**, bien distincts des ensembles religieux et des palais de la classe sacerdotale. Les maisons de Teotihuacán remplacent pendant la période classique les huttes traditionnelles. Les plus belles et les plus riches de ces demeures sont construites autour d'un patio central sur lequel donnent les pièces aux parois souvent décorées de bas-reliefs et de peintures ; les pièces sont précédées d'un portique soutenu par des colonnes ou des piliers sur lesquels continuent de courir les frises en relief, dans une abondance décorative qui semble dictée par une sorte d'*horror vacui*.
Si le dénominateur commun de l'architecture méso-américaine est la surélévation des édifices sur une plate-forme, Teotihuacán a la spécificité du *talud-tablero*, superposition d'un degré vertical sur une base en talus qui, répétée plusieurs fois, produit des soubassements massifs mais clairement articulés. Cette typologie se répand dans d'autres aires de l'Amérique centrale, en particulier au Mexique occidental (États de Jalisco et du Michoacán).

Au même moment, dans la région d'Oaxaca, dans le sud du Mexique, la cité zapotèque de **Monte Albán**, à 1 800 mètres d'altitude, connaît la phase III de son développement (Ve siècle et au-delà). Elle prend son aspect définitif, que nous connaissons par certains monuments parvenus jusqu'à nous. L'observatoire astronomique et la pyramide des *Danzantes*, en terre battue, datent cependant de la période préclassique.
Au centre de la cité, se trouve la grande place : elle occupe un sommet arasé grâce à d'énormes travaux de terrassement qui laissent supposer l'existence d'un projet précis élaboré par la classe dirigeante. Elle est bordée à l'est et à l'ouest de temples, et de constructions à degrés aux escaliers de dimensions exceptionnelles. L'acropole, constituée d'un groupe de temples moins importants, s'élève au milieu de la place. Quant au temple principal, il se dresse plus au nord, sur une vaste plate-forme : l'escalier, large de 40 mètres, est à l'échelle du gigantisme architectural du site et de ses colonnes de 2 mètres de diamètre, en grande partie détruites.
Deux constructions sont caractéristiques de Monte Albán : la pyramide M, qui englobe dans sa structure un bâtiment plus ancien en pierre ; et le terrain de jeu de balle, situé à l'est sur un tertre aplani, avec sa forme typique en « T » et ses parois latérales à forte pente, qui fait écho aux terrains de balle maya de l'époque classique, tels ceux de Copán, Chichén Itzá ou Uxmal.
D'abord dotées d'une chambre rectangulaire et d'un toit horizontal, les tombes de cette période reflètent le développement monumental de toute la ville et l'influence désormais évidente de Teotihuacán.
Les chambres funéraires s'enrichissent de niches pour les offrandes, d'une antichambre ou vestibule, et d'un escalier d'accès qui les relie à la cour des maisons.
Les parois sont ornées de bas-reliefs sculptés ou enduites de stuc et peintes de motifs tirés

A gauche : la majestueuse porte en pierres saillantes, ornée de motifs géométriques, du palais dit du Gouverneur à Uxmal, sur la péninsule du Yucatán. La fausse voûte, ou voûte à encorbellement, constituée d'éléments débordant les uns par rapport aux autres, est caractéristique de l'architecture maya.
En haut : les vestiges de Monte Albán dans la région d'Oaxaca, au sud du Mexique. Ce grand centre religieux et politique, capitale spirituelle des Zapotèques, offre un superbe ensemble architectural dont les différents édifices épousent parfaitement le cadre naturel.

A droite : le palais de Palenque, dans l'État du Chiapas, compte parmi les grands centres mayas. Les collines du site ont été transformées en pyramides, que relient en elles des voies dallées. En bas : la « Citadelle », centre de la cité sacrée de Teotihuacán, la plus vaste en superficie de toute la Méso-Amérique. Ses bâtiments imposants aux typologies variées témoignent d'une culture très développée en matière d'urbanisme comme d'architecture.

de l'iconographie religieuse de l'au-delà. Pour la couverture, le toit incliné remplace le toit plat. Au Mexique occidental, les trois cultures des États de Colima, Jalisco et Nayarit se caractérisent quant à elles par leurs tombes à puits, dont la chambre souterraine unique contient des objets funéraires, en argile le plus souvent.

On distingue dans l'**aire maya** trois zones géoculturelles et artistiques : la zone méridionale, au sud du Guatemala, qui subit l'influence de Teotihuacán, du Veracruz central, puis des Toltèques et des Aztèques ; la zone centre-ouest, qui comprend Belize, Péten et le bassin de l'Usumacinta jusqu'au rio Motagua ; enfin la zone septentrionale, qui correspond au nord du Yucatán.
Les **principaux ensembles monumentaux**, Uaxactún, Bonampak, Tikal, Palenque, Piedras Negras et Copán, apparaissent au cours de cette période, généralement dans les basses terres centrales. Ces agglomérations connaîtront un déclin entre la fin du VIIIe siècle et le milieu du IXe siècle, déclin de la fonction cérémonielle et religieuse tout comme des activités économiques.
L'acropole marque également le centre des cités mayas ; autour d'elle, se disposent les principaux quartiers et les temples, dressés sur de hauts soubassements à degrés.
Les habitations ordinaires sont disposées de différentes façons : jamais mitoyennes, elles se regroupent parfois autour de l'acropole dont elles sont séparées par quelques degrés, comme à Tikal, ou bien elles s'éparpillent dans la zone environnante, seules ou par petits groupes, comme à Palenque, ou encore elles se rassemblent en noyaux aux extrémités de l'acropole soigneusement agencée, comme à Copán (VIIe-Xe siècle). Sauf à Tikal, on n'a pas trouvé trace de quartiers propres aux artisans et aux marchands, contrairement à ce qui se passe dans d'autres régions de Méso-Amérique. Certains chercheurs en concluent qu'il faut entendre le terme de « centre cérémoniel » au sens strict. Il nous semble plus juste d'adopter la thèse de C. F. Baudez et P. Becquezin. Selon les deux historiens, ces cités, en tant que sièges du pouvoir et résidences de l'aristocratie, exerçaient toutes les fonctions citadines nécessaires à cette civilisation. Elles constituaient un compromis heureux entre les exigences de l'économie rurale, qui impliquaient la dispersion, et celles de l'organisation sociale, qui tendaient à la centralisation.
L'urbanisme de **Tikal**, l'un des plus anciens centres mayas, est formé de plusieurs noyaux disposés de façon systématique sur une superficie considérable. Ses six temples-pyramides se dressent sur des soubassements extrêmement hauts, à trois degrés, dont la face postérieure est renforcée pour des raisons techniques par des contreforts ; de longs escaliers très raides gravissent la façade avant. Des crêtes faîtières, ou *cresterías*, aux formes élaborées couronnent les temples aux *cellae* de dimensions modestes.
L'évolution de l'architecture maya se lit dans le développement de l'ensemble A-V de **Uaxactún**. Celui-ci s'est construit au cours des siècles à partir d'une simple plate-forme supportant trois temples, devenant peu à peu un système extrêmement complexe et savamment organisé.

Petites pièces et crêtes faîtières se retrouvent dans les palais et les temples en calcaire de **Palenque**. Cependant, ce centre se différencie des autres cités mayas par l'absence de stèles à inscriptions, et surtout par ses bas-reliefs en stuc où se déploie une étonnante richesse créative. Recouvrant les murs des édifices, ces œuvres privilégient les représentations humaines et la célébration du souverain. La cité est également originale par son urbanisme. Ses nombreux édifices datent pour la plupart du VIIe siècle, époque où les palais prennent le pas sur les temples : ils se répartissent ici et là sur de faibles reliefs en bordure du fleuve Olum, sans respecter semble-t-il un quelconque principe d'organisation. Palenque est en cela très différente de Copán, par exemple, qui se présente avec son acropole centrale et ses seize noyaux annexes.
Profitant de la nature vallonnée du site, les Mayas ont aménagé terrasses et degrés de façon à transformer les collines mêmes en pyramides, reliant les différents bâtiments situés sur trois niveaux par des voies dallées. Des tombes occupent souvent l'intérieur des plates-formes des temples ; on y accède par un escalier intérieur très raide.
La crypte des Inscriptions abrite la tombe la plus importante. Une remarquable dalle ferme le sarcophage ; travaillée en relief, elle représente le roi-prêtre qui y est enterré, et comporte une inscription donnant les dates de la vie de ce dernier et d'événements militaires. Il faut également signaler les panneaux de pierre où sont gravés des symboles cosmiques et astrologiques.

La structure typique des temples de Palenque se définit par les éléments suivants : plate-forme naturelle aménagée en degrés, double *cella* divisée par une paroi, murs extérieurs fins et légèrement penchés, couverture en fausse voûte. Cette structure confère au bâtiment une légèreté et une élégance soulignées par la crête faîtière en pierre qui le surmonte. La *cresteria* se prête a des jeux sonores produits par le vent traversant ce couronnement aux ajours géométriques, « musique » qui avait peut-être une signification sacrée.
Il faut enfin rappeler que la **voûte maya** n'est ni une vraie voûte, qui réalise un équilibre entre les poussées latérales, ni une fausse voûte dans laquelle la poussée des pierres en saillie s'exerce verticalement et non latéralement et qui se maintient par la superposition d'autres pierres.
La voûte maya ne ressemble à cette dernière que superficiellement, ainsi que l'expliquent C. F. Baudez et P. Becquezin. En réalité, les pierres, qui deviendront simple parement à l'époque classique récente, n'ont pas de véritable fonction et s'effondreraient sans le mortier et la maçonnerie de remplissage. Ainsi que l'observe Henri Stierlin, nous nous trouvons face à une « pétrification » du toit de la hutte : les Mayas bâtissent des murs qui s'épaississent progressivement vers l'intérieur jusqu'à se rejoindre.

Si **la littérature byzantine revêt une importance incontestable** dans l'histoire de la culture médiévale, c'est plus pour son rôle dans la préservation des textes classiques et des modèles hellénistiques que pour l'originalité de ses contributions, pourtant non négligeables à certaines époques.
L'histoire de la culture byzantine commence au IVe siècle. L'empire d'Orient acquiert alors son autonomie par rapport à Rome, tandis que la culture grecque – qui s'était entre-temps réfugiée à Alexandrie et à Antioche – se déplace à Constantinople, où elle va prendre des formes codifiées et se perpétuer de manière plutôt répétitive, avant de retrouver sa vitalité à partir du XIe siècle.
A l'époque de Constantin, la grande **poésie épique** n'est plus qu'un souvenir : il en survit quelques exemples d'une plate érudition, caractérisés par l'imitation flagrante et stérile des Anciens. La poésie lyrique voit, quant à elle, fleurir – à côté de compositions profanes respectant des modèles néoclassiques éprouvés, aux contenus conventionnels – l'**hymne sacré** à caractère populaire. Ce genre présente des formes nouvelles, basées sur le rythme du chant primitif; les hymnes sont en effet issus des psaumes chantés – seuls autorisés par le concile de Laodicée en 370 –, enrichis par des acclamations et par la répétition de courtes phrases bibliques. Les thèmes sont tirés de la Bible, des homélies et des psaumes eux-mêmes, surtout de ceux en rapport avec la liturgie. A côté des hymnes – qui atteindront ensuite, avec les « canons », l'apogée de la prosodie – apparaissent des œuvres à mi-chemin entre poésie sacrée et profane, nées dans un esprit de réaction contre le paganisme et comportant donc bien des éléments de polémique religieuse.
De toute évidence, leur destination n'est pas liturgique et leur raffinement littéraire, sans concession au goût populaire, atteste la présence d'une élite cultivée. **L'innovation métrique** se fonde sur de nouveaux éléments tels que le nombre de syllabes et l'accent tonique, et sur une scansion des strophes modulée sur la mélodie musicale.
Elle apparaît surtout dans le domaine de l'hymnographie religieuse, byzantine et syrienne, avec influences réciproques. C'est ainsi que se répandent les *Kontakia*, hymnes élaborés selon des schémas bien précis.

A gauche : icône de saint Pierre, Ve siècle. Monastère Sainte-Catherine, Sinaï. Planche à l'encaustique.
A droite :* diptyque Barberini, *ivoire, vers 500. Musée du Louvre, Paris. Ce « diptyque impérial » montre Justinien revenant d'une expédition victorieuse. La Terre, représentée aux pieds du souverain, effleure le pied de ce dernier avec la paume de sa main en signe de soumission, tandis qu'un guerrier scythe fait de même en touchant la lance de l'empereur.
A côté de l'empereur se tient l'un de ses généraux vainqueurs, tandis que, dans la partie inférieure, les peuples de la terre rendent hommage au souverain qui a triomphé au nom du Christ – celui-ci apparaissant entre deux anges, porteur d'un sceptre en forme de croix.

Dans la culture byzantine, la période comprise entre les IVe et VIIe siècles est traditionnellement considérée comme une **époque dépourvue de grands poètes**. Certaines figures se distinguent cependant : Grégoire de Nazianze, patriarche de Constantinople à partir de 379, est l'auteur d'homélies, d'épîtres et de poèmes lyriques religieux à contenu polémique, ainsi que d'épigrammes à caractère familier (imitées ensuite par d'autres auteurs byzantins). On y sent l'élan authentique d'un esprit pénétrant, d'une âme sensible et d'une éloquence vibrante. Synésios de Cyrène (IVe-Ve siècle), son disciple, est un philosophe néoplatonicien qui n'atteint pas les sommets poétiques de son maître. Dans la seconde moitié du VIe siècle, il y a aussi des auteurs de recueils d'hymnes appelés tropaires, dont surtout Rhômanos le Mélode, avec qui se précisent la métrique et la scansion de l'hymne en strophes régulières. Au VIIIe siècle, saint Germain le considère comme le fondateur de l'hymnodie. En dépit de certains aspects conventionnels de son œuvre, il est, pour de nombreux spécialistes, le plus grand poète religieux de tout le Moyen Age. On sait peu de choses à son sujet et son appartenance à l'époque d'Anastase Ier n'a pu être établie que récemment. On lui attribue près d'un millier d'hymnes (dans l'un d'eux, il fait allusion aux émeutes de 532 à Constantinople et à la reconstruction de Sainte-Sophie en 537). Siméon Stylite écrit aussi des hymnes à la même époque ; au siècle suivant, c'est le tour des patriarches Serge de Constantinople et Sophrone de Jérusalem, auteurs par ailleurs d'homélies et d'idiomèles. Des épigrammes classiques en trimètres iambiques sont en revanche composées par Agathias, surtout connu pour ses *Poèmes* et *Épigrammes* (un recueil réunissant ses vers et ceux d'auteurs contemporains), et par Georges Pisidès. Ce dernier réussit à allier poésie lyrique sacrée et profane dans la mesure où il sait exprimer, dans des formes et selon des motifs typiquement byzantins, un contenu en rapport avec le christianisme.
Après lui, pendant près de deux siècles, on ne composera plus d'épigramme, jusqu'à ce que le genre reprenne vie avec Théodore Stoudite au IXe siècle.

Après le règne de Constantin, l'**historiographie** s'étiole, dans sa forme « laïque » du moins (au point que le terme *istorikós* finit par désigner les auteurs de romans merveilleux). Seule exception, le païen Zosime, qui vécut entre la fin du Ve et le début du VIe siècle. Farouche adversaire du christianisme, il est l'auteur d'une *Histoire contemporaine* en 6 volumes, dans laquelle il traite des événements de l'Empire jusqu'en 410 apr. J.-C., date à laquelle il s'interrompt brusquement. L'**historiographie ecclésiastique** est au contraire un domaine florissant, dans lequel se distingue un « nouvel Hérodote » chrétien : il s'agit d'Eusèbe de Césarée, évêque et historien du IVe siècle, auteur d'une célèbre *Chronique* en grec (plus tard traduite en latin et continuée par saint Jérôme) et d'une *Histoire ecclésiastique* en 10 volumes (qui s'arrête en 325), prolongée dans l'*Historia Tripartita* par Socrate de Constantinople, Sozomène et Théodoret de Cyr au Ve siècle. Au cours des siècles suivants,

toutes ces œuvres serviront de sources à de nouveaux recueils d'historiographie érudite. On continue de rédiger des compilations sur le modèle des annales, avec listes de patriarches et de fondations d'églises (souvent pour leur attribuer une origine apostolique), mais sous le règne de Justinien (527-565), dans le bouillonnement de la vie politique et de la culture aristocratique, on voit aussi se développer une **historiographie de cour** qui mêle le goût esthétique raffiné de l'élite à l'intérêt pour la chronique de type byzantin. Pour autant, les auteurs sont loin de pratiquer l'objectivité dans le récit historique, tant en raison des conditionnements dus au milieu - la cour impériale, à laquelle ces ouvrages sont destinés - que de l'esprit de parti dont ils sont eux-mêmes animés.
Par ailleurs, l'historiographie donne lieu à une production simple et spontanée de caractère anecdotique, œuvre de moines peu cultivés, destinée au grand public.
On trouve cependant des historiens de valeur, à commencer par **Procope**, secrétaire et conseiller du général Bélisaire, qu'il suit dans ses campagnes en Afrique, en Italie et en Perse. Procope est l'auteur du *Livre des guerres* en 8 volumes consacrée à la guerre contre les Perses, les Vandales et les Goths, dans laquelle il exalte Bélisaire et Justinien ; puis d'une *Histoire secrète*, dans laquelle il formule d'âpres et pointilleuses critiques contre Justinien ; enfin, d'un panégyrique enthousiaste du même empereur - le *Traité des édifices* (560) - dans lequel il chante les louanges du *basileus* en dressant la liste des monuments majestueux élevés sur son ordre à Byzance.
A la même époque et dans ce même milieu de cour, il faut aussi mentionner Pierre Patrice, historien et juriste ; Agathias, historiographe et poète déjà cité ; Nonnos, ambassadeur et auteur d'œuvres historico-ethnographiques ; Ménandre et Jean Scolastique de Syrie, qui œuvrent tous dans le domaine de l'historiographie profane. Dans l'histoire religieuse du VIe siècle, il faut signaler Évagre, Zacharie le Rhéteur et Jean d'Éphèse. **Paul le Silentiaire**, fonctionnaire de Justinien, inaugure le genre des *patria* (recueils à caractère documentaire, artistique et topographique) avec son *Sur la grande église*, consacré à Byzance, dont il recherche et décrit les origines historiques et les beautés architecturales et naturelles. On y trouve notamment une très célèbre description de Sainte-Sophie.
Toujours sous le règne de Justinien, la chronique byzantine - issue des traditionnelles annales municipales - trouve d'illustres représentants en Hésychius de Milet et surtout Jean Malalas (du syriaque *malala*, « orateur », « avocat »), dont l'identité est controversée, mais qui est communément désigné comme l'auteur de la **première chronique byzantine**. Il s'agit d'une œuvre à caractère populaire et légendaire, ouverte au merveilleux et aux événements locaux (on y enregistre cataclysmes, tremblements de terre, éclipses de soleil et autres événements extraordinaires, ainsi que les détails de la vie provinciale), qui résulte davantage d'un mélange de sources et textes divers que d'une élaboration originale. L'intention apologétique à l'égard du christianisme y est manifeste. S'appuyant non tant sur une critique historique ou une analyse des sources que sur une recherche de l'effet, parfois un peu grossière, l'œuvre va rencontrer un grand succès auprès du peuple, mais aussi des auteurs suivants qui en citeront des chapitres entiers, jusqu'à l'anonyme *Chronikon Pascale* ou *Constantinopolitanum* (XIe siècle).

En bas : mosaïque byzantine provenant d'une synagogue, VIe siècle. Elle représente l'arche de la Loi et la menora, le chandelier hébraïque à sept branches. Musée d'Israël, Jérusalem. A droite : icône d'or et d'argent représentant saint Siméon Stylite l'Ancien, l'un des nombreux ascètes de l'Église chrétienne primitive. Siméon est appelé « Stylite » parce qu'il vécut quarante ans, jusqu'à sa mort, au sommet d'une colonne près de la ville de Sis, en Cilicie, prêchant, priant et accomplissant des prodiges.

L'**hagiographie** (ou vie des saints) est un genre très prisé dans l'univers byzantin ; elle constitue une lecture édifiante pour les fidèles et on la récite parfois même à l'église pendant la liturgie. Le cadre historique y est toujours présent, mais la partie fondamentale est celle qui a valeur d'exemple et d'enseignement, faisant de la vie du saint - racontée selon un schéma bien défini, avec miracles et visions - un modèle digne d'être médité et imité. C'est le cas de la vie d'Antoine écrite par Athanase d'Alexandrie, de la biographie de Porphyre de Gaza rédigée par Marc Diaconos et de celle d'Hypatios racontée par Callinique (toutes deux du Ve siècle), ou encore de la vie de Theognis composée par Paul le Grec entre les Ve et VIe siècles. Dans presque chaque monastère de l'Empire byzantin et de l'Orient chrétien, l'hagiographie devient un genre florissant qui offre une série d'exemples de sainteté et d'ascèse, à côté d'un petit nombre de données historiques fiables.
Tandis que le clergé de Byzance se consacre à l'exégèse biblique et aux controverses théologiques pour défendre l'orthodoxie contre monophysites et nestoriens, les moines de l'Orient chrétien - Palestine, Syrie, Égypte (jusqu'à la conquête arabe), Thrace et Asie mineure - écrivent un nombre considérable d'**œuvres ascétiques et mystiques**. L'*anabasis*, ou ascèse menant à l'ascension, trouve ses champions en Siméon Stylite le Jeune et Jean Climaque, dont l'œuvre la plus connue, le *Klimax* ou *Échelle spirituelle*, constitue une sorte de guide menant par « degrés » à la contemplation de Dieu par les yeux de l'esprit. Au VIIe siècle, la mystique s'épanouit avec Maxime le Confesseur et l'on compose des florilèges de proverbes, morceaux ascétiques et exégèses bibliques qui tracent pour le lecteur la voie de la vertu.

Les **empereurs** eux-mêmes s'attachent à encourager la culture, non seulement par leur patronage personnel et celui de leur cour, mais par la pratique de l'écriture et des activités littéraires. L'empereur **Julien l'Apostat** (361-363) est le « sophiste couronné », qui s'intéresse au néoplatonisme et aux cultes ésotériques ; son œuvre satirique, polémique et épistolaire révèle un esprit éclectique et une grande modernité conceptuelle, chose rare dans l'atmosphère stéréotypée de la cour. **Eudoxie**, épouse de Théodose II (408-450), paraphrase les Saintes Écritures et compose un poème historique en l'honneur des victoires de Byzance sur les Perses. **Justinien** lui-même (527-565), non content de déployer ses connaissances juridiques et administratives dans le code qui porte son nom, cultive la poésie et semble être l'auteur de plusieurs hymnes.

Le concile Quinisexte ou *in Trullo* (691) interdisant les spectacles païens aux chrétiens, l'intransigeance du christianisme dans ce domaine voue à la disparition le genre théâtral, déjà en déclin. Pour satisfaire néanmoins le besoin de spectaculaire et de *drama* (action scénique) du peuple - toujours plus attiré par les spectacles de danse et de mime, souvent de bas niveau - l'Église cherche à récupérer certains éléments dramatiques fondamentaux pour les insérer dans le **rituel liturgique**, les homélies, le chant même des fidèles (les *kontakia* sont souvent récités sous forme théâtrale).

Comme le souligne Viktor Lazarev, grand spécialiste contemporain de l'art byzantin : « C'est le culte qui réunit en lui tous les mystères. Et mystères étaient les symboles, les allusions sensibles au monde suprasensible, les sacrements et chaque acte du service divin. [...] Le croyant sentait la présence invisible de Dieu dans l'Église, il était en contact avec lui d'une façon concrète quand il écoutait les chants, respirait le parfum de l'encens, regardait les icônes et se laissait pénétrer par les paroles de la liturgie divine.

A gauche : métope datant du règne de Théodose Ier (379-395), conservée au musée de Delphes.
Ci-contre : Vierge à l'Enfant. Icône byzantine peinte à l'encaustique (VIIe siècle), église Santa Francesca Romana, Rome. Peu d'icônes de cette époque nous sont parvenues, beaucoup d'entre elles ayant été détruites lors de la querelle iconoclaste.
En bas, sur deux pages : Justinien, l'empereur « digne d'être chanté », offre à la Vierge portant l'Enfant l'église Sainte-Sophie, tandis que Constantin, « grand empereur au nombre des saints », lui remet la ville de Constantinople. Lunette surmontant la porte sud du vestibule de Sainte-Sophie à Istanbul. La technique utilisée dans cette œuvre respecte, sans aucun signe de décadence, les principes qui avaient inspiré les mosaïques pré-iconoclastes : une lumière semble irradier de l'enfant Jésus, les linges d'or qui l'enveloppent étant parsemés d'argent.

Seul le rituel ecclésiastique pouvait ouvrir une voie vers Dieu : c'est pourquoi tout était fait pour créer ici-bas un système permettant, par l'intermédiaire de symboles perçus par les sens, de donner dès à présent l'avant-goût de la félicité éternelle. » En ce sens, **l'art est l'instrument fondamental** qui peut fournir le contexte architectural et décoratif dans lequel se déroulent le culte et son cérémonial. Chaque partie de l'édifice sacré a une fonction et une signification symboliques, tandis qu'un rôle très important de médiation entre le fidèle et la contemplation du divin est confié aux **icônes**, peintures portables réalisées sur des panneaux de bois, que l'on voit apparaître d'abord en Égypte, Syrie et Palestine. Les effigies hiératiques et stylisées d'évêques et de martyrs, mais aussi du Christ, de la Vierge et des saints, se détachent sur le fond doré, dans la lueur tremblante des bougies, renforçant chez le fidèle l'*epéctasis* (désir de l'au-delà), en l'aidant à se détacher du monde terrestre et à s'élever par l'esprit « jusqu'à l'invisible ». Dans le droit fil des conceptions néoplatoniciennes, l'œuvre d'art tend à exprimer l'idée, l'essence de ce qu'elle représente. Elle ne laisse pas de place à la liberté créatrice de l'artiste, mais lui impose des schémas de composition complexes et des modèles iconographiques fixés par la tradition. Dans l'icône, l'image s'inscrit dans une sorte de réseau géométrique et sa composition résulte de l'application d'un module régulier, répété un certain nombre de fois pour obtenir la tête, la figure entière ou le buste. Dans l'esthétique byzantine, les couleurs ne doivent pas être utilisées dans un sens purement décoratif, mais comme des instruments exprimant les propriétés secrètes et mystérieuses de l'essence divine. Le blanc fait ainsi rayonner la lumière, c'est la couleur de la gloire divine (au cours des cérémonies solennelles, les empereurs byzantins sont vêtus de blanc) ; l'or est un pur reflet lumineux, symbole par excellence de la lumière divine ; le bleu renvoie au mystère de la divinité, c'est la couleur profonde et spirituelle de la transcendance ; le rouge, qui symbolise le sang versé, colore le vêtement du Christ et des martyrs ; le pourpre est signe de puissance et de richesse, consécration royale et sacerdotale (à Byzance, la cour impériale détient le monopole des précieuses étoffes de pourpre ; dans le palais, il existe une salle dont les murs en sont entièrement recouverts et les empereurs qui y naissent reçoivent le qualificatif de « porphyrogénètes ») ; le vert, couleur de la nature, est employé pour les vêtements des rois et des prophètes ; le brun foncé symbolise le renoncement et la pauvreté des ascètes et des moines ; enfin, le noir est absence totale de lumière, symbole des ténèbres, du péché, de la mort.

Soumis aux directives de l'empereur et de l'Église, l'appareil iconographique est un **outil d'enseignement et de propagation** de l'idéologie dominante en matière religieuse et politique. Dans les **mosaïques** et les **peintures murales**, qu'elles soient d'inspiration sacrée ou profane, on retrouve le même recours au module, une certaine prédominance de la ligne et un hiératisme solennel (jamais totalement abstrait à Byzance, contrairement à l'art de l'Orient chrétien), un même fond doré, des architectures rendues légères et immatérielles par l'emploi de la « perspective inversée », le même aspect frontal et une manière de procéder quasi impressionniste, par l'application de taches de couleur.
Deux attitudes contraires sous-tendent la culture byzantine et aboutissent à la **querelle iconoclaste** : l'importance centrale de la figure humaine dans l'art, héritage de l'hellénisme, et son rapport avec le dogme de l'incarnation du Christ ; mais aussi la tendance, déjà présente aux VIe-VIIe siècles, à rechercher un art plus spirituel allant vers l'abstraction. Sous le règne de Justinien, déjà, la décoration des édifices sacrés est dépourvue d'éléments figuratifs et consiste en motifs ornementaux et géométriques (dans la coupole de Sainte-Sophie se dressait, solitaire et symbolique, une grande croix), tandis que des mosaïques à caractère figuratif sont introduites à Sainte-Sophie, comme dans l'église des Saints-Serge-et-Bacchus, par l'empereur Justinien II, pendant la seconde moitié du VIe siècle. En dehors des mosaïques des églises, il faut citer, au nombre des expressions de l'art de Constantinople, les mosaïques réalisées pour le Palais impérial (première moitié du VIe siècle), qui représentent les six conciles œcuméniques. Dans le même temps, la production se poursuit dans les ateliers impériaux, qui excellent dans les **arts mineurs** ou appliqués : orfèvrerie, objets en argent, bois et ivoires gravés, émaux, enluminures, tissus (notamment la soie, qui est d'introduction récente, et la pourpre), monnaies (à l'effigie de l'empereur), pierres précieuses – les Byzantins se révéleront des maîtres dans l'art difficile de la taille et de la gravure des pierres précieuses, tombé en désuétude en Occident. Cette habileté restera très appréciée par la suite, jusqu'en plein Moyen Age.

Le **culte des icônes** s'impose spontanément auprès de la population pendant le Ve siècle et s'enracine au VIe siècle, au point que les villes et les armées qui s'affrontent utilisent l'icône comme une sorte d'amulette ou de bouclier. Aux VIe et

VIIe siècles, les icônes sont surtout réalisées selon la technique à l'encaustique, d'ancienne origine, par des moines-iconographes (les exemples dus à l'école de Constantinople ne manquent pas). Ce sont des œuvres de grande qualité, que les icônes à la détrempe de la période venant immédiatement après ne réussiront pas à égaler (leur composition sera plus approximative, les figures plus rigides, la couleur moins nuancée).
Il est impossible de citer ici les innombrables productions de cet art pré-iconoclaste : seule une partie infime de ces œuvres a échappé à la fureur iconoclaste qui a ravagé Byzance et l'Asie mineure.

En haut : détail d'un vase d'argent retrouvé en Syrie. Art byzantin du VIe siècle. Musée du Louvre, Paris. A droite : panneau d'ivoire datant d'environ 400. British Museum, Londres. Il représente l'apothéose d'un empereur romain (peut-être Julien l'Apostat). Dans le bas du panneau, une statue de l'empereur est tirée par quatre éléphants. Au second plan, un quadrige de chevaux conduit par un jeune garçon et précédé de deux aigles, emblèmes du pouvoir impérial, surmonte un bûcher funéraire. Dans la partie supérieure, deux génies ailés emportent le défunt jusqu'au lieu où se trouvent ses prédécesseurs.
Le monogramme est celui de la puissante famille des Symmaque, tenants des traditions antiques et païennes.

Un édit de **Léon III l'Isaurien** (726) interdit officiellement le culte des images, mais le peuple continue à vénérer les icônes en secret ; une lutte impitoyable s'engage contre l'art figuratif à caractère religieux (elle atteint son paroxysme sous le règne de Constantin V) et contre les monastères, citadelles de la création et du culte des icônes. Au foisonnement iconographique antérieur se substitue une **décoration dépourvue d'icônes**, souvent influencée par l'art islamique de la même époque. C'est au point que l'église des Blachernes, privée de ses mosaïques originelles d'inspiration néotestamentaire et ornée de motifs végétaux et zoomorphes, finit par ressembler – comme s'en indignent les témoignages littéraires du temps – à un jardin ou à une volière plus qu'à une église.

Les édifices profanes conservent leur ornementation anthropomorphique et leurs portraits, tandis que disparaissent les images sacrées qui sont recouvertes d'enduit ou lacérées. Elles cèdent la place à des symboles abstraits, comme celui de la croix.
Restauré entre 787 et 815, le culte des images fera l'objet de nouvelles persécutions jusqu'en 843, date à laquelle **l'iconoclasme prendra fin**, après les positions plus tolérantes de Michel II et de Théophile.

Il est impossible de rendre compte de manière exhaustive de toute la richesse des manifestations artistiques de cette période - pourtant tourmentée sur les plans politique et économique - qui va du Ve au VIIIe siècle, dans les diverses régions d'Italie, avec leurs différents cadres de référence (influence romaine, ostrogothe, byzantine, lombarde ou purement locale). On peut cependant mentionner quelques aspects de la culture de l'époque, de la peinture aux mosaïques, des arts mineurs à la littérature.

Dès l'abord, on peut remarquer que c'est précisément à **Rome** que la mosaïque commence à servir non seulement au pavage des édifices, mais aussi à recouvrir murs, coupoles et voûtes. Les imposants espaces des constructions civiles et des monuments de l'ancienne capitale de l'Empire offrent en effet de vastes possibilités aux programmes de glorification et de célébration du faste impérial. Goût des effets plastiques, accentuation des contours et caractère monumental caractérisent les décorations murales de cette période (IVe-VIe siècle) à Rome, en particulier dans certaines **mosaïques** : celles des absidioles de Sainte-Constance, celles de Sainte-Sabine, Sainte-Prudentienne et des Saints-Côme-et-Damien. On sent une grande différence, plus de liberté, dans les mosaïques des églises de Milan et de Naples, exécutées par des écoles locales moins soumises à des règles rigides et au contrôle direct de l'Église. D'autres mosaïques, dont celles de la coupole de Sainte-Constance, de l'une des absides du baptistère du Latran, de Sainte-Marie-Majeure et de Saint-Jean-de-Latran, obéiraient en revanche à une volonté purement décorative, dans laquelle la figure humaine joue un rôle très marginal, peu significatif; expression de la réaction des chrétiens cultivés, conscients de la totale inadéquation du langage antique pour restituer en peinture les figures du Christ et des saints. Lazarev parle d'une « tendance iconoclaste particulière qui vient d'en haut, des couches les plus élevées de la société » en Occident. On sent par ailleurs une influence byzantine évidente dans les mosaïques de l'arc triomphal et de la nef centrale de Sainte-Marie-Majeure (Ve siècle) à Rome et dans celles du mausolée de Galla Placidia à Ravenne, inspirées sur le plan iconographique par des modèles orientaux (peut-être par le biais d'enluminures de manuscrits provenant de l'empire d'Orient) et complètement différentes des ensembles de mosaïques italiennes cités plus haut.

Subissant l'attraction du pôle byzantin en raison même de sa situation géographique, **Ravenne** - qui bénéficie d'un grand épanouissement architectural grâce à la munificence de ses dirigeants (Honorius, Galla Placidia, Valentinien III, Odoacre, Théodoric et Justinien) - s'enrichit continuellement de nouveaux monuments à partir du Ve siècle et jusqu'à la fin du VIIe siècle. Au IVe siècle déjà, il existe une **tradition locale de la mosaïque** dans les ateliers ravennates, qui se présente comme une école artistique avec ses caractères particuliers, tout en restant ouverte aux influences de l'art de Constantinople. D'une extrême beauté et d'une très haute qualité, les mosaïques du **mausolée de Galla Placidia** sont l'œuvre de deux maîtres : l'un, venu de Constantinople, a exécuté les parties principales et dirigé les travaux; l'autre a été choisi parmi les spécialistes du cru. Les mosaïques du **baptistère des Orthodoxes** (Ve siècle) sont également remarquables; l'apport de la tradition locale, sensible au classicisme, y est plus important (comme cela apparaît notamment de manière évidente dans la valeur plastique des figures et le choix des couleurs). Même si elles s'en inspirent manifestement, les mosaïques du **baptistère des Ariens** - réalisées sous le règne de Théodoric (493-526) - révèlent une certaine décadence dans le dessin et un goût plus barbare, comme en témoignent des traits épaissis, la recherche du monumental, la plus grande rigidité des figures. Les mosaïques les plus remarquables de l'époque de Théodoric se trouvent à l'intérieur de **Saint-Apollinaire-le-Neuf** (église alors dédiée au Sauveur) : c'est un ensemble d'un grand hiératisme, dans lequel figuraient également à l'origine Théodoric et sa femme, entourés de leur cour de nobles goths, à côté des figures de la Vierge et du Christ. Très vite, en raison du scandale qu'elle suscite auprès des milieux ecclésiastiques du temps, la scène est partiellement effacée et remplacée par deux cortèges de vierges et de martyrs, à l'instigation de l'évêque Agnello (670). Dans l'ensemble, ces mosaïques se révèlent plus influencées par la tradition de l'Orient chrétien (en particulier syrien) que par le grand art de la capitale byzantine.

LE MAUSOLÉE DE GALLA PLACIDIA

En dépit de la rigueur critique qui l'anime, la description suivante - due à Viktor Lazarev, l'un des plus grands historiens contemporains d'art byzantin - est à la fois puissante et évocatrice : « Quand on pénètre dans ce lieu peu étendu et chichement éclairé, en forme de croix, on se sent immédiatement transporté dans un autre monde, un monde ultraterrestre, où tout respire le miracle et porte le sceau de l'inhabituel et du précieux. Les murs sont recouverts de marbre, dont la surface polie et brillante contraste avec le scintillement inégal des tesselles de mosaïque tout en le renforçant. Les figures majestueuses aux vêtements blancs irisés de touches bleu ciel et gris-vert semblent émerger d'un fond bleu intense. Sur le fond de la coupole, de couleur identique, flamboient des étoiles et une croix d'or. Les voûtes sont recouvertes de différents motifs ornementaux évoquant étoffes et tapis précieux. Ici aussi, les fonds sont bleus et généreusement parsemés de petites étoiles blanches, de croix, de rosaces pointillées de rouge et d'acanthes dorées. La carnation des personnages est exécutée dans des tons blanc, rose et gris cendré, légers comme ceux d'une aquarelle. Une à une, des tesselles rouge brique sont insérées çà et là avec un art consommé et s'allument d'un feu vif, donnant aux visages un reflet fantomatique et éphémère. Dans cet espace magique, les couleurs s'illuminent et brûlent d'une splendeur qui n'est pas de ce monde - destinées à exprimer cette émotion intérieure et ce frémissement de l'âme qui sont inséparables, dans la conscience des adeptes de la nouvelle esthétique chrétienne, des représentations artistiques. La partie centrale des peintures du mausolée de Galla Placidia est occupée par la croix ornant la coupole, symbole de la Passion du Christ et de sa victoire sur la mort, entourée d'étoiles et des emblèmes des quatre évangélistes. Les apôtres représentés au-dessus et au-dedans des arceaux de la coupole lui rendent hommage, et saint Laurent semble aller à sa rencontre, prêt à subir le martyre au nom du Christ. La croix que l'on voit dans sa main droite et une petite armoire représentée à gauche et renfermant les quatre Évangiles, posés sur ses étagères, font allusion au fait qu'il a accepté le martyre en imitant le Christ et en ayant parfaitement assimilé son enseignement [...]. Toute cette symbolique complexe remonte aux décorations des martiria *et à leurs cultes funéraires diversifiés. A ces derniers sont également liées des représentations comme celles des colombes qui s'abreuvent à des coupes et des cerfs qui se dirigent vers un petit lac, symbolisant les âmes assoiffées de Dieu. Enfin, la scène bucolique représentée au-dessus de la porte et montrant le Bon Pasteur au milieu des brebis s'inspire également du culte funéraire, sans quoi elle ne se rencontrerait pas si fréquemment dans les catacombes. Dans la mosaïque cependant, d'humble jeune homme à l'apparence d'éphèbe, le Christ s'est transformé en souverain des cieux, semblable à un empereur majestueusement assis : il s'appuie sur une croix d'or, porte un chiton doré à rayures bleu azur, et sur ses genoux est jeté un manteau de couleur pourpre. Dans cette image, on voit clairement comment la peinture naïve, pastorale et bucolique des premiers temps de la chrétienté a cédé la place, sous l'influence du cérémonial de la cour, à une solennité emphatique déjà en grande partie byzantine par son esprit. »*

Viktor Lazarev, Histoire de la peinture byzantine, *Moscou, éd. Naouka, 1971.*

A gauche : porte en bois de la basilique Sainte-Sabine, Rome. Les 18 panneaux en cyprès qui recouvrent la porte (sur 28 panneaux à l'origine) forment l'ensemble de sculptures sur bois le plus important qui nous soit parvenu dans la partie occidentale de l'Empire romain. Le personnage vêtu d'une chlamyde, qui est représenté à côté de l'ange, a été identifié comme étant Pietro Illirico, fondateur de l'église au Ve siècle.

La reconquête byzantine (540) vient donner un **nouvel élan au travail des mosaïstes ravennates**, toujours plus spécialisés, connaisseurs des modèles iconographiques orientaux parvenus sous forme de miniatures et d'ivoires. La décoration de la basilique **Saint-Vital**, œuvre de maîtres locaux influencés par le style de Constantinople, en témoigne. Dans cet ensemble de mosaïques, il faut citer les **portraits de l'empereur Justinien et de l'impératrice Théodora**, placés sur les côtés de l'abside et représentés de face, en tenue de cérémonie et dans une attitude solennelle, accompagnés de leur suite (dans laquelle on remarque le général Bélisaire) et de l'archevêque Maximien, à qui l'église doit sa consécration. Les deux pouvoirs, impérial et ecclésiastique, dominent les autres personnages et s'imposent au regard des fidèles et des visiteurs.
Des ateliers de formation identique opèrent à **Saint-Apollinaire-in-Classe** (milieu du VIe siècle), où l'on a affaire à une simplification encore plus évidente des formes et à une accentuation de la vivacité chromatique ; si la couleur est plus vive, elle est cependant plus uniforme, dans la mesure où la gamme des nuances se réduit.
En ce qui concerne la grande **peinture murale** de la même époque, il faut mentionner les deux cycles de fresques de **Sainte-Marie-Antique à Rome** (nous nous référons à celles datant des pontificats de Martin Ier (649-655) et Jean VII (705-707) et de **Castelseprio**

A droite : détail de l'un des deux cycles de fresques de Sainte-Marie-Antique, Rome.
En bas :* Présentation au Temple, *fresque. Art lombard, IXe siècle. Santa Maria Foris Portas, Castelseprio.
En dépit du très petit nombre de teintes claires utilisées, l'infinité d'ombres et de nuances présente une remarquable subtilité chromatique.
Les fresques de Castelseprio retracent une série de scènes de la vie de la Vierge et de l'enfance du Christ, manifestement destinées à mettre en valeur le dogme de l'Incarnation, d'une importance fondamentale dans la controverse entre ariens et chrétiens.

(il s'agit de scènes de la vie de la Vierge et de l'enfance du Christ, pour lesquelles la datation la plus fiable semble se situer entre le VIIe siècle et le début du VIIIe). Toujours selon Viktor Lazarev, « ces œuvres entrent de toute évidence dans l'orbite des monuments de Constantinople et [...] ne peuvent absolument pas être considérées comme le produit de l'évolution artistique locale » ; elles doivent donc être rapprochées de l'art byzantin pré-iconoclaste. Si les rapports entre Milan et Byzance sont attestés, l'arrivée à Castelseprio (province de Varèse) d'un maître de passage venu de Constantinople n'est pas une exception ; c'est encore plus vrai à Rome, où les colonies orientales sont nombreuses et se dotent à cette époque de monastères et d'églises (on y officie en grec selon la liturgie de saint Basile), de bibliothèques et de véritables *scriptoria* qui répandent l'art byzantin en Italie.
Il subsiste fort peu d'exemples des **créations de joaillerie** fabriquées à l'époque de Justinien (évangéliaires en or, croix de cérémonie, calices, pendentifs et reliquaires) avec l'or pris aux Vandales, mais les **ivoires** d'origine byzantine sont en revanche bien représentés en Italie. Il s'agit de tablettes d'ivoire réunies par paire au moyen d'une charnière et ornées à l'extérieur de figures en haut-relief, sur le modèle iconographique raffiné de la Rome antique. L'exemple le plus célèbre vient de Byzance : c'est le *Diptyque Barberini*, qui date de la seconde moitié du VIe siècle et représente Justinien à cheval, triomphant de ses ennemis (aujourd'hui au musée du Louvre). L'habitude de recouvrir d'ivoire le mobilier ecclésiastique est par ailleurs courante. L'un des plus beaux exemples en est la *cathèdre de Maximien* (546-556), du nom de son destinataire, le puissant archevêque de Ravenne. Dans ce trône d'ivoire, divers styles suggèrent l'intervention d'artisans originaires de l'Orient chrétien (de Syrie ou d'Alexandrie) ou même une fabrication dans la région de Constantinople, peut-être sur ordre de Justinien.

Les fresques de Sainte-Sophie à Bénévent (v. 762) sont peut-être le meilleur exemple connu de **peinture lombarde**. Elles comprennent, dans l'abside de droite, une partie de l'*Histoire de la Vierge* (*Annonciation* et *Visitation*) et, dans celle de gauche, l'*Histoire de Zacharie*, père de saint Jean-Baptiste, avec d'évidents emprunts stylistiques et thématiques à l'Orient chrétien. Ces mêmes influences semblent également se retrouver, bien qu'avec un caractère italique plus marqué, dans les fresques de San Salvatore à Brescia (v. 760), centrées sur les *Récits de la vie de Jésus et de la Vierge*.
Pour ce qui est de la **sculpture**, on s'est récemment intéressé aux *pluteus* et aux chapiteaux de la crypte de Sant'Eusebio à Pavie (VIe-VIIe siècle), et à ceux qui proviennent de l'église palatine de Sant'Anastasia à Corte Olona (province de Pavie), érigée par Liutprand (740).
Ces chapiteaux, transposition monumentale de motifs propres à l'orfèvrerie lombarde, présentaient vraisemblablement à l'origine une surface rendue polychrome par des émaux ou des pâtes de verre. L'autel de

LES FRESQUES LOMBARDES DE CASTELSEPRIO

S'appuyant sur des sources apocryphes (comme le Protoévangile de Jacques *et l'*Évangile du pseudo-Matthieu, *l'auteur des fresques de Castelseprio révèle, dans ses représentations de la vie de la Vierge et du Christ, sa volonté de mettre en valeur le dogme de l'Incarnation. Cela répond bien à la mission d'affirmer hautement la nature divine du Christ, contrairement aux thèses de l'hérésie arienne (les Lombards sont ariens jusqu'aux alentours de 660), rôle précisément confié à la peinture religieuse (on suppose que le commanditaire était un représentant cultivé du clergé catholique). Le cycle de Castelseprio – en dépit de la dégradation de la peinture, tracée au moyen de la technique particulière consistant à repeindre à chaux les mêmes couleurs sur esquisse de la fresque – atteste la permanence de la tradition hellénistique parmi les artistes grecs travaillant en Italie. L'auteur, un maître qui connaît manifestement le style sobre de la peinture de la fin de l'Antiquité, sait donner aux figures vivacité, réalisme et dynamisme, les disposant plus librement dans l'espace, donnant du mouvement au drapé et offrant des raccourcis en perspective des rochers et des architectures de l'arrière-plan. Le rendu chromatique surprend lui aussi par l'étonnante transparence de la couleur, modulée en un petit nombre de teintes claires, avec une infinité de nuances et d'ombres.*

Rachis à Cividale del Friuli, les six statues stylisées du petit temple lombard et le sarcophage du duc Gisulf datent de la même époque, mais expriment un langage artistique bien différent (ce dont prendra conscience la « renaissance » de l'époque de Liutprand), qui coexiste à côté du premier. On a donc d'un côté la référence au naturalisme et à une base péninsulaire et méditerranéenne, et de l'autre l'adoption de motifs d'origine germanique, surtout de ce que les historiens d'art définissent comme le « deuxième style zoomorphe » – qui se distingue notamment par des motifs entrelacés très fréquents dans les œuvres d'orfèvrerie. Parmi les **objets funéraires** retrouvés dans les principales nécropoles (Santo Stefano in Pertica dans le Frioul, les tombes disséminées le long du bassin de l'Adige et, dans le duché de Spolète, les cimetières de Nocera Umbra et Castel

Trosino) figurent des **fibules** à étrier et des fibules en « S », qui permettent une datation. Elles caractérisent le vêtement féminin, qui évolue entre les VIe et VIIIe siècles, témoignant ainsi de l'attention accordée par les femmes lombardes aux modes de l'Italie byzantine. Outre les fibules, on trouve dans les tombes des épingles à cheveux et des broches, des peignes, des boucles d'oreille, des colliers à pendentifs d'or, des bagues. Les objets les plus précieux, par leur matière et leur travail, figurent parmi les « trésors » ayant appartenu à une famille ou à une communauté, église ou monastère, sans doute cachés en un moment de grand danger : croix et fibules en or, vaisselle d'argent, plaques de ceintures d'apparat en or, magnifiques bijoux. A côté de cela, il y a encore les **trésors royaux**, comme celui de la reine Théodelinde, conservé aujourd'hui dans la cathédrale de Monza. On y trouve la très célèbre *Couronne de fer* (VIe siècle), faite d'une feuille d'or sertie de perles et de pierres précieuses. Cette couronne fit l'objet d'une donation par Théodelinde à la basilique San Giovanni Battista, érigée sur son ordre.
Parmi les nombreux joyaux de ce trésor, il faut mentionner l'un des plus célèbres chefs-d'œuvre de l'orfèvrerie lombarde, le précieux groupe de la *Poule et ses poussins*, en argent doré, œuvre d'un atelier d'orfèvrerie du nord de l'Italie réalisée selon une technique extrêmement raffinée et avec un savant réalisme. Le caractère unique de cette pièce splendide a donné lieu à toutes sortes d'interprétations : symbole du royaume lombard et de ses provinces, ou bien métaphore désignant l'Église et les fidèles.

A gauche : miniature carolingienne, probablement exécutée à l'école de la cour de Charles le Chauve et représentant Grégoire le Grand (v. 540-604). Bibliothèque nationale, Paris. C'est aux **scriptoria** *des monastères de cette époque que nous devons la plupart des ouvrages de littérature latine qui nous sont parvenus.*
A droite : fragment d'un battant de porte dite « de Basile ». Ivoire, travail d'un atelier italien du Ve siècle. Musée du Castello, Milan.
En bas : **Christ en majesté.** *Art lombard, 744-749. Musée chrétien et Trésor de la Cathédrale, Cividale del Friuli. Le Christ, entouré de deux séraphins à six ailes, est au centre d'une mandorle formée par des branches de palmier; quatre anges soutiennent la mandorle. La sculpture lombarde s'efforce ici de se rapprocher le plus possible des modèles occidentaux.*

A partir des Ve-VIe siècles et jusqu'au VIIIe siècle, on enregistre en Italie une importante **production littéraire**, avec des auteurs de qualité : Léon Ier, Cassiodore, Boèce, saint Benoît, Grégoire le Grand, Ennodius. Dans la mesure où bon nombre de ces auteurs sont des religieux ou des moines, on a pu dire à juste titre qu'à cette époque la littérature chrétienne en latin finit par absorber la littérature païenne dans cette même langue. Plus que par sa créativité, cette culture se distingue par la volonté de recueillir le savoir développé jusqu'alors et d'en faire la synthèse, par un souci de pure préservation d'un patrimoine encore lié à ses racines classiques.
L'œuvre du pape **Léon Ier le Grand** (448-461), au style raffiné, comporte de multiples épîtres, sermons et homélies : c'est avec lui que la Rome chrétienne commence à jouer son rôle d'« héritière de l'Empire romain ».
Grégoire Ier le Grand (v. 540-604, pape de 590 à 604), pontife de noble origine, est l'auteur de nombreuses épîtres, du *Pastoral*, des *Morales* et de ces *Dialogues* dans lesquels, autour d'hommes de Dieu *(viri Dei)*, se rassemblent les déshérités dans le contexte italien de l'époque, marqué par l'absence d'autorité politique.
S'il est abondamment question de saint Benoît et des *scriptoria* dans le chapitre suivant consacré à la religion, il faut en revanche citer ici les auteurs de précis et d'ouvrages sacrés ou profanes liés au milieu goth et byzantin de Ravenne – Elpidius Rusticus, Aratoros et le prédicateur Pierre Chrysologue –, ainsi que **Magnus Felix**

Ennodius (473-521), qui vit entre Milan et Pavie et sera évêque de Pavie de 514 jusqu'à sa mort. Son abondante production littéraire ne présente pas une grande valeur expressive en raison d'un style artificiel et rhétorique, mais c'est un témoignage utile sur la vie de l'époque, surtout sur le plan culturel.

Les deux figures de premier plan de cette période tourmentée sont Flavius Aurelius Cassiodore et Severinus Boèce. **Flavius Aurelius Cassiodore** (v. 490-v. 580) est *magister officiorum* de Théodoric, puis préfet du prétoire en Italie et, à partir de 540, fondateur du monastère de Vivarium, dans le golfe de Squillace, qui est doté d'un *scriptorium* et d'une bibliothèque. Aux moines qui accourent en grand nombre, il impose une règle de travail, l'étude de la littérature sacrée ou profane et la transcription des ouvrages des auteurs de l'Antiquité. Auteur d'écrits religieux dans lesquels apparaît sa culture chrétienne et biblique, il ne dédaigne pas le courant encyclopédique de son temps. La figure de Cassiodore, telle qu'elle se dessine durant la dernière période de sa vie, constitue également une intéressante anticipation du phénomène bénédictin. Ayant doté le cloître d'une vaste bibliothèque et exhortant continuellement les moines à copier et étudier les manuscrits sacrés et profanes, il considère les sciences humaines, comme nécessaires à l'apprentissage de celles ayant trait au divin. Dans ses *Institutions*, il adopte, à l'instar de Boèce, la répartition des arts libéraux en *trivium* et *quadrivium*, en remontant aux sources grecques ; il se consacre en outre à l'histoire et compose l'*Historia ecclesiastica tripartita*, aidé par son scolastique Épiphane. Avec Boèce, il est unanimement considéré comme le « père de l'humanisme chrétien ».

Severinus Boèce (v.480-524), ancien consul, joue lui aussi un rôle éminent à la cour de Théodoric, mais, accusé d'avoir comploté contre le pouvoir goth, il est emprisonné, condamné et exécuté. Philosophe, lettré, auteur d'œuvres théologiques et en même temps animé par cet intérêt encyclopédique si fréquent à l'époque (parmi les tenants des disciplines du *trivium* et du *quadrivium*), il se montre aussi un grand logicien, précurseur de la méthode « scolastique », et l'un des plus grands penseurs chrétiens. Boèce présente une grande importance, aussi bien dans l'histoire de la philosophie que dans celle de la littérature : dans cette époque de transition, il a servi d'intermédiaire entre la culture antique et le Moyen Age naissant. Sa dernière œuvre, *la Consolation de la philosophie*, renferme la synthèse de sa pensée.
Il y imagine la Philosophie lui apparaissant sous les traits d'une noble dame et le consolant, répondant à ses questions et dissipant ses doutes. Il s'agit d'un véritable testament spirituel et idéologique, sorte de lamentation funèbre émanant de la culture et de la tradition antiques.

LES ARTS DU *TRIVIUM* ET DU *QUADRIVIUM*

Le développement du savoir entre les IVe *et* VIIIe *siècles est lié à l'organisation des connaissances dans les divers* artes liberales, *qui désignaient déjà dans l'Antiquité les matières comprises dans les programmes d'enseignement ; ce nom recouvre désormais les disciplines réservées aux hommes libres, par opposition aux* artes serviles *(ou mécaniques), propres aux esclaves. Une nouvelle distinction s'établit entre les arts du* trivium *(grammaire, rhétorique et dialectique) et ceux du* quadrivium *(arithmétique, géométrie, musique et astronomie), et ce sont d'abord les résultats de ces quatre dernières disciplines que les encyclopédistes s'attachent à condenser dans leurs ouvrages. Flavius Aurelius Cassiodore (v. 490-v. 580) en traite dans ses* Institutiones divinarum et saecularium litterarum, *tout comme Isidore de Séville (v. 560-v. 636) et Bède le Vénérable (v. 672-735). C'est paraît-il à Severinus Boèce (480-526), philosophe et érudit, que l'on doit l'introduction du terme* quadrivium *pour désigner les quatre sciences mathématiques (de ses traités personnels, seuls nous sont malgré tout parvenus le* De institutione arithmetica, *sur la mathématique pythagoricienne, et le* De institutione musica*). Son précis d'astronomie en latin est une synthèse du célèbre* Almageste *de Ptolémée. Dans le cadre du* quadrivium, *l'intérêt des penseurs chrétiens se porte sur les mathématiques et la musique (cette dernière incluant l'acoustique, comprise elle aussi comme une discipline artistique).*

En haut, à gauche : la* Couronne de fer. *Trésor de la cathédrale de Monza. En or, émaillée et ornée de pierres précieuses, elle tient son nom du cercle de fer, sur la face interne, dans lequel aurait été fondu un clou de la sainte Croix. Elle couronna Charlemagne lorsqu'il se fit sacrer roi des Lombards.
En haut, à droite : fibules lombardes en « S », VIe-VIIe siècle, or et émaux polychromes. Musée archéologique national, Cividale del Friuli.
Ci-contre : diptyque d'ivoire représentant Severinus Boèce et l'allégorie de la musique. VIe siècle. Trésor de la Cathédrale, Monza.

Les terribles invasions barbares des Ve et VIe siècles – en Gaule et en Espagne comme en Italie et en Afrique du Nord – entraînent une crise générale, qui met évidemment à mal l'instrument linguistique de la culture de l'époque : le latin littéraire. Lieu d'établissement ou de passage, la **Gaule** fait l'objet des visées barbares mais développe cependant une **activité culturelle intense**, grâce notamment à une tradition scolastique bien enracinée, qui conserve sa vigueur.
On trouve dans les œuvres apologétiques et religieuses des auteurs du Ve siècle l'écho des moments difficiles vécus par le pays à l'époque des invasions, quelques villes se distinguant en tant que centres d'une vive activité intellectuelle (en particulier Lérins et Marseille, où se dessine déjà ce que l'on a appelé « la vocation théologique de la France »). Les poètes ne manquent pas, tel **Venance Fortunat**, clerc errant ayant vécu dans la France mérovingienne, mais formé à Ravenne, en Italie ; dans les premières décennies du VIe siècle, se détache la figure de l'évêque **Césaire d'Arles**, grand lettré, auteur énergique et théologien accompli. C'est notamment grâce à son intervention que le concile d'Orange marquera la victoire de la doctrine augustinienne de la grâce.
L'*Histoire des Francs* de **Grégoire de Tours** retrace l'histoire universelle jusqu'à la période mérovingienne – avec une attention particulière pour le domaine religieux. Écrite en latin vulgaire, c'est un véritable monument de la culture littéraire qui, face à la « barbarie » des nouveaux maîtres, propose une relecture historique du passé dans un esprit chrétien.
Des auteurs religieux se distinguent également en **Grande-Bretagne**, où Scots, Irlandais et Anglo-Saxons créent des monastères et des centres d'étude, obéissant à une vocation missionnaire qui les entraînera dans l'ensemble du continent européen (ils fonderont des monastères à Luxeuil, Saint-Gall, Würzburg, Salzbourg, Bobbio).
Le père de la culture anglo-saxonne du haut Moyen Age est **Bède le Vénérable** (v. 672-735). Son œuvre encyclopédique s'insère bien dans la tradition, répandue dans tout l'Occident à cette époque, qui vise à consolider les acquisitions de la culture du passé dans les différents domaines du savoir. Son *Histoire ecclésiastique de la nation anglaise* nous révèle un historien attentif à l'émergence d'un sentiment national dans son pays, dont il expose la nécessaire insertion dans le cadre plus général de la civilisation latine.
En **Espagne**, on trouve des historiens comme Maxime de Saragosse, Jean de Biclaro et Julien de Tolède ; des auteurs d'ouvrages théologiques en latin, comme Justinien de Valence, Sévère de Malaga, Licinius de Carthagène, Europe de Valence et le célèbre **Isidore de Séville**. Ce dernier, qui incarne bien le courant encyclopédique de son temps, compose une œuvre de grande envergure (les *Étymologies* ou *Origines*), ainsi que des ouvrages apologétiques défendant les dogmes du christianisme, des commentaires sur les Écritures, des épitres et des traités de grammaire. Son *De viris illustribus*, qui présente les principales personnalités de la culture de l'époque et d'autrefois, est continué par Ildefonse de Tolède, autre théologien et polémiste chrétien.

La restauration de la culture classique et chrétienne et le nouvel épanouissement de la langue latine (même sous une forme simplifiée) qui se produisent sous le règne de **Charlemagne** répondent à la volonté de donner une base idéologique et culturelle au projet d'un Saint Empire romain capable d'englober tout l'Occident ; ils ouvrent la première phase de ce que l'on appellera la **renaissance carolingienne**. Le roi lui-même, comme nous en informe son biographe Éginhard dans sa *Caroli Magni*, accorde estime et honneurs aux érudits dont il s'entoure (notamment les Italiens Pierre de Pise et Paul d'Aquilée, l'historien lombard Paul Diacre et le moine anglo-saxon Alcuin). Il étudie l'arithmétique et l'astronomie, cultive la rhétorique et la dialectique. Bien que son analphabétisme soit avéré, Charlemagne fait preuve d'un vif et intelligent intérêt pour la culture et sa diffusion. Guidé par son fidèle conseiller Alcuin, il promulgue des lois importantes pour réorganiser la culture laïque et religieuse de son temps : l'*Admonitio generalis* (789) et, quelques mois plus tard, la célèbre *Epistula de litteris colendis*, une véritable « *magna charta* de la réforme carolingienne » (définition due à L. Alfonsi). Par ses capitulaires, le roi des Francs étend à tout l'Empire la création d'écoles – dans lesquelles est instituée la distinction entre les arts du *trivium* et du *quadrivium* –, ainsi que l'usage de recopier les manuscrits et l'emploi de l'écriture appelée **caroline** en son honneur. Cette nouvelle écriture, nette et élégante, se répandra aux quatre coins de l'Empire et connaîtra un grand succès jusqu'au seuil du XIIIe siècle. C'est l'un des aspects les plus manifestes de la première phase de la renaissance carolingienne, mais celle-ci entraîne également un regain d'intérêt pour les classiques et l'hagiographie, transcrits en un latin auquel on tente de rendre sa clarté primitive.
Doctissimi magistri, lettrés et historiens affluent vers ce pôle culturel qu'est la **cour de Charlemagne à Aix-la-Chapelle** : on y trouve les poètes Angilbert et Théodulf, des auteurs scots et irlandais tout imprégnés des enseignements du christianisme, comme Clément, Dicuil et Dungal, ainsi que l'historien **Éginhard**, principal historiographe de son temps, auteur de la *Caroli Magni* (biographie de Charlemagne), achevée vers 830 et composée sur le modèle de Suétone.

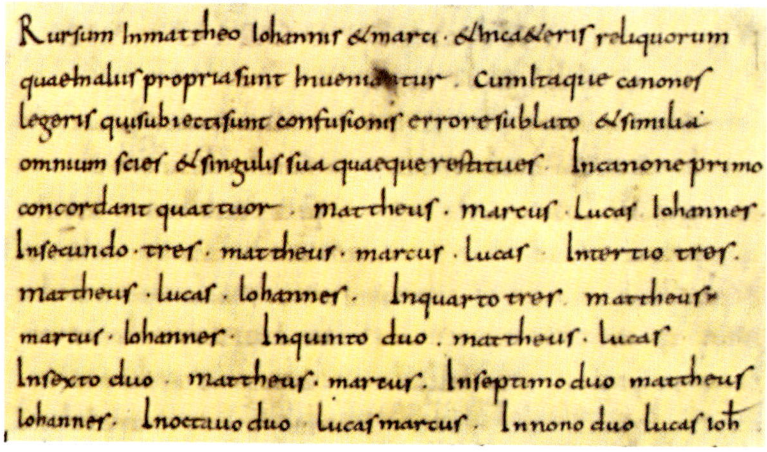
Rursum inmattheo iohannis & marci & lucae & ceteris reliquorum
quae in aliis propria sunt inveniuntur. Cum itaque canones
legeris qui subiecti sunt confusionis errore sublato & similia
omnium scies & singulis sua quaeque restitues. In canone primo
concordant quattuor. mattheus. marcus. lucas. iohannes
In secundo tres. mattheus. marcus. lucas. In tertio tres.
mattheus. lucas. iohannes. In quarto tres. mattheus.
marcus. iohannes. In quinto duo. mattheus. lucas
In sexto duo. mattheus. marcus. In septimo duo mattheus
iohannes. In octavo duo lucas marcus. In nono duo lucas ioh

A gauche : la magnifique broche de Kingston. Or, émail cloisonné et filigrane, VIIe siècle. Walker Art Gallery, Liverpool.
En haut : exemple caractéristique de minuscule caroline, extrait de l'Évangéliaire de Loisel. Bibliothèque nationale, Paris. Cette nouvelle écriture, introduite sous le règne de Charlemagne, est considérée comme l'élément le plus durable de la renaissance culturelle entamée sur son ordre. Elle remplace les nombreux styles d'écriture précédents et se répand dans tout l'Empire carolingien.
A droite : Alcuin présente Raban Maur à l'évêque de Mayence. Bibliothèque nationale d'Autriche, Vienne. Raban Maur, abbé de Fulda puis archevêque de Mayence, est l'un des premiers à introduire en Allemagne l'étude des arts libéraux.

Quand on passe du cercle intellectuel vivant dans l'entourage immédiat de la cour de Charlemagne à l'organisation de l'***école du palais***, c'est cependant la figure du *magister* **Alcuin** (v. 735-804) qui se distingue par son charisme. Auteur d'ouvrages en vers et en prose (dont le *Traité des vices et des vertus* et les *Libri Carolini*, qui proposent un iconoclasme modéré selon la formule « ni adorer, ni briser les images »), il est aussi et surtout le ministre qui inspire la politique culturelle du roi des Francs pendant dix ans (de 786 à 796).

Rares sont les exemples de peinture murale qui subsistent aujourd'hui, et c'est dans les objets de petites dimensions et les arts appliqués qu'il faut chercher un reflet de l'activité artistique de l'époque. Un lien très étroit est surtout apparu entre les vestiges de fresques et les enluminures de manuscrits réalisées dans les *scriptoria* jusqu'au XIIIe siècle. Le travail de l'enlumineur se confond alors avec celui du calligraphe, tous deux relevant des tâches du moine copiste. A dater du XIIIe siècle en revanche, l'*illuminator*, ou enlumineur d'initiales et de pages enluminées, se distinguera du *scriptor*, celui qui copie le texte.

Dans les **peintures murales** et **l'ornementation des manuscrits**, nous assistons à la naissance d'un art nouveau, fruit de la rencontre entre la culture des « barbares », le message religieux du christianisme, l'écho de formes d'expression du Bas Empire et des influences byzantines non négligeables. A partir de ces divers facteurs, l'art de l'Occident européen s'efforce d'élaborer des moyens d'expression originaux qui aboutiront à l'épanouissement de la peinture romane.

Parmi les **fresques les plus anciennes**, on peut citer, en France, celles de la crypte de Saint-Germain à Auxerre, d'époque carolingienne (première moitié du IXe siècle) ; en Espagne, celles de l'abside du baptistère de Tarrasa en Catalogne (Xe siècle) ; enfin, en Suisse, dans l'église du monastère bénédictin de Saint-Jean à Müstair, le cycle monumental du *Jugement universel* (IXe siècle). C'est la plus ancienne représentation picturale occidentale de cette dimension (plus de 80 scènes bibliques) sur le thème du Jugement et, sans aucun doute, l'un des plus beaux exemples d'art figuratif carolingien, qui présente d'évidentes affinités stylistiques avec les peintures de Castelseprio en Italie. Les fresques de la petite église Saint-Benoît à Maes, dans la même région, datent de la même période. Aux VIIe, VIIIe et IXe siècles, un **art plus métaphysique** et tendant à l'abstraction arrive en provenance des **monastères irlandais**. Grâce à la diffusion des manuscrits dans les communautés monastiques d'Europe, il constituera un puissant contrepoids à l'art classique que la renaissance carolingienne s'efforcera de récupérer dans son programme de *renovatio*. Initiales pleine page, décoration géométrique et dessins sinueux en spirale caractérisent le premier de ces **manuscrits enluminés**, le célèbre *Livre de Durrow* (fin du VIIe siècle). On retrouve la même tendance dans les manuscrits suivants, comme le *Livre de Kells*, mais le trait s'est adouci et affiné, des animaux et de petites scènes sont insérés dans les spirales et les figures abstraites. Dominant toute la page et lui conférant son équilibre, la croix est l'un des signes récurrents de ces manuscrits. Du *scriptorium* de l'abbaye de Saint-Gall, en Suisse, sont issus quelques-uns des plus beaux manuscrits enluminés, comme le *Psautier d'or*, d'époque carolingienne. L'atelier d'enluminure de Luxeuil produit le fameux lectionnaire du même nom, un chef-d'œuvre d'art mérovingien qui privilégie les entrelacs, les spirales et les motifs zoomorphes, d'origine celtique ou orientale.

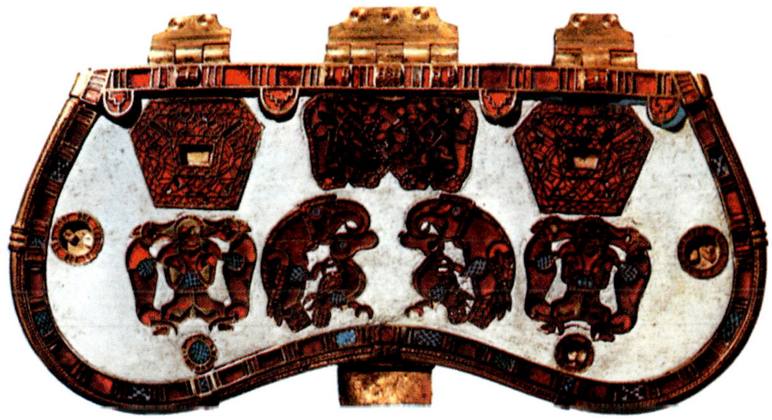

Mais c'est dans la somptuosité de son **orfèvrerie**, d'une qualité souvent exceptionnelle, que se révèle, dès le IVe siècle, la splendeur de l'art européen, selon deux courants bien précis. Le premier correspond au style dit « polychrome », d'influence orientale, et privilégie les surfaces d'or espacées, lisses ou en filigrane, dans lesquelles sont enchâssées des pierres précieuses ou des morceaux de pâte de verre colorée ; le second, moins raffiné, préfère les surfaces constellées de pierres précieuses et de verre coloré. Quelques-uns des peuples germaniques - Burgondes, Alamans, Thuringiens, Angles et Saxons - utilisent des motifs zoomorphes d'origine scandinave (également connus des Lombards), que l'on ne retrouve pas dans le sud de la France, ni dans l'Espagne wisigothique. L'or est le matériau de prédilection, non seulement en raison de sa valeur intrinsèque, mais aussi de sa signification symbolique (catalyseur de forces et de pouvoirs magiques, emblème du sacré, donc offrande appropriée à la divinité). De l'**Espagne wisigothique** proviennent les couronnes votives de Guarrazar et le trésor du roi Receswinthe (649-672), le souverain législateur, artisan de l'unité juridique entre Wisigoths et Romains (*Liber Judicorum*, 654). Parmi les plus belles pièces figure une couronne votive en or, saphirs et émaux champlevés selon la technique romano-byzantine, ornée de pendentifs formant l'inscription *« Reccesvinthus rex offeret »*. Sous l'influence du facteur religieux, la production d'orfèvrerie des Francs se spécialise dans les instruments du culte. Des pièces très importantes ont été retrouvées dans la tombe de Childéric Ier, roi des Francs Saliens et père de Clovis (v. 436-v. 481).

L'**orfèvrerie de la France mérovingienne** est en outre bien représentée à travers les objets de la tombe royale de Saint-Denis (Paris), dont la date se situe entre 565 et 570.

La **fibule mérovingienne** caractéristique est de forme quadrangulaire, bien différente de la fibule romaine à disque ou de celle des Lombards, en « S ».

La **Grande-Bretagne** a elle aussi ses trésors : le plus fameux est celui de la tombe de Sutton Hoo, mais les objets retrouvés à Vendel et dans la tombe de saint Cuthbert sont d'une égale richesse et témoignent d'une technique raffinée. A l'époque carolingienne enfin, le **travail de l'ivoire** atteint des sommets dans l'art figuratif ; de nombreux ateliers apparaissent en Europe centrale et réalisent des pièces splendides.

En haut : enluminure portant le monogramme du Christ, dans le* Livre de Kells. *Art celto-saxon, VIIIe siècle. Trinity College Library, Dublin. Par l'exubérance et la fantaisie de leurs motifs, par leurs coloris raffinés et la beauté d'une ornementation très dense, ces miniatures sont de véritables chefs-d'œuvre.
***Ci-contre : une page enluminée du* Livre de Kells. *Dans cette page, qui annonce l'Évangile selon saint Jean, la ligne centrale enluminée débute par les mots :* Hic est Johannis.**
Au centre : bijou retrouvé dans le trésor de la tombe royale de Sutton Hoo, en Angleterre. British Museum, Londres.

La notion, pourtant bien établie, d'« **art islamique** » ne se définit pas aisément parce qu'elle recouvre des manifestations multiples, dans des cadres géographiques et culturels très divers. En un siècle, les Arabes ont occupé la Syrie, la Perse, l'Égypte, l'Inde et l'Espagne : cette expansion les a fait entrer en contact avec des civilisations aussi éloignées par la culture que par l'espace, avec pour conséquences un enrichissement de la culture arabe des origines et de puissantes influences réciproques. L'une des constantes de cet univers artistique bigarré est le **rejet absolu de toute expression proprement figurative**. Ce tabou trouve son origine dans certains *ḥadīth* (récits concernant la vie et les paroles du Prophète) qui condamnent le culte de toute idole ou effigie pouvant renvoyer au paganisme des siècles pré-islamiques, perçu comme sacrilège par le croyant musulman. Étendue à la totalité du monde islamique, cette interdiction entraîne un développement certain des recherches décoratives et architecturales, qui passe par l'emploi de modèles de type géométrique, le recours à des jeux de couleurs raffinés – au point d'atteindre une véritable virtuosité chromatique attestée par de splendides faïences – et un grand sens de la mise en scène dans l'exploitation architecturale des alternances d'ombre et de lumière, avec des contrastes de clair-obscur toujours nouveaux et mystérieux, qui scandent avec régularité les architectures arabes.

L'art devient ainsi redevable à la technique, ainsi qu'à la mathématique et à la géométrie. Au nombre des artistes musulmans – à côté de personnalités de haut niveau spirituel et philosophique (les « savants ») – figurent les « techniciens » : des artisans très habiles, experts en techniques métallurgiques et en ingénierie (civile et hydraulique), attentifs à l'utilisation du calcul, des figures abstraites et des modules plus ou moins géométriques. Dans le monde islamique, l'une des principales missions de l'art est d'unifier les goûts esthétiques et les coutumes, en harmonie avec une société à la structure politique rigide et centralisée. L'art musulman est donc un **art formaliste**, dans lequel la liberté créatrice de l'artiste est subordonnée à la tradition, à la préexistence de schémas éprouvés, fruit d'une élaboration qui persiste au fil des siècles et d'un enseignement qui précède, voire remplace, la confrontation avec la réalité. Outre la fidélité aux modules traditionnels et l'absence de rapport avec la nature (afin d'éviter une possible *mimêsis*), la volonté du commanditaire est un autre facteur qui conditionne fortement l'artiste, ainsi réduit dans la plupart des cas à un rôle d'habile artisan. Prêt à émigrer pour travailler, en suivant le généreux protecteur de son art ou en rejoignant la cour d'un nouveau mécène, l'artiste arabe peut cependant affiner techniques et motifs décoratifs, en cultivant sa créativité personnelle et en offrant un apport original dans la réalisation du revêtement précieux et diversifié des architectures.

Sous la **dynastie omeyyade** déjà, on peut parler d'un **art de cour**, capable de créer pour ces califes des palais ornés de mosaïques et de peintures murales à la composition recherchée. Les plus anciennes peintures retrouvées sont celles de Quṣayr 'Amra en Jordanie (un pavillon de grès rouge, dans le désert) que fit bâtir Walīd Ier vers 712. Lors des siècles suivants (IXe et Xe), on continue

A gauche : détail d'un sol en mosaïque du château omeyyade de Hisham, près de Jéricho.
En bas : caractères coufiques, utilisés dans un Coran des VIIIe-IXe siècles. Bibliothèque ambrosienne, Milan. Ces caractères sont ceux de la plus ancienne phase de l'écriture arabe (VIIe-Xe siècle) et doivent leur nom à la ville de Kūfa.
A droite : plat en terre cuite décoré au moule et peint à lustre. Iraq, IXe siècle. The Freer Gallery of Art, Washington. Forme et technique rappellent des objets en or travaillés selon la méthode du bosselage.

à retrouver dans les peintures arabes une influence sassanide (écoles de Sāmarrā et de Nichāpūr de la période ʿabbāside). Quoi qu'il en soit, même si les grands mécènes de l'art islamique sont les membres des dynasties régnantes et des grandes familles arabes, prêtes à subventionner les exécutants et à illustrer leur nom par de splendides constructions, la société musulmane des origines considère généralement la personne de l'artiste avec méfiance, en le contraignant le plus souvent à l'anonymat.

Comme on l'a vu au chapitre précédent, l'art islamique naît dans les mosquées. Dans un univers où foi et esthétique tendent à se fondre, le *miḥrāb* et le *minbar* (niche et chaire) sont, avec les revêtements extérieurs, les éléments dans lesquels s'exerce avec le plus de bonheur le sens décoratif arabe. Le Coran est par ailleurs le livre sacré qui focalise l'attention des **calligraphes** et **enlumineurs**. Ceux-ci mettent tout leur art à réaliser de splendides exemplaires en écriture **coufique** (écriture arabe au style rigide et solennel, caractérisée par des caractères angulaires, dont le nom vient de Kufa, ville de Mésopotamie). Le plus ancien exemplaire de Coran enluminé date de 784-785 et est rédigé sur parchemin naturel; d'autres sont écrits à l'encre noire ou dorée sur un fond violet ou rouge, et ornés de motifs à entrelacs, à palmettes ou à feuilles, avec des touches d'or, de rouge, de vert, de bleu et d'ocre. **L'arabesque** – motif ornemental musulman caractéristique qui s'est ensuite répandu dans le monde entier – se compose de volutes qui se croisent et se poursuivent selon un dessin abstrait évoquant les formes végétales, sortes de « palmettes » formées de tiges, de feuilles et de bourgeons.
Maîtres incontestés dans le domaine des **arts appliqués**, les Arabes donnent naissance à un répertoire décoratif exubérant que l'on retrouve dans les *kilim*, les tapis de prière, les faïences émaillées et autres objets raffinés en bronze ou en ivoire.
La variété des techniques, des motifs ornementaux et des combinaisons chromatiques de la **céramique** arabe des origines est remarquable; outre des plats et des cruches, on trouve des carreaux, de grand format pour le revêtement mural ou de dimensions minuscules pour les mosaïques, plus tard remplacés par le marbre et l'albâtre. Les **sols recouverts de mosaïque** de la Grande Mosquée de Damas sont splendides et présentent d'évidentes concessions aux motifs d'inspiration paysagère, revus dans un esprit d'abstraction et de fantaisie. Les sols à motifs anthropomorphes et zoomorphes du château de Hirbet al-Mefgir montrent eux aussi à quel point les exceptions à l'interdiction de la représentation figurative sont courantes

dans la décoration des édifices profanes.
La sculpture en ronde-bosse est rare, même si l'on en trouve quelques exemples, et elle se limite aux reliefs en stuc intégrés dans l'architecture des résidences et des palais.
Entre les VIIIe et Xe siècles, les produits céramiques arabes se répandent dans tout l'Orient islamisé; leur décoration est souvent gravée sur une surface vernissée et peinte de jaune, ocre, vert et pourpre (non sans trace d'influence Tang).
Une technique inaugurée à cette époque et pour laquelle les artistes ʿabbāsides sont justement réputés est celle dite « **à lustre** ».

On doit aussi à cette première période de la civilisation islamique des **objets métalliques** de forme souvent très élaborée, notamment des vases, aiguières et plats en argent ou bronze. Les récipients en argent viennent d'Iran – et arborent dans ce cas de classiques motifs sassanides, caractérisés par le goût figuratif et la présence de scènes de chasse – ou sont d'inspiration hellénistique. On peut attribuer à l'école islamique primitive, spécialisée dans la technique de l'incrustation, quelques amphores du VIIIe siècle retrouvées dans le Khorāsān; elles présentent une décoration caractéristique, avec des plants de grenadier et des palmettes en bas-relief. Tout aussi particulières sont les carafes à eau en bronze, au corps en forme de boule et au bec zoomorphe (souvent à l'image d'un coq). La surabondance décorative de l'époque omeyyade est remplacée par trois styles codifiés à l'époque ʿabbāside, et l'on note une tendance à la géométrisation et à la stylisation, aussi bien dans la décoration architecturale en stuc que dans les peintures et mosaïques murales.
A l'époque ʿabbāside, dès le VIIIe siècle, Sāmarrā est un centre artistique actif, connu pour son école de peinture, ses céramiques « à lustre » et ses stèles-portraits : de grandes amphores en terre cuite peinte, dotées d'un bout pointu caractéristique. En Espagne, dans la Cordoue des Omeyyades, la production céramique est présente, même si l'on y importe de grandes quantités d'objets en poterie venant de Mésopotamie.

En haut : détail d'une mosaïque à l'intérieur de la Grande Mosquée de Damas, exécutée vers 706.
Ci-contre : détail de la Grande Mosquée de Damas. Les mosaïques qui y sont conservées montrent à quel point les Omeyyades d'Orient ont développé cet art.
La décoration reprend des éléments de paysage hellénistiques et alexandrins, ce qui témoigne de la grande capacité des Omeyyades à intégrer l'art des différents peuples conquis.
A droite : aiguière en bronze, remontant au VIIe siècle. Musée d'Art islamique, Le Caire.
Les représentations zoomorphes issues de l'orfèvrerie islamique sont nombreuses et pleines de fantaisie; en passant par la Sicile, ces réalisations exerceront une grande influence sur les sculpteurs romans de l'Italie méridionale.

A côté du Coran et des *ḥadīth*, qui constituent les plus anciens documents, le monde musulman présente un **exceptionnel épanouissement poétique**. Aux thèmes fixés par la tradition orale pré-islamique, et donc païenne – l'amour, la chasse, la nature, la guerre –, s'ajoutent la louange d'Allāh et les dithyrambes adressés aux autorités.
Pour les partisans du schisme khāridjite, la poésie lyrique est un moyen d'exprimer leur position morale et dogmatique dans des vers d'une grande force polémique, remplis de piété religieuse; les autres auteurs de la période omeyyade exercent leur activité poétique dans des directions différentes.
A côté d'al-Akhṭal, chrétien, laudateur des califes et coryphée de l'ivresse bachique, on trouve Djarīr et al-Farazdaq, deux

poètes rivaux, auteurs d'ouvrages que l'on peut assimiler au genre de la diatribe *(hīga)* : les accents y sont réalistes, avec des concessions à l'obscène et au vulgaire. Il y a aussi la plainte amoureuse du bédouin Gamil et, sur un ton mi-galant mi-réaliste, le chant érotique du noble ʿUmar ibn Abī Rabīʿ.
Un renouveau se fait sentir dans la thématique et le style de la poésie lyrique islamique à l'époque ʿabbāside; il s'explique notamment par le fait que ce sont désormais des auteurs aux origines ethniques diverses, issus des terres islamisées, qui écrivent en arabe. D'origine persane, Abū Nuwās, qui vécut dans la seconde moitié du VIIIe siècle, incarne la nouvelle poésie qui s'épanouit en Irak sous les ʿAbbāssides : il renouvelle les thèmes classiques du vin et de l'ivresse en raillant l'ancienne tradition arabe. Enfin, grâce à la dimension internationale acquise par l'islām, la **prose arabe** effectue son retour dans des ouvrages d'histoire, de géographie, d'ethnologie et de sciences.

Si le caractère sacré de tous les arts – danse et théâtre, peinture et poésie, sculpture et musique – est une constante propre à la culture indienne, c'est pendant l'**âge d'or de la dynastie des Gupta** (milieu du IVe-milieu du VIIe siècle) que cette particularité s'affirme avec le maximum de raffinement et d'équilibre. Ces trois siècles de prospérité et de paix, d'épanouissement artistique et culturel, de grande créativité philosophique et spirituelle sont passés à l'histoire sous le nom de « période classique » de la civilisation indienne. Le Ve siècle, surtout, voit l'apogée de cette dynastie dans l'Inde du Nord et la floraison d'une intense activité littéraire et artistique dans tout l'Empire, grâce au

Sous les Gupta, les **arts figuratifs** connaissent un extraordinaire développement : sanctuaires, palais et temples sont embellis de sculptures et de peintures. Surtout, on assiste à l'émergence d'un langage formel unitaire, dans lequel se fondent les différents styles régionaux. Dès le départ, l'artiste indien s'insère dans une tradition iconographique qui tend à fixer de manière définitive les règles de représentation, en laissant un espace limité aux variantes individuelles. A cette époque, l'art semble accentuer son intérêt pour la figure humaine, mais avec un rendu qui tend toujours à l'idéalisation, riche de symboles et très éloigné du simple réalisme ou de l'imitation.

A gauche : tête de Bouddha en stuc, exemple d'art du Gāndhāra, que l'on peut situer entre les IVe et Ve siècles. Musée national d'Afghānistān, Kaboul. A droite, en bas : danseurs, exemple d'art de l'Orissa, remontant au VIIe siècle. Dans le culte* bhakti*, très répandu à cette période de l'histoire indienne et qui prône le détachement du monde matériel, le jeu coordonné des membres joue un rôle fondamental dans la prière, la danse et la sculpture. Le sculpteur doit connaître l'art de la danse dans la mesure où la maîtrise de sa gestuelle est jugée fondamentale pour la représentation plastique.

puissant stimulant représenté par la cour impériale (dont le siège est à Pāṭaliputra) qui s'attache à promouvoir la culture et à se présenter comme modèle et pôle catalyseur. Les figures des principaux poètes et lettrés de l'époque, comme **Kālidāsa** (IVe-Ve siècle) sont entrées dans la légende avec force.
Poète d'un extrême raffinement, Kālidāsa est considéré comme l'un des plus grands représentants du style *kāvya*. Il est l'auteur de poèmes lyriques et épiques, ainsi que d'œuvres pour le théâtre ; ses chefs-d'œuvre sont le petit poème lyrique *Meghadūta* (*le Nuage messager*) et le drame *Śākuntalā*, qui met en scène une passion tourmentée, avec abondance de rebondissements, le tout puisé dans la tradition poético-narrative nationale et développé avec une intense beauté lyrique.

C'est entre les IIIe et IVe siècles que se situe la rédaction du *Sitrā-sūtra*, qui fait partie de l'ensemble plus vaste du *Viṣnudharmottara-purāṇa* : il s'agit d'un code esthétique fixant les **canons des arts figuratifs indiens** et dont le principe est de considérer l'art comme un chemin menant à la libération *(mokṣā)* de l'être humain par rapport à tout ce qui le rattache à la terre, en vue de son union intime avec le divin. Le *Sitrā-sūtra* dicte, à la manière d'un manuel, les modalités d'exécution de l'œuvre d'art, en établit les critères d'appréciation correcte. Il détermine les formes, les proportions, la typologie des visages et la coiffure des personnages, les gestes et les positions – en se référant à la danse, discipline que l'artiste se doit de connaître –, et entérine la signification attribuée par la tradition aux couleurs.

LE GESTE DANS LA DANSE ET LA SCULPTURE

L'un des caractères distinctifs de l'art indien, en particulier dans la sculpture, est l'énergie vitale plastique (le souffle vital) qui anime d'un souffle spirituel les images du Bouddha et du bodhisattva et se répand dans leur corps, transmettant une sensation de légèreté et de libération au fidèle qui médite et prie. Aussi bien l'art que la méditation, souvent liés à des positions et techniques respiratoires appropriées, prédisposent à ce détachement du monde matériel qu'offre le chemin de la dévotion *(bhakti) très répandu à cette période de l'histoire indienne. Le jeu coordonné des membres occupe donc une place fondamentale dans la prière, la danse, la représentation sculptée. Selon les ouvrages indiens, le sculpteur doit connaître l'art de la danse dans la mesure où la maîtrise de sa gestuelle est considérée comme essentielle pour la représentation plastique elle-même. A la différence du danseur, dont les poses se succèdent rapidement dans le temps, l'artiste doit fixer les divers gestes et mouvements dans la sculpture ; il doit les circonscrire dans des images évidentes et définies dans l'espace, et peut parfois s'autoriser une hardiesse ou une incohérence anatomique que la structure corporelle ne permet pas toujours au danseur, quelle que soit son habileté. Une grande importance est accordée à la position des mains, dont les gestes* (mudrā) *composent globalement un langage figuré doté d'une valeur sacrale explicite. Liée à un contenu symbolique précis, la définition formelle de ce langage est bien codifiée à l'époque considérée ici et semble même trouver ses origines dans une époque antérieure à la venue du Bouddha (VIe siècle av. J.-C.). Les mains du maître portent souvent des objets symboliques (la fleur de lotus, qui représente l'univers créé ; le coquillage ou « trompette des dieux », emblème de la force créatrice divine ; la roue ; le disque solaire ou la flamme, symboles de l'énergie solaire, arme puissante de destruction du mal), mais leur position à elle seule – ajoutée à l'attitude de la figure dans son entier – est signe de* divyakriya *(action divine). Les gestes qui animent de l'intérieur la statuaire indienne sont donc multiples et constituent, pour la sensibilité de ce peuple, un authentique « langage des dieux ». Le Bouddha peut prendre la position dite* vajrāsana, *ou de la contemplation, dans laquelle, assis sur un siège dur, il laisse reposer ses mains dans son giron, paumes appuyées l'une contre l'autre* (dhyānamudrā)*; ou la position* samabhanga, *dans laquelle, debout et légèrement incliné, la main gauche tendue en avant, le bras droit replié et la main levée, paume tournée vers le spectateur, il offre le « geste de courage »* (abhayamudrā) *afin de chasser toute crainte chez la personne en prière. Avec la* bhumisparsamudrā, *main droite touchant le sol, le Bouddha appelle la Terre à témoigner de la perfection acquise après une série de réincarnations ; avec l'*anjalimudrā, *mains jointes, il exprime un geste de prière ; avec le* katakamukhamudrā, *il tient entre le pouce et l'index de la main droite une fleur de lotus, symbole de son activité créatrice ; avec le* dharmacakramudrā, *il accomplit sa prédication en gardant les mains devant la poitrine, pour mettre en marche la « roue de la Loi » (position qui évoque la première prédication du Bouddha historique à Sārnāth) ; enfin, avec le* vyakhyanamudrā *ou* vitarkamudrā, *coude droit plié et main levée, avec le pouce et l'index joints, on le contemple dans une autre attitude d'enseignement.*

Dans l'œuvre d'art - dont la création est en soi un véritable acte rituel, une offrande aux dieux imprégnée d'un **formalisme rigide** - chaque élément, détail, module ou choix stylistique possède donc une **valeur symbolique** précise, codifiée et bien identifiable. Les objets sacrés ou « attributs » (la roue, la fleur de lotus, la flamme, le véhicule ou *vāhana*) renvoient aux propriétés de chaque divinité, à ses pouvoirs ou aspects, souvent multiples et opposés. Il ne s'agit cependant pas d'un art immobile, mais d'un art qui évolue par petites touches, tout en gardant une cohérence fondamentale par rapport à une tradition profondément ancrée dans l'âme indienne. Dans son cours lent mais inexorable, comme un fleuve en crue capable de recueillir les eaux de différents affluents tout en suivant son propre chemin, l'art indien atteint son apogée durant la période classique des Gupta et la période postclassique qui la suit immédiatement, en mêlant à ses propres styles et modèles iconographiques - notamment par suite de l'expansion du bouddhisme - les formes et traditions artistiques de pays situés au-delà de la péninsule (Ceylan, le Tibet, le Japon, la Chine, la Birmanie et tout le Sud-Est asiatique), avec des influences souvent durables. C'est un art tout imprégné de symboles et de motifs religieux et qui témoigne, surtout entre les VIe et VIIIe siècles, de la diffusion du bouddhisme mahāyāna (école du Grand Véhicule), de son déclin ultérieur (en raison des invasions musulmanes) et du réveil simultané de l'hindouisme, notamment sous forme de retour au brahmanisme. Les motifs propres à l'une et à l'autre de ces religions se rencontrent sans opposition stylistique, arrivant même, au contraire, à se superposer sur le plan iconographique.

*A gauche : le **Bouddha prêchant,** exemple d'art gupta remontant au Ve siècle. Sculpté dans le grès, il mesure 1,58 mètre de haut. Musée archéologique, Sārnāth. La période classique des Gupta et la période postclassique qui la suit immédiatement représentent l'apogée de l'art indien. Dans la sculpture, le relief est préféré à la ronde-bosse ; même les statues, qui sont d'habitude placées dans une niche, proposent une vision essentiellement frontale, quoique non dépourvue de profondeur. A droite : détail du cycle illustrant la vie du prince Viṣvantara, l'une des réincarnations du Bouddha, dans la grotte XVII à Ajaṇṭā. Cette grotte contient de précieuses peintures remontant au VIe siècle environ ; elles illustrent le récit des vies antérieures du Bouddha tout en montrant des aspects de la vie de cour dans des scènes polychromes (rouge, ocre, blanc, noir, vert et bleu lapis) pleines de vivacité.*

L'ère gupta est marquée par la maturité stylistique et l'équilibre dans la composition atteints par l'**école d'art plastique de Mathurā**, apparue au IIe siècle av. J.-C., fournisseur officiel de la dynastie issue d'Asie centrale des Kuṣāna, du Ier au IIIe siècle apr. J.-C. De ses ateliers sont sorties les premières images du Bouddha (après cinq siècles de représentations purement symboliques, en raison de l'interdiction de toute représentation humaine, imposée par le Bouddha lui-même). On doit à ce style vigoureux et expressif les imposantes sculptures en ronde-bosse de Sikri, en grès rouge jaspé, dont une monumentale *Tête de Bouddha* aux boucles très serrées, symbole d'éternité (Ve siècle). Pendant cet « âge d'or », l'école de Mathurā enrichit son propre langage expressif ; tout en donnant aux figures un modelé compact et des vêtements impalpables, elle cisèle les ornements - comme dans le *Torse de Viṣṇu* (IVe-Ve siècle) conservé au Musée national indien de Delhi, ou le drapé stylisé et la somptueuse auréole en pétales de lotus et rinceaux d'acanthe du très raffiné *Bouddha debout* (2 mètres de haut, Ve siècle).
Le deuxième grand centre de sculpture kuṣāna, rival de Mathurā, est le **Gāndhāra**, qui subit l'influence déterminante de l'art hellénistico-romain et de la plastique syrienne. Les motifs iconographiques sont de matrice indienne, mais l'influence classique est profonde et pousse les artistes à modeler la figure du Bouddha sur celle d'Apollon.

Une autre composante du panorama artistique de l'époque est représentée par la **sculpture de l'Inde du Sud**, influencée par l'éparpillement politique en dynasties régionales après l'écroulement de l'Empire des Sātavāhana. Outre les motifs gupta, elle est tout imprégnée des influences du style antérieur d'Amarāvatī (IIe siècle), avec ses formes allongées et son modelé souple et délicat. L'apport de ce style est également déterminant pour l'art plastique du Nord : les sculptures en grès jaune qui ornent le monastère de Sārnāth (près de Bénarès) – dont le célèbre *Bouddha prêchant* (Ve siècle), assis et inscrit dans une forme pyramidale – l'attestent. La plasticité souple, le modelé sinueux, l'aspect corporel articulé et fluide paraissent traversés par le *prāṇā* (souffle vital), qui anime les figures et leur confère une sorte de délicatesse détachée et gracieuse, une grâce et une harmonie immatérielle qui

transforment la beauté esthétique en perfection purement spirituelle. Toutefois, l'apogée de la sculpture de style Amarāvatī est atteint au VIIe siècle sous la dynastie des Pallava, à **Māmallapuram** (localité au sud de Madras) : une spectaculaire série de reliefs recouvre, sur un rythme narratif continu, un gigantesque monolithe de granit (30 m x 15 m) qui représente *la Descente du Gange*. Des nuées de dieux, d'hommes et d'animaux accourent vers les eaux purificatrices de la déesse Gaṅgā (le Gange), symbolisée par une cascade artificielle qui devait jaillir d'une fente naturelle au centre du bloc de granit. Cette scène épique d'un grand réalisme est l'œuvre d'habiles tailleurs de pierres dravidiens, véritable « livre de pierre » d'un effet certain sur l'imaginaire collectif de l'époque.

A gauche : léogryphe avec deux guerriers, sculpture découverte à Sārnāth et datant du Ve siècle. Musée national, New Delhi.
A l'époque des Gupta, une grande école de sculpture bouddhiste s'épanouit à Sārnāth.
Ci-dessous : détail des peintures contenues dans la grotte I à Ajaṇṭā.
A droite, sur deux pages : relief représentant Śiva en grand ascète, dans le temple de Kailāsa, à Ellorā. Cette localité située à moins de 30 kilomètres d'Aurangābād abrite trente-cinq grottes célèbres, excavées au VIIe siècle ; certaines sont bouddhistes (de l'école mahāyāna), d'autres sont dédiées au culte hindouiste. Les grottes s'étendent sur un peu plus d'un mile du nord au sud. Le temple grandiose de Kailāsa (grotte XVI), dédié à Śiva, se trouve, avec les grottes XIV et XV à l'extrémité sud du groupe central : il ne s'agit pas à proprement parler d'une grotte, mais d'un véritable temple creusé dans le roc.

Parmi le petit nombre d'exemples de **peinture indienne** qui ont survécu, les **fresques d'Ajaṇṭā** (avec celles de Bāgh et de Gwālior), révèlent une remarquable affinité de style avec les sculptures de Sārnāth et d'Amarāvatī. Les peintures des grottes bouddhistes I et XVII (vers le VIe siècle) sont particulièrement précieuses : elles illustrent le récit des vies antérieures du Bouddha *(Jātaka)* tout en offrant un aperçu de la vie de cour dans de vivantes scènes polychromes (rouge, ocre, blanc, noir, vert et bleu lapis). L'illusion de la profondeur naît d'une habile utilisation de la ligne et d'un fond faisant appel à la technique du fondu.
Dans le Madhya Pradesh, le climat artistique de l'ère gupta se reflète aussi dans les sculptures narratives en relief raffinées des temples d'Udayagiri (Bhubaneswar, Ve siècle) et de Deogarh. Elles représentent respectivement le sauvetage de Dēvī (la déesse-Terre) des eaux du Grand Fleuve par Viṣṇu, sous l'apparence d'un énorme verrat, et les épisodes du *Rāmāyaṇa,* le premier poème épique indien consacré au héros Rāma (l'une des incarnations de Viṣṇu).

Le caractère décoratif de la sculpture indienne, son acceptation des formes et des structures architectoniques incitent l'artiste à préférer le relief à la ronde-bosse et – même pour les statues (d'ordinaire placées dans une niche) – à proposer une **vision essentiellement frontale**, quoique non dépourvue de profondeur.
Il ne s'agit donc pas de gaucherie technique, mais de choix stylistiques et fonctionnels qui aboutissent à des effets puissamment plastiques et très spectaculaires (notamment en raison des dimensions souvent colossales de ces œuvres).
Les grandioses ensembles de sculptures qui ornent les temples brahmaniques du mont Kailāsa à Ellorā, exécutés sur l'ordre des

Cālukya - à l'époque de leur domination sur le Deccan et la région d'Andhra (450-650) - et de leurs successeurs, les Rāṣṭrakūṭa (VIIe-VIIIe siècle) en sont un exemple. L'ensemble du **temple du Kailāsa** est entièrement creusé dans le roc, des sols aux plafonds, murs, pilastres, colonnes et architraves, et jusqu'aux éléments de la somptueuse décoration.
Tout aussi remarquables sont les reliefs sculptés - au puissant rythme de narration et de composition - du grand temple de l'île d'**Elephanta**, près de Bombay (VIIe-VIIIe siècle). Ce sanctuaire renferme certains des chefs-d'œuvre de l'ère postclassique, dont l'imposant *Mahesamūrti*, un buste triple de Śiva de 5,50 mètres de haut. Selon certaines interprétations, il représenterait la *Trimūrti* (la triade hindouiste : Brahmā, Śiva et Viṣṇu, expression du syncrétisme religieux indien). Selon d'autres, il est l'image du seul dieu suprême, Śiva, dans ses trois aspects de *Mahādeva*, l'absolu (au centre, un visage serein exprimant le calme et un profond équilibre), *Bhairava*, le destructeur (à gauche, une expression farouche), et *Umā*, divinité qui crée et préserve (à droite, un doux et gracieux visage féminin, comme pour contrebalancer la virilité sévère du visage central).

A droite : l'imposant buste triple* Maheśamūrti *dans l'île d'Elephanta, près de Bombay. Cette sculpture, qui date du VIIe siècle, mesure 5,50 mètres de haut et se trouve à l'intérieur d'une niche de près de 7 mètres. Pour certains, elle représente la* Trimūrti, *pour d'autres le dieu suprême Śiva, dans ses trois aspects de* Mahādeva, *l'absolu,* Bhairava, *le destructeur, et* Umā, *divinité qui crée et préserve.

Traditionnellement à l'honneur en Inde, l'**art musical** offre lui aussi des résultats remarquables et des élans novateurs à l'époque gupta. Les instruments à cordes sont les plus utilisés ; parmi eux, la *vīnā*, sorte de harpe arquée, est très répandue. Elle se compose d'un manche en bambou muni de cordes métalliques et de deux courges séchées. On rencontre aussi des instruments à vent, dont la flûte, et des percussions (les tambours et les *tablā*, petits tambours doubles). Le chant est également cultivé et utilisé - avec virtuosité - en guise d'instrument musical, pour répéter des vers brefs ou des sons vocaux.
L'improvisation joue un rôle déterminant dans la musique indienne : la mélodie est construite sur les *rāga*, en déterminant les nuances psychologiques à susciter chez l'auditeur par le choix entre différentes combinaisons possibles de cinq sons dans une même octave ; en partant du motif de base, plutôt simple, on élabore les improvisations. Mais l'écriture musicale indienne ne transcrit pas l'enchaînement des improvisations et n'a donc pu nous transmettre le riche patrimoine musical du passé dans son intégralité.

Sous l'ère des Six Dynasties (220-589), parallèlement au succès croissant rencontré par le bouddhisme en Chine, une abondante iconographie sacrée s'empare de l'imaginaire collectif. En dépit de l'incohérence et de la confusion qui marquent cette période sur le plan politique, l'ère des Six Dynasties est féconde sur le plan culturel, tolérante et ouverte aux influences extérieures (surtout au Nord, où les Barbares ont laissé des traces de leur invasion et de leur présence, et où le bouddhisme a bénéficié d'une expansion plus rapide et mieux enracinée, dans le territoire des Wei sinisés). La religion influence et imprègne chaque forme

d'expression artistique et culturelle de cette époque et de celles qui la suivent immédiatement, au point que la période allant du IVe au VIIIe siècle est communément appelée « **ère bouddhiste de l'histoire chinoise** ». Dans le domaine musical, les traditions locales ancestrales cèdent le pas à des instruments et formes musicales venant d'Asie centrale, fortement conditionnés par les modes et les besoins de la psalmodie bouddhiste. Les arts figuratifs accordent la première place à la plastique, entendue aussi bien comme statuaire (en bronze, terre cuite, pierre ou bois) que comme art décoratif (poterie, pierre, stuc), complément indispensable des structures architecturales.

Ce sont surtout les régions septentrionales de la Chine qui subissent l'influence de l'Asie centrale et de l'Inde, adoptent les modèles indiens de sanctuaires rupestres et reflètent les tendances hellénistiques tardives de l'art du Gāndhāra. Les **temples chinois excavés** de Yungang, Longmen, Sangshan et Dunhuang se peuplent de niches remplies de statues et de bas-reliefs sculptés, dont le style est une heureuse synthèse d'éléments importés et de formes d'origine purement chinoise. L'ensemble de sculptures des **grottes de Yungang** dans le Shanxi, datant du Ve siècle, en offre un exemple : on y trouve des figures, souvent colossales, de Bouddha Maitreya et de bodhisattvas, à la chevelure et au drapé parfaitement modelés selon le style du Gāndhāra (à plis amples ou parfois plus linéaires). Les statues sont encadrées de niches ornées de tympans et de baldaquins à pans enrichis de bas-reliefs, ou de colonnes avec des chapiteaux à volutes ou à feuilles d'acanthe. Les figures sont par ailleurs dotées – conformément aux exigences de l'art chinois – d'auréoles enflammées et de visages paisibles, baignant dans une sérénité abstraite et mystique. Dans le **sanctuaire de Longmen**, dans le Henan, les mêmes figures de Bouddha et de bodhisattvas s'allongent avec élégance, selon des rythmes linéaires parfois exagérés, avec une tension insistante qui tombe parfois dans un graphisme maniériste et rigide, mais confère une aura hiératique raffinée à ces images, qu'elles soient sculptées dans le roc de la grotte ou fondues dans un bronze finement gravé et doré. Un modelé plus souple et un drapé plus subtilement plastique et fluide animent en revanche certaines statues rupestres du temple de Tianlongsan, dans le Shanxi. Ici, l'aura mystique, sceau du divin, se tempère d'une veine de profonde humanité et la sévérité de l'expression se fond dans la douceur d'un sourire.

A gauche : un bodhisattva (à gauche) et un disciple du Bouddha (à droite) dans le Fengxiansi, la plus grande et la plus belle des grottes bouddhistes de Longmen, près de Luoyang. Elle date de l'époque Tang (VIIe siècle).
Ci-dessous : poterie polychrome représentant un bodhisattva. Dynastie des Wei du Nord, 397-439.
A droite : bronze doré polychrome représentant deux Bouddhas, Śākyamuni (le bouddha historique) et Prabhūtaratna. Dynastie des Wei du Nord, 518 apr. J.-C. Musée Guimet, Paris.

A Longmen, la **sculpture de la première période** de la dynastie **Tang**, au VIIe siècle, donne naissance au colossal haut-relief, atteignant 15 mètres de hauteur, du Bouddha Vairocana, incarnation de la force illuminatrice et créatrice de l'univers. Rendue plus majestueuse encore par les amples courbes du drapé, sa figure a perdu toute trace de rigidité, pour frémir du souffle vibrant d'une spiritualité nouvelle, matérialisée par les idéaux de puissance qui inspirent l'époque Tang. Autour de cet imposant Bouddha, apparaissent le bodhisattva et les *bikshu* (moines), les *dvarāpala* (gardiens du temple) et les *lokapala* (rois célestes) qui gardent les quatre points cardinaux : ce sont les figures mineures du panthéon bouddhiste, représentées dans des attitudes guerrières et dans la tenue caractéristique des soldats de l'armée impériale de l'époque. Allant dans le sens d'une souplesse stylistique inédite qui donne plus de liberté et de grâce aux figures, ces expériences artistiques font de la première époque Tang et, en particulier, du long règne

« MINGQI » : DES COMPAGNONS DANS L'AU-DELA

Fins et éthérés, en dépit de traits souvent réalistes et personnalisés, les mingqi *ou « objets de l'esprit » sont ces figurines en terre cuite de hauteur variable (de 20 à 65 cm ou plus, jusqu'à la taille humaine) qui, depuis les temps les plus reculés, accompagnent en Chine le défunt dans la tombe. L'exemple le plus célèbre est sans doute l'immense « armée de terre cuite » découverte et exhumée en 1974 dans la tombe-mausolée de l'empereur Qin Shi Huangdi, dans le Shanxi La référence culturelle qui préside à la production de toute la sculpture chinoise en terre cuite est en effet d'ordre funéraire. Elle renvoie à la très ancienne coutume rituelle consistant à sacrifier – à la mort de l'empereur – ses plus fidèles courtisans, dames d'honneur et conseillers, pour garantir au souverain défunt une suite convenable, même lors de son voyage vers l'au-delà. A partir de la dynastie Han, l'usage des figurines-substituts se répand dans les différentes classes de la société, avec la connotation d'un symbole de prestige ; un code fixe le nombre de* mingqi *que la tombe peut accueillir, en fonction du rang du défunt. Ces statuettes sont en grande partie réalisées dans des moules (pour les plus grandes, on utilise plusieurs moules combinés), technique dans laquelle les Chinois sont passés maîtres depuis l'Antiquité, mais la tête et les détails du visage et des vêtements sont façonnés et finis à la main, avec des résultats très variés et une grande réussite dans l'expression, qui font de chaque figurine une pièce unique. Bien loin de se réduire à une simple production en série de statuettes et d'objets quotidiens, l'art chinois de la poterie témoigne au cours des siècles d'une évolution qui est, à certains égards, parallèle à celle de la sculpture et connaît, au même titre qu'elle, des factures variées. Des figurines aux formes linéaires de l'époque Han (206 av. J.-C.-220 apr. J.-C.), géométriquement construites et colorées en trichromie (noir-blanc-rouge), on passe ainsi aux statuettes fines et élancées, quasi hiératiques, de la période des Six Dynasties. Puis, en passant par les* mingqi *sinueux et stylisés de la dynastie Sui (581-618 apr. J.-C.), caractérisés par une sorte de glaçure claire et uniforme, on en arrive aux petites sculptures Tang (618-907 apr. J.-C.), véritables formes plastiques élaborées et polychromes. Chevaux et chameaux, guerriers impavides et impassibles palefreniers, ondulantes danseuses et élégants fauconniers, cavaliers et joueurs de balle, marchands et amazones, dames et courtisanes (souvent élevées au rang d'idéal de beauté féminine, comme les gracieuses « grosses dames » de la période Tang), conteurs, jeunes musiciennes, porteurs d'offrandes et orants dans une pose rituelle : autant d'images d'un monde qui renvoie aux fastes de la cour. Empreintes d'un réalisme plus marqué, caractérisées par la tension dynamique et le soin apporté à la ronde-bosse, les statuettes d'époque Tang – dont la glaçure se teinte de nuances dues à l'emploi de minéraux, cuivre, cobalt, manganèse, fer – influenceront fortement les styles ultérieurs.*

A gauche, dans l'encadré : statuette funéraire représentant une danseuse, VIIIe siècle. Hauteur : environ 28 cm. Freer Gallery of Art, Washington. Les nombreuses figurines de musiciens et de danseurs retrouvées dans les tombes attestent que la musique et la danse étaient très appréciées à la cour des Tang et par les hauts personnages.
Ci-dessous : bodhisattva peint sur un tissu sacré de soie fine, datant de la dynastie Tang (VIIIe-IXe siècle). Musée national, Tokyo.
A droite : deux dames debout. Poterie peinte, hauteur 42,5 cm, datant de l'époque Tang (VIIe siècle). Ostasiastika Museet, Stockholm.

de Xuanzong (712-756), un moment de transition entre la statuaire archaïque, inspirée par le bouddhisme, et les œuvres suivantes, de la période Tang tardive : une sorte de ligne de partage des eaux entre la Chine ancienne et ce que l'on appelle la Première période moderne. Vers la fin du IXe siècle, le déclin du bouddhisme se reflétera dans l'univers plastique chinois, provoquant sa décadence avec l'apparition de formes maniérées, sans vivacité, stéréotypées, parfois même dures et grossières. A côté de la statuaire sacrée, dès l'ancienne dynastie Han, la **sculpture profane** se développe en Chine et connaît sous les Tang une nouvelle fortune. Les tombes des empereurs et des personnages éminents se transforment ainsi en ensembles monumentaux, ornés de bas-reliefs à caractère zoomorphe et fantastique, comme la représentation des superbes destriers sculptés sur la tombe de Taizong le Grand (627-649) à Zhaoling, ou le majestueux et nerveux cheval ailé en relief exécuté pour l'empereur Gaozong (650-683). Les *mingqi*, ou statuettes funéraires en terre cuite émaillée, réalisées avec un savoir-faire magistral par d'habiles artisans restés anonymes, sont le fruit d'une tradition typiquement chinoise, exempte de toute influence bouddhiste, véritable univers de terre cuite, peuplé de danseuses, de cavaliers, d'écuyers et de courtisanes, de chameaux, mais aussi de lions ailés et de chimères rappelant les sculptures en pierre des tombes impériales de Nankin (V^e et VIe siècles).

Les exemples de **peinture** chinoise de l'époque des Six Dynasties et de la période Tang sont en revanche très rares, notamment par suite de la perte de toutes les fresques murales ornant les temples et les palais, à l'exception des peintures murales de quelques sanctuaires, dont les grottes des Mille Bouddhas de Dunhuang. Il s'agit d'un art surtout religieux, même si l'on y trouve l'amorce de tendances artistiques profanes qui s'épanouiront au cours des siècles suivants, selon des canons qui seront définis à l'époque Song. A la période Tang en effet, l'**intérêt pour le paysage** se développe, et à Dunhuang apparaissent justement les premières représentations d'éléments empruntés au paysage chinois. **Wang Xizhi** (321-379), maître de l'art raffiné de la calligraphie, vit dans la seconde moitié du IVe siècle ; son œuvre influencera profondément le développement des techniques picturales ultérieures ; l'œuvre de **Gu Kaizhi** (345-v. 406), reconnu comme le premier grand représentant de la peinture chinoise, se situe entre les IVe et Ve siècles.

Il est l'auteur de scènes de cour, peintes à l'encre de chine et avec des couleurs sur des rouleaux de soie dont le développement horizontal dépasse les 3 mètres. Enfin, **Li Sixun** (651-716) et **Wang Wei** (699-759) sont les épigones des écoles de peinture de paysage, respectivement dans le Nord et le Sud du pays, avec des orientations très différentes. Li Sixun est le créateur délicat de paysages féeriques au chromatisme intense, alors que Wang Wei – poète et peintre au style impressionniste – privilégie le thème du paysage dans un registre monochrome.
Il ne faut pas s'étonner que certains peintres pratiquent également la poésie, et vice-versa : en Chine, la complémentarité entre l'écriture et l'expression figurative, dont le vecteur matériel est toujours un pinceau trempé dans l'encre de Chine, se résumé bien entendu dans l'art très fameux de la calligraphie.

La période des Six Dynasties marque une autre étape importante dans le domaine culturel en raison de l'élan pris par la **critique littéraire**. Le *Traité sur les fondements de l'art littéraire* de Liu Xie, pierre angulaire dans l'histoire de la critique chinoise, date de 480. Le *Wenxuan*, la plus célèbre et populaire anthologie d'auteurs chinois, remonte aux premières décennies du VIe siècle.
A la même époque, on assiste à toute une floraison d'œuvres historiographiques, d'ouvrages de phonétique chinoise, de commentaires des classiques, de traités de peinture (comme celui dit des « six règles de la peinture », dû au portraitiste Xie He) et de véritables compilations encyclopédiques, appelées « chroniques », de caractère général ou spécialisé : la plus ancienne date du IIIe siècle et est réalisée pour le premier souverain de la dynastie Wei.
Le *Gao seng Zhuan,* considéré aujourd'hui comme le point de passage de l'ancienne production de caractère historique à la nouvelle littérature bouddhiste, rédigé vers 519 par un moine bouddhiste et inspiré par les biographies de moines éminents, devient un modèle historiographique très suivi.
A la même époque se répand, surtout dans le cadre de l'enseignement élémentaire, un précis de vulgarisation d'histoire chinoise et de philosophie confucéenne intitulé *Qianzi wen* ou « Classique des mille caractères » (parce qu'il est rédigé au moyen d'un millier de caractères différents, qui ne sont jamais répétés). Dans la première moitié du VIIe siècle, le moine-pèlerin Xuan Zang entreprend un voyage sur les traces de Bouddha, en quête des véritables sources du bouddhisme, et réunit ses découvertes dans un livre de *Mémoires sur les contrées d'Occident* ; il compose en outre un traité de philosophie bouddhiste intitulé *Siddhi* (645).

A gauche : cruche d'époque Tang en porcelaine blanche. Freer Gallery of Art, Washington.
Ci-contre : miroir d'époque Tang en bronze avec des incrustations de nacre et d'or reproduisant le motif du phénix, emblème de l'impératrice, stylisé à la manière caractéristique de l'époque.
Ces deux objets mettent en évidence le goût de la stylisation et l'équilibre des formes qui sont typiques de l'art Tang.

A l'époque Tang, un goût prononcé se manifeste pour la poésie et la **recherche historique et érudite**. Le maître en ce domaine est Liu Zhiji (661-721), auteur d'un ouvrage de méthodologie et de critique historiographique figurant parmi les plus complets ; la traditionnelle rédaction de chroniques locales, encyclopédies, recueils anthologiques se poursuit par ailleurs. Mais c'est surtout dans la **poésie** que s'épanouissent à l'époque Tang de nombreux talents, en particulier dans le genre lyrique. Celui-ci était déjà répandu à l'ère des Six Dynasties avec le fameux *Shijing*, repris avec quelques innovations, essentiellement dans le domaine de la métrique. Sous la dynastie Tang, il faut citer au VIIe siècle les poètes Wang Bo, Yang Jiong, Lo Zhaolin et Lo Bing Wan. Au siècle suivant, on voit apparaître les trois plus grands représentants de la poésie du Céleste Empire : le célèbre Li Taibo, ou **Li Bo** (701-762), peut-être le plus grand poète lyrique chinois de tous les temps ; **Du Fu** (712-770), auteur d'une poésie solennelle et moraliste ; et **Bo Juyi** (772-846), poète dont le style évite toute rhétorique et qui privilégie les thèmes réalistes et sociaux, dans une forme simple et claire, ce qui le fait apprécier au-delà des frontières chinoises, au Japon et en Corée.

UN POÈTE, UN MYTHE : LI BO

La poésie de Li Taibo (701-762), ou simplement Li Bo - nom sous lequel il est connu comme le plus grand poète lyrique chinois du VIIIe siècle et peut-être de tous les temps - peut être définie comme « classique » précisément en raison de sa liberté et de sa spontanéité. Dans son abondante œuvre poétique, la référence aux Anciens passe par le refus de la rhétorique et des contraintes métriques pour atteindre une expression incisive et simple, un trait rapide et efficace. Son originalité se révèle dans le vers libre et de brefs et directs quatrains ou vers interrompus (jueju). *En parfait contraste avec le modèle du lettré confucianiste, Li Bo, d'inspiration taoïste, est un esprit libre et excentrique, aimant les voyages et le vin. A la cour impériale - où il fait souvent halte, entre deux aventures - le poète est l'objet de la bienveillance et des faveurs de l'empereur Xuanzong lui-même, jusqu'au moment où, accusé de trahison, il est temporairement exilé. Dans sa jeunesse, il forme un cercle de poètes débutants baptisé « les six oisifs dans le bosquet de bambous » ; plus tard, il crée un nouveau groupe de lettrés connus comme « les huit buveurs immortels ». Si l'équilibre esthétique constitue la mesure intime de sa poésie, dans la vie, il rejette toute autodiscipline et alimente la légende qui a fleuri autour de son génie. Cette légende entoure également sa mort et montre Li Bo, ivre, se noyant dans une rivière en tentant de saisir la lune qui s'y reflète. Bien qu'il soit aussi un prosateur apprécié (il nous reste de lui une soixantaine d'œuvres en prose), son génie s'exprime cependant surtout à travers la poésie lyrique, dans laquelle il sait créer de puissantes - mais éphémères - illusions consolatrices et d'intenses images reflétant la joie que donne la contemplation de l'univers. Les vers suivants en sont un exemple :*

I

Tu me demandes pourquoi je me cache
parmi de vertes montagnes.
Je souris, je ne te réponds pas.
Il y a une telle paix dans mon cœur.
Les fleurs de pêcher et les eaux
qui courent
en passant ne laissent pas de trace.
Vois, c'est un ciel différent, une autre
terre.
même dans le monde qui passe.

II

Tous les oiseaux s'envolèrent ;
seul un nuage erre lentement dans le ciel.
Nous voici, jamais fatigués de nous
regarder en face,
rien que nous deux : la montagne et moi.

III

Le moine, tenant le luth vert,
descendu du col occidental O-mei,
pince pour moi les cordes frémissantes.
J'entends bruire de lointaines pinèdes
et un grand flot d'eaux courantes inonde
mon cœur exilé.
Pénètre l'écho de cloches de givre.
Je ne m'aperçois pas que la montagne,
au soir, est devenue bleu foncé.
Qui pourra dire le poids accablant
des nuages d'automne ?

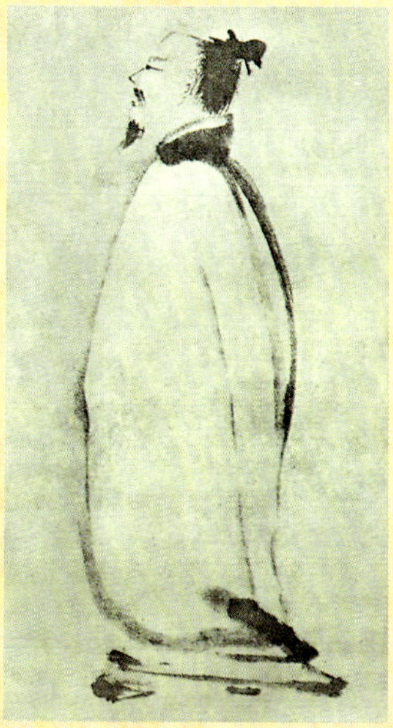

***Page ci-contre, en bas :** scène conviviale extraite d'une peinture remontant au VIe siècle. Le linge porté sous les vêtements est volontairement visible sous les voiles transparents.*
Sur cette page, en bas, dans l'encadré : **Portrait du poète Li Bo,** *encre sur papier, milieu du XIIIe siècle, œuvre de Liang Kai. Musée national, Tokyo. Li Bo, très grand poète ayant vécu au VIIIe siècle, est l'auteur de vers simples et incisifs, dans lesquels le rejet de la métrique se mêle à une inspiration originale et souvent géniale.*
***Ci-dessous :** chameau en terre cuite d'époque Tang. Chameaux, chevaux et figures humaines sont fréquemment représentés dans les statuettes de cette époque.*

Les **arts mineurs** se développent également, avec des résultats d'un raffinement et d'une qualité extrêmes, témoignant d'influences persanes très sensibles : bijoux en filigrane, nacre sertie, bijoux en corail travaillé, soieries, laques et meubles précieux, coupes d'argent et objets en bronze, dont de splendides miroirs de forme lobée, dont le revers s'orne de sinueuses représentations naturalistes : rameaux fleuris, ibis, lions et chevaux. Mais c'est surtout la **porcelaine** - celle, blanche et translucide, appelée *ci* - qui atteint à l'époque Tang des niveaux inégalés. A la pureté de la pâte s'ajoutent l'élégance des formes créées dans les centres du Hubei et du Zhejiang, la précieuse matière et le raffinement du produit fini, qui en font des objets recherchés dans tout le continent et, à travers l'Asie occidentale, jusqu'en Égypte. On apprécie également les **poteries vernissées**, recouvertes d'une glaçure à base de plomb et teintées en vert, jaune et brun au moyen d'oxydes métalliques. Leur forme est très variée et elles proviennent surtout du nord du pays.

Le *Popol Vuh*, la « Bible » des Mayas quichés, précise l'**origine divine de la musique et de la danse** en disant : « La musique est arrivée sur terre entre le brouillard et le tourbillon de poussière de la création. » Les chroniques du XVIe siècle, comme celle de F. de Oviedo, et les objets funéraires retrouvés dans les tombes offrent de multiples informations sur les instruments musicaux connus des peuples méso-américains et sur les cérémonies dans lesquelles la musique faisait partie intégrante du contexte sacré. Nous avons donc connaissance d'un **choix très vaste d'instruments musicaux** : à percussion, à vent, à secouer, à racler. Les cordes sont absentes et l'on a pu remarquer que « si l'arc musical [...] est précolombien, ce serait dans ce cas l'unique instrument à cordes connu en Amérique avant l'arrivée de Christophe Colomb. » (G. Izokowitz). Les tambours sont très répandus, comme les grands *huehuetl* mayas (puis aztèques), verticaux et dotés de pieds sculptés ; les *tunkul*, plus petits ; les *kayum* ou tambours évasés des Mayas quichés ; enfin, les tambours « à voix » adoptés par les Zapotèques et les Aztèques. Les flûtes, en tout genre et de toute forme (tubulaires, globulaires et vasculaires), se présentent souvent comme des objets en terre cuite d'allure anthropomorphe ou zoomorphe, dont la forme indique la destination sociale de l'instrument lui-même. Par exemple, une flûte ressemblant à une silhouette féminine qui porte un enfant dans ses bras renvoie à l'utilisation de l'instrument dans l'un des nombreux rites liés à la fertilité. Par ailleurs, les réceptacles naturels contenant des graines – comme les courges séchées – sont très souvent utilisés dans la danse en guise de sonnailles ; on peut aussi se servir de bâtons agités et cognés rythmiquement l'un contre l'autre, de hochets en terre cuite remplis de particules solides qui font du bruit quand on les secoue, ou de grelots de bois. La carapace de tortue sert à fabriquer des tambours et des gongs, à percussion ou à friction manuelle. L'*ayotl* est un gong fréquemment utilisé lors des rites funèbres, des cérémonies consacrées au dieu de la pluie et des danses féminines, dans l'ensemble de la Méso-Amérique ; les Mayas adopteront le *tetzilakati*, gong de cuivre des périodes classique tardive et postclassique.

La danse et la musique font figure de voies privilégiées de communication et de contact avec les dieux, et ont valeur de prière dans la culture précolombienne. Leurs rythmes cadencés et répétitifs jusqu'à l'obsession, capables d'envoûter les participants, furent perçus comme démoniaques par les *conquistadores* espagnols.

Dans le domaine de la **sculpture**, à côté des figurines en terre cuite – certainement l'expression d'un art populaire vif et spontané – il y a la sculpture en pierre. Elle est destinée, notamment en raison de son caractère plus durable, à matérialiser les idéaux métaphysiques de ces peuples, à en représenter les gouvernants, les chefs guerriers et religieux. Une caractéristique commune à toute l'aire méso-américaine réside dans le principe d'ordre et d'équilibre qui est adopté comme critère suprême de composition. C'est particulièrement évident dans les masques fortement stylisés, compassés et austères qui proviennent de la ville de Teotihuacán, ainsi que dans les bas-reliefs très travaillés, en calcaire et en stuc, retrouvés dans les palais de Palenque et, pour citer un exemple plus ancien, dans les colossaux *cabezones* olmèques.

Si dieux et déesses sont très souvent représentés dans une attitude impassible, d'autres figures apparemment immobiles possèdent en réalité une sorte de dynamisme intérieur qui en anime la structure : il peut s'agir d'un « élan plastique, paisible mais décidé », comme dans les petites statuettes olmèques en terre cuite ; ou d'un mouvement dicté par les articulations des figurines elles-mêmes, comme dans les poteries très expressives réalisées à Teotihuacán ou dans le centre du Veracruz.

Simplicité et vivacité caractérisent aussi les statuettes en terre cuite de Nayarit, aux dimensions variables (de 20 à 80 cm). Elles représentent des femmes vêtues et portant des bijoux, des femmes enceintes ou des mères portant un enfant dans les bras, ou encore des femmes en train de tisser, filer, d'égrener des épis de maïs, de rouler des galettes.

Il y a aussi des figures masculines – debout, assises ou agenouillées – portant ou non des armes, figures de musiciens et de danseurs, toutes retrouvées dans les tombes à puits de Colima, Jalisco et Nayarit. La difformité physique, considérée comme le signe de pouvoirs exceptionnels et supranaturels, est

A gauche : femme en train de danser, poterie peinte, 400-600. Musée national d'Anthropologie, Mexico. Chez les peuples méso-américains, la musique joue un rôle important au cours des cérémonies et les instruments utilisés sont nombreux : à percussion, à vent, instruments à secouer et à racler.
Ci-dessous : groupe de danseurs masqués, détail. Temple des Fresques, salle I, Bonampak. Reconstitution au musée national d'Anthropologie, Mexico.
A droite : la stèle C de Copán, remontant à 782. Les personnages représentés sur les stèles ne sont jamais des dieux, mais de hauts dignitaires.

souvent représentée aussi, comme l'attestent les *danzantes* en relief des stèles de Monte Albán, ou les statuettes de nains, de bossus et d'estropiés provenant du Mexique occidental.

Chaque région élabore son style propre, caractérisé par une plus ou moins grande adhésion au réel et un sens variable des volumes. Les deux exigences sont souvent présentes (abstraction et réalisme) : l'une dans les œuvres en pierre surtout, l'autre dans celles en terre cuite. On peut distinguer **six régions stylistiques** en Méso-Amérique : le haut plateau du Mexique (Teotihuacán), la région du Golfe, l'aire maya, la région d'Oaxaca, le Mexique occidental et le Mexique septentrional. Les réalisations de la **sculpture de Teotihuacán** - masques en pierre dure, vases modelés à la main (encensoirs ou braseros en terre cuite), reliefs architecturaux, statuettes d'obsidienne - sont empreintes d'une grande rigueur formelle, au point de donner l'impression d'un art officiel, fortement conventionnel et jouant sur des géométries parfaites, qui reflète une société solide, intimement unie par une conception religieuse commune.
Une œuvre souvent citée de cette culture est la *Croix de Teotihuacán*, dans laquelle on peut retrouver, sous une forme très abstraite, la stylisation du masque du dieu Tlaloc et la référence à la dualité. Certaines statuettes réalisées par les artistes-artisans de Teotihuacán à la période classique se distinguent en revanche par un soin extrême dans le modelé et les détails.
L'**art funéraire d'Oaxaca**, dont les urnes funéraires et rituelles se font remarquer par la grande attention accordée au détail réaliste, apparaît rigide et traditionnel. Dans le Veracruz central, un réalisme teinté de sensualité inspire les représentations en terre cuite, tandis que les sculptures en pierre sont empreintes d'un profond symbolisme. Dans ce domaine, les reliefs qui ornent le terrain de jeu de balle d'El-Tajin sont célèbres, et trois types plastiques caractéristiques de la culture totonaque présentent également un intérêt particulier : ils reproduisent en pierre, avec valeur votive, certains accessoires de la tenue des joueurs de balle : les « jougs », les « palmes » et les « haches ». Les « jougs » reproduisent les ceintures ou fibules et ont souvent la forme d'animaux sacrés comme la grenouille ou le hibou ; les « haches » servaient à marquer les points ; les « palmes » ont une forme allongée (en aviron) et portent en relief des entrelacs, des figures animales (comme le crocodile), mais aussi des mains, symboles du langage gestuel et dotées, croit-on, de pouvoirs magiques.

À gauche, de haut en bas : palme de basalte portant l'image sculptée d'un prisonnier; hache de basalte, fine tête de pierre représentant un vautour; joug de pierre, reproduction de la ceinture de protection en bois et cuir portée par les joueurs lors des cérémonies suivant la partie de pelote. En haut : disque d'autel de Chinkultic représentant un joueur de pelote. Musée national d'Anthropologie, Mexico.

Comme l'a fort justement remarqué l'historien d'art B. de la Fuente, « la sculpture véritable, celle en trois dimensions, fut peu pratiquée chez les Mayas ; seule une région, celle du río Motagua, s'exprima surtout par des formes volumétriques ; dans les autres régions en revanche, le relief, dans ses modalités multiples et originales, fut la principale technique d'expression. » Dans les contrées mayas, on constate que tous les degrés du **relief** (du plus accentué au plus aplati) ont été exploités. Cette pluralité de solutions engendre une mosaïque de styles, que l'on peut tous rattacher à la matrice maya. D'exceptionnels *retratos* (portraits) sont l'un des trésors de l'art maya : les visages masculins à l'expression intense (qui faisaient partie à l'origine de figures entières), modelés dans le stuc et insérés dans la décoration de la pente du toit à couronnement du temple du Soleil à Palenque, en sont un exemple.
On trouve des bas-reliefs mayas typiques sur les **stèles** et les **autels en calcaire,** dans lesquels une inscription en glyphes s'accompagne toujours d'une image, tantôt à peine incisée, tantôt gravée plus profondément. Cette image peut représenter un guerrier, un dignitaire ou un prêtre, ou une scène à caractère historico-mythologique, religieux ou militaire, mais la figure humaine reste toujours l'élément central. Ce sont justement certains de ces reliefs à inscription hiéroglyphique qui ont permis, dans les années soixante, à l'archéologue Proskurjakov d'accomplir des progrès considérables dans le déchiffrement du nom des souverains mayas et de reconstituer des dynasties entières, comme celles de Palenque et de Tikal. La stèle la plus ancienne est la n° 29 de Tikal (292 apr. J.-C.), mais la réalisation de ces monuments se poursuit, dans divers sites, jusqu'au VIIIe siècle apr. J.-C. (790), période qui marque l'apogée de la civilisation classique maya. Elle sera suivie d'un déclin très rapide, surtout dans la zone occidentale (Palenque, Piedras Nigras, Yaxchilán et Bonampak). Il faut enfin noter la puissante empreinte de Teotihuacán, ressentie aussi bien dans la zone d'Oaxaca et de l'État du Guerrero que dans les régions mayas.
La preuve en est apportée par les figures en relief représentées, selon la typologie de Teotihuacán, avec de somptueux couvre-chefs, de riches vêtements, des attributs de pouvoir ou des accessoires militaires. Cela peut s'expliquer par le rayonnement artistique mais aussi commercial, de la métropole du Mexique central. Art anonyme, réalisé, en l'absence de tout instrument métallique, avec de simples outils en pierre dure (diorite, obsidienne, silex), la culture figurative méso-américaine a pourtant su donner vie à des réalisations aussi fascinantes qu'harmonieuses. La sculpture présente des valeurs esthétiques incontestables : originalité, équilibre, puissance d'expression, au-delà de l'application de canons progressivement élaborés par la tradition, avec une remarquable autonomie - donc, une diversification stylistique - entre les diverses régions géoculturelles.

Les raisons pour lesquelles Constantin transfère en 330 le siège de l'Empire dans sa *pars Orientalis*, à Byzance, sont sans aucun doute d'ordre politique et stratégique, mais aussi de caractère religieux : à la différence de l'ancienne capitale, la « nouvelle Rome » naît chrétienne. En reconnaissant la légitimité du christianisme par l'**édit de Milan** de 313, connu comme « édit de tolérance », Constantin fait de la nouvelle religion l'un des piliers de l'Empire et l'un des points forts de la restauration impériale. Son règne inaugure donc une nouvelle époque dans l'histoire de l'Église, caractérisée par une **adhésion massive au christianisme** (ceux qui le professent sont désormais à l'abri des persécutions et de l'exclusion sociale), le renouveau de la vie liturgique et la floraison des études et des écrits théologiques. L'empereur lui-même prend le titre d'évêque de l'extérieur et en vient à attribuer au clergé un rôle dans l'administration ecclésiastique.

On a longuement glosé sur la conversion de Constantin – selon la tradition, il n'aurait été baptisé que sur son lit de mort, par l'arien Eusèbe de Nicomédie – et sur sa valeur non tant de *metanoia* (conversion totale qui implique une radicale transformation morale), que d'acte de sagesse politique, jouissant de la faveur d'une minorité chrétienne solide et puissante. A coup sûr, Constantin a marqué une époque, ou plutôt une étape, dans l'histoire des mentalités. Après lui, l'Empire trouve un soutien efficace dans la hiérarchie ecclésiastique, qui lui garantit le contrôle idéologique des populations, tandis que lui-même tend à s'immiscer dans les controverses théologiques et les problèmes ecclésiastiques (Léon III l'Isaurien, 717-741, en arrivera à se proclamer « empereur et prêtre » ; on sait en outre que le droit de présider les conciles revient à l'empereur). Constantin lui-même s'occupe des affaires intérieures de l'Église – du schisme donatiste, par exemple – et c'est sur son ordre qu'est convoqué le **concile de Nicée** en 325, quand les divergences doctrinales mettent en péril l'unité de la Chrétienté. Ce concile fixe l'ensemble des doctrines « orthodoxes », résumées dans le *Credo*, et condamne l'hérésie arienne. Il définit en outre quelques grandes régions ecclésiastiques et administratives qui correspondent à des centres importants : l'évêché de Rome, autour duquel gravite l'Occident, ainsi que les patriarcats de Constantinople et d'Alexandrie, Antioche et Jérusalem en Orient.
En 380, l'**édit de Théodose** abolit le paganisme et le christianisme devient la religion officielle de l'Empire : les rapports entre l'État et l'Église s'orientent vers un soutien réciproque et la structure extérieure de l'Église se calque sur la structure administrative de l'Empire, un empire, note Rostovtzeff, « universel comme est universelle l'Église ». En outre, le christianisme imprègne de fait toute la culture. **Le paganisme est banni** et se confine désormais aux villages (*paganus* vient de *pagus*, « pays, village »), sauf pendant le court règne de **Julien l'Apostat** (361-363). Cet empereur philosophe, qui a renié la foi chrétienne (d'où son surnom), tente de rétablir le polythéisme à travers le culte du Soleil (Mithra) et prend contre les chrétiens des mesures les excluant des écoles, de la sphère culturelle et du gouvernement. Mais cette tentative de restauration païenne prend fin avec la mort de l'empereur : son successeur rend aux chrétiens leurs positions antérieures et les biens confisqués. Au cours de la première moitié du Ve siècle, Théodose II interdira aux païens d'occuper des charges publiques et, au VIe siècle, Justinien en viendra à imposer le baptême à l'ensemble de ses sujets, sous peine de confiscation des biens et de privation de tout droit civique. Le christianisme devient ainsi un élément fondamental de cohésion étatique et la dissension religieuse est considérée par les empereurs comme un danger politique pouvant nuire à l'unité de l'Empire.
Cela explique la recherche du compromis et des arrangements, et la détermination avec laquelle Constantin et ses successeurs affrontent les hérésies et les risques de schisme qui, en opposant une Église de l'esprit à l'Église d'institution, menacent également la cohérence politique de l'Empire. Les déviations idéologico-religieuses les plus dangereuses pour l'empire d'Orient sont l'arianisme, le donatisme, le pélagianisme et le manichéisme.

L'**arianisme** (hérésie qui doit son nom à Arius, prêtre d'Alexandrie au IIIe-IVe siècle, pour qui le Christ n'est pas identique au Père en essence) se développe en Orient, notamment grâce à l'appui de certains empereurs du IVe siècle, comme Constance II et Valens. Après le concile de Nicée, déjà cité, qui en décrète la condamnation, l'arianisme est proclamé doctrine hérétique par l'édit de Thessalonique (380). Cette nouvelle condamnation est entérinée par le deuxième concile œcuménique de Constantinople (381), convoqué par Théodose : le christianisme dans sa forme orthodoxe, telle qu'elle est exprimée par le « symbole de Nicée » (le *Credo*), devient la religion officielle de Byzance, la seule admise dans les territoires de l'Empire.
Le **donatisme**, mouvement schismatique apparu au IVe siècle en Afrique (il doit son nom à Donat, évêque de Casae Nigrae, en Numidie), associe des motivations religieuses et socio-économiques. Il exprime en effet le mécontentement et la rébellion contre la fiscalité et la politique centralisatrice du

gouvernement impérial. Constantin intervient contre la séparation de l'Église d'Afrique et finit par prononcer la condamnation officielle du schisme, mais il est cependant contraint à la tolérance à la suite de violences et de désordres. Le donatisme provoque également l'intervention énergique de saint Augustin, l'un des plus grands Pères de l'Église, évêque d'Hippone à partir de 396.

A gauche : fresque montrant le pape Sylvestre en train de baptiser Constantin, par le rite du baptême par immersion. Cette peinture se trouve dans l'oratoire de Saint-Sylvestre, situé pour partie dans la nef droite et pour partie dans le portique de la basilique paléochrétienne des Santi Quattro Coronati, Rome. Les thèmes de ces fresques sont pour la plupart liés à la conversion de l'empereur (du rêve de Constantin à la découverte de la Croix sur le Golgotha par sa mère, l'impératrice Hélène) ; l'ensemble de la décoration picturale est influencé par l'art byzantin. On a longuement débattu de la conversion de Constantin et de sa valeur non tant de **metanoia** ***que d'acte de sagesse politique. Quoi qu'il en soit, les empereurs qui lui succéderont trouveront un soutien efficace auprès de la hiérarchie ecclésiastique.***

Ci-contre : détail d'une mosaïque représentant deux colombes blanches, symbole de l'âme chrétienne. Date antérieure au v*e* *siècle. Mausolée de Galla Placidia, Ravenne.*
Ci-dessous : saint Augustin, représenté par une fresque du vi*e* *siècle. Musées du Latran, Rome. C'est la plus ancienne image que nous ayons de lui, bien que la valeur iconographique de ce portrait soit douteuse ; il porte une tunique blanche dépourvue d'ornements indiquant son rang. Nommé évêque d'Hippone en 396, Augustin affronte inlassablement les nombreux problèmes rencontrés par l'Église d'Afrique, au premier rang desquels la lutte contre les manichéens, les schismatiques donatistes et, plus tard, les pélagiens.*

Saint Augustin est encore en première ligne dans la lutte contre la résurgence du **manichéisme** et contre le **pélagianisme** ; cette dernière doctrine, propagée par Pélage, un moine d'origine irlandaise, est déclarée hérétique en Occident en 418, et en Orient par le concile d'Ephèse de 431.

Au ve siècle, l'Église doit affronter de nouvelles controverses : la querelle christologique porte sur le problème de la double nature, divine et humaine, du Christ. Fidèles à l'interprétation de Nestorius (patriarche de Constantinople de 428 à 431, puis excommunié après le concile d'Éphèse et enfin exilé), les **nestoriens** soutiennent la présence chez le Christ de deux natures distinctes, l'une humaine et l'autre divine, « conjointes » dans sa personne, mais non unies de manière intime. Cette conception est combattue par Cyrille d'Alexandrie et ses partisans, dont les thèses prévalent au concile d'Ephèse, en 431. Le **monophysisme**, lui, s'appuie sur les thèses de Cyrille, mais en les poussant plus loin - à l'initiative du moine Eutychès -, et il nie l'existence de deux natures en Christ après son incarnation. Cette doctrine est d'abord condamnée en 448 par le synode de Constantinople, puis soumise par Eutychès au jugement du pape, qui confirme la condamnation ; mais en 449, un deuxième concile organisé à Éphèse réaffirme la validité des thèses cyrilliennes et monophysites, notamment grâce au soutien de l'empereur Théodose II. Enfin, en 451, Marcien, son successeur, convoque un nouveau concile à Chalcédoine, qui ratifie la condamnation de cette hérésie. Cela n'empêche cependant pas la propagation du monophysisme, en particulier sous l'empereur Zénon (474-491). L'édit qu'il promulgue en 482 provoque la **rupture entre Rome et Constantinople** ; le schisme durera plus de trente ans, jusqu'à ce qu'en 518 l'empereur Justin et le pape parviennent à une formule doctrinale d'« union », également acceptée et signée par les évêques grecs. Malgré cela, le monophysisme continue à se développer dans l'Orient chrétien - en Égypte, puis en Syrie, Arménie, Mésopotamie et Éthiopie -, où il s'organise en Églises nationales.
Entre-temps, les nestoriens persécutés fondent en terre sassanide une **Église nestorienne autonome** qui va déployer une intense activité en Asie ; ses monastères sont également des centres de culture qui diffusent la pensée philosophique et scientifique grecque en langues syriaque et arabe ; elle résistera jusqu'au xiiie siècle.
Entre les ive et vie siècles, le christianisme en Orient voit s'accentuer les controverses spéculatives, mais connait par ailleurs une évolution assez semblable à celle qui se produit dans l'empire d'Occident : on procède à la définition des dogmes, à la codification du rituel et à la consolidation des liens avec le pouvoir impérial, tout en accumulant biens matériels et privilèges.

En nette opposition avec cette implication politique de l'Église et du clergé, le phénomène du **monachisme** fait son apparition ; en Orient, il plonge ses racines dans la **vie érémitique**. L'ermite choisit l'imitation du Christ par la voie de l'ascèse, à travers le détachement du monde, la mortification, la lecture de l'Évangile, la prière et la contemplation de Dieu. Une semblable fuite de la société des hommes pour aller à la rencontre de Dieu (du grec *anachôrêtês,* se retirer, d'où le nom d'« anachorètes » donnés à ces ermites) est le fruit de la vocation *(kérygma).*
Le premier grand moine est **Antoine** d'Égypte (seconde moitié du iiie siècle), dont la réputation attire de nombreux prosélytes. Par la suite, à l'initiative de Pacôme, le premier monastère est fondé en Égypte : une communauté d'ascètes qui se donnent une règle commune et vivent ensemble, participant collectivement à la vie liturgique sous la conduite d'un abbé. C'est la naissance du **cénobitisme**. Le véritable fondateur du monachisme cénobitique oriental est cependant saint Basile, évêque de Césarée en Cappadoce, père de l'Église grecque et théologien, qui vécut pendant la seconde moitié du ive siècle. Ses *Règles* établissent la structure interne des monastères et leurs rapports avec les institutions ecclésiastiques. La forme « basilienne » du monachisme sera dominante en Orient, où les anachorètes continueront cependant aussi d'exister.
Au ve siècle, on trouve un exemple de vie érémitique poussée à l'extrême avec **Siméon Stylite**, ainsi appelé parce qu'il vécut quarante ans sur une colonne, dans l'ascèse et la prière.

Il faut enfin rappeler la période de luttes liée à l'**iconoclasme** (du grec *eikón*, « image », et *klastês*, « qui brise »), qui prend son origine dans l'interdiction du culte des images promulguée en 730 par Léon III l'Isaurien. Basé sur des conceptions qui nient l'incarnation du Christ, il marque profondément la vie des villes byzantines et implique également Rome qui, par la voix du pape, condamne Léon III. Le culte des images reprend sous les règnes de l'impératrice Irène et de son fils Constantin VI, mais pour peu de temps : les violences iconoclastes recommencent entre 815 et 843, jusqu'à ce que l'impératrice Théodora **restaure le culte des images**, dont le fondement réside dans la doctrine de l'Incarnation (« l'Invisible s'est fait visible »).

Avec l'édit de tolérance de Galère (311) et l'**édit de Milan** de 313 (qui entérine l'accord entre Licinius et Constantin pour accorder la liberté de culte aux chrétiens), le IVe siècle marque le triomphe du christianisme dans l'Empire romain. Depuis l'époque des premières communautés chrétiennes, l'un des points forts de la nouvelle religion est sans aucun doute sa **structure organisée** : on y trouve les *episcopi* ou évêques (inspecteurs), les *presbyterati* ou prêtres, les *diaconi* ou diacres (assistants) ; à eux tous, ils forment le **clergé** (clericatus), préposé à la conduite spirituelle et pastorale des **laïcs** (du grec *laïkos*, « du peuple »), c'est-à-dire du peuple de Dieu. Tous ensemble, ils constituent l'**Église**, la « cité terrestre », miroir et préfiguration de la *Cité de Dieu* (titre emblématique d'un ouvrage de saint Augustin) et se sentent donc membres d'un royaume universel, le royaume de Dieu. Pendant les trois premiers siècles du christianisme, les controverses doctrinales se résolvent presque exclusivement à Rome (de nombreux conciles se tiendront par la suite dans la partie orientale de l'Empire) et les évêques romains font figure de solides piliers de l'orthodoxie devant les premières manifestations d'hérésie. Entre les IIIe et IVe siècles sont institués les quatre grands patriarcats d'Antioche, Alexandrie, Constantinople et Rome.

En 343, le synode de Sardique reconnaît officiellement le **primat de l'évêque de Rome**, en vertu de la fondation de l'Église romaine par l'apôtre Pierre, et soumet à son approbation la nomination de chaque évêque élu lors des synodes. Vers la fin du Ve siècle, dans une lettre à l'empereur Anastase, le pape Gélase (492-496) formule la **théorie des deux pouvoirs**, qui aura de nouveaux développements au cours du Moyen Age et conduira ensuite, à travers le *Dictatus papae* de Grégoire VII (1075), à l'affirmation de la théocratie papale, avec Innocent III et Boniface VIII, au XIIIe siècle. Selon le pape Gélase, entre les deux pouvoirs sacré et temporel, tous deux d'origine divine, le pouvoir religieux est supérieur à l'autre, mais uniquement dans le domaine spirituel, sans rien ôter à l'autonomie de l'autorité civile. **Léon Ier** (440-461) est, lui aussi, pénétré de l'idée de la primauté romaine et prêt à exercer énergiquement son autorité sur toute l'Église (il fait condamner le patriarche d'Alexandrie, favorable à l'hérésie monophysite, au concile de Chalcédoine en 451). Sous son pontificat, l'empereur d'Occident Valentinien III confirme par un édit le **primat de la chaire de Pierre sur l'Occident**, reconnaissant son autorité universelle sur le plan spirituel. Le monde hérétique (Eutychès, les nestoriens...) considère lui aussi l'évêque de Rome comme l'autorité pouvant légitimer leurs doctrines et les réadmettre au sein de l'orthodoxie. Il n'existe cependant encore aucun titre particulier pour désigner le pontife : c'est au VIe siècle seulement que l'on commence à utiliser le terme de *pape,* réservé à l'évêque de Rome. Au cours de ces premiers siècles, à travers synodes et conciles, le **magistère de l'Église** se renforce et l'on s'efforce de définir dogmes (surtout christologiques) et doctrines. En cette période de crise politico-économique et spirituelle, due aux incursions barbares et à la faiblesse du pouvoir politique, **l'Église apparaît comme la garante des valeurs** de l'esprit et de l'organisation civile. Dans l'Italie byzantine, la perte de puissance et de crédibilité des institutions est manifeste, encore aggravée par la bureaucratie et la fiscalité de l'empire d'Orient. Ce vide est comblé par la présence des **évêques**, qui suppléent aux carences de l'autorité civile. Ils assument également (dans les *municipia*) les fonctions administratives, souvent laissées vacantes ; l'évêque devient le *defensor civitatis*.

Dans les campagnes, le christianisme pénètre avec retard, par rapport à l'Orient et aux milieux urbains, et non sans rencontrer une certaine résistance de la part des couches paysannes, encore attachées à des restes de paganisme. Dans un tel contexte, l'Église du haut Moyen Age met toute son énergie à transformer, occulter, voire détruire, parmi les différents aspects de la tradition populaire, la catégorie du « merveilleux », dans la mesure où celle-ci peut encore séduire l'imagination collective et faire perdurer des poches de paganisme. Prodiges et « miracles » sont considérés avec méfiance par la tradition chrétienne primitive, qui tend à les vider de leur contenu surnaturel pour les interpréter dans un sens métaphorique.
Si l'Église officielle s'oppose aux miracles, la tradition monastique orientale, la littérature des *Gesta martyrum* et le monde de l'hérésie populaire y croient, et il se trouve même un pape, Grégoire le Grand (590-604), pour en parler. Dans ses *Dialogues* en latin, il présente des figures d'ermites, « hommes de Dieu », souvent des évêques ; à une époque où la ville se ruralise et où les campagnes n'ont pas encore vraiment d'organisation ecclésiastique (les paroisses rurales apparaîtront plus tard), ils vivent une expérience de haute spiritualité dans le « désert » des campagnes. Autour de chacun d'eux se regroupe rapidement une population paysanne qui voit dans le *vir Dei* un défenseur et un protecteur ; le miracle correspond aux attentes de ce monde rural.
Si donc en Italie la ville, siège de l'évêché, demeure – comme le soutient plus d'un historien – le pivot de l'organisation

Page de gauche, en haut : fresque représentant le pape Sylvestre en train de convertir Constantin. Église des Santi Quattro Coronati, Rome. En bas : deux miniatures illustrant quelques épisodes de la vie de saint Benoît : l'invitation à diriger la communauté de Vicovaro, suivie de la tentative d'empoisonnement de saint Benoît par les moines. Sur cette page, ci-contre : croix votive d'Agilulf, époux de Théodelinde. Trésor de la Cathédrale, Monza. Ci-dessous : le pape Grégoire le Grand montre un parchemin racontant la vie de saint Benoît. Fresque de l'école d'Ombrie, Subiaco. « Écoute, mon fils, les préceptes du maître… Qui que tu sois, renonce à ta volonté et ceins les armes puissantes et splendides de l'obéissance, en combattant sous les ordres du roi véritable, le Christ Seigneur ! »

ecclésiastique, la rencontre entre christianisme et culture populaire se fait là où les hommes de Dieu répondent par des miracles aux espérances et aux exigences de cette culture : dans les campagnes. A l'instar du désert des moines orientaux, celles-ci deviennent – selon l'expression de J. Le Goff – le « lieu de tous les charismes et de toutes les théophanies ».

Les **monastères bénédictins** jouent un rôle institutionnel de patronage spirituel. Dans leur voisinage se rassemble un noyau social fourni, qui trouve en eux garantie de travail, protection et nourriture spirituelle. Et ce n'est pas par hasard qu'un livre entier (le deuxième) des *Dialogues* de Grégoire le Grand est consacré à la biographie du père du monachisme occidental, qui se répand au VIe siècle en Italie avant de rayonner dans le reste de l'Europe : **Benoît de Nursie** (480-v. 547). Benoît est lui aussi un *vir Dei*. Pendant trois ans, il vit une expérience d'ascèse extrême – sur le modèle oriental – dans une grotte près de Subiaco. Puis, entouré de disciples attirés par sa sainteté, il « revient » à une fonction sociale : vers 529, il fonde le **monastère du Mont-Cassin** et le dote d'une organisation très précise. En se fondant sur sa propre expérience monastique, sur la tradition orientale et sur la *Regula Magistri* (précédemment élaborée en milieu franc), il élabore sa *Regula monachorum* ou *Règle de saint Benoît*, que la tradition ultérieure a voulu résumer par une formule lapidaire : *Ora et labora* (« prie et travaille »). Au centre de l'ordre voulu par le fondateur, on trouve avant tout les obligations de l'*opus Dei* (célébration en commun de l'office divin, lecture et méditation des Saintes Écritures et des Pères de l'Église, prière personnelle) et de l'*opus manuum* ou travail manuel. Les moines se livrent à des travaux agricoles et artisanaux, et à la transcription de manuscrits dans le *scriptorium* du monastère. On assiste à la **revalorisation du travail manuel** : pour saint Benoît, c'est un bon moyen de combattre l'oisiveté dans laquelle se nichent les tentations du moine.
La vie monastique est ainsi rythmée – et c'est une nouveauté introduite par les bénédictins – par les « heures canoniques », selon un horaire bien précis prévoyant des intervalles de temps consacrés au service divin, au travail manuel et à l'étude. La sévérité des pénitences ascétiques qui caractérisent le monachisme oriental est atténuée, tandis que l'on souligne le **rôle social du nouveau monachisme**, qui s'organise aussi autour de domaines agricoles et forme une entité économique présentant sa physionomie propre sur le territoire.
A l'errance des moines orientaux (dont les déplacements et les séjours à l'étranger étaient fréquents) s'oppose l'obligation de la *stabilitas loci*, la permanence au monastère, à laquelle s'ajoute une totale obéissance aux ordres de l'abbé (de *abbas*, « père »).

Il faut enfin évoquer la **nouvelle image de la papauté** qui se dessine à partir de la fin du VIe siècle jusqu'au VIIIe siècle. Car l'Église montre une tendance toujours plus marquée à prendre la direction matérielle et spirituelle de vastes régions d'Italie. Significatif est le rôle joué en ce sens par le pape **Grégoire le Grand**, organisateur énergique et infatigable qui sait mettre de l'ordre dans le *patrimonium Sancti Petri* (patrimoine de saint Pierre) avec une grande sagacité administrative. Il favorise la multiplication des monastères bénédictins, garantissant leur autonomie à l'égard des évêques et du pouvoir civil ; il conjure la menace lombarde sur Rome en acceptant de payer un tribut, et entame la conversion de ce peuple qui a adopté le christianisme dans sa forme arienne ; il envoie des moines évangéliser la Grande-Bretagne et établit les premières relations avec les Francs. Devant la famine et l'épidémie qui menacent la population romaine, il n'hésite pas à puiser dans les greniers des domaines ecclésiastiques pour procéder à des distributions gratuites de blé. Très conscient de son rôle de guide de la Chrétienté, face aux prétentions du patriarche de Constantinople qui s'est proclamé « patriarche universel », il déclare que le pape de Rome est le *servus servorum Dei* (« serviteur des serviteurs de Dieu »).
Si Grégoire est l'artisan de l'ascension de l'Église et de son affirmation en Europe comme puissance supranationale, à laquelle sont soumis monastères et évêchés, c'est un siècle plus tard – sous Grégoire II, l'un de ses successeurs – qu'aura lieu la fameuse **donation de Sutri**, à l'initiative de Liutprand, roi des Lombards. Au lieu de restituer à Byzance les territoires conquis, celui-ci cède à l'État pontifical le château de Sutri, à titre de « restitution aux apôtres Pierre et Paul ». Cet acte pose les fondements matériels d'un véritable État de l'Église. Lors du réveil des dissensions avec les Lombards (771), la papauté met en œuvre un nouveau rapprochement avec les Francs et demande leur intervention militaire en Italie, arguant notamment d'une prétendue « donation de Constantin », rédigée à cette époque.
L'alliance entre Francs et papauté prend une signification politique, comme le souligne le titre de *defensor Ecclesiae* (« défenseur de l'Église ») pris par Charlemagne.
Une nouvelle réalité s'affirme désormais : le **Saint Empire romain,** qui se présente comme la continuation idéale de l'Empire romain et marque l'unification sur le plan politique de toutes les populations rassemblées sous la direction spirituelle de l'Église de Rome.

L'un des événements les plus marquants de l'histoire religieuse européenne réside dans la **conversion au christianisme des différents peuples germaniques**, phénomène qui s'étale sur près de huit siècles (IVe-XIIe siècle). Il s'agit d'un long et difficile processus d'adaptation et d'assimilation, qui donnera lieu à des formes caractéristiques d'interaction entre la foi chrétienne et l'univers mythologique, sacré et culturel germanique. Les mentalités et les coutumes populaires conserveront longtemps des traces de paganisme, que le christianisme adapte et transforme ; à l'inverse, la vitalité et la spontanéité des peuples barbares apporteront un enrichissement incontestable à la vie et à la spiritualité chrétiennes.

A gauche : reliquaire irlandais en forme d'église, réputé avoir contenu les reliques de saint Colomban, qui fonde en 563 un monastère à Iona, une île au large de l'Écosse.
En bas : **La Nouvelle Jérusalem,** *miniature extraite du* **Commentaire sur l'Apocalypse** *de Beato de Liébana, un moine espagnol ayant vécu au VIIIe siècle. Bibliothèque nationale, Madrid. Sous la domination musulmane, les chrétiens d'Espagne, appelés mozarabes, adoptent de nombreux éléments de la civilisation arabe.*

Le premier peuple germanique à abandonner massivement le paganisme traditionnel pour adopter le christianisme est celui des **Wisigoths**, déjà en partie convertis au moment de leur installation sur le cours inférieur du Danube et aux abords de la mer Noire (IIIe siècle). Le christianisme se répand ensuite chez les **Goths** grâce au missionnaire Wulfila ou **Ulfila** (v. 311-383), qui évangélise pendant près de quarante ans ses compatriotes dans les régions situées au nord et au sud du Danube. On lui doit une célèbre **traduction de la Bible en gotique**. La foi chrétienne s'enracine dans la terre des Goths selon le Credo arien, celui auquel a adhéré Ulfila lui-même. A cette époque, l'arianisme est d'ailleurs soutenu par les empereurs byzantins Constance et Valens, qui tentent de l'imposer comme religion d'État. Les Goths d'Ulfila sont au cœur du rayonnement missionnaire du monde germanique oriental : sous leur influence, beaucoup des tribus germaniques qui franchissent les frontières de l'Empire à partir du Ve siècle accueillent l'enseignement du Christ dans sa forme arienne. Parmi les éléments caractéristiques de l'**arianisme germanique**, il y a la « confession homéenne » – selon laquelle le Fils est simplement « semblable » *(homoios)* au Père –, l'utilisation de la langue germanique dans les cérémonies religieuses, la domination des rois dans le gouvernement de l'Église nationale et le système des églises privées, c'est-à-dire fondées et dotées de biens par les grands propriétaires terriens.
Les Wisigoths demeurent ariens même quand ils s'installent dans le sud de la Gaule et en Espagne, où des tensions et des heurts religieux se produisent entre les conquérants et les habitants de la région, en majorité fidèles à la foi catholique. La question politico-religieuse se pose en termes encore plus dramatiques dans l'Afrique vandale : partisans de l'arianisme, les envahisseurs tentent même d'extirper le christianisme par la force. Les persécutions sont très dures sous les règnes de Geiséric (428-477) et d'Hunéric (477-484), avant de s'atténuer sous leurs successeurs.

Les populations celtes de **Grande-Bretagne** avaient adopté le christianisme dès la fin du IIe siècle et, au IVe siècle, toute la région jusqu'en Écosse était christianisée, bien que souvent de manière superficielle.
Mais les invasions ultérieures de peuples germaniques encore païens (Jutes, Angles et Saxons) finirent par avoir raison des restes de la civilisation celto-romaine. La résistance des populations celtiques contre les envahisseurs s'exprime dans la légende du roi Arthur (qui fut peut-être un souverain de la Grande-Bretagne méridionale ayant vécu au début du VIe siècle). La situation de l'Irlande est complètement différente : jamais colonisée par les Romains, c'est au IVe siècle seulement qu'y a lieu la première prédication chrétienne. Plus tard, tandis que la Grande-Bretagne conquise par les peuples germaniques revient au paganisme, l'**Irlande**, qui restera à l'abri des invasions jusqu'au IXe siècle, **est entièrement christianisée par saint Patrick** et ses disciples. Il accomplit son apostolat sur l'île de 432 à 461. Au siècle suivant sont édifiés les grands monastères (Bangor, Clonard, Clonmacnoise, Clonfert, Lismore, Moville et Kildare), qui contribuent à donner à l'Église irlandaise sa physionomie bien particulière : les abbayes deviennent le centre de circonscriptions pastorales et certains des anciens diocèses se réorganisent sur une base monastique, se plaçant sous l'autorité d'évêques-abbés.

Dans les anciennes provinces romaines occupées par les Barbares, la **Gaule** connaît un destin à part après la conversion de **Clovis** (481/482-511), roi des Francs, le premier souverain germanique à embrasser le christianisme sans passer par sa forme arienne. Non dénué de calculs politiques, ce choix assure au peuple des Francs, « fils aînés » de l'Église romaine, la sympathie des populations autochtones et la faveur de l'épiscopat gaulois. Au début du VIe siècle, on assiste à une extraordinaire floraison de la piété chrétienne en Gaule, où l'on a déjà connu dans le passé des figures originales de moines et d'évêques (Martin de Tours, Honorat, Cassien). Dans le sud de la Gaule, saint Césaire, archevêque d'Arles (mort en 543), met en œuvre une importante réforme monastique. A la même époque, il faut également citer Avit de Vienne (mort en 518), grand évangélisateur des Burgondes, et Rémi, évêque de Reims (mort vers 530). L'exemple de Clovis est imité par d'autres souverains barbares : **Sigismond**, roi des Burgondes, en 516 et, à la fin du siècle, **Reccared Ier** (586-601), roi des Wisigoths. Dix mois après son accession au trône, il se convertit au christianisme (587), suivi par la majorité des évêques ariens, l'aristocratie et le peuple tout entier. Officiellement reconnue par le **synode de Tolède** de 589, cette conversion renforce l'unité entre Wisigoths et populations ibériques, assurant à l'Église et à la noblesse un contrôle toujours plus étroit sur la monarchie. La **fusion de l'Église et de l'État** en un organisme unique n'est pas une caractéristique propre au royaume wisigoth d'Espagne. En revanche, les conciles revêtent une importance particulière ; tenus pour la plupart à Tolède, ces assemblées politico-religieuses réussissent à imposer le principe de l'élection du monarque. Le pouvoir souverain prend rapidement une signification religieuse et sacrée : en 672, Wamba est le premier chef barbare à recevoir l'onction royale des mains de l'archevêque de Tolède. La spiritualité chrétienne du royaume est forte et sincère ; les paroisses rurales et les abbayes sont nombreuses, bien que le peuple conserve des coutumes païennes, comme la pratique de la magie et de la divination, la vénération de rochers et de sources.

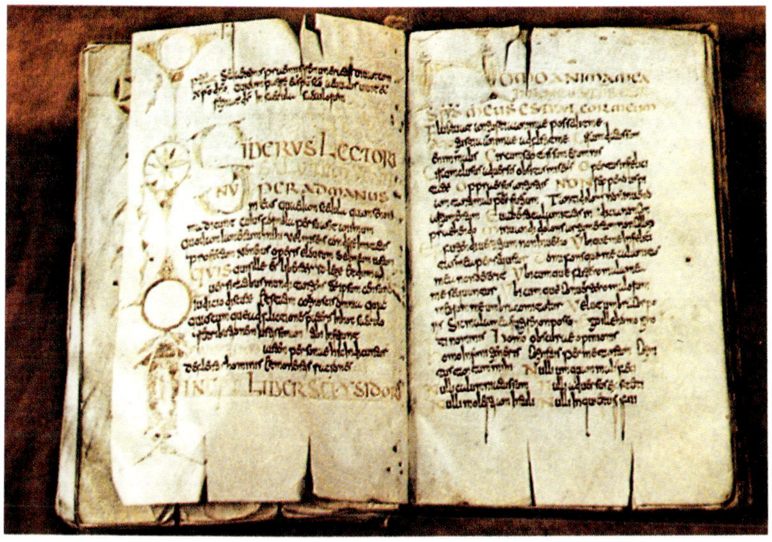

Apparue à la fin du VIe siècle, la **liturgie mozarabe**, ou wisigothique, révèle un goût marqué pour le faste et la couleur locale dans les rites sacrés. On rencontre d'insignes figures de saints et d'évêques, comme Léandre, évêque de Séville (mort vers 600), auteur d'une importante règle monastique, et **saint Isidore** (mort en 636), son frère et son successeur. L'œuvre littéraire de ce dernier est considérable. Au cours des années suivantes, des luttes intestines préparent la conquête du royaume par l'islām (711).

Entre le VIe siècle et les lendemains de l'an mille, des hommes extraordinaires s'emploient aux quatre coins de l'Europe à faire découvrir le Christ aux Barbares. L'**essor du christianisme** prend un nouvel élan avec les **moines irlandais** : ils se mettent à parcourir les terres étrangères, devenant les évangélisateurs et les fondateurs de nouvelles communautés dans l'Écosse actuelle, en Gaule, en Germanie et en Italie. Les Pictes et les Scots de Calédonie sont convertis par Colomba (v. 521-597), qui passe la fin de sa vie dans le monastère de Iona. Plus connu, **Colomban** (v. 540-615) inaugure en 590 la *peregrinatio propter Christum* sur le continent et fonde des monastères (Luxeuil et Fontaines dans les Vosges, Bobbio en Italie), auxquels s'ajouteront ceux de ses successeurs (Saint-Gall, Echternach, Prüm et bien d'autres). Toutefois, le monachisme celtique, marqué par une spiritualité plutôt sévère et un style de vie très individualiste, laissant à désirer sur le plan de l'organisation, cédera rapidement le pas devant la règle bénédictine, plus humaine et plus concrète. Ce sont les missionnaires de Rome qui renoueront les liens entre le continent et la Grande-Bretagne anglo-saxonne, à la fin du VIe siècle. L'initiative est prise par le pape **Grégoire le Grand** : à la fin du printemps 596, il envoie le moine **Augustin** dans ces terres païennes, avec un groupe de quarante moines. Après un voyage aventureux, décrit par Bède le Vénérable dans sa très précise *Histoire ecclésiastique de la nation anglaise*, les bénédictins romains abordent en Grande-Bretagne au début de 597 et sont accueillis par Æthelberht, roi de Kent, qui leur accorde le futur siège primatial de **Canterbury**. En cinquante ans à peine, cinq autres royaumes de l'heptarchie anglo-saxonne se convertissent au christianisme, en particulier l'Essex et le Northumberland. En dépit de nombreuses difficultés (divergences sur les diverses traditions ecclésiastiques, les rites et surtout la date de Pâques, résolues lors du synode de Whitby en 664), l'**organisation de l'Église anglo-saxonne** est menée à terme par l'archevêque Théodore de Canterbury (602-690), un moine grec fort cultivé envoyé par le pape Vitalien.

En haut* : Évangéliaire de saint Boniface.** ***Bibliothèque du monastère de Fulda. En raison de son infatigable œuvre missionnaire, Boniface est appelé « l'apôtre de l'Allemagne ». Entre 742 et 747, il réforme l'Église franque, en complète décadence matérielle et morale. Il meurt assassiné avec un groupe de compagnons tandis qu'il accomplit son œuvre d'évangélisation en Frise. ***Ci-contre* : Dormition de la Vierge.** ***Extrait du livre de bénédictions d'Æthelwold, évêque de Winchester, l'une des figures de proue de l'Église anglo-saxonne au VIIIe siècle. British Museum, Londres.*** ***En haut à droite : reliquaire en or et argent qui aurait contenu un fragment de la Vraie Croix.***

A partir de la seconde moitié du VIIe siècle, à l'instar de l'Église d'Irlande et d'Écosse, l'Église anglo-saxonne exerce elle aussi une remarquable influence missionnaire sur les peuples germaniques (Suèves, Bavarois et Thuringiens). Déjà entamée par des moines francs et irlandais, leur évangélisation est complétée par une organisation régulière et unitaire jusqu'alors inconnue, qui repose sur la création de diocèses et de paroisses. A une époque, les missionnaires romains arrivaient en Grande-Bretagne en passant par la Gaule : désormais, moines et pèlerins parcourent le même chemin en sens inverse. C'est grâce à eux que la jeune culture chrétienne anglo-saxonne gagne le continent. En 678, **Wilfrid**, évêque d'York, traverse le Rhin et prêche pour la première fois l'Évangile en Frise. Dix ans plus tard, son disciple Willibrord (658-739) achève son œuvre. Grâce à l'infatigable activité d'un moine anglo-saxon, Wynfrith, plus connu sous le nom de **Boniface** (v. 675-754), des populations entières se convertissent dans des contrées presque inconnues (Thuringe, Hesse, Bavière). En réalité, plus encore que le courage de ses gestes énergiques contre les cultes idolâtres, ce sont surtout les fondations d'abbayes (Fulda, 744) et l'institution des premiers diocèses allemands (Büraburg, Wurzburg, Erfurt, Eichstätt) qui font de lui « l'apôtre de l'Allemagne ». Boniface exerce également une puissante influence sur la vie de l'Église nationale franque, alors détachée de Rome et très affaiblie, en raison de l'indifférence des « rois fainéants ». A partir de 743, une série de synodes organisés sous sa direction par Carloman et Pépin le Bref prennent des mesures salutaires pour la réorganisation et la réforme de l'Église (moralisation du clergé, missions). Le tournant institutionnel qui va voir l'arrivée de Pépin le Bref sur le trône est sans doute lui-même inspiré par Boniface. Et quand celui-ci procède à l'onction du nouveau roi (751), l'événement marque le passage à une conception religieuse de la souveraineté.

L'expansion du christianisme se poursuit avec les armées de **Charlemagne** (747-814), qui se considère comme le premier protecteur du *regnum christianitatis*. A la mort de Boniface, les **Saxons**, dernier peuple germanique encore presque complètement païen, **sont convertis par la force ou massacrés**, bien que les méthodes de Charlemagne soient désapprouvées par certains de ses conseillers les plus avisés (Alcuin d'York et Paul d'Aquilée). L'instauration de nombreux nouveaux diocèses (Brême, Verden et Minden entre autres) complète l'organisation des territoires jusqu'à l'Elbe. La conquête de la Saxe ouvre la voie à l'arrivée de la foi chrétienne chez les peuples germaniques du Nord (Danois, Suédois, Norvégiens et Islandais). Elle sera menée à partir du IXe siècle, tandis que la christianisation des Avars, des Moraves et des Bohèmes, commencée sous Charlemagne, favorise la pénétration chrétienne en Europe orientale. Charlemagne montre une égale détermination pour défendre l'Église sur ses territoires, renforcer la hiérarchie, la culture et la moralité des prêtres et des fidèles. L'union étroite et même l'**imbrication entre le spirituel et le séculier**, entre *sacerdotium* et *regnum*, sont une caractéristique du gouvernement de Charlemagne, avant même qu'il soit couronné empereur. Le souverain n'est pas seulement le *« devotus Sanctae Ecclesiae defensor atque adiutor in omnibus »*, comme il le proclame déjà dans son premier capitulaire de 779, mais aussi « l'oint du Seigneur ». A l'instar de Constantin et des empereurs byzantins, le souverain intervient dans les affaires intérieures de l'Église et les controverses théologiques, nomme les évêques et les abbés du royaume, convoque et dirige les synodes nationaux, dispose librement du patrimoine ecclésiastique.

Les éléments qui composent l'**univers religieux préislamique** (paganisme, judaïsme et christianisme) ont profondément marqué la physionomie de l'islām, ouvert au syncrétisme dans le domaine strictement religieux comme dans celui de la culture au sens large (science, art, philosophie, géographie et même littérature narrative). Cette disponibilité à l'assimilation et à la synthèse s'explique aisément par la situation géographique, historique et économique de l'Arabie : une zone traversée par les routes caravanières, en contact avec le Nord, où règnent le désert et le nomadisme, ainsi qu'avec les agglomérations urbaines des oasis et les riches royaumes du Sud, dont les marchands entretiennent de fréquents rapports commerciaux avec les empires perse et byzantin. Avant le VIIe siècle, on rencontre un **paganisme de type animiste** (culte des divinités présentes dans les rochers, les arbres et les sources) fortement enraciné, auprès des tribus bédouines du Nord surtout, qui relève du polythéisme sémitique courant, avec son patrimoine de gestes et de rituels destinés à servir au développement futur de l'islām. Il comporte des fêtes communautaires et des sacrifices ; à partir du IVe siècle apr. J.-C., il se caractérise par le culte de trois divinités féminines dont les noms sont cités dans le Coran : al-Lāt (« la déesse »), Manāt (« le destin ») et al-'Uzzā (« la puissante »). Le pèlerinage *('umra)* joue un rôle fondamental ; sa principale destination est La Mecque, avec sa Ka'ba (édifice cubique) renfermant une météorite sacrée (la Pierre noire) et l'idole de Hubal, dieu par excellence. La Mecque occupe une position privilégiée : située au centre d'une route caravanière très fréquentée, elle bénéficie d'une économie florissante. Sa réputation de lieu sacré attire les pèlerins dès l'époque préislamique et suscite par ailleurs de gros profits pour les riches familles de La Mecque qui assurent la gestion de la Ka'ba (il n'y a pas de véritables prêtres dans la tradition arabe).

En dehors de ce paganisme dominant, auquel Mahomet semble avoir adhéré lui aussi, on trouve de **petites communautés juives** disséminées dans toute l'Arabie, en particulier sur le chemin des caravanes et dans les fertiles oasis du Hedjaz ; la plupart sont apparues après la répression romaine en Palestine (Ier-IIe siècle apr. J.-C.) ; on trouve en outre deux riches colonies juives au nord du golfe d'Aqaba et, à partir du IVe siècle, dans le Yémen.
Le **christianisme** est représenté en terre arabe par quelques communautés (les chrétiens sont peu nombreux à La Mecque, et tous appartiennent aux Quraych ou Quraychites, c'est-à-dire à des familles puissantes) et surtout par des influences provenant, au sud, du Yémen (qui annexe le Hedjaz au VIe siècle) et, au nord, de la Syrie. A l'époque de Mahomet, le christianisme arabe traverse une phase de relative expansion, en dépit des conflits entre orthodoxes grecs, monophysites et nestoriens, et malgré les persécutions qui le menacent. On assiste également à la diffusion de courants gnostiques et d'autres tendances dérivant de religions et de sectes étrangères ; leurs représentants, appelés *hunafa* (païens), expriment les aspirations d'un monothéisme ni judaïque ni chrétien, précurseur ou contemporain de celui de Mahomet (parmi eux le poète Umayya ibn Abī Rabī'a et Waraqa ben Naufal).

C'est dans ce contexte qu'il faut replacer l'expérience de **Mahomet** (dit Muḥammad, « le glorifié », v. 570-632), celui sur qui « est descendu » le **Coran** (*al-Qur'ān*, « la récitation »). Le fondateur de la communauté islamique des origines est un homme d'un grand charisme, un réformateur inspiré et un chef habile, une figure historique en qui réalité et légende se croisent en laissant de larges zones d'ombre. Mahomet est accusé de fanatisme et de magie par ses contemporains (en particulier par les « seigneurs de La Mecque », dont il menace les intérêts économiques et politiques), tandis que la chrétienté occidentale du Moyen Age le considère comme un corrupteur, un mystificateur et un faux prophète.
Aujourd'hui, le Prophète de l'islām apparaît comme « l'un des plus sincères parmi les fondateurs de religion », reconnaissant humblement avoir été dans l'erreur avant l'illumination (il avait été élevé dans le paganisme), prêt à recevoir la Loi révélée par Dieu et à s'en faire le porte-parole auprès des hommes.

L'an 612 marque le début de l'apostolat public de Mahomet, à la suite des visions et révélations divines qu'il reçoit vers l'âge de quarante ans. Son message religieux – qui propose un culte monothéiste et rassembleur, en offrant une vision égalitaire et solidaire de la communauté des nouveaux fidèles – a facilement prise sur les pauvres de La Mecque et va révolutionner le mode de vie des *badawī* (fils du désert ou Bédouins), jusqu'alors fondé sur le pillage et sur des liens exclusivement tribaux. Comprenant qu'ils risquent d'être lésés dans leurs intérêts, liés au commerce de La Mecque, les puissants Quraych boycottent le clan des Hāchémites (auquel appartient la famille de Mahomet) ; ils les empêchent d'avoir des activités commerciales et poussent Mahomet à quitter

A gauche : idole de l'Arabie pré-islamique provenant du royaume lihyanite. Musée d'Archéologie, Rome.
Ci-dessus : les Hébreux de la tribu Quraidza sont contraints de quitter Médine après leur trahison.
Ci-dessous : Médine à l'époque de Mahomet. Au centre, la mosquée et, au fond, la maison du Prophète. Mahomet lui-même trace le plan de la mosquée et participe à sa construction. Aujourd'hui encore, sa tombe est nue et dépouillée, conformément à sa volonté.

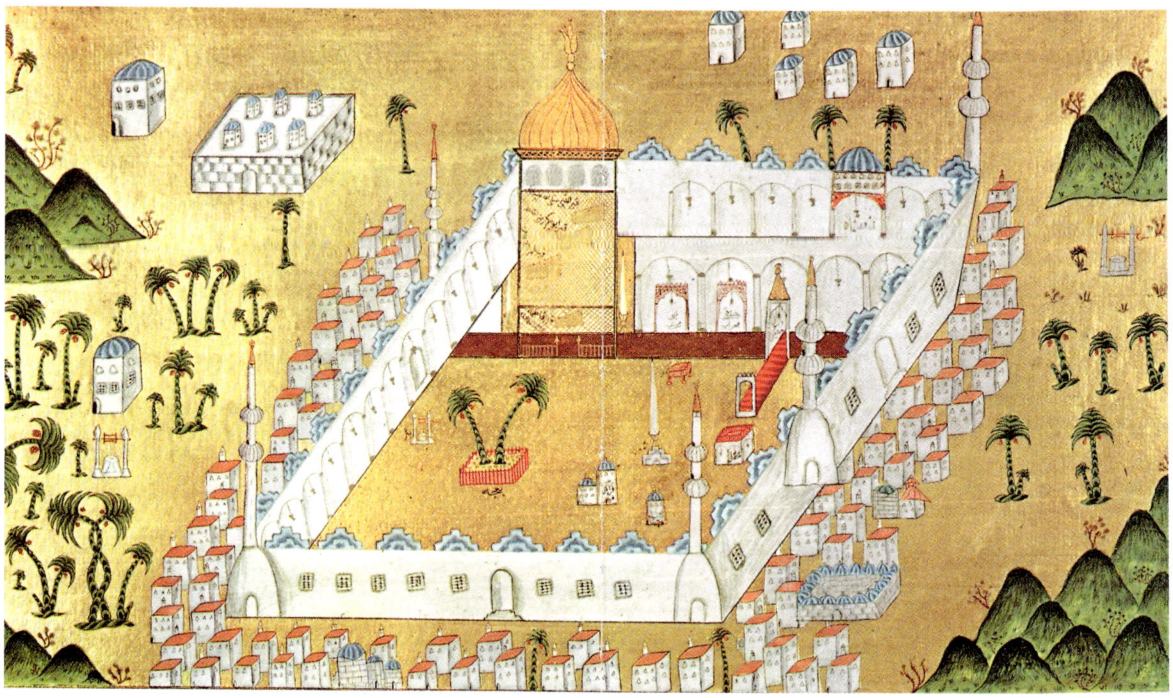

la ville (jusqu'en 630, année où il y reviendra victorieux). Le **départ de La Mecque** et le choix de Yhatrib (dès lors appelée Madīnat al-Nabī ou **Médine**, c'est-à-dire « la ville du Prophète ») comme centre de la communauté de ses premiers fidèles (pacte d'Aqaba, 622) sont à l'origine de cet « éloignement » qui implique la rupture des liens tribaux et qui est connu sous le nom d'**hégire** (de l'arabe *hidjra*), date à partir de laquelle commence la chronologie de l'ère musulmane.
Pendant la période de La Mecque, le rôle de Mahomet est surtout religieux ; il est le prophète d'un Dieu unique et très personnel, omnipotent et absolu, l'annonciateur de perspectives eschatologiques (avec résurrection – corporelle également – dans l'autre monde) tout à fait nouvelles pour le paganisme arabe. L'arrivée à Médine marque au contraire le commencement d'une phase politique et sociale. Le voici guide et législateur (toujours inspiré par Dieu) d'une communauté théocratique *(umma)* vaste et complexe, dans laquelle l'aspect religieux-spirituel et l'aspect juridico-social sont étroitement liés, communauté rendue solidaire par **l'islām** (« soumission totale du croyant à Allāh »). De là vient le terme de **musulman** *(muslim)*, qui désigne celui qui s'abandonne à la volonté divine. Au centre de l'islām, il y a la *charī'a* (loi), émanation directe de la volonté d'Allāh (illustrée par le seul exemple du Prophète) qui réglemente l'activité « extérieure » de l'homme dans ses rapports avec Dieu, avec lui-même et avec les autres. C'est une loi à la fois religieuse et juridique, dérivant du concept islamique selon lequel Allāh est le suprême ordonnateur de toutes choses. Comme telle, elle comporte des règles de morale et de pratique religieuse (prière), ainsi que des préceptes légaux concernant tous les aspects de l'organisation de la communauté des croyants.

LE CORAN

Si le musulman voit en Mahomet son modèle (à imiter dans la prière, l'adoration nocturne de Dieu et les activités de la journée), c'est cependant à travers le Coran que s'effectue la médiation entre Allāh et le croyant. L'islām se présentant comme une « religion du Livre », révélée, un rapport privilégié de dépendance s'établit entre le fidèle et l'Écriture, considérée comme un attribut divin, parole éternelle d'Allāh (dont Mahomet n'est que le porte-parole, après en avoir reçu la révélation entre 610 et 632, miracle accompli par l'intermédiaire de l'archange Gabriel, ne pouvant être répété et signe indiscutable de sa qualité de prophète). Dans son adhésion libre et individuelle à l'islām, le musulman s'efforce d'assimiler le Coran dans sa globalité, pour pénétrer la volonté divine et s'y conformer totalement. Composé de 1 114 sourates ou chapitres et centré autour du tawhid *(principe fondamental de la foi musulmane indiquant « l'unité et l'unicité de Dieu », qui renferme la synthèse de toutes les autres vérités), le Coran constitue une véritable somme de préceptes éthiques et juridiques, normes de coutumes et de droit privé, récits bibliques, allusions aux prophètes ayant précédé Muḥammad et visions eschatologiques, exhortations et invectives adressées tant à l'intérieur qu'à l'extérieur de la communauté musulmane (avec une nette distinction entre les* kāfir *ou « infidèles » et les* ahl al-kitāb *ou « gens du Livre », c'est-à-dire juifs et chrétiens). Le tout est exprimé en « langue arabe claire » (Coran XVI, 103), langue née dans le désert, au milieu des nomades et des Bédouins, mais non pauvre assurément, langue incitée au contraire par le désert lui-même à engendrer des formes riches de poésie et de fantaisie.*

En haut à droite : l'un des premiers minarets. Tour ajoutée à la mosquée pour l'appel du muezzin à la prière, le minaret est introduit par les Omeyyades vers la fin du VIIe siècle et prend rapidement des proportions monumentales.
Au centre : un précieux manuscrit du Coran datant de la fin du XVIe siècle. Le Coran, le bien le plus précieux pour un musulman, ne peut être touché ou écouté que par ceux qui se sont purifiés selon les rites.
Ci-contre : miniature turque extraite d'un manuscrit consacré à la vie du Prophète et montrant Gabriel qui inspire Mohamet à la mosquée de Médine. Bibliothèque nationale, Istanbul.

Environ un siècle après la **mort de Mahomet**, on commence à distinguer les règles morales et spirituelles des normes juridiques, l'observance de la loi restant cependant une obligation religieuse. Apparaissent alors **différentes écoles théologiques** qui se chargent de constituer un « corpus » doctrinal bien défini, en dépit de quelques divergences d'interprétation.
Le rituel est définitivement fixé au cours du VIIIe siècle. On voit se former des écoles à caractère juridique, dont quatre sont orthodoxes : deux au VIIIe siècle (*ḥanafisme* et *malékisme*) et deux au IXe siècle (*safiyisme* et *ḥanbalisme*). Les **sources** de la Loi sont les mêmes que celles sur lesquelles se fonde la théologie : tout d'abord, le Coran ; ensuite la *Sunna* (tradition), c'est-à-dire l'ensemble des *ḥadīth* ou témoignages relatifs aux actions, paroles, commentaires et silences du Prophète, transmis par une chaîne de tradition orale qui remonterait aux témoins directs et à Mahomet lui-même ; puis l'*igma* ou consensus de la communauté musulmane, prise non dans son ensemble mais en se limitant aux jurisconsultes et, plus encore, aux premiers adeptes du Prophète ; enfin, le *qiyas* (analogie), raisonnement par déduction.
Dans ce contexte, Mahomet incarne le point de référence : il est le « sceau des prophètes », dernier maillon d'une série d'hommes élus et inspirés (Noé, Abraham, Moïse et même Jésus, inclus parmi les prophètes de la Bible), ayant reçu la plénitude de la révélation, le Coran devenant alors l'inimitable archétype de toutes les Écritures, qui « abroge tous les livres célestes antérieurs ». Et la profession de foi musulmane *(chahāda)* consiste simplement à prononcer devant témoins la formule qui résume cette vérité : « Je déclare qu'il n'y a pas d'autre dieu qu'Allāh et que Muḥammad est l'Envoyé d'Allāh. »

Le **culte** s'articule autour de cinq règles de base, appelées *arkan al-islām*, les « **piliers de l'islām** » : la profession de foi, répétée plusieurs fois par jour pour rythmer les actions du croyant ; la *ṣalāt* (prière rituelle), qui ne désigne pas un intime et libre entretien avec Allāh, mais une liturgie officielle et complexe à réciter en se tournant vers La Mecque, d'abord trois fois par jour, puis cinq ; la *zakāt* ou aumône légale (un certain pourcentage des biens personnels, établi par la loi, est attribué aux pauvres) ; le *siyam* ou jeûne du mois du *ramaḍān* (« soif ardente ») ; enfin, le pèlerinage *(ḥadj)* à la Grande Mosquée de La Mecque et à la fontaine

de Zamzam, que chaque croyant doit effectuer au moins une fois dans sa vie.
Le **pèlerinage à la Ka'ba** et le cheminement (répété à sept reprises) entre les collines de Safa et de Mārwā, près de La Mecque, commémorent les « stations » d'Abraham – lieux profanés par le paganisme et rendus à leur pureté originelle par Mahomet (entré triomphalement dans La Mecque en 630) – et sont une répétition rituelle des gestes du Prophète. De la même manière, le **jeûne** – qui prescrit l'abstinence de nourriture, de boisson et de rapports sexuels de l'aube au couchant pendant le mois du *ramaḍān* – rappelle la « descente du Coran » (survenue précisément l'une des cinq dernières nuits de ce mois).
La *tahara* ou **purification** est le complément nécessaire de chaque acte rituel, qu'elle précède. Elle se concrétise par des ablutions partielles ou totales, pratiquées à l'extérieur de la mosquée ; par l'abstention du contact avec des objets impurs (chiens, porcs, boissons capiteuses, sang et animaux tués de manière non sacrificielle) ; et, dans la mosquée, par le fait de marcher pieds nus sur le tapis du lieu sacré *(ḥaram)*. A cela s'ajoute la *niyya* ou intention explicite d'accomplir la volonté d'Allāh ; les rites extérieurs ne valent en effet qu'accompagnés de cette intention exprimée par une formule.

Certaines sentences attribuées à Mahomet contribuent également à éclairer la signification profonde du culte, en guidant le croyant vers une sagesse qui peut se traduire par un chemin d'ascèse vers Allāh. C'est le but de la **mystique musulmane**, née de l'absolue transcendance d'Allāh et de l'anéantissement consécutif de l'homme en Dieu, et qui s'est souvent développée par la suite en opposition à l'orthodoxie islamique. Premiers hérauts d'une recherche religieuse à tendance mystique, Abū Darr al-Ghifari († 652) et al-Ḥasan al-Baṣri (642-728), qui prêchent la pauvreté et la simplicité dans un sens eschatologique, ainsi que Rābi'a al-ādawiyya (713-801), poétesse de l'amour pur et total pour Allāh.
Tout aussi fondamental apparait le concept de *djihād* ou **guerre sainte**, qui, dès l'origine, représente un puissant instrument de diffusion de l'islamisme. Dans les seules années 632-650, il provoque l'effondrement de l'Empire perse et le rétrécissement territorial de l'autre grand empire, celui de Byzance ; en l'espace d'un siècle (632-732), il aboutit à des conquêtes considérables (Syrie, Égypte, Afrique du Nord, Espagne).

Après la mort de Mahomet (632), le monde musulman se divise très rapidement. Il y a d'un côté les **sunnites**, c'est-à-dire la majorité des musulmans orthodoxes – ils se reconnaissent dans la *Sunna* (l'une des sources de la théologie et du droit musulmans, qui correspond à la conduite de Mahomet, à laquelle les musulmans orthodoxes, dits précisément « sunnites », attribuent force de loi) et considèrent le calife comme l'autorité exécutive suprême, tenue d'appliquer fidèlement la loi – et, de l'autre, le courant des **chī'ites**.
Ces derniers appartiennent à la *chī'a* ou « parti » d'Alī (gendre et cousin du Prophète, 602-661), ce dernier étant à leurs yeux le seul héritier légitime de Mahomet, désigné par lui. Ils qualifient d'usurpateurs les successeurs immédiats du Prophète, Abū Bakr, 'Umar et 'Uthmān qui ont exercé le califat avant 'Alī, trop jeune encore. Les sunnites, en revanche, nient que Mahomet ait pu organiser avec exactitude sa succession à la tête du monde musulman et sont favorables au libre choix (consensuel) de la communauté en ce qui

concerne la désignation de ses propres chefs, même si à l'origine, la charge de calife est réservée de fait au descendant le plus proche du Prophète en ligne masculine. Ce critère de succession rejeté, les chī'ites le remplacent, comme pilier supplémentaire de l'islām, par la théorie selon laquelle il existe pour chaque époque historique un chef *(imām)* infaillible, placé par Allāh lui-même à la tête de la communauté musulmane et investi par lui de prérogatives identiques à celles accordées au Prophète, et qui devient l'unique interprète légitime de la loi coranique.
Après l'assassinat d'Alī (661) par les Khāridjites, principal courant islamique de type schismatique, puis la renonciation de son

En haut : deux miniatures conservées à la Bibliothèque nationale d'Istanbul. A droite, 'A'icha, épouse préférée du Prophète, guide les dissidents arabes contre 'Alī, gendre de Mahomet ; à gauche, Khālid ibn al-walīd, général du premier calife, rend hommage à la Ka'ba après la conquête de la Syrie. Ci-contre : l'ascension de Mahomet au ciel ; miniature persane du XVIe siècle. Page ci-contre, en bas : quelques mouvements de la prière que le musulman doit répéter cinq fois par jour, tourné vers La Mecque. Debout, le fidèle (1) annonce son intention de prier ; il élève les mains de chaque côté de son visage (2) et récite la formule « Allāh est grand », qu'il répétera à chaque changement de position ; les mains croisées (la droite sur la gauche), il récite quelques versets du Coran, s'incline en plaçant les mains sur ses genoux, doigts écartés (3) et en répétant trois fois « Que soit glorifié le Seigneur Très Bon » ; s'étant à nouveau redressé, il se prosterne en touchant le sol de son front (4) et répète trois fois la formule « Que soit glorifié le Seigneur Très Haut » ; il s'assied ensuite sur ses talons, mains posées sur les cuisses (5), reste un instant immobile, puis se prosterne à nouveau ; enfin, assis sur ses talons, après avoir prononcé la profession de foi, il incline la tête à droite (6) et à gauche (7).

QUELQUES VERSETS CORANIQUES

III, 1-3

1 - Dieu. Il n'y a point d'autres dieux que lui, le Vivant.

2 - Il t'a envoyé le livre contenant la vérité et qui confirme les Écritures qui l'on précédé. Avant lui il fit descendre le Pentateuque et l'Évangile pour servir de direction aux hommes. Il a fait descendre le livre de la Distinction.

3 - Ceux qui ne croiront point à nos signes éprouveront un châtiment terrible. Dieu est puissant et il sait tirer vengeance.

XLIII, 1-4

1 - J'en jure par le livre évident.

2 - Nous l'avons envoyé en langue arabe, afin que vous le compreniez.

3 - L'original est auprès de nous; il est sublime, sage.

4 - Nous priverons-nous de l'instruction, parce que vous êtes prévaricateurs?

CXII, 1-4 *(sourate de l'Unité de Dieu)*

Au nom de Dieu clément et miséricordieux

1 - Dis : Dieu est un.

2 - C'est le Dieu éternel.

3 - Il n'a point enfanté, et n'a point été enfanté.

4 - Il n'a point d'égal.

IX, 112

112 - Dieu a acheté des croyants leurs biens et leurs personnes pour qu'il leur donnât en retour le paradis; ils combattront dans le sentier de Dieu, ils tueront et seront tués. La promesse de Dieu est vraie : il l'a faite dans le Pentateuque, dans l'Évangile, dans le Coran; et qui plus est fidèle à son alliance que Dieu? Réjouissez-vous du pacte que vous avez contracté, c'est un bonheur ineffable.

X, 1-2

1 - Voici les signes du livre sage.

2 - Les hommes s'étonnent-ils de ce que nous avons accordé la révélation à un homme pris parmi eux, en lui disant : Avertis les hommes, et annonce à ceux qui croient, qu'ils ont auprès de Dieu une récompense de leur loyauté antérieure. Les infidèles disent : Cet homme est un sorcier avéré.

CII, 1-3

1 - Le désir d'augmenter vos richesses vous préoccupe.

2 - Jusqu'au moment où vous descendez dans la tombe.

3 - Mais sous peu vous saurez!

LX, 9

9 - Mais il vous interdit toute liaison avec ceux qui vous ont combattus et chassés de vos foyers, et qui ont voulu abolir votre religion. La même défense vous est prescrite contre ceux qui leur ont prêté secours. Quiconque leur montrerait de la bienveillance serait injuste.

Le Coran, traduit par Kasimirski, Garnier-Flammarion, 1970.

A droite : la profession de foi islamique* (chahâda) *écrite selon quatre styles différents : « Il n'y a pas de Dieu en dehors de Dieu, Mahomet est l'envoyé de Dieu ». Ce sont les premières paroles que l'on murmure à l'oreille d'un bébé à sa naissance et les dernières que le musulman prononce en expirant. Elles appellent à l'adoration les musulmans du monde entier et leur signification constitue le centre de leur prière et de leur méditation.

(chef « correctement dirigé » et autorisé de la communauté islamique ou présence semi-divine, supérieure au Prophète lui-même). A côté de la *sia* des douze, on voit ainsi apparaître la *sia* des cinq, des sept (septimains) et le courant des **Zaydites**, considéré comme plus modéré.

Les septimains ou **Ismaéliens**, pour qui l'imāmat prend fin avec Ismā'īl, fils aîné du sixième *imām* (VIIIe siècle), représentent l'aile extrême des chī'ites et défendent l'aspect ésotérique du Coran, susceptible d'une exégèse symbolique sous la conduite de maîtres initiés. Publiquement persécutés dès l'origine, ces derniers s'éparpillent dans les différentes régions du califat et élargissent les rangs de leurs prosélytes grâce à un travail de propagande diffus, accompli par les *dai* (« ceux qui invitent à la Vérité »).

Un autre groupe à caractère politico-religieux, celui des **Khāridjites**, naît au VIIe siècle du schisme entraîné par les guerres entre 'Alī et al-Mu'āwiyya, prétendument par vengeance (en réalité, diverses factions se disputent la suprématie politique au sein de l'islām). A la suite d'une trêve peu honorable acceptée par 'Alī – interprétée comme un geste de défiance envers le jugement de Dieu – quelques extrémistes ou khāridjites (ceux « qui sortent en armes sur la voie de Dieu » par opposition à « ceux qui restent à la maison ») se détachent du parti d''Alī; considérés dès lors comme rebelles et apostats (ils sont notamment les auteurs du meurtre d''Alī), ils sont réprimés par les califes (révoltes de Kufā et de Bassora). Selon eux, le califat doit être confié au plus digne, sans souci de ses origines, ni d'un éventuel lien de parenté avec le Prophète, « même s'il s'agissait d'un esclave abyssin ».

fils Hassan au califat, suivie d'une mort suspecte survenue en 669 sous le règne de Mu'āwiyya (qui est proclamé calife à sa place à Jérusalem), la **légende du Mahdī** (« le bien guidé ») prend forme : selon celle-ci, Muḥammad al-Mahdī, l'un des fils d''Alī et le douzième *imām*, ne serait pas mort en 880 mais se cacherait en attendant de revenir dans le monde pour rétablir la justice et la loyauté entre les hommes.

Les chī'ites dits **imāmites** ou duodécimains (c'est-à-dire appartenant à la *sia* des douze *imām*), surtout répandus en Iran à partir du IXe siècle, donnent à ce dernier le nom d'« *imām* caché » et reportent leurs espoirs sur sa réapparition définitive dans l'histoire.

En ce sens, il est *al-Muntasir* (« l'attendu »), encore appelé « l'*imām* du Temps ».

Les multiples sectes dans lesquelles se divise rapidement le mouvement chī'ite partagent cette espérance et la foi dans l'infaillibilité de l'*imām*, même si elles se caractérisent par une interprétation différente de sa personnalité

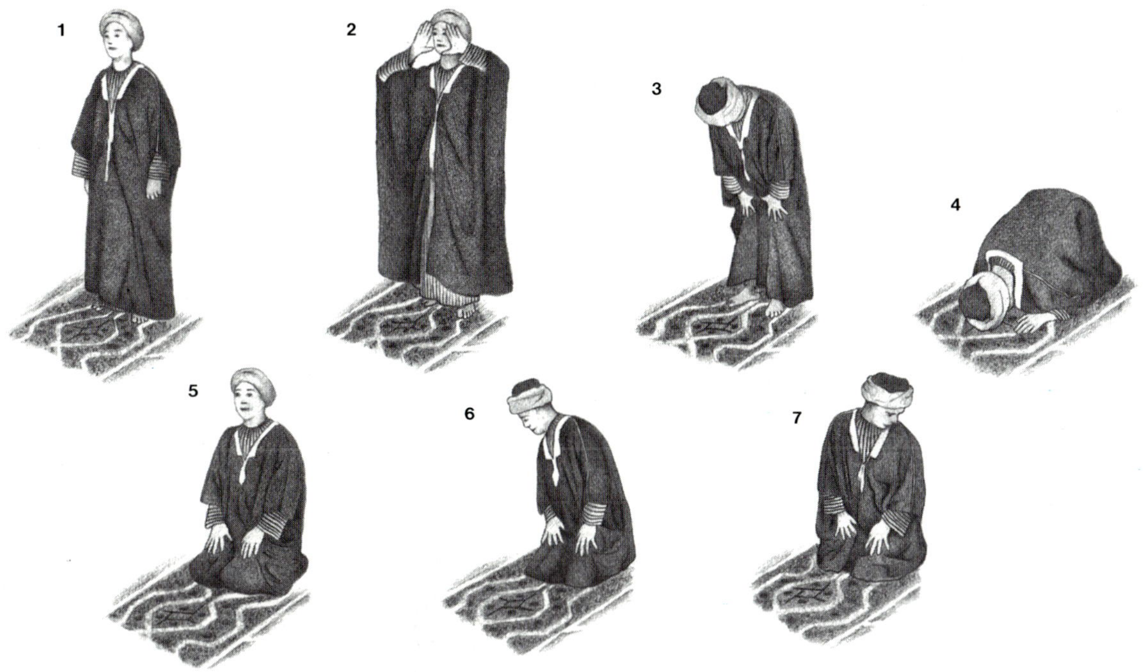

Comme nous l'avons déjà signalé dans d'autres chapitres, la pensée indienne a privilégié au fil des siècles le mythe et la légende plutôt que l'investigation scientifique et historique du monde physique et phénoménal, préférant élaborer des voies mystiques d'adhésion à la vérité plutôt que de tenter de définir la réalité scientifiquement. Cela explique la richesse de l'univers spirituel et religieux indien, ouvert à une multitude de croyances et de cultes. Avant tout, le terme même de « religion » est importé et prend en Inde le sens de « grande voie » : il désigne le principal chemin par lequel s'affranchir de l'ignorance *(avidyā)* et trouver la liberté de l'esprit *(mokṣa)*. En conséquence, la **religion imprègne chaque aspect et chaque moment de l'existence**. Un lien étroit se crée entre ses composantes essentielles (philosophie, mythologie, rituel), la vie quotidienne et les manifestations artistiques, l'iconographie fixant dans l'imaginaire et la mémoire collective le patrimoine mythique, centré sur la morphologie du sacré. Comme le remarque K. Bharata Iyer : « Même le développement des systèmes religieux les plus ascétiques n'a pas réussi à faire disparaître la tendance instinctive de l'âme indienne à savourer les joies de la vie, laquelle a quatre buts bien définis : *dharma* (se libérer des devoirs et des responsabilités et pratiquer la vertu), *artha* (se procurer la richesse à des fins pratiques et immédiates), *kama* (jouir des plaisirs de la vie) et enfin *mokṣa* (être libéré du désir et du besoin). »

La religion en Inde n'est qu'un aspect partiel d'un ordre cosmique plus global - le *dharma* ou loi universelle - qui coïncide avec l'« être » en soi, en quoi tout s'assemble et dont dépendent les divers aspects de l'existence, éthique, psychologique et social, qui doivent précisément être en harmonie avec la loi éternelle. Un autre aspect fondamental de la pensée indienne est donc sa recherche de l'unité, d'une synthèse entre l'esprit et le monde matériel, sans en nier les différences insurmontables, mais en transcendant leur contradiction. Les croyances hindoues ne reposent pas sur l'acceptation collective d'une doctrine théologique et cosmologique unique : en d'autres termes, **l'orthodoxie n'est pas un facteur discriminant de l'hindouisme**. Il existe cependant un dénominateur commun, constitué par le **juste style de vie**. Il reste que la multitude des conceptions est inhérente à l'hindouisme, défini comme « un immense amas de confessions religieuses disparates et même une véritable encyclopédie de toute l'histoire des religions » (Glasenapp) et aussi comme « une construction irrégulière [qui s'est développée] en accueillant des fois diverses, allant du culte des arbres et des serpents à l'adoration de dieux grands et bienveillants comme Śiva, Viṣṇu et Isvara » (Bharata Iyer).

A l'origine de cette richesse philosophique et mystique, on trouve le *Veda* (« savoir »), c'est-à-dire les quatre *Saṃhitā*, recueils d'hymnes sacrés, puis la littérature des *Brāhmaṇa* (prescriptions liturgiques, traités des rites rédigés en prose), les *āraṇyaka* ou « livres de la forêt », les *Upaniṣad* (philosophies secrètes ou « connexions »), les deux poèmes épiques du *Mahābhārata* (œuvre présumée du mythique Vyāsa à qui sont également attribués les *Veda*) et du *Rāmāyaṇa* (IIIe-IIe siècle av. J.-C.), les 18 *Purāṇa* (légendes) et le *Manu-smrti* (code de Manu). Les textes canoniques du **śivaïsme** et de ses nombreuses sectes axées sur l'ascétisme religieux, au culte souvent ésotérique, sont rédigés entre les VIIe et VIIIe siècles : ce sont les 18 *āgama* ou « traditions » et les 198 *Upagāma* mineurs, transmis comme le fruit de la révélation de Śiva (seigneur de l'univers). En outre, l'humanité déchue n'étant plus capable de comprendre correctement les *Veda*, on voit apparaître la littérature tantrique (de *tantra*, « trame », doctrine au symbolisme ésotérique); son contenu éclectique concerne le bouddhisme, le brahmanisme et le jaïnisme.

Ci-contre : détail d'une peinture représentant une scène de purification. Dernier quart du Ve siècle. Grotte I, Ajaṇṭā.
Ci-dessous : détail des peintures de la grotte XVII, Ajaṇṭā.
A droite : détail d'une peinture représentant le bodhisattva Padmapāni. Dernier quart du Ve siècle. Grotte I, Ajaṇṭā. L'ensemble de la scène représente le bodhisattva Avalokiteśvara qui, avec le bodhisattva Padmapāni, accompagne le Bouddha. Le mot bodhisattva est composé de **bodhi** *(sagesse) et* **sattva** *(esprit); il indique la condition de l'esprit ayant atteint la vraie sagesse. Plus qu'un maître, le bodhisattva est une sorte de sauveur, de rédempteur. On peut rechercher son aide non seulement pour parvenir à la sagesse, mais aussi dans la vie quotidienne : il vient au secours des déshérités à toute occasion.*

Le monde métaphysique et mythique complexe de l'Inde se développe essentiellement à travers deux courants, qui peuvent être définis comme la **petite tradition** et la **grande tradition**. La première - représentée par les populations autochtones ouvertes aux innovations et pleines de vitalité - va vers tout élément original, nouveau, voire déconcertant, pouvant jaillir de la réalité et de la pensée. La seconde - qui proviendrait des Aryens - consiste en une force équilibrante et stabilisatrice, capable d'assimiler et d'organiser harmonieusement les poussées novatrices de la culture indienne.
C'est par l'interaction dynamique de ces deux traditions que la pensée indienne se développe, procédant par impulsions et adaptations récurrentes, pour aboutir à une synthèse toujours nouvelle et plus vaste, mais homogène, entre l'ancien et le nouveau.

L'hindouisme reposant sur le système des castes (avec obligation de ne contracter que des unions endogames), le **puissant renouveau de l'hindouisme** qui se produit entre les VIIe et VIIIe siècles, parallèlement au déclin du bouddhisme, renforce évidemment la division de la société en castes et le pouvoir des brahmanes ou prêtres hindous (d'où le terme de **brahmanisme** pour définir l'hindouisme). A la base, on trouve le concept du *karma* (principe de causalité qui préside à la rétribution morale des actions humaines), lié à son tour à celui du *saṃsāra* (cycle des renaissances) et à la métempsycose (transmigration des âmes). En résumé, chaque être humain déterminerait son propre destin lors de ses existences futures par les actions, bonnes ou mauvaises, qu'il accomplit pendant sa vie actuelle, dans laquelle son statut est cependant déjà fixé par les actions accomplies au cours des existences antérieures, rétribuées selon leur mérite.

Seuls le détachement absolu et l'illumination de l'esprit permettent d'échapper à la **loi du *karma*** - à laquelle se rattache toute une série de rites, comme la purification du péché par le bain dans les eaux du Gange ou le respect du caractère sacré de la vache. Les divinités du panthéon hindou elles-mêmes sont mortelles, point d'arrivée d'un processus karmique de rétribution des actions qu'elles ont accomplies. Une seule d'entre elles est le **dieu suprême**, bienveillant et omnipotent, qui gouverne le monde (**Viṣṇu** selon les fidèles de ce dieu, **Śiva** pour les shivaïtes ou encore **Śakti**, la déesse-mère, pour d'autres) et continue d'appliquer la loi karmique en préservant l'ordre cosmique éternel.
Le philosophe **Śaṇkara**, commentateur des *Upaniṣad*, auteur de textes fondamentaux du brahmanisme et adversaire acharné du bouddhisme, vit entre le VIIIe et le IXe siècle. Il cherche à faire converger les différentes formes de l'hindouisme vers un but unique, une seule vérité : le *brahman-ātman* ou identité entre le principe universel (l'absolu) et le principe individuel, unique réalité authentique se trouvant au cœur de l'infinie et illusoire multiplicité du monde, cachée derrière les apparences *(māyā)*.
Le monde est en effet *māyāmāyā* (« constitué de *māyā* »), résultat d'une faculté créatrice pouvant engendrer sortilèges, magies et séductions. Ceux-ci donnent à l'homme l'illusion que la réalité éphémère offerte à sa perception sensible est le *brahman* (le principe absolu).

Si l'homme s'arrête au multiple, il reste victime de l'illusion masquant la réalité suprême ; mais s'il recherche la connaissance et pratique l'ascèse, il peut vaincre l'*avidyā* - l'ignorance et la fausse connaissance - et atteindre l'expérience du Soi éternel, immuable, l'absolu *(paramārtha)*. Tels sont les fondements de la doctrine moniste de Śaṇkara, dite *Vedānta*. Fidèles et disciples se rassemblent autour de ce maître et continuent de développer sa pensée, tout en se divisant dans l'interprétation de sa philosophie.
Dans le même temps, on assiste à un certain développement en Inde du **christianisme nestorien**, propagé - surtout dans le sud de la Péninsule - par des moines syriens. Ils rattachent les Églises fondées là aux VIe et VIIe siècles au siège de l'Église nestorienne de Séleucie. Le nouveau credo est notamment diffusé grâce à l'action culturelle de grande envergure du centre d'études et de traductions fondé par l'évêque Severus Sebokt au milieu du VIIe siècle, dans son monastère mésopotamien, véritable creuset des trois cultures grecque, arabe et indienne.

Entre les VIe et VIIIe siècles, l'**expansion du bouddhisme mahāyāna** se poursuit, s'étendant du Nord vers les autres parties de l'Empire gupta et les régions limitrophes.
Entre le Ier et le IIe siècle apr. J.-C. déjà, deux tendances s'étaient affirmées dans le bouddhisme : le *hīnayāna* ou petit véhicule, ainsi appelé parce qu'il interprète l'enseignement originel du Bouddha à la lettre, comme un refus absolu du monde, et défend donc un idéal de salut limité à un petit nombre d'élus ; et le *mahāyāna* ou grand véhicule, qui élargit à tous la possibilité de salut, en dépassant le cadre des communautés monastiques. Les aspects métaphysiques et mythologiques de cette religion y sont particulièrement développés : au-delà de ses caractéristiques historiques et humaines, Bouddha est ici le symbole de la vérité éternelle, de la méditation *(dhyāna)* ou illumination libératrice.
Chacun peut parvenir à la condition de Bouddha, à travers divers degrés de perfection qui culminent dans la figure du **bodhisattva** : arrivé au seuil du *nirvāṇa*, celui-ci s'y arrête pour aider d'autres fidèles à y accéder (le Bouddha historique lui-même se présente alors, dans ses vies précédentes, comme un bodhisattva, littéralement « l'éveillé », celui

dont l'essence est l'illumination). En outre, le *saṃsāra*, ou cycle des renaissances, régi par la loi d'airain du *karma*, s'évanouit devant le *nirvāṇa* (vide) qui est le but du *dharma* ou loi suprême révélée au Bouddha dans l'illumination, unique réalité authentique.
En un deuxième temps, au contraire, *saṃsāra* et *nirvāṇa* deviennent mystérieusement (et mystiquement) une seule chose, de sorte qu'illusion et illumination sont identiques. Cette identite est à l'origine du ***Vajrayāna*** (« véhicule de diamant »), le troisième grand courant du bouddhisme, également appelé *Mantrayāna* (« véhicule des formules magiques ») : il s'agit d'une sorte de magie sacrée ésotérique devant permettre d'arriver immédiatement au statut de Bouddha par la triple adhésion du corps, du cœur et de la parole, à travers une série de gestes rituels supposés intervenir avec l'efficacité d'un diamant, même sur le monde matériel.
Arrivé à l'apogée de son expansion, au VIIIe siècle, le **bouddhisme subit un déclin décisif** en raison des invasions arabes qui menacent le Sind, puis déferlent sur le pays. **L'islām**, auquel se convertira près du tiers de la population de la Péninsule, aura une influence évidente sur la pensée indienne. Dans l'Inde du Nord surtout, on verra apparaître par la suite des mouvements et des sectes - dont celle des Sikhs, bien plus tard - qui chercheront à unir hindouisme et islām au sein d'une religion monothéiste, libérée du culte de l'*imagerie* sacrée.

A droite : Śiva dansant avec dix-huit bras. Relief de la grotte I de Bādāmi, VIe siècle. Śiva est le destructeur de la vie, mais aussi son régénérateur : terrible et, en même temps, la douceur personnifiée. Il est la source du bien comme du mal.
Dans un récit populaire, Śiva est celui qui a évité une catastrophe, alors que les eaux du Gange inondaient la terre. Il noua ses cheveux, reçut le choc des eaux sur la tête et leur permit ainsi de s'écouler sans causer de dommage.
Ci-contre : détail du* parinirvāṇa *(terme sanskrit désignant le* nirvāṇa *« parfait »). Seconde moitié du Ve siècle. Grotte XXVI, Ajaṇṭā. La scène du* parinirvāṇa *est souvent représentée dans des dimensions colossales, aussi bien en Inde que dans les régions avoisinantes. Ici, le Bouddha, dont la longueur dépasse sept mètres, est couché sur le flanc droit, comme plongé dans le sommeil ; autour de lui, apparaissent des hommes et des divinités, tous de proportions minuscules par rapport à celles de l'Illuminé.

Simultanément à la désagrégation de l'empire des Han et à l'invasion des barbares du Nord, de nouvelles orientations philosophiques et religieuses déterminées par le retour du taoïsme et l'introduction du bouddhisme se superposent, à partir du IIIe siècle, au confucianisme désormais déclinant. Ce dernier événement va marquer non seulement le domaine métaphysique et religieux, mais aussi toute la culture et la vie individuelle et collective de la population entre les Ve et VIIIe siècles, passés à l'histoire comme « **période bouddhiste** » en Chine.

Les enseignements philo-aristocratiques du **confucianisme** (imprégnés par le respect du cérémonial et le culte des classiques) apportaient une justification au système socio-économique traditionnel, et cette doctrine fondée sur la structure familiale avait fourni à l'empire des Han une ossature idéologique sur laquelle s'appuyer. Dans un deuxième temps cependant, et justement par le soutien déterminé qu'il apportait au système familial, le confucianisme avait également favorisé la prédominance de clans de riches propriétaires unis par des liens de parenté, contribuant ainsi à la désagrégation du pouvoir impérial.
D'un esprit très différent et même fondamentalement opposé, le **taoïsme** propose une vision idéalisée et mythique de la vie primitive, au contact de la nature, et met l'accent sur tout ce qu'il y a de spontané et de naturel dans l'homme, condamnant la civilisation qui l'éloigne d'une condition si heureuse. Aux IIIe et IVe siècles, cette philosophie fondée par Laozi (« Vieux Maître », VIe-Ve siècle av. J.-C.) reprend de la vigueur, surtout dans la forme *xuan-xue* ou néo-taoïste, qui inspire et influence les grands artistes et lettrés de l'époque : l'attention portée à la nature, et à la manière dont elle s'exprime dans le paysage et la vie, y est particulièrement manifeste. Les doctrines taoïstes elles-mêmes évoluent : au IIIe siècle apr. J.-C., Guo Xiang commente la pensée de Zhuangzi (v. 369-286 av. J.-C.), l'un des plus grands parmi les anciens maîtres du taoïsme, et propose certaines corrections doctrinales et formelles, en particulier une nouvelle définition du *Tao (Dao)* comme *Wu*, littéralement « néant ».
Un nouvel intérêt se fait jour pour ce qu'on appelle l'**École des noms** et ses dissertations subtiles sur l'impossibilité de nommer le *Tao* : celui-ci est désigné comme « *xuan du xuan* », c'est-à-dire le mystère le plus impénétrable, le « mystère des mystères », qu'on ne peut exprimer autrement, en vertu de la conception selon laquelle seul ce qui « est parmi les formes et les apparences » peut avoir un nom. A l'idée du *Tao* comme « néant » est liée la théorie de l'autotransformation des choses. Si « le *Tao* n'est capable de rien, dire que quelque chose dérive du *Tao* signifie qu'il provient de lui-même », explique le chapitre VI du *Commentaire* rédigé par Guo Xiang.
Les choses ne seraient donc pas l'œuvre d'un créateur, mais se généreraient spontanément, dans un univers où le changement est continuel, mais imperceptible à l'œil humain. Il en dérive de nouvelles interprétations de la doctrine taoïste originelle et, surtout, une plus grande ouverture face au développement de la société, des coutumes, des institutions. Au fil du temps, il faut réagir à leur évolution par une attitude *wu-wei* (non-action), en acceptant le déroulement naturel des choses et en réprimant les émotions par la raison. La vraie sagesse consiste donc à s'en remettre à la nécessité des circonstances, en laissant le monde suivre son cours, sans le forcer : pour Guo Xiang, il est en revanche complètement erroné de considérer comme sage l'homme doté de connaissances et qui se consacre à l'imitation des maîtres du passé. **L'imitation est inutile et néfaste** : non seulement elle ne porte pas de fruits positifs, mais elle peut même entraîner une perte d'identité chez celui qui la poursuit. Pour être sage, il faut au contraire vivre « **selon soi-même et non selon les autres** », et pratiquer la non-action. Idéal bien différent de celui de la tradition confucéenne, pour laquelle le sage s'identifie avec l'érudit et, souvent, avec le lettré occupant une fonction officielle à la cour (à partir du IIe siècle av. J.-C. déjà).

Ci-contre : une procession taoïste. Peinture sur soie. Metropolitan Museum of Art, New York.
Le taoïsme propose un retour à la nature, à ce qu'il y a de plus spontané et immédiat dans l'homme. Il s'oppose ainsi à la tradition confucéenne, qui défend au contraire la grande valeur de l'érudition et de la culture comme sources de sagesse.
Ci-dessous : fresque tombale datant de la dynastie Tang, trouvée à Chiensien, dans le district de Shenxi ; elle représente un cortège de dames portant des offrandes votives.

Toujours dans le cadre du taoïsme, un courant de tendance *feng liu* (de caractère romantique) se développe, sous la dynastie Jin (265-420). Il prône la pratique du *Jing tan* (« parole pure »), l'art de la conversation raffinée, lié à la recherche attentive de l'élégance formelle. Il a pour principe (exprimé dans le chapitre *Yangzhu Pian* du *Liezi* [Le livre du maître Lie], œuvre que l'on peut dater du IIIe siècle apr. J.-C.) de concevoir la vie comme un « jardin de plaisir », en suivant ses impulsions naturelles, sans souci des institutions ou de la morale. Dans ce contexte naît, vers le milieu du IIIe siècle, le groupe des « Sept Sages du bois de bambous », formé par sept écrivains célèbres de l'époque, qui appréciaient le vin et les banquets à l'égal de la littérature et professaient des idéaux esthétiques élevés. Dans la Chine des Six Dynasties, le **taoïsme évolue en prenant la forme d'un culte populaire**, avec une structure organisée sur le modèle bouddhiste, et crée un panthéon foisonnant, couronné par une triade divine. Des communautés, couvents et monastères se

mettent alors en place, fortement marqués par l'influence bouddhiste. Au niveau populaire, du reste, les deux religions se confondent souvent en un ensemble mêlant magie, superstitions et arts occultes, et il semble que le bouddhisme lui-même ait fait son entrée en Chine sous forme de secte taoïste, dans les premiers siècles de notre ère.

Si le taoïsme imprègne profondément tous les secteurs de la création artistique - calligraphie, peinture, littérature, poésie, architecture, sculpture, alchimie, univers symbolique des rites -, on peut en dire autant, à partir du IIIe siècle, de l'influence du bouddhisme en Chine. Les premiers attirés par le bouddhisme sont les souverains de la dynastie des Wei occidentaux, qui en favorisent la propagation ; c'est ensuite le tour des Wei du Nord, enfin des empereurs Sui (589-618) et des premiers Tang (VIIe siècle), sous lesquels l'Église bouddhiste connaît sa plus grande prospérité ; elle culminera au VIIIe siècle, grâce à l'impératrice Wu surtout. Entre les IIIe et IVe siècles, les **traductions en chinois à partir du sanskrit des ouvrages de métaphysique bouddhiste** se multiplient et l'on commence à saisir le sens de la nouvelle religion dans les milieux cultivés, même s'il reste quelques problèmes d'interprétation en raison des obstacles linguistiques. L'un des plus grands traducteurs chinois de textes religieux indiens, Kumārajīva (IVe-Ve siècle), remarque que le travail de traduction équivaut à mâcher une nourriture donnée à d'autres : « Si quelqu'un ne réussit pas à mâcher tout seul, il faut lui donner de la nourriture déjà mastiquée, mais après une telle opération, celle-ci aura certes perdu de sa saveur. »
On traduit aussi bien les ouvrages du *hīnayāna* (petit véhicule) que du *mahāyāna* (grand véhicule). C'est sous cette dernière forme que le bouddhisme pénètre en Chine dans les couches populaires et cultivées, avec des adaptations et des modifications, et non sans adopter des éléments de la pensée chinoise. Il provoque l'apparition de sectes sur le modèle indien, qui disparaîtront au VIIIe siècle. La principale est la *Faxiang*, importée par Xuan Zang et axée sur la découverte de la vérité ; il y a ensuite la *Tiantai*, à laquelle on doit le *Sūtra du Lotus*, l'ouvrage bouddhiste le plus connu en Asie orientale, et la *Zhenyan*, vouée au culte des ancêtres et aux rituels magiques, à l'origine de l'art chinois de style bouddhiste, comme les célèbres mandalas ou les représentations cosmologiques.

Les **écoles bouddhistes** les plus répandues en Chine sont celles de « l'Esprit universel » *(Xingzong)*, qui voit dans le *nirvāṇa* l'identification de l'individu avec la « nature du Bouddha », et l'école du « Sentier du Milieu » *(Kongzong)*, qui défend la théorie de la double vérité en référence à trois niveaux différents de raisonnement.
Au Ve siècle, deux disciples du grand Kumārajīva, Sengzhao (348-414) et Daosheng († 434), élaborent deux lignes de réflexion philosophique. L'un s'écarte peu de la tradition, dans ses essais réunis dans le *Zhaolun* ; l'autre, un moine bouddhiste, avance dans le *Hong Ming Ji* des théories si révolutionnaires qu'elles lui valent d'être banni de Nankin à la demande de ses pareils, plus conservateurs. La portée de ses nouvelles conceptions (souvent en harmonie avec le taoïsme) entraînera cependant d'importants développements pour l'ensemble du bouddhisme chinois.

En haut : carreau tombal en terre cuite orné de figures et d'animaux, VIe siècle. Östasiatiska Museet, Stockholm.
Ci-contre : détail d'une stèle en calcaire remontant à la dynastie des Wei orientaux et datée de 543. Cette stèle d'inspiration bouddhiste présente dans sa partie supérieure des jeunes gens portant un brasero pour l'encens ; de chaque côté, deux ascètes tiennent respectivement dans leurs mains un crâne et un oiseau. Dans la zone médiane est représenté un bodhisattva, entouré de sa suite et parlant avec le maître de maison.
A droite : terre cuite polychrome représentant un bodhisattva assis. Placée dans la grotte 328 de l'ensemble du Qianfo dong, près de Dunhuang, l'œuvre remonte à la période fleurie (712-756) de la dynastie Tang.

L'une des théories les plus novatrices de Daosheng soutient que le *nirvāṇa* n'est pas quelque chose d'extérieur à la « roue de la naissance ou de la mort » *(saṃsāra)* et qu'il n'y a pas, pour le Bouddha, de « terre pure » - un autre monde au-delà de celui-ci. La réalité du Bouddha est ici, dans le monde actuel, phénoménal. En outre, si l'homme pratique le *wu-wei* (la non-action, comprise ici comme « action qui s'accomplit sans effort »), il se libère de l'attachement aux choses et le *karma* ne lui attribue aucune récompense.

Le début du VIe siècle voit s'affirmer en Chine la secte Chan. Elle se fonde sur la tradition selon laquelle Bouddha aurait laissé une **doctrine ésotérique** transmise au fil des siècles jusqu'à Bodhidarma (VIe siècle), patriarche indien et premier *zu* (ancêtre) de l'école Chan, et à son successeur Huike.
Au VIIe siècle, un schisme divise l'école en deux courants, du Sud et du Nord (le premier

correspondant à la ligne de l'« Esprit universel » et l'autre au « Sentier du Milieu »).
Le chanisme est connu comme la « philosophie du silence » : pour ses fidèles, la vérité ou « Premier principe » est totalement inexprimable et la connaissance de la vérité n'est que la conscience d'une non-connaissance. Par conséquent, les maîtres ne répondent rien, ou donnent des réponses apparemment déconcertantes ou futiles aux questions posées par leurs disciples sur les principes fondamentaux du bouddhisme.
Enfin, après 589, lors de la réunification du pays sous la dynastie Sui, puis sous les Tang, le système des examens est rétabli pour sélectionner les fonctionnaires de l'administration impériale. **Les ouvrages classiques du confucianisme** (sujet de ces examens) **sont remis à l'honneur** et redeviennent la base de l'enseignement officiel.

Pénétrer dans le panthéon complexe des divinités méso-américaines est une entreprise difficile, mais fascinante.
Si l'iconographie offre une riche imagerie sacrée, l'impossibilité de déchiffrer entièrement l'écriture hiéroglyphique nous prive des lumières qu'apporterait la documentation écrite. De plus, nombre de divinités prennent des aspects multiples dans l'art précolombien : elles ne sont identifiables que par un attribut ou un ornement particulier (comme la spirale sur le front du dieu Soleil, ou les yeux cerclés et la bouche munie de crocs de Tlaloc, dieu de la pluie). D'une fois à l'autre, chaque divinité se présente en outre en association avec d'autres dieux selon des regroupements divers, faisant ressortir un aspect particulier de ses pouvoirs. Chez les Zapotèques de Monte Albán III, ancien peuple du sud du Mexique, le couple des dieux créateurs est ainsi formé par le dieu Pitao Cozaana et par Nouichana, la déesse-mère, protectrice des accouchements, patronne des pêcheurs et de l'art du tissage.

A gauche : prêtresse aux bras levés. Terre cuite remontant à la période classique de la culture totonaque, IVe-Xe siècle. Ci-dessus : bas-relief représentant la naissance de Quetzalcóatl, le serpent à plumes, une des principales divinités du panthéon précolombien, dieu suprême, puissant seigneur du ciel et du Soleil. Musée national d'Anthropologie, Mexico. A droite, sur deux pages : masque funéraire en pierre recouvert de mosaïque. Musée national d'Anthropologie, Mexico.

En tant que déesse de la fertilité, Nouichana appartient au « groupe du maïs », l'un des plus importants du panthéon zapotèque (au point que le maïs s'identifie avec le créateur lui-même). En conséquence, elle est souvent représentée avec une autre divinité liée au maïs : la chauve-souris, qui constitue à son tour le *nahual* (double) du même dieu du maïs, alias Pitao Cozaana, le créateur.
De toute évidence, il s'avère très ardu de s'aventurer dans cette toile d'araignée de rapports « célestes », dont les effets se reflètent sur le monde humain de manière bien visible (maladies, famines, sécheresse ou, au contraire, pluie, bonne récolte, prospérité). D'où l'**importance des rites propitiatoires, des cérémonies et offrandes sacrées**, sur lesquels il existe par ailleurs très peu d'informations. La fameuse question des **sacrifices humains** reste un problème non encore résolu ; toutefois, l'hypothèse selon laquelle ils auraient été inconnus des premiers Mayas, leur usage apparaissant à la fin de la période classique et pendant l'ère postclassique, sous l'influence des Toltèques, semble bien étayée. Du reste, les reliefs métaphoriques de Chichén Itzá (Yucatán), où figurent un serpent et un aigle en train de dévorer « le cœur de l'ennemi » pour en absorber l'énergie et le courage, l'attestent. Les représentations plus réalistes retrouvées à Piedras Negras montrent également un sacrifice humain, avec extraction du cœur de la victime, tandis que l'incision lapidaire du temple II de Tikal présente un homme suspendu à un treillage de bois et transpercé par une lance.

On a identifié dans l'iconographie méso-américaine la représentation d'une **conception dualiste de l'univers**, profondément enracinée dans la conscience et la pensée magico-religieuse des peuples précolombiens. Ce dualisme, qui s'exprime dans l'opposition entre bien et mal, lumière et ténèbres, vie et mort, mouvement et immobilité, se rattache avant tout au dualisme de l'entité créatrice (une divinité masculine et une autre féminine, toutes deux dotées de pouvoirs démiurgiques). Cette même conception apparait également dans d'autres cultures, comme celle du Veracruz central, du milieu de la période préclassique jusqu'à l'ère postclassique, où elle donne lieu à des sculptures très évocatrices. Citons en particulier une tête de basalte d'époque tardive, représentant Ometeotl, dieu de la dualité : elle se présente pour moitié avec des traits polis et élaborés, et pour moitié comme un hémisphère dépourvu de toute caractéristique.

Les **dieux les plus vénérés** de Méso-Amérique sont ceux liés à l'agriculture et au cycle de la vie. Le **dieu de la pluie** occupe une position privilégiée dans le panthéon précolombien ; sa bienveillance est jugée

nécessaire à la fertilité des champs. Il est représenté avec des cercles caractéristiques autour des yeux, un nez à trompe ou une *nariguera* (sorte de volute sur la lèvre supérieure, qui ressemble à deux serpents enroulés) et deux crocs latéraux (ou extrémités pointues d'une langue bifide) qui dépassent à côté d'une série de longues incisives symbolisant l'eau qui tombe du ciel. Qu'il présente un aspect anthropomorphe, zoomorphe ou stylisé, son « masque » ne se confond avec aucun autre : yeux cerclés, nez caractéristique et longues dents. Son nom est **Tlaloc** pour les habitants de Teotihucán (puis pour les Aztèques), **Cocijo** pour les Zapotèques, **Táun** pour les Totonaques, **Tzahui** pour les Mixtèques et **Chac** pour les Mayas. Ces derniers le vénèrent sous quatre formes, une pour chaque point cardinal (il y a le Chac noir de l'ouest, le Chac jaune du sud, le Chac blanc du nord et le Chac rouge de l'est). Une autre divinité associée à la vie est la **déesse de l'eau**, Chalchiuihtlicue, dont le jade est un attribut. Cette pierre dure, appelée *chalchiuihtl*, est tenue pour plus

LA CREATION DE L'HOMME SELON LE *POPOL-VUH*

Le Popol-Vuh *(« feuilles écrites »), le livre sacré des Quichés, peuple maya du Guatemala, raconte le mythe de la création de l'homme sur la Terre par un couple divin (Créateur et Créatrice). Les trois premières tentatives échouent : les êtres créés avec de la boue furent dissous par la pluie ; ceux qui avaient été modelés avec de l'argile furent détruits par le soleil. Quant aux créatures de bois - fruits de la troisième tentative - elles « étaient sans âme, sans intelligence, ne se souvenaient pas de leur Créatrice, de leur Créateur [...] et tombèrent par conséquent en disgrâce ». Elles furent anéanties par un déluge et un terrible incendie déchaînés par les dieux eux-mêmes, leurs descendants étant transformés en singes, habitants des forêts - « Et pour cette raison les singes ressemblent à des hommes et sont un exemple d'une génération d'hommes qui avaient été créés et fabriqués, mais n'étaient que des figures de bois ».*

Pour la quatrième fois, le couple créateur s'apprête à modeler l'homme et le pétrit avec du maïs, donnant finalement naissance à la race humaine. « Et puis, moulant le maïs jaune et le maïs blanc, Ixmucané fit neuf breuvages, et de cette nourriture vinrent la force et la chair, et avec elle furent créés les muscles et la force de l'homme. Ainsi firent les Ancêtres, Tepeu et Gucumatz, comme ils étaient appelés. Puis, ils commencèrent à discuter de la création et de la formation de notre première mère et de notre premier père ; avec du maïs blanc et du maïs jaune, ils firent leur chair ; avec de la pâte de farine, ils firent les bras et les jambes de l'homme. Seule la pâte de farine entra dans la chair de nos premiers pères, des quatre hommes qui furent créés. »

Pour punir à perpétuité les « êtres de bois » qui les ont oubliés, les dieux décident en outre que la culture du maïs enlèvera de vastes surfaces de terre à la forêt, exigeant un constant travail de déboisement et de destruction des arbres par le feu. Cette légende exprime la vénération du maïs, commune aux Mayas et aux autres peuples méso-américains. Il fait l'objet de rites propitiatoires qui accompagnent sa croissance dans le milpa *(« champ de maïs ») sacré.*

précieuse que l'or parce que dotée d'un pouvoir magique de vie et de santé. Des amulettes en jade ont été retrouvées dans toute l'aire méso-américaine, dans la région d'Oaxaca comme en territoire maya, de Teotihuacán à l'État du Guerrero. Ce sont des objets de forme variée, sculptés avec plus ou moins d'habileté, souvent percés d'un trou pour être portés autour du cou sur une fibre végétale ; on leur attribuait le pouvoir d'éloigner les maladies, d'offrir aide et protection et d'accomplir des prodiges.

Les animaux sont eux aussi considérés comme sacrés : la **tortue** est associée à la déesse de l'eau et au dieu de la pluie Tlaloc, auquel sont également consacrés la grenouille et le crapaud (qui apparaissent par ailleurs dans le jeu de pelote) ; le **caïman**, qui rappelle l'élément terrestre, est en revanche lié à la procréation (parfois doté de deux têtes) ; la **chauve-souris** renvoie au « cycle du maïs » ; enfin, l'**aigle** et le **jaguar** sont tous deux symboles de vertu guerrière et de courage. Selon l'une des nombreuses légendes méso-américaines, ces deux animaux orgueilleux se jetèrent un jour dans le feu pour devenir comme le soleil et la lune, mais ils en ressortirent tout brûlés : l'aigle en eut le plumage complètement noirci et le jaguar vit son pelage couvert de taches. Il n'est de toute manière pas étonnant que le plus grand et le plus puissant des félins américains ait pris une telle importance dans l'univers sacré précolombien : en raison de ses mœurs nocturnes, le jaguar est assimilé au côté ténébreux du dieu Soleil et par conséquent lié au mythe solaire, mais en « négatif », associé à l'obscurité, à la nuit, à l'au-delà. Seul animal domestique connu des peuples méso-américains, avec le dindon, le **chien** figure lui aussi dans l'iconographie religieuse, avec une valeur manifestement symbolique : dans le calendrier (où l'on retrouve également l'aigle et le crocodile), il représente le jour, mais il apparaît aussi dans les mythes de la création, où il représente le dieu Xolotl, et se rattache lui aussi au monde des enfers.

Bien que polythéiste, le **panthéon maya** est dominé par une divinité suprême, à laquelle sont soumis les quatre Bacab du soleil et les quatre Chac du tonnerre, des éclairs, du vent et de la pluie. Le dieu suprême est **Itzammá** (né du dieu créateur, Hunab Ku), puissant seigneur du ciel et du Soleil, qui a pour épouse **Ixchel**, déesse de la Lune. Mais la figure-clef de l'iconographie religieuse maya (également présente chez les Aztèques) est sans aucun doute le « serpent à plumes », **Quetzalcóatl**, dont l'apparence et le nom dérivent d'une synthèse entre *quetzal* (oiseau aux longues plumes) et *cóatl* (serpent). Symbole de l'union entre la terre et le ciel, Quetzalcóatl s'identifie à un personnage ayant réellement existé, un chef guerrier transformé par l'épopée en héros culturel de tout le monde maya. L'univers religieux méso-américain est rythmé par le **calendrier rituel**, qui gouverne également l'existence des peuples précolombiens.

A droite : encensoir représentant le dieu de la pluie avec une langue bifide et un nez en forme de trompe. Dans la main gauche, il porte un cœur humain, qui évoque la germination du maïs ; dans la droite, il porte la coupe d'eau qui répandra la pluie sur terre.

La figure du **prêtre-chaman** joue un rôle de médiation entre ce panthéon et la population. Il est le seul à pouvoir interroger les astres. Dans ce rapport entre terre et ciel, les **masques** prennent une grande importance ; leur signification cérémonielle s'ajoute à leur fonction funéraire et à leur capacité à éloigner le mal.

LE MONDE FÉODAL

Aire géographique	Événements	Économie et Société	Sciences et Techniques
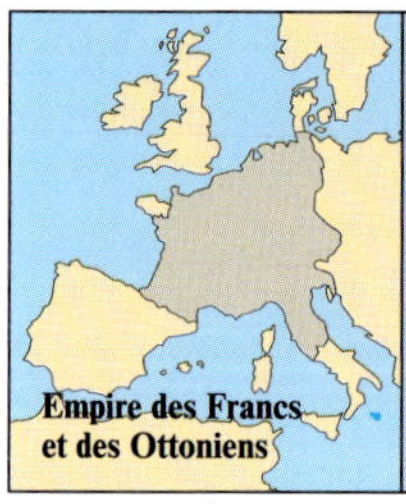 **Empire des Francs et des Ottoniens**	• Mort de Charlemagne. Louis le Pieux empereur (814-840). • Lutte pour la succession; partage de l'Empire (traité de Verdun, 843). • Particularisme féodal; capitulaire de Quierzy (877); déposition de Charles le Gros (888). • Nouvelles invasions : Vikings, Hongrois et Sarrasins. • Anarchie féodale. • Restauration de l'Empire : Otton Ier (962). Le Saint Empire romain germanique. 	• La société carolingienne est divisée en trois ordres : *oratores, laboratores, bellatores*. • L'organisation en *curtes* et les contrats agricoles. La rotation triennale. • Diffusion du moulin à eau. • Le commerce sous les Carolingiens. • Les monnaies d'argent. 	• L'organisation des études est fondée sur les disciplines du *trivium* et du *quadrivium*. • Le problème du comput pascal et du calcul des cycles périodiques du calendrier. • Jean Scot Érigène. • Gerbert d'Aurillac et l'introduction en Occident des chiffres arabes. • Diffusion progressive du moulin à eau. 
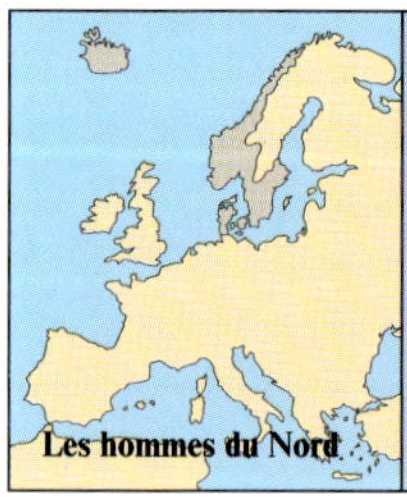 **Les hommes du Nord**	 • Trois groupes fondamentaux : Danois, Norvégiens et Suédois. • Les Vikings le long des côtes anglaises et françaises de la Manche, portugaises et toscanes (790-892). • Les Vikings norvégiens en Islande (874). • Erik le Rouge. Colonisation du Groenland. • Les Varègues fondent les royaumes de Novgorod et de Kiev. L'union de ces deux royaumes donne naissance à la Russie (882). • Conversion des Vikings au christianisme.	 • Division tripartite de la société viking : esclaves; paysans libres; guerriers, comtes, princes. • L'agriculture et l'élevage, fondements de l'économie. • Les marchands scandinaves en Russie, en mer Baltique et en mer du Nord. • L'artisanat viking. • La chasse aux mammifères marins et la pêche.	 • Les navires vikings. De guerre : *sniggen, skeidhs, draken* ou *d* De commerce : *knörr, byrdinge* • Le transport par voie terrestre marchandises lourdes : chario et traîneaux. • Connaissance avancée du tra des métaux : armes et armeme
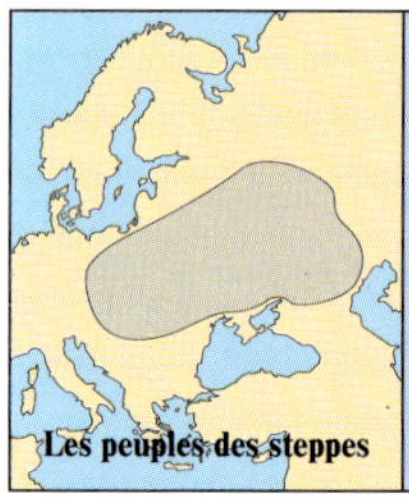 **Les peuples des steppes**	 • Avars : prospères au temps du kagan Bayan; vaincus par Charlemagne. • Bulgares : apogée sous le règne du roi Kuvrat (679). • Khazars : au nord du Caucase; vaincus par le prince Sviatoslav (969). • Hongrois : pénètrent en Occident; arrêtés pat Otton Ier (955).	• L'économie des pays slaves s'appuie sur l'agriculture et l'élevage. • Économie autarcique. • Importance de l'artisanat. • Organisation sociale à caractère tribal. • L'évolution des structures familiales chez les Slaves. 	• Importance du cheval : nette distinction entre les chevaux de trait et la cavalerie. • Introduction de l'étrier et du fer à cheval. • L'armement des peuples des steppes : lourde lance, épée, arc à double courbe, haches de fer. • Outils agricoles en fer. • La technique de l'apiculture. 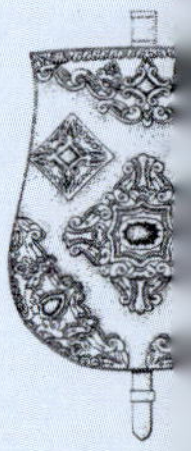
 **Empire byzantin**	 • Dynastie armorienne, originaire de Phrygie (820-867). • Fin de la crise iconoclaste (Théodora, 843). Renaissance byzantine. • Dynastie macédonienne (867-1056). Basile Ier. • Guerres victorieuses contre les Arabes et les Slaves. • Apogée de la puissance byzantine sous Basile II le Bulgaroctone (976-1025) : reconquête des Balkans.	 • Reprise démographique et économique. • Crise de la petite propriété foncière et diffusion du latifundium. Naissance de l'aristocratie terrienne. • Rôle croissant de la bourgeoisie urbaine. Boutiques d'artisans (bijoux, céramique, tissus précieux). • Fiscalité impériale et commerce maritime. • Hégémonie monétaire de Byzance.	 • Renouveau des sciences. Fon d'une nouvelle école à Consta la Magnaure. • Transcription des œuvres des mathématiciens et astronomes (IXe siècle). • Progrès de la médecine et de la chirurgie. • Construction d'appareils hydra et mécaniques.
 **Moyen-Orient et expansion islamique**	• Bagdad remplace Damas comme capitale. • Crise et démembrement de l'Empire 'abbâsside (dynasties indépendantes); révoltes chî'ites; infiltrations turques. • Trois grands califats : les 'Abbâssides de Bagdad, les Fâṭimides du Caire, les Omeyyades de Cordoue. • Occupation de la Sicile. • Le monde arabe s'ouvre à l'influence turque; les Seldjoukides s'emparent de Bagdad (1055). 	• Renaissance politique, économique et culturelle de la Perse. • Essor du commerce arabe et afflux de métaux précieux. • Accélération de l'émission de monnaies. • Révoltes sociales et religieuses (Xe siècle). • Introduction du prêt à intérêt. 	• Progrès rapides de la science arabe : mathématique, astronomie, géographie, médecine, chimie, optique. • Fondation de l'académie des sciences de Bagdad (828). • Simplification de l'astrolabe et invention du cadran. • Fabrication d'instruments de navigation. • Utilisation de lentilles de cristal pour l'agrandissement et la lecture. • Travail du verre. 
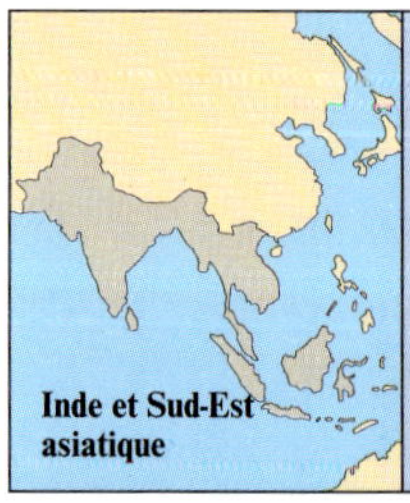 **Inde et Sud-Est asiatique**	 • Triomphe du particularisme en Inde et en Asie du Sud-Est. • Lutte entre les dynasties Pratihâra, Râstrakûta et Pâla pour le contrôle de la vallée du Gange. • Le turc Mahmud conquiert le Pendjab : pour la première fois, l'islâm pénètre durablement en Inde. • L'Empire khmer se constitue dans la vallée du Mékong (Cambodge). Capitale : Angkor.	 • Inde : le système des castes se maintient; la caste des brahmanes reste la caste dominante. • Économie agricole de subsistance dans les villages indiens. • Après la conquête arabe et la fermeture des routes occidentales, le commerce indien se tourne vers l'Orient. • Importance économique du royaume des Khmers.	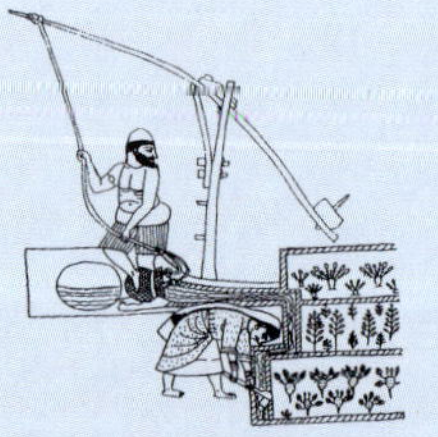 • Progrès importants des mathé et de l'astronomie. • Nouvelles techniques d'irrigati Asie du Sud-Est : aménageme bassins et d'un vaste réseau c et de fossés.
 **Amérique centrale et Amérique du Sud**	• Déclin de la civilisation maya. • Les Toltèques dominent le Mexique et l'Amérique centrale. Capitale : Tula. • Les Toltèques sont vaincus par les tribus du Nord. Destruction de Tula. • Formation de la ligue de Mayapán. • En Amérique du Sud : civilisation de Tiahuanaco; le royaume des Chimús au Pérou. 	• L'économie repose sur l'agriculture (céréales, maïs, haricots, cacao, papaye, avocat). • Les Toltèques développent un artisanat florissant. • Essor du commerce. Les graines de cacao sont utilisées comme monnaie. • A la tête de la société, la caste des prêtres est supplantée par la caste des guerriers. 	• Grands progrès de l'astronomie. Le calendrier maya. • La médecine (homéopathique) figure au premier rang des disciplines scientifiques. • Métallurgie et travail de la céramique. • Travail des couleurs et des pierres précieuses. • Travail du caoutchouc. 

Architecture et Urbanisme	Arts et Littérature	Religion
…issance des villes; cités-marchés …és-forteresses. …struction des grands monastères …siècle : abbaye de Saint-Gall (823), …astères de Fulda et Corvey. …s de Charlemagne à Aix-la-Chapelle. …tecture religieuse carolingienne …ance et en Italie. 	• L'écriture caroline s'impose dans tout l'Occident. • Renaissance carolingienne et École palatine : Alcuin de York, Eginhard, Paul Diacre. • Phénomène du bilinguisme et naissance d'une littérature en langue vulgaire. • Arts figuratifs : sculpture et peinture. Mosaïque. • Arts mineurs : miniatures (Beato de Liébana); orfèvrerie (reliquaires); ivoires (école de Metz). 	• Réforme du clergé et des monastères (Benoît d'Aniane). • Polémistes préréformateurs : Otton de Verceil, Liutprand de Crémone. • Querelle de l'Empire et de la papauté. • Fondation de l'abbaye de Cluny (910); le monachisme réformateur. • Le phénomène de l'érémitisme. 
 • Grandes fermes vivant en autarcie. • Campements militaires et fortifications. • Les cités vikings : Hedeby et Birka. Le port, centre vital de la cité. • Maisons vikings : importance du bois.	 • Inscriptions runiques. • Poésie épique et scaldes. • Les sagas nordiques : l'*Edda en prose*. • Arts figuratifs : sculptures en bois; stèles commémoratives gravées. • Décoration d'armes et de bijoux (styles de Borre et de Jelling).	 • La triade viking : Odin (dieu de la guerre), Thor (dieu du tonnerre), Freyr (dieu du soleil). • Multitude d'esprits secondaires : valkyries, trolls, nains et elfes. • Culte des morts; sépultures en forme de bateaux. • Conversion des Vikings au christianisme (le roi Olaf le Saint).
…es de petites huttes éloignées …nes des autres. …breuses églises édifiées après …istianisation. …ouvelles cités militaires et leurs …rs. …, première capitale bulgare. 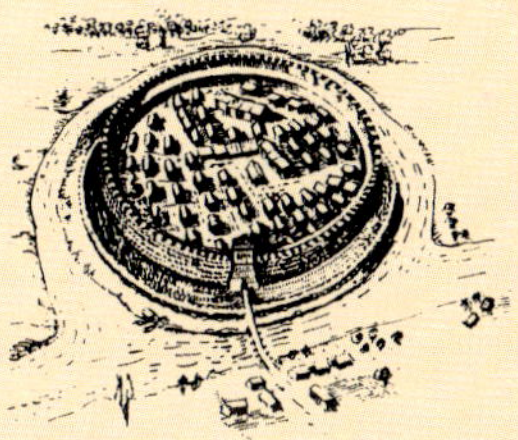	• Art ornemental, dit « art des steppes » : fibules, boucles de ceinture, fermaux. • Alphabets précyrilliques de l'Europe orientale. • Diffusion de l'alphabet cyrillique. • Débuts de la littérature slave. 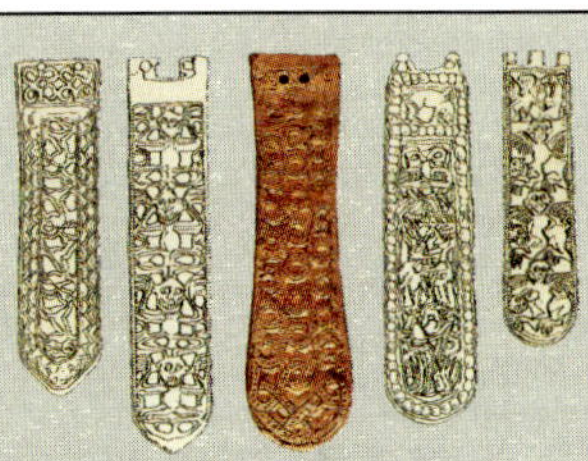	• Chamanisme chez les peuples des steppes. • Culte de l'arbre et de l'animal-guide. Pratiques divinatoires (divination sur écailles). • Paganisme slave. • Christianisation des peuples des steppes. Cyrille et Méthode. Reconnaissance de la liturgie en slavon. • Presque toute l'Europe orientale est christianisée vers l'an mille. 
 • Éclipse de l'architecture pendant la crise iconoclaste. • Période faste pour l'art et l'architecture sous Basile Ier. • Plan en croix grecque dans l'architecture religieuse (Saint-Théodore de Constantinople). • Monastères sur le mont Athos (963). • Diffusion de l'architecture constantinopolitaine auprès des peuples slaves du Sud et de l'Est.	 • Fin de la crise iconoclaste et renaissance de l'art figuratif. • Épanouissement de l'art de la mosaïque. Les icônes. • Arts mineurs et miniatures. • La littérature : les romans alexandrins. • L'oeuvre de Constantin VII Porphyrogénète. • Épanouissement de l'historiographie byzantine : Théophane le Confesseur, Michel Psellos.	 • Restauration définitive du culte des images (843). • Divergences religieuses entre Orient et Occident. Schisme de Photios (867). • Épanouissement de l'érémitisme et du monachisme orientaux. • Le bogomilisme, précurseur des hérésies médiévales. • 1054 : rupture entre Rome et l'Église d'Orient.
…, une civilisation urbaine. …lles doubles : Boukhara, Samarkand. …itecture des mosquées (colonnades …esques). …ais impérial de Bagdad. 	• La renaissance arabe : rayonnement de la poésie et de la culture musulmanes. • La musique dans le monde arabe : le philosophe al-Fārābī (xe siècle). • Les quatre écoles religieuses de l'islām (hanafite, malékite, chāfi'ite, hanbalite). • Production de céramiques de luxe. • L'art de la miniature. 	• Le chī'isme donne naissance à trois grandes sectes : zaydites, imâmites ou duodécimains, ismaéliens. • Muḥammad al-Mahdī, douzième imām. • Hasan ibn Ṣabbāḥ et la secte des Assassins (Perse). • Al-Fārābī et l'interprétation du Coran. Avicenne et la redécouverte d'Aristote. • Le mysticisme musulman (soufisme). 
 • Le temple indien, demeure terrestre des dieux. • Les temples du Sud-Est asiatique : tours-sanctuaires et temples-montagnes. • Fondation d'Angkor au ixe siècle : son urbanisme servira de modèle à de nombreuses cités du Sud-Est asiatique. • Angkor Vat, apogée du temple-montagne khmer.	 • Importance des représentations religieuses. • L'art des Cola et des Rāṣṭrakūṭa : les bronzes. • Décoration des temples Gurjāra-Pratihāra. • Illustrations populaires des manuscrits bouddhiques et jaina. • L'art de l'île de Ceylan (Sri Lanka). • Art dvāravatī en Thaïlande : sculptures du Bouddha couché. • Art khmer. • Littérature et poésie indiennes.	 • L'hindouisme éclate en une infinité de sectes et de courants. • Le tantrisme se développe en Inde orientale. • Bouddhisme vajrayāna en Inde orientale, au Népal et au Tibet. • Le bouddhisme se répand de l'Inde vers la Chine, la Birmanie et le Japon. • L'empereur chinois Wu lutte contre l'expansion du bouddhisme.
…es mayas à fausse voûte. …grand centre politique toltèque; les atlantes de Tula. …sacrée de Chichén Itzá; le *Castillo*, le temple …erriers. …ppement des villes fortifiées : Mayapán et Tulum …Yucatán. …tion de la ville maya d'Uxmal (987). …cérémoniel de Tiahuanaco, en Bolivie. …hán, capitale de l'Empire chimú. 	• Sculptures mayas à Chichén Itzá (899-909). • Peinture maya. • Monuments et décorations de style toltèque (serpents à plumes); atlantes de Tula. • Céramiques polychromes de la péninsule du Yucatán. • La culture chimú. • Rares textes des peuples méso-américains. 	• Nouveaux cultes des guerriers mexicains (dieu-serpent Quetzacóatl-Kukulcán). • Rites propitiatoires avec sacrifices humains. • Dieux mexicains : Tlaloc (dieu de la pluie et de la foudre), Chalchihuitlicue (divinité des lacs et des cours d'eau) Tezcatlipoca (préside aux quatre points cardinaux), Xolotl (frère jumeau de Quetzacóatl), Tonatiuh (dieu du Soleil), Chicomecoatl (déesse de la fertilité), Centeocihuatl (déesse du maïs), Mixcoatl. • Conceptions religieuses de la civilisation de Tiahuanaco : Viracocha (dieu créateur), Cocha (sa sœur-épouse). 

Seul un concours de circonstances évita que l'Empire carolingien ne fût divisé à la mort de son fondateur, en 814. Conformément à la coutume franque, Charlemagne avait en effet partagé ses domaines, par le capitulaire du 6 février 806, entre ses trois fils : Charles avait reçu l'Austrasie et la Neustrie, une partie de la Bourgogne, la Frise, la Saxe et la Thuringe ; Louis avait obtenu la Bourgogne, l'Aquitaine et la Gascogne ; enfin, Pépin avait hérité de l'Italie, de la Bavière et de la partie de l'Alamannie située au sud du Danube.
La mort prématurée de Charles et de Pépin rendit le partage superflu et laissa l'ensemble des territoires carolingiens au seul héritier qui survécut à son père, **Louis le Pieux** (814-840). A la différence de Charlemagne, Louis cherche à maintenir l'unité territoriale de l'Empire et, par l'*Ordinatio imperii* de 817, désigne son fils aîné Lothaire comme son seul successeur, en lui laissant le titre impérial et l'ensemble des territoires francs. Cependant, la tradition mérovingienne, qui considère l'État comme le patrimoine privé du souverain, susceptible d'être partagé entre ses descendants, est encore trop enracinée. Aussi Louis le Pieux concède-t-il un apanage à ses deux fils cadets, qui reçoivent en même temps le titre de roi : Pépin obtient le gouvernement de l'Aquitaine et de la marche d'Espagne ; Louis le Germanique reçoit la Bavière et la marche de l'Est. Quand Louis Ier le Pieux veut céder l'administration d'un territoire (l'Alamannie) à Charles (le futur Charles le Chauve), issu de son second mariage avec Judith de Bavière, ses autres fils se révoltent en profitant de l'appui des grands féodaux (829). Au cours des conflits qui secouent ensuite l'Empire, et auxquels l'empereur lui-même finit par être mêlé, Pépin d'Aquitaine est rapidement écarté (il meurt en 838), alors que les trois autres frères ne réussissent pas à se mettre d'accord sur le partage de l'Empire.

A gauche : Louis le Pieux (814-840), miniature carolingienne extraite d'un manuscrit de l'abbaye de Fulda (Hesse), 840. Biblioteca apostolica vaticana, cité du Vatican.
En haut : les deux faces d'un denier d'argent de Louis le Pieux.
A droite, sur la double page : privilège d'immunité concédé par Otton Ier à l'évêché de Passau (Bavière), le 22 juillet 976. Page de droite : arbre généalogique des Carolingiens, depuis Charlemagne. Seconde dynastie des rois francs, la dynastie carolingienne succède à la dynastie mérovingienne. Elle tire son nom de son plus illustre représentant, Charlemagne.
Les descendants d'Arnoul de Metz furent aussi appelés « Arnolfingiens » et les descendants de Pépin de Landen (mort en 640), « Pippinides ».

A la mort de Louis le Pieux (840), la rivalité entre les trois frères débouche sur un véritable conflit armé. Après avoir vaincu Lothaire à Fontenoy-en-Puisaye (*Fontanetum*, près d'Auxerre) en 841, Louis le Germanique et Charles le Chauve renforcent leur alliance contre leur frère (840-855). Le 14 février 842, dans la plaine de Strasbourg, ils se promettent assistance, chacun prêtant serment dans la langue de l'autre devant les deux armées : *Pro Deo amur et pro christian poblo et nostro commun salvament* et *In Godes minna ind in thes christianes folches ind unser bedhero gealtnissi* (« Pour l'amour de Dieu et pour le peuple chrétien et pour notre salut commun »).
Les formules des **serments de Strasbourg**, qui constituent le plus ancien document de langue allemande et de langue française, nous ont été transmises par l'historien Nithard, qui en fut le témoin. Le document consacre non seulement le partage de l'Empire, qui prendra forme l'année suivante avec le traité de Verdun, mais aussi la naissance et la différenciation précise, selon des critères ethniques et linguistiques, de **deux nationalités distinctes**, au sein d'un Empire qui repose davantage sur une unité de droit et sur un choix idéologique que sur une unité de fait.
Le **traité de Verdun** (3 août 843) renverse complètement la perspective unitaire de l'*Ordinatio* de 817 et divise l'Empire carolingien en trois royaumes distincts : Charles le Chauve (843-877) obtient la *Francia occidentalis*, limitée à l'est par la Meuse, la Saône et le Rhône ; l'empereur Lothaire reçoit, outre l'Italie centrale et septentrionale, une bande de territoires qui s'étendent de la mer du Nord jusqu'aux Alpes et qui prendra ensuite le nom de Lotharingie (le nom de Lorraine, qui en dérive, a été conservé par une partie de cette région) ;

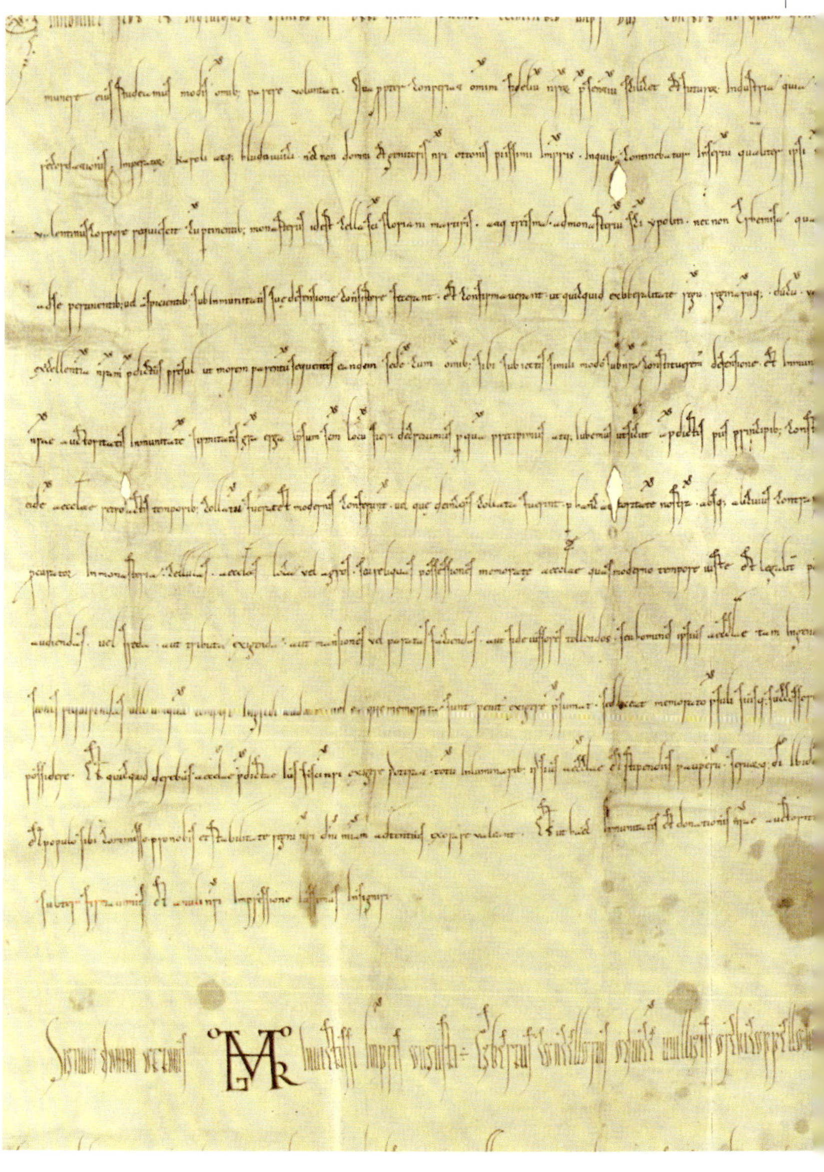

Louis le Germanique obtient tous les territoires orientaux entre le Rhin et l'Elbe, ainsi que les évêchés de Mayence, de Spire et de Worms, sur la rive gauche du Rhin (le nom de *Francia orientalis* sera bientôt abandonné pour celui de Germanie). Ainsi commencent à se dessiner, selon des critères surtout linguistiques, la configuration des futures nations européennes.

L'équilibre établi par le traité de Verdun s'avère néanmoins éphémère. A la mort de Lothaire (855), son royaume est partagé entre ses trois fils : **Louis II** (855-875) reçoit le royaume d'Italie et le titre impérial, Lothaire II obtient la Lorraine, alors que Charles hérite de la Bourgogne et de la Provence. Quand Charles meurt sans héritier en 863, de nouveaux conflits opposent ses frères, qui se disputent ses possessions, tandis que la grande aristocratie féodale cherche à accroître le pouvoir qu'elle exerce sur ses terres.

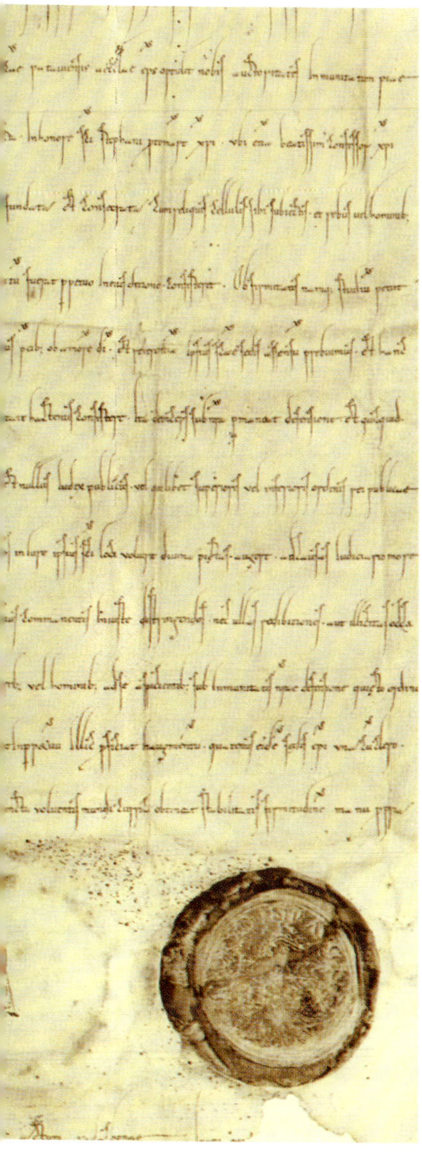

A la mort de Louis II (875), qui s'était usé en vain en luttant en Italie contre le duché lombard de Bénévent et contre les Arabes, **Charles II le Chauve** (875-877) hérite de l'Italie et **tente de rétablir l'unité de l'Empire** en s'appuyant sur le haut clergé franc. Couronné empereur à Saint-Pierre par le pape Jean VIII, comme Charlemagne par Léon III, soixante-quinze ans plus tôt, il est élu roi d'Italie le 31 janvier 876. Mais l'histoire ne se répète pas, et c'est militairement que Charles le Chauve finira par échouer.
Vaincu à la bataille d'Andernach (876) par son neveu Louis le Jeune, qui s'était emparé d'une partie de la Lotharingie, l'empereur, épuisé par les luttes contre les grands féodaux d'Italie, s'éteint à Avrieux, dans la vallée de la Maurienne, le 6 octobre 877, alors que la Basse-Bourgogne et la Haute-Bourgogne deviennent des royaumes indépendants.
Le trône impérial reste vacant jusqu'à ce que **Charles III le Gros** (881-887), troisième fils de Louis le Germanique, impose son autorité à toute la *Francia orientalis* et obtienne de son frère Carloman le royaume d'Italie. Charles réussit en outre à se faire reconnaître empereur et reçoit la couronne des mains du pape Jean VIII en juin 881. Pendant quelques années, de 885 à 887, l'Empire carolingien est réuni pour la dernière fois sous l'autorité d'un seul souverain : l'empereur obtient en effet des Grands Électeurs le royaume des Francs occidentaux (à l'exception de la Basse-Bourgogne). Cependant, la tentative de réunification de Charles le Gros tourne court : incapable de secourir les populations menacées par les Vikings, qui sont parvenus à assiéger Paris, et confronté aux révoltes des grands féodaux, le souverain est contraint d'abdiquer en 887, durant la diète de Tribur (il mourra en exil l'année suivante).
L'Empire carolingien est définitivement partagé : la couronne du royaume des Francs occidentaux (la future France) passe à Eudes, comte de Paris et fondateur de la future dynastie des Capétiens ; dans le royaume des Francs orientaux (la future Germanie), Arnoul de Carinthie est proclamé roi de toutes les populations allemandes (887-899). En 896, Arnoul obtient aussi la couronne d'Italie et le titre d'empereur. Cependant, dès 899, les grands féodaux échappent à l'autorité impériale. Ainsi, de nombreuses principautés territoriales plus ou moins autonomes, déchirées par des luttes intestines et exposées aux attaques des Hongrois et des Normands, sont-elles constituées sur les ruines de l'Empire carolingien : la Champagne, l'Aquitaine, la Gascogne et la Bretagne en France ; la Lorraine, la Bourgogne et la Provence en Lotharingie ; les marquisats de Frioul, d'Ivrée, de Toscane et de Spolète en Italie ; les duchés de Souabe, de Saxe, de Thuringe, de Bavière et de Franconie en Germanie.

Les forces de morcellement du système féodal ont désormais pris le dessus, alors que l'ancien Empire carolingien subit une nouvelle vague d'invasions barbares : les Vikings descendent du Nord sur leurs rapides drakkars ; des hordes de Hongrois, peuple nomade originaire des steppes d'Eurasie, progressent à l'est ; au sud, les Arabes attaquent les côtes de l'Europe méditerranéenne et, remontant le cours force de désagrégation de l'Empire carolingien : en effet, le fief, à l'origine, disparaissait à la mort de son bénéficiaire, mais les féodaux ne tardent pas à rendre héréditaire la possession des terres. Par le **capitulaire de Quierzy** (15 juin 877), les grands féodaux obtiennent de Charles le Chauve la reconnaissance officielle de l'hérédité des bénéfices, en échange de leur appui durant l'absence du souverain, lequel prépare une expédition militaire en Italie.

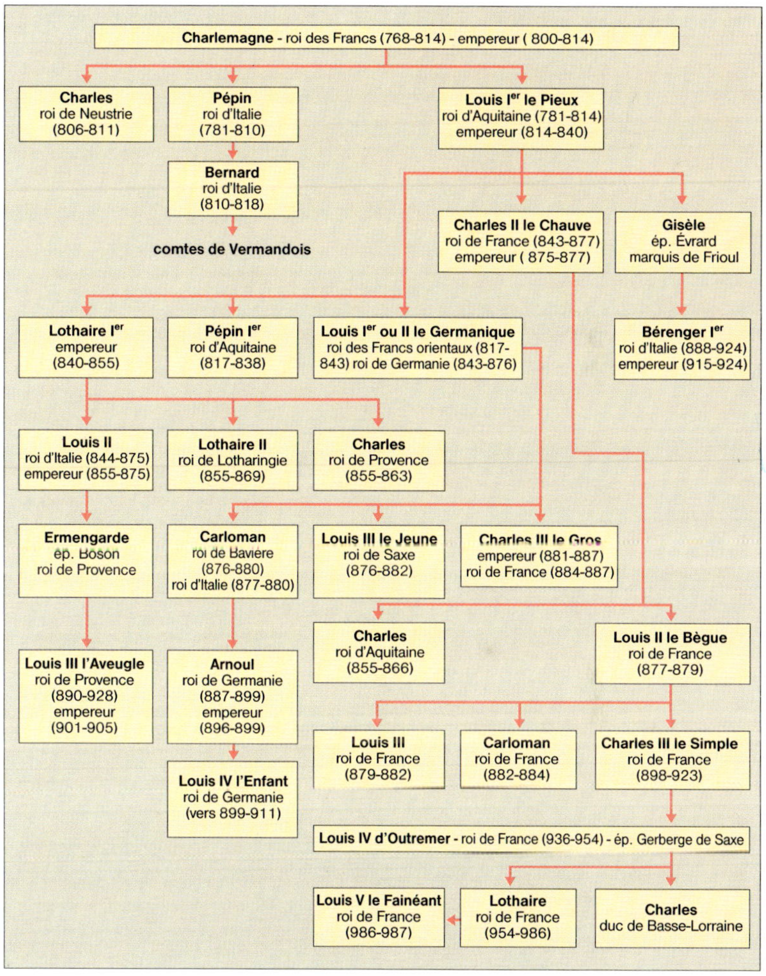

des fleuves, poussent jusqu'à l'intérieur des vallées alpines. Face à cette triple menace, l'Europe occidentale n'est pas en mesure d'opposer un front uni de résistance.
L'autorité des empereurs carolingiens repose en effet sur un système qui, par sa nature, favorise l'affirmation des particularismes locaux : la vassalité. Le souverain, qui accorde des territoires à gouverner (les « bénéfices »), est uni par un lien personnel à ses *fideles*, qui lui jurent fidélité et le soutiennent dans ses campagnes militaires. Cette organisation politique et sociale, héritée du droit barbare et applicable à des territoires limités, sur de courtes périodes, garantit à l'empereur la fidélité d'un réseau d'administrateurs, mais, au fil du temps, la vassalité devient au contraire la principale

Alors que l'Empire se morcelle, d'innombrables **seigneuries** se constituent à l'échelle locale autour d'un château ou d'un village fortifié. C'est ainsi que le seigneur *(dominus loci)* tente de faire face aux menaces extérieures. Le danger n'est pas seulement représenté par les nouveaux Barbares, mais aussi par les *mali christiani*, qui profitent du marasme général pour étendre leurs possessions aux dépens des communautés rurales – les plus faibles et les moins bien défendues –, des institutions religieuses et des seigneurs voisins.
Les empereurs carolingiens essaieront d'enrayer la multiplication des châtellenies locales, qui contribuent à soustraire des territoires à l'autorité impériale.

Cependant, face aux menaces extérieures et à leur incapacité de défendre l'Empire, ils seront obligés d'octroyer de larges concessions à ceux qui veulent édifier un château pour défendre sérieusement leur territoire. Le château fort apparaît en effet comme l'unique moyen de se protéger d'ennemis venus par la mer - qu'il s'agisse des Vikings ou des Arabes - ou d'agresseurs à cheval, en quête de butin, comme les Hongrois. Entre la fin du IXe siècle et la première moitié du Xe siècle, plusieurs empereurs se succèdent qui n'exercent qu'une autorité nominale : Gui de Spolète en 891 et son fils Lambert en 894 ; Arnoul de Carinthie en 896 ; Louis III l'Aveugle, roi de Provence, en 901 ; Bérenger Ier, roi d'Italie, en 915. Seul **Otton Ier** parviendra à rétablir l'autorité impériale, après avoir unifié la Germanie.

Fondateur de la **dynastie saxonne**, Otton Ier le Grand, né en 912, a seulement vingt-quatre ans quand il est reconnu comme le successeur légitime de son père Henri Ier l'Oiseleur sur le trône de Germanie. Le 7 août 936, il est couronné à Aix-la-Chapelle, en présence des princes et du haut clergé. Durant les années qui suivent, le nouveau souverain doit mener un combat difficile contre la noblesse allemande, qui conteste sa suprématie, mais réussit à imposer son autorité aux grands féodaux, en faisant d'eux ses vassaux. En 939, il déjoue une dangereuse conjuration, ourdie contre lui par son frère cadet Henri, et vainc près d'Andernach les armées des ducs Eberhard de Franconie et Giselbert de Lorraine. Otton parvient à soumettre les duchés allemands par une habile politique d'alliances familiales : la Franconie devient une possession directe de la couronne, la Bavière est confiée à son frère Henri, qui s'est réconcilié avec le souverain, la Souabe revient à son fils Liudolf, et la Lorraine est donnée à son gendre Conrad le Roux (944). Cependant, Otton ne pourra jamais compter tout à fait sur la fidélité des membres de sa famille. Le roi de Germanie intervient également dans les conflits qui opposent les États limitrophes. Contre Hugues d'Arles, roi d'Italie, qui cherche à s'emparer du royaume de Rodolphe II de Bourgogne, il soutient avec succès la candidature du fils de ce dernier, Conrad, et étend ainsi son autorité sur la Bourgogne. Quand Bérenger II, marquis d'Ivrée, se fait proclamer roi d'Italie (950), succédant à Lothaire II, Otton passe les Alpes, épouse en secondes noces Adélaïde de Bourgogne, veuve de Lothaire, avec l'assentiment d'Adalbert, chef de la maison des Canossa, et se fait élire **roi des Francs et des Lombards** (951). Cependant, Otton est contraint de reporter son voyage à Rome, où il doit recevoir la couronne impériale, et rentre précipitamment en Germanie, où son autorité est à nouveau menacée par la révolte des grands féodaux et par les invasions des peuples barbares. Après avoir réprimé le soulèvement, arrêté les Hongrois à la **bataille de Lechfeld** (10 août 955) et repoussé les Slaves à la bataille de la Recknitz (16 octobre 955), le souverain saxon peut de nouveau se tourner vers l'Italie, où Bérenger II a relevé la tête. En août 961, Otton descend pour la seconde fois dans la péninsule, sans rencontrer de résistance ; en février de l'année suivante, il se fait couronner **empereur** à Rome par le pape Jean XII.

Le nouvel ensemble territorial, qui reçoit le nom de **Saint Empire romain germanique**, n'est pas pour autant l'Empire de Charlemagne : c'est un ensemble plus petit qui s'appuie sur la nation germanique et qui se limite dans l'espace à l'axe Lotharingie-Germanie-royaume d'Italie, tandis que la *Francia occidentalis* s'apprête à devenir un royaume complètement indépendant.

Le pouvoir d'Otton s'appuie à la fois sur l'organisation politique et militaire, sur l'intégration de l'épiscopat allemand dans la hiérarchie féodale et sur un accord avec la papauté, à laquelle l'empereur reconnaît la possession du « patrimoine de saint Pierre », c'est-à-dire les **États de l'Église**, qui résultent de la donation de Pépin le Bref et de Charlemagne. En même temps, l'empereur se réserve une prérogative spéciale, le *privilegium Othonis* (962), en vertu duquel aucun pape ne peut être élu sans son consentement.

Un des premiers soucis d'Otton est de faire reconnaître la nouvelle entité impériale par les Byzantins, avec lesquels un conflit avait éclaté à propos des droits sur les principautés

A gauche : l'empereur Otton Ier, son épouse Adélaïde et son fils et successeur Otton II aux pieds du Christ, flanqué de la Vierge et de saint Maurice. Ivoire sculpté provenant probablement de Milan, v. 963. Museo d'Arte antica, Milan. Page de droite, en bas : miniature extraite du manuscrit de Raban Maur **De universo libri XXII.** ***Abbaye du Mont-Cassin. Directeur de l'école de l'abbaye bénédictine de Fulda (Hesse) de 822 à 842, Raban Maur encouragea l'essor des sciences théologiques et philologiques dans un pays où elles étaient presque inconnues.***

LE CAPITULAIRE DE QUIERZY (877)

Règles instituées par Charles II le Chauve pour régler la succession des fiefs et pour donner une règle à son fils en son absence : « Les présents articles furent édictés par le seigneur Charles [Charles le Chauve] *avec l'assentiment de ses fidèles, près de Quierzy, en l'année 877 de l'incarnation du Seigneur, trente-septième de son règne, deuxième de son Empire, le 15 juin, dixième indiction. Certains de ces articles furent définis par lui-même ; pour d'autres, il ordonna que ses fidèles en répondent de leur côté.* [...]

Si un comte dont le fils est à notre service vient à mourir, que notre fils, avec nos autres fidèles, désigne, parmi ceux qui sont liés au comte par les liens de parenté les plus étroits, une personne qui, avec les ministériaux [fonctionnaires de l'administration] *de ce comté administrera ledit comté aussi longtemps que nous n'aurons aucune nouvelle de sa mort. Au cas où le défunt laisse un fils plus jeune, celui-ci veillera à l'administration du comté avec les ministériaux dudit comté et l'évêque dans la juridiction duquel il se trouve, aussi longtemps que nous n'aurons aucune nouvelle de sa mort.*

Si cependant le défunt n'a pas d'enfants, que notre fils, avec nos autres fidèles, nomme une personne qui, avec les ministériaux du comté et l'évêque, veillera à l'administration dudit comté aussi longtemps que nous n'aurons pas pris notre décision. Et que personne ne proteste si nous donnons ledit comté à une autre personne de notre choix, qui n'est pas celle qui aura jusqu'à ce moment veillé à son administration. On devra procéder de la même façon pour tout ce qui concerne nos vassaux. Nous voulons donc, et nous ordonnons expressément, que les évêques, les abbés et les comtes, comme aussi nos autres fidèles respectent ces mêmes règles à l'égard des hommes liés à eux par des liens de dépendance.

Nous ordonnons aussi que, en ce qui concerne les évêchés et les abbayes, l'évêque et le comte les plus proches veillent à ce que personne ne s'empare des biens et des richesses appartenant aux églises, et à ce que personne n'empêche l'octroi des aumônes. Si quelqu'un ose le faire, qu'il en donne réparation conformément aux lois civiles, qu'il dédommage, conformément aux lois ecclésiastiques, l'église dont il aura lésé les intérêts, et qu'il soit tenu au paiement d'une lourde amende (harmiscaram), *proportionnée à la gravité de la faute, dont le montant sera laissé à notre discrétion. Si un de nos fidèles, après notre mort, pour l'amour de Dieu et le nôtre, veut renoncer au siècle et s'il a un fils ou un parent proche capable d'œuvrer en faveur de l'État, il pourra lui transmettre ses fiefs comme il le voudra. Et s'il désire vivre en paix dans son alleu, que personne n'ose l'en empêcher, et qu'on ne lui demande rien d'autre que continuer à être toujours prêt à défendre la terre sur laquelle il vit. »*

Monumenta Germaniae historica, Capitularia regum Francorum, *II, pp. 335-356.*

lombardes d'Italie du Sud. L'empereur envoie donc une délégation à Constantinople afin de demander la main de la princesse Théophano pour son fils Otton II. La délégation est traitée avec mépris par le *basileus* Nicéphore II, mais atteint son objectif : le Saint Empire romain germanique est reconnu par la plus haute autorité de l'époque, l'empereur de Byzance, et **des rapports plus étroits sont noués entre l'Orient et l'Occident**. Le mariage d'Otton II et de la princesse Théophano, qui apporte en dot les villes de Capoue et de Bénévent, sont célébrées solennellement par le pape Jean XIII le 19 avril 972.

Entre 973 et 983, Otton II poursuit l'œuvre de son père, d'abord sous la conduite vigilante de sa mère, l'impératrice Adélaïde, puis sous l'influence grandissante de son épouse, Théophano. L'empereur soumet Henri le Querelleur, duc de Bavière (978), auquel il enlève le duché de Carinthie ; en 980, à Margut (au sud-est de Carignan, l'ancienne Yvois), il se réconcilie avec le roi de France Lothaire, avec lequel il était entré en conflit pour le contrôle de la Lorraine (Lothaire ne renoncera jamais à ses ambitions et repartira en campagne à la mort de l'empereur). De ce moment, Otton II peut se consacrer à la conquête de l'Italie du Sud, qui subit depuis 976 les incursions des Arabes de Sicile. Toutefois, ni la prise de Tarente ni les victoires remportées en Calabre ne permettent à l'armée allemande de repousser définitivement les envahisseurs. Les troupes impériales sont surprises au cap Colonne, en Calabre, où elles essuient de lourdes pertes ; l'empereur lui-même réussit de justesse à s'échapper. L'année suivante, Otton fait élire son fils roi de Germanie par la diète de Vérone mais, tandis qu'il se prépare à une deuxième expédition en Italie du Sud, il est brusquement emporté par la malaria (7 décembre 983), laissant sur le trône un enfant d'à peine trois ans, Otton III.

A la mort de l'empereur, c'est sa veuve Théophano qui exerce la régence pour son fils Otton III (980-1002) et, après la disparition prématurée de la princesse grecque, la tutelle du jeune souverain passe à sa grand-mère Adélaïde, qui doit défendre l'Empire contre les Hongrois et les Normands. Otton III, qui accède à la majorité en 994, descend en Italie deux ans plus tard et se dirige sur Rome, où Crescent, chef du parti hostile à l'empereur, exerce tous les pouvoirs depuis 985 et tient sous sa tutelle le pape Jean XVI, qui a été élu grâce à l'appui du parti impérial. Otton III réprime la rébellion du noble romain et place sur le trône pontifical son cousin Brunon de Carinthie, qui prend le nom de Grégoire V et couronne le jeune empereur à Rome. La courte période qu'il passe en Germanie pour réprimer les révoltes habituelles des grands féodaux ne détache pas Otton III de l'Italie, qui restera jusqu'à la fin de sa vie le principal objectif de sa politique. Initié aux raffinements de la culture byzantine par sa mère Théophano et pénétré des idéaux de la romanité, Otton succombe à la fascination de Rome.
En 999, il fixe sa résidence sur l'Aventin, tout en présentant son programme de **restauration de l'Empire romain** *(Renovatio imperii romanorum)*. Ce projet grandiose, où la renaissance du pouvoir impérial est associée à l'exigence d'une réforme authentique de l'Église, jouit du soutien du très érudit Gerbert d'Aurillac, moine

bénédictin qui fut le précepteur d'Otton III avant d'être élevé à la dignité pontificale par l'empereur sous le nom de Sylvestre II. Toutefois, l'idée s'avère anachronique : les princes allemands comme les diverses factions de l'aristocratie romaine, jalouse de son autonomie, y sont opposés.
Le soulèvement des populations de Tivoli et de Rome, qui en arrivent même à chasser de la ville l'empereur et le pape, démontre à quel point l'époque de Charlemagne est définitivement révolue. Les nouvelles élites urbaines ne peuvent en effet tolérer d'être intégrées dans un nouveau projet d'inspiration universaliste. La mort prématurée de l'empereur, qui survient le 23 janvier 1002 à Paterno, près de Viterbe, alors qu'il s'apprêtait à réprimer le soulèvement de la capitale, est le tragique épilogue d'une vie consacrée à un rêve irréalisable.

En haut : Le Christ bénissant Otton II et sa femme Théophano. Ivoire sculpté, 974. Musée de Cluny, Paris.
A droite : Otton III portant les attributs impériaux. Miniature du X**e** siècle, extraite d'un manuscrit des **Évangiles d'Otton III.** ***Bayerische Staatsbibliothek, Munich.***

Un grand peuple, qui exercera une influence déterminante sur l'avenir de l'Europe, apparaît aux marges de l'Empire carolingien : les **Vikings**, ces « hommes du Nord » qui habitent la péninsule du Jütland, les côtes et les îles de la Scandinavie. Ce sont les hommes des *vici* (ou des *wik*, d'après l'étymon franc), c'est-à-dire des villes-marchés ; ou, selon d'autres interprétations, les hommes des « baies » ou des « batailles », selon que l'on fait dériver « Viking » des mots norvégiens *vik* (« baie ») ou *vig* (« bataille ») ; pour d'autres encore, ce sont les « corsaires qui sont loin de leur patrie » (*Vikingr* ou *Vaeringi*, comme on les appelle en Scandinavie orientale). Pour les autres peuples, ce sont les « hommes du Nord » par excellence : les Normands en France ; « ceux qui viennent de loin » *(Lochlannach)* en Irlande ; les « hommes des bateaux à rames » (*Rus*, du finnois *ruotsi* ou de l'estonien *rootsi*) ; enfin les « démons » ou les « païens » *(Madjus)* chez les Arabes.

Les Vikings forment un peuple uni par les coutumes, les croyances religieuses, le mode de vie et la civilisation, mais profondément divisé par la morphologie des territoires qu'ils habitent. On peut distinguer

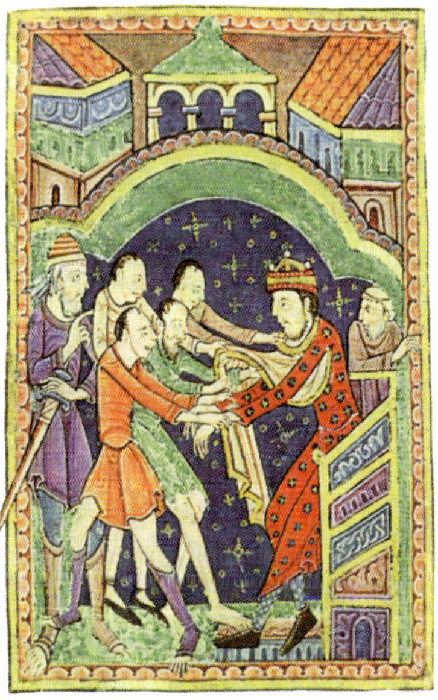

trois groupes qui correspondent à des aires géographiques différentes : les **Danois** habitent la péninsule du Jütland et les îles environnantes, et sont séparés des Saxons de Germanie, au sud, par une zone désertique et par une ligne de fortifications construite par l'homme, le gigantesque *Danevirke*, aménagé quand Charlemagne semblait menacer le Jütland, et dont une grande partie du tracé est encore visible ; les **Norvégiens** habitent les villages accrochés aux parois des fjords ouvrant sur l'océan Atlantique (en particulier le Sognefjorden), au nord de la péninsule scandinave, dont les territoires sont limités au sud par la chaîne des Scandes ; enfin, au sud de ce massif, les **Suédois** occupent la Scanie, l'Uppland et le Gotland occidental et oriental, et dominent la mer Baltique, ses îles et ses côtes. Ces diverses positions géographiques déterminent les trois directions dans lesquelles ces peuples dirigent leurs expéditions de pillage, puis leurs projets de conquête. Les Vikings sont en effet entrés dans l'Histoire non seulement comme d'habiles navigateurs, mais aussi comme des pillards et des conquérants. Ces hommes de la mer, sélectionnés dès la naissance par la pratique de l'exposition des enfants, qui élimine les plus faibles, sont endurcis par la lutte quotidienne qu'ils doivent mener pour survivre dans un environnement hostile, dans une nature sauvage dominée par le froid et le gel, et qu'ils identifient avec l'enfer. Entraînés à l'usage de la force et des armes, les Vikings ont une corpulence imposante, qui intimide leurs adversaires ; leur taille, le teint de leur peau, leurs yeux et leurs cheveux clairs correspondent au type humain du dolichocéphale. Leurs principales vertus sont la force, l'harmonie du corps et la noblesse des traits, le courage et l'habileté à manier les armes, la loyauté et la fidélité : les vertus typiques du guerrier promis à la victoire.

A gauche : miniature représentant Edmond, roi des Anglo-Saxons, chassé de son trône par les Vikings pour avoir refusé de se soumettre à leurs volontés. En haut : miniature anglaise du XIIe siècle représentant une expédition navale des Vikings. Pierpont Morgan Library, New York. A droite : Harald Hårfager, conquérant et premier roi de Norvège, serrant la main de Guthrum. Miniature extraite d'un manuscrit islandais.

Mais pourquoi les Vikings se lancent-ils à la conquête des terres du Sud ? Ce n'est pas la pression exercée par d'autres peuples ni quelque bouleversement climatique qui les poussent à partir. Ce sont des navigateurs et des marchands et, à ce titre, ils connaissent les routes maritimes, les points d'accostage, le cours des grands fleuves. Avant que ne débutent leurs véritables expéditions en Europe, les marchands et les aventuriers vikings étaient entrés en contact avec l'Empire byzantin, le monde arabe et même la civilisation chinoise, dont ils avaient ramené chez eux les trésors. La période de prospérité qui avait succédé à l'époque des premières explorations a favorisé une forte augmentation de la population : la tradition de la primogéniture, en vertu de laquelle seul le fils aîné hérite des biens paternels, pousse alors de nombreux cadets à tenter l'aventure sur les mers, comme pirates ou comme conquérants ; le mouvement est encouragé par l'aggravation des divisions et des rivalités internes, qui chassent les vaincus des étroites vallées. Par ailleurs, le succès des premiers voyages, dans un monde qui n'offre guère de résistance et qui abonde de trésors, stimule les expéditions : de simples rapines, elles se transforment en de véritables opérations de conquête, bien préparées et organisées.
Les premiers à en subir les conséquences sont les moines du monastère anglais de Lindisfarne, sur la côte nord-est de l'Angleterre, qui est pillé par des pirates nordiques en quête d'eau douce. La facilité de l'entreprise et l'abondance du butin encouragent de nouvelles attaques contre d'autres centres religieux des îles Britanniques : Jarrow et Wearmouth (794), Saint-Colomba d'Iona (Hébrides), la maison mère de Lindisfarne, ainsi que les villages de l'île de Lambey, au large de Dublin (795).
Les Vikings s'en prennent ensuite aux côtes du pays de Galles (795), à l'île de Man, à la presqu'île de Kintyre (797), aux îles des côtes de la Frise et de l'Aquitaine, ainsi qu'aux îles Féroé (800), dans l'Atlantique nord.
Les **Vikings norvégiens**, qui parcourent ces routes atlantiques, occupent et conquièrent

l'Irlande vers 830, après avoir pillé les riches monastères de Clonfert et de Clonmacnoise. Leur chef **Turgeis** s'empare, en 839, d'Armagh, le principal centre religieux du pays, puis se proclame seigneur de tous les Vikings d'Irlande.

Au même moment, les **Vikings danois** sont avertis de la crise qui secoue l'empire des Carolingiens, dont leur roi **Godfred** a repoussé la menace, et lancent une série d'attaques contre les côtes de la Germanie, de la Frise et de la France. En 834, ils prennent d'assaut Dorestad (aujourd'hui Wijk bij Duurstede, près d'Utrecht), sur la mer du Nord, qui est depuis une cinquantaine d'années la plus grande cité marchande d'Europe du Nord. Des expéditions sont ensuite lancées contre Utrecht, Anvers et l'île de Walcheren, dans l'estuaire de l'Escaut.
A partir de 840, après la mort de Louis le Pieux et les luttes qui opposent ses successeurs, la France est à son tour la cible des incursions vikings. Depuis les côtes de ce qui prendra plus tard le nom de Normandie, les Vikings remontent le cours des fleuves et en particulier de la Seine, frappant Rouen et Paris. Cette dernière est pillée et conquise pour la première fois en 845, puis rendue à Charles le Chauve contre une rançon de 7 000 livres d'argent. Quand le butin arrive au Danemark, le roi **Horik** réserve un accueil triomphal aux vainqueurs, mais une partie de la somme est remise à Louis le Germanique pour le dédommager de la perte de Hambourg, détruite par les Vikings danois, et pour lui ôter l'envie d'attaquer le Danemark, qui confine à son royaume.

Les Vikings danois poussent également jusqu'aux côtes de la péninsule Ibérique, attaquent Pampelune durant l'été 858, puis la Galice, d'où ils sont chassés. Par la suite, leurs attaques frappent Lisbonne, les côtes d'Afrique du Nord, la Camargue et, quand ils remontent la vallée du Rhône, Arles, Nîmes et Valence. Enfin, ils prennent d'assaut les villes déjà florissantes de la côte tyrrhénienne : Pise et Luni, qu'ils prennent pour Rome.
La France reste leur objectif principal : entre 856 et 862, le pays est à la merci des Vikings danois. A Orléans, à Rouen et à Paris, presque toutes les églises sont incendiées.

A gauche : miniature anglaise représentant une scène de bataille. Un roi combat aux côtés de ses guerriers, armés de boucliers ronds et d'énormes épées.
A droite : casque du trésor de Vandel, exemple d'art préviking remontant à l'époque des migrations (500-800). Statens Sjöhistoriska Museum, Stockholm.
En bas : détail de la pierre runique de Jelling (983) représentant la figure du Christ.

Les invasions vikings se déroulent en trois étapes bien distinctes : le premier moment est celui du pillage ; puis un tribut annuel (le *danegeld*) est imposé à la communauté soumise, qui se préserve ainsi de nouvelles attaques ; enfin, les territoires sont réellement occupés et de petits royaumes se constituent. Dans l'Empire carolingien, les Vikings subissent deux lourdes défaites, l'une devant Charles le Chauve, à Saucourt en 881, et l'autre devant Arnoul de Carinthie, à Louvain, dix ans plus tard. Leurs incursions et leurs pillages ne cessent pas pour autant.

Ce n'est qu'en 911, par le traité de Saint-Clair-sur-Epte, que leur chef Rollon (846-931) accepte un accord avec Charles le Simple, qui **cède aux Vikings la future Normandie**. L'établissement des Vikings sur les territoires conquis s'achève au moment où le peuple des Vikings danois, affaibli, est régulièrement battu par les Vikings norvégiens. La rivalité entre les Danois, dotés d'une meilleure organisation politique, et les Norvégiens, qui sont encore divisés entre différentes tribus, était déjà apparue à plusieurs reprises, et souvent à l'avantage des premiers. Profitant de cette rivalité, les Irlandais réussissent, vers le milieu du IXe siècle, à chasser les Vikings de leur île, mais **Olav le Blanc**, roi de Norvège, la reprend peu de temps après et engage une politique systématique de colonisation, confiant son royaume à son frère Ivar (871). Alors que la lutte reprend entre Danois et Norvégiens, toute l'Irlande finit par être occupée par les Vikings : « Dans chaque district, lit-on dans la *Chronique irlandaise*, il y avait un roi norvégien, dans chaque clan un bailli, dans chaque maison un guerrier. » Quand l'Irlande retrouve sa liberté, après l'an mille, toute trace de la culture monastique des VIIe et VIIIe siècles a disparu.

Alors que le pouvoir monarchique est consolidé par le roi **Harald Hårfager** (« à la belle chevelure »), les Norvégiens reprennent de façon systématique leurs voyages de découverte et de conquête vers l'ouest. C'est alors le tour de l'**Islande**, la « terre de glace », d'être abordée (déjà connue des moines irlandais, l'île est peut-être identifiable avec un des points d'accostage de la *Navigatio sancti Brendani*, et est mentionnée dans le *Liber de mensura orbis terrae* rédigé en 825 par le géographe irlandais Dicuil).
C'est vers 870 que les côtes de l'Islande sont atteintes par deux frères norvégiens, Ingolf Arnarson et Leif Hrodmarsson. Après avoir fondé **Reykjavik**, dans la « baie des Fumées », ces aventuriers commencent la colonisation de l'île, qui est presque inhabitée. Quelques décennies plus tard, vers 930, 430 familles de colons (environ 20000 âmes) y sont installées. Cette communauté forme une république gouvernée par les *godhar*, prêtres choisis parmi les chefs et les possédants, et par l'assemblée générale *(Althingi)* de tous les Islandais. Réunie une fois par an pour légiférer, cette assemblée se tient durant deux semaines, en juin, à Thingvellir (le « champ du *Thing* »), dans le sud-ouest de l'Islande.

C'est à une tribu chassée de Norvège que l'on doit la découverte et la colonisation du **Groenland**, la « terre verte », comme on l'appela, sans doute parce que c'est ainsi que ses côtes méridionales apparurent à ses premiers visiteurs. Connue dès le début du Xe siècle, l'île ne fut occupée qu'à la fin des années 980 par Thorvald et son fils **Erik le Rouge**. Après une première expédition, Erik part pour le Groenland en 986 avec une flotte de vingt-cinq bateaux, dont quatorze arriveront à destination.
Les colons (400 à 450 personnes) qui débarquent sur la grande île du Nord formeront deux communautés, organisées sur le modèle de la communauté islandaise.
Par temps clair, depuis le sommet des montagnes du Groenland, on aperçoit, au sud-ouest, une autre terre à coloniser : l'**Amérique**. Les Vikings la découvrent un demi-millénaire avant Christophe Colomb et commencent à l'explorer à la suite du fils d'Erik le Rouge, **Lev Eriksson**, sans pourtant mesurer l'importance de l'événement.
Les textes poétiques qui font état de cette découverte (confirmée plus tard par les fouilles archéologiques) mentionnent, parmi les régions atteintes par les Vikings, l'Helluland (« terre des pierres plates »), qui correspond peut-être à la côte méridionale de l'île de Baffin, le Markland (« terre des forêts »), situé sans doute dans le Labrador, et le Vinland (« terre du vin »), en Amérique du Nord. Il reste difficile d'identifier de façon précise la région à laquelle ces récits font référence ; l'hypothèse la plus probable est qu'il s'agit des côtes septentrionales de l'île de Terre-Neuve, sur laquelle les vestiges d'un site norrois (de *norrön*, « septentrional »), ont été retrouvés à Anse-aux-Meadow.
Ces découvertes, cependant, ne débouchent pas sur la colonisation systématique des terres américaines : les conflits qui divisent les tribus vikings, les ravages des tarets (ces insectes xylophages qui creusent la coque des bateaux durant les traversées) et, surtout, la fin du mouvement d'expansion des Vikings qui, vers l'an mille, se sont presque tous convertis au christianisme et sont devenus sédentaires, sont autant d'explications.

L'ORIGINE DU PEUPLE RUSSE

Voici comment Nestor, chroniqueur et moine du monastère des Grottes de Kiev, qui vécut entre la fin du XIe siècle et le début du XIIe siècle, décrit la naissance de la Russie : « Les Varègues arrivèrent de la mer et imposèrent des tributs aux populations finnoises et slaves. Ils furent repoussés, mais avec le temps, des conflits si aigus éclatèrent entre ces peuples, qu'ils se dirent : "Trouvons-nous un prince qui nous gouvernera tous avec loyauté et justice." C'est ainsi qu'ils traversèrent la mer et se rendirent chez les Varègues, chez les Russes, et ils dirent aux Russes : "Notre pays est grand et riche, mais l'ordre y manque ; venez nous gouverner." Trois frères, choisis pour les gouverner, acceptèrent de partir en emmenant avec eux toute leur famille et tout le peuple russe. On raconte ensuite que le frère aîné, Riourik, vint sur le lac Ladoga et y construisit la ville d'Aldeigiouborg [l'ancienne Ladoga]*; le second, Signot, s'établit près de la mer Blanche* [à Belozersk]*; et le troisième, Thorvar, à Izborsk* [dans le sud de l'Estonie]*. Après deux années, les frères cadets moururent, et Riourik exerça les pleins pouvoirs ; après quoi, il partit vers le sud et construisit la ville de Novgorod* [ou Holmgarör] *sur les rives du lac Volkhov. De là, le peuple des Russes se répandit vers le sud, à Smolensk et dans d'autres localités. »*

Nestor, Chronique des temps passés.

En haut : le moine Nestor écrivant sa* Chronique des temps passés*. L'œuvre fut rédigée entre la fin du XIe siècle et le début du XIIe siècle au monastère des Grottes de Kiev. Plus patriote qu'érudit, Nestor y raconte comment les Vikings de Riourik ont été « appelés » à gouverner la Russie.
A droite, sur la double page : miniature du XIe siècle représentant le siège d'une ville française par les Vikings danois. Bibliothèque nationale, Paris.

Le troisième peuple scandinave est celui des **Suédois**. Connus sous le nom de Varègues ou de Russes, ils apparaissent pour la première fois en Occident en 839, accompagnant une mission diplomatique byzantine auprès de l'empereur Louis le Pieux. Aux côtés des Byzantins figurent ceux qui se donnent le nom de *Rhos*, et dont l'empereur s'assure qu'ils sont bien suédois. Depuis quelque temps, les Vikings suédois ont en effet pénétré à l'intérieur du territoire russe, en remontant les fleuves qui se jettent dans la mer Baltique, bousculant les populations slaves. Les Byzantins ont tenté de les contenir en les associant, au titre de « fédérés », à des campagnes militaires contre d'autres Vikings, mais sans grand succès.
A partir de 860, l'Empire byzantin lui-même subit les assauts répétés des Varègues. Avec leurs drakkars à faible tirant d'eau, assez maniables pour remonter les fleuves et assez légers pour être transportés sur de courts trajets, entre deux fleuves, les Vikings suédois ne sont probablement pas partis à la conquête de nouvelles terres, mais à la recherche de nouvelles routes commerciales, même s'ils finiront par occuper la partie occidentale de l'actuelle Russie. C'est là qu'ils fondent deux royaumes (appelés « khānats » ou « kaganats », mots d'origine turque) : celui de **Novgorod**, au nord, et celui de **Kiev**, au sud. C'est de l'union de ces deux royaumes que naît, en 882, la Russie (d'après l'interprétation qui privilégie les origines varègues du pays ; une

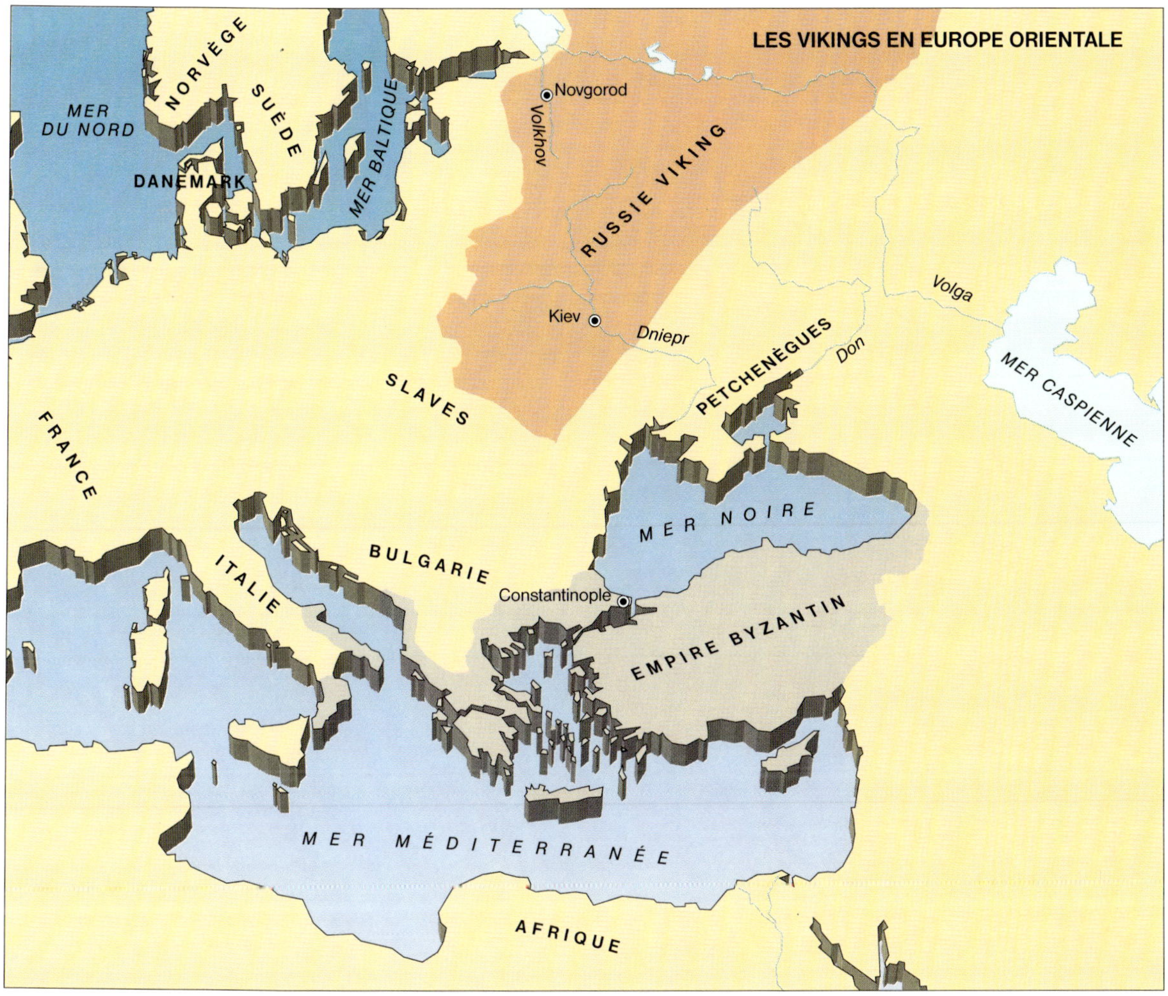

autre interprétation avance au contraire la prééminence de la population slave). De là, les Varègues se tournent contre Byzance, lui infligeant de lourdes défaites, mais subissant en même temps son influence politique et diplomatique. Si le prince Oleg réussit à imposer un traité de commerce à Byzance et si les Byzantins sont contraints, en 907, de signer un traité d'amitié avec les Varègues, le « feu grégeois » (de la poix bouillante lancée avec des flèches et des javelots) incendie les bateaux qui assiègent la capitale de l'Empire, et en 970 des guerriers varègues sont au service de l'empereur en qualité de gardes du corps. Mais l'influence de Byzance s'exerce surtout à travers la conversion au **christianisme** des populations barbares. La diffusion de la religion chrétienne est d'abord encouragée par le travail des missionnaires, puis par la conversion, en 955 ou 957, de la régente **Olga**, veuve d'Igor, et enfin – après que le paganisme eut connu une recrudescence sous le règne de Sviatoslav Ier, son successeur –, par la conversion de **Vladimir Ier**, grand-prince de Kiev, condition indispensable pour qu'il puisse épouser Anne, sœur de l'empereur d'Orient Basile II, avec lequel il entend consolider une alliance déjà nouée sur le plan militaire en 988.

En haut : carte illustrant l'expansion des Vikings en Europe orientale.
A droite : illustrations extraites de la* Chronique des temps passés *de Nestor. De haut en bas : Iaroslav le Sage, descendant de Riourik, est élu prince de Kiev; Askold et Dir, lieutenants de Riourik, s'emparent de Kiev; la lutte entre les Vikings pour la conquête de Novgorod. La* Chronique, *qui est en réalité une œuvre collective, fruit du patient travail de plusieurs générations de moines, s'ouvre avec le partage du monde entre les fils de Noé et se poursuit aussitôt par l'histoire des territoires russes. La littérature vieux-russe, d'inspiration religieuse, mêle des récits épiques, des dialogues, des légendes hagiographiques et des récits de bataille qui préfigurent les poèmes de chevalerie.

Si certains considèrent que la conversion des Varègues au christianisme mit fin à leur mouvement d'expansion et entraîna leur assimilation au sein de la civilisation gréco-latine, on ne peut oublier qu'ils résistèrent pendant au moins deux siècles aux efforts d'évangélisation. Souvent, les chefs vikings ont accepté le baptême par pure nécessité diplomatique et politique ; une fois convertis, ils conservaient leurs traditions païennes. Il faut sans doute chercher l'explication ailleurs : dans le domaine politique, l'individualisme prononcé de ce peuple l'a empêché de se doter d'un pouvoir centralisé et d'unifier l'ensemble vaste et disparate des territoires conquis ; dans le domaine militaire, les Varègues ont été victimes de leur incapacité à se renouveler

quand leur principal atout offensif, le drakkar, ne fut plus une arme secrète. Les Occidentaux et les Orientaux réussirent au contraire à l'imiter et à l'améliorer ; enfin, d'un point de vue anthropologique, on ne peut ignorer la capacité des Varègues à s'adapter aux situations nouvelles et à s'assimiler aux peuples soumis. A partir du XIe siècle, les hommes du Nord ont cessé d'inquiéter les souverains européens, et les grandes expéditions des Vikings – la conquête de l'Italie du Sud, qui commence en 1027, et la conquête de l'Angleterre, en 1066 – ne partent plus de la Scandinavie, mais de la Normandie, où est née une nouvelle génération de Vikings : les **Normands**.

A l'est de l'Empire, les populations germaniques, en se déplaçant par vagues successives vers l'ouest, ont libéré de vastes territoires où d'autres peuples se sont progressivement installés entre le VIe et le VIIe siècle. Ces populations appartiennent au groupe des **Slaves**, une branche de la famille indo-européenne originaire des grandes plaines qui s'étendent entre la Vistule et le Dniepr. De là, les Slaves se répandent dans trois directions : vers le nord-est, vers l'ouest et vers le sud. Cette famille de peuples forme un ensemble très disparate.
Les **Drégovitches** (« peuples du marais ») se dirigent vers la rive droite du Dniepr, où ils sont intégrés au Xe siècle dans l'État de Kiev. Les **Slovènes** suivent deux directions opposées : un groupe se dirige vers le sud pour s'établir sur le territoire de l'actuelle Slovénie ; un second groupe prend la direction du nord-est, vers le haut Dniepr et le Volkhov, où il fonde Ladoga et Novgorod, occupées ensuite par les Vikings. Les **Krivitches** se fixent au sud des territoires des Slovènes du Nord, entre la Dvina occidentale et la Volga ; les **Viatitches** occupent la Russie centrale et les **Sévérianes** le territoire de l'actuelle Ukraine. Un autre groupe slave, les **Polanes** (« peuple de la plaine »), s'établit sur le site de la future Kiev ; un partie d'entre eux se déplace vers l'ouest, formant le foyer de peuplement de la future Pologne.

A gauche : pointes de flèche. Musée national hongrois, Budapest.
En haut : carte illustrant l'expansion des Slaves.
A droite : cavalier hongrois. Détail d'une peinture murale ornant la crypte de la basilique d'Aquilée, fin du XIIe siècle.
Page ci-contre, en haut : Charlemagne combattant les Hongrois. Détail d'une miniature du XIVe siècle. Bibliothèque royale, Bruxelles.
A droite : carte des invasions hongroises du Xe siècle.
En bas : reconstitution du costume traditionnel des Avars.

Alors que la conquête des plaines d'Europe centrale et des territoires précédemment occupés par les populations germaniques ne semble pas rencontrer d'obstacle (c'est en 805 seulement que Charlemagne en fixe les limites), la pénétration vers le sud, où les Slaves s'emparent même de la Grèce et d'une partie de l'Asie Mineure, se heurte à la présence de l'Empire byzantin. Le choc est terrible et, au début, les Slaves balaient toute forme de résistance en semant la terreur parmi la population : « Trois années après la mort de Justin, écrit Jean d'Éphèse dans son *Histoire ecclésiastique*, le maudit peuple des Slaves, appelés Sklavènes, parcourut toute l'Hellade, les provinces de Thessalonique et de Thrace, pilla un grand nombre de villes, prit d'assaut de nombreuses forteresses et s'empara du pays tout entier : [les Slaves] s'y installèrent par la force et sans aucune crainte, comme s'il s'agissait de leur propre terre. »
Les Slaves domineront la Grèce pendant deux cent dix-huit années, jusqu'à ce que les Byzantins la reprennent au début du IXe siècle, en imposant le paiement d'un tribut à de nombreuses tribus slaves. Dans le même temps, d'autres peuples ont contenu et détourné le mouvement d'expansion des Slaves, dont le domaine s'est ainsi trouvé morcelé. Dès 602, les Avars soumettent en Bessarabie la tribu slave des Antes, et imposent de dures conditions aux Slaves de Pannonie et des régions limitrophes.

D'origine turco-mongole, les **Avars** sont apparentés aux Huns, qu'ils ont assujettis et avec lesquels ils se sont confondus. Apparus sur les rives du bas Danube dans la seconde moitié du VIe siècle, ils commencent au même moment à se heurter aux Slaves et aux Byzantins.
Les Slaves, surtout à l'époque du kagan **Bayan** (565-602), en subissent les violences et les exactions, comme le raconte en un style vigoureux le pseudo-chroniqueur français Frédégaire : « Tous les ans, [les Avars] venaient hiverner chez les Slaves ; ils se servaient de leurs femmes et de leurs filles comme d'un grabat ; en outre, avec l'obligation de verser des tributs, les Slaves subissaient de multiples tourments. » De leur côté, les Byzantins réussissent à freiner l'avance des Avars après l'échec du siège de Constantinople, en 626. Cette victoire les renforce, militairement et psychologiquement, et leur permet de ramener la puissance des Avars à de justes proportions. C'est néanmoins Charlemagne qui, au terme de deux expéditions successives, en 791 et en 795, obligera les Avars à se soumettre et à se convertir à la religion chrétienne. Ce peuple si féroce est ainsi intégré dans le creuset des peuples de l'Europe médiévale, et ne fera plus parler de lui.

Les **Bulgares** ou Proto-Bulgares, comme certains historiens préfèrent les appeler, viennent aussi des steppes. Leur nom provient de l'ancien turc *bulgha* (« mélange ») ; au sein de ce groupe, des branches iraniennes (Alains et Sarmates) se sont greffées sur une souche turco-mongole, originaire d'Asie centrale.
Au VIIe siècle, la « Grande Bulgarie » du roi **Kuvrat** (679), dont la capitale est Phanagoria, contrôle l'Ukraine et le sud de la Russie actuelle, le cours du Kouban, les steppes de la mer d'Azov et de la mer Noire. Cependant, des affrontements avec les Khazars brisent l'unité du royaume : un groupe se fixe entre le Dniepr et le Danube ; un autre franchit les Carpates, s'arrête d'abord en Pannonie, puis descend dans les Balkans et s'installe sur le territoire de la Bulgarie actuelle, après avoir chassé les Byzantins.

Entre le VIIIe et le Xe siècle, les **Khazars** constituent le plus grand empire d'Europe orientale. Ce peuple altaïque se déplace d'est en ouest et finit par occuper un vaste territoire entre l'Oural et le Dniepr.
Le centre de l'Empire (« kaganat ») est situé dans la vallée inférieure de la Volga, où se trouve la capitale, Itil, au nord de la future Astrakhan. Profitant de cette position, les Khazars ont imposé leur protectorat aux tribus slaves du moyen Dniepr (Polanes, Sévérianes, Radimitches et Viatitches) et repoussé les Bulgares ; en même temps, ils sont parvenus à freiner la progression des autres tribus nomades des steppes, s'assurant un siècle et demi de paix, qui favorise les activités économiques et commerciales.
En 969, **leur défaite devant le prince russe Sviatoslav** ouvre la voie aux invasions de populations asiatiques, dont les Petchenègues, avec lesquels les Russes sont obligés de pactiser. Auparavant, les Petchenègues avaient chassé vers l'ouest les Hongrois, qui allaient exercer une influence déterminante sur l'histoire de l'Occident.

De langue finno-ougrienne et de culture turco-ougrienne, les **Hongrois** constituent une population plutôt homogène, sans pourtant présenter de véritable unité ethnique. Vers 875, ils atteignent le bas Danube, la Bessarabie, la Moldavie et la Valachie, puis occupent la région qui portera le nom de *Magyaroszàg* (Hongrie), d'après le nom qu'ils se donnent à eux-mêmes : Magyars. On estime leur population à un million d'individus, répartis en tribus, lignées et familles. Du point de vue anthropologique, les Hongrois rappellent le type turco-mongol : petite taille, teint olivâtre, yeux enfoncés, joues couvertes de cicatrices, cheveux ras, jambes déformées par les longues chevauchées. Leur mode de gouvernement est une espèce de république militaire, où seuls les hommes aptes au maniement des armes jouissent de droits politiques. Chaque tribu élit son chef *(hadnàgy)*, et ces chefs choisissent parmi eux un chef suprême (le *princeps* des sources latines, à l'époque où le territoire des Hongrois atteint sa plus grande expansion, faisait partie de la famille d'Arpad). Aux côtés du chef suprême figurent deux dignitaires, le *carchas* et le *gylas*, qui exercent des pouvoirs judiciaires. Les décisions les plus importantes, comme l'organisation d'une expédition militaire ou le jugement d'un chef, sont prises par l'assemblée des guerriers hongrois. Les Hongrois terrifient l'Occident par leur **technique de combat** : alignés en formations de cent et de mille guerriers, ils portent des attaques foudroyantes avec leur cavalerie, couverte par une pluie de flèches ; en outre, l'utilisation de l'**étrier**, inconnu des Occidentaux, leur permet de manœuvrer habilement sur leurs destriers et d'avoir les mains libres pour combattre. D'abord alliés des souverains occidentaux contre les Bulgares (auxiliaires d'Arnoul de Carinthie), puis mercenaires au service de Bérenger Ier, les Hongrois progressent en Occident, attirés par les énormes possibilités de butin offertes par l'Europe postcarolingienne. En général, leurs incursions sont précédées d'expéditions de reconnaissance ; l'année suivante, les troupes font leur apparition, au cri terrifiant de « húi, húi », comme le raconte Liutprand de Crémone ; leur armée est composée de plusieurs milliers de guerriers : 5 000 hommes entrent en Italie en 899-900, et, en 955, 40 000 Hongrois – une armée immense pour l'époque – se portent devant Augsbourg.

Entre 898 et 955, **trente-trois expéditions hongroises** sont attestées en Occident. La première est la terrible incursion lancée contre l'Italie en 899-900, après que l'armée de Bérenger Ier eut été mise en déroute sur la Brenta, le 24 septembre 899.
Le 13 septembre de la même année, les Hongrois détruisent Verceil (Vercelli) ; le 29 juin 900, ils tentent en vain d'attaquer Venise ; le 20 novembre de la même année, ils sont battus en Bavière par le marquis Liutpold ; le 11 avril 901, ils doivent s'incliner en Carinthie devant le comte Ratold.
En juin 904, ils sont de nouveau en Italie ; en juin 906, ils ravagent la Saxe ; en 907, c'est le tour de la Bavière ; en août 908, ils pillent la Thuringe et en juillet et août 909, la région de Freising ; durant l'été 910, ils sont en Suède ; le 21 janvier 917, ils incendient Bâle ; en février 922, ils arrivent dans la Pouille ; le 12 mars 924, ils incendient Pavie ; deux ans plus tard, ils sont en Bavière, dans les environs du monastère de Saint-Gall et sur le lac de Constance ; en 934, ils attaquent l'Empire byzantin et, en 937, ils lancent des raids dans le territoire franc, mis à sac en 951.
Dans leurs expéditions, les Hongrois profitent de la disparité des pouvoirs et des armées et de l'absence de fortifications. Quand les souverains commenceront à reprendre les rênes de l'État et que les communautés locales obtiendront le droit de fortifier les villes, les Hongrois mettront fin à leurs attaques. Défaits une première fois par Henri Ier l'Oiseleur de Germanie en 933, ils organisent, vingt-deux ans plus tard, une grande expédition en Germanie et s'apprêtent à mettre le siège devant Augsbourg. Otton Ier les affronte à la bataille du Lechfeld et les arrête. Leurs chefs, dont le commandant Carcas Bulcsu, sont capturés et tués. Il ne reste plus aux Hongrois qu'à retourner sur leurs terres et à accepter le mode de vie et la culture des vainqueurs, à commencer par le christianisme. Leur défaite consacre le déclin des peuples des steppes et des Slaves du centre de l'Europe de l'Est, ainsi que la suprématie de l'Empire germanique.

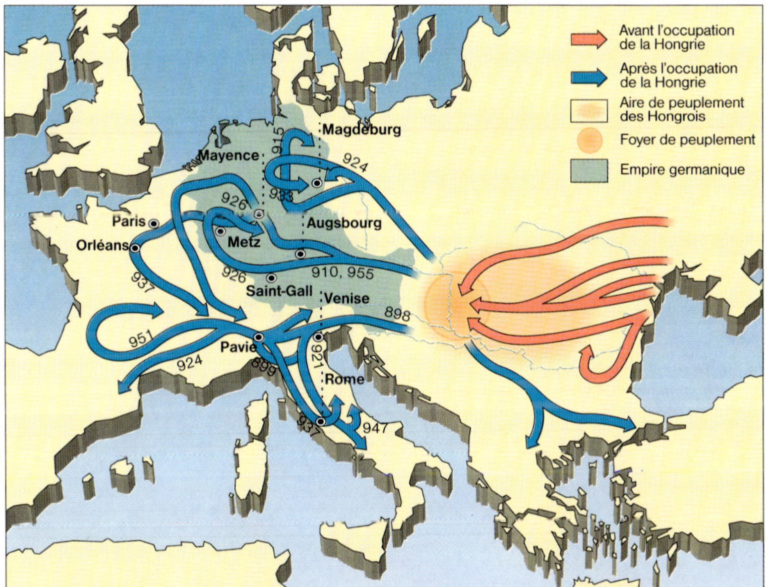

LES INVASIONS HONGROISES DU Xe SIÈCLE

Dans l'Empire byzantin, le IXe siècle s'ouvre par un coup d'État. En 802, le parti « nationaliste » dépose l'impératrice Irène, qui avait usurpé le trône avec l'appui des moines et du pape, et porte au pouvoir son fils **Nicéphore**. Tout en se montrant favorable, comme sa mère, au culte des images, le nouvel empereur se libère de l'influence des moines et réorganise l'armée en fondant le recrutement sur la division territoriale des **thèmes** (les divisions administratives de l'Empire). Afin de renforcer sa domination sur tout le territoire, il déplace des milliers d'habitants d'Asie

Mineure vers la péninsule Balkanique, menacée par les invasions slaves, et entreprend plusieurs campagnes aux frontières de l'Empire. C'est au cours d'une de ces expéditions, après qu'une campagne victorieuse contre les Bulgares lui a permis de s'emparer de Pliska, que Nicéphore trouve la mort en 811 ; son crâne fut transformé en une coupe d'argent, pour la gloire du khān **Krum**. Son successeur, Michel Ier Rangabé (811-813), est entièrement soumis au parti monastique, défenseur de l'orthodoxie. Partisan du culte des images, il s'aliène les sympathies de l'armée. Défait par les Bulgares, il se retire dans un monastère. Les luttes intestines pour la conquête du pouvoir impérial reprennent alors de plus belle : Léon V, un stratège arménien du thème d'Anatolie, dirige l'Empire jusqu'en 820, quand il est assassiné lors d'un complot. L'inspirateur du coup de force, Michel II le Bègue, originaire d'Amorion (Phrygie), donne naissance à la **dynastie d'Amorion**.

En 823, **Michel II** consolide son pouvoir en éliminant son principal adversaire, l'Arménien Thomas, dit le Slave. Cependant, à l'extérieur, il subit de lourdes défaites devant les Arabes, qui s'emparent de la Crète et des ports de Taormina (Sicile) et de Bari (Pouille). L'empereur associe au pouvoir son fils **Théophile**, qui lui succède en 829. Théophile épouse Théodora, issue de la plus haute aristocratie de palais et apparentée à l'eunuque – prétendu tel, selon certains – Théoctistos. A la mort de son époux, en 842, Théodora assure la régence pour son fils **Michel III**. Les chroniqueurs byzantins et arabes, en particulier au siècle suivant, ont jeté le discrédit sur la régente en blâmant les rapports que la veuve entretenait avec ses conseillers et les conjurations qui se tramaient à l'intérieur du palais. Il est vrai qu'il manquait à la cour une forte personnalité. La veuve Théodora semble dominée, jusqu'en 856, par Théoctistos, puis elle s'emploie à séparer son fils Michel de sa maîtresse Eudoxie Ingerina. Après l'assassinat de Théoctistos, Théodora est éloignée du pouvoir. Le nouvel empereur, Michel III, accorde ses faveurs à **Basile**, qui commence ainsi sa fulgurante ascension. Après avoir épousé la maîtresse de Michel III, Basile est associé à l'Empire en 866 ; l'année suivante, il assassine l'empereur dans ses appartements du palais impérial. L'homme fort dont Byzance avait besoin est maintenant au pouvoir : avec lui commence la **dynastie macédonienne**, qui gouvernera l'Empire pendant deux siècles, sans que cessent pour autant les conjurations de palais.

A gauche : (en haut) monnaie d'argent émise par Basile II et représentant la Vierge et l'Enfant; (en bas) monnaie de cuivre émise par Jean Tzimiskès, représentant la figure du Christ. Le revers de cette monnaie porte une inscription en l'honneur de « Jésus-Christ, roi des rois ». En bas : Basile II le Bulgaroctone. Miniature d'un psautier de l'empereur, vers 1020. Biblioteca Nazionale Marciana, Venise. Le surnom de « Bulgaroctone », qui signifie « tueur de Bulgares », fut donné à l'empereur après la victoire des Byzantins à la bataille de Kimbalongo (1014). A cette occasion, Basile fit crever les yeux de 15 000 prisonniers. Doté d'une maigre culture, mais servi par son énergie et par son génie militaire, Basile est l'un des plus grands combattants de toute l'histoire byzantine.

Au même moment, après que les empereurs successifs se furent prononcés tantôt pour un camp, tantôt pour l'autre, **la crise iconoclaste arrive à son dénouement**. L'abrogation du décret qui interdisait le culte des images est célébrée solennellement le 1er mars 843 dans la cathédrale Sainte-Sophie à Constantinople, en présence de l'empereur, de l'impératrice et du patriarche (l'événement est encore commémoré par l'Église orthodoxe le premier dimanche de carême). La fin de la crise iconoclaste a de salutaires conséquences à l'intérieur de l'Empire byzantin : les militaires peuvent se consacrer entièrement à la lutte contre les musulmans et contre les autres peuples qui menacent les frontières de l'Empire ; de son côté, l'Église peut se vouer pleinement à l'évangélisation de l'Europe orientale. Un nouvel élan est donné à toute la culture artistique, philosophique et littéraire. Byzance elle-même retrouve une nouvelle identité, entre Orient et Occident. Ainsi débute ce que les historiens ont appelé la **Renaissance byzantine**.

Sur le plan militaire, la dynastie macédonienne doit affronter deux adversaires : les Arabes et les Bulgares. **Basile Ier** (867-886) entreprend de reconquérir l'Italie du Sud, réussit à en occuper quelques territoires mais doit abandonner dans le même temps la Sicile et Malte aux Arabes.

A gauche, en double page : mosaïque décorant le tympan de la porte Impériale de l'ancienne basilique Sainte-Sophie à Istanbul. L'empereur Léon VI se prosterne devant le trône du Christ. En bas : l'extension de l'Empire byzantin sous la dynastie macédonienne (début du XIe siècle). C'est sous le règne de Basile II que l'Empire atteint son extension maximale. Dans le monde slave, Byzance contrôle les territoires situés au sud du Danube, et entre la Save et le Danube. De nouveaux thèmes (Serbie, Dyrrachium, Dalmatie) furent créés ; les autres territoires slaves, tout en conservant leur autonomie, reconnurent l'autorité de Byzance. En Orient, Byzance étendit sa domination jusqu'au sud d'Antioche et annexa la Haute-Géorgie (v. 1000), une partie de l'Abkhazie (1014), le royaume de Vaspourakan (1021) et le royaume de la Grande Arménie.

Sur les frontières orientales de l'Empire, les Arabes conservent leur supériorité et attaquent presque tous les ans les paysans d'Anatolie pour leur enlever leurs récoltes ; les empereurs byzantins ont beau leur infliger une défaite de temps en temps, les incursions reprennent. Seul l'empereur **Romain Ier Lécapène** (920-944) réussit à porter un rude coup aux Arabes en s'emparant d'Édesse et de sa région, et en ramenant à Constantinople une image du Christ particulièrement vénérée, l'*Akheiropoiêtê* (« qui n'est pas faite de la main de l'homme »), parfois identifiée au Saint suaire. L'empereur **Nicéphore II Phokas** (963-969) reprend Chypre en 965, avant de pénétrer en Syrie et en Cilicie.

Sur le front bulgare, la situation n'est pas meilleure. Fils de Basile, **Léon VI le Philosophe** (886-912) reprend les hostilités contre **Siméon**, roi des Bulgares, mais subit de nombreux revers. Les Bulgares réussissent même à mettre le siège devant Constantinople : l'ambition de Siméon n'est plus seulement de s'emparer d'un butin, mais d'obtenir la couronne impériale et de s'imposer à tout le monde chrétien.

Les Byzantins subissent de lourdes pertes, mais résistent, si bien que les Bulgares se replient dans les Balkans. Pour l'Empire byzantin, l'expansion du royaume bulgare est un affront dont l'orgueil national continuera de souffrir jusqu'à ce que l'empereur **Basile II** (v. 957-1025) reprenne l'offensive et inflige une lourde défaite aux Bulgares : en 1014, les Byzantins enferment le gros de l'armée bulgare à Belasica et font 15 000 prisonniers. Cette humiliation n'empêche pas les Bulgares de résister encore pendant quatre années, avant que Basile, qui recevra le surnom de « Bulgaroctone » (« tueur de Bulgares »), puisse entrer en triomphe dans Ohrid et **annexer la Bulgarie à l'Empire byzantin**.

Au niveau diplomatique, **l'Empire byzantin est de plus en plus isolé**. Les rapports avec Rome et le Saint-Siège, qui s'étaient envenimés à l'occasion de la crise iconoclaste, ne se sont pas améliorés après la résolution du conflit, comme en témoignent le **schisme de Photios** – qui est à l'origine de la constitution de l'Église orthodoxe – et les déboires de l'ambassade de Liutprand, évêque de Crémone. Envoyé à Constantinople pour demander, pour Otton II, la main de Théophano, fille de Nicéphore Phokas, Liutprand est éconduit, humilié et maltraité, ce qui montre à quel point les Byzantins se méfient de l'Occident latin et le méprisent. C'est que les empereurs de Constantinople s'intéressent davantage à l'Europe orientale, au monde slave et à la Russie, avec lesquels ils entretiennent des rapports commerciaux et politiques plus étroits et plus féconds.

Avec Basile II le Bulgaroctone, l'Empire byzantin atteint sa plus grande expansion. Dans le monde slave, Byzance contrôle les territoires qui se situent au sud du Danube, où est constitué le thème de Paristrion, ou Paradunavon, et entre la Save et le Danube, où s'étend le thème de Smyrne. Le thème de Serbie, rétabli par Basile II, n'est pas facile à localiser, alors que les thèmes de Durrës (Dyrrachium) et de Dalmatie correspondent aux régions actuelles. Détachée de la Dalmatie, la région de Raguse est érigée en un thème indépendant. Les autres territoires slaves (Croatie, Bosnie, Serbie, Dioclée, Zuchlumia et Terbunia), tout en conservant leur autonomie, reconnaissent l'autorité de Byzance. En Orient, l'Empire byzantin s'étend jusqu'au sud d'Antioche, mais le danger le plus menaçant vient de l'Arménie et du Caucase, où la migration des Turcs seldjoukides fait sentir ses premiers effets. Vers l'an mille, Byzance annexe la Haute-Géorgie ; en 1014, une partie de l'Abkhazie ; en 1021, Basile conquiert le royaume arménien de Vaspourakan, et obtient par dévolution le royaume de la Grande Arménie.

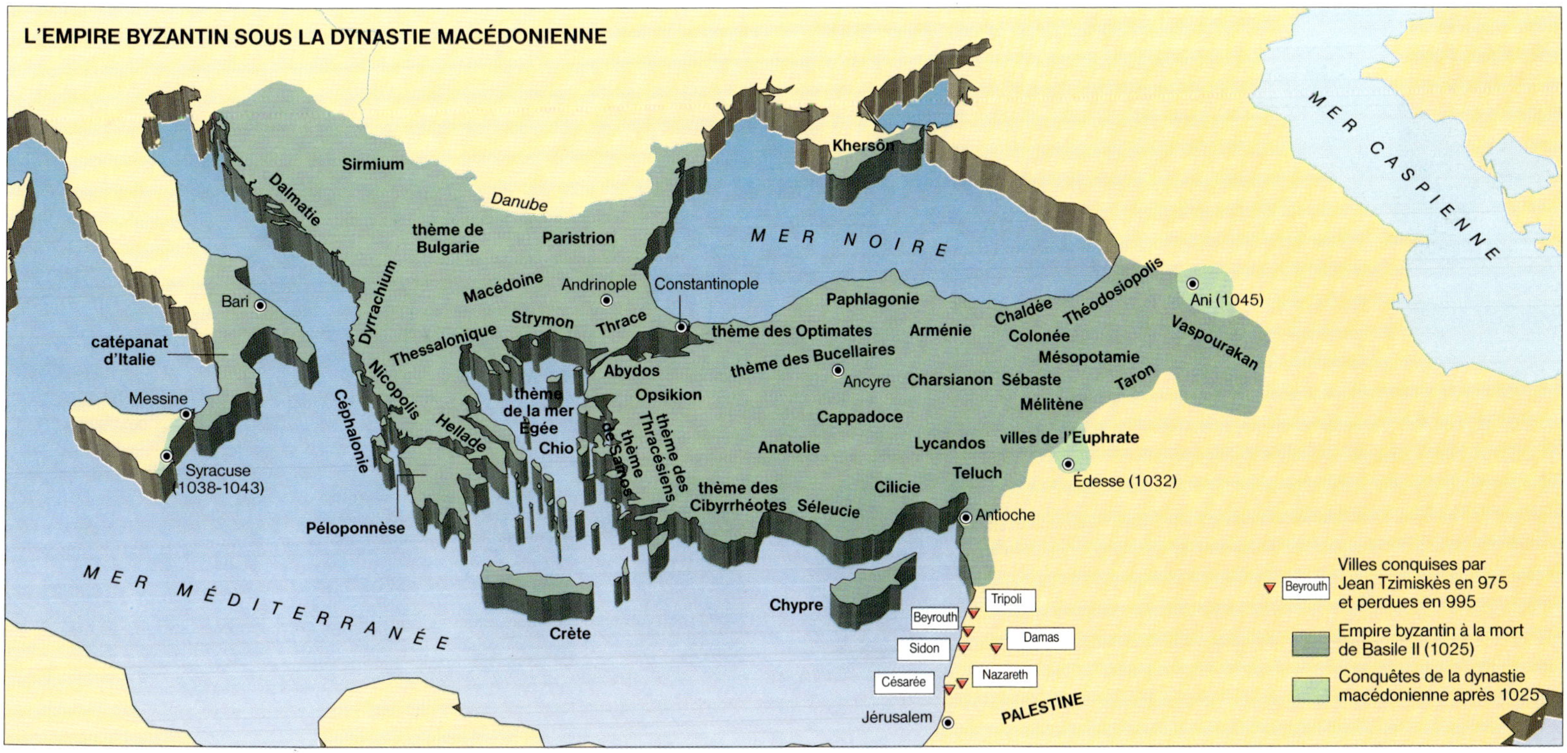

Les deux siècles qui précèdent l'an mille, que nous parcourons ici à travers l'histoire des grandes civilisations de la planète, peuvent être définis comme la période du **particularisme**. Dans le monde musulman, c'est le moment où l'on passe de l'« âge d'or » de l'islām au morcellement et à la décadence d'un Empire immense et trop rapidement constitué. La capitale est transférée de Damas à Bagdad : construite à dessein en Mésopotamie, qui fut, dans le passé, le berceau d'une civilisation riche et puissante, la nouvelle capitale jouit d'une position géographique favorable au commerce et, du point de vue militaire, bien protégée. Sous la dynastie des 'Abbāssides, la Mésopotamie connaît ainsi un nouvel essor et devient le foyer de l'islām. A ce moment, les guerres de conquête des premiers temps sont terminées, et le monde gréco-latin n'a pas encore repris l'offensive : le monde musulman peut se consacrer avec profit aux œuvres de paix. L'essor des échanges commerciaux pousse les navires arabes jusqu'aux ports de l'Afrique orientale et de l'Asie méridionale, et jusqu'aux côtes de la Malaisie et de la Chine. Les musulmans fondent ou développent des villes le long des routes caravanières : Boukhara et Samarkand, situées le long de la route asiatique de la soie, abritent des caravansérails, qui servent d'entrepôts pour les marchandises et de relais pour les caravanes. En même temps, la population augmente. Au xe siècle, les grandes villes de l'islām comptent des centaines de milliers d'habitants : plus d'un million à Bagdad, un demi-million au Caire et, peut-être, à Cordoue et à Damas.

A droite : miniature de l'époque des Fāṭimides (xe-xie siècles) représentant un duel entre deux cavaliers. Musée de l'Art arabe, Le Caire.
En bas : la mosquée d'Aḥmad ibn Ṭūlūn (876), le plus ancien monument arabe du Caire.
Page de droite, en haut : la Grande Mosquée des Omeyyades à Damas.
En bas : mosaïque décorant l'arcature de droite du mihrāb de la Grande Mosquée de Cordoue (xe siècle).

Les 'Abbāssides, qui entendent **limiter le pouvoir et les privilèges de la classe sacerdotale**, tentent de se montrer tolérants à l'égard de toutes les composantes ethniques et religieuses de l'Empire : les musulmans d'origine arabe, les nouveaux musulmans, ainsi que les diverses sectes, c'est-à-dire les sunnites (les orthodoxes), les chī'ites (chez qui l'extrémisme religieux est associé au mécontentement social) et les khāridjites. Si les sectes peuvent surmonter leurs divergences au sein de la communauté de prière et de foi, l'*umma* (la communauté des fidèles d'Allāh), les rivalités ethniques ne manqueront pas de s'exprimer et de miner de l'intérieur l'Empire 'abbāsside. Vers 880, les esclaves noirs du bas Irak s'emparent de Bassora (Baṣra). Entre 901 et 906, des bandes de Qarmates (branche des ismaéliens) parcourent la Syrie et l'Irak. Vers 913, un soulèvement populaire, dirigé par Ḥamdām Qarmaṭ, aboutit à la constitution de la principauté de Baḥrayn **(Bahreïn)**. Les Qarmates réussissent à passer les détroits, s'emparent de Bassora et de Kūfa, saccagent La Mecque (930) et menacent même Bagdad. A la même époque, les Berbères d'Afrique du Nord se rendent indépendants sous la dynastie des Fāṭimides, qui fonde al-Qāhira **(Le Caire)**, capitale du califat à partir de 973. Alors que les royaumes autonomes d'Andalousie (756) et du Maghreb se maintiennent, un nouveau royaume est formé, au ixe siècle, dans la région du Khorāsān, sur les rives de la mer Caspienne, entre le Turkménistan, l'Iran et l'Afghānistān. C'est à partir de là que la dynastie des Sāmānides étend sa domination sur la Transoxiane, en fixant sa capitale à Boukhara. Ainsi les Turcs, qui avaient déjà été employés dans l'armée et dans la société musulmane à des tâches serviles, commencent-ils à se convertir

à l’islām. Au sein du monde musulman, l’**influence turque** se fait de plus en plus grande. Tandis que décline le foyer originel du monde arabe, les Turcs, une fois constitués en nation, finiront par menacer l’Empire ‘abbāsside lui-même.

Un esclave turc émancipé, Aḥmad ibn Ṭūlūn, fonde en 868 la dynastie des Ṭūlūnides, qui régnera jusqu’en 905 sur l’Égypte et la Syrie. Dans ces pays, deux royaumes autonomes se constituent ensuite : celui des Ḥamdānides d’‘Alī Sayf al-Dawla (944-967), à Alep, et celui des Ihsidites (935-969). En 962, Alp Tigin, esclave turc de l’émir sāmānide, fonde l’Empire rhaznévide, en Afghānistān. C’est de là que son successeur, Maḥmud de Rhazni, lance des attaques contre le Sāmānide Abd al-Malik, qui est également attaqué et défait par les Turcs. Reconnu comme sultan par le calife ‘abbāsside, Maḥmud porte la guerre vers le sud, atteint le Gange et contribue à diffuser l’islām jusqu’en Inde du Nord. Au milieu du Xe siècle, **le monde musulman est divisé en trois grands califats** (eux-mêmes divisés en de nombreuses entités autonomes) : le califat de Bagdad, aux mains des ‘Abbāssides, contrôle le Moyen-Orient ; le califat du Caire, capitale des Fāṭimides, contrôle l’Afrique du Nord ; l’émirat de Cordoue, dirigé par les Omeyyades, contrôle l’Espagne. L’Occident latin et l’Orient byzantin exercent à cette époque une pression croissante : ce sont les débuts de la reconquête.

Après la conquête de l’Espagne, l’expansion musulmane avait été arrêtée à Poitiers (732), sans que cessent pour autant les attaques arabes contre les côtes et les îles de la Méditerranée. L’**occupation de la Sicile**, dont les débuts remontent au VIIe siècle, devient permanente après la prise de Mazara (827) et s’étend ensuite vers l’est. Palerme, que les Arhlabides choisiront pour capitale, tombe en 831 ; Syracuse en 878 ; Taormina en 902 seulement, quand les Byzantins décident de l’abandonner. Vers le milieu du IXe siècle, les Arhlabides de Tunisie s’emparent de Bari et de Tarente. La cavalerie arabe arrive même aux portes de Rome, dont elle pille les faubourgs, y compris les basiliques Saint-Pierre et Saint-Paul-hors-les-Murs, tandis que la flotte arabe est détruite par une violente

marée dans le port d’Ostie. Pendant toute la seconde moitié du IXe siècle, les côtes italiennes sont exposées aux incursions et aux pillages des Arabes, que les sources nomment « Sarrasins » ou – en Italie du Sud – *Agareni*. Affaiblie par l’incapacité de certains de ses membres et par l’hostilité croissante des Berbères convertis au chi‘isme, la dynastie des Arhlabides est supplantée par les Fāṭimides.

C’est à ce moment que les Arabes doivent affronter la réaction du monde gréco-latin et, en particulier, de l’empereur d’Orient. Les troupes de Basile Ier reprennent Bari, Tarente et d’autres villes d’Italie du Sud. Un général de l’empereur Romain II, Nicéphore Phokas, réussit en 961, après un long siège, à s’emparer de la Crète, refuge des pirates qui infestaient les routes commerciales de la Méditerranée. En 964, Chypre tombe à son tour aux mains des Byzantins, alors que Nicéphore, qui est devenu empereur l’année précédente, poursuit les Arabes jusqu’en Syrie et s’empare d’Alep. Sous le règne de Nicéphore II Phokas et de son successeur, Jean Tzimiskès, les Byzantins poursuivent la conquête du Moyen-Orient : après la prise d’Antioche (969), la Mésopotamie est conquise en 974 ; les Byzantins pénètrent en Syrie, en Phénicie et en Palestine, mais s’arrêtent devant les murs de Jérusalem. La mort de Jean Tzimiskès, qui est empoisonné comme son prédécesseur Nicéphore Phokas, met un terme à l’offensive des Byzantins contre l’Empire musulman, qui tombera bientôt aux mains des Seldjoukides.

Originaire des steppes arides et solitaires du Turkestan, cette tribu tire son nom d’un de ses chefs, Selçuk (Saldjūq). D’abord nomades, pasteurs et guerriers, les **Seldjoukides** se convertissent à l’islām sunnite. A la fin du Xe siècle, ils s’établissent dans la région de Boukhara et se posent en défenseurs de la religion musulmane au moment où le chī‘isme, jusqu’alors dominant, recule dans tout le monde arabe. Ils occupent Bagdad le 15 décembre 1055. Les Turcs seldjoukides imposent leur domination à l’Empire musulman, qui semble moribond, et lui procurent une nouvelle vigueur. Byzance et l’Occident en subiront rapidement les conséquences.

En Inde et en Asie du Sud-Est, c'est aussi le triomphe du particularisme - politique, culturel voire linguistique - qui caractérise les siècles précédant l'an mille. Quelques-uns des phénomènes qui dominent le Moyen Age occidental se retrouvent dans ces régions du monde si éloignées de l'Occident : l'émiettement du pouvoir central ; la difficulté du souverain d'empêcher la petite noblesse d'exercer un pouvoir autonome sur des régions de plus en plus étendues ; le recours de la monarchie à l'appui de la hiérarchie religieuse et l'affirmation du caractère sacré de la royauté ; la prolifération, vers l'an mille, de nouveaux temples, de sectes religieuses, de monastères.
Loin de la Méditerranée, d'autres civilisations élaborées prospèrent et déclinent en des formes et selon des rythmes originaux. Dès le milieu du VIIe siècle, l'islām gagne la région de l'Indus, avant que Maḥmud, en l'an mille, ne mène des expéditions victorieuses contre les royaumes hindous d'Inde du Nord. L'islamisation des territoires occidentaux de l'aire culturelle indienne introduit une division qui donnera naissance au Pākistān.

A droite : le temple Kandarīya Mahadeo à Khajurāho, ancienne capitale des Candella. C'est le temple le plus richement décoré. Dressé sur un socle mouluré, il mesure 30,5 mètres de haut et de long, et 20 mètres de large. Khajurāho comprend plus de trente temples construits entre 950 et 1050 environ. En bas : représentation du dieu Gaṇeśa (Gaṇapati) datant des Xe-XIe siècles et provenant de Bihār. Musée national, New Delhi. Au dieu à tête d'éléphant, qui pouvait à l'origine prendre l'apparence d'un animal (ou peut-être s'agissait-il d'un dieu-totem), les brahmanes attribuèrent le dieu Śiva comme père et la déesse Parvatī comme mère.

Le début de cette période coïncide avec la crise du royaume de **Harṣavardhana** de Kanauj. Le souverain hindou devra s'incliner, vers 630, devant Pulakeśin II, de la dynastie Cālukya de Bādāmi (Deccan occidental). Sa défaite met fin à l'hégémonie des régions du Nord sur le sous-continent indien, qui avait caractérisé la période classique, et favorise la constitution de dynasties régionales, dont aucune ne parvient à imposer durablement sa suprématie.
Les Cālukya sont rapidement défaits par les **Pallava** (une dynastie que certains font descendre des Parthes, d'autres la considérant comme une dynastie autochtone du Deccan occidental), qui s'emparent de Bādāmi (642) et transfèrent leur capitale à Kānchīpuram, près de l'actuelle Madras. Sous le règne de Narasimhavarman (v. 680-v. 720), la civilisation des Pallava atteint son apogée : la capitale s'enrichit de temples hindous et de monastères bouddhistes. Cependant, le pouvoir des Pallava est affaibli par des conflits qui les opposent aux potentats des régions voisines : au nord, ils se heurtent aux solides Rāṣṭrakūṭa de Malkhed, qui contrôlent le nord-ouest du Deccan ; au sud, aux Pāṇḍya de Madurai. Les **Cola**, qui sont d'abord leurs alliés et leurs tributaires, profitent de la crise du royaume des Pallava pour conquérir leur indépendance (895) et imposer ensuite leur hégémonie sur la région (fin du Xe-début du XIe siècle). Le roi cola Rājarāja Ier (985-1014) défait les Pāṇḍya et les Cera du Deccan méridional, conquiert Ceylan et les côtes de l'Inde méridionale, étend sa domination jusqu'au delta du Gange et au Bengale, et pousse sa flotte jusqu'à Sumatra et à la péninsule de Malacca, où son armée inflige une défaite au puissant empire Śrīvijaya, qui contrôle la Malaisie. Les Cola s'intéressent surtout à la suprématie maritime et au contrôle des comptoirs commerciaux de l'Asie du Sud-Est, dont les puissantes corporations des marchands indiens ont besoin pour résister à la concurrence de la Chine, avec laquelle les Cola entretiennent d'ailleurs des relations diplomatiques.

Dans le nord de l'Inde, une **lutte tripartite** oppose les dynasties des Pratihāra, des Rāṣṭrakūṭa et des Pāla pour le contrôle de la vallée du Gange. L'enjeu en est la possession de la ville de Kanauj, qui se trouve au centre de la plaine du Gange. Originaire sans doute du Tibet, la tribu des **Pāla** s'installe, sous le règne du roi Gopāla (v. 750-v. 770), dans la région du Bengale, d'où elle menace Kanauj. Successeur de Gopāla, **Dharmapāla** (v. 770-v. 810) conquiert le Népal, puis progresse dans la vallée du Gange, mais est attaqué par le puissant souverain de la dynastie Rāṣṭrakūṭa, Dhruva (v. 780-v. 793). Ainsi débute la lutte tripartite : les Pāla prennent l'avantage en s'emparant de Kanauj et du trône, avant que le roi Nāgabhata II (v. 793-v. 833), qui a réorganisé son royaume, ne porte à nouveau au pouvoir les Pratihāra. Cette dynastie est aussitôt chassée par les Rāṣṭrakūṭa de Govinda III (793-814), qui ne règne guère plus longtemps, car il est engagé dans des campagnes contre les peuples du Deccan. La situation profite au roi Bhoja (v. 836-v. 885), qui enlève de vastes territoires aux Pratihāra, avant d'être lui-même menacé par Kriṣṇa III, de la dynastie des Rāṣṭrakūṭa.

Au IXe siècle, ce sont donc les **Pratihāra** qui dominent l'Inde du Nord, après avoir vaincu et repoussé vers l'est la dynastie des Pāla. Les Pratihāra forment un clan de la tribu Gurjara des Rājput (le mot signifie « fils de roi »). Ces tribus, qui proviennent sans doute d'Asie centrale, sont descendues, à travers le Pendjab, dans la vallée du Gange et dans le Rājasthān. Divisées en clans familiaux, elles pratiquent l'exogamie (mariages à l'extérieur du clan), ce qui soude la communauté. A l'apogée de leur puissance, les tribus trouvent aussi une cohésion politique dans un système impérial où les clans versent un tribut et fournissent des hommes armés à la tribu dominante. Entre la fin du IXe et le début du Xe siècle, la suprématie est exercée par les Gurjara-Pratihāra, qui contiennent l'avancée des Arabes à l'ouest. Comme le rapporte un voyageur arabe, al-Mas'ūdī, qui visite Kanauj au début du Xe siècle, ils disposent de quatre armées de 700 000 à 900 000 hommes chacune, et de milliers de chevaux, de chameaux et d'éléphants. Cependant, les défaites subies devant les Rāṣṭrakūṭa contribuent à affaiblir leur autorité. L'empire des Gurjara-Pratihāra se fragmente en une multitude de seigneuries locales, dominées par des tribus rājput, dont les principales sont les Cālukya du Kāthiāwār et du Gujerat, à l'ouest, les Cahaman du Rājasthān oriental et les Thamara, qui fondent Delhi en 736.

En bas : peinture murale du temple hindou de Kailāsanātha à Kānchīpuram (Tamil Nadu). La dynastie des Pallava s'empara de Bādāmi en 642 et transféra sa capitale à Kānchīpuram, près de la ville actuelle de Madras. C'est sous le règne de Narasimhavarman II (680-v. 720) que la civilisation des Pallava atteignit son apogée. La capitale s'enrichit de temples hindous (comme le Kailāsanātha) et de monastères bouddhistes. A droite : le dieu Viṣṇu représenté sous la forme d'un sanglier. Bas-relief provenant de Khajurāho, Xe siècle. Musée indien, Calcutta. Le village de Khajurāho est célèbre pour une série de temples consacrés au jaïnisme et à l'hindouisme.

Les **Rāṣṭrakūṭa** tentent de s'emparer de Kanauj à partir du sud-ouest, en formant un État-tampon entre le Sind (la région de l'actuel Pākistān), repris aux Arabes en 711, et le reste de l'Inde du Nord. Au IXe siècle, ils se heurtent aux tribus des Rājput, en particulier à la puissante dynastie des Gurjara-Pratihāra, puis dirigent vers le sud leurs ambitions de conquête. Renforcés par leurs victoires, ils menacent l'Inde du Nord sous le règne de Kriṣṇa III (939-968), qui défait les Cola, comme l'atteste une inscription de l'époque (959) : « Désirant conquérir le Sud, il [Kriṣṇa III] renversa la dynastie des Cola et divisa ses terres entre les membres de sa famille. Il réduisit à la condition de tributaires les Cera, les Pāṇḍya ou encore le souverain de Siṃhala [Sri Lanka]. Il fit dresser à Rāmeśvara une colonne qui célébrait sa victoire. »

De leur côté, les **Pāla** conservent l'Inde orientale tout en étendant leur domination sur l'importante région d'Orissa, qui ouvre sur le golfe du Bengale. Après une période de crise, au Xe siècle, leur royaume atteint son apogée sous le règne du roi Mahīpāla (988-1038). Dès lors, cependant, la menace des populations voisines (les Cola au sud, les Kalaśūri à l'ouest) et la rébellion des seigneurs locaux affaiblissent l'autorité des Pāla, qui seront renversés par les Sena, leurs anciens tributaires. Dans l'histoire de l'Inde, la dynastie des Pāla - de religion hindoue - occupe une place particulière pour avoir protégé les institutions religieuses et les principaux lieux de culte du bouddhisme. C'est au Bengale et à cette époque que cette religion revêt progressivement une forme particulière : le tantrisme, qui privilégie le culte de la déesse Kālī.

En Inde du Nord comme en Inde du Sud, on ne voit aucune dynastie qui soit en mesure de contrôler un vaste territoire et de s'imposer durablement à ses rivales. Au nord comme au sud, le pouvoir des souverains - les grands rois *(mahārājā)* - se heurte aux seigneurs locaux, les ***sāmanta***. Anciens souverains de territoires limitrophes, devenus les tributaires du vainqueur, ces *sāmanta* ont été maintenus en qualité d'administrateurs à la tête de leurs principautés, qu'ils gouvernent au nom du souverain, en lui fournissant des troupes et en lui versant un tribut (leur fonction est analogue à celle des vassaux en Occident). La « samantisation » du territoire est favorisée par une conception selon laquelle le prestige d'un souverain est proportionnel au nombre de ses princes tributaires. Si les riches *sāmanta* brillent à la cour du roi *(darbār)* de l'éclat de leurs couronnes et de leurs bijoux, leur richesse et leur pouvoir finissent par échapper à l'autorité du souverain. Non seulement ils ne fournissent plus les services dus - c'est la raison principale de la succession rapide des règnes et des hégémonies - mais ils en viennent parfois à organiser de véritables soulèvements, comme celui qui est dirigé contre le roi Amoghavarṣa (v. 814-v. 878) ou comme la révolte des *rānās*, les grands féodaux du Népal. Il arrive même que des *sāmanta* parviennent à renverser une dynastie au pouvoir et à imposer un nouveau roi. Pour contenir leur influence, les rois doivent se résoudre à chercher l'appui de la hiérarchie religieuse des **brahmanes**, qui profitent de la construction de temples et de monastères, et reçoivent des biens soustraits aux seigneurs locaux. De leur côté, les brahmanes appuient les souverains en soulignant le caractère divin de leur pouvoir. Le roi, les *sāmanta* et les brahmanes font peser le poids des taxes, des tributs et des prélèvements abusifs sur une population qu'il est facile de pousser à la révolte. Ces soulèvements sont régulièrement exploités par les *sāmanta* pour renverser une dynastie décadente.

En Inde, le morcellement du pouvoir est toutefois compensé par l'équilibre entre les grandes dynasties. Cette stabilité leur a permis de repousser les Arabes et d'assurer à leurs territoires une certaine prospérité. Dans le sous-continent indien, les **Arabes** remportent leur première victoire l'année même de la prise de Gibraltar : en 711, ils s'emparent du Sind méridional, dans la basse vallée de l'Indus. Venus d'Iran, les mêmes envahisseurs portent ensuite leurs attaques, en 725, contre le Kāthiāwār, le Gujerat et le sud du Rājasthān. Les Cālukya, les Rāṣṭrakūṭa, puis les Gurjara-Pratihāra les arrêtent, ne leur laissant que le Sind et le Pendjab. D'abord placés sous l'autorité directe du calife de Bagdad, ces régions sont constituées, à partir de 871, en principautés indépendantes. Les Arabes mènent une politique de tolérance religieuse à l'égard de l'hindouisme et de coexistence pacifique à l'égard des autres dynasties. Cette situation perdure jusqu'à l'an mille.

C'est en l'an mille, en effet, que le Turc musulman **Maḥmud de Rhazni** se fait proclamer roi. De sa capitale, située au sud de Kaboul, dans l'actuel Afghānistān, il entreprend dix-sept expéditions en Inde, entre 1000 et 1025, au cours desquelles il se livre à des pillages. En 1018, il occupe Kanauj et, en 1025, il a raison des rois indiens, qui lui résistent depuis vingt années : Maḥmud réussit à s'emparer du fameux temple de Śiva à Somnāth, sur la côte méridionale du Kāthiāwār, dans le Gujerat, et à le détruire. C'est la plus grande défaite jamais infligée à l'Inde : Maḥmud y restera dans la mémoire collective comme Attila l'est resté en Occident. A la mort de Maḥmud, l'Inde profite d'un siècle de paix avant que de nouveaux envahisseurs, venus des plateaux afghans, ne la menacent à nouveau.

A gauche : les tours précédant le temple de Preah Kô (879) à Roluos (Cambodge).
Au centre, sur la double page : **Sunda et Upasunda se disputent la possession de Tilottama.** ***Bas-relief en grès rose (hauteur : 1,95 mètre). Art khmer, Xe siècle. Musée Guimet, Paris.***

La présence indienne sur le territoire actuel de la **Birmanie** et de la **Thaïlande** - et au-delà - remonte à la période classique de l'Empire hindou (IVe siècle). Les documents l'attestent à nouveau à partir du IXe siècle, dans la basse vallée de l'Irrawaddy. C'est en partant de là que des colons originaires de l'Orissa - qui pourraient être identifiés avec le peuple des Môns - auraient remonté le fleuve et se seraient emparé de la capitale des Pyus. Jusqu'à l'arrivée des Khmers (XIe siècle), les Môns dominent les villes birmanes de Pegu (l'ancienne Ussa, nom dérivé d'Orissā), dans le sud de la Birmanie, et de Thaton (Rama desha, sur le golfe de Martaban). En 849, le chef birman Pyinbya réunit les villages des environs de Pagan et les entoure de murailles; ainsi se constitue la grande ville qui, du XIe siècle jusqu'en 1287, sera la capitale du puissant Empire birman. Plus à l'est, sur le territoire actuel de la Thaïlande, la chute du royaume du Funan favorise - entre le VIIe et le XIe siècle - l'essor du royaume de Dvāravatī. indiscutée. Le royaume des **Chams** (le Champa), au sud, et le royaume des **Nam Viêt**, dans le Tonkin, se maintiennent néanmoins aux marges de leur Empire. Réunis en 968 en un seul État, ces deux royaumes réussissent en quelques décennies à annexer le Champa septentrional et à installer leur capitale à Dai-la-thanh, près de Hanoi (1010). Enfin, au nord des grands empires indochinois, les Thaïs occupent les hautes terres. De là, ils descendent vers le sud pour échapper aux Chinois, auxquels ils ne veulent pas être assimilés, comme le seront les Vietnamiens. Les Thaïs s'installent dans la région du Siam, jadis occupée par les Môns, entre le royaume birman de Pagan et le royaume des Nam Viêt. Au XIe siècle se constitue une fédération tibéto-birmane, dont les Thaïs font partie.

A droite : bas-relief représentant le meurtre du roi Kamsa par Kriṣṇa. Saisissant le roi par les cheveux, Kriṣṇa lui porte le coup mortel. Fronton occidental de la bibliothèque nord du sanctuaire de Banteay Srei (Cambodge), 967 apr. J.-C.

Le royaume des Khmers se constitue sur le territoire actuel du Cambodge et s'oppose, au sud, au royaume du Funan, qui dispose d'une ouverture sur la mer. Profitant de la crise qui secoue le Funan, les Khmers s'emparent d'une grande partie de la péninsule et dominent un territoire qui s'étend des côtes du golfe du Siam à la région de Bassac, sur le cours moyen du Mékong. Leur succès est toutefois de courte durée : à la mort du roi Jayavarman Ier (681), le royaume est divisé en de multiples principautés, auxquelles la solide dynastie des Sailendra, établie dans l'île de Java, impose sa domination. Au VIIIe siècle, **Java** contrôle en effet un puissant empire qui s'étend sur toute la région; son influence repose sur une florissante économie d'échanges et sur une splendide civilisation, fortement marquée par l'Inde, comme en témoigne le grand temple bouddhiste de Bārābudur. Monté sur le trône en 802, Jayavarman II entreprend la réunification du royaume des Khmers, que ses successeurs, Jayavarman III (850-877) et Indravarman Ier (877-889) mèneront à son terme. Sous le règne de ce dernier souverain, les Khmers reprennent le contrôle du pays et fondent la grande cité d'Angkor, située dans la plaine, au nord du Tonle Sap. Au cours des Xe et XIe siècles, les Khmers étendent leur domination sur une grande partie de l'Indochine (outre le Cambodge, ils contrôlent le sud du Laos et le nord-est de la Thaïlande), où leur hégémonie est

Le royaume des Khmers atteint son apogée sous le règne de **Sūryāvarman II** (1113-1147). C'est de cette époque que date le temple-montagne d'Angkor Vat, dont les fresques et les bas-reliefs célèbrent les victoires remportées par les Khmers sur les Chams, les Môns et les Vietnamiens. Sūryāvarman II, dont le nom signifie « protégé du Soleil », a été comparé à Louis XIV (le Roi-Soleil) pour avoir mené son royaume à son apothéose. A partir de 1149, les Khmers subissent une série de défaites. En 1177, l'immense flotte des Chams, commandée par le roi du Champa Jaya Indravarman, remonte depuis le delta du Mékong jusqu'au Tonle Sap, pénètre par la vallée du Siem Rap au cœur même d'Angkor et met la ville à sac. Le roi khmer Tribhuvanadityavaram II est tué, les habitants sont réduits en esclavage, et les divinités protectrices d'Angkor sont mutilées. C'est la fin de ce qui fut, autour de l'an mille, la principale civilisation de l'Asie du Sud-Est.

Au début du IXe siècle, la civilisation maya d'Amérique centrale montre des signes de décadence. La période « classique » est terminée : alors que les territoires des Mayas sont envahis par d'autres peuples, l'enviable impression de paix qui se dégageait de leur art cède la place, pour la première fois, à des représentations d'hommes armés.
A ce moment, l'Amérique centrale passe en effet d'une société dominée par la caste sacerdotale à une société où **la caste militaire devient prééminente**. C'est l'aboutissement d'un processus dont les aspects particuliers et les phases intermédiaires nous échappent, en

raison de la pauvreté des sources disponibles. Les envahisseurs viennent du nord : forts d'une tradition guerrière déjà ancienne, ces Mexicains (*Mexica*) se servent de leurs armes pour capturer des prisonniers à sacrifier au dieu Soleil, pour s'emparer de terres et pour lever des tributs. Adeptes d'une religion sanguinaire, les Toltèques sont guidés par leur chef Mixcoatl (« serpent des nuages »). Selon certains, ils auraient atteint le Yucatán en soumettant les Mayas et en transformant Chichén Itzá en une nouvelle cité où se mêlent les styles maya et toltèque.
Les guerriers mexicains portent des armes inconnues des Mayas, comme ce propulseur qu'ils utilisent pour lancer des faisceaux de javelots. Les vagues d'invasions partent de la cité de Tula, capitale des Toltèques, située dans l'État de Hidalgo, au nord de Mexico.

A gauche : stèle de pierre représentant le dieu Quetzalcóatl et provenant de Xochicalco (Morelos), 600-900 apr. J.-C. Musée national d'Anthropologie, Mexico.
En haut : bas-relief maya représentant deux crânes humains et provenant de Chichén Itzá (Yucatán).
A droite : le dieu aztèque Xipe Totec. Fragment de peinture totonaque, provenant de la pyramide Las Higueras (Veracruz).
Page ci-contre, à gauche : fragment de colonne de l'acropole de Tajín Chico, XIe siècle. Musée d'El Tajín.
A droite : couronne en or, culture chimú. Musée de l'Or du Pérou, Lima.

De langue nahua, les **Toltèques** se sont installés à Colhuacán au IXe siècle. Les récits mythologiques et, surtout, les découvertes archéologiques nous apprennent que ce peuple, originaire du Nord, erra à travers le Mexique sous la conduite du prêtre-astrologue Huemac, avant de fonder la cité de Tollan (Tula). D'abord gouvernée par différents rois toltèques, Tula devient le centre de l'Empire toltèque quand, en 968, le roi Ce Acatl Topiltzin y transfère sa capitale. En 980, un des monuments de Tula, aujourd'hui conservé, est consacré à Topiltzin. Néanmoins, le conflit qui l'oppose à la puissante caste des guerriers oblige le souverain à quitter la cité. D'après la tradition légendaire, Topiltzin, prêtre suprême du serpent à plumes (le dieu Quetzalcóatl, avec qui le roi-sorcier est identifié), serait devenu un réformateur religieux fanatique et se serait heurté à la puissante caste des guerriers, représentée par le dieu de la guerre Tezcatlipoca. Enivré par ses sorciers, Topiltzin aurait eu des relations sexuelles avec sa sœur, puis aurait été contraint, pour avoir commis ce péché, de quitter Tula. La légende traduit évidemment le conflit entre la conception théocratique du pouvoir, qui domina jusqu'alors, et la nouvelle orientation imposée par les chefs militaires. On peut y voir aussi, comme dans beaucoup d'autres civilisations, le passage d'une monarchie absolue à un gouvernement aristocratique, dominé par les guerriers les plus puissants. Dans l'histoire spécifique de la Méso-Amérique, la figure mythique de Topiltzin de Tula, son passage à travers le territoire des Mixtèques (un peuple installé plus à l'ouest) et son arrivée dans l'Empire maya, que l'on situe en 987, représentent l'expansion de l'influence toltèque sur le Yucatán, puis sur toute l'Amérique centrale. Pendant deux siècles, les successeurs de Topiltzin régneront encore sur Tula, jusqu'à ce que la cité soit détruite par les Chichimèques (terme générique qui désigne les étrangers chez les Mayas, comme le mot « Barbares » chez les Grecs et les Romains). Durant la période toltèque-chichimèque, les vallées et les hauts plateaux centraux sont envahis par diverses tribus de chasseurs nomades, qui se fondront ensuite dans la civilisation des Aztèques. Dès la seconde moitié du XIIe siècle, les ancêtres des Aztèques, les Tenochca, abandonnent petit

LA FUITE MYTHIQUE DE TOPILTZIN QUETZACOATL

Voici comment frère Bernardino de Sahagún rapporte la légende de Topiltzin Quetzalcóatl, qui s'enfuit de Tula. Cette légende, qui compte de multiples versions, a connu une très vaste diffusion : les Mexicains, qui attendaient le retour de Quetzalcóatl, crurent que leur dieu était revenu quand Hernán Cortés débarqua avec ses troupes sur leurs terres. «Avant de s'en aller, il fit détruire toutes les maisons de coquillages et d'argent qu'il possédait [...] *; il transforma les arbres tropicaux en acacias épineux et libéra les oiseaux tropicaux.* [...] *En chemin, il s'assit sur une pierre pour se reposer ; les empreintes de ses mains et de ses pieds restèrent dans la pierre. En se retournant pour voir Tollan, il ne put retenir ses larmes. Durant sa longue marche, il traversa la région des montagnes enneigées, et c'est là que moururent de froid ses serviteurs, ses bossus et ses nains. Il pleura de tristesse et entonna des chants funèbres. Au lointain apparut le mont Poyauhtecatl* [le Pico de Oribazal], *près de Tecamachalco, couvert de neige. Quand il fut enfin arrivé au bord de la mer, il fit construire un* coatlapechtle, *un "radeau du serpent". Il embarqua comme sur un bateau, et navigua sur ce radeau à travers l'océan. Personne ne sait comment il fit pour arriver à Tlapallan, le "pays de l'aurore".»*

Extrait de H. Helfritz, Antica America. Aztechi, Maya, Incas, *La Scuola, Brescia, 1968, pp. 82-83.*

à petit l'île du lac de Mexico, d'où ils sont originaires, pour gagner les régions centrales, déjà occupées par les Toltèques. Ils y introduisent le culte du colibri-sorcier Huitzilopochtli, leur dieu protecteur. C'est le début d'une nouvelle civilisation.

La cité maya de Chichén Itzá est l'une des conquêtes les plus importantes des tribus du Nord, bien avant les conquêtes des Toltèques. C'est là que les envahisseurs ont laissé les traces les plus significatives. Chichén Itzá était un des plus grands centres mayas de la période classique, comme en témoignent les édifices de style maya traditionnel, la sculpture de style classique du Yucatán, ainsi que des hiéroglyphes exécutés entre 889 et 909. Après cette date apparaît un second style, influencé par les nouveaux conquérants, les Itzá, difficiles à identifier. S'agit-il de ceux qui abandonnèrent Tula en 987, sous la conduite d'un roi que les sources maya appellent Kukulcan (l'équivalent, en langue maya, de Quetzalcóatl, le serpent à plumes, symbole du roi Topiltzin), et qui apportèrent à Chichén Itzá leur religion, leur architecture et les arts toltèques ? Ou s'agit-il plutôt d'un peuple de navigateurs, qui pourrait être celui des Mayas Chontales, grands commerçants d'Amérique centrale, dans la mesure où d'autres sources mayas rapportent que les conquérants sont arrivés par mer ? Si l'on penche en faveur de la seconde hypothèse, il faut alors considérer que leur arrivée est antérieure à la diffusion du culte du serpent à plumes, et que l'on peut la dater peut-être de l'année 918. Cette chronologie permettrait du reste de concilier les deux hypothèses : l'invasion des Itzá aurait été suivie, à la fin du siècle, par l'arrivée des Toltèques. C'est à ce moment que s'ouvre la période « mexicaine » de Chichén Itzá, qui se terminera deux siècles plus tard, vers 1185. A cette époque, la cité domine les centres et les territoires environnants, et forme, avec les centres d'Uxmal et de Mayapán, la **ligue de Mayapán**, qui se maintiendra jusqu'en 1204. Alors que le culte de Quetzalcóatl se répand dans tout le pays, le serpent à plumes est représenté sur de nombreux temples du Yucatán aux côtés de guerriers mexicains, signe de la militarisation de la société.

En **Amérique du Sud**, c'est l'époque où s'épanouit la **civilisation de Tiahuanaco**, du nom de la localité, située au sud du lac Titicaca, qui nous a laissé les vestiges archéologiques les plus importants. Sur cette civilisation, nous manquons cependant de données chronologiques sûres, car les populations péruviennes ne connaissent pas l'écriture. On est donc réduit à interpréter les décors peints des céramiques, les allusions contenues dans des textes étrangers - nombre d'entre eux datent de la conquête - ou les analyses au carbone 14.
Vers le IXe siècle, la civilisation de Tiahuanaco étend sa domination sur les régions côtières, où des civilisations antérieures, comme la culture des Mochicas et la culture Nazca, s'ouvrent à son influence. Alors que les échanges s'intensifient entre l'arrière-pays et la côte du Pérou, trois royaumes se constituent dans cette région vers l'an mille : deux petits royaumes dans le sud du Pérou central et, au nord, le grand royaume des Chimú, qui finira ensuite par s'étendre jusqu'à la frontière équatorienne. Ces royaumes - dont l'organisation nous est inconnue - se signalent par l'essor de leurs centres urbains. Ce sont des villes fortifiées, construites sur un plan rectangulaire ou carré, et protégées de murs d'adobes souvent décorés de bas-reliefs. Outre la négligence des hommes, les pluies et les inondations - comme celle qui emporta les ruines de Chanchán en 1925 - ont causé la disparition de la plupart de ces vestiges. Autour des villes se dressaient les tombeaux, dont il ne reste plus aujourd'hui que des monticules de terre.

Le royaume des **Chimú**, que les sources écrites datant de l'invasion espagnole font remonter au début du XIVe siècle, est en réalité beaucoup plus ancien. On suppose en effet qu'il atteignait déjà sa plus grande expansion vers 1100, quand il s'étendait sur plus de 1 000 kilomètres le long de la côte du Pacifique (de Tumbes jusqu'à Lima).
Les Chimú avaient installé leur capitale à Chanchán, sur la côte nord du Pérou.
Au sud de Lima, sur les rives du río Lurín, s'étendait la ville de Pachacámac, qui fut dès le IXe siècle le sanctuaire le plus vénéré d'Amérique du Sud et qui attirait, à ce titre, les pèlerins de la côte et de l'arrière-pays andin. L'oracle de Pachacámac était la divinité principale de la côte. C'est à lui que les habitants de l'Amérique du Sud précolombienne s'adressaient pour obtenir des conseils sur les actions à accomplir, de la même façon que les Grecs s'adressaient à l'oracle de Delphes. Ainsi le sanctuaire consacré au dieu s'enrichit-il d'offrandes votives, qui constituaient un véritable trésor.

La société européenne du haut Moyen Age est présentée par les contemporains comme une société tripartite, divisée en trois ordres bien distincts. Comme le rappelait, au début du XIe siècle, une homélie de l'archevêque d'York, Wulfstan, en commentant un texte presque identique du roi Alfred le Grand, « toute autorité royale fermement établie s'appuie sur trois piliers. [...] Les *oratores* sont des hommes de prière, qui doivent prier Dieu jour et nuit et

intercéder auprès de lui pour tout le peuple. Les *laboratores* sont des hommes de travail, qui procurent à tout le peuple ce qu'il faut pour vivre. Les *bellatores* sont des hommes de guerre, qui luttent avec leurs armes pour défendre leur terre. C'est sur ces trois piliers que toute autorité royale doit s'appuyer avec justice ». Des témoignages analogues se retrouvent dans de nombreux textes des Xe et XIe siècles, qui trahissent une **conception organique de la société**. Comme chez Humbert de Moyenmoutier, au milieu du XIe siècle, la société est présentée comme un corps humain : celui qui prie occupe la place des yeux ; celui qui combat, celle des bras et de la poitrine ; celui qui travaille occupe celle des membres inférieurs. Celui qui travaille doit non seulement accomplir des tâches épuisantes et abrutissantes, mais encore se trouve exposé au mépris des ordres supérieurs de la hiérarchie sociale, qui le tiennent pour un « genre malheureux, qui ne possède rien sinon au prix d'un dur labeur » (Adalbéron de Laon). Les penseurs du Moyen Age s'accordent néanmoins à reconnaître que les travailleurs procurent à manger à tous : « Le maître est nourri par l'esclave, alors qu'il prétend le nourrir. »

Dans l'Europe carolingienne et postcarolingienne, **l'économie est essentiellement rurale** : les cultures n'occupent qu'une petite partie du continent européen, abondamment couvert de forêts, si bien que l'exploitation des champs labourés et ensemencés est toujours associée à celle des surfaces incultes. Les bois et les marais pourvoient de toutes les façons possibles aux besoins alimentaires : récolte des fruits sauvages, chasse, pêche, élevage en liberté de certains animaux, en particulier des porcs. L'économie agricole de l'époque repose sur la ***curtis***, un ensemble d'exploitations qui sont parfois éloignées les unes des autres. Une partie des terres *(pars dominica)* est exploitée directement par le propriétaire, qui recourt à la main-d'œuvre servile et aux corvées (journées de travail fournies par le métayer sur la terre du seigneur) ; le reste des terres *(pars massaricia)* est confié à un métayer, qui se charge de les cultiver ou de les faire cultiver conformément à un **contrat de métayage** lui imposant le versement d'une partie variable des récoltes, la fourniture de corvées et de dons en nature à l'occasion des fêtes principales. Pour que le paysan puisse recueillir les bénéfices de nouvelles cultures, la durée des contrats agricoles est habituellement assez longue (le contrat le plus répandu au haut Moyen Age, le **bail emphytéotique**, prévoit un terme de vingt-neuf années).
La pratique du défrichement et la **mise en valeur de nouvelles terres** se répand également sous les Carolingiens et durant les siècles suivants. Certains contrats imposent à l'exploitant non seulement d'amender les terres reçues en location, mais aussi de mettre en culture de nouvelles terres *(« conquestum facere »)*.

A gauche : le charron, l'artisan qui fabrique et qui répare chariots et charrettes, sur un bas-relief du XIIe siècle. Cathédrale de Plaisance.
En haut : miniature extraite du manuscrit* De frumentis *de Raban Maur. Abbaye du Mont-Cassin.
En bas : scène d'apiculture à l'abbaye du Mont-Cassin. Miniature extraite d'un manuscrit du XIe siècle. Biblioteca Apostolica Vaticana, cité du Vatican.

A cette époque, l'agriculture est régie par des cycles biennaux, qui deviendront triennaux dès la fin du XIe siècle dans certaines régions, comme dans le nord de la France. La **rotation triennale** prévoit l'alternance, sur trois parcelles, de semences d'hiver et de printemps, ainsi qu'une période de repos tous les trois ans. En automne, on sème le froment, le seigle, l'épeautre et le millet ; au printemps, l'orge, l'avoine et les légumes secs, alors que la parcelle est laissée en jachère durant l'année de repos.
Parmi les innovations techniques, la diffusion du **moulin à eau**, connu des Romains mais insuffisamment exploité, remonte à l'époque carolingienne. Des recherches récentes ont remis en question l'hypothèse selon laquelle l'attelage des chevaux au moyen d'un collier rigide et rembourré, reposant sur les épaules, daterait de cette époque. Connu dès l'Antiquité, ce collier d'épaules est en effet bien antérieur à la période des Xe et XIe siècles. En revanche, la diffusion du **fer à cheval**, apporté en Occident par les peuples des steppes, ainsi que l'utilisation des chevaux de trait remontent sans aucun doute à cette époque. L'agriculteur du haut Moyen Age cherche à conquérir de nouvelles surfaces en défrichant les terrains, en canalisant les eaux et, surtout, en commençant à déboiser les vastes forêts qui entourent les champs cultivés et qui constituent une menace pour les récoltes, puisqu'elles abritent des animaux sauvages. Deux techniques sont utilisées : l'**écobuage** et l'**élagage**. La première consiste à incendier les herbes sèches des sous-bois et à fertiliser la terre avec le bois brûlé ; la seconde, à couper les broussailles et les taillis au moyen d'une faucille, souvent montée sur un manche de bois, puis à mettre en culture la surface ainsi libérée, qui est appelée « essart ». Toutefois, les rendements agricoles restent particulièrement faibles : la terre rend environ trois fois le volume des semences.

Sous les Carolingiens, le **commerce** manifeste une certaine reprise : les souverains commencent à s'occuper de l'entretien des routes, des voies fluviales et des ports, et accordent leur protection aux marchands, tout en leur réclamant le dixième ou le onzième de la valeur de leurs marchandises. Situé entre deux grandes zones de commerce, l'Empire carolingien profite habilement de cette position avantageuse. Le plus grand centre commercial de la côte frisonne est Dorestad, localité aujourd'hui disparue, qui se trouvait dans les environs d'Utrecht. C'est de là que les marchandises partent vers le pays des Vikings et, en particulier, vers les villes-marchés de Hedeby, dans la péninsule du Jütland, et de Birka, dans l'île de Björkö, sur le lac Mälaren (Suède) ; à partir de Dorestad, les bateaux peuvent aussi rejoindre l'Angleterre et l'Irlande, qui abritent de nombreuses colonies danoises et norvégiennes. Toutefois, la proximité des Vikings signera la fin de Dorestad, qui est pillée en 834.

A droite : la copie des manuscrits. Miniature extraite de la* Bible de Charles le Chauve *(v. 870), œuvre de l'école de Reims. Saint-Paul-hors-les-Murs, Rome.
En bas : miniature du manuscrit* Ponderibes *de Raban Maur. Abbaye du Mont-Cassin. A l'époque carolingienne, les échanges commerciaux reprennent. Situé entre deux grandes zones de commerce qui communiquent l'une avec l'autre, l'Empire carolingien profite habilement de cette position avantageuse.

Au sud, c'est la mer Adriatique, où **Venise** apparaît comme la nouvelle puissance, qui est le principal foyer des routes commerciales. En 828, deux marchands vénitiens se sont emparé des reliques de saint Marc et les ont rapportées d'Alexandrie. Dès lors, la figure de l'évangéliste symbolisera la prospérité commerciale du petit port de la Lagune, qui se trouve au carrefour de mondes divers et lointains : le monde arabe, l'Empire byzantin, les nouvelles villes slaves et l'Empire carolingien. En remontant le Pô, les bateaux vénitiens transportent les produits orientaux jusqu'à Pavie, où ils sont vendus à des marchands venus de France et d'Allemagne qui, de leur côté, apportent des armes, des fourrures, des tissus de laine, de lin et de chanvre, des chevaux et de l'étain. Parcourue par les pirates sarrasins, la mer Tyrrhénienne est en revanche fermée au commerce, et seule la route qui traverse le Languedoc et les Pyrénées permet de commercer avec l'Espagne, où les musulmans de la riche Cordoue achètent aux marchands juifs et chrétiens des esclaves, des fourrures, des armes et des tissus précieux, en leur proposant en échange des parfums, des épices, de la soie et des peaux ornées de motifs peints. Les échanges commerciaux profitent également de la **stabilité monétaire**. Charlemagne est le premier à émettre de nouveau des monnaies d'argent de qualité (1,70 gramme) ; Louis le Pieux en porte la valeur à 1,75 gramme en 829 ; son fils Charles le Chauve s'efforcera de limiter la multiplication des officines privées et réduira le poids de la monnaie d'argent à 1,5 gramme, valeur qui sera portée à 1,3 gramme au Xe siècle. En revanche, les monnaies d'or disparaissent en Occident, alors que l'empire d'Orient se sert du *byzante* et le monde musulman du *mancuse*. Battre monnaie est un droit régalien, que les empereurs chercheront sans cesse à contrôler et à limiter.

Un texte poétique, le *Chant de Rig (Rigsthula)*, décrit, sous la forme d'un récit mythique mais de façon très précise, la hiérarchie sociale des Vikings. Le dieu Heimdall - le père des hommes d'après la saga *Völuspå* - aurait pris l'aspect d'un pèlerin nommé Rig et partagé la couche d'Ai et d'Edda (arrière-grand-père et arrière-grand-mère) dans leur masure ; d'Afir et d'Amma (grand-père et grand-mère) dans leur modeste maison ; de Fadhir et de Modhir (père et mère) dans leur somptueuse résidence. De chaque couple, il aurait engendré un fils, dont seraient issues les **trois classes sociales** des pays scandinaves. Le premier, Thräll (esclave), à l'aspect triste (« la peau de ses mains était rugueuse, les articulations de ses phalanges noueuses [...], son dos courbé »), était voué aux peines les plus dures ; le second, Karl (libre, agriculteur), fut le premier de la classe des libres agriculteurs, qui se consacrent à « domestiquer les bœufs, fabriquer des charrues, bâtir des maisons et des greniers, construire des chariots, tirer le soc » ; le troisième, Jarl (guerrier, comte, prince), avait le teint clair, les cheveux blonds et les yeux vifs comme ceux d'un serpent. C'est de lui que descend la classe des nobles guerriers vikings.

D'autres sources confirment cette division tripartite de la société des Vikings, et les principales occupations de chaque classe. La classe des **esclaves** comprend les étrangers capturés à l'occasion des guerres et des razzias, les débiteurs insolvables, les enfants d'autres esclaves, ainsi que les esclaves achetés sur les marchés orientaux. Leur condition est très variable. En Suède, les esclaves ont le droit d'avoir une vie de famille dans le cadre d'une sorte de concubinage ; en Islande, ils peuvent posséder des biens. Souvent, les esclaves accèdent à des fonctions importantes au sein des familles d'agriculteurs, épousent des femmes libres ou achètent leur affranchissement. Les affranchis jouissent d'un statut de demi-liberté, et seuls leurs descendants accèdent à la liberté complète, après plusieurs générations.

A gauche : miniature du XIXe siècle illustrant l'armement et les vêtements des Vikings. Ci-dessus : traîneau (en haut) et chariot sculptés (à droite) retrouvés dans le bateau d'Oseberg. En bas, sur la double page : une bataille navale entre Vikings et Byzantins. Biblioteca Nacional, Madrid. Page de droite : pierre runique ornée de motifs figuratifs. Plus de trois mille pierres, décorées de symboles variés, ont été retrouvées.

Les **paysans libres** forment l'ossature de la société scandinave. L'énorme majorité d'entre eux sont de petits propriétaires, qui profitent des distributions périodiques de terrains confisqués et de terres communes *(bondhi)*. Leur groupe est dominé par une minorité de propriétaires de terres héréditaires *(odhal)*, qui exercent une autorité particulière au sein des assemblées *(thing)*. Tous sont juridiquement libres, possèdent le droit de participer aux assemblées et sont soumis à l'obligation du service militaire. Les **nobles** forment la classe dirigeante. Grands propriétaires terriens, ils exercent aussi le pouvoir en qualité de chefs des communautés cantonales *(hersar)* et provinciales *(jarlar)*, ou de territoires plus vastes (royaumes), même si l'administration politique de ces territoires ne peut se passer de l'accord des assemblées. Leur force et leur pouvoir se manifestent en particulier au sein des armées. Par leur capacité de conduire les hommes à la victoire, de prendre des décisions rapides et de se couvrir de gloire au combat, ils apparaissent comme des dieux.

Dans cette société guerrière, la **femme** dispose d'un statut juridique particulièrement limité. Toujours soumise à un tuteur (le père ou le mari), elle ne possède ni biens ni droits, sauf quand elle jouit du statut de veuve. Le mariage est régi par un contrat *(kaufehe)* conclu entre les chefs de famille, sans que l'intéressée soit consultée. Dans la pratique quotidienne, dont témoignent les sagas, il n'est pourtant pas rare que des mariages d'amour soient conclus, même avec une personne d'une autre classe sociale ou avec une femmes étrangère. Si les femmes sont tenues de rester chastes avant leur mariage et d'être ensuite des épouses fidèles, les hommes jouissent de la plus grande liberté : les nobles pratiquent une véritable **polygamie**, en conservant néanmoins un rôle particulier à leur épouse principale. Quand les hommes sont partis à la guerre, les

femmes sont chargées de diriger la maison et de s'occuper des récoltes. C'est à ce moment que la maîtresse de maison, imposant son autorité, obtient le respect et la considération. Les sagas décrivent les femmes du Nord comme des épouses fidèles, laborieuses et réservées, capables d'adoucir l'intransigeance guerrière de leurs époux, mais aussi de prendre elles-mêmes l'initiative d'expéditions militaires ou de guerres de conquête.
Dans un monde imprégné de magie et de superstition, les sorcières, les prophétesses, les voyantes et les devineresses sont considérées avec respect, déférence et crainte.

LES MARCHANDS VIKINGS DE BULGAR

Voici comment l'historien arabe Ibn Fadlan décrit l'arrivée des marchands scandinaves à Bulgar (sur la boucle orientale de la Volga) et la riche symbolique religieuse qui était associée à leur activité commerciale :
« Dès que leurs bateaux ont jeté l'ancre, tous descendent à terre. Chaque marchand, portant du pain, de la viande, des oignons, du lait et du nabid [une sorte d'hydromel], *se dirige vers un grand pilier de bois semblable à une figure humaine, autour duquel se trouvent de petites statues et, derrière, d'autres grands poteaux enfoncés profondément dans le sol. Arrivé donc devant la grande statue, chacun se prosterne, en disant : "Ô Seigneur, j'arrive de loin avec tant et tant de femmes, et tant et tant de peaux de zibeline." Puis le marchand énumère ses marchandises, et poursuit ainsi : "Je viens à toi avec ces offrandes." Après quoi, il dépose devant le poteau de bois tout ce qu'il a apporté. "Je désire que tu me procures un marchand qui possède beaucoup de dinars et de dirhams, qui m'achète tout ce que j'ai à vendre, et qui ne conteste pas mes paroles." Puis il s'en va. Si ses affaires se déroulent lentement et traînent en longueur, il apporte de nouveau une ou deux offrandes [...] ou envoie un cadeau à chacune des petites statues, en les priant d'intercéder en sa faveur. Si ses affaires vont bon train, et s'il arrive à vendre, alors il dit : "Le Seigneur a exaucé mes vœux; maintenant, c'est à moi de le remercier." Il se procure ensuite un troupeau de chèvres ou d'animaux à cornes, et il les tue, donnant une grande partie de leur viande en aumône et répartissant le reste entre le grand poteau et les petites statues qui l'entourent, accrochant les têtes des animaux au grand poteau. A la tombée du jour, les chiens viennent manger; et celui qui a préparé tout cela dit alors : "Voilà que le Seigneur a consommé mon offrande." »*

R. Pörtner, L'Épopée des Vikings, *Garzanti, Milan, 1972, p. 275.*

L'économie s'appuie principalement sur l'**agriculture**, mais profite peu à peu de l'essor des échanges commerciaux.
Les activités agraires varient selon les régions : au Danemark et dans le sud de la Suède, de vastes étendues se prêtent au labourage et à la **culture des céréales**, régie par la rotation biennale ou triennale des cultures (seigle, orge et jachère); dans les vallées étroites de Norvège et dans les colonies atlantiques, où les terres cultivables sont rares et peu fertiles, et où les activités sont paralysées par les longs hivers subpolaires, c'est au contraire l'**élevage** qui domine.
Si les chèvres et les porcs sont élevés un peu partout, les troupeaux de bovins, d'ovins et de rennes constituent la principale ressource de l'agriculture. La courte période de l'été est consacrée à la constitution des réserves de foin, qui permettront de nourrir le bétail durant l'hiver. La sévérité du climat exerce une menace constante sur l'existence du paysan viking. Des ressources d'appoint sont néanmoins fournies par la récolte des produits offerts par la nature (algues, écorces et lichens comestibles) et, surtout, par le produit de la pêche et la pratique de la **chasse**.

Comme c'est le cas dans de nombreuses civilisations primitives, le paysan est aussi un **artisan** qui fabrique lui-même ses outils de travail et ses armes de chasse : les pièges, les arcs et les javelots lui servent à capturer des lièvres, des oiseaux et même des ours, des élans, des bisons et des rennes; pour pêcher en mer ou dans les rivières, il utilise des armes, des lignes, des filets, des nasses et, pour capturer les gros animaux marins (phoques, morses, narvals), des lances, des haches et des harpons. Les peaux (de renne, d'ours, de martre, de baleine et de phoque) et les poissons séchés (harengs et morues) sont les premiers produits qui font l'objet d'un **commerce**. De façon occasionnelle, des paysans partent en voyage et s'improvisent marchands (et parfois pirates) : dans les îles Britanniques, ils échangent leurs produits contre des tissus, des céréales, du vin, du miel ou de l'argent. Ces premiers échanges sont attestés par les sagas, qui permettent de les situer vers l'an 900. Les marchands empruntent les routes commerciales déjà parcourues, en direction du nord, par les peuples d'Europe centrale : la vallée du Rhin, qui mène à la mer du Nord, aux îles Frisonnes et à la mer Baltique; la route qui, d'Aquilée, conduit à Carnuntum, près de Vienne, et qui permet d'atteindre, par la vallée de la Morava, les marchés de l'ambre jaune de la Baltique.
Les comptoirs scandinaves des îles de l'Atlantique et des côtes d'Europe occidentale favorisent l'essor des échanges. A l'est, c'est une autre figure de marchand viking, plus professionnel, qui apparait. On ignore

la raison pour laquelle le commerce prit une importance essentielle pour les Vikings et, en particulier, pour les Varègues.
Selon les uns, c'est parce que l'argent ne possédait pas la même valeur en Orient et dans le monde musulman, où la découverte des gisements irakiens en avait diminué le prix par rapport à l'Occident (c'est la thèse de l'économiste Sture Bolin); pour d'autres, l'essor du commerce chez les Varègues résulte à la fois de leur habileté de marchands et de leur force militaire; pour d'autres encore, c'est l'afflux de métaux précieux en provenance de l'Orient qui bouleversa les activités économiques des Vikings – en particulier des Danois et des Norvégiens, qui en étaient exclus – et qui poussa ces populations à se lancer dans des opérations de piraterie et de conquête (c'est la thèse d'Albert d'Haenens).

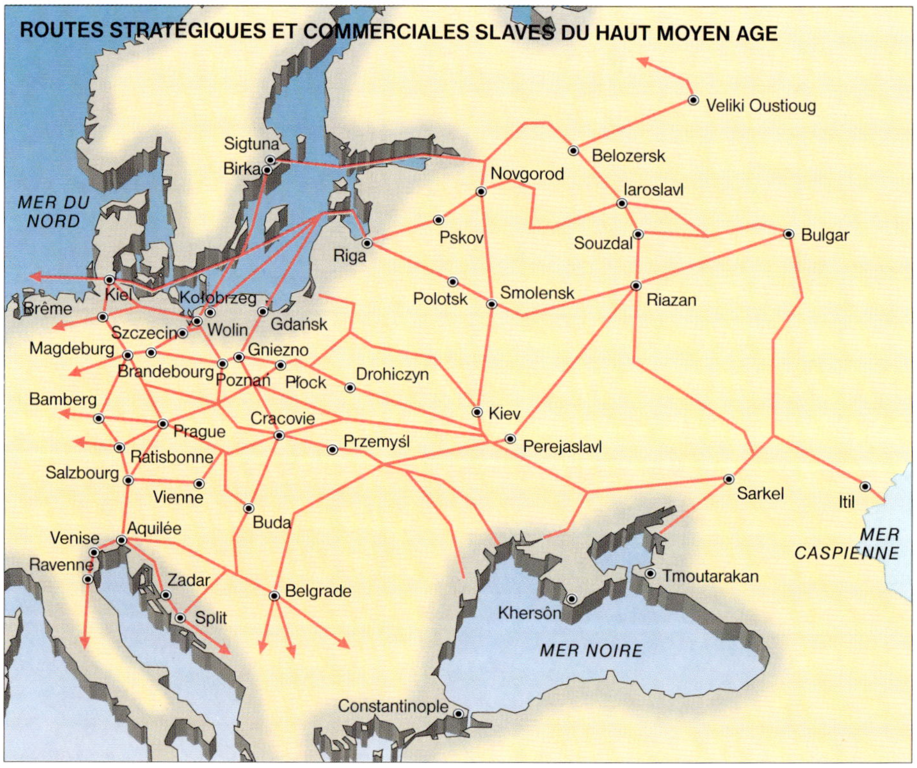

*Ci-contre : carte des routes stratégiques et commerciales des peuples slaves au haut Moyen Age. **Les territoires habités par les Slaves constituent un lieu de rencontres et d'échanges entre des pays très éloignés les uns des autres : de l'Europe du Nord, les convois descendent vers la mer Caspienne, la mer Noire et la Méditerranée, en traversant le Moyen-Orient byzantin et musulman.***
*Au centre : objets en argent **provenant du trésor de Zemiansky Vrbovok (Slovaquie),** VIIe **siècle.** **Ces pièces témoignent des contacts noués entre l'Europe centrale et l'Empire byzantin.***
*En bas : **vase en or, décoré de motifs ornementaux et d'inscriptions en grec et en turc. Retrouvé à Nagyszentmiklós (Roumanie), il date de la première moitié du** IXe **siècle.***

Quand on évoque les activités économiques des peuples des steppes, on souscrit trop rapidement à l'image de Barbares privés de toute forme de civilisation. Pourtant, quand ces peuples se portent aux frontières de l'Europe médiévale, ils ont déjà abandonné en grande partie leur mode de vie tribal pour adopter progressivement - à des degrés divers - les formes économiques de la sédentarité : l'utilisation systématique de la charrue et la culture des céréales favorisent en particulier l'essor d'une **agriculture intensive**. Ces peuples ne sont donc plus seulement des cueilleurs ou des éleveurs de troupeaux en liberté ou en pâture, mais aussi des cultivateurs. Aucun crédit ne peut donc être accordé à la tradition légendaire qui rapporte que les Hongrois étaient avides de viande crue, qu'ils pressaient entre la selle et le dos de leurs chevaux. Tout au plus pouvait-il s'agir d'une pratique destinée à soulager le cheval du frottement de la selle.
L'idée selon laquelle les Slaves cultivaient et consommaient le millet, céréale difficile à cultiver en Europe centrale, relève tout autant de la légende. Selon cette interprétation, deux formes d'agriculture auraient coexisté : une agriculture primitive, instable, aurait développé la culture du millet sur des terres arrachées à la forêt par le feu *(zarowa)*; une agriculture élaborée aurait développé la culture du seigle en se servant d'une charrue tirée par des animaux.
En réalité, les Slaves évoluèrent vers les activités économiques propres à la sédentarité : ils cultivèrent très tôt le seigle et adoptèrent dès les premiers siècles de l'ère chrétienne la charrue équipée d'un soc et d'un coutre de fer. L'économie des peuples slaves se fonde donc sur l'agriculture et, en particulier, sur la **culture des céréales** d'hiver et de printemps. Le mouvement de mise en valeur de nouvelles terres s'étend depuis les vallées fluviales jusqu'aux versants des montagnes, et permet de conquérir des régions jusqu'alors inhabitées. Ces activités continuent d'être associées à l'**élevage** - ovin, porcin et surtout bovin - et à l'exploitation des bois et des eaux de la région. Dans la grande plaine d'Europe centrale et orientale, le milieu naturel offre en effet d'abondantes ressources alimentaires aux habitants : les glands et les noix, les herbes aromatiques et médicinales, les baies et, surtout, les champignons, qui abondent dans les forêts du nord et de l'est de la Russie.

Dans les forêts et dans les bois de tilleuls et d'acacias, le **miel** est une denrée recherchée. Ceux qui le récoltent courent même le risque de tomber dans une embuscade, comme le raconte, au Xe siècle, le chroniqueur arabe Ibn Fadlan : « Dans les forêts, ils trouvent beaucoup de miel dans les nids d'abeille. [...] Ils partent pour la récolte, mais parfois, un groupe d'ennemis les surprend et les tue. » Habitués au maniement des armes, ces peuples sont aussi de redoutables chasseurs. Dans la région de Kiev, les fouilles ont mis au jour des ossements de sangliers, de chevreuils, de castors, de cerfs, de martres, d'élans, d'ours et de loups, de cygnes, d'oies, de grèbes... Enfin, l'**élevage des pigeons** est répandu.

L'économie de ces populations est essentiellement **autarcique** : les exploitations agricoles et les petites communautés du voisinage pourvoient elles-mêmes à leurs besoins alimentaires. Certains produits requièrent néanmoins l'intervention d'un artisan spécialisé. Il faut alors s'adresser aux **boutiques d'artisans** qui s'abritent derrière l'enceinte des forteresses ou des gros bourgs : c'est là que les céramistes, les ferronniers et les orfèvres exercent leurs activités. Des artisans ambulants parcourent également les villages et les fermes avec leurs instruments de travail, s'arrêtant en fonction des commandes qui leur sont adressées.
L'économie de l'Europe de l'Est profite par ailleurs du passage de commerçants étrangers - francs, musulmans et, surtout, scandinaves - qui sont bien accueillis par l'aristocratie tribale des cours slaves. Pendant des siècles, les territoires habités par les Slaves constituent ainsi un lieu de rencontres et d'échanges entre des cultures et des pays très éloignés : de l'Europe du Nord, les convois descendent vers la mer Caspienne, la mer Noire et la Méditerranée, en traversant le Moyen-Orient byzantin et musulman.
Les principales voies de communication empruntent les vallées des grands fleuves de la plaine sarmatique, la Volga, le Dniepr et la Dvina occidentale; reliés par leur cours supérieur à leurs affluents et aux lacs du plateau du Valdaï, ces trois fleuves se dirigent ensuite dans trois directions différentes : respectivement l'est, le sud et l'ouest.
En revanche, les contacts commerciaux avec

l'Occident sont inexistants dans les régions les plus exposées à la menace des Avars. Avec l'essor des échanges commerciaux, de nouveaux centres habités et les premières villes apparaissent, comme sur les rives du Danube ou de la mer Baltique (Wolin).

Les peuples des steppes présentent une **organisation sociale à caractère tribal**. Les campements se composent de six à dix tentes, abritant chacune une famille de cinq ou six personnes. Le chef est le membre le plus âgé de la famille qui possède le plus grand nombre de têtes de bétail. La réunion de plusieurs campements forme un clan, cellule principale de la société nomade et semi-nomade ; la réunion de plusieurs clans forme une tribu ; enfin, la réunion de nombreuses tribus forme un peuple.
Les guerriers libres de chaque tribu reconnaissent l'autorité d'un chef ; à des occasions particulières, tous les chefs de tribu élisent un prince (*khagan* ou *khān*), sous le commandement duquel peuples et tribus forment de grandes hordes. Le pouvoir des chefs est illimité. Les communautés des steppes présentent donc une structure aristocratique, fondée sur les liens du sang et l'ancienneté, et instable. Grâce aux contacts noués avec les populations civilisées, les structures sociales des tribus évolueront progressivement. Au début du IXe siècle, les hordes hongroises sont commandées par des chefs héréditaires ; leur territoire est ensuite divisé en circonscriptions administratives calquées sur le modèle des comtés francs, alors que les régions frontalières adoptent le système du *gyepü*, semblable au système des thèmes byzantins. Au Xe siècle, les chefs de tribu hongrois, bulgares ou khazars sont pourtant bien loin de ressembler aux fonctionnaires de Constantinople.
Certaines caractéristiques de l'organisation sociale des peuples nomades se retrouvent dans le **monde slave**, où l'unité de base est constituée par la « grande famille » patriarcale. La réunion de plusieurs familles forme un clan (*rod* dans les langues slaves) placé sous l'autorité des anciens. Du clan, on passe à la tribu, puis au peuple. Chez les Slaves orientaux, la communauté agricole rassemble plusieurs familles qui possèdent collectivement la plupart des terres exploitées, sans que la propriété privée soit tout à fait abolie. Chaque peuple est placé sous l'autorité d'un roi ou « grand-prince », qui est désigné par des termes d'origine étrangère : *kunedzi* (« prince »), du germanique *könig* ; *kral* (« souverain »), du nom de Charlemagne ; *czar*, du latin *caesar*. Le pouvoir des chefs qui tendent à former petit à petit une classe aristocratique, est néanmoins limité par l'assemblée des chefs de famille et, à partir des VIIIe et IXe siècles, par la *družina*, une organisation de guerriers professionnels qui servent le souverain et exercent des fonctions administratives, à l'image de la *truste* mérovingienne et de la *hirdh* scandinave.
Le particularisme tribal et la fragilité des liens de dépendance empêchent, jusqu'à l'an mille, la formation de principautés stables.
Le monde slave pratique l'esclavage. Comme le rapporte le Pseudo-Maurice au VIIe siècle, il s'agit d'abord d'une forme atténuée de servitude : « Les Slaves ne réduisent pas leurs prisonniers en esclavage de la même façon que les autres peuples. Ils ne les retiennent pas pour une durée illimitée, mais leur proposent de retourner parmi les leurs en payant une rançon ou de rester esclaves [pour un temps déterminé], avant de se retrouver libres et amis. » La condition des esclaves ne cessera pourtant de se durcir, au point que la ville de Kiev deviendra, au Xe siècle, un des grands marchés du commerce des esclaves.

L'ÉVOLUTION DES STRUCTURES FAMILIALES CHEZ LES SLAVES : LA ŽUPA

A partir du moment où les populations slaves s'établissent dans de nouveaux territoires de l'Europe centrale et méridionale, leurs structures sociales connaissent une évolution significative : le critère étroit du lien du sang cède la place à une définition territoriale plus précise. C'est ainsi qu'apparaît, au VIIIe siècle, une entité politique particulière : la župa.
« La župa *prend la forme d'une entité politique capable de résister à l'avancée d'autres groupes ethniques, en particulier germaniques. A sa tête se trouve un* župan *- ou vieux* župan *-, authentique incarnation du lien fonctionnel entre deux périodes successives : conservant les compétences et les prérogatives de l'ancien chef de tribu, il aurait réussi à imposer son autorité au cœur même des nouveaux États slaves du haut Moyen Age. Dès lors, un chef qui se serait distingué aurait pris le nom de* knez *(le terme, qui signifie « ancien » en bulgare correspond à* knjaz*, « prince », en serbo-croate et en russe). Adopté dans toutes les langues slaves, le vocable provient des vieux idiomes germaniques, où la racine* kuni- *équivaut au slave* rod *(« famille, clan »). La tâche principale du prince était de commander l'armée ; les Slaves Polabes lui donnaient alors le titre de* vojevoda, *un mot qui passa au Moyen Age dans le vocabulaire de tous les peuples slaves pour désigner le commandant des armées.*
Cette situation fit que les Bulgares du tsar Siméon, au début du Xe siècle, purent s'emparer sans trop de difficultés de la Serbie : il leur suffit de capturer par ruse les župans *serbes... en les convoquant à une assemblée plénière.*
Même si le groupe familial était soumis à l'autorité des anciens (on parlait précisément des « vieux župans *»), ces derniers étaient respectés pour la responsabilité qu'ils exerçaient et non pour leur âge. Le sentiment qui consolidait la « grande famille » dépendait de deux facteurs : la propriété commune de la terre et l'obligation collective relative aux faits et aux méfaits de chaque individu appartenant au clan - et pour lequel on faisait cause commune -, ainsi que les vengeances à décider et à exécuter contre un clan qui aurait commis une faute répréhensible. Loin de se limiter au seul domaine moral et religieux, le sens de la responsabilité collective se reflétait dans le droit et dans la vie matérielle. »*

F. Conte, Les Slaves, *Einaudi, Torino, 1991, p. 226.*

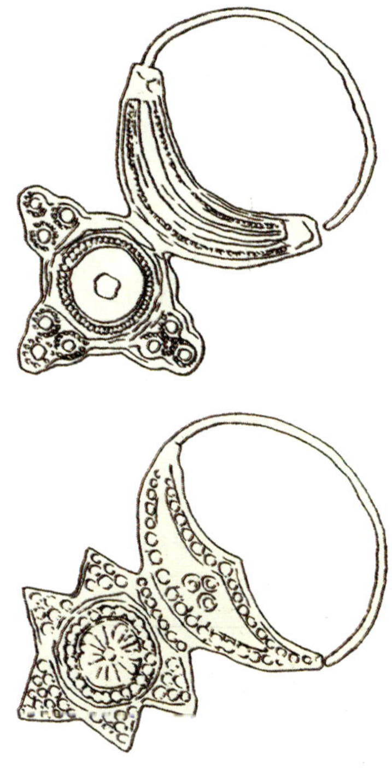

En bas : céramiques provenant du site funéraire de Devinska Nova Vel (Slovaquie). La culture des peuples nomades s'exprime surtout à travers les significations symboliques attachées aux objets de la vie quotidienne. L'absence de sources écrites oblige les historiens à chercher des éléments d'interprétation dans le matériel des tombes mises au jour durant les dernières décennies.
A droite : boucles d'oreille trouvées dans une tombe de culture slavo-avar, en Slovaquie.

Après l'offensive des Arabes, la société et l'économie byzantines subissent de nettes transformations. Les sources historiques, qui sont à nouveau disponibles à partir du IXe siècle, attestent que la situation s'est sensiblement modifiée. En particulier, les fondements de la société byzantine se sont écroulés. La hiérarchie pyramidale des pouvoirs, dominée par l'empereur et régie par le principe de subordination, a cédé la place à un système de responsabilités où les intermédiaires ont disparu. L'administration prévoit une grande variété de charges, qui dépendent directement du *basileus*. Surtout, la **réforme des thèmes** du VIIe siècle, fondée sur de grandes unités territoriales - parfois de dimensions considérables, comme le thème du Péloponnèse, créé vers 810 -, modifie en même temps l'organisation de l'armée, dont les membres, recrutés sur place, sont directement intéressés à la défense de leur territoire. D'après certains historiens, la propriété héréditaire de terres auxquelles sont attachées des prestations militaires est concédée à des soldats pour renforcer les liens de l'armée avec le territoire défendu.

Cette organisation encourage la diffusion de la propriété foncière aux dépens des grands latifundia, qui n'ont pas pour autant disparu. Néanmoins, les obligations attachées à la propriété terrienne, qu'elles soient militaires ou fiscales, finissent par introduire un clivage entre les propriétaires riches et puissants d'une part, et les exploitants pauvres d'autre part. Dans les cas extrêmes, les petits propriétaires sont obligés de changer de statut social, c'est-à-dire de renoncer à la condition de paysans libres. Les analogies avec l'Empire carolingien sont nombreuses. En premier lieu, la part des ruraux dans la société byzantine est de plus en plus grande : aux VIIIe et IXe siècles, une crise touche les activités urbaines, l'industrie manufacturière et le commerce, si bien que l'agriculture devient l'activité dominante.
Il s'agit néanmoins d'une agriculture plutôt primitive, comme l'atteste la **loi agraire** des débuts du VIIIe siècle. Les paysans sont propriétaires de terres et de bétail et jouissent d'une liberté complète. Pour cultiver leurs terres, ils recourent à la main-d'œuvre servile et à des ouvriers agricoles. Comme le rapportent d'autres sources, les propriétaires font aussi travailler les terres par des colons, en les utilisant en fait comme des serfs privés de liberté. Alors que les potagers et les vignobles sont entourés de fossés ou de clôtures, les champs cultivés restent ouverts au passage des troupeaux, qui sont exposés aux attaques des loups.

A gauche : calice de sardonyx. Art byzantin, fin du Xe-début du XIe siècle. En haut : frise d'un calice représentant Léon VI et des saints. Trésor de Saint-Marc, Venise.

Les **villes** forment l'ossature de l'Empire byzantin durant sa période de splendeur : au début du VIe siècle, le manuel de Hiéroclès en recense 935 (en réalité, l'Empire devait en compter plus de 1 500). Aux VIIe et VIIIe siècles, les villes subissent néanmoins les conséquences des épidémies et des guerres que l'Empire entreprend pour défendre ses frontières. Dépeuplées, elles déclinent peu à peu. Vers 840, le géographe arabe Ibn-Khurdadhbih ne recense plus que cinq villes en Asie Mineure : Éphèse, Nicée, Amorion, Ancyre et Sam'al (Zincirli).
L'Empire ne conserve qu'une seule grande ville, Constantinople, qui, comme le rapporte Nicéphore, est « presque dépeuplée » par les tremblements de terre et les épidémies de peste du VIIIe siècle, au point que l'empereur Constantin V (741-775) est obligé d'y faire venir des habitants de Grèce et des îles de la mer Égée. La crise qui frappe les villes est confirmée par les sources archéologiques, en particulier par les monnaies. A Sardes, par exemple, les fouilles ont permis de retrouver 1 011 monnaies émises entre 491 et 616, 90 monnaies émises entre 616 et 700, et seulement 9 monnaies des VIIIe et IXe siècles. Ailleurs, une **reprise de la vie urbaine** et des activités économiques est néanmoins attestée à partir du IXe siècle. Alors que Constantinople procède surtout à la restauration des bâtiments en ruine et à l'édification de nouvelles constructions à l'intérieur du palais impérial, Corinthe, Athènes, Patras et Sparte se grossissent de nouveaux habitants ; en Asie Mineure, la renaissance urbaine est plus lente.
Les évêques, qui jouent un rôle déterminant dans l'essor des villes en Occident, sont négligés par l'empire d'Orient. La présence de gouverneurs locaux, qui s'appuient sur une puissante organisation, rend inutile l'extension des charges publiques, qui continuent souvent à dépendre de leur autorité. Dans l'empire d'Orient, ce sont les monastères, plutôt que les évêques, qui profitent des donations, si bien que le pouvoir épiscopal est privé de l'aisance qui siérait à son rang.

LES MONNAIES BYZANTINES

Solidus *d'or* (nomisma *ou* byzante) *: monnaie dont le poids correspond à la soixante-douzième partie d'une livre d'or (4,55 grammes). L'alliage varie entre 930 et 960 ‰, mais fut modifié en 1078, quand il comprit jusqu'à 9 % de cuivre.*
Semissis *: monnaie d'or correspondant à la moitié du* solidus.
Tremissis *: monnaie d'or correspondant à un tiers du* solidus.
Milliaresion *: monnaie d'argent (90 %) émise à partir du VIIe siècle, dont la valeur correspond au douzième du* solidus *(à l'époque de l'empereur Alexis Comnène, le* solidus *se déprécia au point d'être échangé contre quatre* milliaresia.
Nummos *: monnaie de bronze émise en pièces de 5, 10, 20 et 40* nummoi *(cette dernière était connue sous le nom de* follis*).*

La **reprise démographique et économique** se manifeste aux Xe et XIe siècles. Du point de vue social, le mouvement implique deux conséquences opposées : l'apparition de puissantes familles de grands propriétaires terriens et la transformation du latifundium, d'une part ; le réveil d'une florissante bourgeoisie urbaine, d'autre part. Le premier phénomène est favorisé par la **crise de la petite propriété foncière**, qui est incapable de supporter le poids des charges fiscales durant les périodes de crise. Ainsi la **famine** des années 927 et 928 contraint-elle de nombreux agriculteurs à brader leurs terres aux gros exploitants. De la sorte émergent, en particulier en Asie Mineure, les grandes familles qui joueront un rôle décisif dans la conduite de la politique impériale : les Phokas, originaires de Cappadoce, qui accèdent au trône avec Nicéphore II (963-969) ; les Kourkouas, qui donnent à l'Empire une série de généraux, avant de s'emparer du pouvoir avec l'empereur Jean Tzimiskès (969-976) ; les Skleros, les Malenos, les Doukas et bien d'autres. Les représentants de cette aristocratie terrienne accèdent non seulement aux plus hautes fonctions de l'Empire, mais se servent aussi de leur position de force pour en tirer des avantages financiers. Le premier des privilèges, dont profitent aussi la plupart des grands monastères, est l'immunité fiscale *(exkousseia)*. En échange des services rendus et de leur fidélité au souverain, les chefs militaires obtiennent par ailleurs des bénéfices *(pronoiai)*. La *pronoia* n'est pas héréditaire : il s'agit d'une concession temporaire, qui suscite la convoitise de nombreux aspirants soldats *(stratiôtès)*. Ainsi s'édifie progressivement un système analogue – y compris dans la terminologie – au système vassalique des bénéfices, tel qu'il prévaut en Occident. Les conséquences sont identiques : fragmentation du pouvoir central et constitution de clientèles d'hommes armés. Néanmoins, au contraire de ce qui se passe dans l'Empire carolingien, cette évolution n'est pas codifiée par des lois et par un vocabulaire particuliers.

Le **rôle grandissant de la bourgeoisie** constitue la seconde évolution déterminante. L'élan décisif est imprimé par la reprise des activités urbaines. Même si les grandes villes ne retrouveront jamais la prospérité qu'elles avaient connue au Bas-Empire, des centres urbains d'importance moyenne s'imposent, aux Xe et XIe siècles, à la tête des campagnes environnantes en nouant d'étroites relations commerciales avec l'arrière-pays. Certes, les paysans des sociétés pré-industrielles fabriquent eux-mêmes les outils dont ils ont besoin, mais les boutiques d'artisans ne cessent de se multiplier dans les villes. Si des forges sont implantées sur tout le territoire de l'Empire et si les forgerons ambulants *(komodromoi)* parcourent les villages, les villes abritent des ateliers spécialisés, qui travaillent le fer battu et fabriquent des bijoux. De même, la céramique est partout répandue, mais les objets les plus délicats viennent des villes ; et si la laine est filée « dans chaque foyer », comme l'écrit le philosophe Michel Psellos (1018-1078), les meilleurs tissus sont fabriqués dans les villes, qui sont aussi les seules à disposer du coton et des autres produits textiles d'importation. Certaines villes se sont du reste spécialisées dans la fabrication de produits particuliers : Corinthe est réputée pour ses armes ; à Thèbes et à Sparte, des artisans juifs travaillent la soie ; à partir du IXe siècle, Constantinople produit de la vaisselle fine, rose et blanche, ornée de motifs raffinés.

Page ci-contre, dans l'encadré : un tremissis byzantin.
Sur cette page, en haut : saint Paul, émail cloisonné sur or, XIe siècle. Victoria and Albert Museum, Londres. Le nom de l'apôtre est écrit en grec.
A droite : panneau central d'une icône représentant, en relief, l'archange saint Michel avec son épée et sa cuirasse. Le cadre est orné des bustes du Christ, de saint Pierre (en haut) et de saints guerriers (sur les côtés). Trésor de Saint-Marc, Venise, XIe siècle.

L'ensemble de ces activités est soutenu par le dynamisme du **commerce**, qui place l'Empire byzantin au carrefour des grands circuits d'échanges de l'époque, entre l'Empire carolingien, l'Asie, le monde musulman et les peuples du Nord. Deux routes principales se dirigent vers l'Asie : la première suit les rives de la mer Noire et conduit, par Trébizonde et Théodosiopolis, aux plateaux iraniens et à Tabriz ; la seconde, qui part de Nicée, suit la côte de la Méditerranée, passant par Abydos, Pergame, Éphèse et Tarse, et se dirige vers le plateau d'Anatolie avant de se diviser en deux directions : vers Édesse et l'Arménie, d'une part, vers la Mésopotamie, au sud, d'autre part. D'autres routes mènent à l'Adriatique et au Danube à travers la péninsule Balkanique : l'une passe par Sofia, puis par la Macédoine ; l'autre, plus importante encore, est l'ancienne via Egnatia, qui passe par Thessalonique et Ohrid avant d'atteindre le grand comptoir maritime de Dyrrachium (Durrës), qui dépend des Vénitiens. Enfin, la route du Nord, qui part de l'embouchure du Dniepr, est contrôlée par les Varègues de Kiev ; c'est par là que passent les produits de Scandinavie et du delta du Danube, où affluent les marchands bulgares ; c'est par là que les esclaves, le bois précieux, l'ambre, le miel et les céréales parviennent à Constantinople.

Servi par la position géographique de Byzance, le commerce est aussi encouragé par la **politique législative** des empereurs, qui ne lui imposent des restrictions et des prélèvements fiscaux qu'à l'occasion de circonstances exceptionnelles, et pour une période limitée. En temps normal, les marchands ne paient qu'une seule taxe, le *kommerkion*, qui représente 2 à 4 % du produit de leurs ventes (seuls les marchands d'Alep sont soumis à une taxe de 10 % en vertu d'un accord signé en 970). Cette politique autorise toute forme de commerce à travers l'Empire byzantin, y compris aux marchands étrangers. Il s'agit d'un véritable **« libéralisme » commercial**, qui contribue à approvisionner Byzance et encourage à la fois les relations économiques et les échanges culturels et intellectuels. Constantinople se trouve ainsi au carrefour d'un monde en mutation, où émergent de nouvelles puissances, comme la Russie chrétienne ou les républiques maritimes italiennes. Soumise aux Byzantins, Amalfi commerce régulièrement avec Constantinople et se prépare à jouer un rôle de premier plan dans l'économie de la Méditerranée. Établis à Constantinople dès le IXe siècle, les Vénitiens obtiennent leurs premiers privilèges commerciaux de l'empereur Basile II en 992.

Avec l'avènement de la dynastie des 'Abbāssides, le foyer de l'islām n'est plus l'Arabie, mais la **Perse**, où les effets d'un puissant mouvement de **renaissance politique, culturelle et économique** sont extrêmement rapides. Un bourg comme Bagdad, qui comptait sans doute quelques centaines d'habitants, connaît une croissance accélérée après que les 'Abbāssides l'ont choisi pour capitale : sa population atteindra presque deux millions d'habitants. Ce processus de développement économique s'étend à tout le monde musulman, qui traverse, entre le IXe et le XIe siècle, une période de paix relative et de consolidation des conquêtes antérieures, consacrant l'apogée de l'islām. Cette croissance est en premier lieu soutenue par le **commerce**, pour lequel tous les Arabes se reconnaissent une prédisposition presque naturelle. On rapporte que le calife 'Umar, bras droit de Mahomet, aurait déclaré sur son lit de mort : « Je ne puis en aucune façon mourir plus doucement qu'en étant occupé à traiter des affaires d'achat et de vente pour ma famille. » En réalité, l'activité commerciale est une nécessité pour le monde arabe, qui est privé de ressources naturelles.
Grâce à leurs conquêtes, les Arabes se sont emparés des mines d'or du Soudan, de l'ouest de l'Arabie, du Caucase, de l'Arménie, de l'Oural et de l'Altaï, et disposent en outre d'énormes réserves d'objets précieux, qui proviennent des pillages des villes, des églises et des monastères occidentaux. Cet **afflux de métaux précieux** dans le monde musulman entraîne immédiatement la dépréciation des monnaies d'or, dont les détenteurs cherchent à se débarrasser. Le commerce en est d'autant stimulé, et permet aux musulmans d'acquérir les biens de consommation qui rendent leur existence plus agréable.

Du point de vue strictement monétaire, **l'émission de monnaies s'accroît** : des officines locales sont établies dans toutes les grandes villes de l'islām à partir de 827.
En même temps, la circulation monétaire s'accélère et la qualité de la frappe s'améliore. Enfin, le cours des monnaies d'or et d'argent par rapport à la monnaie byzantine est ajusté : au *nomisma* d'or des Byzantins, dont le poids est de 4,85 grammes, correspond le dinar des musulmans, dont le poids est légèrement inférieur. Quant au drachme des Sassanides et au dirham des Perses, qui dominent le grand commerce de l'argent, ils correspondent au dirham musulman. Monnaie d'or et monnaie d'argent sont par ailleurs liées, dans la mesure où 20 dirhams correspondent à 1 dinar. Ce système permet la diffusion d'un **bimétallisme monétaire** qui couvre tous les besoins du grand commerce (le commerce de détail se sert de monnaies de faible valeur, de cuivre et d'étain, qui sont appelées *fals* et qui correspondent au *follis* byzantin).
La monétisation de l'économie musulmane et la dépréciation des monnaies contribuent à enrichir la classe des marchands, mais nuisent aux paysans et aux artisans. Les petits propriétaires des campagnes sont accablés par le poids des impôts et des dettes qu'ils ont contractées auprès des usuriers des villes.
De leur côté, les artisans sont souvent acculés à fermer boutique, victimes de l'évolution divergente des prix : les matières premières importées sont chères, alors que leurs marchandises, qui affrontent la concurrence de produits d'origine étrangère, se vendent à bas prix. Le sort précaire de ces artisans et paysans devient insupportable en cas de famine ou de calamités naturelles : des rébellions éclatent, tantôt suscitées par un ambitieux, briguant le pouvoir, tantôt inspirées au contraire par des revendications égalitaristes. Le soulèvement le plus violent fut celui de **Babak** (816-837), qui conduisit les populations de l'Azerbaïdjan à se révolter au nom de revendications sociales et religieuses. Le soulèvement s'étendit à l'Arménie, à l'Iran et à l'Irak : des caravanes furent pillées et le commerce perturbé. Capturé, Babak mourut sous la torture à Sāmarrā. Deux ans plus tard, en 839, une nouvelle révolte éclata dans la région du Tabaristān, sous la conduite du noble iranien Mazyar. Dirigée contre le gouverneur du Khorāsān, puis contre le calife de Bagdad, ce soulèvement fut également réprimé dans le sang.

A gauche : dessin sur parchemin d'époque fāṭimide (Xe-XIe siècle) représentant le jeu du bâton. Musée de l'Art arabe, Le Caire.
En haut : dessin sur parchemin d'époque fāṭimide (Xe-XIe siècle) représentant la pesée de denrées. Musée de l'Art arabe, Le Caire.
Entre le IXe et le XIe siècle, la croissance économique du monde musulman atteint son apogée. Cet essor est soutenu en premier lieu par le commerce, qui s'impose comme une nécessité au monde arabe, privé de ressources naturelles.
A droite : village de pêcheurs, détail d'une mosaïque de la Grande Mosquée de Damas. Ces mosaïques, qui empruntent aux paysages de l'art hellénistique, témoignent de la faculté d'assimilation de l'art musulman sous les Omeyyades.

LES MARCHANDS ARABES

Dans le monde arabe des IXᵉ et Xᵉ siècles, le grand marchand est connu pour son esprit d'initiative, son absence de scrupules et sa ruse. Dès ses débuts, il dispose d'une grosse fortune familiale, qu'il fait fructifier en se tournant vers les pays lointains. Au Soudan, il échange du sel et des bibelots contre de l'or, qu'il transporte sur des chameaux. Souvent, il s'associe à d'autres négociants pour créer des compagnies commerciales ou des industries. Constamment, il réinvestit ses capitaux dans des entreprises de plus en plus vastes. Le grand commerçant est instruit : il écrit des lettres, s'informe des marchandises, organise même des échanges à distance, et tient des livres de comptes dans lesquels il se sert des chiffres indiens (ceux que nous appelons chiffres arabes, fondés sur neuf signes et le zéro) et, parfois, de codes secrets. Sa culture pratique, qui est bien décrite par le livre d'arithmétique destiné aux marchands d'Abū al-Wafā' (940-v.998), est volontiers complétée par une érudition religieuse et par la lecture des poètes, auxquels il accorde souvent sa protection. Par ailleurs, le grand marchand fait généreusement l'aumône aux pauvres, offre des aides à la communauté, « sponsorise » des travaux publics (mosquées, écoles, fontaines), héberge des étudiants et des pèlerins. En ville, il réside dans son palais, où il vit dans l'abondance parmi ses domestiques et ses esclaves, entouré de livres, de souvenirs de voyage et d'objets précieux. Jouissant d'une position sociale élevée, il intervient dans la vie politique : tantôt comme conseiller du calife, tantôt comme son opposant, instigateur de révoltes. Dans les cas les plus favorables, le grand marchand devient vizir du calife, c'est-à-dire ministre des Finances de l'État.

Presque au même moment éclate le soulèvement des Zandj (Djatt ou tsiganes), une population indienne déportée en basse Mésopotamie pour élever des buffles. Cette révolte de parias est rapidement étouffée : ce peuple est à nouveau déporté, cette fois aux frontières de l'Empire byzantin. Trente ans plus tard, les populations noires amenées de force dans cette même région des marais de l'Euphrate se révoltent à leur tour. Pendant quinze années, jusqu'en 883, les insurgés, menés par un Perse, résistent au calife de Bagdad et pillent les villes du golfe Persique (Ubulla, Ahvāz, Bassora, Wasit). Parfois, les villes aussi sont exposées au soulèvement de classes défavorisées, comme lors de la « révolte des nus » à Bagdad, un des épisodes de la lutte pour la succession d'Hārūn al-Rachīd (809). Après ces révoltes spontanées, le phénomène prend, au Xᵉ siècle, un caractère plus organisé, comme dans le cas des qarmates, membres d'un mouvement secret qui, parti d'Iran, se répand jusqu'en Afrique du Nord. Les qarmates recrutent leurs adeptes parmi les artisans et les petits commerçants, qui nourrissent des aspirations à la fois sociales (le mouvement propose une nouvelle organisation du travail fondée sur les corporations), religieuses (il recueille toutes les tendances hérétiques de l'islām) et politiques (il devient l'instrument grâce auquel les Fāṭimides s'emparent de l'Afrique du Nord). Pour l'orthodoxie sunnite, qarmates et Fāṭimides sont les expressions d'un même mouvement, qui cherche à renverser le califat.

Le commerce arabe se développe dans quatre directions. Vers le nord-est, les pistes des oasis mènent de la Perse à l'Asie centrale et, à travers les territoires turcs, jusqu'en Chine. Vers le sud-est, les routes maritimes conduisent jusqu'aux côtes orientales de l'Inde, puis, au sud, vers Ceylan, l'Indonésie et l'Indochine ; le long de la côte orientale de l'Afrique, elles mènent à Madagascar. Au sud-ouest, les pistes caravanières traversent le Sahara. Enfin, au nord-ouest, le commerce emprunte deux itinéraires : le premier, par mer, traverse la Méditerranée ; le second, par terre, se dirige vers la Russie et l'Europe centrale et orientale. Du nord-est, les marchands musulmans importent des esclaves (qui jouent un rôle important dans l'économie arabe), des fourrures, des métaux (du fer, des armes, du cuivre et des ustensiles de cuivre travaillés par les peuples des steppes) et du bois. Matériau de première nécessité, le bois manque dans le monde arabe, qui est privé de forêts (même si la situation était moins difficile au Moyen Age qu'aujourd'hui). Il faut du bois pour fournir du combustible aux industries (la métallurgie, la verrerie, l'extraction du sucre de canne), pour les chantiers des villes, pour les machines élévatrices qui servent à l'irrigation des champs, pour les constructions navales, pour l'ébénisterie, dans un monde qui apprécie de plus en plus le luxe. C'est principalement le commerce qui permet de répondre à ces besoins. D'Arménie, le bois de construction est amené par flottage sur les cours d'eau, en particulier sur le Tigre, jusqu'à Bagdad. D'Inde, les Arabes importent le teck, qui arrive en Mésopotamie par la mer Rouge. Dans les pays de l'Asie du Sud et du Sud-Est, les Arabes ne se procurent pas seulement du bois, mais aussi des épices, que la cuisine arabe utilise abondamment, des objets précieux, de l'ivoire, de l'étain, de l'indigo, des parfums et des plantes médicinales.

A gauche, dans l'encadré : jarre servant à conserver de l'eau ou de l'huile. Le décor au bleu de cobalt est rehaussé de taches vertes. Vaisselle de type « Sāmarrā », Mésopotamie, période 'abbāsside, IXᵉ siècle. British Museum, Londres. En bas : grand plat de céramique recouvert d'un vernis stannifère et peint au bleu de cobalt. Vaisselle de type « Sāmarrā », Mésopotamie, période 'abbāsside, IXᵉ siècle. Ashmolean Museum, Oxford. Le motif décoratif est tout à fait exceptionnel dans ce type de céramique : un poisson tenant dans sa bouche deux rameaux d'une plante aquatique.

Même si le Coran l'interdit, la pratique du prêt à intérêt se répand à cette époque. Les énormes liquidités accumulées par les marchands arabes les amènent à remplacer les juifs comme prêteurs. C'est ainsi qu'émerge une classe de riches banquiers, qui contrôlent l'activité économique des villes arabes du Moyen Age.

En Inde, la société médiévale connaît un processus de développement qui permet à des chefs de tribus de se transformer en souverains, en s'attachant des vassaux *(sāmanta)* placés à la tête de petits royaumes. Petit à petit, les souverains étendent leur autorité en soumettant d'autres royaumes, et finissent par donner une dimension impériale à leurs territoires : les rois vaincus sont d'abord tributaires, puis sont soumis en qualité de *mahāsāmanta*, alors que les princes qui leur sont assujettis sont considérés

A gauche : tête de **makara** *laissant échapper un bijou de sa gueule, extrémité d'un fronton, 967 apr. J.-C. Sanctuaire de Banteay Srei. Le* **makara** *est un animal fantastique associé à l'eau et donc à la fertilité de la terre. C'est la raison pour laquelle sa représentation est assez répandue en Inde et en Asie du Sud-Est.*
En haut : un des quatre éléphants placés aux angles du temple-montagne du Mébon oriental, qui se dresse sur la petite île du Baray, à Angkor, 952 apr. J.-C.
En bas : marionnette « wayang kulit » provenant de l'île de Java.

comme des *sāmanta*. Les souverains des royaumes dominants s'appuient sur un nombre croissant de brahmanes. A ces chefs religieux, ils distribuent des biens fonciers et des immunités, qui donnent même naissance à des villages brahmaniques *(āgrahāra)*. Les brahmanes, personnages sacrés, sont les gardiens et les administrateurs du pouvoir religieux - titres qui leur reviennent de naissance - et les exécuteurs des sacrifices.

Le **système des castes** se maintient, en dépit de tentatives nombreuses qui visent à l'atténuer, parmi lesquelles le mouvement mystique de la *bhakti*, qui s'épanouit aux VIIIe et IXe siècles, ou la secte des Liṅgāyat, fondée en 1160. Ces tentatives, réprimées dans le sang, restent vaines. On assiste au contraire à la naissance de nouvelles castes, comme les *kāyastha* **(scribes)** et les *khatris* **(marchands)**. Les textes législatifs s'attardent par ailleurs sur l'apparition des diverses castes qui sont issues des mariages entre membres de castes différentes. La caste des brahmanes reste la caste dominante : ses membres sont chargés de contrôler la transmission et la pratique du culte. La hiérarchie des castes varie néanmoins selon les régions : dans le sud de l'Inde, par exemple, les *Śūdra* forment la majorité de la population et exercent presque toutes les professions.

L'agriculture reste le fondement de l'économie indienne. Dans la majorité des cas, il s'agit d'une économie de subsistance dont le rayon d'action ne dépasse pas le cadre du village. Les activités agricoles sont exercées par les classes inférieures, en particulier par les *śūdra*. Attachés à la terre comme les serfs de la glèbe, ils doivent verser leurs impôts aux *sāmanta*, dont la plupart sont non seulement administrateurs de territoires, mais aussi gros propriétaires terriens. Les *sāmanta* se substituent ainsi au souverain dans les rapports avec les paysans ; dans leurs résidences de campagne, ils imitent le style de vie et le faste de la cour, comme le montrent les miniatures de cette période. Vers l'an mille, l'**introduction de l'acier sakia** dans les villages agricoles de l'Inde permet une légère amélioration des conditions de vie et accentue l'autosuffisance des communautés rurales. Originaire de Perse, cet acier est surtout utilisé dans le nord du pays, pour les travaux d'irrigation.

A partir du règne des Cola, les inscriptions attestent que les villages disposent de **conseils locaux**, qui sont appelés *sabhā* dans les villages donnés aux brahmanes et *ur* dans les autres cas. Tous les villages d'une même région sont réunis au sein du territoire d'un *sāmanta*, qui les gouverne, du moins nominalement, au nom du souverain. Ce système, qui place les villages sous l'autorité des *sāmanta*, provoque la crise du commerce à moyenne distance. Si les voies de communication traditionnelles sont encore utilisées et si certains royaumes continuent d'y prélever des taxes, le nombre limité de monnaies émises à cette époque trahit une nette diminution du volume des échanges dans le Deccan et dans les vallées centrales. En ce qui concerne les échanges internationaux, la conquête arabe a fermé les routes occidentales, mais les routes orientales, qui mènent en Indochine, sont abondamment exploitées. C'est dans cette direction que le **grand commerce** connaît, autour de l'an mille, son plus grand essor, devenant l'instrument d'une pénétration économique, politique, culturelle et religieuse. Les sources distinguent les marchands locaux des grands marchands qui commercent avec l'étranger. Ces derniers forment de puissantes corporations qui contrôlent parfois les grands ports, financent les projets de développement locaux, prêtent de l'argent au roi, entretiennent des troupes et jouissent de fortes immunités. La corporation des *ayyavole*, qui figure parmi les plus importantes, détient le monopole du commerce avec le Deccan et étend son influence à l'Asie occidentale, tandis que la corporation des *manigramā* porte ses efforts vers l'Asie du Sud-Est.
La paix qui règne dans l'Empire chinois des Tang, les conquêtes de l'islām et la prospérité de l'Inde méridionale favorisent la reprise de l'économie de l'Asie du Sud-Est, qui peut aussi compter sur la politique libérale des 'Abbāssides et des Chinois. L'expansion de

LES MARCHANDS COLA

Voici comment une inscription de 1055 de la corporation des ayyavole *décrit les marchands indiens cola, qui cherchent à imposer leur suprématie sur les mers : « Célèbres dans le monde entier, parés de nombreuses et excellentes qualités – vérité, pureté, bonne conduite, sagacité, respect et prudence –, protecteurs du* vīrabhānū-dharma [Loi des marchands héroïques], *ils ont trente-deux* veloma, *dix-huit villes, soixante-quatre* yogapītha [lieux saints] *et* āśrama [ermitages] *aux quatre points cardinaux ; ils sont nés pour parcourir de nombreux pays, et la terre est leur couche, les huit protecteurs des directions de l'espace leurs houppes, les serpents leurs cordons, la noix de bétel leur poche secrète, et l'horizon leur lampe.* [...] *Par les itinéraires terrestres et les routes maritimes, ils pénètrent dans les régions des six continents avec des éléphants exceptionnels, des chevaux de race, de gros saphirs, des pierres de lune, des perles, des rubis, des diamants, des lapis-lazuli, des onyx, des topazes, des grenats, des coraux, des émeraudes et divers articles de ce genre ; cardamome, clous de girofle, santal, camphre, musc, safran et autres parfums et épices ; et par la vente en gros ou en détail, allant de porte à porte, évitant les pertes occasionnées par les taxes douanières, ils remplissent d'or et de bijoux le trésor de l'empereur et d'armes ses arsenaux ; et avec ce qui reste, ils font des dons quotidiens à des* pāndit [érudits] *et à des* muni [ascètes]. [...] *Comme l'éléphant, ils attaquent et ils tuent, comme la vache, ils supportent et ils tuent, comme le serpent, ils tuent avec leur venin, comme le lion, ils bondissent et ils tuent ; sages comme Brihaspati, plein d'imagination comme Nārāyana ; savants dans les discussions comme Nārada-rishi ; en semant l'incendie, ils vous saisissent comme la mort, ils se moquent de l'épidémie qui vient de s'achever et affrontent la suivante à visage découvert ; ils jouent avec le tigre en laisse, et sur leurs chariots, leurs pieds s'appuient fermement ; ils mettent le feu à l'argile et font des cordes avec le sable ; ils capturent la foudre et l'exhibent ; ils font descendre sur la terre le Soleil et la Lune. »*

Extrait de H. Kulke et D. Rothermund, Storia dell'India, *Garzanti, Milan, 1991.*

A gauche, sur la double page : femme écrivant une lettre d'amour. Art des Chandella, grès, Xe siècle. Musée indien, Calcutta. A droite : les différentes étapes de la culture du riz. Les activités agricoles sont exercées par les classes inférieures, en particulier par les* śūdra. *Attachés à la terre comme les serfs de la glèbe, ils doivent verser leurs impôts aux* sāmanta, *dont la plupart sont de gros propriétaires terriens.

l'économie internationale profite ainsi à toute la région, encourageant la production et le commerce maritime, si bien que les royaumes et les États commerciaux, que décrivent les annales des historiens chinois et les récits de voyage des pèlerins bouddhistes, connaissent une période prospère.

Entre le VIIe et le Xe siècle, le **royaume du Champa**, qui s'étend sur la côte sud-est de l'actuel Viêt-nam, hérite du rôle économique que le royaume du Funan exerçait auparavant dans la région. Si le sol du pays est plutôt pauvre et son climat assez défavorable, sa position géographique, au carrefour des grandes routes commerciales de l'Asie orientale, présente un intérêt exceptionnel. C'est donc moins l'agriculture – et ses deux récoltes de riz par an – que l'extraction de l'or et de l'argent, l'exploitation des forêts et le commerce maritime qui font la richesse du Champa. Les Chams contrôlent en effet le commerce des épices entre l'Insulinde et la Chine, ainsi que le commerce de la soie entre l'empire des Tang, l'Inde et le califat de Bagdad. Les activités artisanales sont également en plein essor : travail de la soie, industrie du rotin, construction de bateaux.

Au Cambodge, le début du IXe siècle coïncide avec l'avènement du grand **État khmer d'Angkor**. Après la réunification des deux « Chen-la » par le roi Jayavarman II (802-v. 836), ce royaume sera pendant trois siècles l'État le plus important des régions continentales de l'Asie du Sud-Est. Le pays développe la culture du riz en s'appuyant sur un imposant système d'irrigation, composé de bassins, concentrés à proximité de la nouvelle capitale, de barrages et de canaux artificiels. Située au centre de la plaine cambodgienne, Angkor, la première « cité hydraulique » des Khmers, est du reste bien reliée au fertile delta du Mékong, au sud du Laos et au royaume du Champa.

Dans la partie centrale et orientale de Java, l'économie atteint un développement sans précédent sous la domination des **Śailendra**. Dans la seconde moitié du VIIIe siècle, les « seigneurs de la montagne » fondent en effet un puissant État agraire, sans pour autant négliger le commerce maritime. La richesse du royaume repose sur la culture du riz, qui est favorisée par la fertilité du sol et par l'abondance des pluies. Les excédents alimentaires permettent aux Javanais de se consacrer au commerce. Les expéditions maritimes et les opérations de piraterie sont encouragées par la conformation de la côte septentrionale de l'île, qui abonde en baies et en estuaires. Sur la côte sud-est de Sumatra, deux ports se sont développés au milieu du VIIe siècle : Malayu (près de l'actuelle Jambi, sur le fleuve Batang Hari) et surtout Śrīvijaya (près de l'actuelle Palembang, sur le fleuve Musi), qui impose bientôt sa domination à tous ses rivaux. Grâce à sa puissante flotte, l'État maritime de Śrīvijaya s'assure un véritable monopole commercial dans la région. Contrôlant des bases d'une grande importance stratégique, il surveille le trafic des détroits de Malacca et des archipels, réussissant même à contrôler la partie occidentale de Java.

Les civilisations méso-américaines qui s'épanouissent vers l'an mille sont complexes et multiples, et les sources datées avec certitude sont rares. Nous nous contenterons donc de souligner l'un ou l'autre trait dominant de la société précolombienne, en accordant une attention particulière au type d'agriculture pratiquée, à l'essor de l'artisanat – surtout chez les Toltèques –, au développement du commerce, sans oublier l'organisation sociale et les structures familiales.

A gauche : statuette féminine remontant à la période classique de la civilisation maya.
Ci-contre :* palma *en forme d'oiseau. Offrande votive découverte dans une tombe à Santa Luisa, site de la civilisation d'El Tajín (Xe-XIIe siècle). Musée d'Anthropologie de l'université de Veracruz, Xalapa.
En bas : hache de pierre représentant une tête coiffée de plumes. L'objet servait peut-être de trophée lors de jeux de balle rituels. Napatecuhtlan (VIIe-Xe siècle). Musée d'Anthropologie de l'université de Veracruz, Xalapa.

Les **Toltèques** sont de remarquables **artisans**. L'épanouissement de leur civilisation correspond d'ailleurs au passage d'une société organisée en villages tribaux à une véritable civilisation urbaine. Dans les villages, où l'artisanat et l'agriculture sont souvent pratiqués par les mêmes personnes, les besoins en produits de l'artisanat sont limités : outre les outils agricoles qui – comme nous l'avons rappelé – sont rudimentaires, et généralement fabriqués en bois ou en pierre, le paysan utilise surtout de la vaisselle et des tissus. Les villes ont besoin, au contraire, d'un nombre important d'artisans spécialisés : forgerons (ce sont les Toltèques qui introduisent le travail des métaux), charpentiers, tanneurs, tisserands, potiers, plumassiers – particulièrement appréciés –, orfèvres.

A nouveau, l'économie de cette époque s'appuie sur l'**agriculture**. Dans un environnement naturel tout à fait défavorable, exposé tour à tour à de longues sécheresses et à des précipitations torrentielles, cette agriculture intensive exploite toutes les surfaces cultivables. Les instruments de travail sont encore très primitifs : pour retourner la terre, on utilise l'*uictli*, une sorte de bêche en bois qui exige quatre fois le temps nécessaire à une charrue pour exécuter le même travail; pour planter le maïs, on se sert de bâtons de bois taillés en pointe.
Les Toltèques cultivent le maïs, le coton, les fèves, le *chili* (une sorte de piment fort), les haricots et le cacao, qui sont cultivés dans les vallées tropicales. A cette époque, les grains de cacao, dont on extrait le chocolat, la boisson préférée des nobles, sont utilisés comme monnaie d'échange dans toute l'Amérique centrale. Les autres produits typiques sont l'amarante (les graines servent à cuisiner une soupe, la *pinole*), une céréale appelée *chia* et de nombreuses variétés d'arbres fruitiers : le *pawpaw* (papayer), l'*aquacate* (avocat) ou le *cactus nopal* (figuier). Les **céréales** et les **légumes** sont la base de l'**alimentation**; la viande est rare, et les protéines sont surtout fournies par les haricots, par le maïs et par les courges. Parmi les animaux domestiques, les dindons sont élevés pour leurs œufs et pour leur viande. Le gibier est surtout représenté par le cerf virginien *(Odocoileus virginianus)*, très répandu dans les forêts de chênes et de conifères du Mexique; dans les plaines, on chasse le lapin sauvage « à queue de coton » (*Sylvilagus*) et les canards, qui sont capturés au moyen de filets quand ils migrent par milliers à travers l'Amérique centrale.
Les lacs abondent en poissons, tandis que dans les villages de la côte on capture des tortues, des salamandres, des grenouilles, des mollusques et des crustacés.
Ces ressources sont complétées par les produits spontanés de la nature : fruits, herbes sauvages, tubercules, algues; séchée et travaillée, une algue, que les Aztèques appellent *tecuitlatl*, fournit un aliment qui rappelle la saveur du pain au fromage.

Au même moment, les villes toltèques développent les activités caractéristiques d'une société organisée : elles abritent des scribes, des percepteurs d'impôts et, parmi les commerçants, des détaillants et des grossistes. Les membres de l'aristocratie civile et militaire affichent leur rang en acquérant des biens matériels et des objets précieux : les artisans qui les fabriquent conquièrent ainsi une importance grandissante et s'organisent en **corporations**. Le rôle des grands marchands apparaît encore plus important : seuls les membres de la noblesse, pour lesquels ils exécutent des missions diplomatiques ou d'espionnage, les précèdent dans la hiérarchie sociale.

Durant la période postclassique, la société maya profite également de l'essor du **commerce**, en particulier du sel, qui suscite la naissance et le développement, à partir du VIIIe siècle, des ports du sel, comme El Cuyo. Dans le domaine du petit commerce, chaque producteur agricole ou chaque artisan se charge lui-même de vendre l'excédent de sa production, et chaque ville ou village dispose d'un espace réservé au marché. Cette tradition, qui se maintiendra à travers les siècles, étonnera les conquérants espagnols, émerveillés par l'ordre et la propreté régnant sur les marchés indiens. La monnaie commune des échanges est constituée par des graines de cacao et par de petites pièces de cuivre en forme de « T ». Insolite, l'adoption de graines de cacao comme monnaie d'échange présente, à bien y réfléchir, de nombreux avantages. L'inflation est contrôlée automatiquement : en cas de surproduction et de chute de la valeur du cacao, on retire de la circulation une grande quantité de graines pour en faire du chocolat, très demandé sous forme de boisson. De plus, les graines ne sont pas capitalisables, parce qu'elles périssent rapidement et qu'elles sont attaquées par les insectes : il faut donc les échanger ou les utiliser rapidement, ce qui stimule les échanges commerciaux. Du reste, nombreux sont les cas de contrefaçon de cette monnaie : de la cire ou des morceaux d'avocat sont introduits sous l'écorce à la place de la précieuse pulpe.

Si l'organisation sociale des Toltèques n'est pas connue dans ses détails, on peut considérer qu'elle correspondait plus ou moins à celle des Aztèques, leurs successeurs : un **monarque absolu**, seigneur de la guerre et de la religion, est entouré d'une caste de nobles guerriers, administrateurs avisés des grandes villes. La majorité des habitants est constituée d'hommes libres, qui cultivent leurs propres terres et forment l'ossature de l'armée. Parmi les hommes libres figurent aussi les marchands et les artisans, qui appartiennent parfois aux conseillers du roi, lesquels sont soumis au paiement de taxes et tributs. Si le nombre des esclaves est plutôt limité durant la période de décadence des Mayas et des Toltèques, il tend au contraire à s'accroître chez les Aztèques.

En haut : peinture murale du temple de Bonampak représentant des notables. En bas et à droite : sculpture et **palma** *provenant de Rancho El Paraiso, Banderilla (Xe-XIIe siècle). Musée d'Anthropologie de l'université de Veracruz, Xalapa.*

Enfin, les prêtres, qui dominaient la société maya de la période classique, perdent de leur pouvoir. Leurs fonctions sont également accaparées par les militaires, comme le montre la légende de Topiltzin Quetzalcóatl, qui est à la fois roi de Tula, prêtre du dieu et la divinité elle-même.

Pour décrire les **rapports entre homme et femme** au sein des familles, nous pouvons aussi nous appuyer sur notre connaissance des périodes ultérieures. Collaborant activement avec l'homme au travail et au foyer, la femme est tenue à la fidélité conjugale, car la polygamie n'est autorisée qu'aux souverains. En revanche, la virginité ne semble pas constituer une valeur effective. Le passage de la civilisation

maya à la civilisation toltèque coïncide avec une modification sensible des pratiques sexuelles : alors que les Mayas respectaient en tout le principe de modération, les populations guerrières s'abandonnent aux excès, même si l'inceste et le mariage entre parents sont interdits. Dans le Nicaragua précolombien, l'exercice de la prostitution avant le mariage est considéré comme un travail respectable (le prix habituel d'une prestation est de dix graines de cacao). Certaines tribus pratiquent aussi la défloration rituelle ; au Venezuela, il est d'usage d'offrir sa femme à son hôte. Dans ce domaine, notre jugement est néanmoins trop influencé par les sources espagnoles, qui ne voient dans les populations précolombiennes que des sauvages, et qui en exagèrent ou en déforment les coutumes.

On connaît l'intérêt porté par Charlemagne à la culture. L'empereur ordonna « qu'il y ait des écoles pour apprendre à lire aux enfants et que, dans chaque évêché et chaque monastère, on enseigne les psaumes, les notes, le chant, le comput, la grammaire ». Ce fut la première ébauche du **nouveau système scolaire** fondé sur l'étude des disciplines du *trivium* (grammaire, rhétorique, dialectique) et du *quadrivium* (arithmétique, musique, géométrie, astronomie).
Le *trivium*, qui occupe une place prépondérante dans l'enseignement, comme le montrera plus tard l'*Eptateuchon* (1141) de Thierry de Chartres, rassemble des disciplines littéraires et philosophiques ; à l'inverse, le *quadrivium* comprend, outre la musique, des disciplines scientifiques. Le *quadrivium* témoigne d'une culture nouvelle, qui se tourne vers la matérialité de l'existence terrestre, même si les critères de jugement sont toujours empruntés au domaine spirituel et religieux.

Un des domaines qui occupent le plus la réflexion théologico-scientifique est celui du calcul de la date de Pâques et des cycles périodiques utilisés pour la datation des documents : le cycle des indictions, couvrant une période de dix-neuf ans, les cycles lunaire et solaire, les épactes, les jours concurrents. A partir de la période carolingienne, le **comput pascal** est enseigné dans les écoles supérieures, et des intellectuels comme Bède le Vénérable ou Raban Maur lui consacrent des traités.
La connaissance traditionnelle de la nature est également renouvelée. En 825, l'Irlandais Dicuil rédige un traité intitulé *Sur la mesure du globe terrestre*, qui témoigne d'une nouvelle curiosité pour la géographie et l'astronomie. Après lui, un autre Irlandais, **Jean Scot Érigène**, qui séjourne à la cour de Charles le Chauve vers le milieu du IXe siècle, publie *De divisione naturae*, une œuvre qui introduit de réelles innovations dans le domaine de la recherche scientifique. Reprenant la théorie d'Héraclide du Pont (IVe siècle av. J.-C.), selon laquelle Vénus et Mercure tournent autour du Soleil, Jean Scot Érigène conclut que Mars et Jupiter tournent aussi autour du même astre. S'il avait mené plus loin son intuition, il aurait anticipé de plusieurs siècles la théorie de Copernic d'un système solaire héliocentrique. En l'occurrence, c'est le succès de la science arabe, qui s'appuyait sur une interprétation géocentrique, qui retarda ce progrès. L'œuvre de Jean Scot Érigène témoigne néanmoins d'une approche plus rationnelle de la nature, qui sera de nouveau défendue, à la fin du Xe siècle, par **Gerbert d'Aurillac**, pape sous le nom de Sylvestre II (999-1003).

Ci-dessus : la Musique, l'Arithmétique, la Géométrie et l'Astrologie, les quatre « arts libéraux » constituant, au Moyen Age, les disciplines du* quadrivium. *Miniature extraite du traité* De institutione arithmetica, *première partie du* Quadrivium *(850) de Boèce. Staatsbibliothek, Bamberg. A droite : détail d'une situle d'ivoire représentant le pape Sylvestre II (999-1003). Trésor de la cathédrale d'Aix-la-Chapelle.

Originaire d'Auvergne, moine de Saint-Géraud d'Aurillac, Gerbert est envoyé en Catalogne, à Vich, où il apprend la science arabe (967-970) ; séjournant ensuite à Rome, il se passionne pour la sculpture antique. Après avoir enseigné à Reims en 972, il devient abbé de Bobbio (Plaisance) en 983, puis archevêque de Reims en 989. Nommé un moment archevêque de Ravenne (998), Gerbert accède l'année suivante au trône pontifical. D'esprit ouvert, il assimile le meilleur des cultures païennes et arabe, en s'intéressant tout particulièrement à la géométrie et à l'astronomie. Pour enseigner, il se sert de globes qu'il a lui-même fabriqués. Parmi ses inventions figure un appareil qui indique l'heure durant la nuit (à l'époque, on ne connaissait que le cadran solaire). Ses œuvres comprennent un *Libellus de numerorum divisione*, un traité sur l'astrolabe, ainsi qu'un traité intitulé *De geometria*, dans lequel Gerbert simplifie les techniques de calcul en se fondant sur la numération décimale et en accordant une attention particulière aux nombres « arabes ».

L'ENSEIGNEMENT DE GERBERT D'AURILLAC

Dans quel ordre les livres furent suivis par Gerbert dans son enseignement. *- Il rendit lucide la dialectique en parcourant dans l'ordre que voici les livres suivants : il commença par l'*Isagoge *- ou* Introduction *- de Porphyre, d'après la traduction de Victorinus le rhéteur et aussi d'après celle de Manlius ; puis expliqua le traité d'Aristote sur les* Catégories *ou prédicats.* [...]

Comment Gerbert prépara les élèves à recevoir l'enseignement de la rhétorique. *- Il lut aussi et commenta d'une manière pratique les quatre livres sur les différences topiques, les deux livres sur les syllogismes catégoriques, les trois livres sur les syllogismes hypothétiques, le livre unique, qui est consacré aux définitions, ainsi que le livre* [...] *qui a pour objet les divisions. Après l'étude de ces ouvrages, il voulait que ses élèves passassent à la science de la rhétorique ; mais il craignait qu'il leur fût impossible de s'élever à l'art oratoire sans la connaissance de modes d'élocution qui ne peuvent s'apprendre que chez les poètes. Aussi eut-il recours aux poètes avec lesquels il jugea utile de les familiariser. Il lut et commenta les poètes Virgile, Stace et Térence, ainsi que les satiriques Juvénal, Perse et Horace, et l'historien Lucain. Lorsque ses élèves furent familiarisés avec ces auteurs et instruits de leurs modes d'élocution, il les fit passer à l'étude de la rhétorique.*

Travail accompli par Gerbert en mathématiques. *- Ceci dit pour la logique, il n'est pas hors de propos d'indiquer tous les efforts que lui coûtèrent les mathématiques. Il commença par initier ses élèves à l'arithmétique, qui est la première partie de la science mathématique ; puis il enseigna à fond la musique, alors complètement ignorée dans les Gaules* [suivent des détails sur les notes et les tons].

Richer, *Histoire de France*, Paris, 1937.

C'est au temps des Carolingiens et de leurs successeurs que le moulin à eau se répand progressivement dans les campagnes. Les documents décrivent trois types de moulins à eau, selon que la roue verticale se trouve au-dessus du cours d'eau, à côté du cours d'eau ou sous la surface de l'eau. Le rendement varie entre 25 % et 60 % de l'énergie produite. Le dessin ci-dessus représente la structure intérieure d'un moulin, alors que l'illustration de droite montre le fonctionnement du système d'engrenages.

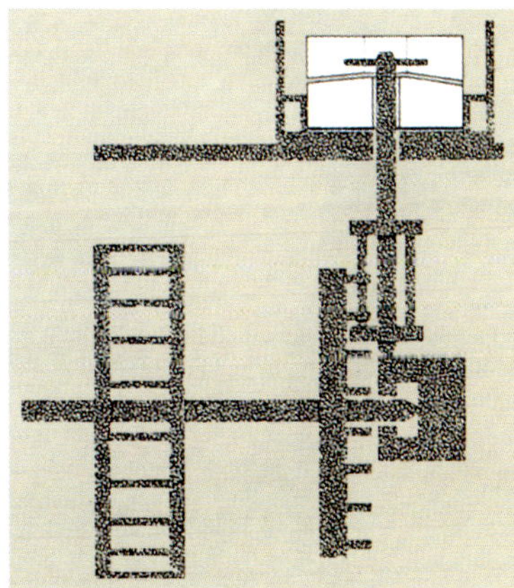

Du point de vue des innovations techniques, c'est au temps des Carolingiens et de leurs successeurs que le **moulin à eau** se répand progressivement dans les campagnes. Connu dès l'Antiquité, le moulin à eau n'avait jamais été utilisé à grande échelle et de façon systématique. Le monde romain ne s'était jamais posé sérieusement le problème, puisqu'il pouvait utiliser en grande quantité l'énergie humaine, fournie par les esclaves; durant les premiers siècles du Moyen Age, la baisse démographique et le déclin de l'économie avait en outre réduit l'activité de la meunerie : pour assurer les besoins en farine d'une famille, il suffisait d'un esclave broyant les grains dans un mortier, ou d'une meule actionnée par un animal. Avec la renaissance carolingienne, l'antique et complexe système de la roue à aubes jouit d'une nouvelle faveur, alors que les sources naturelles d'énergie sont de plus en plus exploitées : l'eau, le bois, les animaux et, par la suite, les marées et le vent. La diffusion progressive du moulin à eau s'explique par deux motifs : sa productivité est plus élevée, et les seigneurs s'en servent pour contraindre leurs sujets à payer l'impôt y afférent, obligation qui devient dès lors une des **banalités** attachées à l'exercice du pouvoir seigneurial sur un territoire. Si la construction d'un moulin à eau exige un investissement et son fonctionnement une retenue d'eau assez vaste, ce type d'installation permet de moudre les céréales plus rapidement que les systèmes traditionnels. Par ailleurs, le pain de céréales (froment, seigle, orge, millet) est, au Moyen Age, une composante essentielle de l'alimentation, si bien qu'aucune famille ne peut se passer de moudre le grain. Profitant de cette situation, les seigneurs locaux interdisent aux particuliers de moudre eux-mêmes les grains et obligent chaque habitant à se servir de leurs moulins, où ils retiennent la part qui leur est due. Depuis toujours, les gouvernants ont prélevé des impôts sur les produits de première nécessité et de grande diffusion : la taxe sur le « moulage », par exemple, est un des impôts caractéristiques du Moyen Age. Seigneurs, chanoines et monastères construisent ainsi des moulins à eau de plus en plus nombreux, au point que le *Domesday Book* de 1086 (le premier recensement anglais) énumère 5 624 moulins à eau sur le territoire de l'Angleterre.

Du point de vue technique, les documents décrivent **trois types de moulins à eau**, selon que la roue verticale se trouve au-dessus du cours d'eau (le rendement équivaut à 60 % de l'énergie produite), à côté du cours d'eau (60 % de l'énergie produite) ou sous la surface de l'eau (25 % de l'énergie produite). Au fil des siècles, les applications du moulin à eau se multiplient : en Occident, à partir du IXe siècle, le moulin sert à moudre les grains; on l'utilise ensuite pour hausser le niveau des cours d'eau, comme c'est le cas en Espagne à partir du Xe siècle; d'autres moulins servent à fabriquer la bière (en Picardie, peut-être dès le IXe siècle, certainement au XIe siècle), à tanner les peaux, à fabriquer du sucre (au Maroc, au XIe siècle), à aiguiser des lames (en Normandie, fin du XIIe siècle), à presser les olives et la moutarde (XIIIe siècle), à actionner les meules des tours de potier (attestée par les sources d'archives à partir du XIVe siècle, cette technique est certainement antérieure, de même que l'utilisation du moulin pour fouler les tissus). Dès le Xe siècle, les documents confirment également la présence de **moulins à vent** dans les plaines battues par les vents, comme dans le bassin du Sistān, en Perse, ou dans la région de Tarragone, en Espagne. En Normandie, l'utilisation de moulins à vent n'est attestée qu'à partir de 1180; en Angleterre, les moulins à vent (Bury Saint Edmunds) apparaissent peu de temps après, en même temps que les premiers **moulins actionnés par la force des marées** (comme celui de Douvres, par exemple).

Symbole des conquêtes des Vikings, le **bateau** est aussi leur plus grande innovation technique. Les hommes du Nord se sont affirmés dès la préhistoire comme d'habiles navigateurs, comme l'attestent les graffitis et les rasoirs décorés qui nous sont parvenus. C'est néanmoins entre le IXe et le XIe siècle que les Vikings portent à son plus haut degré de perfection leur technique de construction des bateaux. Sous des tumulus d'argile et au fond des détroits danois, les archéologues ont retrouvé les restes de nombreuses embarcations de la période viking. Ces vestiges ont permis de reconstruire divers bateaux et de dégager l'évolution de la technique des calfats scandinaves. Les embarcations les plus anciennes, superbement représentées par un bateau du IXe siècle retrouvé à Gokstad en 1880, possèdent une double fonction, commerciale et militaire, alors que les embarcations ultérieures se révèlent plus spécialisées. Entre 1959 et 1962, une petite flotte de cinq navires vikings, qui avait coulé entre 1000 et 1050, fut retirée des eaux du détroit de Skuldelev, au Danemark : deux navires de guerre (l'un mesure 28 m de long et 4,5 m de large ; l'autre est plus petit : 18 m sur 2,6 m), deux navires de commerce (de tonnage différent), ainsi qu'une petite barque destinée à la navigation côtière.

A gauche : pierre runique représentant un bateau viking à proue et à poupe relevées ; un système de croisillons dans la voilure permet aux Normands de replier les voiles.
En bas : l'habileté technique des peuples nordiques se manifeste en particulier dans la fabrication des armes. L'aristocratie guerrière se sert de l'épée, qui est l'arme principale des Vikings, comme des autres peuples germaniques.
A gauche, épée à revêtement en argent, de style anglais, provenant de Scanie et datant du Xe ou du XIe siècle. Musée national, Copenhague.
A droite, épée damasquinée d'argent et de bronze, provenant de Broa (Gotland, IXe-Xe siècle). Musée historique de la Marine, Stockholm.
Page de droite, en haut : étrier orné de fines ciselures (à gauche), peigne en fer battu d'origine celtique (en haut) et boucle en argent trouvée à York (en bas). Richement décorés, les objets vikings en fer témoignent d'une connaissance avancée du travail des métaux.
A droite : amulette remontant à l'an mille environ et représentant un guerrier viking coiffé d'un casque au protège-nez caractéristique. Musée historique de la Marine, Stockholm.

D'autres découvertes archéologiques importantes ont permis d'étudier des navires d'apparat, comme le bateau retrouvé à Oseberg en 1904, qui date du IXe siècle. Comme le racontent les sagas, les Vikings construisirent d'immenses embarcations, difficilement manœuvrables et inadaptées au combat, pareilles au navire du roi Olaf Tryggvesön, le *Grand Serpent*.

Les historiens distinguent différents types de **navires de guerre** vikings : les *sniggen*, aux formes effilées, souples et rapides, étaient équipés de deux rangées de 20 rames et pouvaient transporter jusqu'à 100 hommes ; les *skeidhs*, rapides et allongés eux aussi, mais de dimensions supérieures (25 rames de chaque côté) et plus profonds, étaient dotés d'un équipement plus complet pour les expéditions plus lointaines ; enfin, les *draken* ou drakkars, les « navires dragons », dont la proue était généralement ornée de figures fantastiques, étaient plus grands que les précédents, présentaient au moins 30 rames de chaque côté et profitaient d'un système de voiles plus complexe. Outre ces navires de guerre, les Vikings utilisaient aussi des **bateaux de commerce**. De forme arrondie, le *knörr* était le plus répandu (c'est à ce type qu'appartient le plus grand des bateaux retrouvés à Skuldelev). Longs de 15 à 18 mètres et larges de 4 à 5 mètres, les *knörr* peuvent transporter jusqu'à 50 personnes. Enfin, les *byrdinge*, plus petits que les *knörr*, accueillent seulement une dizaine d'hommes et servent surtout pour la navigation côtière.

En général, les marins ne s'éloignent guère des côtes, ce qui leur permet de s'orienter et de rejoindre le rivage en cas de tempête. Dotés d'un faible tirant d'eau (il dépasse rarement un mètre) et d'une quille

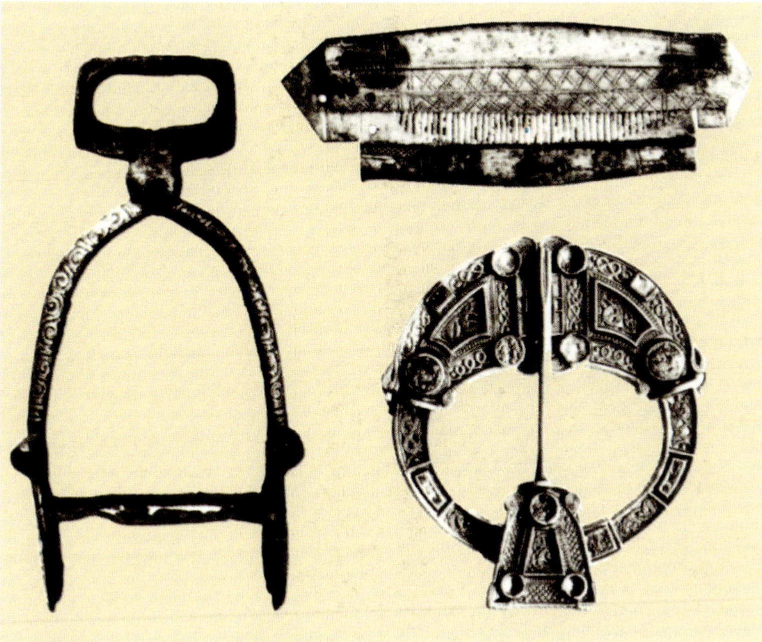

plate, les bateaux des Vikings sont en outre capables de remonter les fleuves depuis leur estuaire, vers l'intérieur des terres. On peut aussi les hisser sur la terre ferme et les transporter vers un autre cours d'eau. Néanmoins, les Normands ne se contentent pas de naviguer le long des côtes et de remonter les fleuves : apportant quelques modifications à leurs embarcations, ils s'aventurent aussi au large, vers l'Islande, le Groenland ou le « royaume de Vinland », en Amérique. Pour conserver leur cap lors des grandes traversées, ils s'appuient sur la position des astres, sur la direction du vent et sur les courants marins. Peut-être se sont-ils aussi servi de la mystérieuse « pierre de soleil » dont parlent les sagas nordiques et qui consisterait en une variété de cordiérite que l'on peut trouver en Norvège et au Groenland. Présentee face au soleil, cette pierre prend une couleur bleue et permet ainsi de localiser la position de l'astre quand le ciel est couvert. Par ailleurs, la rapidité des navires vikings réduit considérablement les durées de trajet entre les côtes : la traversée dure deux jours entre l'Écosse et les Hébrides, trois jours entre l'Angleterre et le Danemark, quatre jours entre l'Islande et le Groenland, cinq jours entre Birka et la côte russe, six jours entre Bergen et le Groenland, sept jours entre le centre de la Norvège et le nord de l'Islande.

Par voie terrestre, le transport des marchandises lourdes est effectué au moyen de deux véhicules traditionnels : le chariot et le traineau, très répandus en Scandinavie. Les personnes se déplacent à cheval et à ski. Un **chariot à quatre roues**, finement sculpté, a été retrouvé dans le bateau d'Oseberg. Si cette pièce d'artisanat était dotée d'une fonction religieuse, d'autres découvertes confirment que chars et chariots étaient souvent utilisés par les Vikings durant la bonne saison, après les mois de neige, pour le transport des personnes. Parmi les vestiges d'Oseberg et dans le bateau de Gokstad, les archéologues ont également retrouvé des traîneaux, les uns sculptés, les autres plus simples et certainement destinés au travail. Les Scandinaves accordent un soin particulier à l'équipement du cheval, qui comprend la selle, les étriers, les brides, le mors et les rênes, parfois admirablement travaillés. L'habileté technique des peuples nordiques, se manifeste aussi dans la fabrication d'autres objets, en particulier des **armes**. La hache de guerre est l'arme la plus caractéristique des Vikings, qui s'en servent pour exécuter leurs pillages (la pierre tombale de Lindisfarne représente des guerriers armés de hache). Dotée d'une large lame et d'un long manche, cette hache est tenue à deux mains. Comme l'écrit l'historien J. Brønsted, « les deux types les plus répandus étaient la *skeggöx* ou « hache barbue », qui était un héritage du VIIIe siècle, et la hache large, très courante autour de l'an mille, dont la lame arrondie s'élargissait aux extrémités de façon symétrique. » Parfois, la hache est ornée de précieux revêtements en argent, qui décorent la lame ou le manche. Les guerriers les plus nobles se servent de l'épée, qui reste l'arme principale des Vikings, comme des autres peuples germaniques. La plus commune est l'épée de fer, longue et presque toujours large, à deux tranchants ; d'origine franque ou germaine, la lame est le plus souvent fabriquée par d'habiles artisans des régions rhénanes ou de Cologne. Les forgerons scandinaves se contentent de fabriquer la poignée (composée de la garde, du talon et du pommeau), qui est souvent décorée d'incrustations d'or et d'argent. Enfin, l'équipement du guerrier nordique comprend aussi les lances et les javelots, dotés de longues lames effilées, les arcs, ainsi que les boucliers, placés en évidence le long des parois des navires. Plats et arrondis, ces boucliers d'un mètre de diamètre environ sont composés d'une pièce de bois recouverte de cuir et munie en son centre d'une grosse pointe de fer, qui protège la main. En revanche, les casques, les armures et les cottes de mailles sont plus rares.

L'ensemble de ces armes confirme, avec d'autres vestiges archéologiques, que les Vikings possédaient une technique élaborée du **travail des métaux**. La Scandinavie ne manquait d'ailleurs pas de métaux. Des filons de minerai de fer sont exploités dans les régions marécageuses. Le cuivre et l'étain viennent des mines de Suède tandis que l'or et l'argent sont importés de Germanie. Tous les grands ateliers disposent d'une forge et d'un four pour travailler les métaux ; des artisans ambulants parcourent les villages avec leur matériel. Dans l'île de Gotland, on a mis au jour un coffre contenant des outils de forgeron, en tout quelque cent cinquante pièces différentes. Les vestiges retrouvés dans les tombes permettent de reconstituer d'autres activités artisanales, comme la frappe des monnaies, le travail du bois et le travail du verre.

LE BATEAU DE GOKSTAD

« Découvert en 1880, le bateau de Gokstad était enterré, comme le bateau de Tune, sous un tumulus d'argile de cinq mètres de haut (déjà visité par des pilleurs de tombes). Le bateau lui-même était rempli d'argile, dont les propriétés conservatrices avaient permis de maintenir en excellent état toutes les pièces de bois – à vrai dire, presque la totalité du navire. On réussit, en fin de compte, à reconstituer un bateau viking complet, qui permit d'étudier, comme sur un objet « vivant », forme, dimensions et techniques de construction.

Navire splendide, incomparable, que ce voilier rapide du milieu du IXe siècle, dont la proue qui s'avançait noblement est devenue sans aucun doute le symbole de la passion nordique de la mer ; un bateau réunissant sobriété, solidité, expérience et degré élevé de raffinement technique : un chef-d'œuvre, en quelque sorte. L'épine dorsale du navire, qui, par ses proportions – 23,80 m de long, 5,25 m de large et 1,75 m de profondeur au centre – ne diffère guère du bateau de Tune, la quille massive, à l'arête tranchante, fut creusée dans le tronc droit d'un sapin rouge long d'au moins vingt-cinq mètres. Entre la proue et la poupe, elle forme un arc à peine esquissé, qui atteint au centre du bateau une profondeur de 30 centimètres de plus qu'à la hauteur de la proue et de la poupe : c'est là que l'on reconnait la main des maîtres constructeurs.

Les deux élégantes roues de la proue et de la poupe sont également faites d'une seule pièce. Deux courtes parties médianes les relient à la quille, de sorte que les flancs, coupés transversalement, sont rivés (ou mieux, soudés pour ainsi dire) au moyen de chevilles de bois. Des chevilles de chêne unissent en outre les seize panneaux formant les flancs, dont neuf se trouvent sous la ligne de flottaison. Des brins d'osier attachent les panneaux aux couples, des fils de laine goudronnés pourvoient au nécessaire calfatage. Cette technique de construction procurait à l'élégant et robuste bateau une souplesse extraordinaire, qui était bien utile quand la mer était mauvaise. »

Extrait de R. Pörtner, L'epopea dei vichingi, *Garzanti, Milan, 1972, pp. 214-215.*

C'est dans le domaine de l'**élevage des chevaux** que les peuples des steppes et les Slaves introduisent les innovations techniques les plus importantes. Le cheval est en effet à ces populations ce que le bateau est aux Vikings. Éleveurs de chevaux depuis des siècles - dans le monde primitif, les Celtes et les Scythes se consacraient déjà à cette activité -, les peuples des steppes modifient radicalement leurs habitudes durant le haut Moyen Age en introduisant une nette distinction entre les **chevaux de trait**, destinés aux travaux agricoles, et les **chevaux de selle**, destinés à la cavalerie. Des races distinctes sont ainsi développées. Le cheval de bataille doit être plus fort, plus agile et plus rapide. Pour le monter, les peuples des steppes perfectionnent l'usage de l'étrier,

Au centre : épée du roi Étienne Ier de Hongrie (1000-1038). Les artisans slaves sont renommés dans les pays voisins pour leur habileté à fabriquer des armes de grande qualité.
A gauche : cavalier avar dressé sur ses étriers. Les peuples des steppes perfectionnent l'emploi de l'étrier, qui procure une plus grande stabilité au cavalier et lui permet de manier l'arc, l'épée et la lance avec plus de force et de rapidité.
En bas : plaquette décorative provenant d'un harnachement.

probablement inconnu en Occident avant les invasions des Avars et des Hongrois. Pour que les mouvements de la monture soient plus assurés, ils introduisent ensuite le fer à cheval, qui empêche l'animal de glisser et qui protège ses sabots. Après les invasions hongroises, le fer à cheval se répand en Occident.

Les combats à cheval impliquent l'adoption d'armes spécifiques ou l'adaptation des armes traditionnelles à des fonctions nouvelles. La lourde **lance**, dont l'extrémité de la lame est munie d'un « arrêt » qui en freine la pénétration et en facilite la récupération, constitue l'arme principale du cavalier nomade. L'**épée** *(spatha)* des peuples des steppes est relativement longue (sa lame dépasse un mètre de longueur). Les guerriers la portent avec le *scramasax*, une sorte de coutelas droit à un seul tranchant, d'origine germanique, de 30 à 40 centimètres de long (ses variantes sont le *langsax*, de 80 cm de long, et le *kurzsax*, de 40 à 60 cm de long). Toutes les hordes qui envahissent l'Europe sont formées d'archers extraordinaires. Sur leur **arc à double courbe**, les pièces de bois sont renforcées de matériaux divers (faisceaux de tendons et feuilles de cornes), disposés le long du bois, entourés d'écorce et serrés par des anneaux. Ce type d'arc (appelé « euro-asiatique »), particulièrement difficile à tendre et donc très puissant, permet de décocher des flèches qui pénètrent les cuirasses.
L'armement du guerrier des steppes comprend aussi des **haches de fer** dotées d'un long manche et des **haches de guerre** en forme de pioche. Le corps du cavalier est souvent protégé par une cuirasse composée de plaques d'acier poli ou par une armure faite de plaques de cuir de vache ; la tête est protégée par un casque. Grâce à cet équipement et à l'agilité des chevaux, la cavalerie possède une force de frappe exceptionnelle, à laquelle les Occidentaux ne peuvent, dans les premiers temps, opposer de résistance.
Après les invasions des Hongrois, les armées occidentales accorderont une importance grandissante à la cavalerie. Composée de paysans, l'infanterie, qui avait formé le noyau des armées des peuples barbares, est reléguée à l'arrière-plan : un clivage est ainsi introduit entre ceux qui peuvent s'offrir l'équipement du cavalier et ceux qui n'en ont pas les moyens.

La **fabrication des armes** est une activité privilégiée des peuples d'Europe de l'Est, et les artisans slaves sont renommés jusque dans les pays voisins. Dès les premiers siècles de l'ère chrétienne, ces populations avaient développé le **travail du fer** ; aux VIIIe et IXe siècles, les tribus établies dans la vallée de l'Elbe, en Bohême et en Pologne possédaient une technique remarquable ; au Xe siècle, les Slaves de la région de Kiev étaient en mesure de fabriquer des armes de grande qualité.
Les inscriptions en caractères cyrilliques ou latins qui furent gravées sur les épées nous permettent aujourd'hui de connaître même le nom de certains de ces armuriers.
Les forgerons de Kiev sont notamment spécialisés dans la production d'une large épée à double tranchant qui ne manque pas d'impressionner les voyageurs arabes ou des populations orientales comme les Khazars. Néanmoins, les armes slaves ne sont souvent que des imitations des armes franques ou scandinaves.
La **chasse** aristocratique, que les chefs de tribu pratiquent avec des armes de jet ou des armes blanches, contraste avec la chasse que les paysans et les communautés villageoises, qui emploient des filets et des pièges (des trous creusés dans le sol et dissimulés par des branches et des feuilles) ou des arcs et des frondes. Pour pêcher, on utilise un harpon, un filet, une nasse ou une simple canne.

Les découvertes de l'archéologie ont fourni d'intéressantes précisions sur les techniques agricoles des peuples slaves.
La houe et le sarcloir, qui sont utilisés jusqu'au VIIIe siècle, permettent de remuer la terre, mais pas de la creuser en profondeur ni de la retourner. A partir du VIIIe siècle, la diffusion des **outils agricoles en fer** marque un tournant : le remplacement du soc de bois par un **soc** de fer permet de fendre la terre plus profondément et d'améliorer sensiblement les rendements agricoles. Seule innovation technique d'une certaine importance à partir du IXe siècle, le soc est parfois asymétrique.
Pour moissonner, on se sert d'une **faux**, munie d'une lame presque ovale, et pour faucher le foin, d'une **faucille** au manche court. Les fouilles archéologiques ont exhumé d'autres ustensiles de la vie quotidienne : ciseaux, haches, outils pour travailler le bois et les métaux. Le problème de la conservation des aliments s'est posé durant toute l'ère

L'ÉTRIER

L'introduction de l'étrier dans l'équipement du cheval constitue une véritable révolution technique, qui bouleversa les rapports de l'homme et de l'animal, ainsi que la stratégie militaire. A l'exception d'un témoignage archéologique incertain qui attesterait que les Scythes adoptèrent l'étrier dès la première moitié du IVe siècle av. J.-C. (broche de Tchertomlyk), les traces les plus anciennes d'une utilisation de l'étrier sont fournies par des sculptures indiennes du IIe siècle av. J.-C. On y voit pour la première fois une représentation de ce que l'historien italien Franco Cardini appelle un « étrier impropre », c'est-à-dire une sous-ventrière lâche, où le cavalier peut enfiler ses pieds, ainsi qu'un anneau de cuir où se glisse le gros orteil. Souple, destiné à des hommes qui montent pieds nus, cet anneau n'est effectivement pas un véritable étrier, même si des documents chinois plus récents représentent un anneau élargi en forme de lacet. De Chine, l'étrier passe dans l'Altaï, où son emploi est attesté à partir du Ve siècle. Rigide, fabriqué en métal, il permet de se mettre en selle plus rapidement, surtout quand on utilise des chevaux de plus grande taille. Dans ce cas, un saut ne suffit plus : il faut disposer d'un point d'appui en hauteur. Dans le monde romain, les chevaux étaient de petite taille et leurs cavaliers ne portaient que des armes légères : il suffisait de sauter (au lieu de « monter » à cheval ou de « descendre » de cheval : in equum insilire *et* de equo desilire *étaient les expressions classiques). Les Perses et les autres peuples d'Asie se servaient au contraire d'armures pesantes et de chevaux beaucoup plus grands, de sorte que l'aide d'un écuyer était nécessaire pour se mettre en selle ; sur un champ de bataille, l'opération était trop lente et trop compliquée.*
L'introduction de l'étrier rendit les choses beaucoup plus simples, et procura au cavalier une sécurité et une stabilité qui lui permit de manier l'arc, l'épée et la lance avec plus de force et de rapidité. Dressé sur l'étrier, le guerrier peut en effet donner plus de puissance à son jet. Seul inconvénient : le cavalier risque d'être déséquilibré, de tomber en arrière et d'être traîné dans sa course par l'animal. Apporté par les peuples d'Asie centrale et méridionale, l'étrier se répandit dans le monde byzantin au début du VIIIe siècle, alors que les peuples des steppes, en particulier les Avars et les Hongrois, l'introduisaient en Occident.

préindustrielle : pour le résoudre, les Slaves se servent, depuis le début du Moyen Age, de **silos souterrains** de forme circulaire. Les archéologues en ont retrouvé en République tchèque : enterrés à deux ou trois mètres de profondeur, ils présentaient une forme de poire ou de bourse et se terminaient par une étroite ouverture. Les parois des silos étaient séchées par le feu et recouvertes de paille ; l'ouverture était colmatée avec de l'argile et recouverte d'un toit. Les fouilles ont permis de retrouver la trace d'une grande variété de céréales (froment, orge, seigle, avoine, millet), que les peuples germaniques des régions voisines ne connaissaient pas.

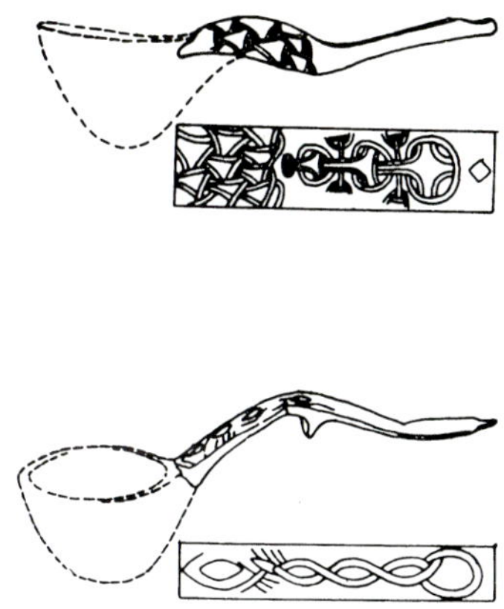

A gauche : étriers décorés de motifs dorés. Musée national, Budapest.
Les témoignages les plus anciens d'une utilisation de l'étrier sont fournis par des sculptures indiennes du IIe siècle av. J.-C. : de la Chine, l'étrier a passé dans l'Altaï, où son emploi est attesté à partir du Ve siècle. Apporté par les peuples d'Asie centrale et méridionale, l'étrier se répand ensuite dans le monde byzantin, au début du VIIIe siècle, alors que les peuples des steppes, en particulier les Avars et les Hongrois, l'introduisent en Occident.
En haut : louches décorées provenant de Gdansk. Dessin de R. Barnyez-Gupieniec.
A droite : reconstitution graphique d'une sacoche équipant la monture d'un cavalier.

Néanmoins, le silo n'offre pas toujours des conditions sûres de conservation : des chroniqueurs arabes du Xe siècle parlent d'aliments qui se détériorent et qui deviennent « répugnants ». Il reste que les peuples d'Europe de l'Est ont continué à se servir du silo jusqu'au siècle dernier.

L'**apiculture**, qui jouit d'une grande tradition en Europe de l'Est, mérite une mention particulière. Les fouilles du village fortifié de Visneva Gora, dans la région du moyen Dniepr, ont livré une coupe pleine de cire et de miel durcis, qui datait du VIe siècle. La connaissance avancée des apiculteurs est confirmée par les voyageurs arabes, qui rapportent que les paysans construisent eux-mêmes des ruches. Comme l'écrit Ibn Rustāh au début du Xe siècle, « ils fabriquent des sortes de vases de bois, qui servent de ruches pour les abeilles et pour le miel ». Durant les siècles suivants, les sources attestent l'existence de ruchers communautaires, entourés d'une clôture, et placés à quelque distance des habitations. Dans les campagnes, au haut Moyen Age, le miel se prête à de multiples emplois. Édulcorant par excellence, il est aussi utilisé pour la conservation des aliments et surtout, chez les Slaves, pour la préparation d'une boisson alcoolisée, une sorte d'hydromel, qui était déjà connue dans l'Antiquité sous le nom de *medovina*. Pour la fabriquer, on cuit dans l'eau du miel liquide, qui fermente ensuite durant deux semaines.

Après le déclin culturel et scientifique qui a accompagné la crise iconoclaste, la vie intellectuelle manifeste un renouveau à l'avènement de l'empereur Théophile (829), avant de connaître un essor d'une intensité croissante au début de la période macédonienne. Les sciences profitent de l'intérêt que leur portent Basile Ier, Léon VI et surtout Constantin VII Porphyrogénète, qui est lui-même l'auteur de travaux d'histoire et de géographie. Après la mort de Constantin (959), **la science byzantine traverse une nouvelle période de crise**, qui se prolongera pendant près d'un siècle. La valeur de cette littérature réside dans la compilation et dans la transmission de la culture grecque. Ainsi, c'est la médiation des Byzantins qui permettra à l'Occident, à partir du XIIe siècle, d'accéder au riche patrimoine scientifique de l'Antiquité classique et hellénistique.

Ci-contre : **Reliquaire de la Vraie Croix,** ***argent doré et émaux cloisonnés. Issue d'un atelier de Constantinople, cette œuvre remonte au milieu du Xe siècle.***
A gauche : voûte en calotte de la citerne Karagümruk à Constantinople, XIe-XIIe siècle.
En bas : techniques de siège du temps de Basile II, basées sur des textes de l'époque d'Alexandre le Grand. Le terrible « feu grégeois » est lancé sur les murailles ennemies à partir de la rampe d'une tour mobile (à gauche), ou projeté à travers une ouverture avec un gros soufflet (à droite).

C'est à l'initiative de Bardas, conseiller de l'empereur Michel III, qu'une institution d'enseignement supérieur est fondée à Constantinople, dans la première moitié du IXe siècle, sur le modèle de l'université précédente, fermée en 726. La nouvelle école, la **Magnaure**, qui tient son nom du palais où sont donnés les cours, devient un des plus grands centres de la science et de la culture byzantines. L'enseignement comprend toutes les disciplines profanes : non seulement les matières du ***trivium*** (grammaire, rhétorique, dialectique) mais aussi celles du ***quadrivium*** (arithmétique, géométrie, astronomie, musique). Annexée à la Magnaure, une bibliothèque d'inspiration hellénistique conserve d'importants textes scientifiques (Ptolémée, Archimède, Euclide), d'anciens traités de médecine et de science vétérinaire, des ouvrages de stratégie militaire et d'agriculture, des répertoires et des lexiques. Les données relatives aux bibliothèques privées sont plus rares : pour le IXe siècle, nous possédons des informations sur la bibliothèque de Léon le Mathématicien et d'**Aréthas de Césarée** (v. 860-apr. 933), un érudit originaire de Patras qui achète et fait copier de nombreux manuscrits d'ouvrages scientifiques.

Dans le domaine scientifique, une des personnalités les plus éminentes est **Léon le Mathématicien** (ou le Philosophe), né vers 800 en Thessalie. Ses connaissances encyclopédiques lui valent une renommée qui dépasse les frontières de l'Empire byzantin. En 836, l'empereur Michel III lui confie la tâche de diriger la Magnaure, qui vient d'être ouverte, et d'y enseigner la philosophie ainsi que les matières du *quadrivium*. Théodore, maître de géométrie, et Théodège, spécialiste d'astronomie, forment avec lui un véritable corps professoral. Les mérites de Léon le Mathématicien résident non seulement dans son travail de chercheur et d'enseignant, mais aussi dans sa contribution à la transmission du savoir antique.
La plupart des œuvres des grands mathématiciens et astronomes grecs sont en effet transcrites dans le courant du IXe siècle : Euclide, Diophante, Apollonios, la *Syntaxe* de Ptolémée, certains textes d'Archimède, le Pseudo-Héron *(Métriques)*. La transcription des manuscrits se poursuit au cours du siècle suivant. C'est de cette période que datent la copie des *Éléments* d'Euclide, les manuscrits d'Eutocius, de Ptolémée et de Nicomaque, le célèbre palimpseste d'Archimède avec les *Méthodes*, l'édition de l'*Anthologie palatine* de Constantin Céphalas (avec des épigrammes mathématiques extraits des compilations précédentes), ainsi que la *Géodésie* d'Héron de Byzance. Ces œuvres seront recopiées à de nombreuses reprises au cours des siècles suivants.
L'originalité des travaux de physique, de météorologie et de mécanique est plutôt

faible : les Byzantins se contentent le plus souvent de transmettre la culture reçue des Anciens. De nombreuses questions de physique sont exposées par **Photios** (v. 827-v. 898) dans sa célèbre *Bibliothèque*, fruit de lectures passionnées et infatigables, qui analyse 279 ouvrages, de théologie principalement. Photios traite aussi de questions de géographie, de botanique et de médecine. Longtemps connue sous le nom de « lexique de Suidas », la *Souda* (v. 976), vaste répertoire de tout le savoir de l'époque, contient d'importantes informations sur des ouvrages scientifiques et sur l'essor des techniques. Si les travaux des géographes sont rares, on ne peut néanmoins passer sous silence deux œuvres de **Constantin VII Porphyrogénète** (913-959) : un traité de géographie administrative sur l'organisation des thèmes de l'Empire *(De thematibus)* et un traité sur la politique extérieure de Byzance *(De administrando imperio)*, qui contient de nombreuses informations sur les peuples voisins. A Byzance, l'étude des sciences naturelles est presque exclusivement limitée à ses aspects pratiques et à ses applications. La zoologie se prête à des interprétations religieuses ou allégoriques qui confinent au fantastique. Au Xe siècle, les Byzantins recueillent les textes fondamentaux de l'agronomie *(Geoponika)* et rédigent des traités d'agriculture qui décrivent les plantes comestibles et les manières de les cultiver.

Le domaine de la médecine et, surtout, de la chirurgie est en particulier représenté par l'*Épitomé de médecine* composé vers le début du IXe siècle par **Léon le Mathématicien**. Le même auteur nous a également laissé un traité *Sur les caractéristiques des êtres humains*, ainsi qu'un autre *Épitomé* analogue à l'œuvre de Mélèce, un moine phrygien du VIIe siècle. Au début du IXe siècle, **Nicétas** rassemble de nombreux traités de chirurgie antique (Soranos, Paul d'Égine). A la demande de Constantin VII, **Théophane Nonnos** rédige une compilation de commentaires médicaux en se servant des œuvres des grands médecins byzantins du passé. Il s'intéresse également à la pharmacologie, alors qu'un certain Mercure écrit, au Xe siècle aussi, un estimable traité sur la pulsation. Parmi les diverses tentatives pour rassembler le savoir de la science vétérinaire du Xe siècle, un traité d'hippiatrie *(Hippiatrikos)* réunit toutes les données disponibles à l'époque sur l'élevage et la thérapeutique du cheval.
Par ailleurs, on ne peut passer sous silence les innombrables ouvrages consacrés à l'alchimie, à l'astrologie, à la magie et aux sciences ésotériques en général. En grande partie anonyme, cette littérature jouit d'une immense faveur.

ANNE COMNÈNE ET L'ASTROLOGIE

Si l'astrologie est très répandue à cette époque, les empereurs les plus lucides s'en méfient néanmoins, comme l'atteste le témoignage d'Anne Comnène, au début du XIIe siècle :
« Nous-même autrefois nous avons touché un peu à cet art, non pas pour l'exercer, à Dieu ne plaise ! Mais pour mieux en connaître la futilité et juger ceux qui s'y adonnent. Je n'écris pas cela par ostentation, mais pour montrer que bien des connaissances avaient progressé sous le règne de cet autocrator [Alexis Ier Comnène, 1081-1118], *qui honorait les philosophes et la philosophie, quoiqu'il se montrât hostile à cette étude de l'astrologie parce que, je crois, elle poussait la plupart des gens trop simples à se détourner des espérances divines et à rester bouche bée devant les astres. Voilà pourquoi l'autocrator combattit l'étude de l'astrologie.*
Il n'y avait certes pas pour autant manque d'astrologues en ce temps-là ; c'était le moment au contraire où florissait le Seth dont j'ai parlé, et ce fameux Égyptien d'Alexandrie s'employait avec zèle à révéler les mystères de l'astrologie. Cet homme, que beaucoup interrogeaient, prédisait l'avenir très exactement, parfois sans même utiliser l'astrolabe, en faisant ses pronostics d'après une certaine manière de jeter les dés. Il n'y avait donc absolument rien de magique en cela non plus et ce n'était qu'un habile calcul de la part de l'Alexandrin. Mais quand l'empereur vit la jeunesse affluer vers lui et considérer cet homme comme un prophète, il l'interrogea lui-même à deux reprises, et chaque fois l'Alexandrin répondit comme il convenait à la question. Craignant alors que cela ne fît du mal à beaucoup et que le public ne s'engouât pour la vanité de l'astrologie, il l'exila de la ville et lui assigna comme séjour Rodosto, tout en veillant avec grand soin à ce que ce dont il aurait besoin lui fût fourni largement par le trésor impérial. »

Anne Comnène, Alexiade, *Paris, les Belles Lettres, 1943.*

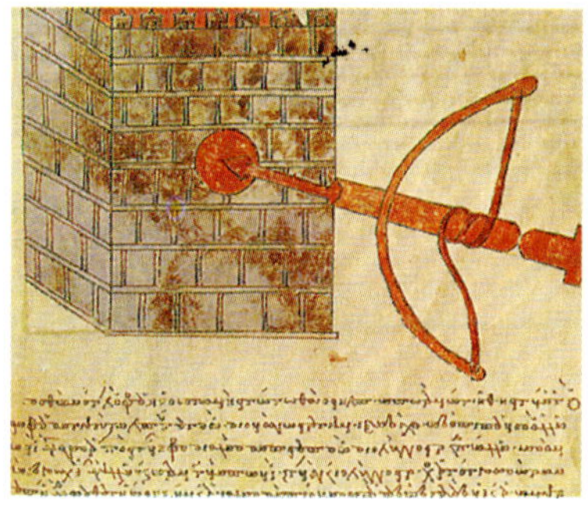

Les Byzantins s'intéressent non seulement aux questions théoriques mais aussi aux applications pratiques de la physique et de la chimie, comme l'attestent les nombreux manuscrits consacrés à la métallurgie, à la préparation des teintures et des médicaments, ainsi qu'à l'art du verre. Dans le domaine des techniques, un accueil enthousiaste est réservé aux petites machines destinées à divertir ou à susciter l'étonnement.
Les voyageurs étrangers ont rapporté que le trône de l'empereur était entouré de dispositifs ingénieux et d'automates : un arbre de bronze doré supportant des oiseaux métalliques qui émettaient des sons, des lions d'or qui se dressaient sur leurs pattes postérieures et qui « rugissaient », ainsi qu'un mécanisme qui permettait de soulever le trône impérial. Autre exemple de l'ingéniosité des Byzantins et de leur aptitude à exploiter certaines connaissances techniques : la fabrication d'instruments de musique insolites comme l'orgue hydraulique ou l'orgue pneumatique. D'autres applications techniques, en revanche, se révèlent moins futiles : ainsi la **restauration des anciens aqueducs** romains, comme à Daras.
Les nouveaux aqueducs sont pourvus de canalisations en plomb et, rien qu'à Constantinople, ils alimentent une quarantaine de citernes couvertes, rendues imperméables par un revêtement intérieur, et qui assurent l'approvisionnement en eau de toute la ville.

En bas : astrolabe byzantin. Plats ou sphériques, les astrolabes sont utilisés pour déterminer les coordonnées des astres et pour mesurer le temps. A cette époque, l'astrologie est très répandue, et de nombreux ouvrages sont consacrés à la magie et aux sciences ésotériques. En grande partie anonyme, cette littérature jouit d'une immense faveur.
A droite : machine de guerre byzantine inspirée par les méthodes de siège de l'Antiquité.

Sous le règne des ‘Abbâssides, la culture et la science arabes connaissent un essor considérable. Des califes comme al-Manṣūr, Hārūn al-Rachīd, al-Ma‘mūn et al-Mutawakkil protègent les sciences. A Cordoue, les Omeyyades font venir des savants et des érudits. De riches familles de marchands et de fonctionnaires, comme la famille iranienne des Barmakides, dans la seconde moitié du VIIIe siècle, ou les trois frères Mūsā, vers 850, aident les savants, et comptent même parmi leurs membres des hommes de science.
A Bagdad, le calife al-Ma‘mūn fonde en 830 la première **académie des sciences** sous le nom de « maison de la sagesse ».
La question de savoir si la science arabe était vraiment originale ou si elle ne constituait qu'une science d'importation, qui développa des acquis antérieurs, a été fort discutée. L'idéal du savant arabe semble davantage correspondre à la seconde hypothèse, selon le témoignage d'**Abul-Rayḥān al-Bīrūnī** (973-apr. 1050) : « Nous devons nous limiter à ce que les Anciens ont déjà étudié, et le perfectionner là où c'est possible. »
Néanmoins, la position géographique du monde arabo-musulman et l'intensité des contacts qu'il entretient avec les civilisations de trois continents (Asie, Afrique, Europe) lui permettent d'assimiler l'essentiel des progrès scientifiques et d'en diffuser les résultats.
Les Arabes sont d'ailleurs d'excellents propagateurs (par commodité nous utilisons indifféremment les termes « arabe » et « musulman », sans ignorer que la part des populations arabes au sein de l'islām est de plus en plus faible) : ils s'appuient sur une tradition encyclopédique qui leur inspirent de vastes compilations, comme les *Éléments d'astronomie* d'**al-Farghānī** († v. 850), le traité de médecine d'**Abū al-Rhāzi** (v. 865-925) ou les manuels d'**Abū al-Wafā'** (940-998) sur « ce qu'il est nécessaire de savoir de la science arithmétique pour les scribes » ou sur « ce qu'il est nécessaire de savoir de la construction géométrique pour l'artisan ».

Dans le domaine de la **science pure** (la théorie mathématique, souvent appliquée à l'astronomie), les Arabes accomplissent des progrès décisifs. Ayant adopté, déjà, les nombres indiens et le zéro, ils établissent les formules fondamentales de la **trigonométrie sphérique** grâce aux travaux du mathématicien et astronome **al-Battānī** (v. 858-929). Pour sa part, Abū al-Wafā' fait progresser la trigonométrie en étudiant les fonctions tangente, cotangente, sécante et cosécante et en établissant les théorèmes des tangentes ($\text{tg } a/\text{tg } A = \sin b/1$) pour le triangle sphérique à angles obliques. Abul-Rayḥān al-Bīrūnī établit la formule $\sin A/\sin a = \sin B/\sin b = \sin C/\sin c$, traditionnellement attribuée à Gābir ibn Aflaḥ de Séville (v. 1150). Dans son *Kitāb al-jabr w'al-muqabala (Livre de l'interprétation et de l'équation),* d'où vient le mot « algèbre », **Muḥammad ibn Mūsā al-Hwārizmi**, qui vécut à Bagdad entre 780 et 850 environ, introduit les règles des équations linéaires et carrées, traite de géométrie et s'occupe également de la circulation de l'argent. C'est à lui que l'on doit des tables astronomiques basées sur le *Sindhind*, version arabe du *Brahmā siddhānta*, un traité du VIIe siècle, rédigé en sanskrit, qui recueille l'héritage de l'astronomie grecque.

A gauche : globe céleste arabe, composé de deux hémisphères soudés (seul le globe est original). C'est le plus ancien globe céleste daté et signé qui nous est parvenu. Museo di Storia delle Scienze, Florence.
A droite : astrolabe iranien destiné à l'étude du mouvement des planètes et à la mesure de la hauteur des astres sur l'horizon, données indispensables à l'établissement des horoscopes. Le dessin tellement particulier de ces instruments leur valut d'être considérés comme de véritables « bijoux mathématiques ».

En **astronomie**, les recherches mathématiques permettent de simplifier l'**astrolabe** par l'invention du **cadran**. Décrit pour la première fois par al-Hwārizmi, qui lui consacre un traité, le cadran est ensuite perfectionné par Abū al-Wafā', qui en construit un exemplaire pour l'observatoire de Bagdad, où il travaille. Même s'ils n'accomplissent pas de progrès spectaculaires et n'abandonnent pas vraiment la tradition astronomique issue de Ptolémée (la *Syntaxe* est traduite en arabe sous le titre d'*Almageste*), les Arabes nourrissent un immense respect pour l'astronomie. Jouissant de leur protection, les astronomes chaldéens de Harran continuent, sous le règne des ‘Abbâssides, d'enregistrer les observations astronomiques qui seront d'un précieux secours pour la science moderne.
Dans le domaine de la **géographie**, qui est considérée comme une branche de l'astronomie, les Arabes élargissent les connaissances des Grecs et des Latins, explorant surtout l'Asie centrale et orientale, ainsi que l'Afrique méditerranéenne.
Les voyageurs s'intéressent aux pays comme à leurs habitants, dont ils étudient les us et coutumes, la religion ou l'histoire. C'est

le cas, par exemple, d'**al-Mas'ūdī**, considéré comme l'Hérodote du monde arabe : né à Bagdad vers la fin du IXe siècle, il connaît une jeunesse aventureuse qui l'amène à voyager. Étudiant l'histoire, il rédige en 30 volumes un ouvrage intitulé *Akhbâr az-zamân (Histoire du temps)*, dont un seul livre, conservé à Vienne, nous est parvenu.
De cette œuvre monumentale, il tire un abrégé (le *Livre de l'avertissement*), en partie conservé à la Bodleian Library d'Oxford, ainsi qu'une synthèse mise à jour, composée de 132 chapitres et intitulée *les Prairies d'or*, qui connaîtra une large diffusion. Deux ans avant sa mort, il quitte Bagdad et s'installe en Égypte, au Caire, où il s'éteint en 965.
Privilégiant les phénomènes exceptionnels et la description des pays, son œuvre décrit les voies de communication et les parcours empruntés par les marchands pour rejoindre l'Orient, ainsi que les routes maritimes qui conduisent jusqu'en Inde. L'auteur s'appuie en premier lieu sur ses propres observations, mais apporte aussi le témoignage des personnes rencontrées - des historiens, des érudits locaux et, surtout, des marchands - et s'appuie sur les quatre-vingts volumes qu'il se vante d'avoir lus pour écrire son traité.
Le savant iranien al-Bīrūnī, dont le nom a déjà été cité, est l'une des plus hautes personnalités scientifiques du monde musulman. Outre la géographie, son œuvre explore de nombreuses disciplines du savoir, comme la mathématique, l'astronomie, la chronologie et la médecine. Sa *Chronologie des anciens peuples* constitue un précieux recueil de données en matière historique, ethnographique et culturelle. De son œuvre foisonnante émerge également une importante description de l'Inde *(Tarīkh al-Hind)*, qu'il visita lui-même et dont il décrit, dans une prose personnelle et rigoureuse, les lieux et les routes, l'organisation sociale, les croyances religieuses et les connaissances scientifiques.
Les géographes arabes complètent les descriptions des pays et des peuples par la compilation de cartes géographiques, et contribuent par leurs travaux à la fabrication d'**instruments de navigation**.

A gauche : coupe ornée de motifs peints et couverte de lustre, une pellicule métallique extrêmement fine. Sāmarrā, Iraq, 850-900.
A droite : la constellation de la Vierge. Illustration extraite du* Livre sur les étoiles fixes *(v. 965) d'Abd al-Raḥmān al-Ṣūfī (903-986).
En bas : astrolabe arabe provenant de Tolède, laiton repoussé, 1029. Stiftung Preussischer Kulturbesitz, Staatsbibliothek, Marburg.

Dans le monde arabe, où la **médecine** profite d'une grande considération, presque tous les savants sont aussi d'habiles médecins. Ceux-ci s'intéressent à l'influence du climat sur l'homme, ainsi qu'à l'hygiène et à l'alimentation. Leurs conceptions concilient la médecine grecque avec les différentes tendances du monde oriental, qui privilégie l'harmonie du corps avec la nature.
Les médecins jouissent d'un grand prestige, en particulier quand leur art s'appuie sur une vaste culture, à l'image d'Abū al-Rāzi, considéré comme « le plus grand clinicien de l'islām ». Originaire de Rey, où il enseigne la médecine, al-Rāzi (son nom fut latinisé en Rhazès) devient médecin à l'hôpital de Bagdad. Recueillant le meilleur de la tradition grecque, syrienne, indienne et orientale, il la complète de ses propres observations dans une encyclopédie dédiée au calife al-Manṣūr *(Kitāb al-Manṣūri)*, qui fut traduite en latin par Gérard de Crémone au XIIe siècle.
De cette encyclopédie, il a tiré un abrégé, *Kitāb al-Ḥāwī (Livre compréhensif)*, tout en approfondissant dans d'autres traités les études sur la rubéole et sur la variole.

Comme de nombreux savants arabes, al-Rāzi cultive de multiples intérêts. Philosophe, il se proclame disciple de Platon, mais entend se distinguer des autres commentateurs arabes du philosophe grec, comme al-Fārābī, Avicenne et Averroès. Dans son livre *la Physique spirituelle*, il mêle des leçons de morale populaire et des questions d'**alchimie**. On lui doit en effet vingt et un traités d'alchimie, dont un seul nous est parvenu, *Kitāb Sirr al-asrār (Livre secret des secrets)*, lequel dresse une liste intéressante du matériel et des produits nécessaires à l'équipement d'un atelier d'alchimie. L'œuvre d'al-Razi ordonne ainsi les connaissances que le monde arabe avaient assimilées et diffusées dans le domaine de la **chimie**. Les Arabes mettent au point un **alambic** pour distiller les parfums (la consommation d'alcool est interdite par le Coran) et se lancent dans la production à grande échelle de soude, d'alun, de vitriol (sulfate de fer), de salpêtre et d'autres sels, qui sont exportés dans le monde entier et utilisés dans l'industrie textile. Certaines théories continuent néanmoins d'entraver la compréhension des phénomènes naturels, comme la théorie de Gābir ibn Ḥayyān (VIIIe siècle) sur la composition des métaux : « Tous les métaux sont constitués de mercure combiné et solidifié avec du soufre [...]. Ils ne diffèrent qu'à travers leurs qualités accidentelles, et cette différence est due aux diverses qualités de soufre rencontrées, différence à son tour déterminée par divers types de terrains et par la position du terrain par rapport à la chaleur solaire. »

Les maladies des yeux figurent parmi les plus étudiées. Approfondissant l'analyse de la structure de l'œil, les médecins arabes développent des recherches dans le domaine de l'**optique** et réussissent à mettre au point des **lentilles de cristal** grossissantes qui facilitent la lecture, en particulier pour les personnes âgées. Vers 1038, Abū 'Alī ibn al-Haitām rédige un traité qui inspirera toute la science optique du Moyen Age, alors que la mise au point des lentilles prélude à l'invention du télescope.

L'avancée des connaissances théoriques favorise l'invention de nouveaux instruments et la découverte d'applications pratiques. Ainsi d'importants progrès techniques sont-ils accomplis, dont profitent notamment l'**irrigation des terres** et la **fabrication du verre**. Dans ce dernier secteur, nous venons de rappeler l'intérêt que les Arabes portaient à l'optique. Dans le domaine de l'irrigation, les découvertes mécaniques et hydrauliques des derniers siècles, ainsi que le creusement de canaux souterrains, qui réduisent les effets de

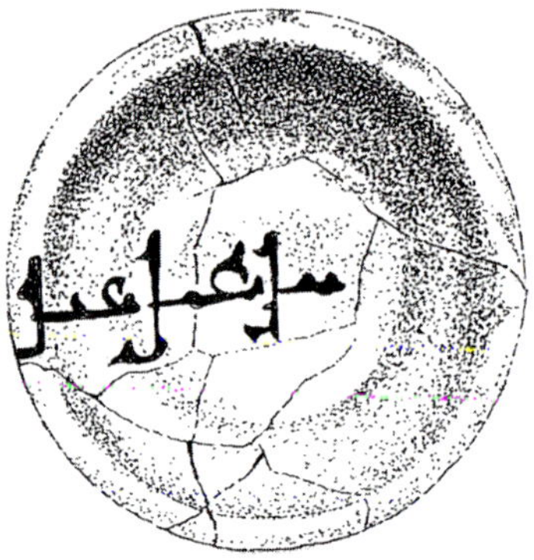

En haut, à gauche : exemples de céramiques arabes richement décorées. En haut, à droite : coupe de terre cuite à décor polychrome recouverte d'un vernis plombifère transparent, provenant de Tunisie ou de Majorque, début du XIe siècle. Ci-contre : miniature du* Livre des antidotes *(Iraq, XIIe siècle), représentant la guérison du favori du prince, mordu par un serpent. Bibliothèque nationale, Paris.

MANUSCRIT ARABE D'OSTANÈS

Il existe à la Bibliothèque nationale de Paris un manuscrit alchimique arabe, renfermant un Traité attribué à Ostanès. Ce manuscrit, d'une très belle écriture, a été transcrit au XIVe ou au XVe siècle. Un savant très compétent a bien voulu en traduire verbalement pour moi quelques pages, que j'ai prises sous sa dictée, et que je vais reproduire, à titre de renseignement :

« Livre des Douze Chapitres d'Ostanès le Sage sur la Science de la Pierre illustre. Introduction. - *Au nom de Dieu, etc., le sage Ostanès dit : ceci est l'interprétation du livre du Contenant, dans lequel on trouve la science de l'œuvre, sa composition et sa dissolution, sa synthèse et son analyse, sa distillation et sa sublimation, sa combustion et sa cuisson, sa pulvérisation et son extraction, son grillage, son blanchiment et son noircissement, l'opération qui la rend rouge, sa fabrication avec des éléments provenant des règnes minéral, végétal, animal, et la constitution de l'or philosophique, lequel est le prix du monde : ainsi que l'acide et la composition du sel et le dégagement de l'esprit; la synthèse des mercures et l'analyse des soufres, et tout ce qui se rapporte à la méthode de l'œuvre.* »

Avant l'introduction, il est dit que l'ouvrage a été traduit du pehlvi, du grec, etc., etc., et le traducteur prétendu ajoute :

« La première partie renferme : un chapitre sur la description de la pierre philosophique et un chapitre sur la description de l'eau ; - sur les préparations ; - sur les animaux.

« La seconde partie renferme un chapitre sur les plantes ; - sur les tempéraments ; - sur les esprits ; - sur les sels ; - un chapitre sur les pierres ; - sur les poids ; - sur les préparations ; - sur les signes secrets.

« J'ai donné ces choses, dit-il, d'après les paroles d'Ostanès le Sage et j'ai ajouté à la fin deux chapitres, d'après les paroles d'Hercule (Héraclius) le Romain, les paroles d'Abu-Alid l'Indien, les paroles d'Aristote l'Égyptien, les paroles d'Hermès, les paroles d'Hippocrate, et les paroles de Géber, et les paroles de l'auteur d'Émèse. »

Ailleurs, il cite Aristote comme son contemporain : « j'ai entendu Aristote dire... » Il cite aussi Platon, Galien, Romanus, les livres des anciens en langue grecque, Abubekr, alchimiste arabe du IVe siècle de l'Hégire, Djamhour, autre alchimiste arabe.

[...]

Ce langage mystique et déclamatoire rappelle à la fois Zosime et les vieux alchimistes arabes du Moyen Age, cités dans Vincent de Beauvais. Au folio 62 on lit un second ouvrage, attribué aussi à Ostanès. En voici un extrait :

« Le sage Ostanès dit en réfléchissant et en regardant cette œuvre : L'amour de cette œuvre est entré dans mon cœur et en même temps le souci a pénétré en moi, de sorte que le sommeil a fui mes yeux et j'ai perdu le boire et le manger : par là mon corps s'est affaibli et j'ai changé de couleur. Lorsque je vis cela, je m'adonnai à la prière et au jeûne. »

Berthelot, M., Introduction à l'étude de la Chimie des Anciens et du Moyen Age, *Paris, Georges Steinheil Éditeur, 1889.*

L'extraordinaire niveau technologique atteint par la civilisation musulmane à l'époque des 'Abbâssides est confirmé par une abondante littérature en prose, qui se montre préoccupée non seulement de la qualité du style, mais aussi de la richesse de l'information. Aux côtés des ouvrages scientifiques les plus austères, il faut au moins mentionner la riche littérature d'« adab », qui constitue une des expressions les plus vivantes de la prose en langue arabe. Il s'agit le plus souvent d'ouvrages de vulgarisation, brillants et éclectiques, qui puisent leur inspiration dans les domaines les plus variés de la culture. Il suffit de consulter les répertoires, les manuels et les catalogues rédigés par les nombreux érudits et vulgarisateurs de l'époque pour se faire une idée de l'imposante masse de connaissances techniques que les Arabes avaient accumulées.

Un intérêt particulier est accordé à l'art culinaire, décrit et magnifié dans les *Mille et Une Nuits (Alf Layla wa-layla)*, une œuvre qui jouit d'une grande renommée en Europe : « Je tiens à ta disposition cinq casseroles remplies de toutes sortes de choses délicieuses : aubergines et courgettes farcies et assaisonnées au citron, petites boulettes soufflées de blé pilé et de viande hachée, riz aux tomates avec un ragoût de filet de mouton, sauce aux oignons ; en outre, j'ai dix poulets rôtis et un mouton grillé ; puis deux grands plats, l'un de *kenafa*, l'autre de petits gâteaux de fromage sucré et de miel ; des fruits de toutes espèces : pastèques, melons, pommes, citrons, dattes fraîches et d'autres encore. J'ai fait porter une caisse pleine d'ambre gris, de bois d'aloès, de nard, de musc, d'encens et de benjoin. Je n'ai pas oublié non plus les essences aromatiques et les aspersoirs d'argent avec les parfums. »

A droite : cadran solaire portatif servant à déterminer l'heure des cinq prières quotidiennes de l'islām. L'objet est gradué pour être utilisé à la latitude d'Alep, en Syrie. Bibliothèque nationale, Paris.

En bas : petit cadran de laiton employé comme horloge. Pourvu d'une échelle graduée, de viseurs et d'un fil à plomb, l'instrument mesure l'angle d'élévation du soleil. Fouilles du Metropolitan Museum of Art (1935). Rogers Fund (1936).

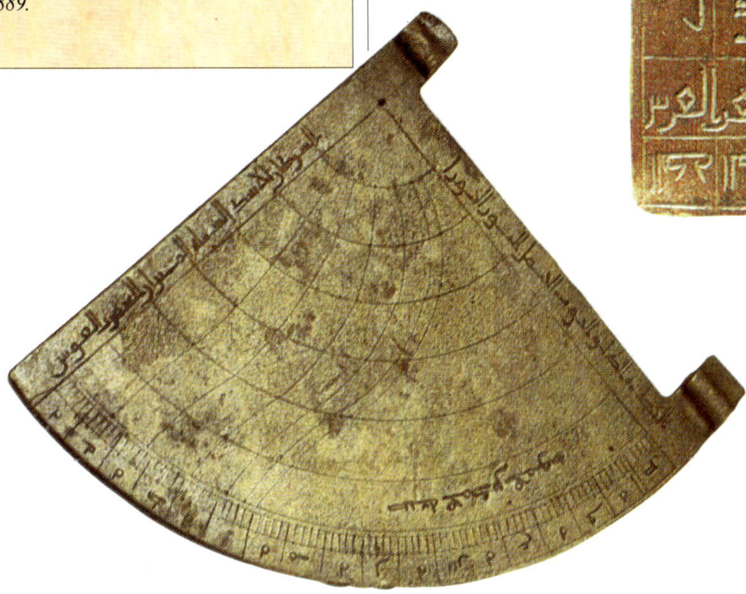

l'évaporation dans les régions les plus arides, permettent de fertiliser des terres autrefois incultes. C'est en particulier le cas autour des grandes villes, où les jardins et les vergers contribuent à l'approvisionnement en denrées alimentaires.

C'est à cette époque également que l'introduction de l'indigo, déjà connu en Inde, permet d'innover dans le domaine de la **fabrication des couleurs**. Dans le secteur des **constructions navales**, les Arabes sont les premiers à introduire en Orient la voile carrée. Les machines utilisées pour déplacer des poids à l'aide d'une force donnée requièrent par ailleurs l'attention du calife al-Mu'taṣim, qui fait traduire en arabe le traité de Héron d'Alexandrie.

Aux XIe et XIIe siècles, la science indienne continue de se signaler dans les domaines des **mathématiques** et de l'**astronomie**. Les savants indiens, en particulier Bhāskara (XIIe siècle), développent les théories et corrigent les erreurs de leurs illustres prédécesseurs. Bhāskara est l'auteur de nombreux traités - certains en vers - où l'on trouve notamment les règles d'extraction des racines carrée et cubique, ainsi que deux démonstrations du théorème de Pythagore ; comme astronome, le savant dirige les travaux de l'observatoire astronomique d'Ujjain, le principal centre de recherche mathématique de l'Inde.

En Asie du Sud-Est, c'est la question de l'**approvisionnement en eau** qui suscite les plus grandes améliorations techniques durant la période qui précède l'an mille.
Les précipitations sont en effet irrégulières : les pluies torrentielles de la mousson, qui sont régulièrement à l'origine de catastrophes naturelles (inondations, cyclones), sont concentrées durant les mois d'été. Il est donc essentiel de trouver le moyen de conserver l'eau afin d'en disposer toute l'année. L'eau est indispensable à l'alimentation - les besoins sont particulièrement importants dans les villes, où la densité de population est élevée - et à l'irrigation des terres agricoles, dont la plupart sont affectées à la culture du riz, étroitement tributaire des réserves d'eau.

A gauche : Śiva entre Umā et Gaṅgā, trinité indienne. Les trois statues du Bakong ont été exécutées selon les canons du style de Preah Ko (881 apr. J.-C.).
En bas : Le dieu Caṇḍa-Roṣaṇa, miniature sur feuille de palmier, art de l'Inde du Nord (milieu du Xe siècle). Le dieu Caṇḍa, qui est ici l'incarnation d'Akṣobhya, est une figure terrifiante, entouré par les flammes, selon le style des 61 miniatures du sūtra sanskrit **Aṣṭādasasāha srikā Prajñapāramitā.**

Les souverains khmers accordent une attention particulière à la question : les nouvelles villes qui sont construites sur leur initiative sont à chaque fois dotées d'énormes réserves d'eau. Afin de recueillir les eaux du Rolous, Indravarman Ier (877-889) fait construire au nord de sa capitale, à une vingtaine de kilomètres au sud d'Angkor, le grand **bassin de Loley**, long de 3 800 mètres et large de 800 mètres. De ce lac artificiel partent une série de canaux qui longent ou traversent la ville, alimentant les larges fossés qui entourent les grands temples, le Preah Ko et le temple-montagne du Bakong. Canaux et fossés servent en outre au transport des personnes et des marchandises. C'est par là que les navires des Chams atteindront Angkor avant de la mettre à sac, en 1177.

UN GRAND MATHÉMATICIEN INDIEN : BHASKARA

Bhāskara est né à Biddur (aujourd'hui Bīdār) en 1114 et peut-être mort à Ujjain en 1185. C'est le plus grand mathématicien de son temps : son œuvre surpasse même les travaux des mathématiciens arabes. On lui doit le premier traité sur l'usage complet et méthodique du système décimal. Digne successeur du célèbre mathématicien et astronome Brahmagupta (v. 598-v. 660) qui travailla lui aussi à l'observatoire astronomique d'Ujjain, il nous a laissé une vaste production dont le texte principal est le Siddhāntaśiromaṇi (le Diadème de Siddhānta)*, composé en 1150 et accompagné des commentaires de l'auteur lui-même. L'œuvre se divise en quatre parties, dont les deux premières,* Līlāvatī (la Gracieuse) *et* Bījāgaṇita (Calcul-germe) *traitent respectivement d'arithmétique et d'algèbre, alors que les deux autres sont consacrées à l'astronomie, en particulier aux calculs planétaires* (Grahagaṇitādhyāya) *et aux sphères* (Golādhyāya)*. Dans les deux premières, l'auteur corrige les erreurs de Brahmagupta, anticipe la conception moderne des signes algébriques (moins par moins = plus; moins par plus = moins) et commence à poser le problème de la division par zéro. A ce propos, il établit que le résultat de 3/0 est une quantité infinie. Bhāskara se sert en outre de lettres pour représenter des quantités inconnues, comme dans l'algèbre moderne, et résout des équations du premier et du deuxième degré. Dans les deux autres sections, il expose ses observations sur la position des planètes, les conjonctions et les éclipses, ainsi que sur la cosmographie, la géographie et les techniques mathématiques et astronomiques utilisées par ces disciplines. Dans ces ouvrages, la rigueur de la démonstration, dont les mathématiciens indiens des époques antérieures ne s'étaient pas départi, est sacrifiée à la résolution de problèmes pratiques. Néanmoins, leur succès fut immense : pour les étudier, des écoles s'ouvrirent dans toute l'Inde, du vivant même de Bhāskara.*

A droite et ci-dessous : les différentes étapes du travail agricole dans le Cachemire, d'après un manuscrit persan du XIXe siècle. Indian Office Library.

La construction des temples-montagnes est toujours précédée par le creusement de **canaux** et de **fossés**. Après cette première opération, les terres de remblai sont utilisées pour aménager la plate-forme où le temple sera édifié, alors que le cours d'eau ainsi tracé sert à transporter les énormes quantités de pierres nécessaires à la construction.

Le **réseau de canaux** qui est ensuite percé en aval permet de pratiquer une agriculture intensive dont la production suffit à nourrir la population de la capitale, laquelle compte pourtant de nombreux soldats, une légion de fonctionnaires, une foule d'artisans et d'ouvriers, qui veillent à l'entretien de la ville et des temples, ainsi que des moines et des prêtres au service du culte.

La rationalité du système d'irrigation, née de la complémentarité entre les techniques de construction et les besoins de l'agriculture, favorise, pendant trois siècles, la croissance démographique d'Angkor.

Le fils d'Indravarman, Yaśovarman Ier (889-900) fonde une nouvelle capitale, Yaśodharapura, sur le site d'Angkor. Sur la colline de Phnom Bakheng, choisie comme centre du quadrilatère, le souverain fait bâtir une pyramide de pierre consacrée au *liṅga* royal Yaśodhareśvara, où il fait transporter le *liṅga* sacré. Comme son père, Yaśovarman fait également aménager un vaste lac artificiel de 7 kilomètres de longueur et de 2 kilomètres de largeur, le Yaśodharātaṭaka, alimenté par le Siem Réap. Au milieu du bassin, sur une petite île, se dresse le temple du Mébon oriental, une pyramide surmontée de cinq tours disposées en damier : c'est le sanctuaire, construit en 952, du *liṅga* royal Rājendreśvara. Les forêts des collines de Phnom Bakheng, de Phnom Bok et de Phnom Krom fournissent du bois en abondance et des éléphants pour le transporter, alors que la plaine de Phnom Kulen recèle le grès pour la construction des monuments. Le Tonlé Sap, poissonneux, et les terres environnantes, fertilisées par le limon, assurent les besoins alimentaires de la population. Quand fondent les neiges du Tibet, où le Mékong prend sa source, les eaux du fleuve en crue se déversent dans le Tonlé Sap, qui, grossi des pluies de la mousson, triple de superficie. L'inondation dure de juin à novembre; en refluant, les eaux abandonnent un riche limon qui fertilisent les terres, alors que des milliers de poissons s'offrent à une capture facile. L'ensemble de ces facteurs assure au peuple des Khmers l'essor de leur civilisation autour de l'an mille.

Autour de l'an mille, les populations d'Amérique centrale continuent d'étudier l'**astronomie**. De minutieuses observations sont rassemblées sur le parcours des corps célestes, en particulier de Vénus et de la Lune, comme l'atteste le manuscrit aztèque de Dresde, qui contient des tables vénusiennes et lunaires d'une surprenante exactitude. Le calcul astronomique et mathématique est à la base du **calendrier rituel** des Toltèques, dont les « Mexica » recueilleront l'héritage. A la différence du calendrier ou *xiuhmolpilli* (nœud d'années) de 365 jours, la division rituelle de l'année comprend 260 jours, qui constituent le calendrier religieux ou *tonalpohualli*.

A la même époque, les Toltèques formulent des théories cosmologiques complexes, emplies de figures mythiques et symboliques, que les Aztèques développeront de façon originale. Dans cette cosmologie, la surface de la Terre est un grand disque plat situé au centre de l'univers et entouré d'un fleuve immense, le « courant des Neuf » *(chicunauhapan)*, qui fait de notre monde « celui qui est entièrement entouré d'eau » *(cemanáhuac)*. Quatre directions cosmiques convergent vers le centre du disque : l'Orient est la région de la lumière, symbole de la vie et de la fertilité (couleur blanche) ; le Nord est le pays du froid, le royaume des morts et du mal (couleur noire) ; l'Occident est le pays humide, la maison du Soleil, une direction défavorable (couleur rouge) ; enfin, le Sud, région des épines, est une direction incertaine (couleur bleue). En haut et en bas se dressent deux pyramides opposées, dont chacune est divisée en neuf étages : la première, dont le sommet est dirigé vers le haut, correspond au monde céleste, qui est constitué par les zones de la Lune, des étoiles, du Soleil, de l'étoile du soir, des comètes et des quatre couleurs ; la seconde, dont le sommet est dirigé vers le bas, comprend les neuf régions infernales, où résident les morts. Selon cette ancienne cosmologie toltèque, le Soleil, dans son incessant voyage diurne et nocturne, fait le tour de l'univers, montant d'abord autour de la pyramide supérieure, puis descendant autour de la pyramide inférieure.

La **médecine** figure au premier rang des disciplines scientifiques. Il s'agit d'une médecine homéopathique qui étonnera les premiers observateurs espagnols.
Le médecin aztèque *(ticil)* est un grand « connaisseur des herbes, des pierres, des arbres, des racines. [...] Il rend la santé aux personnes, il guérit, il applique des attelles, remet les os en place, [...] pratique ablations et incisions, réanime », comme l'écrit le franciscain Bernardino de Sahagún (1500-1590), auteur d'une histoire de la Nouvelle-Espagne (c'est-à-dire des territoires américains qui venaient d'être conquis par les Espagnols). Quelque 132 plantes médicinales étaient connues, dont le *peyotl* et les champignons sacrés *(teonanacatl)*, qui étaient considérés comme d'efficaces remèdes contre les fièvres et contre la goutte. Des médecins-sorciers sont présents dans toutes les civilisations précolombiennes, et aujourd'hui encore, on en rencontre dans les villages mayas du plateau du Chiapas.

Comme c'est le cas de la plupart des découvertes scientifiques, il est difficile de situer dans la chronologie les **progrès techniques** des populations précolombiennes d'Amérique centrale. Tout au plus peut-on observer que tout ce qui a été conservé des grandes civilisations présentes au moment de la conquête espagnole remonte à des origines très anciennes. Nous nous référons en particulier à la **forme des parcelles agricoles** sur les collines et sur les flancs des montagnes, où les cultures en terrasses sont

A gauche : amulettes en jade du sud du Mexique, vers 900. L'une représente un souverain en position assise (à droite), l'autre la tête d'un noble ou d'un prélat coiffé d'un masque (à gauche).
En bas : le Caracol (« escargot »), temple construit par les Mayas à Chichén Itzá. C'est le seul édifice circulaire de tout le territoire maya septentrional. Il doit son nom à un escalier intérieur en colimaçon qui menait à un petit observatoire, installé au sommet. Trois ouvertures permettaient aux astronomes mayas d'observer le ciel.

protégées de murs de pierre, ou au **réseau des routes** des Incas, qui gravissent les versants des Andes jusqu'à des altitudes élevées, là où se dressent leurs villes. Ces terrasses et ces routes sont le fruit d'une évolution séculaire, à laquelle de nombreux peuples et de nombreuses civilisations ont contribué.

En Amérique centrale, la **métallurgie** est une des techniques dont l'apparition peut être datée avec certitude de la période qui précède l'an mille. On doit son introduction aux Toltèques, qui étaient de remarquables artisans : « Toutes les œuvres qui sortaient de leurs mains étaient pleines de grâce et délicates, d'excellente facture, admirables et artistiques. Les maisons qu'ils construisaient étaient très belles, richement ornées, souvent marquetées de pierres précieuses vertes, tenues ensemble par du stuc, de sorte qu'elles avaient l'apparence de la mosaïque. [...] Ces Toltèques étaient si remarquables qu'ils connaissaient tous les secrets de la mécanique et qu'ils étaient, en toutes choses, d'incomparables artisans [...]. Ils furent les inventeurs de l'art de travailler les plumes à des fins ornementales et tout ce qu'ils exécutèrent dans les temps anciens dénote une admirable capacité d'invention et un goût remarquable. » Ainsi s'exprimait encore Bernardino de Sahagún, décrivant l'habileté technique des Toltèques.

Les Toltèques introduisent en Amérique centrale et au Mexique la métallurgie, qui était déjà pratiquée, avant leur arrivée, à Panamá et le long des côtes de l'Équateur et du Pérou. Le travail des métaux est toutefois limité aux formes les plus simples, car les forgerons toltèques ne savent pas allier l'étain ou le plomb avec le cuivre pour fabriquer des ustensiles de bronze. La production est donc dominée par les outils aux bords arrondis, les clochettes destinées à la danse et les objets décoratifs en or et en argent. Les métaux précieux proviennent des cours d'eau et, surtout, des mines de l'intérieur. Pour les objets d'or et d'argent, les Toltèques utilisent la technique de la cire perdue : après avoir modelé l'objet à fabriquer en utilisant de l'argile et du charbon de bois broyé, l'artisan recouvre le modèle d'une fine pellicule de cire d'abeille, fondue ; puis il recouvre le tout d'une enveloppe de protection, composée elle aussi d'argile et de charbon de bois broyé, en laissant une petite ouverture pour laisser sortir la cire. Il fait ensuite fondre la cire, qui libère en s'écoulant un espace vide. Quand on y verse l'or et l'argent en fusion, ils prennent la forme de l'interstice en cire. Pour extraire l'objet, il faut briser l'enveloppe extérieure, qui ne peut donc être réutilisée.
Cette technique sert à fabriquer de précieux ornements : colliers, boucles d'oreille, masques humains et animaux, et autres pièces magnifiques, dont la plupart échoueront entre les mains des avides conquérants espagnols. Incapables d'en apprécier la valeur artistique, ceux-ci les fondent pour en tirer de l'or ou de l'argent pur.

En haut : plaque ou revers d'un miroir de pyrite ou d'hématite, d'origine inconnue, VIIe-Xe siècle. Le motif incisé rappelle le style classique de Veracruz. L'objet peut également avoir servi d'ornement rituel lors de cérémonies. Metropolitan Museum of Art, New York. A droite : disque en or représentant deux divinités-alligators et provenant d'une localité inconnue du Panamá. Thomas Gilrease Institute of American History and Art, Tulsa. Introduite en Amérique centrale par les Toltèques, la métallurgie est pratiquée avant eux à Panamá et le long des côtes de l'Équateur et du Pérou.

LA MÉDECINE MEXICAINE

*« Les peuples du Mexique possédaient une médecine très avancée. Les maladies étaient attribuées à une origine magique ou religieuse, comme l'introduction d'un corps étranger ou l'influence maléfique d'un dieu ou d'une personne ; les thérapeutes recouraient à des moyens naturels ou à des pratiques de magie, et l'on estimait que des pierres déterminées ou des animaux déterminés possédaient des effets thérapeutiques. Sur les connaissances de la médecine aztèque, un témoignage nous est fourni par l'*Historia de las plantas de Nueva España (Histoire des plantes de la Nouvelle-Espagne) *du docteur Francisco Hernández, un médecin envoyé expressément au Mexique par Philippe II pour étudier le sujet, à la fin du XVIe siècle : les plantes y sont décrites du point de vue botanique et pharmacologique, avec l'indication de leurs propriétés curatives ; il apparaît que l'utilisation des plantes médicinales était peut-être, en beaucoup d'endroits, plus développée qu'en Europe même. Les guérisseurs fabriquaient des onguents et des emplâtres avec des huiles et des résines, et des cataplasmes avec des herbes, des racines, des feuilles et des écorces ; ils utilisaient aussi des infusions, des décoctions, des purgatifs, des poudres, etc., alors que la sève de certaines plantes servait à préparer des gouttes. Les hommes comme les femmes pratiquaient la médecine empirique, en se transmettant leurs connaissances et leur expérience de père en fils, après être passés par une période d'apprentissage avant d'exercer la profession. On réduisait les fractures avec des emplâtres et en immobilisant le membre blessé ; on faisait des saignées avec des couteaux d'obsidienne ou avec des piquants de porc-épic ou de* maguey, *et l'on appliquait des pommades et des cataplasmes sur les brûlures ou sur les morsures et les piqûres d'animaux venimeux. En outre, on suturait les blessures, on arrêtait les hémorragies, on soignait les ulcères, les caries dentaires et les maladies de la peau, de l'ouïe et de la vue, on assistait les parturientes et l'on pratiquait même l'embryotomie. »*
P. Bosch-Gimpera, L'America precolombiana, *Torino, UTET, 1970, pp. 451-452.*

En Amérique centrale, des innovations techniques sont également introduites dans le travail de la **céramique**. En particulier, l'emploi se répand des couleurs et des reliefs : les résultats atteignent rapidement une grande maturité, comme l'attestent les objets retrouvés au Salvador et au Honduras.
C'est la période de la céramique « plombée », la seule céramique émaillée d'Amérique centrale, qui se répand surtout chez les Toltèques, comme l'indiquent les motifs décoratifs, représentant surtout des divinités non mayas et des figures animales. Pour leur part, les Mayas se montrent particulièrement habiles dans la **préparation des couleurs** : ils réussissent à obtenir l'indigo, le carmin, tiré de la cochenille, ainsi que la pourpre, extraite d'un mollusque ; ils découvrent un bleu brillant, connu comme le « bleu maya », qu'ils extraient de la beidellite, un minéral argileux.

Les forêts du sud du Yucatán et du Petén fournissent le **caoutchouc**, extrait d'un arbre typique de la région, le *zapote (manilkora zapota)*. Passés maîtres dans la production du caoutchouc, les Mayas en tirent divers produits : les sphères du jeu de pelote – de lourdes boules qui rebondissent –, des semelles pour leurs sandales, des capes imperméables, de la cire de copal.

Les Lombards, comme les autres populations barbares, s'étaient désintéressés des villes, leur préférant l'existence plus simple des *curtes*, grandes exploitations vivant en autarcie. A l'inverse, les Francs veulent reprendre en main les centres urbains à partir desquels s'organise le territoire. Les évêques résident dans les villes : ils exercent un pouvoir judiciaire et administratif que les Carolingiens et leurs successeurs s'efforcent de récupérer à leur profit. On assiste ainsi à une renaissance de la vie citadine, avec la **construction de fortifications** ou la remise en état des murs ruinés d'anciennes cités romaines, telle Vérone. De **nouveaux centres urbains** sont fondés, surtout le long des routes commerciales. On distingue deux types d'urbanisme, la cité-marché et la cité-forteresse, parfois réunis en un. Les cités-marchés sont particulièrement répandues dans le nord de l'Europe, aux côtés des *vici* des Vikings. Utrecht, *castellum* du VIe siècle, se développe avec vigueur du fait de sa situation favorable au carrefour de grandes voies commerciales, et de la liberté de commercer que ses habitants obtiennent au IXe siècle. Quant à Hambourg, fondée en 807 à la frontière septentrionale de l'Europe carolingienne pour appuyer l'évangélisation des régions nordiques, elle se compose d'un château, ou *civitas*, et du *wik*, le faubourg marchand. La ville est détruite par les Vikings en 845 : le château demeure vide tandis que l'évêque s'installe à Brême, mais les activités commerciales ne disparaissent pas pour autant et Hambourg survit en tant que *wik*. On retrouve le même urbanisme double à Cologne, détruite elle aussi par les Vikings en 881 : l'évêché est à l'intérieur des murs, le quartier marchand à l'extérieur. En Flandre, Gand adopte un urbanisme tripartite avec au centre le château des Comtes (le morne Gravensteen) et le monastère de Sainte-Faraïlde, encadrés par le quartier des artisans et le *portus*, la zone commerçante.

A gauche : la porte triomphale de l'abbaye de Lorsch (784). Cette* Torhalle *s'inspire à l'évidence des édifices publics du Bas-Empire, comme le prouvent les demi-colonnes adossées au mur et l'ornementation. A droite : le travail de copie des manuscrits constitue l'une des principales tâches des monastères, confiée aux moines les plus habiles dans l'art de la calligraphie et de la miniature. Ici, dans la salle réservée à cette activité, deux copistes d'un monastère allemand du XIe siècle sont à l'œuvre. On reconnaît l'architecture ottonienne et ses tours carrées.

En **Italie** aussi, les cités du Xe siècle présentent une partie fortifiée, située au centre de l'agglomération ou en un point stratégique, comme à Asti ou à Brescia. Au cœur du *castrum civitatis* se dressent les bâtiments qui abritent le pouvoir laïc et religieux (palais, cathédrale, évêché). Les activités artisanales et marchandes commencent à se développer dans les faubourgs ; à Milan, l'existence du *mercatus publicus* est attestée dès 952. Très étendue, Rome incarne au Moyen Age la ville par excellence, avec ses murs, ses églises et les sanctuaires des premiers martyrs chrétiens : la Chrétienté entière regarde vers la cité. Sur la rive droite du Tibre, près de la colline du Vatican et de la basilique Saint-Pierre, se trouvent au IXe siècle les hospices et les *scholae* des peuples du Nord, Francs, Frisons et Saxons, avec les palais des *missi* royaux et impériaux. Au nord s'élève le *burh* fortifié ; au sud, le long du Tibre, Léon IV (pape de 847 à 855) fait entourer le faubourg de remparts, protégeant ainsi la cité des incursions sarrasines qui dévastent les côtes. Au-delà du fleuve se dressent basiliques et monastères (comme celui de Saint-Alexis, sur l'Aventin, de rite gréco-latin), toujours plus nombreux au cours du Xe siècle. Les fonctionnaires pontificaux du Latran, siège de la papauté, ont leur habitation dans ce quartier.

Les agglomérations de l'**Angleterre anglo-saxonne** se divisent en *burhs* et *boroughs*. Les **burhs**, qui datent du règne d'Alfred le Grand, sont semblables aux forteresses carolingiennes du continent. Ils ont un rôle défensif et de protection de l'hôtel de la Monnaie. Les **boroughs** comprennent en outre un marché. Londres est dotée avant l'an mille d'un marché couvert. En 858 apparaît la guilde de Canterbury, alors capitale religieuse de l'île et dont le rayonnement se manifestait déjà à travers ses monnaies d'or et ses bijoux. Winchester devient au Xe siècle un important centre commercial où s'élèvent entrepôts et habitations. La ville s'enrichit d'une cathédrale au XIe siècle et de l'hospice de la Sainte-Croix, en 1136.

Les cités marchandes se développent également dans les **territoires arabes d'Europe**. En Espagne, au Xe siècle, Cordoue rivalise ainsi avec Bagdad, tandis que les ports marchands d'Algésiras, de Málaga et d'Almeria prennent de l'importance. Les villes musulmanes s'organisent autour de la mosquée, placée en leur centre, et d'un quartier principal d'où partent en étoile les rues menant aux autres quartiers ; les faubourgs se dressent à l'extérieur des murs d'enceinte. Cordoue est certainement la ville la plus peuplée d'Europe, avec un nombre d'habitants compris entre cinq cent mille et un million, selon les estimations. La mosquée de Cordoue, la plus grande au monde après la Ka'ba de La Mecque, occupe entièrement le site de l'ancienne cité romaine. Elle compte sept tours. Sur un côté coule le Guadalquivir, que traverse un pont de 223 mètres de long, reposant sur seize arches ; au-delà, un quai en maçonnerie mène aux moulins. Construite sur un ancien édifice wisigothique, la mosquée fut commencée en 785. On y

Ci-contre : Saint-Cyriaque de Gernrode, collégiale pour femmes fondée en 961 en Germanie, témoigne de la tendance des bâtisseurs ottoniens à diviser géométriquement l'espace, distribuant les masses sur un axe est-ouest. Le toit plat est en bois.
En bas : l'intérieur de la collégiale de Gernrode. La nef, couverte en bois, montre l'alternance caractéristique des piliers et des colonnes. Elle s'enrichit de tribunes à six arcs.
A droite : l'église de Saint-Donat à Zara, vue de l'extérieur. Si l'architecture des églises connaît à la période carolingienne de profondes évolutions (introduction de la nef à une ou deux absides et de la crypte), les influences byzantines demeurent très perceptibles dans les églises de la côte adriatique.

dénombre huit cent cinquante colonnes de marbre et quatre mille lampes en métal. Le jaspe, l'agate et l'albâtre qui l'ornent ont été rapportés de l'Orient. Cette merveille architecturale fut transformée en église après la reconquête chrétienne.

A l'époque carolingienne, on assiste à la construction de vastes ensembles sur le modèle du palais d'Aix-la-Chapelle, commencé en 798 et toujours en cours de réalisation à la mort de Charlemagne ; à l'époque ottonienne, le nouveau langage architectural est assimilé et les bâtisseurs tendent à reprendre les modèles établis. Ils produiront cependant quelques réalisations d'une grande originalité.
L'**architecture religieuse** carolingienne s'inspire directement des deux grands types de bâtiments romains, la construction à plan centré et la basilique. Les innovations les plus notables viennent de la combinaison de certains éléments caractéristiques tels que les deux absides opposées, attestées pour la première fois à l'abbaye de Fulda (819), et le presbytère de vastes dimensions. Transformation essentielle de l'époque ottonienne, la **crypte** répond aux besoins nouveaux de la liturgie et à l'importance croissante du culte des reliques. Elle s'articule en plusieurs espaces et galeries organisés de façon très variable. Le sépulcre du saint se trouve généralement en son centre, comme à Saint-Médard de Soissons (817-884), ou bien à Saint-Germain d'Auxerre (891) où la crypte constitue un véritable sanctuaire souterrain auquel on accède par un escalier monumental. La façade de l'édifice prend également une grande importance : orientée vers l'ouest, elle s'enrichit parfois d'une des plus heureuses trouvailles de l'architecture carolingienne, le massif occidental ou *Westwerk*. Quelques exemples de ces réalisations sont parvenus jusqu'à nous, notamment en Allemagne et en France. Ainsi l'église de l'abbaye de Corvey, sur les rives de la Weser, conserve un beau massif occidental (873-885) : l'entrée est surmontée d'une imposante avant-nef, large de 18 mètres et s'élevant sur plusieurs étages ; telle une forteresse, elle est flanquée de deux tours carrées. Au-dessus de la porte centrale se trouve une vaste tribune, la « salle impériale » ou *Kaiserloge*, avec des fenêtres bilobées et des colonnes aux chapiteaux classiques.
De même, la porte triomphale de l'abbaye de Lorsch, la célèbre *Torhalle*, forme une structure à deux niveaux : en bas, un portique à trois arcs puissants ; en haut, des colonnettes et une décoration géométrique polychrome formée de pierres rouges ou blanches taillées en polygones, en losanges ou en carrés, qui composent un effet admirable.

La *renovatio imperii* remet à l'honneur les formes classiques que l'architecture ottonienne allie aux motifs germaniques. L'avènement d'Otton Ier marque le début d'une période extraordinaire pour l'**architecture des églises**, particulièrement en Saxe. Les éléments carolingiens (absides opposées, *Westwerk*, crypte, etc.) sont repris sans grandes modifications jusqu'à l'an mille environ. Toutefois, l'adoption de certaines solutions originales contribue à articuler différemment le corps longitudinal des édifices religieux, très imposants en règle générale : il faut mentionner à cet égard l'emploi alterné de piliers portants renforcés et de colonnes, disposition caractéristique de l'architecture saxonne. Parmi les rares édifices parvenus jusqu'à nous en assez bon

état de conservation, citons l'église collégiale Saint-Cyriaque de Gernrode, fondée en 961, qui témoigne de cette tendance à scander l'espace.

L'architecture carolingienne et ottonienne a laissé des réalisations intéressantes en **Italie septentrionale**, région où travaillent des artisans ouverts à ces styles nouveaux.
L'un des édifices les plus anciens est la chapelle Santi Satiro, Silvestro e Ambrogio, fondée en 876, qui fait aujourd'hui partie de l'église de San Satiro à Milan. Citons aussi, parmi les églises lombardes de l'époque, celle de San Vincenzo in Prato, elle aussi à Milan, avec ses trois absides ornées d'arcatures et de bandes lombardes, ainsi que la basilique Saint-Pierre, à Agliate, avec son baptistère à neuf côtés. Le Duomo d'Ivrea et l'église Santo Stefano de Vérone présentent une abside entourée d'un déambulatoire, autre innovation répandue à l'époque carolingienne. Les églises de la côte adriatique révèlent des influences byzantines et ravennates, très nettes à Saint-Donat de Zara (l'actuelle Zadar), qui date du milieu du Xe siècle.

Les premiers établissements nordiques sont de **grandes fermes**, éloignées les unes des autres et vivant en autarcie. Autour de ces fermes se développent par la suite des **villages**, généralement de forme allongée comme celui de Dorestad en Frise ; les maisons s'alignent sur deux rangées parallèles, de part et d'autre d'une route ou d'un cours d'eau. Les agglomérations adoptent parfois une forme circulaire avec, en leur centre, « en noyau », une place ovale ou rectangulaire ; parfois aussi, elles suivent simplement la configuration du terrain : rive d'un fleuve, d'un lac ou d'un fjord, bordure de forêt. Les vraies villes ne feront leur apparition qu'après l'an mille, avec l'introduction du christianisme et des modèles qu'il véhicule.

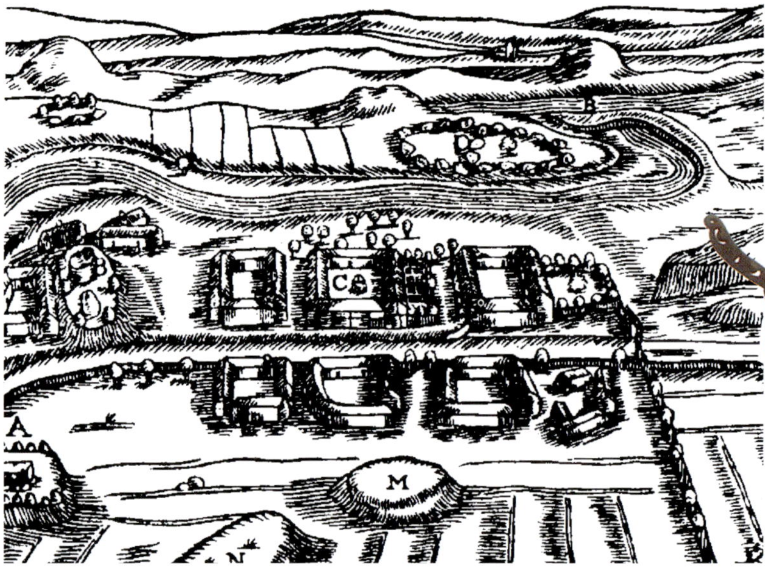

A gauche : la « stavkirke » (XIIe siècle) de la Gudbrandsdalen, vallée située au nord-ouest de Lillehammer, en Norvège. Ci-dessus : reconstitution du XVIIe siècle d'un village viking au Danemark. La lettre M indique un tumulus où les dieux Odin et Thor étaient encore vénérés à l'époque. La lettre C correspond à la cour qui accueillait les grands banquets, fermée de façon caractéristique par quatre bâtiments. Ce n'est qu'après l'an mille que de véritables cités se développent, à la suite de l'adoption du christianisme et des modèles qu'il véhicule.

Les **camps militaires** bénéficient d'un urbanisme plus régulier, de même que les villages qui naissent souvent dans leur orbite, tels ceux de Trälleborg, dans l'île danoise de Sjaelland, et d'Agersborg, dans le Jütland septentrional. Le camp de Trälleborg se compose d'une citadelle et d'une fortification principale, entourée d'un rempart circulaire percé de quatre ouvertures aux points cardinaux, fermées par des portes à battants. Orientées d'est en ouest et du nord au sud, deux rues se croisent à angle droit au centre de la forteresse et divisent l'agglomération en quatre quartiers égaux ; au centre de chacun d'eux se dressent quatre maisons de plan elliptique. Occupant une position stratégique idéale, en hauteur et au cœur d'un système de fjords, la forteresse d'Agersborg est disposée suivant un plan similaire, circulaire mais de diamètre supérieur. Le camp est défendu par une double enceinte. Des rues partant des points cardinaux se croisent aux centre, délimitant quatre secteurs pour les « casernes », au nombre de quarante-huit, soit douze par secteur. D'autres camps sont à l'origine de véritables villes telles qu'Odense, chef-lieu de la Fionie, au Danemark. On a mis au jour au centre de la ville actuelle les vestiges d'une forteresse circulaire que l'on peut dater de la fin du Xe siècle. Les principales villes ont une vocation commerciale; parmi elles se distinguent Hedeby et Birka.

Hedeby, la « cité des bruyères », se trouve au sud-est de la péninsule du Jütland, au fond d'un fjord qui, à partir de la Baltique, pénètre dans le Schleswig méridional. La cité est entourée sur trois côtés par une grande muraille défensive; le quatrième côté, à l'est, donne sur le fjord. L'aire urbanisée s'étend sur vingt-huit hectares et, par son périmètre, Hedeby est la plus vaste cité bâtie par les peuples du Nord. Deux portes, peut-être trois, percent les murs; un cours d'eau l'alimente en eau potable. Une enceinte plus tardive en demi-cercle, sans doute construite vers 900 par les Suédois, protège la ville au sud.

Située au carrefour de plusieurs routes, point de rencontre de civilisations diverses (Germains, Vikings danois et Vikings suédois), Hedeby voit croître son importance économique et politique tout au long du IXe siècle. La population augmente progressivement durant la période viking. Des fouilles ont mis au jour les fondations de quartiers d'habitation, cinq petites nécropoles et des traces d'activités artisanales complexes : fusion du fer, tissage, travail de l'os et de la corne, céramique, fabrication du verre, frappe de monnaies. Mais le vrai poumon de la cité demeure le **port**, avec ses magasins et ses entrepôts. Sa richesse en fait le point de départ de toutes les entreprises concernant le Danemark, y compris l'évangélisation, menée par le moine Anschaire entre 826 et 829. Rien d'étonnant à ce que Hedeby suscite des convoitises. La ville est assiégée et prise plusieurs fois. Harald III le Sévère, roi de Norvège, en guerre contre Sven II Estridsson, roi du Danemark, s'empare de Hedeby et l'incendie en 1050, provoquant sa ruine. Des fouilles récentes ont permis de retrouver, au Danemark, de nombreux vestiges d'une architecture religieuse en bois datant de 950-1050; comme le prouvent des trous toujours visibles, les édifices étaient soutenus par des pieux fichés dans le sol.

A gauche, sur les deux pages : l'église en bois de Borgund (XIIe siècle) est un exemple de la fusion entre christianisme et paganisme qui s'opère avec l'adoption progressive de la nouvelle religion par les Vikings. Croix et têtes de dragon protègent l'édifice des forces des ténèbres. Ci-dessus : reconstitution d'une maison viking. A droite : croix celtique irlandaise près du monastère de Saint-Colomba (Xe siècle), à Drumcliff. Les bras de la croix sont entourés d'un cercle qui symbolise la grande roue de l'univers. Les motifs ornementaux s'inspirent de l'art païen, avec des influences byzantines très nettes.

Apparue après Hedeby, **Birka** est en déclin dès la seconde moitié du Xe siècle. La cité bénéficie elle aussi d'une situation géographique avantageuse, sur la mer mais protégée, puisqu'elle se dresse dans l'îlot de Björkö (l'« île aux bouleaux »), sur le lac de Mälar en Suède orientale. Birka s'étend sur une douzaine d'hectares, que l'on reconnaît aux traces sombres qui marquent encore le terrain; un rempart en demi-cercle, orienté nord-est, délimite le côté sud de la cité. Une forteresse, au sud, domine la cité; elle occupe un terre-plein rocheux qui tombe à pic dans la mer, 30 mètres plus bas. Outre le « port intérieur » de la ville, l'île compte trois autres rades : le *kugghamn*, ou port des Frisons, sur la pointe septentrionale; le *korshamn*, ou port au grain; le *salviksgropen*, ou port de commerce, un bassin artificiel de forme carrée. La cité marchande, avec ses maisons de bois et ses magasins, occupe la partie basse de la ville, près de la plage et du port intérieur. Grâce à ces comptoirs et aux nombreuses tombes de riches marchands découvertes par les archéologues à Birka (tombes à chambre, disséminées et non pas regroupées dans les deux nécropoles de la cité), on a pu reconstituer en grande partie le mode de vie des Vikings et la nature de leurs échanges économiques.

Les **maisons** sont pour l'essentiel **en bois** : sur un plan rectangulaire, leurs parois légèrement courbes forment un ovale tronqué, constituant une sorte de bateau sans proue ni poupe comme il y en avait dans le camp de Trälleborg. Il s'agit d'abord d'une adaptation locale de la maison dite « à nef » de la tradition germanique, avec une pièce unique, dépourvue de fenêtre à l'origine, où cohabitent hommes et animaux. Au centre, se trouvent un vaste foyer et une ouverture dans le toit qui sert de cheminée (en Islande, la cuisine et la cheminée occupent au contraire une pièce contiguë à la grande salle de la « maison longue »). Par la suite, les espaces se diversifient ou bien on voit apparaître des édifices séparés autour du bâtiment principal. Ainsi à Lindholm Høje, dans le Jütland, se dressent, à côté de la maison du seigneur – une ferme rectangulaire à quatre bâtiments –, une douzaine d'annexes, parmi lesquelles une salle de bains.
Les techniques de construction varient en fonction des matériaux disponibles. Pour les murs, les habitants utilisent parfois une structure en bois avec un remplissage en argile, ou bien une double paroi en pierres avec un remplissage de terre au milieu.
Des mottes de terre servent souvent à couvrir les toits. Cette architecture primitive, liée aux ressources naturelles disponibles sur place, révèle cependant certaines influences culturelles. Les maisons vikings en forme de nef, par exemple, semblent vouloir souligner une continuité dans l'existence des peuples nordiques, par-delà l'alternance des périodes de déplacements et de sédentarité.

Les peuples d'Europe orientale vivent à l'origine dans des **villages de petites huttes**, séparées les unes des autres ; chaque hutte est entourée d'un petit terrain qui répond aux besoins immédiats de la famille, tandis que les terres communes s'étendent autour du village. Une forteresse assure la défense du village. Elle est souvent construite à l'écart de ce dernier, à un emplacement plus stratégique, tout en étant reliée aux habitations pour que la population puisse s'y réfugier. Fondée au IXe siècle dans une région marécageuse et disparue au XIe siècle, l'agglomération de Teterev, dans le nord de la Russie, constitue un exemple caractéristique de ce type d'habitat.
Les archéologues y ont découvert deux ensembles défensifs distincts, l'un pour le village, l'autre pour le château, tous deux reliés à la terre ferme par un pont long de 750 mètres. Mais plus souvent, les villages sont entièrement ceints de murs, et à l'intérieur, se dresse la **forteresse**, au centre du village ou en son point le plus élevé.
Ce modèle se répand dans tout le monde slave médiéval, en particulier parmi les Slaves de l'Ouest. On compte trois cents villages de ce type en Bohême, plus de six cents entre l'Elbe et l'Odra, environ deux mille en Pologne. Château et bourg forment un noyau compact qui évolue : il prend une forme ronde ou ovale tandis que les quartiers de la cité se spécialisent (défense, culte, commerce, artisanat), comme c'est le cas à Gniezno, en Pologne, et à Prague, en Bohême.
Les fortifications germaniques présentent une paroi plane et verticale, inattaquable ; les cités slaves préfèrent à cette solution des **fortifications en escalier**, de moins en moins épaisses à mesure qu'elles gagnent en hauteur. Elles ont pour élément de base des caissons rectangulaires superposés, formés de troncs et remplis de terre et de pierres, ou encore des poutres entrecroisées, elles aussi colmatées de terre et de pierres.

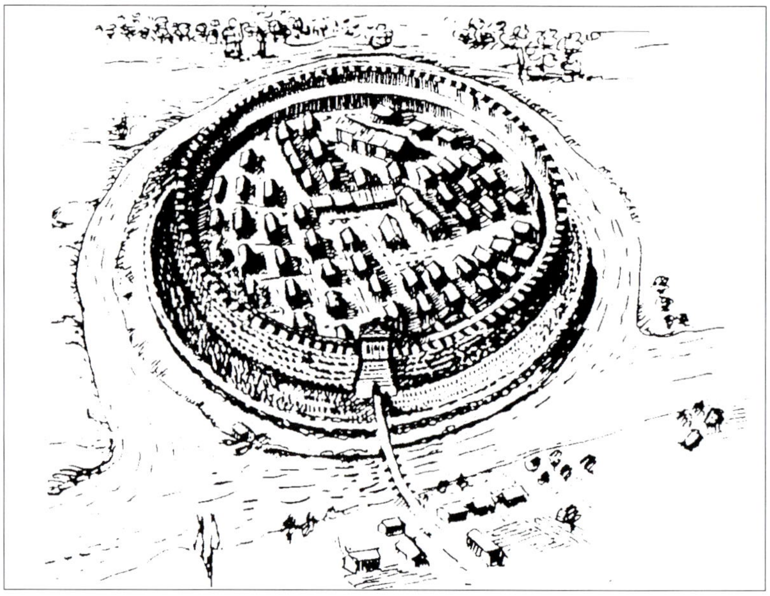

Cette technique de construction donne naissance à des structures extrêmement larges à la base (jusqu'à 20 m) mais beaucoup plus étroites au sommet, lequel est doté de créneaux en queue d'aronde. Dans certains cas, l'ensemble est revêtu d'argile et décoré. Il faut citer d'autres réalisations typiques de l'architecture slave : les tumulus de Smolensk (VIIIe, IXe et Xe siècles), hauts de 10 à 12 mètres, qui abritent une chambre funéraire en bois, et les nombreux temples païens des peuples de l'Ouest, retrouvés grâce à des sources littéraires à Szczecin, dans l'île de Rügen et ailleurs.

Avec la christianisation, l'**église en pierre** s'installe au centre du village ; elle contraste de façon significative, par sa forme et son matériau, avec les habitations en bois qui l'entourent. Si l'agglomération est fortifiée, l'église se trouve souvent à l'intérieur même du *castrum* et adopte dans ce cas un plan circulaire. L'architecture slave comporte quatre types d'édifices religieux avant l'an mille : à plan circulaire ; à nef unique terminée par une abside ; à trois nefs et trois absides ; à plan cruciforme. Le premier est le plus répandu. En Bohême, les édifices religieux en pierre apparaissent après l'introduction du christianisme. Les premières églises remontent en effet à la fin du IXe siècle : il s'agit de Saint-Clément, à Levy Hradec, et de Saint-Pierre, à Budec.
Elles sont toutes deux de plan circulaire. Sous l'influence tchèque, ce type architectural se répand ensuite en Pologne, avec des variantes. La rotonde de Saint-Gui, à Prague, en fournit un bon exemple : le plan circulaire se superpose ici au plan en croix grecque. Cet édifice à quatre absides fut construit dans le *castrum* de la ville entre 925 et 929. Les premières cathédrales qui apparaissent en Pologne sont de type basilical ; Poznan et Cracovie en ont conservé des vestiges datant environ de l'an mille. Cependant, la rotonde prévaut en Pologne aussi, comme à Gniezno, ou à Cracovie. On a beaucoup discuté de l'origine, de la signification et de l'usage de cette typologie. Certains y ont vu l'imitation de modèles germaniques tels que la chapelle Palatine, d'autres un rappel du Saint-Sépulcre, d'autres encore une influence byzantine ayant transité par les côtes italiennes et dalmates de l'Adriatique, en particulier par Ravenne. On peut enfin évoquer les édifices circulaires du culte païen, dont on connaît l'existence chez les tribus slaves du nord-ouest à partir du VIIe siècle.

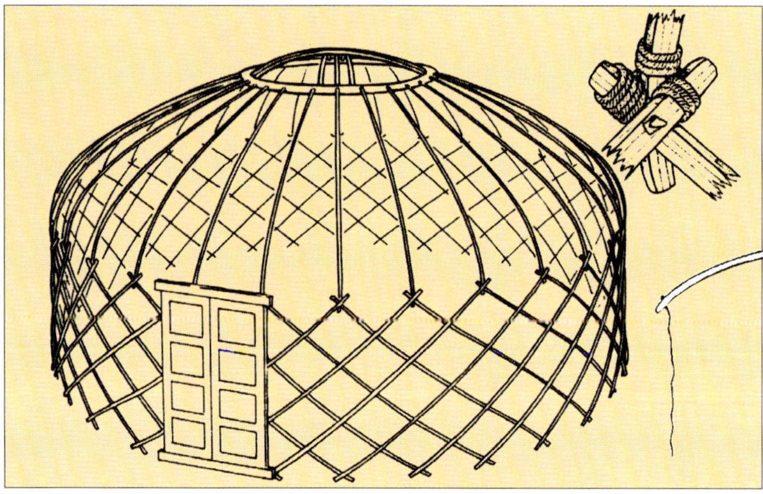

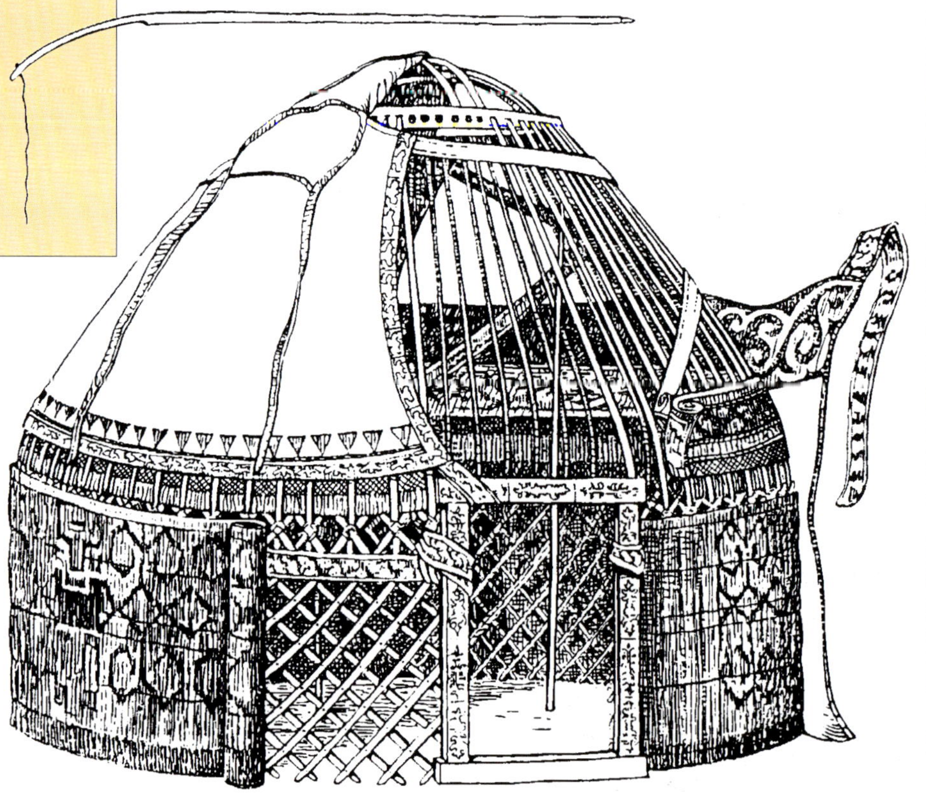

En haut : type de village fortifié répandu dans tout le monde slave au Moyen Âge
Ci-contre : une yourte, tente circulaire à parois verticales et toit conique. Elle est composée d'un cadre en bois recouvert de feutre, et ornée de longues bandes de tissu à motifs et de nattes tressées qui protègent l'entrée. C'est l'habitation typique des peuples de la steppe.
On voit ci-dessus la structure en bois de la yourte et la façon dont les cannes sont liées entre elles.

PLISKA, PREMIÈRE CAPITALE BULGARE

Pliska, située en Mésie supérieure, était à l'origine un petit village slave, surgi sur les ruines d'un établissement romain. Après la conquête de la Mésie en 681, le khān Asparuh, fondateur de l'État bulgare, en fait sa capitale. Pliska joue un rôle primordial dans l'histoire de la région pendant les deux siècles qui suivent. Rien dans la ville qui ne soit imposant, massif, austère. Trois enceintes défensives protègent une superficie de 23 kilomètres carrés. A l'extérieur se trouve une tranchée de terre battue, selon l'usage barbare. Au centre se dresse la citadelle, construite en blocs de calcaire équarris. A l'intérieur, les édifices sont construits dans le même matériau, auquel vient s'ajouter la brique pour certains bâtiments publics. La silhouette de la « ville intérieure » et de ses palais domine ainsi la cité fortifiée, sur fond de yourtes (protobulgares) où vivent les nomades, et de huttes à demi enterrées qu'occupent les agriculteurs sédentaires.

Cœur de la capitale et de l'État bulgare, la « ville intérieure » abrite les palais des khāns et le temple du dieu Tengri, démoli en 865 pour élever à cet emplacement une église chrétienne. Un édifice aussi considérable ne pouvait faire abstraction des modèles romains et byzantins que les Protobulgares connaissaient depuis qu'ils habitaient les cités en pierre de la Volga, telle Sarkel dont le nom signifie « la blanche maison ». Devenus riches et puissants, les Bulgares ont probablement fait appel à des artisans étrangers pour construire cités et palais, tout en conservant leurs goûts guerriers. De fait, Pliska ressemble plus à un camp retranché qu'à une ville, à tel point qu'elle disparait presque quand Bulgares et Slaves opèrent leur fusion. Les Byzantins n'avaient pas réussi à la détruire bien qu'ils l'aient saccagée et incendiée sous le commandement de l'empereur Nicéphore, en 811, avant d'être battus par une coalition de Bulgares, de Slaves et d'Arabes.

La situation de l'église à l'intérieur du *castrum* en limite sans doute la fréquentation mais réaffirme son importance symbolique.
Il s'agit de présenter au monde chrétien l'image d'un souverain qui réunit en sa personne, et donc dans les lieux qu'il fréquente, pouvoir (politique et militaire) et piété. De plus, les précieuses reliques des saints sont ainsi mises à l'abri, comme à Prague, où la sobriété du décor et la simplicité du mobilier indiquent par ailleurs que l'édifice était destiné à un entourage restreint et non au peuple.

Les autres types d'églises font preuve d'assez peu d'originalité : édifices à nef unique avec abside en demi-cercle, que l'on trouve en Bohême (églises dédiées à la Vierge de Prague et de Budec) ; églises en croix, comme Saint-Bartholomée de Libice ou l'église découverte sous Saint-Laurent de Vysehrad, ou encore, à Cracovie cette fois, l'église du Saint-Sauveur.
Parmi les églises de type basilical, la plus importante est sans conteste celle de Saint-Georges, à Prague, construite avant 923 : elle a un plan tronqué, à trois nefs terminées par trois absides en fer à cheval, peut-être inspiré de modèles lombards ou dalmates.
Avec l'arrivée vers 970 de Dietmar, premier évêque allemand, l'édifice fut allongé, se transformant ainsi en basilique de type saxon. Prague, devenue évêché, se développe rapidement tandis que les congrégations religieuses commencent à bâtir églises et couvents.

Converties au christianisme, les populations slaves du Sud (Bulgares, Croates, Macédoniens, Serbes et Slovènes) et de l'Est (Russes, Ukrainiens et Biélorusses) subissent l'influence de l'architecture et de l'art gréco-byzantins dont on retrouve les formules à travers l'Europe balkanique et les principautés russes. Toutefois, les trois écoles bulgare, russe et serbe transposent à leur façon le legs constantinopolitain, en l'amalgamant aux traditions locales et en le mêlant à d'autres apports extérieurs, iraniens, arméniens et nordiques.
Parmi les pays slaves, la **Bulgarie** est le seul à avoir connu une architecture monumentale avant la christianisation et la diffusion des modèles byzantins. Les agglomérations anciennes de Pliska et Madara, avec leurs bâtiments en gros blocs de pierre où la brique est réservée aux arcs, aux fenêtres et aux portes, trahissent l'emprise directe de l'architecture gréco-romaine et d'influences sassanides. Avec son plan en damier, le **palais de Krum** à Pliska est considéré comme l'édifice le plus caractéristique de l'architecture civile bulgare puisqu'il évoque les campements fortifiés des nomades eurasiens. L'avènement du christianisme favorise la diffusion de l'art byzantin parmi les peuples bulgares : Preslav, la nouvelle capitale, atteint l'apogée de sa splendeur sous le tsar Siméon qui règne de 893 à 927. La ville s'orne de nombreuses églises. La formule la plus répandue est la basilique à trois nefs,

Ci-dessus : Oleg, prince de Kiev, qui régna de 882 à 912. Cette miniature montre le palais du prince, peut-être le premier construit en pierre. Selon la* Chronique des temps passés, *la princesse Olga en aurait donné une préfiguration. Ci-contre : scène de bataille avec cavalier et fantassin, provenant de Pliska (IXe siècle). Située en Mésie supérieure, la première capitale bulgare évoque plus un camp retranché qu'une ville. La triple enceinte et la cité-forteresse en calcaire sont d'un aspect massif.

avec absides et narthex, sur le modèle des cathédrales d'Asie Mineure. On voit aussi apparaître des structures plus complexes et originales comme en témoignent les ruines de l'**église à la coupole dorée** de Preslav, construite au IXe siècle : elle adopte la forme d'une rotonde à huit exèdres, avec atrium rectangulaire, portique et déambulatoire intérieur. La décoration polychrome de l'intérieur, conforme à la tradition locale, fait preuve d'une belle indépendance à l'égard des canons byzantins.
En **Russie**, les techniques de la construction en pierre proviennent de Byzance par l'intermédiaire des maîtres d'œuvre de **Notre-Dame-de-la-Dime** (ou *Dessiatinnaia*, du nom des revenus consacrés à son entretien), bâtie par le prince Vladimir dans les années 990-996 : il s'agit du premier édifice religieux en pierre. L'intérieur est décoré de mosaïques, de fresques et de marbres. L'agrandissement de la première moitié du XIe siècle s'éloignera du style byzantin. Les églises en pierre se répandent dans tout le pays et en particulier à Kiev, capitale de l'État russe et rivale de Constantinople, où l'architecture religieuse marie avec bonheur les modèles grecs et la tradition locale de la construction en bois.
La **cathédrale Sainte-Sophie** (1037-1046) constitue le monument le plus important de la cité ; elle sera remaniée par la suite.
La **Serbie** ressentira plus tardivement le primat byzantin en matière d'architecture : cette influence sera surtout perceptible à partir du XIIe siècle, dans les agglomérations les plus proches de Constantinople.

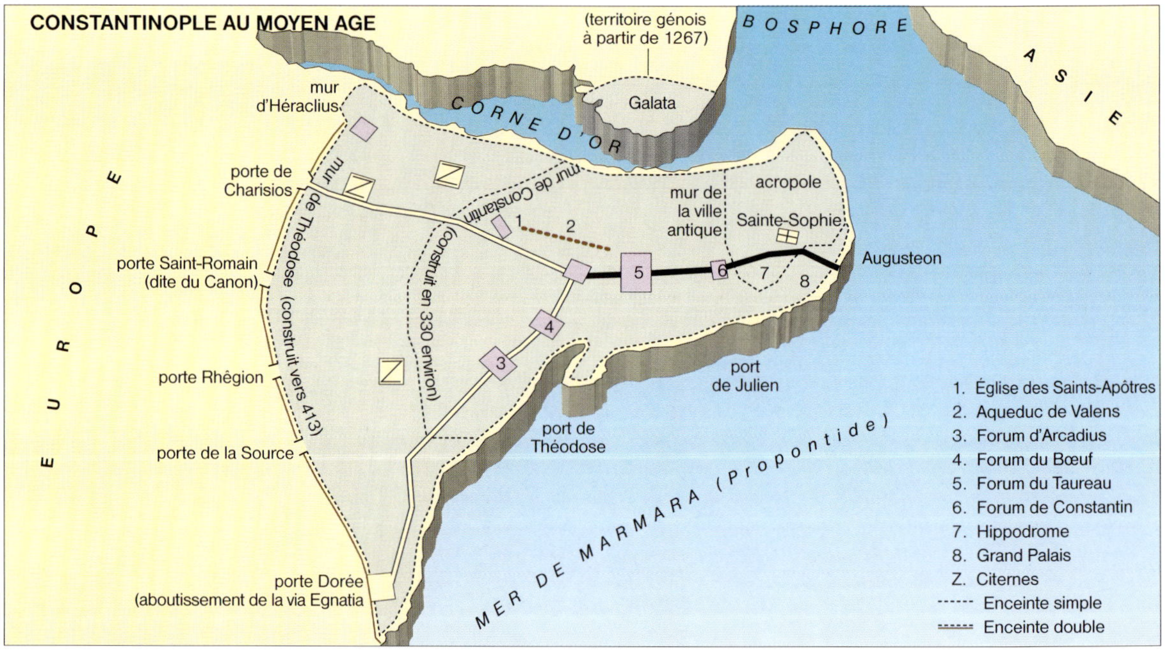

Après l'époque justinienne, l'Empire connait une période marquée par des luttes internes, de durs conflits avec les Perses et les Arabes, des épidémies de peste et des catastrophes naturelles. L'**art et l'architecture déclinent**, phénomène aggravé par la crise iconoclaste (726-843) qui se solde par la destruction, jusque dans le cadre ecclésiastique, des images représentant des personnages religieux. Bon nombre de bâtiments civils et religieux qui embellissaient Constantinople et d'autres grandes cités de l'Empire se dégradent rapidement : on assiste à une transformation sensible de l'aspect des grandes agglomérations byzantines.
Reflet de la situation précaire de l'Empire, l'architecture religieuse s'appauvrit entre le VIIe et le IXe siècle : la structure et les matériaux des édifices deviennent plus simples, les bâtiments sont généralement de taille modeste. Les églises à plan basilical, couvertes d'un toit plat ou d'une coupole, sont les héritières de la tradition paléochrétienne remontant à Constantin ; elles se trouvent surtout dans les provinces d'Asie Mineure. Cependant, le nouveau goût du jour privilégie l'**église en croix grecque**, plan qui sera porté à une grande perfection comme le prouvent Sainte-Sophie à Salonique et Sainte-Irène à Constantinople, toutes deux du VIIIe siècle.
Aux IXe et Xe siècles, malgré la disparition de nombreux théâtres et autres lieux publics, Constantinople demeure la cité par excellence au sein de l'empire d'Orient. Constantin VII Porphyrogénète, empereur de 913 à 959, décrit la ville dans son *Livre des cérémonies* : entourée de puissantes fortifications, ornée de splendides édifices religieux, du palais impérial et de l'hippodrome, la capitale sur le Bosphore suscitera pendant des siècles encore l'admiration des historiens et des voyageurs. Avec la reprise démographique et l'émigration de la population rurale vers les centres urbains, artisans et marchands d'origines diverses viennent exercer leur activité à Constantinople. Les places et les rues résonnent de mille langues et sonorités déconcertantes ou amusantes, ainsi que le raconte Giovanni Tzetze (1110 env.-1180), érudit byzantin qui avait appris quelques mots de tous les idiomes étrangers parlés dans la ville.

Avec l'arrivée sur le trône de Basile Ier, fondateur de la dynastie macédonienne (867-1057), s'ouvre une **période faste pour l'art et l'architecture** byzantins, qui se prolongera sous les Comnènes jusqu'au début du XIIIe siècle. Hélas, les réalisations de l'**architecture civile** de la « renaissance macédonienne » ont pratiquement toutes disparu. Quelques vestiges et des témoignages écrits nous permettent de savoir que le nouveau palais impérial de Constantinople, avec ses voûtes, ses coupoles, sa décoration de marbres polychromes et ses mosaïques, avait sans doute de grandes affinités avec les édifices religieux.
Lorsque les communautés monastiques et les grandes familles nobles et aisées commencent à encourager la construction d'églises et de chapelles, l'**architecture religieuse** entre immédiatement dans une époque particulièrement brillante, dont nous pouvons encore admirer certaines réussites. Au cours

du IXe siècle, les architectes byzantins fixent définitivement les canons du sanctuaire à plan en **croix grecque** : la cathédrale byzantine classique s'y conformera jusqu'au XIIIe siècle. Issu de longues recherches, ce type comporte quatre branches inscrites dans un carré. A l'intersection de la nef centrale avec le transept se dresse la coupole, généralement posée sur un tambour polygonal plus ou moins haut. Autour de la base de la coupole, à l'extrémité de chaque bras, s'élèvent quatre coupoles de dimensions plus réduites ; d'autres coupoles couronnent parfois le portique, ou narthex, situé en avant de l'église. Ces édifices comportent habituellement trois travées ; le prolongement du bras oriental forme l'abside.
Aujourd'hui disparue, l'église de **Saint-Théodore** de Constantinople, construite par Basile Ier en 880, fut sans doute le prototype de ces réalisations. Souvent imitée par la suite, cette *Nea Ekklesia*, ou Église nouvelle, différait de Sainte-Sophie (construite au VIe siècle) par la légèreté inédite de sa silhouette et le transfert du motif en croix grecque aux quatre voûtes surélevées couronnant les quatre angles de l'édifice. L'ensemble reposait sur des piliers élancés et des colonnes qui, avec le décor de faïences, de marbres polychromes, d'émaux et de mosaïques, conféraient ampleur et luminosité à l'espace intérieur.

Le plan en croix grecque se prête à quantité de variations et chaque édifice religieux combine différentes caractéristiques. On peut distinguer **trois grands types** : élaborée pour l'essentiel à Constantinople, la première solution prévoit, devant la coupole portée par quatre colonnes, une travée supplémentaire qui prolonge l'espace et donne à la structure toute entière l'aspect d'un sanctuaire. Après Saint-Théodore, deux autres églises de la capitale adoptent ce parti : celle du Myrelaion, fondée par l'empereur Romain Ier Lécapène vers 920, et celle du Christ Pantepopte, bâtie vers 1100 par Anne Dalassène, mère d'Alexis Ier Comnène. L'église des Saints-Théodores à Athènes, reconstruite vers 1070, s'inscrit dans la même lignée.
Dans la deuxième formule, des colonnes portent la coupole tandis que deux piliers encadrent l'abside. Répandu surtout dans les provinces de l'Empire, ce modèle a laissé des traces en Grèce (église de la Taxiarchos à Athènes, églises de Samari et de Gastouni dans le Péloponnèse) et dans la péninsule balkanique.
La troisième catégorie d'églises à croix inscrite, œuvre des architectes byzantins, réunit des édifices dont la vaste coupole centrale, qui couvre la largeur des trois absides, repose sur l'octogone formé par les quatre arcs de voûte et les quatre trompes d'angle correspondant aux quatre absides d'angle. Probablement inspirée de réalisations arméniennes, cette composition aurait inspiré l'église consacrée à Sainte-Marie-Perivlepte, construite devant Sainte-Sophie entre 1028 et 1034 et aujourd'hui disparue, ainsi que de nombreuses constructions impériales dans les provinces. Ces dernières nous ont laissé des témoignages : grande église de Saint-Luc en Phocide, église de Dháfni, près d'Éleusis, et de Nea Moni à Chio, autant d'édifices byzantins significatifs du XIe siècle.

L'architecture religieuse des Xe et XIe siècles conserve les dimensions relativement modestes qui caractérisent les deux siècles précédents ; églises et chapelles sont parfois même petites. Dès le début du Xe siècle, les bâtisseurs s'efforcent d'utiliser différentes qualités de matériaux, alternant brique et pierre. Les murs extérieurs sont décorés de céramiques et de dessins qui animent les façades. A l'intérieur, des revêtements de marbres précieux, des fresques et des mosaïques inspirées de la tradition justinienne recouvrent les parois. Le décor de mosaïque le plus remarquable de l'époque demeure celui de Sainte-Sophie de Constantinople : les premières mosaïques figuratives, commencées en 867, sont terminées à la fin du siècle.

Page de gauche, en haut : plan de Constantinople au Moyen Age.
Au centre : l'église Saint-Luc (v. 1000), en Phocide, une des réalisations du mouvement monachique byzantin. Construite en pierres et en briques, elle reprend le symbolisme de la croix inscrite dans un carré.
Ci-contre : coupole du monastère de Dháfni, en Attique, reconstruit au XIe siècle. Les mosaïques (XIIe siècle) réalisent un accord parfait entre l'architecture et l'iconographie.

A l'est de la Chalcidique, sur le **mont Athos** qui se dresse à la pointe d'une péninsule occupée par des ermites, saint Athanase l'Athonite fonde en 963 son célèbre monastère qui, plusieurs fois agrandi, est parvenu jusqu'à nous. Au fil du temps, d'autres établissements viennent s'agréger à ce premier édifice. Les couvents s'organisent de la façon suivante : un mur d'enceinte avec des tours carrées, polygonales ou rondes, entoure une vaste cour bordée par les habitations des moines, petits appartements avec des balcons fermés à arcades, souvent sur deux étages. Au centre de la cour se dresse l'église de la communauté monastique (le *katholikon*), précédée d'une fontaine pour les purifications surmontée par un édicule circulaire. Les églises les plus anciennes sont à croix inscrite dans un carré ou un rectangle. Le transept se termine par des absides semi-circulaires ; il est souvent couvert de coupoles de plus petite taille (type à cinq coupoles). Devant la façade principale se dresse un vaste narthex à coupole qui sert pour les processions. Des arcs aveugles ornent les murs extérieurs des églises du mont Athos.

L'**architecture byzantine** atteint son **apogée** entre le Xe et le XIe siècle. Elle marque de son empreinte tous les territoires qui dépendent de l'Empire ou qui se trouvent dans sa sphère d'influence politique ou économique. Le style architectural byzantin parvient en Occident par l'**Italie**, comme en témoigne la basilique Saint-Marc à Venise (1063), dont le plan présente des affinités évidentes avec celui des églises byzantines, ou encore l'ensemble formé par la cathédrale et le baptistère de Torcello. L'influence de l'art constantinopolitain se fait sentir encore plus vivement dans les provinces d'Italie méridionale, toujours liées à l'empire d'Orient par d'intenses échanges commerciaux.
Les échos du mouvement byzantin résonnent plus loin encore, dans des zones de confins. La région caucasienne se signale par la richesse de ses réalisations architecturales et artistiques, qui explorent les formes les plus variées.
Deux grands types d'églises caractérisent la première phase de l'**architecture monumentale arménienne** : la basilique d'origine gréco-syriaque et l'édifice à plan centré et coupole. Pendant la « renaissance bagratide », du Xe au XIIIe siècle, ces deux modèles se fondent en un, à plan cruciforme et coupole, dont la cathédrale d'Ani (988-1000) fournit un exemple. De même, l'architecture monumentale de la **Géorgie**, avec ses églises à plan basilical et centré, trahit l'influence byzantine parvenue jusqu'à elle par l'intermédiaire de l'Arménie.
Enfin, l'architecture constantinopolitaine inspire les **peuples slaves du Sud et de l'Est** (surtout les Bulgares, les Serbes et les Russes), qui développent la tradition byzantine tout en l'ancrant dans les divers contextes nationaux. Les édifices byzantins servent de modèles à de nombreuses constructions religieuses, de Sainte-Sophie de Kiev (1037-1046) au monastère serbe de Studenica (v. 1190).

Dès ses débuts, l'islām se caractérise par une **civilisation urbaine**. Chaque conquête donne lieu à la fondation d'une ville nouvelle. Chaque dynastie de califes choisit une cité comme siège principal, y érige un palais, l'agrandit et l'embellit, ou encore crée de toutes pièces un vaste ensemble, comme le firent les ʻAbbāssides à Bagdad en 762. Lorsqu'ils ne voyagent pas, les marchands habitent de somptueuses demeures citadines où ils disposent du confort et d'un luxe certain. Ils ont besoin de villes pour faire étape sur les routes du commerce, de même que les pèlerins cherchent abri dans leur cheminement vers les lieux sacrés de l'islām. Ainsi les villes ponctuent tout le monde arabe, le long des voies caravanières.

Ci-contre, en haut : murs extérieurs de la Grande Mosquée de Sāmarrā, construite entre 842 et 852. Bâtis en briques cuites, ils sont renforcés par des bastions semi-circulaires.
Au centre : décoration en stuc d'un palais de Sāmarrā, datant du IXe siècle.
Ci-dessous : le minaret de Sāmarrā, haut de 50 m. Sa forme en spirale, propre à la tradition locale, s'inspire des ziggourats de Khursabād et de Babylone.

Nichāpur, Boukhara et Samarkand scandent, avec leurs caravansérails, la route de la soie vers l'Asie centrale. En Susiane (l'actuel Khuzestān), où l'on cultive la canne à sucre et le coton, fleurissent les villes de Suse et Ahvaz. En haute Mésopotamie, Mossoul est célèbre pour ses tissus (la ville a donné son nom à la mousseline).

De nombreuses cités sont dédoublées, les conquérants musulmans installant à côté du noyau urbain d'origine leur propre quartier, avec sa grande mosquée et son marché. C'est le cas de Boukhara et de Samarkand. Puis, à mesure que la ville se développe, les deux entités fusionnent en une seule cité, entourée ensuite par une enceinte circulaire – parfois longue d'une centaine de kilomètres, lorsque la menace turque se fait sentir. Aux IXe et Xe siècles, Samarkand devient le principal point de contrôle des voies commerciales vers l'Orient.
Elle compte environ cinq cent mille habitants. Elle comporte en fait quatre espaces successifs : le « long mur » englobe toute la zone cultivée de l'oasis ; les « grands murs » protègent les faubourgs et la ville ; on accède au centre, le *shahristān*, par quatre portes ; enfin, la citadelle se dresse au cœur de cet ensemble. Un grand canal, avec des ramifications dans tous les quartiers, assure l'approvisionnement en eau. Le long des rues dallées s'élèvent des monuments, des fontaines et des vasques, faites dans le cuivre provenant de mines de la région. Les cyprès des jardins sont taillés en forme d'animaux combattants, évocateurs de l'art des steppes, si l'on en croit le géographe Ibn Hawqal.

Parmi les cités nouvelles, **Sāmarrā** (Iraq) joue un rôle capital. Elle est érigée par le calife al-Muʻtaṣim, exilé en 836 à trois jours de marche (110 km) au nord de Bagdad. Elle abritera le gouvernement ʻabbāsside de 836 à 892. La ville occupe une immense bande de terre qui s'étend sur 35 kilomètres sur la rive droite du Tigre. Pour la bâtir, al-Muʻtaṣim fait venir des artisans de tout le Moyen-Orient, maçons, forgerons, menuisiers, spécialistes de la pose du marbre ; le bois de construction (surtout du teck et des troncs de palmiers) provient de Bassora, d'Antioche et de la côte syrienne. La ville est si vaste qu'il faut s'y déplacer à cheval. Entre les bâtiments, rassemblés en groupes, des jardins avec des miroirs d'eau s'étendent sur plusieurs centaines de mètres chacun, en bordure du fleuve. Sāmarrā abrite des casernes, des marchés, des mosquées et une trentaine de palais et demeures, irrégulièrement distribués. Le **palais de al-Muʻtaṣim** couvre à lui seul 175 hectares. On y accède par une porte à trois arcs, haute de presque 12 mètres ; elle ouvre sur une terrasse dominant le Tigre, qui mène à une vaste cour. Cette dernière est entourée par la salle du trésor, l'arsenal, les casernes, les mosquées, les entrepôts. Il faut

LE PALAIS DE BAGDAD

Un texte d'origine byzantine décrit ainsi le palais de Bagdad :
« Tout ce qui était suspendu dans le palais du prince des croyants, rideaux de brocart d'or orné de splendides broderies figurant des vases, des éléphants, des chevaux, des chameaux, des lions et des oiseaux, et grandes tentures, atteignait un total de trente mille tapisseries parmi lesquelles celles en brocart d'or étaient au nombre de deux mille cinq cents. Vingt-deux mille tapis paraient les couloirs et les cours, sans compter ceux des pièces privées et des salles d'audience, feutres du Tabaristān et de Dabik destinés à être regardés et non foulés. »

On trouve dans les Mille et Une Nuits *cette autre description :*
« Tout le palais était formé d'une seule salle immense, éclairée par quatre-vingts fenêtres [...]. On ouvrait cette salle seulement quand le calife venait. On allumait alors toutes les lampes et le grand lustre central, et on ouvrait toutes les fenêtres. Le calife s'asseyait sur son grand divan recouvert de soie, de velours et d'or, puis il ordonnait à ses chanteuses de chanter et à ses instrumentistes de le réjouir par leur musique. Et ainsi, dans le calme des nuits, dans la douce tiédeur de l'air parfumé par les fleurs du jardin, le cœur du calife s'ouvrait dans la ville de Bagdad. »

encore traverser deux cours pour arriver à la salle du trône, carrée et surmontée d'une coupole. Suivent le harem et une autre grande salle décorée de fresques qui donne sur une cour spacieuse où jaillissent deux fontaines et que traverse un canal. Sous la cour se trouve un appartement souterrain, à l'abri des terribles chaleurs estivales.
Le palais comporte également des bains, des écuries et un bois long de 5 kilomètres pour la chasse. Le bâtiment est construit pour l'essentiel en boue séchée et en briques cuites. L'architecture est celle qui prévaut désormais dans le monde arabe, avec la voûte, l'*īwān* et les salles surmontées d'une coupole. Des parties de ce palais et d'autres vestiges de la même époque sont parvenus jusqu'à nous.

On peut toujours voir à Sāmarrā les murs extérieurs, renforcés de bastions semi-circulaires, de la mosquée construite par le calife al-Mutawakkil. Ce dernier la fit ériger entre 842 et 852, sur les ruines d'un précédent édifice. La Grande Mosquée, la plus vaste du monde islamique, occupe un rectangle long de 240 mètres et large de 156 mètres. Témoignages écrits et vestiges architecturaux permettent de reconstituer l'intérieur de l'édifice. Des piliers octogonaux en briques imitant le marbre, flanqués chacun de quatre colonnes, soutiennent le toit, plat, en bois de teck. La salle de prière est multidirectionnelle, comme dans d'autres mosquées islamiques. La salle centrale comporte une véritable forêt de colonnes ; des décorations splendides ornent les parois où s'insèrent des panneaux de mosaïques.
Au nord, le minaret, haut de 50 mètres, adopte la ligne en spirale caractéristique de la tradition locale. Cette forme s'inspire des ziggourats de Khursabād et de Babylone.
Les vestiges d'autres palais de Sāmarrā ont survécu, tels ceux du palais Balkuwara (milieu du IXe siècle). L'édifice s'organise suivant un axe central, ponctué par une série de portes monumentales qui donnent sur des cours et des jardins quadripartites, d'origine perse. Au centre se trouve l'ensemble de la salle du trône, en forme de croix.
A l'extrémité sud-est se dresse l'*īwān*, décoré de mosaïques de verre et de nacre qui dessinent des rinceaux sur fond d'or, symbole du paradis dans le Coran. La première tombe à baldaquin parvenue jusqu'à nous est celle du calife al-Mu'taṣim, mort à Sāmarrā en juin 862. Il s'agit d'un double octogone traversé par un passage ouvert de tous côtés, comme le veut le précepte islamique selon lequel la tombe du fidèle doit être en contact direct avec le ciel.

A l'époque 'abbāsside, le **palais du calife** témoigne de la puissance du souverain et de sa magnificence, mais aussi de son isolement dès lors que se profile la crise du pouvoir central. Nombreuses sont les régions qui prennent leur autonomie avec le soutien de conquérants, mais aussi de grandes familles de marchands qui y trouvent un intérêt économique. Palais monumentaux et tombes à mausolée se répandent dans toutes les villes du Moyen-Orient. Citons celui d'Ismā'īl ibn Aḥmad, construit au Xe siècle à Boukhara, en Ouzbékistan. Il reprend la forme du *cahar-taq*, le temple du feu zoroastrien. Les archéologues éprouvent des difficultés à en établir la signification et la destination. A Balkh se dresse encore un édifice de la première moitié du IXe siècle, formé de neuf salles carrées à coupole, ouvertes sur tous les côtés sauf celui de la *qibla*, avec un portique à deux colonnes au nord-est. Cette structure est similaire à celle de la mosquée des Trois Portes à Kairouan, qui date de 866, et réapparaît dans la mosquée de Bab al-Mardum à Tolède, construite en 999. La destination originelle de ce bâtiment demeure toutefois inconnue.

Ci-contre : coupole de la mosquée de Karbalā' (Iraq), important sanctuaire chī'ite.
Au centre, à droite : mausolée d'Ismā'īl ibn Aḥmad à Boukhara, en Ouzbékistan. Construit entre 892 et 907, il reprend la forme du* cahar-taq*, le temple du feu zoroastrien.
Il constitue un bon exemple des possibilités décoratives de la brique par combinaison géométrique.

Une inscription de l'époque des rois Rāṣṭrakūṭa raconte une conversation entre des dieux qui se promènent dans le ciel lorsqu'ils découvrent avec surprise la beauté et la grandeur du temple du Kailāsa à Ellorā, creusé dans une paroi rocheuse du Mahārāshtra. Pour les Indiens, le **temple** est la **résidence terrestre du dieu**. Il doit être parfait pour que les divinités consentent à y habiter. Le temple n'est donc pas un édifice destiné à abriter la prière et le culte, comme en Occident, mais un monument à la gloire d'une divinité représentée par des bas-reliefs, des statues dans des niches ou des colonnes. Le temple se dresse sur une **plate-forme rectangulaire**, parfois très vaste. Il regroupe de multiples édifices, souvent reliés entre eux par des portiques et des parcours préétablis. Au centre se trouve la cella avec le *liṅga* (symbole phallique) de Śiva. Le roi, ses exploits, son armée et sa cour figurent sur les peintures et les bas-reliefs du temple, mêlés aux dieux hindous qui offrent ainsi au trône le soutien d'une légitimation divine.
A l'origine, les temples ne sont guère imposants, mais ils prennent de l'importance pendant l'époque où le pouvoir se morcelle au profit de seigneurs locaux : le souverain y affirme sa supériorité ou, à l'inverse, les seigneurs locaux y affichent leur puissance.
A partir du IXe siècle, la couverture, initialement composée d'une tour curviligne, adopte une formule à tours multiples. Parallèlement, on voit s'affirmer des temples à toit haut, pyramidal ou en prisme, dits *vimāna*, richement ornés de scènes sacrées. Autour de l'an mille, les temples hindous sont trois ou quatre fois plus grands que leurs prédécesseurs ainsi que le prouvent les exemples du Khandarīya Mahadeo à Khajurāho (construit vers 1002), le temple de Śiva Brihadīśvara à Thanjāvūr (1012) et d'Udayeśvara à Udaipur (1059), en Inde du Nord, ou le Liṅgarāja de Bhubaneswar (1060) dans l'Orissa. Construit en gros blocs de granite, le Brihadīśvara de Thanjāvūr, dans le Tamil Nadu, se dresse sur un rectangle surélevé de 75 par 160 mètres. On y accède par une imposante porte d'entrée.
Le sanctuaire, ou *vimāna,* s'élève au centre. Il porte une superstructure qui culmine à 70 mètres, véritable pyramide de treize étages couronnée par un monolithe qui pèserait, dit-on, 80 tonnes. Le Liṅgarāja de Bhubaneswar s'orne quant à lui de sculptures raffinées, telle celle représentant la fable du singe et du crocodile, et d'une grande vasque à degrés pour les ablutions des fidèles.

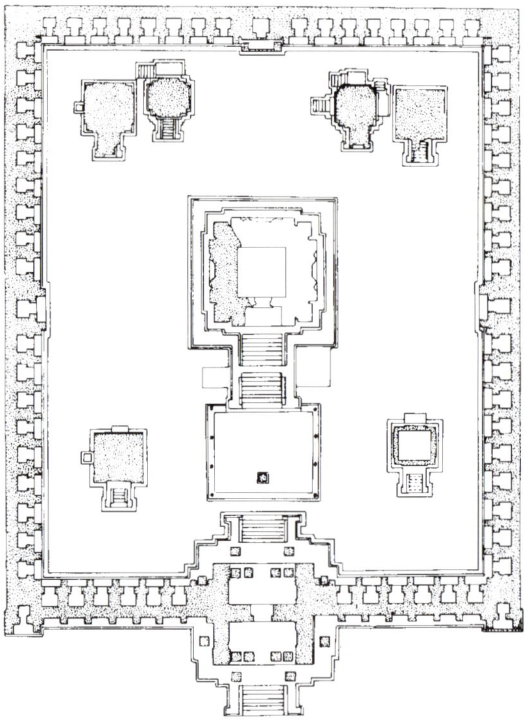

Ci-contre et en bas : plan du temple d'Avantisvāmī, à Avantipura (Cachemire). Il fut fondé par Avantivarman au milieu du IXe siècle av. J.-C. Le plan fait apparaître la vaste cour, l'entrée et son escalier monumental, le temple principal au centre de la cour et les temples mineurs aux quatre coins.
En bas : petites cellæ du temple d'Avantisvāmī, auxquelles on accède par un arc trilobé.
Page de droite, en haut : l'escalier qui mène au temple colossal d'Angkor Vat, « la capitale devenue monastère bouddhique ». Cet édifice représente l'apogée du temple-montagne khmer.

Deux types d'édifices religieux prédominent en Asie du Sud-Est : la tour-sanctuaire et le temple-montagne. Sous l'Empire khmer, la **tour-sanctuaire** reprend et développe le modèle des petits temples à stūpa (monument funéraire) de forme circulaire, s'élevant parfois sur une base carrée, édifices dont le Népal conserve un grand nombre. Les stūpa indiens sont également à l'origine de l'architecture birmane telle qu'elle s'est épanouie à Pagan. Les exemples les plus anciens à Śrīkṣetra, non loin de Prome (Bebe, Payama et Payagyi), adoptent une forme ogivale tandis que le sanctuaire de Zegu, dans la même ville, a une voûte à clef avec une archivolte en briques, technique déjà connue des Pyus.
A Pagan, les stūpa tendent à adopter une forme de cloche. Quant aux deux temples bouddhiques de Zeitleik, de la fin du Xe siècle, ils ont la forme d'un stūpa entouré de galeries ; celles-ci sont décorées de reliefs en terre cuite narrant les vies antérieures du Bouddha. La tour-sanctuaire khmère, ou *prasat*, construite en briques sur un plan carré, est ouverte à l'est et couverte d'un toit à étages superposés.

Le nom d'**Angkor** signifie « capitale », la cité royale par excellence. Elle fut fondée durant la seconde moitié du IXe siècle et enrichie de nouveaux édifices pendant des siècles. L'ensemble s'organise de façon concentrique ; au milieu se dresse le premier grand temple. La cité prend ainsi un caractère sacré et symbolise le monde, au centre duquel se tient la royauté sacralisée.
Mais les souverains khmers se préoccupent de l'équiper en infrastructures de base avec, pour premier souci, l'alimentation en eau. Ils font construire un bassin artificiel au nord de la cité, où l'eau est recueillie puis acheminée par un réseau de canaux qui traversent la ville et longent les temples. Au milieu de la cité, le Phnom Bakheng s'élève sur une éminence. Un roi y fait construire en 893 son temple-montagne, couronné de cinq tours en grès disposées en quinconce, ainsi que des monastères et des hospices pour les pèlerins. A côté du temple, sur le versant sud-est du Bakheng, le roi Sūryavarman II fait bâtir entre 1122 et 1150 le colossal temple-montagne d'Angkor Vat. Originellement consacré à Viṣṇu, il couvre une superficie de 200 hectares, à l'intérieur d'un rectangle de 1 500 sur 1 300 mètres ; les édifices sacrés occupent plus de 100 000 mètres carrés. Angkor Vat devait constituer le cœur de la nouvelle capitale ; il est entouré pour cette raison d'un mur d'enceinte et d'un fossé.
Il abritait sans doute une population d'environ vingt mille personnes : fonctionnaires royaux, prêtres et serviteurs des temples. Angkor Vat, dont le nom signifie « la capitale devenue monastère bouddhique », représente l'apogée du temple-montagne khmer, avec ses enceintes concentriques, ses galeries couvertes, ses cloîtres entourant cours et jardins, ses cinq tours en quinconce et sa haute pyramide centrale.

L'aménagement urbain d'Angkor et les évolutions qu'il a connues ont également servi de modèle aux nombreuses **cités de l'Asie du Sud-Est**. Les photos aériennes ont permis de repérer une vingtaine de villes remontant à l'époque du royaume Dvāravatī, en Thaïlande centrale (Si Thep) et septentrionale (Lamphun). On relève ainsi le passage de l'agglomération de forme ovale, entourée de fossés, au plan carré (Ban Khu Muang) ou rectangulaire (Ku Bua), comme en Inde. Les fossés sont généralement placés entre deux remparts de terre, construits avec les remblais du creusement.
Les portes des villes varient en nombre comme en orientation ; si la cité s'agrandit, elle conserve sa structure d'origine. Comme à Angkor, l'approvisionnement en eau joue un rôle essentiel. Outre les canaux qui entourent l'agglomération, il en existe souvent un qui la traverse. De même, on trouve fréquemment des bassins artificiels ou des citernes en dehors de l'enceinte, qui assurent l'alimentation constante des canaux.

Le **temple-montagne** reprend la conception indienne du temple, en l'enrichissant d'éléments autochtones, comme les *prasat*, toujours au nombre de cinq. La structure du temple à terrasses superposées constitue la principale caractéristique de l'architecture du Sud-Est asiatique au cours de la période khmère post-angkorienne. Elle est largement illustrée par les temples de la région d'Angkor. La fondation d'Angkor marque un tournant dans l'architecture et l'urbanisme de toute cette aire géographique à l'époque médiévale. Elle donne naissance aux grands temples-montagnes, sièges du pouvoir divinisé.

Au milieu, à droite : cour intérieure de la galerie médiane, tour d'angle et bibliothèque d'Angkor Vat. Ci-contre : architrave orientale du gopura I, entrée occidentale du Banteay Srei (967). Au centre, au-dessus d'une tête de lion, est représentée une divinité tenant le* donda *(bâton). Sur les côtés, deux têtes de lion laissent échapper de leur gueule un motif végétal qui symbolise un serpent et se termine en* nāga *à cinq têtes.

Aux périodes postclassique et postclassique tardive – entre le IXe et le XIe siècle –, l'architecture et l'urbanisme de l'Amérique centrale se caractérisent par la rencontre entre la culture maya traditionnelle et l'influence des conquérants toltèques, itzás et aztèques. Jusqu'à la fin du VIIIe siècle, l'influence maya se fait sentir jusqu'aux hauts plateaux du Centre et du Nord comme le prouvent les vestiges monumentaux de la grande ville de **Xochicalco** (ou « lieu de la maison des fleurs », nom aztèque d'un lieu de culte dans l'État actuel de Morelos, au Mexique). Il s'agit d'un centre important situé à une altitude de 1 635 mètres, au cœur d'une région de plantations de coton. Parmi les vestiges, on peut encore voir le terrain du jeu de balle sacré (le sphéristère), de type maya, et un centre cérémoniel intéressant constitué d'un ensemble d'édifices sacrés qui, de leurs pyramides, bases des temples, occupent les collines du lieu. Le groupe le plus imposant se compose d'une série de terrasses de taille décroissante. Les bas-reliefs qui recouvrent les pyramides sacrées, les soubassements et les façades des temples représentent des serpents, des personnages mayas et des glyphes.
Ils trahissent l'influence des civilisations nahua, maya et zapotèque. Le temple du Soleil possède un vaste portique formé de grandes ouvertures séparées par des piliers en maçonnerie. Le temple des Stèles se signale par la modénature du soubassement et par ses nombreuses stèles très travaillées. Le monument principal de Xochicalco est une pyramide à base quadrangulaire, avec deux corps en talus et plate-forme supérieure. A ces édifices religieux s'ajoutent, dans la ville, les vestiges de l'observatoire astronomique, de quelques palais et même d'un bain de vapeur collectif, le *temazcal.*

Ci-contre à gauche : les atlantes de Tula, quatre colosses aux dimensions gigantesques (4,60 m de hauteur), pourvus du costume et des armes caractéristiques des guerriers toltèques. Ces atlantes soutenaient autrefois le toit du temple de l'Étoile du matin, situé au sommet d'une pyramide à quatre terrasses.
La disposition du temple, qui servait également d'observatoire astronomique, avait été calculée en fonction des points du ciel où l'on peut observer la planète Vénus à certains moments de l'année.
Ci-dessous : la Iglesia, à Chichén Viejo.
Les façades de cet édifice trahissent un goût pour les formes géométriques, typique du style maya dit « Puuc ».

Tula, autrefois Tollan, se trouve dans l'État mexicain d'Hidalgo. Politiquement, c'est le centre le plus important de l'époque puisqu'il abrite les conquérants toltèques. Couvrant une superficie d'à peine 10 kilomètres carrés, cette ville de taille moyenne n'a pas de fortifications. La cité compte d'importants édifices religieux, mais les objets retrouvés sur ce site montrent une certaine pauvreté d'exécution. Les grandes **colonnades** qui traversent la ville constituent la principale innovation architecturale de Tula. Des files serrées de colonnes et de piliers en maçonnerie se ramifient à partir du temple du Soleil et s'incurvent à l'angle de la place pour passer au pied du temple de Tlahuizcalpantecuhtli ou temple de l'Étoile du matin. Elles bordent un côté entier de la place et rejoignent d'autres colonnades intérieures qui, séparées par des murs et des bancs, forment les différentes ailes du **Palais brûlé** (qui doit son nom à l'incendie qui détruisit Tula en 1168). Ces colonnades, qui relient différentes parties de la ville ainsi que des bâtiments sacrés, servent surtout aux cérémonials, pour de longues processions ou des rites collectifs. Sur le soubassement du temple de l'Étoile du matin se dressent les piliers et les colonnes qui portent le toit du temple ; parmi eux, quatre colosses se distinguent par leurs dimensions (4,60 m, en quatre blocs). Ces **atlantes de Tula** sont revêtus du costume caractéristique des guerriers toltèques, dont ils portent les armes.

La ville de **Chichén Itzá**, dans le Yucatán, est sans aucun doute le principal centre religieux de l'époque toltèque. Elle s'élève au milieu d'un paysage uniforme de champs de maïs. Son *Cenote*, ou puits du sacrifice, s'élève à plus de 30 mètres au-dessus du sol.
C'est une ville sacrée où vivent des prêtres mayas pour qui religion et astronomie sont indissociables. Des milliers de pèlerins y affluent chaque année. La fonction religieuse de Chichén Itzá explique l'absence de fortifications. Au centre, l'enceinte du temple principal consacré à Kukulcán (nom maya du dieu de la pluie, Quetzalcóatl) abrite

Ci-contre : la quadrilatère des Nonnes, à Uxmal, antique cité maya de la période classique. L'édifice, de style Puuc, se compose de quatre bâtiments qui délimitent une cour intérieure. Il comporte soixante-trois cellules, probablement destinées aux prêtres de Chac, dieu de la pluie, dont le masque constitue un motif décoratif répété sur les murs des bâtiments, à l'intérieur comme à l'extérieur.
En bas : l'arc maya de Labná, au Mexique, qui sert de passage entre deux ensembles architecturaux.

la grande pyramide dite le *Castillo*.
La structure de cet édifice, à neuf degrés superposés de taille décroissante, reprend l'architecture de Tula mais avec plus de raffinement (angles arrondis, délicatesse des contours). L'introduction d'un escalier sur chacun des quatre côtés de la pyramide est significative : chaque escalier compte 91 marches et, avec la plate-forme supérieure, on aboutit au chiffre total de 365, autant que les jours d'une année. A l'intérieur de la pyramide, les archéologues ont découvert une seconde construction, plus petite mais identique, ainsi qu'une galerie menant par un long couloir à une crypte : elle abrite un jaguar en pierre, peint en rouge, aux yeux et au pelage rehaussés d'éclats de jade. Du haut de la pyramide, on domine toute la ville avec ses temples, ses lieux de sacrifice, le grand terrain pour le jeu de balle et la tour ronde de l'observatoire astronomique, le *Caracol*. Cette dernière est ornée de symboles toltèques, têtes de guerriers et serpents à plumes.
Ces thèmes sont partout présents sur le grand temple des Guerriers, caractérisé par ses colonnades; ils évoquent les représentations du temple de l'Étoile du matin, à Tula.

Si Chichén Itzá n'est pas fortifiée, protégée comme elle l'est par son rayonnement religieux, l'invasion des Toltèques s'accompagne d'une profonde transformation de nombreuses cités mayas d'Amérique centrale. Les **centres urbains** dont le rôle est avant tout cérémoniel sont **fortifiés**. Leurs murs épais subsisteront jusqu'à l'arrivée des Espagnols. Les villes de Mayapán, Tulum et Cempoala, entourées de remparts à l'époque postclassique, sont représentatives de ce processus. **Mayapán**, située dans le Yucatán à 45 kilomètres au sud-est de l'actuelle Mérida, est habitée depuis les temps les plus reculés. Sous les Mayas, elle s'appelle Ychpa («dans les murs»); les Toltèques lui donnent son nouveau nom qui signifie «bannière du territoire maya». Sous la domination toltèque, elle devient la capitale d'une ligue formée avec les villes d'Uxmal et Chichén Itzá, qui lui sont cependant supérieures en taille. Vers 1200, la ligue éclate et Hunec Ceel, prince de la dynastie Cocom, fait entourer l'ancienne capitale d'un mur d'environ 9 kilomètres de longueur.
On accède à la ville par sept grandes portes et cinq petites, reliées entre elles par un dédale de passages qui se perdent entre fermes, maisons et cours. Mayapán n'a pas une structure régulière : deux grandes rues, qui ne correspondent pas aux portes, suivent les ondulations du terrain, de type karstique; des ruelles s'en éloignent, pour devenir des venelles qui se perdent entre champs et maisons. A l'époque maya, les habitants de Mayapán disposent de vingt-six puits dont dix-neuf donnent encore de l'eau aujourd'hui.

On ne trouve pas à Mayapán de temple consacré au dieu de la pluie, ce qui laisse penser que le site n'abritait pas des paysans devenus citadins mais plutôt une population de véritables fonctionnaires.
Le temple central consacré à Kukulcán (Quetzalcóatl) est petit, ce qui indique une classe sacerdotale limitée. On remarque en revanche un ensemble composé de **lieux de réunion**, avec un toit porté par des colonnes. Les jeunes nobles s'y rencontraient peut-être ou y étaient initiés et préparés à leurs tâches futures. Trente **ensembles d'habitations** se dressent autour de l'aire centrale. Ces maisons en moellons à un étage comportent deux pièces ou plus, dont les parois sont enduites et peintes. Le toit plat repose sur des poutres et un lattis en bois, avec un revêtement de mortier. Les murs extérieurs sont généralement aveugles tandis que, vers l'intérieur, les pièces ouvrent sur un patio; des colonnes ou des pieux soutiennent le toit. Il s'agit là de demeures pour les nobles ou les prêtres. Quant aux pauvres, ils construisent des maisons en bois disséminées sans ordre à travers la ville, laquelle semble s'être développée sans projet d'ensemble.

Le cas de **Tulum**, sur la côte orientale de la péninsule du Yucatán, semble différent. On y discerne une conception globale qui a guidé le développement de cette ville située au bord de la mer des Caraïbes. Elle a d'abord porté le nom maya de *Tzama*, «la cité de l'aurore». A l'époque postclassique, elle est entourée, sauf du côté de l'océan, par un mur de moellons large de 6 mètres et haut de 3 à 4,5 mètres; elle prend alors son nouveau nom de *Tulum*, «la forteresse».
On accède à la cité par cinq portes étroites et basses qui obligent ceux qui entrent à se baisser. L'enceinte comporte des chemins de ronde et des parapets ainsi que deux petits temples qui se dressent aux angles et servent de tours de guet. A l'intérieur, la cité se développe de façon régulière, autour de deux routes reliant les quatre portes situées au sud et au nord de l'enceinte; une troisième

voie desservant la cinquième porte coupe les deux premières perpendiculairement.
Parmi les principaux temples de la civilisation maya, il faut également mentionner la puissante **pyramide d'Uxmal**, qui jaillit de la forêt avec ses 32 mètres de hauteur.
Un escalier très raide, décoré sur les côtés de masques de Chac, le dieu de la pluie, mène au terre-plein sur laquelle se dresse le temple.
Face à la pyramide, le palais du Gouverneur occupe une terrasse de 181 mètres; ses murs, épais de 1,5 mètre, sont longs de 120 mètres sur les grands côtés. Une aile entière de l'édifice est décorée d'un motif de serpents qui forme une frise continue. Fondée en 987, la ville sacrée d'Uxmal compte parmi les plus évocatrices du Yucatán, grâce à ses édifices étagés et son architecture hardie mais en parfaite adéquation avec le paysage.

Il faut rappeler qu'on ne connaît ni le nom originel ni la destination de la plupart des réalisations architecturales précolombiennes. Ces édifices ont conservé bien souvent le nom que leur ont attribué les conquérants espagnols ou les explorateurs et archéologues. Les centres mayas avaient, estime-t-on, une fonction cérémonielle et la désignation de leurs bâtiments renvoie donc à cette **culture magique et religieuse**. C'est le cas à Uxmal – dont on sait en revanche que le nom maya signifie « construit trois fois » : la haute pyramide à plan elliptique qui culmine à 26 mètres est dite « pyramide du Devin ». Un peu plus loin se trouve le quadrilatère des Nonnes, parfait exemple de ce style Puuc si élaboré que l'on retrouve dans le palais du Gouverneur tout proche : les deux édifices témoignent de l'extraordinaire impulsion donnée à l'architecture maya par le rayonnement toltèque. Le quadrilatère des Nonnes, disposé autour d'une cour intérieure, compte soixante-trois petites pièces ou cellules destinées, pense-t-on, aux prêtres de Chac, dieu de la pluie, dont le masque fournit un motif décoratif qu'on retrouve sur tout le pourtour des bâtiments, sur la cour comme vers l'extérieur. Le **palais du Gouverneur**, en calcaire corallien comme toutes les constructions du Yucatán, s'élève un peu à l'écart sur une éminence aplanie, haute de 15 mètres. Il s'agit d'un édifice à développement horizontal : 98 mètres de long, 8 mètres de haut, 12 mètres de profondeur. Il est décoré de frises de mosaïques saillantes qui ont nécessité l'emploi de vingt mille tesselles taillées dans la pierre. Récemment, certains ont proposé de rebaptiser ce palais « temple du Soleil » : on s'est aperçu en effet qu'il est bâti en fonction de données astronomiques, comme le prouvent les phénomènes lumineux qui ont encore lieu à certains moments de l'année. La maison des Colombes et le temple des Tortues comptent enfin parmi les édifices qu'a conservés ce remarquable site maya.

En haut : le Castillo, la grande pyramide de Chichén Itzá, dans le Yucatán. Consacré au dieu Kukulcán, le Quetzalcóatl des Mayas, l'édifice remonte à la période toltèque; ce temple repose sur neuf terrasses décroissantes; un escalier gravit chacune des quatre faces. A l'intérieur de la pyramide, les archéologues ont découvert une construction identique mais de dimensions plus réduites.
Ci-contre : l'entrée du temple des Guerriers de Chichén Itzá. Des symboles toltèques, têtes de guerriers et serpents à plumes, ornent le temple et ses colonnades.
Page de droite, en encadré : le palais du Gouverneur à Uxmal (Mexique) s'élève sur un monticule au sommet aplani.

Autour de l'an mille, la civilisation andine connaît un important phénomène d'urbanisation. Du IXe au XIe siècle, avant la période inca, le centre de gravité de ces cultures se déplace de la côte vers les hauts plateaux de l'intérieur.
C'est dans ce cadre que se développe le centre cérémoniel de **Tiahuanaco**, sur le territoire de la Bolivie actuelle. Il reste de ce vaste ensemble architectural les ruines de grands édifices tels que l'Akapana, monticule artificiel qui évoque les vestiges d'une pyramide à degrés et à plan irrégulier, ou le Kalasasaya, grande enceinte dont les murs sont construits en blocs taillés. Dans l'angle nord-ouest de la cour rectangulaire se trouve la porte du Soleil, formée d'un monolithe couronné d'une frise à motifs décoratifs horizontaux.
Au centre du Kalasasaya, auquel on accède par un escalier élancé, se dresse une sculpture monolithe représentant un personnage humain en position debout et les mains sur la poitrine, suivant l'iconographie typique de Tiahuanaco. Des monuments de moindre importance occupent également cette zone archéologique : un édifice semi-souterrain qui est peut-être le plus ancien de Tiahuanaco, un petit temple et enfin un groupe de ruines, appelé Puma Puncu, qui constituait probablement une autre pyramide.
La **civilisation chimú** s'épanouit plus au nord, sur une vaste région de la côte péruvienne,

ARCHITECTURE ET ASTRONOMIE CHEZ LES MAYAS

Le Castillo ou pyramide-temple de Chichén Itzá, tout comme le palais du Gouverneur à Uxmal, ont été construits pour obtenir des effets de lumière symboliques, grâce aux rayons du soleil qui frappent les édifices en certains points et à certains jours de l'année. Ces effets sont calculés avec une précision qui n'est pas sans évoquer le savoir-faire architectural de l'Égypte ancienne et de Babylone, où l'astronomie et l'interprétation des nombres jouaient également un rôle capital.

A Chichén Itzá, le peuple maya assistait ainsi chaque année, stupéfait et plein de reconnaissance envers les dieux, à l'apparition du « serpent de lumière ». L'événement, qui plonge aujourd'hui encore les visiteurs dans l'étonnement, avait lieu à l'équinoxe de printemps et annonçait le réveil de la nature, le moment propice aux semailles et la fertilité à venir des champs. Chaque année à cette date, les rayons rasants du soleil projettent l'ombre d'une arête de la grande pyramide à degrés sur la paroi latérale de la rampe d'accès au temple qui la domine. On voit alors apparaître sur la pierre, avec une grande netteté, la forme lumineuse d'un serpent à sept crêtes qui, en quelques instants, descend symboliquement du temple jusqu'au sol. Sur les parois inclinées du terrain pour le jeu de balle, à Chichén Itzá, les bas-reliefs représentent également des serpents, là encore au nombre de sept. Ce type de terrain est partout présent dans les sites de Méso-amérique. Le jeu de balle avait un caractère rituel visant à garantir la fertilité de la terre : celle-ci était fécondée par le sang des joueurs décapités, qui ruisselait jusqu'au sol comme un serpent.

Ce n'est pas un hasard si les neuf degrés de la pyramide projettent l'ombre des sept triangles qui forment la crête du « serpent de lumière » ; ni si ce motif rejoint la grande tête sculptée du serpent à plumes (Quetzalcóatl ou Kukulcán) qui se dresse au pied de la rampe d'accès au temple, parfaitement éclairée par le soleil de l'équinoxe.

quand les Chimús s'installent dans le territoire qui avait appartenu aux Mochicas. Ils prennent pour capitale **Chanchán**, cité côtière apparue aux environs de l'an mille. Les archéologues l'ont découverte tardivement, vers 1920. Le territoire urbain couvre une superficie de 18 kilomètres carrés ; il est protégé par une enceinte tandis que d'autres murs délimitent les quartiers intérieurs réservés aux familles nobles.

Deux grandes enceintes défensives entourent les deux principaux palais parvenus jusqu'à nous.

Le **premier palais** couvre un rectangle de 400 par 500 mètres. Parmi les ruines immenses, on distingue encore des pyramides, des rues, des places, des canaux, des aqueducs et des citernes. Les jardins occupaient des vallonnements artificiels obtenus en enlevant la couche superficielle de sable pour que les plantes trouvent directement dans la terre l'humidité nécessaire. A l'intérieur de ce « palais » se trouvent des bâtiments qui servaient, pense-t-on, de prisons.

Le **second palais** est ceint de deux hautes murailles ; l'espace qui les sépare, large de 3 mètres, formait le chemin de ronde.

Les murs sont construits en partie en briques d'argile crues, en partie en *tapia*, un mortier fait d'argile et de fragments de coquillages.

Ci-dessus : Huaca del Sol, non loin de Chanchán (district de La Libertad, au Pérou), site naturel considéré comme sacré. Ci-dessous : les ruines de Chanchán, capitale de l'Empire chimú.

On a retrouvé dans ce palais de nombreuses momies. A l'époque des Chimús, Chanchán est une cité portuaire (aujourd'hui, avec le rehaussement du continent sud-américain, elle ne se trouve plus en bordure de mer).

Le site a conservé les traces de grands bassins rectangulaires, ouverts sur l'océan d'un côté mais qu'un système d'écluses permettait de fermer.

C'est au IXe siècle que l'intense activité déployée par Charlemagne en faveur de la culture donne ses résultats les plus spectaculaires. Mais à son projet unitaire, manifeste dans l'unification des systèmes d'écriture et l'adoption d'une langue latine plus étroitement liée aux règles de la grammaire classique, s'oppose l'émergence de particularismes et de langues vernaculaires. En définitive, la culture littéraire se divise en une culture savante, presque exclusivement ecclésiastique et exprimée en latin, et une autre plus populaire, où gagne l'usage des langues vulgaires. Conquête la plus durable et la plus fondamentale, l'écriture dite **caroline** s'impose alors dans tout l'Occident, avec ses lettres élégantes, bien dessinées sur des lignes nettement tracées. Prédominante jusqu'au XIIe siècle, elle sera reprise au XVe siècle dans l'écriture humaniste et constituera la base de nombreux caractères d'imprimerie. Cette écriture est tout à la fois la cause et la conséquence de la renaissance culturelle carolingienne, dont le centre se situe dans l'**École palatine**. Constituée à la cour d'Aix-la-Chapelle par la volonté de Charlemagne, cette assemblée de savants compte parmi ses membres l'historien lombard **Paul Diacre** (720-v. 799), auteur de l'*Historia Langobardorum* et d'une *Historia romana*, des poètes comme Alcuin de York et Théodulf d'Orléans, Éginhard, le biographe de Charlemagne, et plusieurs auteurs moins connus. À cette première génération d'intellectuels carolingiens succède une deuxième, qui se regroupe essentiellement autour de la cour de Louis le Pieux. Parmi ces lettrés, se distinguent les auteurs de traités politiques : **Jonas d'Orléans** (né avant 780, mort entre 841 et 843) rédige pour Pépin, fils de Charlemagne, un ouvrage intitulé *De institutione regia* (à noter aussi son *De institutione laicali*, traité de morale chrétienne) ; Agobard, évêque de Lyon (769 ou 779-840), défend le primat de l'autorité ecclésiastique sur le pouvoir politique dans la *Cartula de poenitentia Ludovici* (traitant de la pénitence imposée par le concile de Compiègne au roi carolingien, en 833) et dans l'épître *De comparatione regiminis ecclesiastici et politici* (Agobard est aussi l'auteur de pastorales et de nombreux écrits théologiques, liturgiques et polémiques). Parmi les poètes, on compte **Walahfrid Strabo** (808-849), à qui l'on doit une épopée chrétienne en vers (*Vita sancti Mammae*) ; **Sedulius le Scot**, un Irlandais actif au milieu du siècle ; **Loup de Ferrières**, qui rédige un recueil de cent vingt-sept lettres élégantes. Il faut citer aussi l'historien **Nithard**, auteur de quatre livres d'*Historiae*, un intellectuel lucide, soucieux de l'exactitude de ses informations.

Après 840, la **troisième génération de lettrés carolingiens** conduit l'École à son apogée : elle est alors presque exclusivement centrée sur une réflexion théologique alimentée par les textes de Raban Maur, Jean Scot Érigène et Hincmar de Reims. Dans le même temps, une très intéressante **littérature en langue vulgaire** prend son essor. La diffusion des langues vulgaires est désormais si importante que ni l'Église, dans ses prédications, ni les

A droite : détail des fresques de l'oratoire de Saint-Benoît à Malles-Venosta, antérieures à 881. La peinture du moine donateur (ou fondateur) de l'église est remarquable par la vivacité des coloris. Ci-dessous : statuette en bronze d'un prince à cheval (Charlemagne ou, plus vraisemblablement Charles le Chauve), conservée au Musée du Louvre, à Paris. C'est une statue équestre dérivant d'un modèle antique, en bronze fondu et doré de 23,5 cm de haut. L'épée et le cheval ont été refaits à une époque plus tardive. A côté des œuvres monumentales et des miniatures, les arts mineurs s'épanouissent aux époques carolingienne et ottonienne : reliquaires d'or et d'argent, vases sacrés, couronnes en or, croix, reliures de manuscrits, devants d'autels, autels portatifs.

souverains ne peuvent l'ignorer. Les *Serments de Strasbourg* de 842 sont les plus anciens témoignages écrits de la langue romane parlée en Neustrie (région de Paris) comme de la langue germanique parlée en Austrasie.
Et l'on date de 878 environ la *Séquence de sainte Eulalie*, première prière en langue vulgaire qui soit parvenue jusqu'à nous, traduction en ancien français d'une séquence latine. Aux deux siècles suivants, les ouvrages se multiplient avec, en langue d'oïl, un extrait d'une *Passion du Christ* et la *Vie de saint Léger* ainsi qu'un fragment de poème sur *Boèce*, en décasyllabes monorimes, dérivé de la *Vita Boetii* et du *De consolatione philosophiae*, et, pour la langue d'oc, la *Canzone di sante Fede*, relatant le martyre de sainte Foy et la diffusion de son culte à Agen.

SEDULIUS LE SCOT « A ROBERTUS »

Dans ce poème de circonstance, écrit par Sedulius le Scot pour remercier un ami du vin qu'il lui a envoyé en cadeau, on notera le goût pour l'artifice grammatical et rhétorique caractérisant la poésie latine de l'époque carolingienne. Ici, le nom du destinataire est décliné aux six cas de la deuxième déclinaison latine.

Bonus vir est Robertus,
Laudes gliscunt Roberti,
Christie, fave Roberto,
Longaevum fac Roberto,
Amen salve, Roberte,
Christus salve, Roberte.
Sex casibus percurrit
Vostri praeclarum nomen.

Robertus est un honnête homme,
Robertus est porté aux nues,
Christ, sois favorable à Robertus,
Donne-lui longue vie,
Salut à toi, ô Robertus,
Le Christ soit avec Robertus.
Dans les six cas se décline
Votre nom illustre.

Tiré de Ph. Wolff, Histoire et Culture du Moyen Age du XIe au XIIe siècle.

En Angleterre, le roi du Wessex, Alfred (849-899), homme très cultivé, fait rédiger une *Chronique anglo-saxonne,* qui va jusqu'en 891, et traduire en langue anglo-saxonne vulgaire l'*Historia ecclesiastica gentis Anglorum* de Bède le Vénérable, la *Cura pastoralis* de Grégoire le Grand, l'*Historia adversus paganos* d'Orose et le *De consolatione philosophiae* de Boèce, ainsi que des passages d'œuvres des Pères de l'Église : Augustin, Jérôme, Grégoire le Grand. Au VIIIe siècle, la tradition vulgaire anglaise nous a conservé *Beowulf*, le plus ancien poème germanique connu, témoin d'une tradition épique plus scandinave qu'anglo-saxonne. Quant aux poèmes épiques du Xe siècle – la *Bataille de Maldon* et la *Bataille de Brunanburh* –, ils portent la marque de l'épopée, déjà célèbre, du cycle carolingien. Désormais, le **bilinguisme** est très répandu dans le monde occidental : d'un côté, le latin officiel épuré des barbarismes et idiotismes devient une langue savante ; de l'autre, les langues vernaculaires s'affirment, désormais acceptées et élevées du rang de dialectes parlés à celui de langues écrites et littéraires.
Entre la fin du IXe siècle et la première moitié du Xe siècle, quelques **poèmes épiques** sont composés sur le modèle de ceux de l'époque carolingienne, reprenant de façon quelque peu répétitive la tradition latine classique : les *Annales de gestis Caroli Magni* d'un poète saxon anonyme, écrites entre 888 et 891 ; le *De bellis parisiacae urbis* d'Abbon de Saint-Germain-des-Prés, relatant le siège de Paris par les Normands ; les *Gesta Berengarii imperatoris* d'un auteur anonyme, peut-être composés à Vérone entre 915 et 924. Une nouvelle poésie épique se différencie de cette production, liée aux schémas traditionnels, en associant la culture classique à des éléments typiquement barbares d'origine germanique. Il s'agit très souvent de pièces originellement en langue germanique traduites en latin. Ainsi, un certain maître Konrad transcrit la *Chanson des Nibelungen* dans la langue de Virgile sur ordre de l'évêque Pilgrim de Passavie (l'œuvre est aujourd'hui perdue). Mais le poème épique le plus remarquable est sans doute *l'Épopée de Waltarius*, chanson en hexamètres, presque unanimement attribuée au moine **Ekkehard Ier** de Saint-Gall († en 973), qui la rédige alors qu'il est encore étudiant. Le poème raconte les exploits du héros homonyme (transposition imaginaire de Gaifier, duc d'Aquitaine), réinterprétant de façon originale un épisode du célèbre cycle de légendes du Rhin. Une autre œuvre significative, *la Fuite du prisonnier (Ecbasis captivi)*, allégorie versifiée écrite en 935 par un moine de Toul resté inconnu, inaugure le genre médiéval de la fable animale, inspiré du *Phisiologus* d'Ésope, assorti de claires intentions satiriques.
La **poésie et la musique liturgiques** se développent considérablement, l'auteur le plus original étant sans conteste **Notker le Bègue** (v. 840-912), inventeur de la séquence et auteur d'une riche production d'œuvres sacrées. **Hucbald de Saint-Amand** (v. 840-930) s'intéresse aussi à la poésie rythmique et à la musique, de même qu'**Odon de Cluny** († en 942) et l'un de ses successeurs **Odilon** (994-1049), auquel on doit un éloge funèbre à l'impératrice Adélaïde.
Les drames en prose rythmée les plus anciens ont été composés par la religieuse **Roswitha von Gandersheim** (v. 935-apr. 975) dans un latin fluide et très vif, inspiré des

A gauche : représentation du roi David provenant du* Psautier d'Egbert *(Xe siècle). Musée archéologique national, Cividale. Le nouvel essor de la miniature est la conséquence directe du retour à une culture du livre.
A droite : ivoire (IXe-Xe siècle) représentant une Crucifixion. Musée du Bargello, Florence. Dans le domaine des arts mineurs, le travail de l'ivoire occupe une place prépondérante aux époques carolingienne et ottonienne, où il atteint un très haut degré de perfection.

comédies de Térence. L'**historiographie** compte quelques œuvres de grande importance : le *De gestis Caroli Magni*, écrit entre 884 et 887 et attribué à un moine de Saint-Gall (peut-être Notker le Bègue), ou la *Chronique* de **Reginon de Prüm** († en 915), auxquels s'ajoutent les nombreux mémoires des monastères et des évêchés. Le plus important historien de l'époque ottonienne est le moine **Widukind** du monastère de Corvey, auteur des *Rerum gestarium saxonicarum libri*, récit des temps d'Henri Ier et d'Otton le Grand ; les exploits des empereurs saxons sont également relatés par l'évêque **Thietmar** de Mersebourg († en 1019).

Dans le domaine des **arts plastiques**, la renaissance carolingienne a également produit des œuvres de grand intérêt, dont une infime partie est parvenue jusqu'à nous. Dans son *De gestis Ludovici*, Ermold le Noir loue les peintures exécutées sur ordre de Louis le Pieux dans son palais d'Ingelheim, près de Mayence. Les parois de la salle de réception et de la chapelle palatine sont entièrement revêtues de fresques évoquant des épisodes des exploits des Francs jusqu'à Charlemagne. Toutes les constructions importantes, dont il ne reste souvent que les fondations ou les murs, devaient être ornées d'un décor peint.
Les peintures murales de la crypte de l'église Saint-Germain à Auxerre, consacrée en 865, qui figurent parmi les plus beaux exemples connus, illustrent trois épisodes de la vie de saint Stéphane. On peut également relever les scènes de la Nativité de l'église Sainte-Marie-hors-les-Murs à Castelseprio, près de Varèse, ou de celles de l'église Santa Giulia à Brescia. Mais c'est surtout l'abbatiale Saint-Jean de Müstair qui recèle un ensemble permettant de comprendre l'importance de l'art figuratif dans les églises carolingiennes. Les parois et les absides sont entièrement décorées de fresques racontant la vie de Jésus : les figures sont disposées dans l'espace selon une perspective symbolique, caractéristique du

Moyen Age, la taille étant proportionnelle à l'importance du personnage ; le paysage et les architectures urbaines encadrant les scènes sont réduits à quelques éléments essentiels, alors que les visages se différencient les uns des autres avec réalisme ; les scènes – on pense à la lapidation de saint Étienne à Auxerre – sont caractérisées par une solennité qui ordonne l'attention autour de la figure principale. Pour ce qui est de la peinture monumentale d'époque ottonienne, le cycle de fresques de la collégiale Saint-Georges à Oberzell dans l'île de Reichenau, sur le lac de Constance, est l'un des rares témoignages bien conservés.

L'art s'exprime aussi au travers d'autres techniques : la mosaïque, la sculpture, la miniature. Datées du premier âge carolingien, les **mosaïques** de Sainte-Praxède à Rome et celles de l'église de Germigny-des-Prés, où priait l'évêque poète Théodulf, attestent un art autonome ayant échappé aux influences romaines et byzantines.
Les premières sculptures en ronde bosse, exceptionnelles à l'époque carolingienne, proviennent surtout de l'époque ottonienne. Le Christ monumental en bois donné par l'archevêque Geron à la cathédrale de Cologne, en 970, constitue un exemple d'une riche tradition iconographique. Le Christ monumental de Düsseldorf-Gerresheim appartient lui aussi au cercle de Cologne.
Le Christ en bois de Ringelheim, exécuté vers l'an mille, présente une conception plastique presque romane ; il relève du milieu artistique de la Basse-Saxe. Les premières statues de la Vierge à l'Enfant en majesté (la *Madone d'or* d'Essen et la *Madone d'Imad* à Paderborn) sont réalisées à la même époque. Les portes en bronze des cathédrales d'Hildesheim et d'Augsbourg, entièrement décorées de personnages de la Bible et des Évangiles, sont d'authentiques chefs-d'œuvre de la sculpture ottonienne.
Le nouvel essor de la **miniature** est la conséquence directe de la renaissance d'une **culture du livre**. C'est ainsi que de l'atelier des miniaturistes de Luxeuil est issu le célèbre lectionnaire homonyme, chef-d'œuvre d'un art mérovingien qui privilégie les entrelacs, les spirales et les motifs zoomorphes, d'origine celtique ou orientale. La miniature carolingienne, plus proche de l'iconographie romaine d'époque tardive, réintroduit la figure humaine, comme on l'observe dans les **évangéliaires** conçus et

enluminés au sein de l'École palatine à la fin du VIIIe siècle. Parmi les exemplaires préservés, on compte l'*Évangile d'Ada* (v. 800 ; Städtbibliothek de Trèves), celui de Saint-Médard de Soissons (Paris) et celui d'Aix-la-Chapelle (aujourd'hui dans le trésor de la cathédrale). Le *Psautier d'Utrecht* est l'œuvre des moines de l'abbaye d'**Hautvilliers** qui, entre 820 et 830, exécutent de minuscules figures d'influence gréco-romaine, élégantes bien qu'à peine dégrossies. La vigueur des lignes nettement dessinées instille beaucoup de mouvement aux représentations ; les protagonistes s'y détachent sur un fond naturaliste fait de quelques éléments chromatiquement distincts du reste de la scène (comme on peut le voir dans les *Évangiles d'Ebbon* ; bibliothèque municipale d'Épernay). La nature devient prépondérante dans le *Physiologus latinus*, copié à Reims et aujourd'hui à la Bürgerbibliothek de Berne. La tradition de la miniature carolingienne (surtout de l'école tardive de Corbie et de celles de Reims et de Tours) se retrouve dans les miniatures de l'époque ottonienne, dans lesquelles on constate une évolution vers des formes auliques : des architectures servent de cadre aux scènes bibliques ; les personnages prennent des dimensions plus importantes dans les épisodes solennels - ainsi Otton II dans l'*Évangéliaire de Chantilly* ou l'*Évangéliaire d'Otton III* de l'école de Reichenau, tous deux du Xe siècle. En harmonie avec la politique d'alliance conclue par les deux Empires, on perçoit encore une forte influence byzantine, tant dans la typologie des images que dans les fonds dorés.

Page ci-contre, à gauche : crucifix monumental en bois sculpté, offert par l'archevêque Geron à la cathédrale de Cologne (970). A droite :* Christ en majesté entre l'empereur Henri III de Germanie et l'impératrice Agnès, *provenant du* Codex Caesareus Upsaliensis *(1045). Université d'Uppsala. Sur cette page :* Évangile de Sion, *bouleau recouvert d'or, avec des émaux cloisonnés et des pierres précieuses ; exemple de l'orfèvrerie française ou germanique du XIe siècle. Victoria and Albert Museum, Londres.

Dans les confins de l'Empire, l'art présente une forme moins raffinée mais une très forte capacité expressive alliée à un chromatisme lumineux, comme dans le manuscrit du *Commentaire sur l'Apocalypse* de Beato, moine de Liébana, de l'école mozarabe (Gérone, trésor de la cathédrale) ou dans le *Commentaire sur la règle de saint Benoît* de Paul Diacre, de l'école du Mont-

Cassin (Mont-Cassin, archives de l'abbatiale). A côté des réalisations architecturales et des miniatures, les arts mineurs s'épanouissent pendant les périodes carolingienne et ottonienne. On ne citera que la statuette en bronze d'un prince à cheval (un portrait de Charlemagne, selon la tradition, mais plus vraisemblablement de Charles le Chauve ; musée du Louvre, Paris), les nombreux reliquaires en or et en argent, souvent décorés d'incrustations de pierres précieuses, tels le *Pied* de Saint-André de Trèves, le *Bras* de Vézelay, le reliquaire d'Enger (Staatliche Museum, Berlin) ou celui du trésor de la cathédrale de Monza. En ce qui concerne l'**orfèvrerie**, la plus grande partie des réalisations en métaux nobles ont disparu. Les œuvres restantes témoignent du raffinement atteint dans diverses techniques : incision, repoussé, nielle, filigrane, émail, sertissage de pierres précieuses. Plusieurs cathédrales conservent des vases sacrés (le *Calice de Tassilon* du trésor de l'abbatiale de Kremsmünster) ; des couronnes en or (comme celle qui est visible dans la cathédrale de Monza) ; des croix (la *Croix des Anges* de la cathédrale d'Oviedo) ; des reliures de manuscrit (*Évangéliaire de Lindau*, aujourd'hui à la Pierpont Morgan Library de New York) ; des devants d'autel (celui de Vuolvinio, dans la basilique Saint-Ambroise à Milan est le plus célèbre, avec ses scènes christologiques) ; des autels portatifs (comme ceux de Trèves et d'Hildesheim, datant de la fin du Xe siècle). Le travail de l'**ivoire** prend une grande importance. La **reliure du *Psautier de Dagulf*** constitue une œuvre remarquable ; ce manuscrit a été réalisé par l'École palatine à la fin du VIIIe siècle, à la demande de Charlemagne qui souhaitait l'offrir au pape Adrien Ier. La couverture en ivoire est faite de deux plaques, subdivisées en deux parties dans le sens vertical. Chacune présente la rédaction du Livre sacré sous le roi David, avec des figures en haut relief rappelant la tradition classique. Des ateliers travaillant l'ivoire naissent en Europe centrale et réalisent des évangéliaires, des peignes liturgiques, des reliquaires et autres objets précieux, inaugurant une production qui se poursuivra aux époques carolingienne tardive et ottonienne.

HISTOIRES D'ÉVÊCHÉS ET DE CITÉS

C'est à l'époque postcarolingienne qu'apparaissent les premières histoires des cités italiennes à travers la vie de l'Église locale et de ses évêques.

***Agnello de Ravenne** (v. 801-850), abbé bénédictin, écrit entre 838 et 846 le* Liber pontificalis ecclesiae ravennatis, *avec les biographies des évêques de la cité, de saint Apollinaire à Georges, associées à diverses informations sur la vie urbaine.*

***Jean Diacre** (IXe-Xe siècle), formé au Mont-Cassin à l'école de Paul Diacre, écrit les* Gesta episcoporum neapolitanorum, *qui relatent la vie des évêques de Naples et constituent la première histoire de la cité parthénopéenne, ainsi que des œuvres hagiographiques évoquant la terreur suscitée par les incursions arabes (*Acta translationis sancti Severini, Acta translationis sancti Sosii*). Son œuvre sera poursuivie par le moine Guarimpoto qui exprime sa fierté d'être napolitain.*

***Anastase le Bibliothécaire** (v. 817-v. 877) offre une image plus contrastée ; cardinal et politicien sans scrupules, il est en contact étroit avec les papes, mais également diplomate de l'empereur d'Orient. On lui attribue le* Liber pontificalis *de Rome, qui est en réalité l'œuvre de plusieurs mains d'époques différentes, Anastase n'y ayant rédigé que la vie de son protecteur Nicolas Ier (858-867). Il a effectué de nombreuses traductions du grec, dont les douze* Vies et passions de saints et martyrs, *les actes des conciles de Nicée (787) et de Constantinople (869), les chronologies et les chroniques de Théophane, Nicéphore et Georges le Syncelle, rassemblées dans sa* Chronographie tripartite.

L'influence de Byzance sur Rome apparaît dans l'invective connue sous le nom de Versus Romae *: en douze élégants distiques élégiaques, la Ville éternelle, corrompue par les Francs, est comparée à la nouvelle Rome, Constantinople. Un sentiment civique plus fort se dégage également du* Versus de Mediolano civitate *(vers 738) et du* Versus de Verona *(vers 796), auxquels il faut ajouter les chants des sentinelles de Modène, du début du Xe siècle.*

Les Vikings connaissent et utilisent **l'alphabet latin**. Cependant, dans des circonstances particulières, et surtout pour les inscriptions gravées sur des métaux, du bois ou de la pierre, ils ont recours à **l'alphabet runique**. Connu dès le Ier siècle apr. J.-C., l'alphabet runique comptait originellement vingt-quatre lettres, ramenées à seize dans l'écriture viking *(futhark)*; il se prête particulièrement bien à l'épigraphie.
Les philologues ont beaucoup discuté sur ses origines, mais selon l'opinion prédominante, il s'agirait d'une version de l'alphabet étrusco-latin parvenue en Europe du Nord par la route d'Aquilée. Bröndsted distingue trois types d'écriture runique : la danoise ou « ordinaire », répandue au Danemark et en Scanie; la suédo-norvégienne, en Suède orientale et en Norvège méridionale; et les runes d'Hälsingborg, en Suède septentrionale, encore plus mystérieuses que les précédentes. Cette écriture revêt une **valeur magique et sacrée**, la légende attribuant son invention au dieu Odin. L'emplacement des inscriptions – souvent dissimulées sur les armes ou les bracelets – tout comme leur contenu se rattachent à un monde mystérieux, directement lié à la divinité. La majorité des inscriptions runiques conservées proviennent de pierres sépulcrales : adieux adressés aux vivants par les défunts, trace impérissable de ceux qui ne sont plus, malédiction pour qui profanerait la tombe. « Ragnhild, sœur d'Ulf, a élevé cette pierre et construit ce tumulus pour son mari Gunnulf, fils de Narfi, plaçant la pierre de telle façon qu'elle ait une forme de navire. Peu d'hommes sont à ce jour plus nobles que lui. *Rati* [mot incertain, signifiant peut-être « esprit mis au ban »] soit celui qui défigurera cette pierre ou l'enlèvera d'ici. » (J. Bröndsted). Cette inscription de l'île de Siælland exalte le noble viking, à la sépulture en forme de navire, et prie donc ardemment de ne pas profaner la tombe. Parfois, les inscriptions sont encore plus brèves, évoquant le défunt, mais aussi départs, expéditions ou exploits mémorables.

Une pierre très abîmée de Mervalla, dans le Södermanland, porte l'inscription suivante : « Sigrid a fait élever cette pierre en mémoire de son mari Sven. Il s'est souvent rendu en Semgallen [Lettonie] sur son beau navire, longeant le Domesnes [Courlande] ». Une très belle pierre gravée de scènes de chasse, de chevaux, chiens et faucons, provenant d'Alstad, dans le Ringerike, et aujourd'hui conservée à Oslo, présente le texte suivant : « Jörun a élevé cette pierre en mémoire d'Oel-Arni, qui l'a prise par la main et l'a emmenée de Ringerike jusqu'à Oelvestad. La pierre d'Oegmund rappelle ce fait. » Certaines inscriptions sont des poèmes. Les runes sont une des principales sources de connaissances sur les Vikings : 200 pierres gravées, dont on situe la date entre 950 et 1050, ont été recensées au Danemark; plus de 3 000 en Suède; d'autres en Norvège (zone de Jären, au sud de Stavanger) et dans les pays colonisés par les hommes du Nord (île de Man, delta du Dniepr).

Comme chez tous les peuples primitifs, la **poésie** est très développée dans la Scandinavie du haut Moyen Age. Il s'agit essentiellement de poésie épique, transmise oralement par les **scaldes**. Ceux-ci, quand ils ne sont pas nobles, sont des hommes libres récitant dans les cours les légendes traditionnelles, par amour de la poésie et des exploits glorieux que cette dernière immortalise. Cette poésie apparaît très complexe, car elle utilise des artifices rhétoriques et métriques compliqués (rimes, allitérations, consonances internes) et fait un usage redondant des métaphores nommées *kenning*, lesquelles ont conduit certains spécialistes à parler d'effet « baroque ». En réalité, afin d'être facilement mémorisée, la poésie orale recourt toujours, depuis Homère, à des formules où chaque personnage est introduit avec ses attributs principaux, où l'on recourt à la périphrase pour désigner un objet ou un animal.
La poésie scaldique abonde particulièrement en métaphores : par exemple, *flein-brag* (fracas des traits) signifie « bataille », *flein-brag-fúr* (feu du fracas des traits) « épée ».
L'*Edda en prose* est la plus importante version des **légendes nordiques** qui nous soit parvenue. **Snorri Sturluson**, un barde vivant en Islande entre 1179 et 1241, a rassemblé les meilleures des légendes existantes, déjà partiellement réunies dans l'*Edda poétique* (ou *Edda antica*). On désigne sous ce nom un ensemble de trente-quatre textes poétiques en vieux norrois d'époques différentes, présents dans divers manuscrits du Moyen Age tardif et du début de l'époque moderne. Le *Baldrsdraumar (les Songes de Balder)*, la *Rígspula (les Origines humaines)*, la *Völuspá (la Prédiction de la divination)* sont les plus intéressants des

A gauche : girouette dorée placée sur la proue d'un navire norvégien du XIe siècle. Elle est décorée d'un grand animal mythique s'approchant d'un plus petit, alors qu'à son extrémité un lion fixe l'horizon. De petits étendards étaient fichés dans les trous de la bordure. A droite : pierre runique écrite en alphabet* futhark. *Musée de Préhistoire et d'Archéologie, Moesgaard. Dans l'écriture* futhark, *utilisée par les Vikings, les vingt-quatre lettres originelles de l'alphabet runique sont réduites à seize. Encore aujourd'hui, les runes constituent l'une des sources documentaires les plus importantes sur les Vikings. Actuellement, la plupart des spécialistes considèrent l'alphabet runique comme une version de l'alphabet étrusco-latin.

« LES SCALDES DISENT LA VÉRITÉ »

C'est ce qu'écrit Snorri Sturluson dans l'introduction de sa Heimskringla, *où il raconte l'histoire de la Norvège depuis les origines jusqu'en 1177 : « De nombreux poètes vivaient autour de Harald Hårfager. On connaît encore leurs chants par cœur, ainsi que les chants sur les anciens rois qui régnaient sur la Norvège [...]. Tout ce qui est dit dans les chants à propos des pères et de leurs luttes, nous le tenons pour véridique. Bien qu'il revienne aux poètes de célébrer celui auprès de qui ils œuvrent, personne n'oserait jamais raconter à un chef et à tous ceux qui écoutent des faits qu'ils sauraient tous être faux et imaginaires [...]. Cela sonnerait comme une raillerie et non comme un éloge. »*
D'après Rudolf Pörtner, L'Épopée des Vikings, *Garzanti, Milan, 1973, p. 357.*

poèmes qui rapportent les mythes et les légendes des hommes du Nord. Hormis l'*Edda*, d'autres légendes originaires des terres colonisées par les Vikings nous sont connues : l'*Islendigabok* (*Livre des Islandais*), écrit en islandais vernaculaire par Thorgilsson vers 1130 ; le *Landnámabók* (*Livre de la colonisation*), rédigé vers 1200 ; la *Saga des Groenlandais*, avec le récit des traversées d'Erik le Rouge, et la *Saga d'Erik le Rouge*, consacrée aux expéditions dans le Vinland.

D'après les textes littéraires, on sait que les peuples vikings **peignaient** des figures sur les boucliers, **décoraient** les pièces de tapisseries et de peintures, **sculptaient** de grandes figures en bois. Malheureusement, les fouilles archéologiques n'ont mis au jour qu'une faible portion de ces productions, alors qu'on possède en abondance les décors d'armes et de bijoux, les sculptures ornant les navires ou les traîneaux, ainsi que les représentations des pierres runiques.
Ces découvertes permettent d'établir qu'il s'agit là non pas d'un art de « nains » - selon la tradition, les nains étaient chargés de ces activités -, mais d'une **expression techniquement évoluée d'artistes** souvent informés des avancées de l'art européen.
Le plus ancien témoignage de la période viking provient d'Oseberg, en Norvège, où les archéologues ont découvert, au début du XXe siècle, un navire richement décoré, contenant des objets luxueux.
Cette embarcation aurait coulé au milieu du IXe siècle et les objets qu'elle recélait sont donc contemporains ou ont été fabriqués au cours des décennies précédentes. Trois types de motifs décoratifs peuvent être distingués. Le plus ancien est plutôt sommaire, avec des animaux entrelacés reprenant le motif de l'« animal saisissant » présent dans l'art germanique ; on le retrouve en plusieurs endroits sur le navire d'Oseberg. La tête de lion surplombant la proue est plus proche de nous et révèle des influences carolingiennes. Par l'élégance et le raffinement des éléments géométriques qui dessinent le museau et la tête de l'animal, cette tête est qualifiée d'« académique ». Le troisième style se compose d'un enchevêtrement de formes animales, gravées très profondément dans le bois, conférant un aspect presque tridimensionnel aux figures.

Le motif de l'« animal saisissant » se développe ultérieurement et on le voit réapparaître plus clairement dans les bronzes découverts à Borre, dans le fjord d'Oslo. Il s'agit du **style de Borre**, connu aussi au Xe siècle en Russie, en Angleterre et en Irlande. Le **style de Jelling**, quant à lui, est caractérisé par un animal aux formes allongées, enserré dans un entrelacs de volutes - Jelling est une localité du Jütland où l'on a découvert une coupe en argent particulièrement représentative. La création de volutes toujours plus complexes marque le développement ultérieur de l'art nordique du Xe siècle, qui s'accompagne d'un agrandissement des figures du lion ou de l'« animal saisissant », comme en témoignent les pierres runiques du Danemark, de Suède, mais aussi d'Irlande. On peut y discerner les deux phases, primitive et plus récente, du style de Jelling. C'est à ces pierres runiques des Xe- XIe siècles que l'art nordique doit son évolution ultérieure, avec une présence toujours plus fréquente de la figure humaine, accompagnée d'objets usuels et de navires, et véritable pendant iconographique au contenu des inscriptions runiques. Les héros de l'épopée nordique font leur apparition : lutte d'Odin contre le loup Fenrir, Thor pêchant le serpent Midgardr, Gunnar entouré de serpents. Cette mythologie ne disparaît pas après la christianisation : on retrouve souvent dans l'iconographie chrétienne un élément païen, le dragon, associé à un élément chrétien, la croix, comme sur le toit de l'église de Borgund (XIIe siècle). Parmi les plus anciens exemples d'art chrétien, le portail en bois de l'église d'Urnes, en Norvège occidentale, conserve une ornementation faite d'animaux et de volutes, expression classique d'une tradition viking qui, après 1100, disparaît progressivement à mesure que l'art nordique tend à s'adapter aux modèles européens prédominants.

A droite : alignements de pierres en forme de navire découverts en Suède. Ci-dessous : un chef viking préside une cérémonie qui conduit au Val-Hall. Pierre gravée trouvée dans l'île de Gotland, actuellement au Statens Sjöhistoriska Museum de Stockholm. Aux Xe et XIe siècles, on constate une transformation de l'art de la gravure des pierres runiques, caractérisée par une présence toujours plus importante de la figure humaine, d'objets et de navires, le décor devenant l'accompagnement iconographique naturel du contenu des runes. Les héros de l'épopée nordique - personnages et thèmes propres à la mythologie viking - trouvent aussi leur place, tels Odin, Thor et Gunnar.

La culture des peuples nomades s'exprime essentiellement dans la **signification symbolique attribuée aux objets de la vie quotidienne** et dans le mode de vie lui-même. L'absence presque totale de sources écrites nous oblige à rechercher les éléments culturels par le biais de l'archéologie, en particulier dans les tombes fouillées au cours des dernières décennies. Dans un ossuaire des VIIIe-IXe siècles à Novi Pazar, dans une zone d'installation protobulgare, on a retrouvé des crânes déformés, probablement du fait d'une

A gauche : cavalier sculpté dans le rocher de Madara (Bulgarie) à 23 mètres du sol, VIIIe-IXe siècle. La Bulgarie est le seul pays slave à avoir connu une architecture monumentale avant la christianisation et les influences byzantines. Ci-dessous : boucles de ceinture portant des ornements travaillés au marteau. Elles appartiennent à la phase la plus ancienne de la période slavo-avare et proviennent d'Oliare (Slovaquie). Les Avars mettent trois ceintures : une pour le vêtement, une deuxième pour l'épée et une troisième, plus complexe, pour soutenir un couteau, un arc avec son carquois, une bourse ainsi que d'autres objets. La ceinture qui, en elle-même symbolise un animal, s'enrichit par la suite de représentations sur ses parties métalliques, souvent les seules à être parvenues jusqu'à nous.

compression exercée dès l'enfance. Cette pratique, que l'on retrouve chez les Alains et les Gépides, reste cependant obscure.
Dans une tombe de Szegvar, remontant à la première période avare (v. 580), on a découvert des boutons en forme de rosette, en or et en bronze. D'une comparaison avec une pratique arabe, il ressort que le nombre de rosettes portées sur le front (de une à trois) pourrait avoir indiqué le rang du personnage. Le cavalier de cette tombe porte une unique boucle d'oreille en or, dont la forme devait revêtir une signification qui nous échappe : une pyramide en perles couronnée par un petit globe, suspendue à un anneau d'or.
La **ceinture**, objet très répandu, est riche en symboles. Les Avars pouvaient porter jusqu'à trois ceintures : l'une destinée à serrer le vêtement, une deuxième pour l'épée et une troisième, plus complexe, soutenant un couteau, un arc avec son carquois, une bourse ainsi que d'autres objets. La ceinture de cuir est composée d'une boucle, d'un embout (à l'autre extrémité de la boucle) et de plaques métalliques porte-crochets. Elle représente déjà en elle-même un animal (les spécialistes pensent à un griffon, l'embout formant la tête, la garniture de protection la queue et les courroies les pattes) et s'enrichit par la suite de représentations gravées sur les parties métalliques, souvent les seules qui nous soient parvenues, servant par là de base à une reconstitution, au moins partielle, de ce que fut l'**art des steppes**.

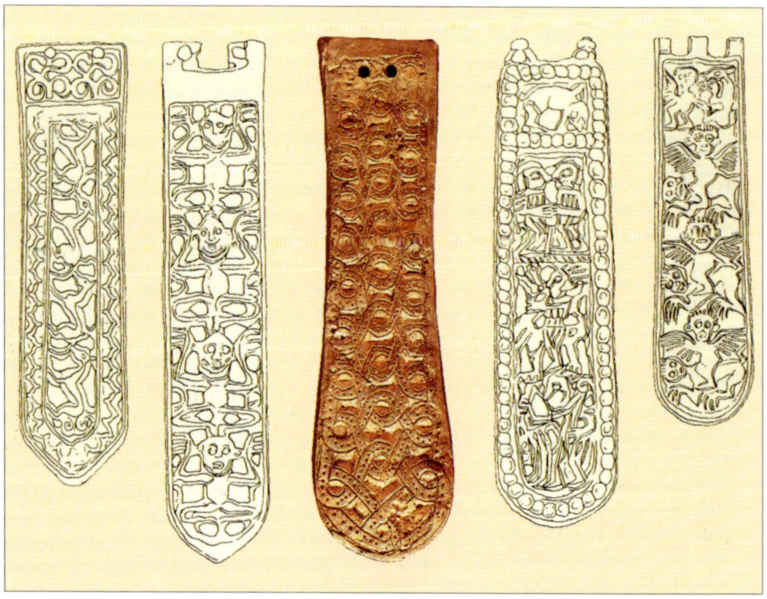

Cet art, répandu parmi les peuples nomades des plaines d'Asie centrale et d'Europe orientale, resta vivant pendant près de trois millénaires (deux avant J.-C., au moins un après), avec des développements et des variations, mais essentiellement axée sur les **représentations animales**.
On y distingue trois formes principales : l'animal « contorsionniste » seul ; deux animaux affrontés ou unis dans un duel mortel ; un groupe de trois animaux où l'oiseau de proie attaque un carnivore, lui-

même en train de tuer un herbivore. Ces deux dernières formes se retrouvent sur les plaques dites « de combat », caractérisées, dans les meilleurs exemples, par un réalisme extraordinaire.
Au cours des siècles, les figures animales sont progressivement stylisées, pour se transformer en lignes, comme c'est souvent le cas dans l'art des Avars. Cette évolution apparaît clairement dans le motif du dragon. Originellement, le dragon est originaire d'Extrême-Orient, et présent chez les Turcs qui l'introduisent dans le monde musulman pendant la seconde moitié du IXe siècle.
Le dragon turc offre tous les détails caractéristiques : pattes, ailes, gueule ouverte, langue fourchue.
Par la suite, deux dragons affrontés semblent prêts à l'attaque, puis, plus tard, ils sont reliés par un ou plusieurs crochets de la boucle, avant d'être finalement entrelacés.
Ultérieurement, les animaux ne sont plus que des entrelacs, très similaires aux motifs géométriques de l'art germanique, dont ils dériveraient selon certains spécialistes.
Il s'agit d'une rencontre culturelle qui est l'aboutissement de parcours différents et autonomes, même si, après la christianisation, on ressent dans l'art des steppes les influences occidentales et byzantines, s'ajoutant à celles de l'Extrême-Orient.
C'est ainsi que s'expliquent certaines analogies qui vont de la fonction symbolique attribuée à la larve de la cigale, originaire de la Chine des Shang, à celle de la mouche, dérivée de la précédente.

L'art des Slaves du centre et du sud de l'Europe est plus directement perceptible car il fait partie intégrante de l'architecture. La **sculpture croate de Dalmatie** est particulièrement significative à cet égard. Dans les centres adriatiques de Spalatum (Split), Raguse (Dubrovnik) et les alentours, on assiste, après la conquête croate (fin du VIIIe siècle) et la christianisation (milieu du IXe siècle), à une floraison

On ne peut parler d'une culture littéraire des steppes, même si, pendant le haut Moyen Age, une véritable épopée a pu se créer autour d'Attila, surtout dans les dialectes germaniques; mais une littérature slave commence à émerger.
La conquête la plus importante est sans aucun doute l'acquisition par le **monde slave** d'un **alphabet et d'une langue propres** – le slave ancien – que les missionnaires catholiques diffusent en Europe orientale pour les besoins de la christianisation. Auparavant, les Slaves ignoraient l'écriture et avaient recours à des sortes de runes ou encoches pour perpétuer des faits précis : « Dans les premiers temps, les Slaves ne possédaient pas d'écriture puisqu'ils étaient païens, mais ils comptaient avec des barres et recouraient à la divination avec des encoches », écrit le moine bulgare Chrabr au Xe siècle. Le moine **Cyrille** (Constantin), qui vécut au IXe siècle, s'était très jeune distingué par sa culture, au point qu'on l'avait surnommé « le philosophe »; c'est lui qui prit l'initiative de traduire les textes sacrés en slave. Il utilise pour cela un système alphabétique très complexe, dit **glagolitique** (de la racine slave *glagol* : le Verbe par excellence), composé de quarante signes dérivant de plusieurs alphabets orientaux (hébreu, grec, peut-être copte).
Un nombre aussi élevé de lettres se justifie par la nécessité de traduire les consonnes fricatives ainsi que les sons spécifiques du slave, aujourd'hui rendus, dans les translittérations, par des signes diacritiques. Cet alphabet est immédiatement utilisé en Moravie, puis en Bulgarie, où il perdure jusqu'au XIIe siècle; trop compliqué, il sera cependant supplanté par le **cyrillique**.
Diffusé dès le début du Xe siècle et beaucoup plus simple, ce dernier comprend des signes plus proches du grec; il a été conçu et diffusé par Clément (un disciple de Méthode, le frère de Cyrille), décrit par son hagiographe comme un « second Paul s'adressant à d'autres Corinthiens ».
L'alphabet cyrillique se répand en Moravie, conquiert la Russie, la Serbie et la Macédoine; il gardera cette forme initiale jusqu'au début du XVIIIe siècle, à l'époque de Pierre le Grand.

La première **littérature slave** rassemble des traductions religieuses de la Bible et de la liturgie. Cyrille, aidé de savants byzantins, traduit du grec en slave des extraits des Évangiles. Puis Clément, devenu le premier évêque de langue bulgare, compose des sermons et commente les Pères de l'Église, parvenant ainsi à « transmettre aux Bulgares,

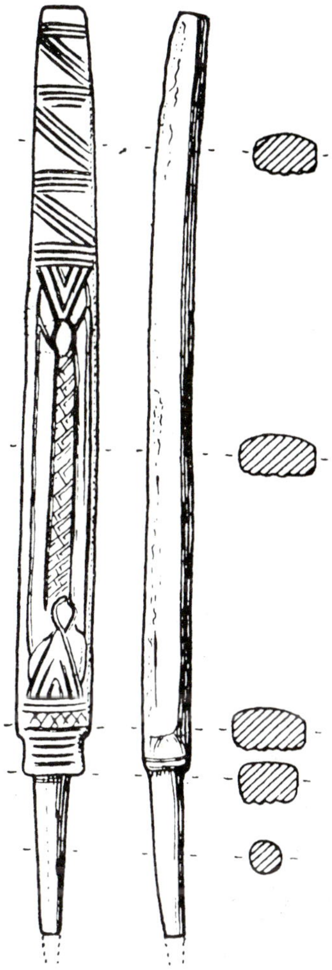

en quelques mots simples, tout ce qui est nécessaire à la sanctification de leur âme ». Son œuvre est imitée par d'autres auteurs-traducteurs slaves, tels Constantin l'Évêque et Jean l'Exarque de l'école de Preslav, dont les écrits se répandent en Bulgarie, en Russie et en Serbie. Constantin l'Évêque est l'auteur du célèbre *Évangile didactique* (893-894), d'une *Préface aux Évangiles* et d'une série d'homélies librement traduites du grec. Jean l'Exarque, personnalité proche du tsar Siméon (893-927) et l'un des principaux acteurs de sa politique culturelle, est surtout connu pour sa traduction du traité de théologie de Jean Damascène et par l'*Hexaméron*, un récit des six jours de la Création, riche en références aux textes grecs et à des éléments locaux.

En haut, sur les deux pages : ceinture magyare datant de 1 200 environ, avec des décors caractéristiques de l'art des steppes.
Ci-dessus : tête de sanglier en bronze, ornée de feuilles de palmier sur un fond de poinçons, qui servait d'ornement à un harnais, période slavo-avare (VIIIe siècle), provenant d'Oliare en Slovaquie.
En bas : motif ornemental provenant de la cathédrale préromane de Cracovie (première moitié du XIe siècle).
A droite : objets en os, dont la fonction reste inconnue, datant des Xe-XIe siècles et conservés à Meissen.

d'églises de petites dimensions, dotées de reliefs, de sculptures et d'inscriptions : il s'agit d'un art protoroman, stimulé par l'essor d'une classe de dirigeants locaux et fruit de l'activité des lapicides *(lapidarii, magistri, marmorarii e artifices)*, qui laissent leurs noms gravés sur leurs créations.

La fin de la période iconoclaste consacre définitivement la validité du culte rendu aux images, considérées comme des signes visibles de la sanctification de la matière ; elle détermine une reprise de l'**art somptuaire** dans le monde byzantin. L'abstraction perdure dans les relations entre les lignes et les couleurs et apparaît dans les tapisseries et les ornements destinés aux nouvelles églises (les encadrements de portes, l'iconostase – cette ample balustrade de marbre séparant le sanctuaire de la nef – comme celle de Saint-Marc à Venise). L'originalité consiste dans le nouvel essor de la mosaïque. Sa présence est d'abord limitée, comme à Sainte-Sophie de Constantinople ou à Sainte-Sophie de Salonique, où les mosaïques du IXe siècle se bornent à l'*Ascension* dans la coupole. Puis, à partir du XIe siècle, elles sont largement présentes à l'intérieur de l'édifice.

Les arts dits **mineurs** resurgissent aussi aux IXe- XIe siècles. Hormis les ornements cités précédemment, on dénombre des **plaques de marbre** travaillées, dans les églises arméniennes, des ivoires, des écrins décorés, des émaux enchâssés, des reliquaires, tous ces objets présentant un haut niveau artistique. Mais c'est surtout avec la **miniature** que les arts mineurs byzantins se distinguent à cette période. Le *Psautier* de Paris (Bibliothèque nationale), la Bible de Léon le Patrice, à la Bibliothèque apostolique vaticane, et l'*Évangéliaire* de Stravronikita, sur le mont Athos, en constituent les exemples les plus remarquables. Les scènes bibliques sont simplifiées, certains spécialistes parlant même d'ébauches : il s'agit néanmoins de la base de la future renaissance artistique.

A gauche : **Vierge à l'Enfant** *gravée sur une plaque d'or, art byzantin du XIe siècle. Victoria and Albert Museum, Londres. Les arts dits mineurs renaissent aux IXe-XIe siècles.*
Ci-dessus : Vierge à l'Enfant, mosaïque absidale de l'église du couvent de Saint-Luc, en Phocide. La fin de la période iconoclaste marque la grande reprise de l'art figuratif dans le monde byzantin.
*A droite, sur les deux pages : visage d'ange, détail de l'***Ascension** *de la voûte de l'église Sainte-Sophie à Salonique. Cette mosaïque est la seule qui remonte au IXe siècle ; à partir du XIe siècle, les mosaïques couvrent toute l'église, produisant un effet extraordinaire.*

Les monuments les plus anciens parvenus jusqu'à nous datent de cette période : le sanctuaire de saint Luc de la Nea Moni de Chio (1042-1056), celui de Dăfni (v. 1100). Au centre de la coupole principale trône le Christ Pantocrator (le Créateur, souverain de l'univers), inscrit dans un médaillon circulaire ; dans la demi-coupole de l'abside se trouve l'image de la Vierge, souvent placée entre les archanges Michel et Gabriel.
Le fond du sanctuaire est orné de figures d'apôtres et de saints (saint Jean Chrysostome, saint Basile, saint Athanase, saint Grégoire de Nazianze), comme s'ils participaient, eux aussi, à la liturgie.

Les quatre évangélistes se trouvent généralement sur les quatre pendentifs de la coupole ; des scènes bibliques sont visibles le long de la nef à voûte en berceau ; des processions de saints martyrs et confesseurs apparaissent sur les parois les plus basses. Les récits bibliques se limitent à quelques scènes essentielles, du fait principalement de l'espace restreint qui leur est réservé, la plus grande partie des parois de la nef étant revêtue de marbre. Les figures sont placées sur un fond doré uniforme, les détails de l'environnement et du paysage étant réduits à l'essentiel (une maison dans l'*Annonciation* ; un escabeau dans le *Lavement des pieds*) pour situer la scène.

L'absence de perspective est compensée par la valeur symbolique attribuée aux personnages dans la composition : dans la scène de la Nativité de Dăfni, la Vierge est beaucoup plus grande que Joseph, bien qu'ils soient tous les deux placés sur le même niveau.

Beaucoup de soin est apporté à la **fabrication des bijoux** dont les femmes et, surtout, les hommes de Byzance aiment à se parer. Sur les colliers et les couronnes, les artistes s'efforcent de représenter des visages et des images de saints et de saintes parés de vêtements somptueux, comme sur

la couronne en or et en émail cloisonné de l'empereur Constantin IX Monomaque (1042-1055). Ces images traduisent aussi la richesse des vêtements et des ornements des personnages représentés, marque du grand raffinement des classes supérieures de la société. Ivoires, reliquaires, croix enchâssées et surtout icônes sont diffusés, à partir de Constantinople, dans tout l'Empire byzantin, répandant un art qui sera très largement imité.

A droite : émail du Xe siècle. Musée L. Galdiano, Madrid. De cette époque datent de nombreux objets remarquables : ivoires, écrins décorés et émaux enchâssés.
Au centre : couronne de l'empereur Constantin IX Monomaque (1042-1055). Musée national, Budapest. On notera la richesse des vêtements et ornements des dignitaires représentés, marque du raffinement des classes supérieures de la société.

Parallèlement, une reprise s'amorce en **littérature**, même si la production de la période intermédiaire est inférieure aux périodes classique et tardive - cela ne vaut que pour la littérature de langue grecque. Dans ce domaine aussi, la lutte iconoclaste marque une période de crise, ne laissant place qu'à la controverse ; de plus, la crise de la cité et de la classe des petits fonctionnaires provoque un manque de lecteurs hors de l'Église. Cependant, la reprise de la **littérature érotique** est significative de l'époque des Comnènes, laquelle voit également la renaissance de la cité. Il existe dans le monde byzantin un culte du livre, inconnu dans le reste du monde médiéval. La culture littéraire n'est pas l'apanage exclusif de l'Église, même si ce sont les églises et les monastères qui possèdent les bibliothèques les mieux fournies. Dans le testament d'un noble de Cappadoce, Eustache Boilas, daté de 1059, il est fait mention d'environ quatre-vingts volumes qu'il lègue à une église privée dans la région d'Édesse. Ce sont essentiellement des livres religieux : bibliques (10), liturgiques (33), patristiques (15), hagiographiques (4), mais on trouve aussi dix textes profanes (*le Roman d'Alexandre*, Ésope, Georges Pisidès, Achille Tatius, etc.).
Les **romans alexandrins** sont particulièrement bien connus au XIe siècle, surtout lorsqu'ils sont imités pour suivre la mode des romans chevaleresques. Parmi eux se distingue le *Digénis Akritas (le Défenseur des frontières de la double lignée)*, un poème de plus de 4000 vers, probablement composé entre 934 et 944 et qui nous est connu par un manuscrit de la seconde moitié du XIe siècle. Il raconte les luttes héroïques pour la défense de la frontière orientale de Constantinople, briguée par les Arabes. Il s'agit là encore d'une épopée, alors que dans les œuvres suivantes l'élément chevaleresque prévaut, comme dans le *Bheltrandre et Chrisantza*, composé entre le XIIe et le XIIIe siècle, et dans *Callimaque et Chrysorrhoé* où l'imagination et l'érotisme prédominent.

Pour la **littérature civile ou religieuse**, il faut mentionner les œuvres de l'empereur **Constantin VII Porphyrogénète** (913-959) : *Sur l'administration de l'Empire* et *Sur les cérémonies*. Signalons aussi la reprise de la tradition historiographique avec Théophane le Confesseur, auteur d'une *Chronographie* allant jusqu'à 813, suivie par une *Chronique* complétée par des successeurs anonymes, jusqu'à la *Chronographie* de **Mikhail Psellos** (1018-1078).
Cette dernière œuvre s'écarte du style historiograhique classique, dans le lequel l'auteur se dissimule derrière les événements. Psellos propose au contraire un mémorial privé dans lequel il raconte ses études, sa carrière, sa retraite dans un monastère ; s'il se penche sur les commérages de cour, les portraits physiques des empereurs, leurs vices, en ayant parfois recours à la psychologie, il porte surtout un jugement historique.
Au début du XIIe siècle, la princesse Anne Comnène s'engage dans cette voie, au risque de falsifier la réalité : intitulant son ouvrage l'*Alexiade*, elle exalte l'origine de son père, le grand Alexis Comnène.

La production littéraire strictement religieuse comprend l'œuvre de **Siméon le Métaphraste**, un hagiographe du Xe siècle qui rassemble, en dix volumes, les vies de cent quarante-huit saints en suivant le calendrier ecclésiastique. On y distingue une partie composée par Siméon, une autre - la plus importante - constituée de biographies anciennes dont le style a été retravaillé pour l'usage des contemporains (d'où l'épithète de Métaphraste, « celui qui rapporte en d'autres mots ») et quelques pures retranscriptions. Apologétique et édifiant, mais de faible valeur historique, le recueil a été très largement répandu - sa diffusion est comparable à celle de Jacques de Voragine au XIVe siècle italien - et devient avec le temps le ménologe officiel de l'Église byzantine.

La « **renaissance arabe** », période de plus grand essor de la **poésie** et de la culture **musulmanes**, et non arabes au sens strict, se place à l'époque des premiers 'Abbāssides (entre le IXe et le Xe siècle, selon la chronologie chrétienne) ; son épicentre se trouve au Moyen-Orient et en Perse. La poésie épique de l'époque omeyyade est alors abandonnée au profit de sujets plus intimistes, exaltant l'amour de la vie, les jardins, les paysages, le bon vin, le tout exprimé dans un style nouveau, « moderne », riche en hyperboles, métaphores et artifices rhétoriques. « Abandonne les ruines, balayées par l'aquilon, le regret avivant les malheurs des temps anciens./N'emprunte aux Arabes du désert ni leurs passe-temps, ni leur mode de vie : bien maigre et misérable est leur existence !/Laisse les gens qui ne connaissent pas d'autre raffinement boire du lait./Le vin pur est de très loin meilleur, versé par un adroit échanson,/longtemps resté au fond d'un tonneau, brûlant sans que n'apparaisse la flamme. » Ainsi s'exprime **Abū Nuwās**, peut-être le poète arabe le plus élégant que nous connaissions, chantre de l'idéal d'une vie nouvelle, caractéristique d'une société parvenue à son apogée. Là, les interdits coraniques, s'ils ne sont pas occultés, occupent une place secondaire au regard de la joie de vivre, du plaisir des beaux visages et des corps féminins et, plus encore, masculins ; auxquels il faut ajouter le goût du vin, recherché comme un bien précieux ; quand le poète découvre la boutique d'un marchand de vin, il y reste longtemps : « Il nous l'apporte, couleur d'huile, doré, devant lequel on ne peut que se prosterner./Nous étions là pour trois jours, mais il nous a tant plu que nous sommes restés un mois. »
Ce n'est qu'à l'approche de la mort, alors que le poète a employé son talent à louer la vie et payé son tribut aux puissants en les encensant, qu'une pensée religieuse fait son apparition, rappelant à l'homme qu'il est musulman. Abū Nuwās meurt vers 814.
A la cour d'Hārūn al-Rachīd, d'autres artistes optent, avec Abū Nuwās, pour le nouveau courant poétique : **Muslim ibn al-Walīd** († en 803), nommé « la victime des belles » du fait de ses compositions érotiques (pour certains, ses poèmes bacchiques sont de plus grande qualité) ; **Abbās ibn al-Aḥnaf** († en 810), dont la poésie amoureuse devient le texte le plus répandu de l'amour courtois musulman, repris à plusieurs reprises dans les *Mille et Une Nuits* et probablement connu à la même époque en Occident ; **Ibn al-Rūmī** (836-v. 896), fils d'une Perse et neveu d'un Byzantin, qui, dans un style difficile et très élaboré, se consacre à la description de personnages, d'objets et de moments de la vie quotidienne (septembre, un bossu, un boulanger), menant la métaphore aux limites du « baroque ». La principale caractéristique d'**Ibn al-Mu'tazz** (861-908), poète cultivé, est l'ornementation raffinée de ses poèmes d'influence alexandrine – il est aussi l'auteur d'un traité de linguistique.

Au Xe siècle, la poésie perd fraîcheur et spontanéité, avec la prédominance du panégyrique, hyperbole exaltant les héros de l'islām, comme dans les chroniques rimées de la guerre arabo-byzantine d'**Abū al-Ṭayyib al-Mutanabbī**, né à Kūfa en 915 dans une famille modeste et assassiné au cours d'un voyage à Bagdad en 965.
Dans l'œuvre d'**Abū al-'Alā'al-Ma'arrī** (973-1057), aveugle dès sa prime enfance, les accents prophétiques et eschatologiques prédominent, comme dans la ***Risāla al-ghufrān*** *(Épître du pardon)*, en prose, où il imagine un voyage dans l'au-delà, pendant lequel il rencontre d'illustres personnages du passé, surtout des écrivains et des poètes (un texte qui, selon certains, aurait fourni à Dante le sujet de sa *Divine Comédie*). Dans les *Luzūmiyyāt (Obligation du non-obligatoire)* – malgré ce titre se référant aux obligations métriques imposées au poète – il parvient à exprimer, comme l'a écrit Gabrieli : « un univers de pensées et de sentiments plein d'originalité », empreint d'un pessimisme profond (« le fait d'être en vie est un malheur, dont tu te consoles en agissant noblement et pieusement »), tempéré par la charité due à tous les êtres vivants (« une mère pieuse et une colombe sont à égalité ; l'une nourrit son enfant dans le berceau, l'autre son petit./N'étends jamais la main, armée d'un couteau, pour tuer l'oisillon qui sautille dans le nid ». Bien qu'il soit considéré comme un hétérodoxe, il est aujourd'hui une gloire

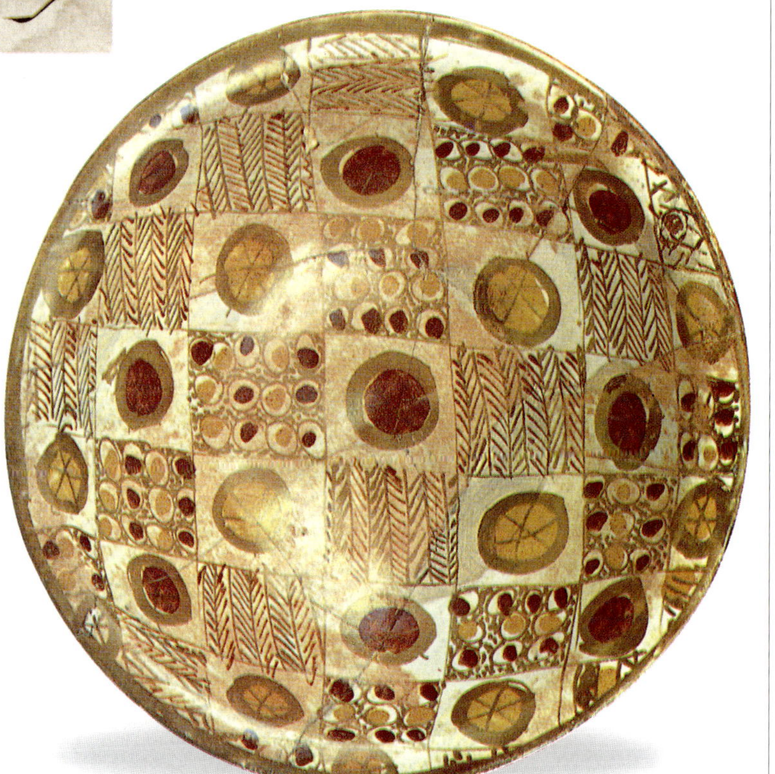

A gauche : page d'un manuscrit perse du Coran datant du Xe siècle.
Ci-dessous : coupe en terre cuite vernissée à décor polychrome. Céramique irakienne de l'époque 'abbāsside (IXe siècle). Metropolitan Museum of Art, New York.
Aux IXe et Xe siècles, la production de céramique de luxe se développe avec un décor typique de motifs géométriques et végétaux, dont les célèbres arabesques.

Ci-dessus, sur les deux pages : lion terrassant un taureau, provenant du manuscrit* Babilawa Dimna *(1022). Bibliothèque de Topkapi, Istanbul.
A droite : fragment du plus ancien manuscrit arabe des* Mille et Une Nuits *(vers l'an 800).

nationale en Syrie. Dans la période de plus grande splendeur de l'islām, le profond sentiment religieux des musulmans donne naissance à une poésie mystique. Celle du soufi **al-Ḥallādj** (850-922), d'expression hérétique, lui coûtera la vie : « Je suis Dieu, je suis Celui qui aime et Ceux qui m'aiment ; nous sommes deux esprits descendus pour habiter un seul corps./ Quand tu me vois, tu Le vois, quand tu Le vois, tu me vois. »

Hormis la poésie, la **littérature musulmane** - qui bénéficie d'une grande bibliothèque, la Bait al-Ḥikma (ou « Maison de la Sagesse »), fondée à Bagdad par 'Abd Allāh al-Ma'Mūn - se développe pleinement : prose riante (les *adab*), critique littéraire (*Livre de la poésie et des poètes* d'Ibn Qutaiba), rhétorique théorique (où domine al-Giahiz), biographie et historiographie.
On trouve aussi une production importante de **traités**, non seulement scientifiques, **musicaux** (notamment le traité de musique du philosophe al-Fārābī au début du Xe siècle), mais surtout juridiques. La période 'abbāsside voit la naissance des **quatre écoles juridiques de l'islām** : celle d'Abū Ḥanīfa (ḥanafite) qui donne une place prépondérante au jugement individuel, préoccupé d'équité, seule source du droit avec le Coran et la tradition ; celle de Mālik ibn Anas (malékite), aujourd'hui suivie par une partie des sunnites et dans laquelle le droit, basé sur le Coran et la *sunna*, cherche à limiter le jugement individuel, en tenant compte des intérêts de la communauté ; celle d'Ibn Idrīs al-Chāfi'ī (châfi'ite), qui développe la théorie malékite, en élaborant le concept d'un accord unanime des penseurs d'une période donnée sur un argument précis (« Ma communauté ne s'accordera jamais sur une erreur ») ; et enfin, celle d'Aḥmad ibn Ḥanbal (ḥanbalite), qui condamne tous les penseurs précédents comme hérétiques, en se référant exclusivement au Coran, considéré comme éternel et immuable : il s'agit là d'une attitude plus théologique que juridique, mais qui fait encore aujourd'hui l'objet d'un consensus au sein de l'islām.

Dans le domaine des **arts plastiques**, l'interdiction de représenter la figure humaine, imposée par les préceptes religieux, même s'ils ne sont pas toujours respectés, finit cependant par réduire son domaine d'expression. Parmi la grande quantité de céramiques non émaillées, destinées à l'usage quotidien, les archéologues ont trouvé de la **céramique de luxe** des IXe et Xe siècles dans les fouilles archéologiques de Sāmarrā : vases émaillés en relief décorés de taches de couleur et vases vernissés stannifères peints en bleu et en vert. Le décor des céramiques 'abbāssides est constitué de dessins géométriques et végétaux, dont les fameuses **arabesques**.
Les figures humaines ou animales sont plus rares, accompagnées de brèves inscriptions. Sur les tissus de soie qui nous sont parvenus - une petite partie des étoffes de luxe qui ornaient, selon les *Mille et Une Nuits*, les palais islamiques -, sont dessinés des médaillons ornés de créatures fantastiques, de scènes de chasse et d'inscriptions.

La **miniature** est un domaine de l'art islamique qui témoigne de la créativité et de la valeur de ce dernier. On connaît des manuscrits illustrés dès le VIIIe siècle, même si les plus anciens qui nous sont parvenus datent approximativement de l'an mille.
Un Coran, transcrit et illustré à Bagdad par Ali ibn Hāilāl (Ibn al-Bawwab) en 999-1000 (Chester Beatty Library, Dublin) présente des feuillets entièrement enluminés de figures géométriques très raffinées ; alors que le *Livre sur les constellations des étoiles fixes* (Bodleian Library d'Oxford) constitue une transcription d''Abd al-Raḥmān al-Ṣūfī à Bagdad en 1009-1010, probablement à partir d'une copie datant du milieu du Xe siècle. Ce manuscrit montre les constellations selon une représentation islamique classique, rappelant certaines peintures murales de Sāmarrā. Dans ce lieu ont été mises au jour des parois ornées de fresques présentant des scènes de libation, des danseurs et des animaux, des figures géométriques, ainsi qu'une grande quantité de stucs modelés selon trois styles distincts, dont le plus complexe, le style à incision oblique, crée une subtile ambiguïté entre la figure et le fond ; on peut l'admirer dans la mosquée de Kairouan, datée du XIe siècle.

L'expression artistique revêt une grande importance dans l'ensemble du monde indien puisque, selon sa conception, la béatitude peut dériver de la contemplation des œuvres d'art.
Les **représentations religieuses**, qui constituent la majeure partie de l'art en Inde, sont des objets de dévotion et, pour cette raison, leurs formes doivent être parfaites, la plus petite imperfection rendant l'exécution inutile. C'est pourquoi on ne peut manquer d'être surpris par la quantité d'objets d'art parvenus jusqu'à nous, et dont on ne pourra donner que quelques exemples caractérisant les civilisations qui dominent l'Inde entre les IXe et XIe siècles.

A droite : temple de Kailāsānātha à Ellorā. Ci-dessous : statue en bronze de Śiva Naṭarāja (XIIe siècle). Indian Museum, Calcutta. Śiva Naṭarāja, ou le Seigneur de la danse, crée le cosmos en dansant au sommet du mont Kailāsā : du pied droit, il écrase le démon primordial de l'ignorance ; son pied gauche levé symbolise la connaissance qui mène au salut.

Le temple monumental de Śiva Brihadīśvara à Thanjāvūr (Tamil Nadu), édifié vers l'an mille, est très représentatif de l'**art des Cola**, dans le sud du Deccan.
Le soubassement central, fait de grands blocs de granite, porte des inscriptions de grande valeur historique. Les niches, qui s'ouvrent sur deux des trois côtés en deux rangées superposées, contiennent des hauts-reliefs de divinités (dont Śiva, Viṣṇu, Naṭarāja).

De nombreux bronzes, fabriqués selon la technique de la cire perdue, appartiennent eux aussi à la période Cola, et figurent parmi les plus belles réalisations de la sculpture indienne. Ainsi en est-il du bronze de Śiva Naṭarāja (Xe siècle) dansant dans la position *chatura*, en provenance de Tiruvarangulam et actuellement conservé au Musée national de New Delhi. Une autre sculpture en bronze, originaire de la même cité (conservée aussi à New Delhi), présente Naṭarāja dansant : par la symétrie des positions, l'harmonie du corps, inscrit dans un encadrement circulaire, cette représentation est considérée comme la meilleure expression du mouvement rythmique. Ces bronzes, situés chronologiquement entre la période tardive des Pallava - art qui a beaucoup influencé celui des Cola - et celle des Pāṇḍya, se distinguent par leur raffinement.

Le grand temple Kailāsānātha d'Ellorā, commencé par Kriṣṇa Ier, est le meilleur témoignage de l'**art des Rāṣṭrakūṭa** : cette œuvre gigantesque, creusée dans la roche, est en elle-même une véritable galerie d'art à laquelle s'ajoutent des panneaux évoquant des épisodes du *Rāmāyaṇa*, du *Mahābhārata* et du *Viṣṇu purāṇa*. L'**art des temples des Gurjara-Pratihāra** est remarquable : les gravures figurant sur les architraves, les huisseries présentant des musiciens, des amants, des animaux entrelacés, des feuilles et des fleurs ciselées en bandes verticales et horizontales sont du plus grand effet.
Le temple de Śaśīyamatā à Osia (Rājasthān), édifié au IXe siècle, est un véritable chef-d'œuvre, peut-être influencé par le goût arabe. On y découvre un peu partout des frises de guerriers dansant, à l'image de celles de Sikar (IXe siècle), conservée à New Delhi ainsi que des sculptures de couples d'amants ou de divinités se livrant à une danse, comme la sensuelle *vrksaka* (dryade) de Gorakhpur, au sourire satisfait et au corps splendide se tournant légèrement vers le spectateur

(aujourd'hui au Musée de Gwalior).
A la **dynastie Cālukya du Gujerat** sont associés les temples du mont Abu, du début du XIe siècle. Le temple du soleil à Modherā (Gujerat) s'élève sur un imposant soubassement, décoré de corniches taillées et ornées de sculptures dont la taille dépend de l'importance : nymphes *(surasundari)*, danseurs, musiciens, saints et dévots, héroïnes, animaux, oiseaux, fleurs.

Au **Bengale**, l'absence de roche en quantité suffisante pour en tirer de la pierre d'ouvrage nécessite le recours à la terre cuite, un matériau beaucoup moins résistant aux agents atmosphériques et au passage du temps, de sorte qu'une infime partie des temples pāla et de leurs décors, est parvenue jusqu'à nous. Du fait de la grande tolérance des souverains, on trouve au Bengale aussi bien des sculptures hindoues que bouddhistes.

Il convient de s'arrêter sur le très gracieux Bouddha en train de « prendre la Terre à témoin » *(bhūmisparśa)* du Bilhar (Xe siècle), conservé à New Delhi. L'**art pāla** s'exprime aussi dans le stuc et, surtout dans le bronze ; parmi les bronzes bengalais des Xe et XIe siècles, certaines représentations de Viṣṇu, avec ses deux parèdres, et de Tārā (déesse de la Miséricorde) proviennent de Sirpūr dans le Madhya Pradesh.

Ci-dessous, sur les deux pages : détail d'un visage de Bodhisattva, fresque du IXe siècle provenant de Kadalik et conservée aujourd'hui au Musée national de New Delhi.
A droite : détail d'un cortège funèbre bouddhiste, peinture murale du IXe siècle découverte à Bazaklik, aujourd'hui au Musée national de New Delhi.

L'école artistique de l'Inde orientale a aussi produit une série de **miniatures** dans des manuscrits sur feuilles de palmiers, à couverture en bois avec des motifs au centre et des figures - généralement bouddhiques - sur les côtés. Les miniatures semblent reproduire des peintures murales en petit format, avec des personnages de la tradition classique, aux contours sinueux, pleins de grâce et de vitalité. De nombreuses caractéristiques de l'art pāla se retrouvent dans les temples de l'Orissa qui, aux IXe et Xe siècles, présentent des sculptures très délicates, telles les nymphes et les *nāgini* (esprits de l'eau) du temple Rajarani à Bhuvaneswara (Xe siècle). L'**art de l'île de Ceylan** (Sri Lanka), très raffiné, est principalement représenté vers l'an mille par le Bouddha debout d'Avukana - un monolithe de granite de 12 mètres de hauteur (Xe siècle) ; par le *devale* (sanctuaire) de Śiva à Polonnaruwa (XIe siècle), où se dresse une grande statue de Bodhisattva de la même période ; par le temple Gedige de Nālandā (XIe siècle), des bronzes dispersés dans divers musées du monde (Tārā en bronze doré, de 1,45 m de haut du British Museum, provenant de Trincomalee ; Xe siècle) ainsi que par les peintures murales d'Anurādhapura.

A cette époque, l'**art dvāravatī**, en ses périodes intermédiaire et finale, s'épanouit en Thaïlande. La période intermédiaire (entre le VIIIe et le Xe siècle) se caractérise par l'influence indienne des Pāla, que l'on retrouve dans une statue de Bouddha debout, comme dans la pierre découverte à Dong Si Mahapot Prachim Buri, datée du VIIIe siècle, ou la statue en bronze mise au jour à Muang Tham. Dans la représentation de Bouddha, apparaissent des éléments indigènes, comme l'auréole en forme de bouton de lotus, les sourcils recourbés et unis l'un à l'autre, les yeux saillants, les lèvres épaisses, le nez plat.
Au cours de la troisième période dvāravatī, on constate l'influence de l'art khmer. Bouddha est assis, jambes repliées, son visage est carré, son menton strié d'une fossette. Telle est l'image du Bouddha en pierre découvert à Wat Phra Si Ratana Mahathat Lop Bui au XIe siècle ; de nombreuses statuettes en terre cuite ou en stuc mises au jour à Lamphun, la principale cité du Royaume dvāravatī en Thaïlande septentrionale, sont du même type. En Thaïlande du Sud, l'**art śrīvijaya** se développe dans les sculptures, en bronze notamment : sculptures bouddhiques comme le Bodhisattva Avalokiteśvara de Chaiya (entre le VIIIe et le IXe siècle), un des chefs-d'œuvre du Musée national de Bangkok ; sculptures hindouistes comme le Śiva à quatre bras trouvé à Satinpra.

Mais l'art khmer s'exprime alors principalement à travers l'architecture. Des temples de toutes tailles confèrent leur beauté à des cités comme Angkor et permettent à tous les arts de s'exprimer.
Le petit temple de Banteay Srei, construit en 967 par un dignitaire à Iśvarapura (au nord-est d'Angkor), est remarquable tant par le grès rose de ses éléments constitutifs que par le raffinement et la surabondance de son décor. Ce dernier s'inspire de mythes hindous, notamment celui de Śiva qui, « rayonnant de noblesse et de grâce, danse avec

l'auréole de ses dix bras ». C'est la période classique de l'art khmer, qui s'exprime dans les plus grands temples-montagnes de la période, tel celui du Bàphuon, près du palais royal d'Angkor, « une montagne d'or au centre de la cité », comme le définit une inscription (début du XIe siècle).

Le soubassement et les pavillons sont ornés de bas-reliefs représentant des mythes, parmi lesquels le songe de Viṣṇu, le « barattage » de la mer pour en extraire l'élixir d'immortalité, ou l'enfance de Kriṣṇa. Avec le temple du Bàphuon, l'art khmer atteint un sommet qui ne sera dépassé qu'un siècle plus tard par la perfection de l'Angkor Vat, avec ses kilomètres de panneaux sculptés d'épisodes du *Mahābhārata* ou du *Rāmāyaṇa* : les pèlerins qui tournent autour du temple, selon le rite de la déambulation, peuvent ainsi contempler les manifestations de la grandeur du souverain qui l'a fait construire, Sūryavarman II.
A la même époque, l'art se développe aussi dans plusieurs régions du Sud-Est asiatique et, notamment, dans le Royaume champa qui, fortement influencé par la civilisation khmère, reproduit certaines de ses expressions artistiques. D'autre part, l'architecture et la sculpture cham assimilent aussi des éléments originaires des plus grands centres indonésiens (surtout de Java) et chinois, à partir du moment où le trafic maritime avec ces pays favorise de nombreux échanges culturels. L'art champa, plus encore que l'art khmer, est profondément lié à la vie de cour. Le premier style original, qui s'affirme au cours du IXe siècle, est appelé Hoa-lai (du nom du temple construit dans cette localité) et se caractérise par la simplicité de ses schémas de composition et par une certaine sobriété du décor et des sculptures en grès.
Avec le temps, un alourdissement des structures architecturales se fait sentir, tandis que le motif ornemental en forme de feuille devient prédominant. A la fin du siècle, le style Dông Duong prend son essor (c'est le nom d'un important sanctuaire bouddhique du Grand Véhicule) ; il se caractérise par des sculptures monumentales d'une extraordinaire vitalité.

Tout comme l'art, la **littérature** doit susciter les sentiments de ceux qui la pratiquent. Les neuf *rāsa* **(principes qui créent les émotions)** de la rhétorique sont ceux de l'érotisme, du comique, de la compassion, de l'héroïsme, de la terreur, de l'épouvante, du dégoût, de la stupeur et de la tranquillité. De là dérivent les « **états d'esprit** » : amour, divertissement, affliction, enthousiasme, colère, peur, dégoût, stupeur et apaisement. La production littéraire indienne de cette période vise à susciter toutes ces émotions, mais surtout à émerveiller par le raffinement de ses vers, la hardiesse des rapprochements, la sagesse des auteurs. A l'image du monde occidental contemporain, la poésie, et surtout la poésie épique religieuse, procède par des développements : les mythes du panthéon hindou sont racontés avec force détails et digressions, ce qui augmente le nombre de strophes, provoquant un certain ennui chez le lecteur moderne. La poésie épique des siècles précédents se poursuit avec l'expansion des cycles de Rāma et de Kriṣṇa dans le poème *Haravijaya* de Rājānaka Ratnākara Vāgīśvara, originaire du Cachemire, en activité au milieu du IXe siècle ; l'œuvre, qui raconte le meurtre du démon Andhaka par Śiva, est divisée en cinquante chants. Les poètes bouddhistes ne s'éloignent pas de ce style, tel Sivasvamin, qui vit à la cour du roi du Cachemire Avantivarman (855-884) et dont on connaît le poème intitulé *Kapphin abhyudaya*, traitant de la conversion du souverain Kapphina au bouddhisme.

LOUANGES EN L'HONNEUR DE VIṢṆU PAR LE POÈTE KULAŚEKHARA

« Je loue Mukunda [Viṣṇu] *qui a de longs yeux pareils à des pétales de nymphéas, des dents aussi splendides que le jasmin, qui a vécu parmi les bergers depuis qu'il est enfant* [en qualité de Kriṣṇa], *dont la trace des pieds est adorée par la multitude des dieux avec Indra à leur tête, le fils de Vāsudeva* [père de Kriṣṇa] *demeurant dans le Vrindāvan.*

Fais, ô Mukunda que je dise chaque jour : 'Ô aimé de Laksmī, ô celui qui exauce les souhaits ! ô toi à qui la dévotion est chère ! ô toi qui excelles à mettre l'être en mouvement ! ô toi qui reposes sur le serpent ! ô toi qui demeures dans le cosmos !

Vive, vive ce dieu fils de Devakī [la mère de Kriṣṇa], *vive, vive Kriṣṇa, flambeau de la race de Vrsni, vive celui qui a des membres tendres et est sombre comme un nuage, vive, vive Mukunda qui porte le poids de la terre !*

Ô Mukunda, en me prosternant, j'implore une seule grâce, mais si importante : que grâce à toi, au cours des diverses naissances, je n'oublie jamais le lotus de tes pieds.

[...]

Le ciel ou la terre seront ma demeure, non pas, s'il te plaît, l'enfer [naraka], *ô toi qui as tué Nāraka* [un démon tué par Kriṣṇa]*! Même au moment de ma mort, je veux méditer sur tes pieds, à côté desquels les lotus de l'automne sont méprisables.*

[...]

Je ne renaîtrai pas en femme, ni en mauvais homme, ni stupide, ni en de mauvais lieux ; je ne serai pas hérétique ; mais, quelle que soit ma naissance, fais que je puisse me dévouer à Viṣṇu.

[...]

Ce que j'ai fait ou ferai, tout cela je ne l'ai pas fait, puisque tu en es l'auteur : c'est toi qui jouis de cela, ô toi l'assassin de Madhu ! »

Tiré de Kulaśekhara, Mukundamālā, *trad. V. Pisani dans* Histoire des littératures de l'Inde ancienne, *Milan, Nuova Accademia Editrice, 1959.*

Une nouvelle orientation ouvre la voie aux **auteurs de pièces brèves**, qui sont aussi présents pendant cette période. Retenons le Bengalais Abhinanda, auteur du *Kādambarīkathasara* (abrégé de l'histoire de Kādambarī) en huit chants ; et Abhinanda Gaubhinanda, actif à la cour des Pāla au Bengale à la fin du IXe siècle, auteur du *Rāmācharita (les Aventures de Rāma)*, abrégé en trente-six chants des aventures du dieu indien, où le poète fait montre d'une grâce raffinée. Parmi les intellectuels les plus féconds, se détache **Kṣemendra**, auteur du Cachemire ; vivant entre le début et le milieu du XIe siècle, il a laissé une abondante production littéraire : essais de rhétorique, œuvres en prose et poésie.

Son poème épique *Brihatkathāmanjarī (le Bouquet de fleurs du Grand Récit)* développe des éléments de la grande épopée hindoue, tandis que dans le *Daśāvatāracarita (Histoire des dix incarnations de Viṣṇu)*, composé en 1066, Bouddha est, pour la première fois, intégré à la mythologie brahmanique, comme avant-dernière incarnation terrestre de Viṣṇu. Kṣemendra s'insère ainsi dans la poésie médiévale indienne caractérisée par une certaine redondance.

La plus grande originalité littéraire réside dans l'**histoire traitée sous forme poétique**, genre souvent présent dans les inscriptions des temples et qui fournit des éléments utiles à la connaissance de l'histoire indienne du XIe siècle. Le premier poème de ce type est le *Vikrāmankadevacarita (les Exploits de Vikramāditya Tribhuvanamalla)*, écrit avant 1088 par le poète Bilhaṇa qui séjourne à la cour du roi Vikramāditya VI (1076-1126), à Kalyān. Dans ce poème, de nombreuses références correspondent à des événements attestés par les inscriptions. C'est la véritable histoire du Cachemire, de ses origines au temps du roi

Jayasimha (1128-1155), qui forme la trame du poème *Rājataranginī (le Courant des rois)* du poète Kalhana, en huit livres, dénommés *taranga* (« ondes »), comptant 7 826 strophes. Cette reconstitution historique s'appuie sur une base documentaire (sauf pour la partie la plus ancienne), ce qui rend le poème tout à la fois précieux pour nous et extrêmement « moderne » d'approche. Abhinava Pampa (actif au Xe siècle) est le poète jaïn le plus remarquable ; on apprécie sa version rationaliste du *Rāmāyaṇa*, où sont expliqués et niés certains événements surnaturels.

En revanche, la poésie lyrique ne présente aucune originalité : elle est basée sur l'imitation du *Meghadūta* de Kālidāsa, comme dans le *Pārśvābhyudaya (le Triomphe de Prasvanatha)* du jaïn Jinasena, qui vit au IXe siècle. Plus généralement, les Xe et XIe siècles marquent en Inde, comme en Europe, l'abandon d'une langue unique et la diffusion littéraire et officielle des langues locales, confirmation de la prédominance des particularismes à cette période.

Page ci-contre, à gauche : Śiva et Pārvatī, période Pratihāra (IXe-Xe siècle). Musée national, New Delhi.
A droite : Bodhisattva auréolé (VIIIe-IXe siècle). Musée national d'Art oriental, Rome. Cette image en bronze de la divinité - ses yeux sont incrustés d'argent - relève de la typologie répandue dans le Swāt et le Cachemire entre le VIIIe et le Xe siècle.
Sur cette page, en haut : Bouddha colossal étendu, sculpté dans la masse d'un rocher dans le Gal Vihāra, grand complexe bouddhiste. Il date du règne de Parākramabāhu à Polonnaruwa, alors capitale de Ceylan.
Ci-contre : bas-relief de Viṣṇu endormi. Musée Guimet, Paris.

Aux Xe et XIe siècles, l'art de l'Amérique centrale et de l'Amérique du Sud se définit surtout par la sculpture des édifices sacrés : frises des soubassements, bas-reliefs des piliers ou atlantes monumentaux. La céramique bénéficie d'une iconographie beaucoup plus sommaire, alors que les peintures parvenues jusqu'à nous restent exceptionnelles. La **sculpture** nous fait retourner dans les cités dont nous avons déjà étudié l'architecture, car les deux éléments sont indissociables dans un édifice sacré, ainsi que nous l'avons déjà constaté dans la civilisation indienne. A Xochicalco, sur des dalles d'andésite, domine le motif du serpent à plumes des frises en bas-relief , sur le socle de soubassement du temple-pyramide central. Les serpents à plumes sont enroulés sur eux-mêmes et intercalés, par endroits, avec des figures humaines. Le style de ces serpents rappelle celui des bas-reliefs de Tula ou bien des fresques du temple des Boucliers et des Jaguars de Chichén Itzá.

A Tula, au sommet du soubassement du temple de Tlahuizcalpantecuhtli, parmi les piliers et colonnes qui soutenaient le toit de l'édifice dominent les atlantes monumentaux, ou Colosses, de Tula, vêtus et armés à l'image des Toltèques. Ce sont des personnages d'une grande austérité formelle, qui font montre d'une puissance sereine. Le *Chac-Mool*, mis au jour en 1875 à Chichén Itzá, est une représentation caractéristique de la sculpture en ronde bosse. C'est une figure masculine, sculptée en basalte, à demi-couchée : son torse et ses genoux sont soulevés et presque appuyés sur les coudes, ses mains entourent un vase ou une coupe creusée dans son ventre, alors que sa tête est tournée vers l'autel. La figure représentait peut-être la divinité à laquelle elle est dédiée, et le récipient dans le ventre pouvait recevoir les offrandes votives.

La **céramique** toltèque a livré plusieurs types de matériel : la céramique « mazapa », faite de bols et de plats en terre décorés de lignes rouges ondulées et parallèles; une céramique « coyotlatelco », qui se distingue par ses ondulations et ses spirales, alternées avec des lignes rouges parallèles; enfin la céramique « plumbea », la plus belle et la plus raffinée, offrant une surface d'émail vitrifié, colorée et décorée de motifs à volutes. De nombreux vases sont ornés de têtes et de figures humaines et animales. La céramique est le domaine qui témoigne le mieux de la **culture chimú** du Pérou avant les Incas. Le type de céramique le plus répandu est un vase à double goulot avec une poignée en terre cuite brillante de couleur noire - à moins que le goulot ne prenne une forme animale (par exemple une tête de lama). Les figures ornementales sont modelées sur les vases ou appliquées par pression, le décor peint restant exceptionnel.

A gauche : figure anthopomorphe portant les attributs de Tlaloc, dieu aztèque de la pluie. Celui-ci est chargé d'envoyer une juste quantité de pluie, mais peut aussi la retenir ou en envoyer trop pour récompenser ou punir. A droite, sur les deux pages : cette miniature de la période maya-toltèque, qui présente une divinité ayant l'aspect d'une vieille femme, entourée de hiéroglyphes, provient du* Codex Dresdensis *(Xe-XIe siècle). Sächsische Landesbibliothek, Dresde.

En 1946, des fouilles ont mis au jour les fragments de peinture les plus intéressants et les mieux conservés de l'ensemble de la région maya, datant du début du IXe siècle. Découverts dans un édifice de Bonampak, près de Rio Lanchá (Chiapas), ces ***murales*** étaient distribués sur les parois de trois pièces voûtées; ils représentent une bataille avec la célébration de la victoire. Dans la première salle, on observe le moment

où les prêtres s'habillent, alors qu'un groupe de musiciens soufflent dans de longues « trompettes » de bois ou d'écorce; dans la deuxième salle, on assiste à l'affrontement entre des guerriers aux riches vêtements, ainsi qu'au sacrifice des prisonniers de guerre; dans la troisième salle, se déroule la phase principale du rite : sur les marches d'une pyramide, des danseurs parés de plumes dansent au son de « trompettes » et d'autres instruments de musique; face à eux, des dames assises sur un trône et d'autres dignitaires en vêtements royaux assistent à la scène. Sur les peintures de Bonampak, les traits individualisés et les attitudes naturelles s'opposent au hiératisme et au symbolisme du reste de l'iconographie mexicaine.

Ci-dessous : dieu du maïs peint sur un vase maya. Le culte de cette divinité, souvent figurée sous les traits d'un jeune garçon, est associé au culte d'Ixchel, déesse de la Lune, divinité tutélaire de l'accouchement et du tissage, ainsi qu'au dieu de la mort représenté sous forme de squelette. Le culte du serpent à plumes n'apparaît que pendant la dernière période de la civilisation maya. A droite : vase en or provenant de Lambayeque, art chimú. Musée archéologique, Lima.

A l'époque précolombienne, les témoignages **littéraires** sont difficiles à dater car ils nous sont parvenus par les transcriptions des conquérants espagnols. Parmi les rares manuscrits mayas qui nous soient connus, figurent les textes sacrés dits *Livres du Chilam-Balam*, livres prophétiques des XVIIe-XVIIIe siècles : ils reprennent l'histoire maya en présentant comme prophéties des événements qui se sont déjà déroulés : ainsi, l'invasion des Itzá est considérée comme le signe précurseur d'une autre invasion, assimilée plus tard à celle des Espagnols. D'autres parties de ces textes sont des transcriptions de commentaires de manuscrits anciens rapportant des éléments de la culture traditionnelle. Apparaît ainsi une littérature fortement imprégnée de sacré et qui, selon certains spécialistes, est comparable à la Bible par la structure d'antienne de nombreux chants mayas (le second verset répondant au premier et le reprenant). Ce sont des caractéristiques omniprésentes dans toute la littérature orale, faite de formules qui se répètent afin d'en faciliter la mémorisation.
Les peuples du Mexique ancien, et plus particulièrement les Aztèques, nous ont laissé de nombreux textes littéraires; il s'agit le plus souvent d'œuvres d'auteurs inconnus,

transmises oralement avant d'être transcrites à des époques postérieures à la conquête espagnole. Ces circonstances rendent difficile l'établissement d'une chronologie précise. Des compositions épiques religieuses nous sont parvenues : elles chantent la création du monde, la fondation des cités et les exploits héroïques des dieux et des guerriers. On y découvre les prières adressées aux dieux et une poésie lyrique empreinte du goût pour la nature, de la joie de vivre et d'un sens dramatique de la mort. S'il subsiste de nombreux exemples de poésie didactique et sapientale, on discute encore sur l'existence d'une poésie dramatique. La poésie en langue nahuatl, propre aux Xe et XIe siècles, possède un style caractérisé par l'union de deux métaphores qui, ensemble « fournissent le moyen symbolique d'exprimer une seule pensée » (J. Alcina Franch). Ainsi, le vers : « En vérité, [il est] ta mère vénérable, ton père vénérable » exprime le concept selon lequel celui qui gouverne est le père et la mère de tous, idée fondamentale du système politique aztèque. Un autre élément stylistique, prédominant dans la poésie aztèque et en particulier à l'époque classique précédant immédiatement la conquête, est le mot « fleur » *(xochitl)*, qui revêt des significations variées : « les fleurs de dieu » sont les cœurs, « les fleurs debout » les chants les plus beaux, « les fleurs de la vie » le sang, ou encore « les fleurs de la guerre » les prisonniers.

LE DIEU DU MAÏS

Dans les poèmes aztèques, il existe un lien très étroit entre le sentiment religieux et l'observation des phénomènes de la nature. En voici un exemple :

« - Déjà, je suis né avec des stries rouges, moi l'Épi fleuri.
- De multiples couleurs se mêlent sur notre tige fleurie, et
c'est là que les grains se dressent pour s'ouvrir;
elle est devant le dieu qui fait resplendir le jour.
- Dans la région des pluies et des neiges, seules les précieuses plantes aquatiques peuvent pousser : Je suis leur protecteur, je suis arrivé!
- C'est entre des nuances de couleur que vit ton cœur; à l'abri du musc, tu chantes, tu fais danser les princes, toi qui règnes, à Atlitepan!
Le dieu t'a créé
comme la fleur te fait naître
comme le chant te décrit.
Les Toltèques peignent;
ils terminent
leurs livres de peinture;
ton cœur, intact, a atteint la perfection. »

A l'époque carolingienne, une symbiose s'opère entre les hiérarchies ecclésiastiques et les hautes sphères militaires et politiques. Ce phénomène s'accentue sous le règne de Louis le Pieux, quand apparaît pour la première fois un problème crucial dans l'histoire du Moyen Age occidental : la **lutte pour la suprématie, qui oppose l'Empire et la papauté**. Ayant reçu une éducation strictement religieuse, Louis le Pieux se soumet tout d'abord aux autorités ecclésiastiques. Il se fait couronner empereur par le pape Étienne IV (octobre 816), et renonce à toute juridiction sur Rome (817). Puis, sous l'influence de Wala, abbé de Corbie, il revient sur les concessions qu'il a accordées et oblige le souverain pontife à lui jurer fidélité. Le conflit éclate. Vaincu par ses adversaires politiques, l'empereur se voit réduit à accepter la primauté du sacerdoce sur la royauté, et à s'engager dans la réforme du clergé. Au temps de Louis le Pieux, l'Église connaît ainsi une phase d'expansion considérable, qui s'accompagne d'un affermissement de ses structures spirituelles. Investis de fonctions publiques, évêques et abbés prennent part à l'administration de l'Empire, cependant que deux **réformes** touchent le monde religieux. La première concerne **le clergé** : des dispositions conciliaires lui imposent de vivre en communauté au sein de cures régies selon la *Regula canonicorum* de l'évêque Chrodegang de Metz, réparties sur l'ensemble du territoire. La seconde est une **réforme monastique**, qui introduit une observance plus rigoureuse de la *Regula Benedicti*, dont les très sévères règles établies par Benoît d'Aniane constituent le pivot.

Outre ces réformes, attestées officiellement, on assiste à une réorganisation globale qui repose sur le réseau, de plus en plus dense, des églises baptismales : les paroisses. Au début de la christianisation, seules les cathédrales disposaient de baptistères. A partir du VIIe siècle, et selon un rythme qui ira croissant au fil de l'ère carolingienne et postcarolingienne, l'évêque autorise l'érection d'églises baptismales dans les campagnes, au sein de la population. La **paroisse** est une église à part, chargée de conférer des sacrements particuliers, à commencer par le baptême, qui permet au néophyte (ou à l'enfant) d'entrer dans la communauté chrétienne. Chaque baptisé est soigneusement inscrit sur les registres paroissiaux, qui permettront au curé (archiprêtre placé à la tête de la paroisse) d'exiger plus tard du fidèle le versement de la **dîme**, à savoir le dixième des récoltes. Cette dîme est ensuite divisée en quatre parts : une pour assurer la subsistance du clergé, une autre pour l'entretien de l'édifice ecclésiastique, une autre encore pour l'évêque, et une dernière destinée aux pauvres. La paroisse devient ainsi le centre d'une administration territoriale qui, bien que purement ecclésiastique sur le plan juridique, se superpose à l'administration publique et ne fait souvent qu'un avec elle. Parfois implantée au cœur d'un site habité, la paroisse ne constitue cependant pas en soi la preuve de l'existence d'un habitat important. Son assemblée de fidèles s'avère d'autant plus vaste qu'il s'agit d'une église qui n'est pas fréquentée quotidiennement.

POLÉMISTES PRÉRÉFORMATEURS

Une crise générale (politique, militaire et morale) secoue le Xe siècle. Certains intellectuels dépeignent avec beaucoup de lucidité la réalité qui les entoure. Ils s'expriment sur un ton souvent polémique, qui témoigne d'une sincère aspiration au renouveau spirituel. ***Otton de Verceil*** *(vers 885-961) - qui fit un temps partie de l'entourage d'Hugues de Provence, puis de Bérenger II - lutte avec véhémence contre la corruption envahissante des politiciens et des ecclésiastiques, surtout à Rome. Son* Libellus de pressuris ecclesiasticis *(943) en offre une sombre description, tandis que son* Polipticum, quod appellatur perpendiculum *se présente comme le moyen de corriger les tortuosités politiques des princes italiens, la simonie (commerce de choses sacrées et de charges religieuses) et le nicolaïsme (courant opposé au célibat ecclésiastique), tellement répandus.*

Liutprand de Crémone *(920-972) prend lui aussi part à la polémique politique. Après avoir grandi à Pavie, où se tient la cour d'Hugues de Provence, il devient le secrétaire particulier de Bérenger II, qui l'envoie comme ambassadeur à Constantinople. Tombé en disgrâce, il se réfugie à la cour d'Otton Ier, qui use de son influence pour le faire nommer évêque de Crémone. Son chef-d'œuvre reste une histoire de l'Europe et de ses rapports avec Byzance, de 887 à 950. Intitulé* Antapodosis *- que l'on pourrait traduire par « dent pour dent », car l'auteur s'y venge de Bérenger II et de sa femme Villa -, cet ouvrage dresse un tableau vivant et coloré de l'époque et de ses protagonistes, tout en soulignant l'extraordinaire culture littéraire de Liutprand. Les images de corruption et de violence qu'il renferme se retrouvent également dans l'œuvre de* ***Rathier de Vérone*** *(890-974), un personnage de premier plan à cette période. Originaire de Liège, puis moine et abbé de Lobbes, il se rend en 926 en Italie, où il devient quelque temps plus tard évêque de Vérone, et où il rencontre de fortes oppositions politiques et ecclésiastiques. Parmi ses plus féroces adversaires figurent les chanoines de la cathédrale, à qui il entend imposer un mode de vie religieuse plus sévère afin, aussi, de combattre le climat de relâchement moral dans lequel la richesse des nouvelles classes urbaines (les* negotiatores*) a plongé la ville. Chassé à trois reprises de Vérone, il s'éteint dans la paix retrouvée du monastère de Lobbes. Ses œuvres majeures sont : les* Praeloquia *(prolégomènes d'un ouvrage de plus grande envergure, qui ne fut cependant jamais rédigé), qui traitent des devoirs des chrétiens selon leur catégorie sociale et les diverses circonstances de la vie ; l'*Excerptum ex dialogo confessionali*, un examen de conscience sous forme de dialogue, où l'auteur met à nu sa personnalité complexe ; et, enfin, les* Sermones. *Nombreux sont aussi les textes polémiques contre la corruption morale :* De nuptu illicito, De contemptu canonum, De clericis sibi rebellibus.

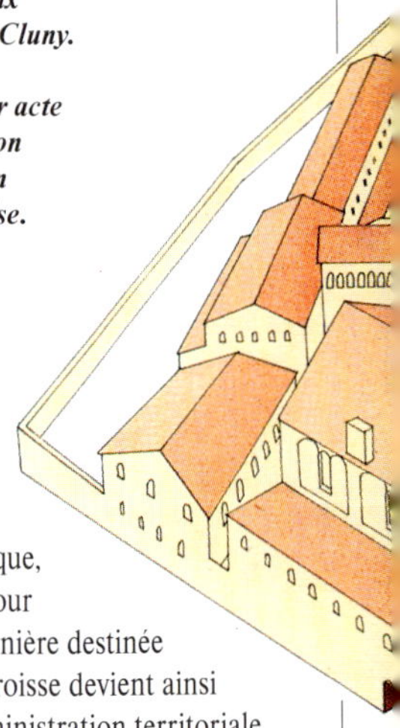

En bas : un réformateur en train de prêcher; miniature extraite d'un manuscrit datant du XIe siècle; école de l'abbaye du Mont-Cassin. British Museum, Londres.
A droite, sur les deux pages : l'abbaye de Cluny. Sa fondation (910) constitue le premier acte officiel de la réaction contre la corruption croissante de l'Église.

Au départ très liée à l'Empire, surtout sous le règne de Charlemagne, la **papauté acquiert progressivement davantage d'autonomie**. Elle en vient même, avec le pape Nicolas Ier (858-867), à intervenir contre l'empereur Lothaire II en personne sur la question de son divorce, et contre l'un des principaux théologiens carolingiens de l'époque : l'historien et polémiste Hincmar, archevêque de Reims et métropolitain de France pendant quarante ans. Après avoir condamné les théories du théologien saxon Gottschalk d'Orbais sur la prédestination, Hincmar se voit à son tour inquiété sur le même sujet. Ses thèses, contestées, sur l'indépendance de l'Église franque vis-à-vis de Rome, alors même que le pape tente d'accroître la juridiction pontificale sur tous les membres de l'Église, sont en réalité à l'origine de cette affaire. Adrien II (867-872) s'efforce de poursuivre la politique de son prédécesseur Nicolas Ier, mais avec moins d'énergie, comme en témoigne l'action qu'il mène pour mettre fin au schisme de Photios (867). **Parallèlement à la crise de l'Empire, celle de la papauté s'accentue** et culmine avec l'assassinat de Jean VIII au cours d'un soulèvement populaire, en 882. Par la suite, le pape Étienne VI (896-897) autorise la violation sacrilège du sépulcre

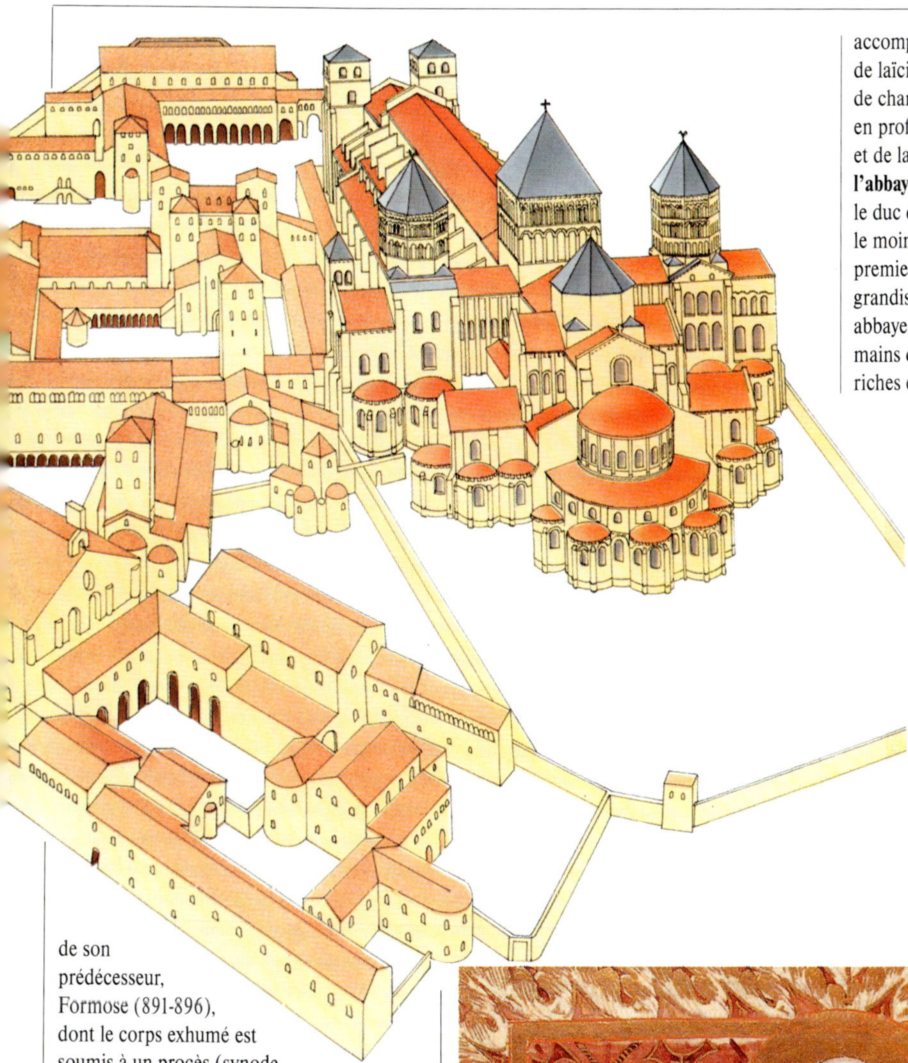

de son prédécesseur, Formose (891-896), dont le corps exhumé est soumis à un procès (synode du cadavre), condamné pour usurpation du siège apostolique, puis jeté dans le Tibre. Huit papes se succèdent en huit ans : le Saint-Siège est à la merci des familles de l'aristocratie romaine. Durant les vingt premières années du Xe siècle, Rome est dominée par une princesse toscane, Marozia, fille du sénateur Théophylacte. Elle fut la maîtresse du pape Serge III (904-911), qui lui donna un fils, le futur pape Jean XI (931-935). Mais un autre de ses enfants, Albéric, s'empara du pouvoir et l'obligea à se retirer dans un couvent. Promoteur de la réforme monastique, il fera venir à Rome (936) Odon, abbé du monastère de Cluny fondé peu auparavant (910).

La sécularisation de l'Église, contre laquelle les premières réactions se manifestent dès le début du Xe siècle, dérive de l'exercice de fonctions publiques par les évêques. Forts de leurs compétences, ces *lettrés* entourés d'*illettrés* - alors que même les nobles ne savent pas écrire et méprisent toute activité autre que le métier des armes - sont en effet appelés à diriger la chancellerie impériale, ou bien à gouverner les villes où ils accomplissent leur ministère. Ce phénomène de laïcisation découle en outre de l'attribution de charges ecclésiastiques à la noblesse, qui en profite pour accroître ses propres pouvoirs, et de la crise de la papauté. La **fondation de l'abbaye de Cluny (910)**, en Bourgogne, par le duc d'Aquitaine Guillaume le Pieux et par le moine Bernon de Baume constitue le premier acte officiel de rejet de la corruption grandissante. Il faut briser le lien qui unit les abbayes et les évêchés, souvent entre les mains d'individus plus soucieux de devenir riches et puissants que préoccupés par la vie spirituelle des chrétiens qui leur sont confiés. Les fondateurs décident donc de placer l'abbaye sous l'autorité exclusive du souverain pontife, en dépit de son éloignement et de la faible influence dont il jouit. La nouvelle communauté adopte des coutumes spécifiques : célébrations liturgiques, respect des horaires monastiques, prière en commun, spiritualité et culture des moines. Grâce à elles, l'abbaye de Cluny deviendra un pôle de référence au cours des deux siècles suivants. Cinq au moins de ses abbés seront sanctifiés : Odon, Maïeul, Odilon, Hugues et Pierre le Vénérable. L'immense spiritualité qui émane de Cluny attire les dons et les demandes de rattachement en provenance de nombreuses autres fondations monastiques européennes. Tant et si bien que cette abbaye comptera parmi les principales puissances économiques et politiques du bas Moyen Age.

Ci-dessous : représentation d'un saint sur une miniature du* Psalterium Egberti *(Xe siècle). École de Reichenau. Musée Archéologique national, Cividale del Friuli.
A droite : urne contenant le cœur de saint Hugues, abbé de Cluny. Au moins cinq abbés de Cluny furent sanctifiés : Odon, Maïeul, Odilon, Hugues et Pierre le Vénérable. Grâce à sa grande spiritualité, l'abbaye de Cluny devient l'une des principales puissances politiques et économiques du bas Moyen Age.

Outre Cluny, on assiste dans la seconde moitié du Xe siècle à une floraison d'initiatives qui toutes tendent vers une interprétation plus fidèle du message évangélique et vers un retour aux formes de l'Église primitive. On enregistre surtout un véritable essor de l'**érémitisme**, qui s'explique notamment par l'influence des modèles orientaux qui ont tôt fait de se diffuser dans le monde occidental, avec la multiplication des pèlerinages d'ouest en est (Jérusalem), et également du Moyen-Orient vers Rome et l'Occident chrétien (Saint-Martin-de-Tours, Saint-Jacques-de-Compostelle). Les ermites incarnent le mouvement de protestation le plus significatif contre la corruption du clergé et des autres prélats, et aussi contre une société en mutation qui accorde toujours plus d'importance aux conditions matérielles de l'existence. Un mouvement de protestation, certes minoritaire et isolé, mais qui représente un germe de conscience critique d'un groupe social et qui, en tout état de cause, jouera un rôle primordial au cours du siècle à venir, lors de la réforme grégorienne.

Les Vikings ont une religion complexe et des formes de culte extrêmement diversifiées. Les Vikings désignent leurs propres divinités sous le terme d'*Ases* (de *As* = dieu), et leur religion, sous celui d'**Asatru**. Tout le panthéon nordique repose à l'origine sur le mythe d'un combat entre les *Ases* (dieux de la Guerre) et les *Vanes* (dieux de la Fertilité). Une lutte dont aucun des deux camps ne sort vainqueur, et qui s'achève par un compromis et par le mélange des deux différents cultes. Ce mythe offre en filigrane le récit des changements qui sont intervenus dans la vie primitive des hommes du Nord, comme le passage du nomadisme à la sédentarité et à la pratique de l'agriculture dès l'âge du bronze (on a retrouvé plusieurs amulettes figurant ces divinités et datant de cette époque). De cette combinaison des *Ases* et des *Vanes* naît la triade divine primordiale des Vikings : Odin, Thor et Freyr.

O**din** est le dieu de la guerre par excellence. « C'est le plus grand et le plus vieux des dieux. Il gouverne chaque chose, et quelle que soit la puissance des autres dieux, ils lui obéissent tous, comme des enfants à un père [...]. Odin est appelé le Père suprême, car il est le père de tous les dieux. » C'est en ces termes que parle de lui le poète

et historiographe islandais Snorri Sturluson (1179-1241) dans le *Gylfaginning* (« l'Illusion de Gylfi », première partie de l'*Edda en prose*, un commentaire de la mythologie nordique). Le culte d'Odin est cependant réservé à la classe des guerriers. Dieu des aristocrates avant tout, il préside aux batailles et aux vertus guerrières, mais également aux autres apanages de la noblesse : la poésie, qui exalte ses hauts faits, la connaissance de la magie et de ses arcanes. C'est en outre le dieu de la mort au combat, la fin la plus glorieuse, réservée aux guerriers choisis par les Valkyries, amazones au service d'Odin. Ces dernières accompagnent ensuite l'âme des héros décédés vers le *Walhalla* (ou *Val-Hall* = séjour des morts au combat), la salle d'Odin dans le palais des dieux à *Asgardr*, la mythique demeure d'*Asaland* (terre des Ases, à savoir des dieux) où siège le panthéon nordique. Les Romains ont identifié Odin à Mercure, comme l'écrit Tacite qui évoque aussi la célébration de sacrifices humains destinés à obtenir les faveurs du dieu. On a vu en lui la version viking du dieu germain de la guerre, qui se repaissait justement du sang des hommes. Adam de Brême (XIe siècle) se fait l'écho de tels rites lorsqu'il décrit le temple érigé à Uppsala en l'honneur d'Odin, Thor et Freyr, à proximité d'un arbre *semper virens* (qui renvoie au mythique arbre de vie). Là se tenait tous les neuf ans une grande fête qui concernait l'ensemble de la Suède et qui durait neuf jours. « Voici en quoi consistent ces sacrifices : de chaque espèce existante, neuf têtes - toutes les victimes doivent être du sexe masculin - sont offertes à chacun des dieux qu'on a coutume d'apaiser par l'effusion du sang. Les corps des victimes sont par la suite exposés dans un bois sacré proche du sanctuaire [...]. A cet endroit, à côté des chevaux et des chiens, des victimes humaines pendent, accrochées pêle-mêle au milieu des corps de ces animaux. » Il s'agit d'une survivance tardive de traditions en voie de disparition, mais qui ont certainement existé, si l'on en croit tant les sagas que les sources arabes. L'archéologie a par ailleurs mis au jour des têtes de victimes sacrificielles : des hommes et des femmes étranglés au cours de rituels.

Si Odin est incontestablement le plus grand des dieux dans une société dominée par l'aristocratie guerrière, **Thor**, dieu du tonnerre (*Thonar*, en haut allemand, *Thunor* en vieil anglais), est en revanche le plus populaire. Cette divinité possède bon nombre des attributs de Jupiter (maître du ciel, des tempêtes et de la foudre), et tout comme notre jeudi est le « jour de Jupiter », *Thursday* est, chez les Britanniques, le jour consacré à Thor. Adam de Brême commente en ces termes son effigie qui figure dans le temple d'Uppsala : « Le plus puissant de ces dieux, Thor, trône au centre, entouré d'Odin et de Freyr. Thor, à ce qu'ils disent, règne sur les airs ; il a donc tout pouvoir sur le tonnerre, la foudre, les vents et la pluie, sur le beau temps et sur les récoltes ». Le culte de cette divinité s'avère ainsi clairement lié aux gens du commun, dont elle protège les activités quotidiennes. Les paysans, les navigateurs et les colonisateurs invoquent son secours, parfois même contre Odin en personne, seigneur de la guerre et des aristocrates. Thor incarne pour eux le bien, constamment en lutte contre le mal qui, dans les sagas et l'iconographie, apparaît sous les traits des *Trolls* géants et, surtout, du serpent du monde *Midgardr* : Thor l'affrontera lors du combat final (*Ragnarök*, « destin des puissances ») opposant les dieux et les forces du mal, et qui se soldera par la catastrophe cosmique.

Dieu du soleil, de la lumière et de la fertilité, **Freyr** constitue le troisième membre de la triade. Seul de la lignée des *Vanes*, il est le fils de Njörd, un ancien dieu germanique associé à la déesse Nerthus (Terre Mère), et le frère de **Freyja**. Voici ce qu'en dit Sturluson : « Ils étaient beaux et puissants. Freyr est le plus noble des dieux Ases. Il commande à la pluie et à l'éclat du soleil et en outre aussi à la végétation, et il est bon de l'invoquer pour les bonnes récoltes et pour la paix. [...] Freyja, la plus merveilleuse des déesses [...], adore les chansons d'amour :

A gauche : représentation du dieu suprême, Odin, à cheval. Dieu de la guerre par excellence, son culte est réservé à la classe des guerriers de la société nordique.
Ci-contre : vestiges d'une tombe viking en forme de bateau, dans la nécropole de Lindholm Höje, au Danemark. Les Vikings accordent beaucoup d'importance au culte des morts, et nombreuses sont les sépultures qui revêtent la forme de navires.
A droite, sur les deux pages : tapisserie d'époque médiévale, qui illustre la lutte entre le christianisme et le paganisme.

il convient de l'invoquer pour les questions sentimentales. » Freyja correspond par conséquent à la déesse Vénus, et le vendredi (étymologiquement « jour de Vénus ») des Anglais porte son nom : *Friday*. Doté, sur ses effigies, d'un énorme phallus, Freyr est invoqué lors des mariages. Les mythes qui le concernent renvoient au renouveau du printemps, ainsi qu'à la fertilité des hommes et des champs.

A côté de ces divinités majeures, l'univers religieux des Vikings comprend une multitude d'esprits secondaires qui président aux différentes phases de la vie d'un être humain. Parmi eux, citons : les **Nornes**, trois sorcières semblables aux Moires des Grecs ; les **Valkyries** (guides des héros décédés) qui, à l'origine, telles les Érinyes grecques, assistent aux batailles en exultant à la vue du sang puis, dans un deuxième temps seulement, entrent au service d'Odin pour

accompagner les guerriers tombés au combat vers le *Walhalla*; les **Trolls**, une race de mauvais géants; les **Nains**, artisans habiles et dépositaires d'une sagesse secrète; les **Elfes** « blancs » (bienfaisants) ou « noirs » (malfaisants), qui sont tous des esprits de la terre capables d'aider ou de contrarier hommes et dieux; enfin, les **Landvaettir** (esprits de la terre), qui rendent le sol fertile et garantissent les récoltes.

Le **culte des morts** revêt beaucoup d'importance chez les Vikings. Les rites varient au fil des siècles et d'une région à l'autre. Les anciens Scandinaves considèrent la mort et les défunts avec un profond sérieux, dans le but, vraisemblablement, de faciliter à ceux-ci l'accès aux ultimes demeures. Pour ceux qui ne sont pas destinés au royaume de *Hel* (du nom de la puissance qui le gouverne), l'au-delà est un monde souterrain immense et obscur. D'autres mythes expriment l'idée que la vie continue après la mort dans la tombe elle-même, et le concept d'une relation constante entre les vivants et les morts s'avère très présent. L'image du voyage prédomine néanmoins : d'où la découverte, dans les sépultures, de restes de nourriture et d'objets chers au défunt, qui devaient l'accompagner dans sa longue traversée vers Hel. Les tombes des plus éminents personnages renferment des outils, mais aussi des chiens, des chevaux voire, dans certains cas, les corps d'individus exécutés pour suivre le défunt dans son ultime voyage. Il n'est pas rare que le **sépulcre revête la forme d'un navire**, ou bien soit un véritable bateau, comme celui d'Oseberg, tombeau présumé d'une reine norvégienne. Il s'agit d'un magnifique navire à l'intérieur duquel on a retrouvé le char funèbre, finement sculpté, un traîneau et des objets précieux.
Une jeune esclave a été ensevelie aux côtés de la souveraine. Les récits détaillés – et peut-être exagérés – des chroniqueurs arabes du Xe siècle, qui suivent les déplacements des Varègues en Russie, nous renseignent sur cette pratique : ibn Fadlan, par exemple, qui assiste à des funérailles vikings qui ont lieu sur la Volga en 922, ou, quelques années plus tard, ibn Rustāh, qui écrit : « Quand l'un de leurs notables meurt, ils creusent une fosse aussi grande qu'une maison spacieuse et l'y déposent. Ils placent avec lui les vêtements et les bracelets d'or qu'il avait l'habitude de porter, ainsi qu'une grande quantité de nourriture, des coupes pour boire et des pièces de monnaie. Ils mettent aussi avec lui dans la tombe son épouse favorite, après quoi ils bloquent l'entrée du tumulus ». Rustāh précise que la femme est d'abord droguée, vraisemblablement à l'aide d'hydromel, puis étranglée avec deux cordes et poignardée; le bateau contenant les corps et les offrandes sacrificielles est ensuite livré aux flammes, pour que le défunt rejoigne plus vite *Hel*.

Ci-dessous : groupe de figurines d'époque viking, dont quatre Valkyries et deux cavaliers.
A droite : le fameux bateau d'Oseberg, sépulture présumée d'une reine norvégienne.
La photographie a été prise en 1904, peu après le début des fouilles du tumulus sous lequel le navire avait été enseveli.

Il arrive un moment où le processus d'évangélisation des populations germaniques touche les hommes du Nord. La christianisation s'effectuera lentement, mais inexorablement. Entre les premières prédications d'Anschaire (801-865), archevêque de Hambourg, au Danemark et en Suède, et la conversion de saint Olaf, roi de Norvège, vers l'an mille, il s'écoule plus d'un siècle et demi. Cent ans plus tard, au début du XIIe siècle, un moine anglo-danois, Aelnoth de Canterbury, décrit le niveau de christianisation de la Suède en ces termes : « Tant que les choses vont bien, tout est en ordre : les Sviar et les Gautar semblent disposés à reconnaître le Christ et à l'honorer, ne serait-ce qu'à titre purement formel; mais quand les choses vont mal – mauvaises récoltes, disette, tempêtes et mauvais temps, attaques ennemies et incendies –, ils [...] s'en prennent alors aux chrétiens, qu'ils tentent de chasser complètement de leur pays. »

On connaît la religion primitive des peuples des steppes surtout grâce aux témoignages des Tujue, une ancienne population turque établie en Mongolie. Ils croient en un grand dieu, le **Ciel** *(Tengri),* représenté sous les traits d'un cavalier portant un étendard, extrêmement puissant et qualifié de **Très Haut**. Il commande à quatre-vingt-dix-neuf autres divinités du ciel (quarante-quatre dans la partie orientale, et cinquante-cinq dans la partie occidentale de la voûte céleste), auxquelles correspondent soixante-dix-sept mères de la terre, incarnées par la figure unique d'*Etügen* : la déesse Terre. Nulle part il n'est fait mention d'un démiurge à l'origine de la création de Tengri et d'Etügen. Les Tujue occupent le centre du globe terrestre, et leurs ennemis les quatre coins du monde, qui

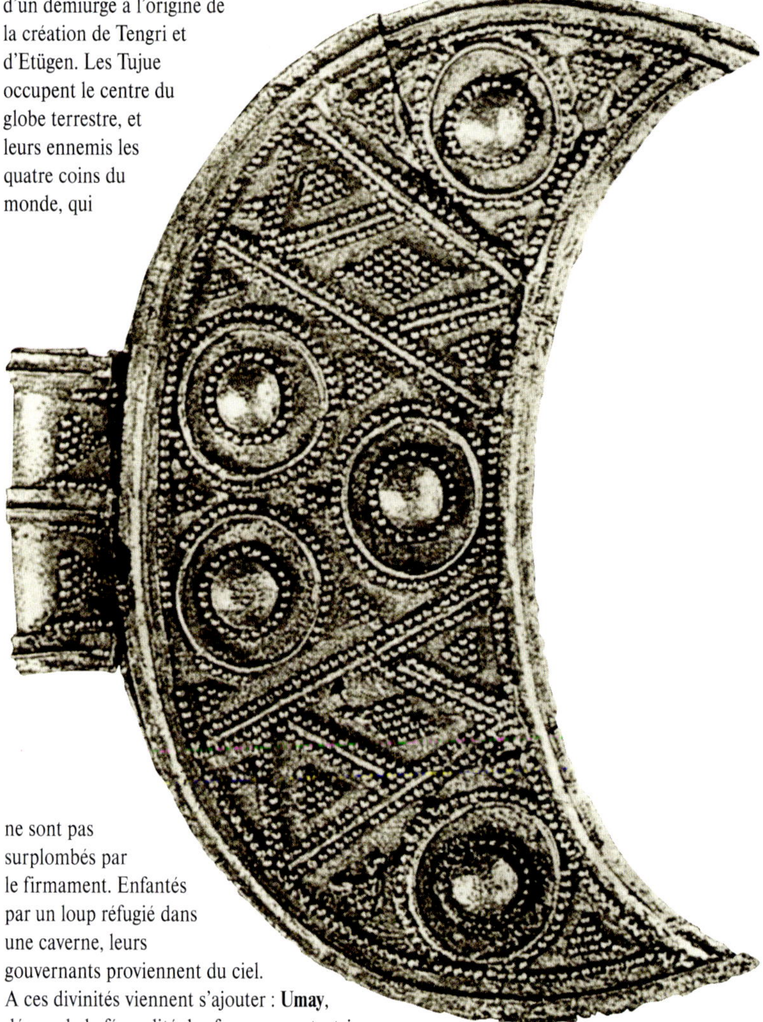

ne sont pas surplombés par le firmament. Enfantés par un loup réfugié dans une caverne, leurs gouvernants proviennent du ciel. A ces divinités viennent s'ajouter : **Umay**, déesse de la fécondité des femmes, protectrice des nouveau-nés ; le **Soleil** et la **Lune** - dont le cycle régit les activités humaines -, **Vénus** et les **Pléiades**. Le feu purificateur, les ancêtres, les grands arbres, les divinités du foyer et l'étendard surmonté d'une tête de loup font l'objet de cultes spécifiques. Il est difficile de dire en quoi consistent les rituels. Il s'agit principalement de sacrifices d'animaux (des chevaux, pour la plupart, mais aussi des bovins et des ovins), d'offrandes de primeurs, de lait frais ou bien fermenté (*koumys*), et de prières.

Outre les autels domestiques, il semble que ce peuple ait eu l'habitude d'ériger également des temples dont on ne sait, là aussi, que peu de choses. Les funérailles, de chefs notamment, attirent une multitude de personnes ; elles s'achèvent par un repas pris en commun et par la célébration des exploits du défunt, qui sont souvent fidèlement représentés sur la stèle funéraire, à côté de scènes d'outre-tombe peintes sur des pierres. Les tombes des chefs s'accompagnent parfois d'un temple et d'une « pierre éternelle », ornée d'inscriptions, de dessins, d'une statue du défunt et de son épouse, et de nombreuses petites pierres dressées, à peine équarries, qui symbolisent les ennemis occis. Ces peuples croient que le mort mène dans l'au-delà une existence semblable à celle qu'il a eue sur terre.

La vie quotidienne s'insère dans un univers magique et débordant de symboles. Il y a des sorcières qui prédisent l'avenir, mais la présence des chamans n'est pas attestée pour les temps les plus reculés.

A gauche : pendentif en forme de lune ; Staré Mésto (IXe siècle). De petits objets en métal, historiés et fourmillant de symboles religieux, occupent une place primordiale dans le culte et les rites du paganisme slave. Les croissants de lune, en argent ou en bronze, s'ornent de sujets cosmiques propres à la spiritualité des populations primitives. Ci-contre : motif figurant sur l'autel en pierre de l'église Saint-Pierre, à Zavala (IXe-Xe siècle). Popovo Polje (Herzégovine). En bas, sur les deux pages : Sviatoslav, petit-fils de Riourik et fils d'Igor, chevauche en tête de ses cavaliers sur un blanc destrier, lors d'une expédition contre les Bulgares.

Selon une hypothèse largement partagée, le **chamanisme** proprement dit serait un phénomène essentiellement sibérien et nord-américain. Depuis la Sibérie, il se serait ensuite diffusé dans les steppes plusieurs siècles avant Jésus-Christ. Son existence florissante ne fait aucun doute aux IXe et Xe siècles. Il se caractérise avant tout par : la croyance en un cosmos parfaitement défini, divisé en deux ou trois zones communiquant entre elles ; le contact avec le divin, établi par le chaman, homme *(böge)* ou femme *(idughan)*, en transe ; des liens particuliers entre les animaux et les esprits zoomorphes ; enfin, la poursuite d'objectifs précis, comme la guérison ou la prédiction de l'avenir.

La religion des Avars (peuple de la famille des Turco-Mongols, qui quitte l'Asie pour la plaine hongroise au VIe siècle) ressemble à celle des Tujue. Très proches des populations turques par leurs coutumes et leur mode de vie (comme le prouvent l'usage de la ceinture ou le port des cheveux longs), les **Avars** pratiquent le **culte de l'arbre**. Voici ce qu'écrit Ibn Rustāh : « Ils ont, près de leur capitale, un arbre gigantesque qui ne donne rien. Le peuple se rassemble autour de lui tous les mercredis pour y accrocher toutes sortes de fruits. Il se prosterne devant lui et dépose des offrandes à ses pieds. » Le thème de l'arbre stérile se développe au bas Moyen Age, mais s'avère déjà présent chez les Turcs.

Le mythe de l'**animal-guide** est lui aussi largement répandu au sein des peuples des steppes. Comme la **traversée du fleuve**, il s'agit d'un thème typique des populations nomades qui ont parfois des difficultés à franchir certains des obstacles rencontrés au cours de leurs déplacements (bien qu'il se rapporte à une aire géographique très différente, le nom des Seldjoukides, qui veut dire « petit radeau » ou « petit torrent », est à ce propos particulièrement significatif). Animal-guide et passage de la rivière s'entremêlent dans certains mythes eurasiatiques : un poisson fait traverser la mer

POUR RÉSISTER A LA PRESSION DES MUSULMANS ET DES JUIFS, LES KHAZARS FONT APPEL A DES MISSIONNAIRES CHRÉTIENS

Au chapitre intitulé Vie de Constantin/Cyrille, *l'historien F. Conte relate ce qui suit :*
« Des émissaires khazars se présentèrent alors [860] *devant l'empereur et déclarèrent : "Nous reconnaissons depuis le début un Dieu supérieur à toute chose, nous l'adorons* [en nous tournant] *vers le Levant, et nous observons* [en outre] *d'autres règles contraignantes. Les juifs nous recommandent d'adhérer à leur foi et à leurs traditions mais, d'un autre côté, les Sarrasins nous attirent vers leurs croyances en nous offrant la paix et de nombreux cadeaux. Ils disent : 'Notre religion est meilleure que celle des autres peuples.' Nous sommes donc venus vous trouver, au nom de notre vieille amitié et de notre amour. Puisque vous formez une grande nation et que vous possédez votre Empire par la grâce de Dieu, nous vous demandons conseil en vous priant de nous envoyer un homme de lettres : nous embrasserons votre foi pour peu qu'il s'avère en mesure de répliquer aux arguments des juifs et des Sarrasins." L'empereur leur dépêcha alors Constantin/Cyrille et Méthode. »*

De F. Conte, Les Slaves. Les civilisations de l'Europe centrale et orientale, *Turin, Einaudi, 1991.*

d'Aral aux Oghouz; des poissons et des tortues forment un pont pour permettre aux bergers nomades des régions limitrophes de la Chine de continuer leur route. Souvent, un animal guide une population pendant sa migration : un cheval chez les Tabghatch (XIe siècle); un loup chez les Oghouz; un lièvre chez les Mongols. L'ours revêt beaucoup d'importance chez les populations finno-ougriennes et dans l'ancienne Russie. Pour les peuples des steppes, les animaux possèdent des pouvoirs magiques et sont utilisés dans les pratiques divinatoires.
La plus courante est la **scapulomancie** : elle consiste à prédire l'avenir d'après l'examen des os des animaux offerts en sacrifice.
Le chien figure parmi les **animaux sacrificiels** des peuples situés le plus au nord. Tué aussi lors des cérémonies funèbres, il accompagne le défunt dans son voyage vers l'au-delà. Chez d'autres populations, c'est le cheval qui remplit cette fonction. Une profonde solennité entoure toujours le **rite funèbre** célébré en l'honneur des chefs. On dresse une tente funéraire au milieu du campement nomade. On place ensuite à l'intérieur le cercueil contenant la dépouille mortelle (dans le cas d'Attila, il est question de trois cercueils, respectivement en or, en argent et en fer), et les guerriers veillent cette dernière en pleurant et en s'infligeant des blessures (même sérieuses, si l'on en croit l'historien d'origine gothique Jordanès) sur le visage. Des sacrifices d'animaux suivent, ainsi que l'offrande d'objets précieux à déposer dans la tombe, avec des vases remplis de nourriture et des boissons, dont le défunt aura besoin durant son voyage.
La pratique de **sacrifices humains** est également attestée. Esclaves ou femmes du disparu sont alors immolés, mais il s'agit là d'usages qui se raréfieront au fil du temps. Sur les sépultures, on élève enfin des cippes et des statues en pierre ou en bois. Selon le poète Neẓāmi, ces sacrifices étaient « aussi nombreux que l'herbe au bord de la mer » dans l'Ukraine méridionale du XIIe siècle.

On retrouve plusieurs de ces cultes et de ces rites dans le **paganisme slave**, dont quelques intéressants témoignages archéologiques sont parvenus jusqu'à nous. Temples à plan circulaire dans la région de Smolensk, à Trzebiatów, entre l'Elbe et l'Oder, près de Brodowin (Wiltzen) et ailleurs. Édifices funéraires rectangulaires dans les contrées de l'Oder supérieur, près de la Vistule, et entre le Pripiat et le Dniepr. Pierres tombales sculptées ou statues de dimensions diverses, parfois de très grande taille (comme la tête de Jankowo, à Poznań), mais mesurant plus souvent de 25 à 80 cm (comme les effigies de Staraïa Ladogae Scharstorf, dans l'est du Holstein, ou de Ralswick, sur l'île de Rügen, qui datent du IXe siècle). De petits objets en métal, historiés et fourmillant de symboles religieux, retiennent tout particulièrement l'attention. Sur le territoire de l'ancienne Russie, on a découvert un nombre considérable de **croissants de lune** en argent ou en bronze : ils renvoient aux motifs cosmiques propres à la spiritualité des populations primitives. D'autres amulettes en forme de médailles, recueillies à Tchernigov en 1821 et désignées sous le terme de *zmeevik*, offrent d'un côté des sujets païens (serpents ou têtes de Méduse), et de l'autre des motifs chrétiens. Elles témoignent ainsi de ce que fut pour les Slaves le *dvoeverie* : le double credo de peuples qui, même après la christianisation, conservent leurs croyances originelles.

A droite : idole en bois, probablement liée au culte de la fertilité, qui remonte au VIe siècle et que l'on a découverte à Altfriesack. On en a retrouvé d'autres à Fischerinsel, Gross Raden et Behren-Lubchin. L'art russe plonge ses racines dans les temps les plus reculés. Des idoles anthropomorphes en pierre et en bois apparaissent dans l'ouest de l'Ukraine. Elles deviennent un motif décoratif au Xe siècle, mais ne laissent pas d'empreintes profondes dans la conscience populaire.

La **christianisation** des Slaves, puis des Hongrois, marque un tournant décisif dans les rapports entre l'Occident latin et l'Orient byzantin. L'empire de Byzance l'entreprend rapidement avec succès : il craint l'avancée de l'islâm et redoute de voir la Chrétienté encerclée par les musulmans – ces derniers ont déjà conquis tout le sud de la Méditerranée et l'Espagne. De leur côté, les juifs n'ont pas attendu pour convertir les peuples des steppes. Fuyant les persécutions byzantines, un petit groupe d'entre eux se réfugie en Khazarie et y diffuse aisément sa religion. Ceci se produit à la fin du VIIIe siècle. Au milieu du siècle suivant, le souverain des Khazars se met en quête de missionnaires byzantins pour contrecarrer les influences arabes et hébraïques, comme le rapportent les hagiographes. L'empereur Michel III lui envoie le moine **Cyrille** (827-869) qui, malgré ses immenses connaissances en matière de théologie, ne réussit à convertir que deux cents Khazars, le reste de la population s'étant rallié à l'islamisme (le khagan et la cour adhérant pour leur part au judaïsme).

Cyrille et son frère Méthode (825-885) remportent davantage de succès dans leur mission en Moravie, où le prince Rostislav les invite à répandre leur foi. Par cette démarche, le roi morave entend avant tout contenir Louis le Germanique et sauvegarder l'indépendance de son royaume. C'est ainsi que débute l'évangélisation de l'Est. Les deux missionnaires byzantins l'accomplissent de manière très originale : s'écartant aussitôt de la tradition grecque, ils fondent leur entreprise sur l'assimilation de la langue des peuples qu'ils souhaitent rallier à la foi du Christ. Il s'agit là d'un choix d'ordre non seulement pratique – pour se faire comprendre plus facilement –, mais aussi culturel et politique, car il équivaut à reconnaître la pleine et entière autonomie, ainsi que la dignité de la civilisation slave. Le slavon, qu'ils transforment en langue littéraire avec leurs traductions des textes sacrés et de la liturgie, devient la troisième langue internationale de l'Europe médiévale, et la langue ecclésiastique par excellence de toutes les populations slaves de l'Est (Serbes, Croates, Russes, Bulgares). L'introduction d'une nouvelle langue liturgique ne manque pas de susciter moult réactions chez les Grecs et les Latins. A plusieurs reprises, Cyrille se verra contraint de défendre la valeur des langues locales. Dans cette lutte, les Slaves bénéficient de l'appui du pape Adrien II : il les autorise à ordonner des prêtres et décide par ailleurs que la messe sera célébrée en slavon, et que les livres liturgiques traduits seront déposés dans la basilique Sainte-Marie-Majeure.

A gauche : miniature représentant la fête des Rameaux; Évangéliaire de Visegrád** (XIe siècle). **Bibliothèque nationale, Prague. L'empire de Byzance, qui craint la progression de l'islâm, est le plus actif partisan de la christianisation. L'évangélisation de l'Est débute avec les frères Cyrille et Méthode. Ces deux missionnaires byzantins accomplissent leur œuvre de manière très originale, en la fondant sur l'assimilation de la langue des peuples qu'ils entendent rallier à la foi du Christ.

CYRILLE ET MÉTHODE, ÉVANGÉLISATEURS DE L'EST

Cyrille (Constantin à sa naissance) et Méthode voient le jour à Salonique. Fils d'un haut fonctionnaire dénommé Léon, les deux jeunes gens embrassent la carrière de leur père. Méthode obtient même l'administration d'une province habitée par des Slaves (peut-être la Macédoine). Après avoir étudié à Constantinople, Constantin renonce à la vie mondaine et se fait moine en prenant le nom de Cyrille. Il ne reste cependant pas reclus longtemps : tout d'abord appelé à enseigner la philosophie, il est ensuite envoyé comme ambassadeur impérial à la cour du calife de Bagdad. Vers 860, l'empereur Michel III charge les deux frères d'une mission politico religieuse chez les Khazars.

Malgré le faible succès remporté par leur entreprise de conversion, ils réussissent néanmoins à ce qu'une amitié se noue entre le khân *et le souverain de Byzance. En traversant la Crimée, ils découvrent les reliques de saint Clément, qu'ils ramènent à Rome, où sera construite la basilique homonyme. En 863, une nouvelle mission leur est confiée : en Moravie cette fois, à la demande du prince Rostislav.*

Afin de convertir les Slaves au catholicisme, Cyrille traduit en slavon des textes liturgiques byzantins et latins. Les deux missionnaires remportent ainsi très vite un formidable succès auprès de la population. Mais ils se heurtent par ailleurs à l'hostilité du clergé allemand, qui les accuse d'hérésie (peut-être parce que Constantin/Cyrille fut l'élève de Photios) et les oblige à se défendre maintes fois à Rome. C'est là que Cyrille meurt, le 14 février 869, âgé de 42 ans. Méthode mène à bien l'organisation ecclésiastique de la Moravie, où il décède le 6 avril 885. Tous deux sont immédiatement vénérés comme des saints par les peuples slaves. En 1981, le pape Jean-Paul II les proclame, avec saint Benoît, patrons de l'Europe.

De Moravie, la mission se déplace ensuite vers le sud, en Pannonie, où Méthode est consacré archevêque en 869. Il s'y heurte à l'opposition du clergé franc de l'Est, qui pousse le nouveau pape, **Jean VIII**, à proscrire la liturgie slave. Ignorant l'interdiction pontificale, Méthode continue de traduire les textes sacrés et d'organiser la vie de l'Église locale, en constituant un clergé de langue slave. Lors d'un voyage à Rome en 880, il finit par amener ce même souverain pontife à reconnaître officiellement la légitimité de la liturgie slavone : « Il n'est certainement pas contraire à la foi ou à la doctrine de chanter la messe ou bien de lire le saint Évangile ou les divines leçons du *Nouveau* et de l'*Ancien Testament*, soigneusement traduits et interprétés, ou bien encore de célébrer les autres offices en slave, car l'Auteur des trois langues principales (l'hébreu, le grec et le latin) créa également toutes les autres pour sa plus grande gloire et louange » (bulle papale *Industriae tuae, 880*).

La conquête magyare de la Moravie et d'autres régions slaves entrave la diffusion du christianisme. Il faudra attendre la défaite des Hongrois par Henri Ier (933), puis Otton Ier (955), pour que les prêtres germaniques et occidentaux puissent reprendre leur œuvre missionnaire. L'expansion de l'hégémonie allemande en Europe favorise ensuite le processus de christianisation de l'ensemble des populations de l'Est. A l'aube de l'an mille, presque toute l'Europe orientale peut être considérée comme chrétienne.

Le duc de Bohême, Boleslav II le Pieux (967-999), accélère la pénétration de la foi chrétienne dans son pays. Bâtisseur d'églises et de monastères, il obtient, grâce à l'appui de l'empereur Otton II, l'institution de l'évêché de Prague (976), que l'immense personnalité de Vojtěch (saint Adalbert) illuminera de 983 à 988. La conversion du duc Mieszko Ier, à l'instigation directe de la princesse de Bohême Dabrowka qu'il a épousée en 966, amorce la christianisation de la Pologne. Faute d'une vraie hiérarchie ecclésiastique, force est de se tourner vers la Germanie, désireuse de maintenir sa suprématie sur ce territoire. Le premier évêque, dénommé Jordan, réside à Poznań, un diocèse fondé en 968 par des immigrés allemands et dépendant de Magdeburg.
Le nouveau souverain Boleslas Ier le Vaillant (992-1025) dotera par la suite la Pologne d'un siège métropolitain dans l'archevêché de Gniezno. Étienne Ier le Saint (997-1038), le premier roi chrétien de Hongrie, adhère à la réforme religieuse issue de Cluny, et confère à son pays une organisation ecclésiastique.

Ci-dessus, sur les deux pages : Cyrille et Méthode sur une fresque de la basilique Saint-Clément, à Rome. Les deux frères sont représentés aux côtés de Jésus ; aux extrémités figurent saint André et saint Clément.
La basilique Saint-Clément abrite aussi la sépulture de Cyrille, décédé le 14 février 869. Pour convertir les Slaves au catholicisme, Cyrille traduit en slavon des textes liturgiques byzantins et latins.
Le slavon devient ainsi la troisième langue internationale de l'Europe médiévale, et la langue ecclésiastique par excellence de tous les peuples slaves de l'Est.
Après la mort de Cyrille à Rome, Méthode quitte la Moravie pour accomplir son œuvre d'évangélisation vers le sud, en Pannonie, où il est consacré archevêque en 869.
A droite : un apôtre, dans l'église Saint-Clément de Nerezi (ex-Yougoslavie). La fresque date du XIIe siècle.

La fin de la querelle iconoclaste met en lumière deux facteurs capitaux pour l'avenir de l'Église orientale : sa séparation de plus en plus nette de Rome, et ses relations de plus en plus étroites avec les empereurs, moyennant quoi ce sont ces derniers qui prescrivent l'adhésion à telle ou telle formule théologique. Cinquante années s'écoulent entre la régence de l'impératrice Irène (qui condamne l'œuvre et les écrits des iconoclastes au **concile de Constantinople** de 786-787) et le rétablissement définitif du culte des images (843). Durant toute cette période, l'Église byzantine oscille constamment entre les iconoclastes et les iconolâtres. Cette attitude ambiguë affaiblit les opposants, et démontre en outre clairement combien les choix dogmatiques et religieux dépendent du pouvoir politique, à savoir du souverain.
Un profond accord lie, dès sa désignation, le patriarche de Constantinople à l'empereur. Le synode des évêques se réunit dans la capitale et propose à l'empereur une liste de trois noms, parmi lesquels le souverain choisit le nouveau patriarche. Quand l'empereur change, il arrive que le patriarche de Constinople soit aussi remplacé, comme le prouve clairement le fameux **schisme de Photios**.
Après avoir destitué Ignace, l'empereur Michel III place (858) le théologien Photios sur le trône patriarcal, par des méthodes d'une légalité douteuse. Mais lorsque Basile Ier détrône Michel III, il dépose également Photios et réintègre Ignace dans ses fonctions, avant de regretter sa décision et de rappeler Photios.
En 886, Léon VI succède à son père Basile. Photios, que les papes Nicolas Ier (863) et Jean VIII (881) ont déjà excommunié, est de nouveau mis à l'écart et se retire au monastère des Arméniens. Le conflit qu'il a entamé avec Rome durera deux siècles et s'achèvera en 1054, quand le synode de Constantinople sanctionnera définitivement la rupture entre les deux Églises, orientale et romaine.

Le schisme est en réalité la conséquence d'une divergence spirituelle entre l'Orient et l'Occident. Une divergence qui a progressivement pris de l'ampleur, au rythme d'événements historiques marquants : la crise iconoclaste (pendant laquelle l'Église de Rome, privée du soutien des empereurs d'Orient, s'est rapprochée des Francs) et, à l'époque de Photios, la question du *Filioque*. Fort de ses solides connaissances théologiques, Photios affirme que l'Esprit Saint ne saurait procéder à la fois du Père et du Fils, mais dériverait uniquement du Père, se plaçant au même niveau que le Fils. Cette question constitue par ailleurs le pivot d'un autre problème : celui de la suprématie de la papauté sur les autres hiérarchies ecclésiastiques, une primauté que défend plus encore le « secrétaire d'État » de Nicolas Ier, **Anastase le Bibliothécaire**, que le souverain pontife lui-même. Personnages tous deux controversés, Photios et Anastase dressent entre les deux Églises une barrière qui ne fait qu'accentuer les divisions antérieures. Les empereurs en profitent.

A gauche :* Moïse reçoit les Tables de la Loi,** ***une splendide miniature du courant pictural archaïsant, extraite de la Bible de l'aristocrate byzantin Léon (Xe siècle). L'alliance que Dieu conclut avec le peuple sur le mont Sinaï par l'intermédiaire de Moïse est un concept de base qui domine toute la pensée religieuse de l'Ancien Testament; un sujet souvent représenté sur les miniatures byzantines et carolingiennes.
En haut : miniature illustrant le transfert des reliques de saint Jean Chrysostome dans l'église des Saints-Apôtres de Constantinople.

PHOTIOS

Photios naît vers 820 à Constantinople, dans une famille noble très religieuse, et donc particulièrement touchée par les persécutions des iconoclastes. Après des études de grammaire, de philosophie, de théologie, de droit et même de médecine, il entame une carrière d'enseignant. Appelé à la cour impériale, où se trouvent déjà ses frères, il devient président de la chancellerie avant d'être envoyé en mission diplomatique à la cour du calife de Bagdad. Sous l'empereur Michel III (842-867), il bénéficie de l'appui des personnages les plus influents : Théoctistos et Bardas. Grâce à ce dernier, il réussit à évincer le patriarche de Constantinople, Ignace, et à prendre sa place en 858. Photios tente également d'obtenir l'approbation du pape de Rome, Nicolas Ier. Celui-ci dépêche alors une délégation, dans le seul but de recueillir des informations.

Mais les deux évêques mandatés par le souverain pontife participent à un synode qui se tient à Constantinople durant l'été 861, et ratifient la déposition d'Ignace. Refusant d'adhérer à une telle décision, le pape rejette l'apologie faite par Photios et, lors du synode romain de 863, le condamne solennellement. Le **schisme de Photios** *est consommé, avec la présence de deux patriarches au sein de l'unique siège de Constantinople. Ignace se voit ensuite officiellement reconnu par le nouvel empereur Basile Ier qui commence par déposer Photios. En accord avec le nouveau pape, Adrien II, Basile organise un autre synode à Constantinople qui réunit des représentants de Rome, et qui confirme la condamnation de Photios (5 octobre 869-28 février 870). Puis l'empereur Basile le réhabilite, le replace sur le trône patriarcal et va même jusqu'à lui confier l'éducation de ses enfants. A la mort d'Ignace (877), Photios est déclaré patriarche de Jérusalem par le pape Jean VIII en personne, qui renouvelle cependant en 881 la condamnation déjà prononcée à son égard.*

En 886, Photios est une fois de plus déposé par l'empereur Léon VI, et décède dix ans après, toujours soupçonné d'hérésie pour la question du Filioque. *Il s'agit du vieux problème de la Trinité, qui dérive de l'adjonction, dans le Credo de Nicée, de l'expression* Filioque *selon laquelle l'Esprit saint procéderait à la fois du Père et du Fils. Les Orientaux n'ont jamais accepté cet ajout, que l'on considère comme l'une des causes premières du schisme.*

Ce problème revient de manière récurrente et masque en réalité l'opposition entre les deux Églises : une opposition qui apparaît déjà clairement à l'époque de Photios, où l'on situe l'origine de la séparation des Églises byzantine et latine, qui aura effectivement lieu au XIe siècle.

C'est le cas de Léon VI : le patriarche Nicolas le Mystique ayant refusé d'approuver son quatrième mariage (le droit canonique byzantin n'admet pas plus de trois mariages successifs), il le dépose et obtient la bénédiction de Rome, la doctrine occidentale ne fixant aucune limite en la matière.

Outre le droit, les Églises byzantine et romaine diffèrent en ce qui concerne la pratique des rites religieux. Le **baptême** implique une triple immersion en Orient, et une seule en Occident. La **confirmation** est donnée tout de suite après le baptême à Byzance, et à l'adolescence en Occident. Pour la **communion**, on utilise du pain au levain en Orient, et du pain azyme en Occident. Les membres du **clergé** oriental portent de longues barbes et ont la permission de se marier, alors que les prêtres occidentaux ont des visages glabres et font vœu de célibat. Cette diversité des coutumes se répercute sur la vie quotidienne et donne lieu à un mépris réciproque. A cela vient s'ajouter, surtout avec l'empereur Basile II, un **puissant sentiment nationaliste** en réaction à la théorie, entretenue en Occident, de la primauté romaine. Le patriarche Michel Keroularios (1043-1050), ambitieux et violent, proclame au contraire avec vigueur la supériorité des Byzantins sur les Latins. La publication, par Keroularios, d'un texte accusant l'Église romaine de s'être irrémédiablement détachée de l'Église primitive est la goutte qui fait déborder le vase. En réponse, le Français Humbert de Moyenmoutier, controversiste rigoureux et envoyé pontifical à Constantinople, se rend à Sainte-Sophie et **excommunie** (1054) **le patriarche** et ses disciples soit, en substance, toute l'Église orientale. Michel réunit alors un synode, qui condamne la conduite du légat du pape et qui publie un manifeste exposant les raisons du désaccord, ainsi que les points de l'orthodoxie orientale auxquels il ne saurait être question de renoncer. Rome a beau ne pas faire grand cas de ces événements, la rupture (schisme d'Orient) est désormais irréversible.

A cette époque particulièrement mouvementée, l'Orient influence de toute évidence le christianisme occidental et la réforme de l'Église elle-même. L'immense vague de l'**érémitisme** et du **monachisme orientaux** se trouve en effet à l'origine du formidable essor de l'érémitisme en Occident aux Xe et XIe siècles, ainsi que des expériences d'érémitisme monastique de camaldules et de vallombrosiens. Phénomène d'abord essentiellement oriental, l'érémitisme continue alors de fleurir dans l'Empire byzantin sous des formes isolées et itinérantes ou bien au sein de petites communautés d'ermites, les fameuses *laures*. On en recense un peu partout (y compris en Italie du Sud), mais le monastère du mont Athos, fondé en 963, constitue leur principal centre de rayonnement. On assiste également en Occident à la création de communautés monastiques basiliennes (de saint Basile, archevêque de Césarée, qui vécut au IVe siècle). Rome elle-même en abrite. La plus célèbre est sans aucun doute celle consacrée aux saints Boniface et Alexis, qui s'implante vers la fin du Xe siècle sur l'Aventin. C'est de là que partira le culte de saint Alexis, pour se diffuser ensuite dans l'ensemble du monde occidental. Culte oriental par excellence, il offre à présent bon nombre de similitudes avec la spiritualité bénédictine.

Mais l'Orient – la Bulgarie, surtout – est aussi une terre d'**hérésies**. Le bogomilisme, une doctrine radicalement dualiste qui s'épanouit au Xe siècle, finit par influencer les premières manifestations hétérodoxes que l'on relève en Occident dans la première moitié du XIe siècle. Les contacts de plus en plus fréquents – favorisés par le commerce, les pèlerinages, les ambassades – entre les différentes parties d'un monde qui s'avère de moins en moins grand, aboutissent à des échanges où l'Orient joue encore un rôle actif voire, très souvent, déterminant. L'Église orientale a du reste entrepris, depuis le milieu du Xe siècle, ce processus de christianisation que nous avons mentionné plus haut, en parlant de la religion des peuples des steppes.

Page ci-contre, en bas : fresque ornant le réfectoire du monastère de Dhionisíu (mont Athos), où l'on peut voir l'**Échelle du Paradis.** ***Cette iconographie, qui fait partie du cycle du*** **Jugement Dernier,** ***incarne l'élan de la vie ascétique vers la perfection. Les ascètes reçoivent l'aide des anges, mais ceux qui ne persévèrent pas tombent de l'échelle et sont précipités dans la gueule du dragon infernal.***
Sur cette page : détail d'une mosaïque représentant l'évêque fondateur de l'église Saint-Démétrios, à Thessalonique.

L'islamisme est tout d'abord un ensemble de rituels. Les principes et les orientations théologiques précises, qui s'élaborent ensuite au fil du temps, donnent naissance à des sectes et à des mouvements spirituels opposés. A la fin du IXe siècle, les khāridjites ne constituent plus une force vitale. Il en va tout autrement pour les chī'ites, qui combinent l'engagement religieux et l'activité politique et sociale.
Les sunnites représentent l'orthodoxie et regroupent la majorité des musulmans : avec le mouvement des **mutazilites** (« Ceux qui ne se prononcent pas », ainsi appelés vers la fin de l'époque des Omeyyades car, au moment de la fracture de la communauté musulmane, ils ne se rallient à aucun des deux partis), ils se dotent alors d'une série de doctrines théologiques. Ceci aussi afin de relever, selon

les catégories de la philosophie grecque, le défi des autres religions avec lesquelles le monde islamique est entré en contact : christianisme, judaïsme, manichéisme dualiste. Les califes de la période 'abbāsside protègent le mutazilisme et les autres groupes de l'orthodoxie islamique, comme les ḥanafites (fin du IXe-début du Xe siècle). Mais ils combattent souvent durement les sectes chī'ites, surtout lorsqu'elles se trouvent à l'origine de troubles sociaux.

Sous les 'Abbāssides, le chī'isme se décompose en **trois sectes principales**. Les zaydites (du nom de Zayd ibn 'Alī, qu'ils considèrent comme le cinquième et dernier *imām*) : acceptés par le monde islamique car plus proches de l'orthodoxie que les autres, ils fondent même leurs propres États avec leurs propres dynasties dans le nord de la Perse (Tabaristān, 864-928) et au Yémen (893-1300). Les imāmites, ou duodécimains (ainsi appelés car ils reconnaissent une succession de douze *imām*) : les vrais chī'ites, selon certains. Les ismaéliens (du nom d'Ismā'īl, pour eux le septième et dernier *imām*) : des extrémistes favorables à une intervention directe des chefs religieux dans la politique. Ces sectes reposent toutes sur la conviction que **Mahomet** a désigné 'Alī pour lui succéder. Les trois premiers califes seraient donc des usurpateurs, à l'instar des califes omeyyades et 'abbāssides. La figure du douzième *imām*, **Muḥammad al-Mahdī**, revêt beaucoup d'importance chez les imāmites. Né en 874 à Sāmarrā, ancienne capitale du califat, il aurait mystérieusement disparu en 878-879 et vivrait depuis lors caché, en laissant le monde dans un désordre auquel seul son retour permettra de remédier.

Les **ismaéliens** suivent des doctrines qui s'inspirent du néo-platonisme. De Dieu, impénétrable et indescriptible, dérivent par degrés successifs l'esprit universel, l'âme universelle, la matière première, l'espace, le temps et le monde terrestre. Fondée par le Perse **Ḥasan ibn al-Ṣabbāḥ** entre la fin du XIe et le début du XIIe siècle, la **secte des Assassins** ressortit au courant ismaélien. Dans l'univers occidental (et selon Marco Polo), la secte des Assassins renvoie à la légende du « Vieux de la montagne » : cet être mystérieux vivrait dans un château inaccessible sur les montagnes de Syrie, entouré par des fanatiques qu'il droguerait par une boisson à base de haschisch *(Cannabis indica)*, pour les réduire à l'obéissance la plus complète et les plonger dans un état de violence extrême. Le terme même d'« assassin » vient en effet du mot *haschisch*, et les sources orientales confirment elles aussi l'ivresse et l'emprise du chef (en arabe *chaikh*, à savoir « vieillard », d'où la légende) sur les membres de la secte. Si l'on en croit une autre légende, reprise par un recueil anonyme de nouvelles intitulé *Novellino* (probablement d'origine florentine et composé dans les vingt dernières années du XIIIe siècle), un seul signe de tête du chef suffisait pour que les membres de la secte se jettent du haut de la forteresse, s'écrasant sur les rochers en contrebas.
Les ismaéliens accèdent au pouvoir avec la dynastie des Fāṭimides en Égypte et en Afrique du Nord (909-1171), tandis que les Assassins exercent leur domination en Syrie et sur de petits califats du Yémen, de la fin du XIe siècle à 1273.

La spéculation philosophique et religieuse accompagne le renouveau culturel de la première époque 'abbāsside. La rencontre avec le monde grec donne lieu à la traduction d'œuvres aristotéliciennes et pseudo-aristotéliciennes. Le platonisme et le néo-platonisme sont interprétés à la lumière de la doctrine coranique, comme l'attestent les textes d'Abū Naṣr al-Fārābī et ceux d''Alī al-Ḥusayn ibn Sīnā, plus connu dans l'Occident latin sous le nom d'Avicenne.
Al-Fārābī voit le jour au Turkestan vers 870. Issu d'une famille turque, il meurt à Damas en 950 environ. Tout jeune, il part pour Bagdad et approfondit ses connaissances en matière de logique, sous la direction de deux philosophes chrétiens, dont un nestorien. Passant sa vie à étudier, il écrit plus d'une centaine de livres, de traités et d'opuscules dans une vaste gamme de disciplines : philosophie, mathématique, astronomie, médecine, alchimie théorique et musique. Brillant musicien lui-même, il consacre une partie de ses travaux (théoriques, notamment) à cet art. Mais c'est en philosophie qu'il excelle, en tant que spécialiste d'Aristote et traducteur de ses œuvres, même apocryphes.
Doté d'un esprit profondément religieux et mystique, il tente d'opérer une synthèse entre les doctrines aristotéliciennes, les principes platoniciens et la religion islamique.
Al-Fārābī suit Aristote par l'affirmation d'un « Être nécessaire », ou « premier principe » (Dieu), étant donné l'absurdité du lien de cause à effet. Mais il y parvient également en distinguant dans chaque chose l'essence de

Page ci-contre, à gauche : empreinte du pied droit de Mahomet. Musée de Topkapi, Istanbul.
Au centre : miniature du dīwān de Ḥāfiẓ, qui illustre la cérémonie de l'ʿīd al-fiṭr (fin du ramaḍān). British Museum, Londres.
Sur cette page, à gauche : miniature turque du XVII*e siècle, où l'on voit Mahomet en train de prêcher devant la Kaʿba.*
En bas : page de garde du **Coran de Valence,** *qui date du* XII*e siècle (an 750 de l'Hégire). Bibliothèque universitaire, Istanbul.*
A droite : certificat de pèlerinage. Musée d'Art turc et islamique, Istanbul.

l'existence. D'un autre côté, l'influence du *Coran* l'amène à concevoir Dieu comme le premier Aimé et le premier Amant. A cela vient s'ajouter la théorie néoplatonicienne des émanations progressives de l'Un au Multiple. Il en résulte une doctrine cosmogonique complexe, qui sera reprise par Avicenne. Al-Fārābī marque profondément la pensée et la théologie islamiques, même si ceux qui le combattent précisément en raison de son interprétation du *Coran* ne manquent pas. Désigné sous le terme de « second maître » (après Aristote), il constitue le point de référence d'Avicenne, d'Averroes le « Commentateur » et de Maimonide, penseur et médecin juif espagnol.

Avicenne naît en 980 à Af-chana, près de Boukhara, et meurt à Hamadhān (Perse occidentale) en 1037. Au cours de sa vie mouvementée, il prend part à l'activité politique en qualité de ministre du souverain buwayhide ʿAlā al-Dawla. Médecin très réputé, sa célébrité repose aussi bien sur la pratique de son art que sur ses ouvrages théoriques : le *Canon de la médecine* (al-*Qānūn*), une grande encyclopédie médicale traduite en Occident, y servira par exemple de base à l'enseignement dans les universités jusqu'au XVI*e* siècle. Mais c'est surtout dans le domaine de la philosophie que la contribution d'Avicenne s'avère déterminante. Disciple spirituel d'al-Fārābī, il poursuit le travail de son maître et entreprend, lui aussi, une **redécouverte d'Aristote** qu'il traduit en arabe et sur lequel il écrit un immense commentaire : *al-Inṣāf* (Livre du jugement équitable). Bien que ce texte ait été détruit du vivant de son auteur, on le retrouve cité et développé dans toutes ses autres œuvres. L'aristotélisme d'Avicenne est pétri de néo-platonisme, qui se manifeste notamment dans la théorie de l'émanation cosmogonique de type plotinien.

Fondamentale est sa doctrine de l'Être, qu'il décompose en : absolument nécessaire (Dieu); possible en soi, mais nécessaire et perpétuel (les sphères célestes, les intelligences séparées et l'âme humaine); simplement possible (toutes les choses sublunaires, les seules vouées à périr).
D'où la preuve de l'existence de Dieu : en Lui, Un absolu, essence (quiddité) et existence se fondent, alors que dans les autres catégories, l'existence s'ajoute à l'essence. Foncièrement mystique, Avicenne estime que l'âme atteint la perfection par le biais de l'**ascèse**.
Dans la prière ascétique, le mystique perd la conscience de soi : « Il ne distingue alors plus que la Sainte Cour [Dieu] ou bien, s'il aperçoit son âme, il ne la voit qu'absorbée par la contemplation; ainsi aura lieu l'union avec Dieu ». Dans cet état, l'âme du mystique acquiert des pouvoirs extraordinaires.

La tendance au mysticisme de ces philosophes a pour effet de conceptualiser une pratique déjà largement répandue au sein de l'islām, et d'élever le **soufisme** (de *ṣūf*, « étoffe de laine grossière » servant à confectionner les vêtements des adeptes) au rang de philosophie.
Il ne s'agit ni d'une règle monastique ni d'une science mais du choix spirituel de celui qui abandonne le monde pour se perdre en Dieu par la mortification de la chair. Pauvreté, foi, mortification, concentration sur la pensée de Dieu : tels sont les principes que le soufi applique sous la direction d'un maître, qui peut soumettre son élève aux exercices les plus sévères. Seule l'ascèse permet au soufi d'atteindre le *dhikr* (l'extase). Le premier stade du *dhikr* consiste à s'oublier soi-même. Au dernier stade, on se laisse entièrement absorber par l'objet de son adoration, au point de ne plus pouvoir revenir en arrière et de se perdre dans une extase complète que la musique, le chant et la danse aident à obtenir. Le soufisme représente le degré le plus avancé de la spiritualité islamique, qui renferme ces tendances mais s'en méfie et les combat la plupart du temps. Religion d'un peuple qui s'est reconnu en elle et qui a trouvé la force de s'imposer sur trois continents, l'islām va dès lors se fragmenter, en donnant naissance à divers courants.

Le particularisme propre à l'époque que nous sommes en train de retracer caractérise également les événements religieux du monde indien. Au cœur du Moyen Age, **la religion hindouiste se morcelle** en une infinité de sectes et de mouvements qui sont chacun liés à une divinité spécifique, à un gourou, à un temple. Le monisme de Śaṅkara (v. 700-v. 750), qui revitalise le brahmanisme orthodoxe et qui réalise une synthèse d'une grande portée spéculative dans l'évolution de la philosophie indienne (au point d'être considéré jusqu'aujourd'hui comme le modèle de la médiation entre les différents courants de l'hindouisme), fait lui-même l'objet d'une critique nourrie et suscite une foule de courants de pensée. En Inde, philosophie et religion s'avèrent nettement imbriquées, même si la seconde s'insère davantage dans l'histoire et donne lieu, précisément à cette période, à des mouvements religieux populaires.

Le plus répandu est celui des *bhakta* qui, selon diverses formes d'interprétation, adhèrent au principe de la *bhakti* (terme sanskrit désignant le concept de « dévotion » associé à la grâce rédemptrice de Viṣṇu, et sur lequel repose le vishnouisme). Rejetant aussi bien la voie de la connaissance (*jñāna-mārga*) promue par les philosophes, que le droit chemin (*karma-mārga*) suggéré par les brahmanes, ils suivent la route de l'amour et de la dévotion *(bhakti-mārga)* qui conduit, dans un état de soumission absolue, vers Dieu. Déjà présente dans plusieurs expressions de la religion védique, l'idée de *bhakti* connaît un nouvel essor au IXe siècle avec le mystique Māṇikkavācakar, auteur du *Tiruvācakam*, l'un des textes sacrés des *Veda tamouls*. Menant une vie itinérante, il se rend dans tous les lieux sacrés du sud de l'Inde et diffuse l'amour de Śiva, qui descend sur terre et se montre à quiconque se soumet à sa volonté. Les *bhakta* adorent des statues *(arśa)* qu'ils considèrent comme des incarnations *(avatāra)* des divinités qui sont apparues au peuple. Et les mystiques voient dans l'*arśa-avatāra* la manifestation du Dieu en personne, de sorte que Māṇikkavācakar peut s'exclamer : « Il est venu à moi qui ne suis rien. » Ce mouvement s'oppose à la division en castes. Il s'attire donc la vigoureuse hostilité des brahmanes, qui fondent justement leur suprématie sur cette organisation et qui refusent le contact, qualifié de contaminant, avec la foule.
Il remporte en revanche un si large succès populaire qu'il faut construire dans toute l'Inde des temples « publics » pour accueillir ses adeptes. Le philosophe Rāmānuja (qui, si l'on en croit la légende, aurait vécu plus de cent vingt ans, de 1017 à 1137), réussit vers 1100 seulement à concilier la doctrine des brahmanes avec la ferveur populaire des *bhakta*, dont les idées ont déjà été adoptées par plusieurs intellectuels brahmaniques. Kulke déclare : « Rāmānuja élabora un monisme qualifié [*viśiṣṭadvaita*], selon lequel Dieu est omniprésent et éternel, mais non pas indifférencié. Les âmes individuelles [*cit*] et la matière inanimée [*acit*] constituent ses « qualités » [*viśiṣṭa*] divines, et participent donc à la fois de la réalité et du divin.
Les âmes individuelles, qui ne font qu'un avec Dieu, s'avèrent simultanément séparées de lui. Le salut, qui réside dans l'union de l'âme à Dieu, ne peut être obtenu qu'en menant une vie vertueuse et en perçant le secret de la différence qui sépare l'âme individuelle de Dieu. La consommation finale de ce mariage spirituel dépend exclusivement de la dévotion [*bhakti*] et de la grâce de Dieu ». Il convient en outre de noter qu'après avoir été systématisée par Rāmānuja, la doctrine *bhakti* est devenue la pierre angulaire des écoles viṣṇuites et krishnaïtes.

A droite : couple d'amants. Fragment conservé au Musée archéologique de Khajurāho. Le tantrisme se développe dans l'est de l'Inde et influence aussi bien l'hindouisme que le bouddhisme. Contrairement aux méthodes ascétiques des autres sectes, il exalte l'érotisme religieux dans les scènes peintes sur les murs des temples et dans la pratique de l'accouplement rituel, acmé des cérémonies tantriques. La satisfaction des plaisirs sexuels est ésotériquement considérée comme un moyen d'unir l'humain au divin. Fortement marqué par ces théories, le bouddhisme tantrique se diffuse au VIIIe-IXe siècle (à partir de la région du moyen Gange et du Bengale) sous le nom de Vajrayāna (« véhicule de diamant »).
A gauche : sculpture en grès noir poli, qui représente le dieu Śiva sous la forme d'un « liṅga » à visage humain (makhaliṅga). Elle date du Xe siècle et provient de Nemad (Madhya Pradesh). Central Museum de Nāgpūr, Mahārāshtra.

A cette époque, le tantrisme se développe dans l'est de l'Inde. Présent depuis le Ve siècle, il influence tant l'hindouisme que le bouddhisme et compte de très nombreux adeptes au sein du peuple. Il s'agit essentiellement d'une méthode visant l'acquisition de pouvoirs transcendants et l'unité avec les principes supérieurs. Pour le tantrisme, macrocosme et microcosme s'avèrent étroitement liés, et ses disciples doivent agir sur leur propre corps, par le biais de la concentration, pour transformer un état chaotique en « cosmos ». Contrairement aux pratiques ascétiques des autres sectes, les adeptes des Tantra accordent beaucoup d'importance à l'activation et à la sublimation, grâce au yoga, des possibilités de leur corps sans lequel il n'existe point de salut. Le tantrisme exalte les caractéristiques féminines de la divinité et l'érotisme religieux, dans les scènes peintes sur les murs des temples comme dans l'accomplissement de l'accouplement rituel, acmé des cérémonies tantriques. Les fidèles s'adonnent au culte des *śakti,* qui repose sur le rite de la sublimation des pulsions naturelles, qui servent à maintenir et à reproduire la vie. La satisfaction des plaisirs, la consommation de repas et de boissons consacrées, ainsi que les rapports sexuels sont ésotériquement considérés comme des moyens d'unir la chair à l'esprit, l'humain au divin. Il ne s'agit donc nullement de péchés, mais de voies de salut : l'acte sexuel, ne serait-ce que symboliquement réalisé, permet à l'homme et à la femme de prendre davantage part à un continuel processus cosmique et divin.

L'EMPEREUR WU S'OPPOSE A LA DIFFUSION DU BOUDDHISME EN CHINE

En 845, l'empereur chinois Wu (taoïste) décrète une persécution d'une férocité extrême contre la diffusion du monachisme bouddhiste. Ce décret est parvenu jusqu'à nous. Nous en reproduisons ici quelques-uns des passages les plus significatifs :

« Cette superstition s'est récemment propagée comme un poison insidieux, comme une mauvaise herbe, au point de renverser nos coutumes nationales et de corrompre la moralité de nos sujets. Chaque jour les bouddhistes se font plus nombreux dans les provinces, dans les villes, dans les deux capitales et jusque dans le palais. Les temples bouddhistes sont fréquentés chaque jour davantage. [...] Les hommes abandonnent leur prince ou leurs parents pour servir les moines dans ces temples ; ou bien délaissent leurs femmes pour vivre dans la chasteté. En vérité, rien n'a jamais été plus contraire aux lois de l'Empire que cette religion : car quand un homme néglige de cultiver les champs, la faim s'abat sur le foyer ; et lorsqu'une femme néglige d'élever les vers à soie, la famille est mal vêtue et souffre du froid. Et voilà maintenant une foule de moines qui non seulement ne travaillent pas, mais aussi mangent et s'habillent aux dépens d'autrui. [...] Ce sont ces gens, justement, qui ont épuisé les richesses et qui ont ruiné la moralité des dernières dynasties. [...] J'ordonne donc que 4600 grands temples et monastères soient démolis ; que 260 500 moines soient soumis au régime séculier et inscrits sur le registre des contribuables ; que 40000 pagodes rurales, disséminées dans tout l'Empire, soient détruites ; que les millions d'arpents d'excellentes terres détenus par ces temples, monastères et pagodes soient confisqués, et que leurs 150000 esclaves soient affranchis ».

Ci-dessus : bas-relief figurant Śiva avec à son côté sa śakti. La śakti est l'expression de la puissance d'une divinité masculine, personnifiée par une déesse qui apparaît sous les traits de la compagne ou de l'épouse du dieu.
A droite : Viṣṇu, bronze à patine verte ; dynastie Cola (Xe siècle). Tamil Nadu, Inde. La main droite supérieure tient un disque flamboyant, et la main gauche supérieure, la conque. Le style de cette sculpture illustre la maestria de la première époque Cola. Metropolitan Museum of Art, New York.

Appelé **Vajrayāna** (« véhicule de diamant »), le **bouddhisme tantrique** se diffuse au VIIIe-IXe siècle à partir de la région du Gange moyen et du Bengale. L'homme ne se libère plus de la souffrance par un apprentissage ascétique, qui engage toute la personne, mais par la répétition de formules et de rites. C'est ainsi que naît la « courte voie » vers le *nirvāṇa*. La mythologie bouddhiste s'enrichit pour sa part d'éléments féminins (les *śakti*), auparavant dédaignés, et de divinités féminines. Les spécialistes s'étonnent que le bouddhisme, dont les fondements originels rejettent le sexe (en tant que moyen de procréation primaire, et par conséquent cause de la douleur humaine), ait pu intégrer la doctrine tantrique, qui exalte en revanche celui-ci en une sorte de mystique érotique. Une série de phases intermédiaires, et notamment une certaine tolérance à l'égard des pratiques sexuelles, ont en fait déjà contribué à atténuer le rigorisme ascétique initial. Mais le tantrisme aboutit à l'adoption de techniques salvatrices qui envisagent l'acte sexuel, sublimé néanmoins par sa fonction religieuse, comme le principal instrument de libération. Ces courants contraires de stricte condamnation et d'exaltation du sexe dans un cadre rituel se manifestent d'ailleurs au sein de plusieurs sectes hérétiques de l'Occident médiéval, et réapparaissent souvent au fil de l'histoire des religions. C'est surtout sous cette forme tantrique que le bouddhisme se répand dans le reste de l'Orient, à commencer par le Tibet où le gourou Padma Sambhava se rend pour prêcher en 747. Introduit ensuite en Chine, en Birmanie et au Japon, le bouddhisme tantrique suscite de violentes réactions et des persécutions périodiques. En Birmanie et dans l'ensemble du Sud-Est asiatique, il se fond avec le śivaïsme.

A la différence des populations antérieures, qui se consacrent à l'agriculture, les **Toltèques** sont des guerriers. Développée à partir d'éléments mythiques et rituels préexistants, leur religion reflète leur mode de vie. Au contact de la civilisation des nouveaux arrivants, les conceptions religieuses mexicaines de l'époque préclassique et classique subissent ainsi une profonde transformation. Aux cultes axés sur la terre et sur la pluie se substituent ceux des astres, attestés par l'iconographie et la statuaire des centres de **Tollan** (Tula) et de **Chichén Itzá**. Les sacrifices humains deviennent un moyen indispensable d'apaiser la faim des dieux célestes, pour qu'ils continuent de régler le cours des cieux et maintiennent l'ordre parmi les hommes. Connu de tous les peuples de l'aire méso-américaine, le **jeu de balle rituel** revêt une signification répétitivo-cosmique. Le caractère effrayant des divinités toltèques, ainsi que le symbolisme thériomorphe et astral complexe de leurs mythes (le jaguar issu des traditions préclassiques, le serpent à plumes, l'aigle, l'étoile du matin, le soleil, etc.), dénotent à eux seuls une religion de la royauté et de la force, typique d'une communauté de conquérants.

A gauche : sculpture anthropomorphe figurant Chicomecóatl, déesse aztèque de la fertilité. Les Aztèques héritent et modifient, en les adaptant à leurs besoins, les cultes des Toltèques. A l'arrivée de ces derniers, les conceptions religieuses des populations qui occupent le Mexique à l'époque préclassique et classique subissent une profonde transformation. Les cultes des astres remplacent ceux de la terre et de la pluie, et les sacrifices humains deviennent un moyen d'apaiser la faim des dieux, pour qu'ils continuent de régir le cours des cieux et qu'ils maintiennent l'ordre parmi les hommes. Le caractère même des divinités des Toltèques et les symboles qu'ils adoptent constituent l'expression d'une religion typique d'une communauté de conquérants.

Le riche patrimoine religieux des Toltèques (que les Aztèques hériteront ensuite et modifieront radicalement) a été en grande partie reconstitué d'après les textes en langue *nahuatl* et les monuments d'époque historique. Au-dessus de la Terre (entourée de tous côtés par l'eau) et des neuf régions célestes sillonnées par les planètes, se trouve le « lieu de la dualité » (*omeyocan*). Là, demeure le « seigneur de la dualité » (*ometéotl*) des anciens mythes de Teotihuacán, qui engendre et préserve l'univers. Omniprésent, le dieu suprême est « comme la nuit et le vent, maître de la proximité et du voisinage » (*tloque nahuaque yohualli ehecatl*). Il donne la vie (*ipalnemohuani*) et régit le mouvement des astres. Mais il ne crée pas directement l'histoire et le temps. Ces derniers débutent au terme d'un processus de multiplication qui se solde par la naissance de quatre divinités issues du premier dieu : les *Tezcatlipocas*, ou « Miroirs fumants ». Caractérisés par les couleurs des points cardinaux (blanc, noir, rouge et bleu), ils correspondent aux quatre phases successives de formation du cosmos, illustrées par les anciens mythes mexicains. L'une des figures centrales et les plus complexes du panthéon mexicain, le dieu **Quetzalcóatl** (« Serpent à plumes de *quetzal* ») est pour les Toltèques le créateur et l'ordonnateur de l'univers actuel. L'image de cette très vieille divinité de l'eau et de la végétation, déjà présente dans les mythes liés à Tamoanchan et à Teotihuacán, combine le thème du dragon-serpent et de la coiffure composée avec les plumes du quetzal. Les Mayas vénéraient eux aussi une divinité du même nom (*Kukulkán*, selon leur transcription). La prééminence du dieu Quetzalcóatl dans l'univers religieux précolombien constitue l'une des principales innovations introduites par les Toltèques. On la retrouvera plus tard dans la religion aztèque. Inventeur des arts, de l'industrie, de l'agriculture et de l'humanité, Quetzalcóatl incarne la sagesse de la dualité originelle. Tout comme l'archaïque dieu Tlaloc, il protège les récoltes, mais il préside en outre aux cieux et est, surtout, le créateur de l'univers. Quetzalcóatl reflète ainsi par son évolution la mutation de ces symboles qui, associés auparavant aux rites de la fertilité, deviennent des représentations célestes dans le cycle toltèque.

Une légende postérieure, que nous rapportent les mémoires en langue *nahuatl*, identifie Quetzalcóatl à un personnage historique : le roi-prêtre **Ce Acatl** (nom qui signifie « Un-Roseau », année de la naissance de Topiltzin, en 935 ou 947) **Topiltzin** (« notre prince »), qui règne dans la capitale Tollan de 970 à 987. Le souverain apparaît aux yeux de son peuple comme un réformateur religieux : il abolit les sacrifices sanglants et élabore une nouvelle approche de la divinité fondée sur le concept de « couple divin », qui sera typique des Aztèques. Pour Miguel León-Portilla, la figure du grand prêtre illustre l'apogée de la spiritualité au Mexique et deviendra, pour tous les peuples qui se succéderont, le symbole d'un âge d'or. Les hymnes toltèques racontent que trois sorciers vinrent un jour à Tollan pour persuader Ce Acatl d'instaurer le rite des sacrifices humains. Ils répliquèrent au refus du roi-prêtre en le contraignant à quitter la

« cité des Roseaux » et à s'exiler « sur la terre de Couleur Noir et Rouge » où, si l'on en croit la légende, il serait mort en 999. D'après une première version du mythe, Ce Acatl se serait jeté sur un bûcher avec un masque turquoise sur le visage, avant de se changer en astre resplendissant. Suivant une autre version, le roi de Tollan aurait embarqué sur un radeau de serpents et aurait disparu en direction de l'Orient. Certains ont formulé l'hypothèse selon laquelle l'exil de Ce Acatl (en 987) marquerait l'issue du conflit entre les partisans du dieu Quetzalcóatl (d'origine mixtèque) et ceux de **Tezcatlipoca** (le dieu de la guerre propre aux Toltèques et aux anciennes tribus nahua), et donc la victoire de la classe militaire sur la classe sacerdotale.

CHANT D'INVOCATION AU DIEU VIRACOCHA

Transmises oralement au fil des siècles, nombreuses sont les prières et les invocations aux dieux que les chroniqueurs occidentaux ont recueillies à l'époque de la conquête. Voici, par exemple, un beau chant adressé à Viracocha :

« Viracocha, seigneur de l'Univers !
[...]
Créateur du monde,
créateur de l'homme,
gloire de mes ancêtres,
avant que tu disparaisses
de ma vue
bien que j'aspire à te voir ;
car en te voyant, en te connaissant ;
en apprenant grâce à toi, en te comprenant,
j'apparaîtrai à ta vue,
et tu me connaîtras.
Le Soleil - la Lune ;
le jour - la nuit ;
l'été - l'hiver,
à dessein, et dans un ordre parfait,
mène-les à la place qui leur est réservée,
à leur but.
Où que tu portes ton sceptre royal,
ils arrivent.
Oh ! Écoute-moi, exauce-moi,
fais que je ne vive
ni ne meure dans la tristesse. »

La civilisation de **Tiahuanaco** se développe sur les hauts plateaux méridionaux entre le VIIe et le Xe siècle. Elle constitue l'un des plus extraordinaires pôles d'attraction religieuse du monde andin à l'époque pré-inca. Il s'agit d'un immense centre de cérémonies où convergeaient les pèlerins de diverses localités. Les traditions de Tiahuanaco se rapprochent de celles qui fleurissent au même moment dans la région d'Ayacucho, à **Huari**. D'impressionnants monuments de pierre (la pyramide de l'Akapana, le fameux Kalasasaya, les sépulcres d'Ancón et de Pachacámac), ainsi que des céramiques décorées, illustrent l'univers mythologique et les coutumes religieuses de ces remarquables cultures (les documents écrits font défaut). Les habitants des plateaux andins adorent par-dessus tout le créateur suprême : **Viracocha** (« grandes eaux », ou encore « écume de la mer ») qui, selon le mythe, serait issu du lac Titicaca. Dieu des eaux portant une barbe d'algues marines, il est le créateur du Soleil, de la Lune et des étoiles, auxquels il indique l'orbite à suivre. **Cocha**, à la fois son épouse et sa sœur, est assimilée au lac Titicaca.
Viracocha sera plus tard incorporé dans le panthéon des Incas. C'est à lui que semble faire référence la frise située en haut de la célèbre Puerta del Sol (porte du Soleil) du Kalasasaya. L'ensemble des motifs zoomorphes et les autres symboles royaux de la divinité s'avèrent caractéristiques de la civilisation de Tiahuanaco, et reviennent souvent aussi dans les décors des poteries.

A gauche, sur les deux pages : expression de l'art mixtèque, provenant d'un lieu inconnu du Mexique et représentant probablement Quetzalcóatl. Le masque consiste en une mosaïque de turquoises sur bois, et mesure 17 cm de haut. British Museum, Londres. Ancienne divinité de l'eau et de la végétation, le dieu toltèque Quetzalcóatl est l'une des figures centrales du panthéon mexicain. Les Mayas vénèrent eux aussi une divinité du même nom : il s'agit, selon leur transcription, de Kukulkán.
A droite : détail du temple des Guerriers, à Chichén Itzá. On distingue la tête du Serpent à plumes et le porte-étendard qui ornent le sommet de l'escalier conduisant au temple.

Parmi les autres divinités traditionnelles de la vallée du Mexique, présentes dans la religion toltèque et vénérées également par les Aztèques, il convient de citer l'ancien dieu suprême de Teotihuacán : **Tlaloc** (« Celui qui fait germer »), dieu de la pluie et de la foudre, qui féconde les collines et dévore les enfants. Tlaloc a une sœur : **Chalchiuhtlicue** (« Celle qui porte le pagne de jade »), maîtresse des lacs et des cours d'eau. Toujours représenté par une couleur différente, **Tezcatlipoca** (« Miroir fumant ») préside aux quatre points cardinaux. Rival de Quetzalcóatl, source de douceur et de clarté, Tezcatlipoca est ténébreux et redouté des malfaiteurs. **Xolotl**, un dieu-magicien considéré comme le frère jumeau de Quetzalcóatl, veille sur les nouveau-nés difformes : les Aztèques le confronteront parfois à Huitzilopochtli. Viennent ensuite : le dieu du Soleil **Tonatiuh**, la déesse de la fertilité **Chicomecóatl**, le dieu du maïs **Centeotl**, la déesse de l'amour **Xochiquetzal**, le héros tribal **Mixcoatl** (« Serpent des Nuages ») et **Tlahuizcalpantecuhtli**, incarnation de Quetzalcóatl, Étoile du matin.

BIBLIOGRAPHIE

INDEX

CARTES ET PLANS

DICTIONNAIRES

Encyclopédie française, Larousse, Paris, 1977-1983.
Encyclopædia Universalis, Paris, nouv. éd., 1989.
Dictionnaire d'histoire universelle, Michel Mourre, Éditions Universitaires, Paris, 1982.
Grand Larousse universel, Paris, 1985-1993, 15 vol.
Grand Robert des noms propres, Paris.

ATLAS

Le Grand Atlas de l'archéologie, Encyclopædia Universalis, Paris, 1985.
L'Atlas historique..., sous la direction de J. Bertin et P. Vidal-Naquet, Hachette, 1987.
Atlas historique, sous la direction de G. Duby, Larousse, 1987.
Atlas historique, Stock, Paris, 1968.

OUVRAGES GÉNÉRAUX

Coll. « Encyclopédie de la Pléiade », Paris, Gallimard, 1956-1958.
Coll. « Nouvelle Clio », P.U.F., Paris, 1985-1991.
Coll. « Que sais-je ? », P.U.F., Paris.
Coll. « Points », série Histoire, Le Seuil, Paris.
Coll. « La Vie quotidienne », Hachette.
Delorme, J., *Chronologie des civilisations*, P.U.F., Paris, nouv. éd., 1984.
Delorme, J., *les Grandes Dates* (4 vol.), coll. « Que sais-je ? », P.U.F., Paris, 1990.
Destins du monde, sous la direction de L. Febvre et F. Braudel, Armand Colin, Paris, 1962-1990.
Les Grandes Civilisations, sous la direction de R. Bloch, Arthaud, Paris, 1965, rééd. Poche Arthaud, 1991.
Histoire générale des civilisations, sous la direction de M. Crouzet, Paris, P.U.F., 1963-1980.
Le Monde et son histoire, sous la direction de M. Meuleau, Bordas, Paris, 1975, « coll. Bouquins », Robert Laffont, Paris, 1984-1985.

OUVRAGES THÉMATIQUES

Rachet, G., *Dictionnaire de l'archéologie*, Robert Laffont, Paris, 1982.
Dictionnaire encyclopédique d'archéologie, sous la direction de L. Cottrell, vol. III, Laffont-Bompiani, Paris, 1962.
Ellul, J., *Histoire des institutions*, coll. « Themis », P.U.F., Paris.
Coll. « Histoire générale des sciences », P.U.F., Paris.
Coll. « Histoire générale des techniques », P.U.F., Paris.
Coll. « L'Art et les Grandes Civilisations », Citadelles et Mazenod, Paris.
Coll. « L'Univers des formes », Gallimard, Paris.
Le Nouveau Dictionnaire des auteurs - Le Nouveau Dictionnaire des œuvres, coll. « Bouquins », Robert Laffont, Paris.
Jerphagnon, L., Dumas, J.-L., *Histoire de la pensée* (3 volumes), Édition Tallandier, Paris, 1989, rééd. Le Livre de Poche, coll. « Références », Hachette.
Eliade, M., *Histoire des croyances et des idées religieuses*, 4 vol., Payot, Paris, 1989.
Histoire générale des religions, sous la direction de Gorce, M., et Mortier, R., Librairie Aristide Quillet, Paris, 1947.

FIN DE L'EMPIRE ROMAIN

Demougeot, E., *la Formation de l'Europe et les invasions barbares, I. Des origines à l'avènement de Dioclétien*, Aubier-Montaigne, Paris, 1969.
Remondon, P., *la Crise de l'Empire romain de Marc-Aurèle à Anastase*, coll. « Nouvelle Clio », 2e éd., P.U.F., Paris, 1971.
Rouche, M., *les Empires universels, IIe-IVe siècle*.
Simon, M., et Benoît, A., *le Judaïsme et le Christianisme antiques*, coll. « Nouvelle Clio », P.U.F., Paris, 1968.
Turcan, R., *les Cultes orientaux dans le monde romain*, Les Belles Lettres, 1989.

GRANDES INVASIONS

Musset, L., *les Invasions*, 2 vol., Paris, coll. « Nouvelle Clio », P.U.F., Paris, 1969.
Riché, P., *Grandes Invasions et Empires*, Larousse, Paris, 1968.

BYZANCE

Ducellier, A., *les Byzantins, histoire et culture*, Paris, Le Seuil, 1988.
Lemerle, P., *Histoire de Byzance*, P.U.F., Paris, 10e éd., 1990.
Ostrogorski, *Histoire de l'État byzantin*, Payot, Paris, 1956.

MOYEN AGE

Chelini, *Histoire religieuse de l'Occident médiéval*, Armand Colin, Paris, 1968.
Duby, G., *l'Europe au Moyen Age. Art roman. Art gothique*, Paris, 1979.
Duby, G., *Guerriers et Paysans*, Gallimard, Paris, 1973.
Focillon, H., *Art d'Occident*, 2 vol., rééd. par le Livre de Poche, Paris, 1965.
Fossier (sous la direction de), *le Moyen Age*, 3 vol., Armand Colin, Paris, 1982-1983.
Fournier, G., *l'Occident, fin du Ve-fin du IXe siècle*, Armand Colin, Paris, 1970.
Le Goff, *la Civilisation de l'Occident médiéval*, Arthaud, Paris, 1964 (rééd. en poche).
Lopez, R., *Naissance de l'Europe*, Armand Colin, Paris, 1962.
Wolff, P., *Histoire de la pensée européenne. L'éveil intellectuel de l'Europe*, Le Seuil, Paris, 1971 ; rééd. coll. « Points ».

FRANCE MÉDIÉVALE

Collectif, *Nouvelle Histoire de la France médiévale*, 5 vol., Le Seuil, Paris, 1989-1990.
Duby, G., Mandrou, R., *Histoire de la civilisation française*, 2 vol., Armand Colin, Paris.
Duby, G., Wallon, A, *Histoire de la France rurale, I. Des origines à 1340*, coll. « L'Univers historique », Le Seuil, Paris, 1975.
Duby, G., Wallon, A., *Histoire de la France urbaine, I. La ville antique*, coll. « L'Univers historique », Le Seuil, Paris, 1980.
Goubert, P., *Initiation à l'histoire de la France*, Fayard/Tallandier, Paris, 1984, rééd. coll. « Pluriel ».
Riché, P., *les Carolingiens*, Hachette, Paris, 1983, rééd. coll. « Pluriel ».
Werner, K. F., *Histoire de France. Les Origines*, Fayard, 1984, rééd. Le Livre de Poche/ Hachette Références.

NATIONS DE L'OCCIDENT MÉDIÉVAL

Clare, L., Chevalier, J.-C., *le Moyen Age espagnol*, Armand Colin, Paris, 1972.
Collectif, *Oxford History of England*, Oxford, 1937-1939.
Cuvilier, J.-P., *l'Allemagne médiévale*, 2 vol., Payot, Paris, 1979 et 1984.
Mac Kay, A., *Spain in the Middle Ages*, Macmillan, Londres, 1977.
Marx, R., *Histoire de la Grande-Bretagne du Ve siècle à 1979*, Armand Colin, Paris, 1980.
Musset, L., *les Peuples scandinaves au Moyen Age*, P.U.F., Paris, 1951.
Rapp, F., *les Origines médiévales de l'Allemagne moderne*, Aubier, Paris, 1989.
Waley, D., *les Républiques médiévales italiennes*, coll. « L'Univers des connaissances », Hachette, Paris, 1969.
Wickham, C., *Early Medieval Italy*, Macmillan, Londres, 1981.

RUSSIE, MONDE SLAVE

Cross, S. H., *les Civilisations slaves à travers les siècles*, Payot, Paris, 1953.
Dvornik, F., *les Slaves. Histoire et civilisation de l'Antiquité aux débuts de l'époque contemporaine*, coll. « L'Univers historique », Le Seuil, Paris, 1970.
Eck, A., *le Moyen Age russe*, Mouton, La Haye-Paris, 1968.
Pascal, P., *Histoire de la Russie*, coll. « Que sais-je ? », P.U.F., Paris, 1972.
Reau, L., *l'Art russe des origines à Pierre le Grand*, Verviers, Paris, 1968.
Welter, G., *Histoire de la Russie, des origines à nos jours*, Payot, Paris, 1946.

MONDE ISLAMIQUE

Cahen, C., *Introduction à l'histoire du monde musulman médiéval, VIIe-XVe siècle,* Méthodologie et Éléments de bibliographie, Paris, 1983.
Cahen, C., *l'Islām,* Bordas, Paris, 1970.
Mantran, R., *l'Expansion musulmane, VIIe-XIe siècle*, P.U.F., Paris, 3e éd., 1986.
Mantran, R. (sous la direction de), *les Grandes Dates de l'islām,* Larousse, Paris, 1990.

INDE

Auboyer, J., *la Vie quotidienne dans l'Inde ancienne*, Hachette, Paris, 1961.
Basham, A.-L., *la Civilisation de l'Inde classique*, coll. « Les Grandes Civilisations », Arthaud, Paris, 1981.
Boivin, M., *Histoire de l'Inde*, coll. « Que sais-je ? », P.U.F., Paris, 1996.
Filiozat, J., Renou, L., *l'Inde classique*, 3 vol., Maisonneuve, Paris, 1985.
Frédéric, L., *Dictionnaire de la civilisation indienne*, coll. « Bouquins », Robert Laffont, Paris, 1987.
Piggot, *Prehistoric India*, Harmondsworth, 1950.

CHINE

Gernet, J., *le Monde chinois*, coll. « Destins du monde », Armand Colin, Paris, 1990.
Grousset, R., *Histoire de l'Extrême-Orient*, Geuthner.
Kaltenmark, O., *la Littérature chinoise*, P.U.F., Paris, 1977.
Keightley, D. N., *The Origins of Chinese Civilization*, Berkeley, 1983.
Watson, W., *l'Art de l'ancienne Chine*, coll. « L'Art et les grandes civilisations », Citadelles et Mazenod, Paris, 1979.

AFRIQUE

Cornevin, R., *Histoire de l'Afrique*, 3 vol., Payot, Paris, 1966-1974.
Davidson, B., *l'Afrique avant les Blancs. Découverte du passé oublié de l'Afrique*, P.U.F., Paris, 1962.
Picard, G.-C., *la Civilisation de l'Afrique romaine*, Plon, Paris, 1959.

AMÉRIQUE

Burland, C. A., *les Peuples du soleil. Civilisation de l'Amérique précolombienne*, Tallandier, 1979.
Disselhof, H. D., *les Grandes Civilisations de l'Amérique ancienne. Le monde précolombien*, Arthaud, Paris, 1963.
Gordon, G., *l'Amérique avant Colomb*, Robert Laffont, Paris, 1973.
Lehman, H., *l'Art précolombien*, Charles Massin, Paris, 1960.
Lehman, H., *les Civilisations précolombiennes*, coll. « Que sais-je ? », P.U.F., Paris, 1994.

Les folios en *italique* renvoient aux légendes des illustrations.

FIN DE L'ANTIQUITÉ ET HAUT MOYEN AGE

LE MONDE FÉODAL

Photographies

AFE, Rome : 44h, 49b, 59b, 72hd, 73h
Agenzia Fotografica Luisa Ricciarini, Milan : 18g, 19, 32h, 34h, 35h, 35b, 46d, 55g, 60g, 61d, 65d, 66b, 75b, 76g, 77h, 79g, 79d, 80g, 80h, 81hg, 81hd, 87d, 88hg, 88bg, 95h, 96-97h, 98h, 106b, 108b, 110h, 110g, 110-111b, 116g, 119h, 119bg, 121d, 128h, 128b, 130g, 131b, 131d, 134h, 134g, 134b, 135d, 140g, 140b, 141b, 141d, 142b, 143h, 144h, 144g, 144b, 156h, 159d, 160b, 167g, 167b, 169h, 177h, 178b, 178-179, 179b, 180h, 180b, 181h, 181c, 181b, 183 b, 183d, 184h, 184g, 185d, 187c, 188b, 189cg, 190g, 191h, 192-193, 194h, 194g, 194-195, 195d, 196g, 197d, 197b, 201b, 202b, 204h, 205d, 206g, 207d, 210h, 211b
• **Archivio IGDA, Milan/Ricciarini** : 121b, 186d, 187b, 188g
Bildarchiv Foto Marburg/Alinari, Rome : 150b
Max Mandel, Milan : 174h, 174b, 175b
Grazia Neri, Milan : 167d
Franca Principe, Florence : 159b
Scala, Istituto Fotografico Editoriale, Florence : 14b, 33h, 37c, 64h, 89d, 212h
Studio Adros, Rome : 136h, 137b

Dessins

Giovanni Barca, Mantoue : 105b
Ugo Guidolin/Graffito : 13b, 15b, 17b, 18b, 20b, 22-23h, 25h, 26h, 27h, 29b, 37d, 38c, 42d, 60h, 123, 124h, 125c, 127, 140h, 172h

Toutes les autres illustrations proviennent des Archives AME, Milan